D1825740

Friedrich Gröteke

Europäische Beihilfenkontrolle und Standortwettbewerb:
Eine ökonomische Analyse

Schriften
zu Ordnungsfragen der Wirtschaft

Herausgegeben von

Prof. Dr. Gernot Gutmann, Köln
Dr. Hannelore Hamel, Marburg
Prof. Dr. Helmut Leipold, Marburg
Prof. Dr. Alfred Schüller, Marburg
Prof. Dr. H. Jörg Thieme, Düsseldorf

Unter Mitwirkung von

Prof. Dr. Dieter Cassel, Duisburg
Prof. Dr. Karl-Hans Hartwig, Münster
Prof. Dr. Hans-Günter Krüsselberg, Marburg
Prof. Dr. Ulrich Wagner, Pforzheim

Redaktion: Dr. Hannelore Hamel

Band 85:   Europäische Beihilfenkontrolle und
             Standortwettbewerb

 Lucius & Lucius · Stuttgart · 2007

Europäische Beihilfenkontrolle und Standortwettbewerb

Eine ökonomische Analyse

Von

Friedrich Gröteke

 Lucius & Lucius · Stuttgart · 2007

Anschrift des Autors:

Dr. Friedrich Gröteke
Kärntener Str. 6
10827 Berlin

e-mail: Friedrich.Groeteke@bmwi.bund.de

Bibliografische Information der Deutschen Bibliothek
Die Deutsche Bibliothek verzeichnet diese Publikation in der Deutschen
Nationalbibliografie; detaillierte bibliografische Daten sind im Internet
über http://dnb.ddb.de abrufbar.

(Schriften zu Ordnungsfragen der Wirtschaft; Bd. 85)
ISBN   978-3-8282-0401-0

© Lucius & Lucius Verlags-GmbH • Stuttgart • 2007
Gerokstraße 51 • D-70184 Stuttgart

Umschlaggestaltung: Isabelle Devaux, Stuttgart

Druck und Einband: ROSCH-BUCH Druckerei GmbH, 96110 Scheßlitz
Printed in Germany

ISBN   978-3-8282-0401-0
ISSN   1432-9220

Vorwort

Die vorliegende Dissertation beschäftigt sich mit einer großen Bandbreite ökonomischer Theorien, deren Aussagekraft für die Funktion und Ausgestaltung einer europäischen Beihilfenkontrolle untersucht wird. Diese Spannweite mag den Leser überraschen. Doch ist sie erforderlich, um die vielfältigen Wirkungen von Beihilfen erfassen und beurteilen zu können. Beihilfen haben nicht nur Auswirkungen auf den Wettbewerb zwischen Unternehmen; sie können auch die Wahl ihres Standorts, also den Standortwettbewerb beeinflussen. Beihilfen werden zudem als Mittel gegen Marktversagen angesehen. Die Vielzahl der Argumente und Beurteilungskriterien und der Versuch, diese einzuordnen, haben die Beschäftigung mit diesem Thema zu einer zwar mühsamen, aber wissenschaftlich reizvollen Aufgabe gemacht.

Die hierbei gewonnenen Erkenntnisse, so hoffe ich jedenfalls, könnten für die weitere wissenschaftliche und wirtschaftspolitische Diskussion von besonderem Wert sein. In der Wissenschaft wird zunehmend der Mangel einer konzeptionellen Fundierung der europäischen Beihilfenkontrolle beklagt. Das gilt auch für die wirtschaftspolitische Praxis. So hob die Wettbewerbskommissarin *Neelie Kroes* bei der Vorstellung des "State Aid Action Plans" der Europäischen Kommission im Jahre 2005 hervor: „Economic analysis of state aid is still in its infancy, compared to the achievements in other areas of competition policy."

All denen, die mich in den letzten Jahren bei der Entstehung dieser Arbeit unterstützt haben, schulde ich aufrichtigen Dank. Das gilt zunächst für meinen Doktorvater, Herrn *Prof. Dr. Wolfgang Kerber*. Er hat mir das Thema ans Herz gelegt und mich während der Zeit meiner Dissertation gefördert. Des weiteren möchte ich Herrn *Prof. Dr. Alfred Schüller* für die Übernahme des Zweitgutachtens und die Aufnahme der Arbeit in die Reihe „Schriften zu Ordnungsfragen der Wirtschaft" danken. Ich erinnere mich auch sehr gerne an die Eschweger Doktorandenseminare, die unter der Leitung der Professoren *Fehl* und *Schüller* Gelegenheit zu fruchtbaren Diskussionen und Anregungen boten. Das gilt auch für einige Hohenheimer Oberseminare, an denen ich teilnehmen durfte. Die dort an meinen Thesen geübte Kritik hat Struktur und Inhalt der Arbeit beeinflußt. Hierbei möchte ich insbesondere den Professoren *Dr. Hermann H. Kallfaß* und *Justus Haucap* danken. Dankend erwähnen möchte ich auch die Unterstützung durch Herrn *Prof. Dr. Lars P. Feld*.

Mein besonderer Dank gilt Herrn Privatdozent *Dr. Jörg Naeve* und Herrn *Prof. Dr. Ulrich Schwalbe* von der Universität Hohenheim. Sie haben es mir ermöglicht, im Jahre 2005 für einen Monat an der dortigen Universität mein Dissertationsvorhaben voranzutreiben.

Markus Kurz und *Dr. Andreas Wieg* sowie Privatdozent *Dr. Klaus Heine* verdanke ich wertvolle Anregungen und Hinweise.

Meinen Eltern, *Elfriede* und *Friedrich Gröteke* möchte ich besonders dafür danken, daß sie mich während der ganzen Zeit in meinen Vorhaben bestärkt und unterstützt haben. Ihnen widme ich diese Arbeit.

Berlin, April 2007   *Friedrich Gröteke*

Inhalt

Abbildungsverzeichnis

Abkürzungsverzeichnis

ABlEG	Amtsblatt der Europäischen Gemeinschaften
BSCA	Brussels South Charleroi Aiport
c.p.	ceteris paribus
d.V.	der Verfasser
EAGFL	Europäischer Ausgleichs- und Garantiefonds für die Landwirtschaft
EFRE	Europäischer Fonds für Regionale Entwicklung
EG	Europäische Gemeinschaften
EGKSV	Vertrag über die Europäische Gemeinschaft für Kohle und Stahl
ESF	Europäischer Sozialfonds
EuG(eI)	Europäischer Gerichtshof erster Instanz
EuGH	Europäischer Gerichtshof
EuZW	Europäische Zeitschrift für Wirtschaftsrecht
EWG	Europäische Wirtschaftsgemeinschaft
EWR	Europäischer Wirtschaftsraum
EWS	Europäisches Wirtschafts- und Steuerrecht
EWWU	Europäische Währungs- und Wirtschaftsunion
F&E	Forschung und Entwicklung
FIAF	Finanzierungsinstrument für die Ausrichtung der Fischereiwirtschaft
FKVO	Fusionskontrollverordnung
Fn.	Fußnote
GATT	General Agreement on Tariffs and Trade
GD	Generaldirektion
GVO	Gruppenfreistellungsverordnung
H. i. O.	Hervorhebung im Original
KMU	kleine und mittlere Unternehmen
Mass.	Massachusetts
MiTi	Ministry of International Trade and Industry
N. F.	Neue Folgen
NSÄ	Nettosubventionsäquivalent
NUTS	Nomenclature des unités territoriales statistiques
OJEC	Official Journal of the European Communities
Rdnr.	Randnummer
Rs.	Rechtssache
Slg.	Sammlung
WSI	Wirtschafts- und Sozialwissenschaftliches Institut
WTO	World Trade Organization

1. Einführung

Gemäß Art. 3 (1) g EG (früher 3 (1) f EWGV) soll die Europäische Gemeinschaft ein System errichten, „das den Wettbewerb innerhalb des Binnenmarktes vor Verfälschungen schützt." Die Gewährleistung eines unverfälschten Wettbewerbs ist jedoch kein Selbstzweck. Sie wird vielmehr als ein „Mittel zur Erreichung der allgemeinen Vertragsziele ..., insbesondere zur Errichtung eines einheitlichen Marktes" aufgefaßt (*Kerber* 1994, S. 185; *Schmidt* 1998, S. 159): „Europäische Wettbewerbspolitik ist zuallererst Integrationspolitik" (*Miert* 1995, S. 219). Die Errichtung eines Gemeinsamen Marktes bzw. die wirtschaftliche Integration der Volkswirtschaften der Mitgliedstaaten erfordert zunächst den Abbau von zwischenstaatlichen Handels- und Mobilitätshemmnissen. Ein ökonomischer Wohlfahrtsgewinn ist mit dieser Integration u. a. verbunden, weil nach dem Abbau von Handelshemmnissen der nationale Grenzen überschreitende Wettbewerb zwischen Unternehmen intensiviert wird. Die europäische Wettbewerbspolitik unterstützt die Errichtung des Gemeinsamen Marktes, indem sie verhindert, daß der Abbau von Handels- und Mobilitätshemmnissen und damit verbundene Wohlfahrtseffekte durch privatwirtschaftlich oder staatlich induzierte Wettbewerbsverfälschungen konterkariert werden.[1] Da Wettbewerbsverfälschungen sowohl von den Unternehmen selbst als auch von staatlichen Aktivitäten ausgehen können, sind Wettbewerbsregeln gegen die von Unternehmen verursachten ebenso wie solche gegen staatlich verursachte Wettbewerbsverfälschungen integrale Bestandteile der europäischen Wettbewerbspolitik. Zu letzteren zählt die europäische Beihilfenkontrolle, die in Art. 87 EG verankert ist.

Die Gründungsväter der Europäischen Wirtschaftsgemeinschaft waren schon damals der Ansicht, daß das Wettbewerbsinstrument *europäische Beihilfenkontrolle* notwendig ist, obwohl dieses Wettbewerbsinstrument damals noch neu und einzigartig war (*Ehlermann* 1995b, S. 1213 f.). Sie wußten, daß den Mitgliedstaaten durch die fortscheitende ökonomische Integration immer mehr handelspolitische Kompetenzen entzogen würden, die sie zur Begünstigung *ihrer* Unternehmen bzw. zum Schutz vor ausländischer Konkurrenz einsetzen könnten. Die Vergabe von Beihilfen wäre somit „das letzte Instrument, das den Mitgliedstaaten im Binnenmarkt verblieben ist, um einzelne Unternehmen zu begünstigen" (*Ehlermann* 1994, S. 27). Die europäische Beihilfenkontrolle soll daher verhindern, daß Unternehmen *künstliche* Wettbewerbsvorteile gegenüber ausländischen Konkurrenzunternehmen erhalten (*Regierungsausschuß* 1956, S. 57). Wegen ihrer Funktion wird die europäische Beihilfenkontrolle auch als ein *safeguard* für die europäische Integration bezeichnet (*Martin* und *Valbonesi* 2000, S. 176).

Es bestand bei den Gründungsvätern des EWGV zwar Einigkeit über die Notwendigkeit einer europäischen Beihilfenkontrolle, über deren Ausgestaltung hingegen nicht. So gestaltete sich auch die Definition bzw. Ermittlung charakteristischer Kriterien für eine wettbewerbsverfälschende Beihilfe im Rahmen der Vertragsverhandlungen schwierig. Man konnte sich – wegen der Neuartigkeit des Wettbewerbsinstruments und feh-

---

[1]   Vgl. *Kerber* (1994, S. 185 f.); *Miert* (1995, S. 219); *Mueller* (2000, S. 357); *Fox* (2002, S. 92 f.).

lender Referenzmodelle (*Ehlermann* 1995b, 1213 f.) – nur auf wenige allgemeine Kriterien verständigen. Die konkrete Ausgestaltung der Kriterien sollte nachfolgend vor allem der Europäischen Kommission obliegen, die auch die Kompetenz zur Durchführung der Beihilfenkontrolle erhielt (*Regierungsausschuß* 1956, S. 63; *Küsters* 1982, S. 368). Trotz dieser Kompetenzen gelang es ihr aber zunächst nicht, konsistente Kriterien für die europäische Beihilfenkontrolle zu entwickeln. Ihre Entscheidungen waren vielmehr inkonsistent, unvorhersehbar und intransparent: „The result has been inconsistent decisions, each one based on political needs of the moment, which together do not amount to a coherent body of principle" (*Thielemann* 1999, S. 406).[2] Nicht nur der Mangel an Kriterien war für die anfänglich nebulöse Beihilfenpraxis der Kommission ursächlich. Vielfach war die Kommission schlicht nicht in der Lage, Beihilfenentscheidungen und damit Eingriffe in die finanz- und wirtschaftspolitischen Kompetenzen der Mitgliedstaaten gegen deren Willen durchzusetzen. Dies änderte sich erst mit der Verabschiedung des Binnenmarktprogramms ab Mitte der 1980er Jahre und der Unterstützung des EuGH, der mit seinen Entscheidungen zu einer stärkeren Durchsetzung der Beihilfenentscheidungen beitrug.[3] Infolge der gestiegenen Durchsetzungsfähigkeit gelang es der Kommission und dem EuGH, im Rahmen ihrer Fallpraxis Kriterien zu entwickeln, die eine wettbewerbsverfälschende Beihilfe charakterisieren. Die Entwicklung dieser Kriterien ist noch nicht abgeschlossen, da die Kommission ständig auf immer neue Versuche zur Umgehung des Beihilfenverbotes seitens der Mitgliedstaaten reagieren muß.[4]

Die Konsequenz aus der gestiegenen Durchsetzungsfähigkeit der Beihilfenkontrolle und der Entwicklung der Kriterien ist, daß die Kommission immer stärker in nationale und subnationale Kompetenzen eingreifen kann. Das Ausmaß, in dem sie das tut, hängt vor allem davon ab, wie sie die Funktion und die Notwendigkeit der Beihilfenkontrolle auslegt. Die ursprüngliche Intention der europäischen Beihilfenkontrolle besteht darin, zu verhindern, daß durch die Vergabe von Beihilfen Wettbewerbsverfälschungen zwischen Unternehmen aus unterschiedlichen Ländern ausgelöst werden könnten und es zu Gegenmaßnahmen oder gar zu Subventions- oder Beihilfenwettläufen kommt. Ziel der Kommission ist es, mittels der Beihilfenkontrolle einen ‚fairen Wettbewerb' zwischen Unternehmen im Gemeinsamen Markt zu gewährleisten.[5] Und dies erfordert ihrer Meinung nach, daß die europäische Beihilfenkontrolle ein ‚level playing field' für alle Unternehmen im Gemeinsamen Markt etablieren solle.[6] Die Beihilfenkontrolle soll hierzu beitragen. Dies verschärft freilich die Kompetenzstreitigkeiten zwischen der EU und den Mitgliedstaaten. „Clashes with key institutionally entrenched domestic traditions"

---

[2]   Vgl. auch *Jenny* (1994, S. 545-552); *Bishop* (1997, S. 84); *Smith* (1998, S. 57).

[3]   Vgl. *Müller-Graff* (1988, S. 407); *Smith* (1998, S. 63); *Cini* (2000, S. 7); *Smith* (2001, S. 226).

[4]   Vgl. *Europäische Kommission* (2001e, S. 18); *Sinnaeve* (2002, S. 70); *Mederer* (2003, S. 1995).

[5]   Vgl. *Jenny* (1994, S. 526); *Mueller* (2000, S. 357). Siehe allgemein *Europäische Kommission* (1980, S. 9-12); *Lehner* und *Meiklejohn* (1991).

[6]   Vgl. *Miert* (2001, S. 46); *Wishlade* (2003, S. 1); *Sinnaeve* (1999, S. 14; 2002, S. 88); *Gröteke* und *Heine* (2003, S. 258; 2004a, S. 328); *Europäische Kommission* (2004b, S. 1; 2005d, S. 5).

sind auch infolge der gestiegenen Durchsetzungsfähigkeit des Instrumentes quasi vor-programmiert und gehören mittlerweile zum Alltag (*Thielemann* 1999, S. 403).

Diese Beihilfenpraxis der Kommission wird vielfach kritisiert. Insbesondere wird der Vorwurf erhoben, daß es der europäischen Beihilfenkontrolle an einer konsistenten ökonomischen und wettbewerbstheoretischen Fundierung mangele.[7] Dieser Mangel an ökonomischer Fundierung drückt sich nach Meinung von *Ehlermann* (1995b, S. 1214) in der vergleichsweise geringen Quantität der Literatur aus, die sich mit dem Thema Beihilfen bzw. Beihilfenkontrolle beschäftigt, „compare the wealth of writing on anti-trust questions to the dearth of publications on state aid issues." Es gebe „no models and no precedents, there is little academic debate and the contrast with antitrust is remark-able" (*Ehlermann* 1995a, S. 411). Selbst die Wettbewerbskommissarin *Neelie Kroes* (2005, S. 4) hob bei der Vorstellung des neuen ‚State Aid Action Plans' der Kommis-sion hervor: „Economic analysis of state aid is still in its infancy, compared to the achievements in other areas of competition policy". Die europäische Beihilfenkontrolle ist nach wie vor ein eher juristisch dominiertes Gebiet.

Erst in jüngerer Vergangenheit wurden vermehrt Ökonomen auf die Beihilfenkon-trolle aufmerksam. Es wurden Modelle für die Rechtfertigung für eine Beihilfenkontrol-le entwickelt.[8] Hierzu trug auch die Kommission selbst bei, indem sie selbst ein Modell (*Europäische Kommission* 1990) entwickelte oder ökonomische Analysen initiierte (*Lehner* und *Meiklejohn* 1991; *Europäische Kommission* 1999a). Zudem entstanden in jüngerer Zeit verschiedene Beiträge[9], Bücher[10] und Sammelbände[11], die der ökono-mischen Analyse der europäischen Beihilfenkontrolle verstärkt Auftrieb gaben. Die Europäische Kommission selbst ist bereit, sich diesen ökonomischen Argumenten zu öffnen. Sie will mit ihrem Reformprogramm, dem „State Aid Action Plan" (*Europäi-sche Kommission* 2005d), unter anderem die ökonomische Fundierung der europäischen Beihilfenkontrolle intensivieren.

Das Anliegen dieser Arbeit ist es, das Verständnis für die Notwendigkeit, Funktion und Ausgestaltung einer supranationalen Beihilfenkontrolle in Wirtschaftsräumen, die eine ökonomische Integration nationaler Volkswirtschaften vollziehen, zu verbessern.

---

[7]   Vgl. *Evans* und *Martin* (1991, S. 406); *Jenny* (1994, S. 549); *Campbell, Rowley* und *Waver-man* (1994, S. 426), *Bishop* (1997, S. 84); *Thielemann* (1999, S. 406); *Friederiszick, Röller* und *Verouden* (2005, S. 1).

[8]   Vgl. *Collie* (2000; 2002a; 2002b).

[9]   Vgl. *Jenny* (1994); *Kerber* (1998b); *Besley* und *Seabright* (1999; 2000); *Mueller* (2000); *Martin* und *Valbonesi* (2000; 2006); *Kallfaß* (2002); *Steinrücken* und *Jaenichen* (2002; 2003; 2004a;b;c; 2005), diverse von *Nicolaides*; *Gröteke* und *Heine* (2003; 2004a; 2004b); *Gröteke* (2004); *Gröteke* und *Kerber* (2004); *Nitsche* und *Heidhues* (2004); *Heine* und *Gröteke* (2005); *Steinrücken, Jaenichen* und *Kuchinke* (2005); *Friederiszick, Röller* und *Verouden* (2005); *Haucap* und *Hartwich* (2006).

[10]   Vgl. *Färber* (1995); *Rosenstock* (1995); *Soltwedel* et al. (1988).

[11]   Vgl. *Europäische Kommission* (1999a); *Bilal* und *Nicolaides* (1999); *Ehlermann* und *Ever-son* (2001); *Hawk* (2002).

Denn

> „[t]he use of state aids to industry by the governments of EU member states or by regional and local governments within those member states is probably the least well understood domain of competition policy, as well as raising some of the most difficult political questions of enforcement and the allocation of powers" (*Besley* und *Seabright* 2000, S. 200).

Konkret beschäftigt sich diese Arbeit aus ökonomischer Sicht mit der Frage: Unter welchen Umständen ist der Eingriff der europäischen Beihilfenkontrolle in finanz- und wirtschaftspolitische Kompetenzen nationaler, regionaler und lokaler Regierungen gerechtfertigt und notwendig?

Zur Beantwortung dieser Frage kann ein Ökonom eine Vielzahl unterschiedlicher Argumente aus unterschiedlichen ökonomischen Theorien anführen. Man kann Argumente aus der traditionellen Außenhandelstheorie ebenso für eine ökonomische Fundierung der europäischen Beihilfenkontrolle heranziehen wie Argumente aus der Theorie der strategischen Handelspolitik. Beihilfen wirken sich indes nicht nur auf den Wettbewerb zwischen Unternehmen aus. Nicht vergessen werden darf auch eine weitere Wettbewerbsdimension, die in jüngerer Vergangenheit immer stärker zu Tage tritt, nämlich die Dimension des Standortwettbewerbs. Auch aus der Theorie des Standortwettbewerbs bzw. der Theorie des interjurisdiktionellen Wettbewerbs lassen sich Rechtfertigungen für die Funktion und Notwendigkeit einer Beihilfenkontrolle ableiten. Es gibt folglich eine große und recht diffuse Bandbreite von ökonomischen Argumentationsmustern, die sich auf die Analyse der europäischen Beihilfenkontrolle anwenden lassen (z. B. *Martin* und *Valbonesi* 2006). Es stellt sich die Frage nach der adäquaten Theorie.

In dieser Arbeit wird der Versuch unternommen, die unterschiedlichen Theorien und die aus ihnen resultierenden Empfehlungen anhand des Faktums zu strukturieren, daß der ökonomische Integrationsprozeß nationaler Volkswirtschaften bis zur Vollendung eines Gemeinsamen Marktes typischerweise mehrere Integrationsstufen durchläuft.[12] Diese sind dadurch charakterisiert, daß die vier Grundfreiheiten (die Warenverkehrsfreiheit, die Freiheit des grenzüberschreitenden Angebotes von Dienstleistungen und die freie Wanderung von Finanzkapital, Personen und Unternehmen) in unterschiedlicher Weise durchgesetzt sind. Die Orientierung an den Integrationsstufen ist für die Einordnung der verschiedenen ökonomischen Theorien und deren Empfehlungen für die Notwendigkeit und Funktion einer Beihilfenkontrolle wichtig. Auf den ersten Integrationsstufen steht lediglich der Wettbewerb zwischen Unternehmen im Fokus der Analyse, weil nur Güter grenzüberschreitend wandern können. Auf der Integrationsstufe des Gemeinsamen Marktes sind auch Kapital und andere Produktionsfaktoren grenzüberschreitend mobil, so daß noch eine weitere Wettbewerbsdimension hinzutritt, die es zu beachten gilt, nämlich der Standortwettbewerb. In einem Gemeinsamen Markt laufen folglich zwei Wettbewerbsprozesse nebeneinander ab, auf die die Vergabe von Beihilfen Einfluß haben kann, der Wettbewerb zwischen Unternehmen und der Standortwettbewerb. Dem Rechnung tragend erfolgt die ökonomische Analyse in drei Abschnitten.

---

[12] Bei der ökonomischen Analyse werden die Begriffe ‚Subvention' und ‚Beihilfe' weitgehend synonym verwendet.

Der erste Teil der ökonomischen Analyse der europäischen Beihilfenkontrolle befaßt sich mit der *originären* Funktion einer supranationalen Beihilfenkontrolle aus Sicht des *Wettbewerbs zwischen Unternehmen*. Für die Analyse der Wirkungsweise von Beihilfen auf den Wettbewerb zwischen Unternehmen können ganz unterschiedliche Theorien herangezogen werden, denen unterschiedliche Effizienzkriterien zugrunde liegen. So liefert die traditionelle Außenhandelstheorie Empfehlungen für die wettbewerbspolitische Beurteilung von Beihilfen. Aus neueren außenhandelstheoretischen Konzepten wie der Theorie der strategischen Handelspolitik lassen sich zum Teil andere Erkenntnisse ableiten. Danach kann die Vergabe von Beihilfen für ein Land sinnvoll sein, wenn marktmächtige Unternehmen begünstigt werden, die ihren Marktanteil zu Lasten konkurrierender Unternehmen im Ausland ausdehnen können. Wichtige Erkenntnisse ergeben sich zudem, wenn man die Theorie der Neuen Politischen Ökonomie (NPÖ) heranzieht und Staatsversagen als eine wichtige Ursache für die Vergabe von Beihilfen versteht, die negative grenzüberschreitende Wettbewerbswirkungen induziert. Es gibt noch weitere wettbewerbstheoretische Modelle zur Beurteilung der Wettbewerbswirkungen von Beihilfen für den Wettbewerb zwischen Unternehmen. So schlagen *Fingleton, Ruane* und *Ryan* (1999) vor, bei der Beihilfenkontrolle in ähnlicher Weise vorzugehen, wie dies bei der Beurteilung privatwirtschaftlich verursachter Wettbewerbsverzerrungen geschieht. Das zu prüfende Effizienzkriterium wäre in diesem Fall, ob es durch die Beihilfenvergabe zu einer marktbeherrschenden Stellung des begünstigten Unternehmens käme. Ein anderer Vorschlag leitet sich aus der US-amerikanischen ‚Antitrust'-Politik ab, wonach die Vergabe von Beihilfen nur dann ein wettbewerbspolitisches Problem darstellen würde, wenn das begünstigte Unternehmen eine dauerhafte Monopolposition erhält. Nur in diesem Fall müßte die Wettbewerbspolitik beispielsweise mittels des Instrumentes der Beihilfenkontrolle, vielleicht aber auch mit einem anderen Instrument wie der Mißbrauchsaufsicht gegenüber marktbeherrschenden Unternehmen eingreifen. Ansonsten wird die Beihilfenvergabe als ein „waste of taxpayer's money" gesehen, die im günstigsten Fall den Konsumenten in Form niedrigerer Güterpreise zugute kommt. Entscheidend ist, daß man differenziert vorgeht, wenn man die Wettbewerbswirkungen von Beihilfen auf den Wettbewerb zwischen Unternehmen analysieren will. Die Analyse muß in Abhängigkeit von der Integrationsstufe und der adäquaten ökonomischen Theorie erfolgen. Denn die unterschiedlichen ökonomischen Theorien lassen sich aufgrund der postulierten Annahmen nur bestimmten Integrationsstufen zuordnen. Gleiches gilt für die aus den Theorien gewonnenen Implikationen für die Notwendigkeit und Funktion einer Beihilfenkontrolle.

Der zweite Teil der ökonomischen Analyse der Wirkungen von Beihilfen bezieht sich auf die Integrationsstufe des Gemeinsamen Marktes und erfolgt aus einer ganz anderen Perspektive bzw. Wettbewerbsdimension, nämlich der Perspektive des Standortwettbewerbs bzw. des interjurisdiktionellen Wettbewerbs. Das theoretische Konzept des interjurisdiktionellen Wettbewerbs kann als ein Integrationskonzept für den Gemeinsamen Markt verstanden werden. Über die Wirkungen des Standortwettbewerbs gibt es ganz unterschiedliche Ansichten. Befürworter des Konzeptes heben hervor, der Standortwettbewerb würde ebenso wie der Wettbewerb auf Gütermärkten für die Bereitstellung effizienter Steuer-Leistungsbündel sorgen (z. B. *Kerber* 1998b, S. 37). Denn die Politiker werden im Wettbewerb gezwungen, solche Steuer-Leistungsbündel bereitzustellen, die den Präferenzen der Individuen am besten entsprechen. Bieten sie ineffiziente Bündel an, werden sie durch die Abwanderung der Bürger sanktioniert. Gegner dieses Konzeptes führen an, der interjurisdiktionelle Wettbewerb würde keine effizienten Steuer-Leistungsbündel, sondern gesamtgesellschaftliche Ineffizienzen generieren. Es sei sowohl bei der Besteuerung als auch bei den Regulierungen zu erwarten, daß sich die im Wettbewerb stehenden Gebietskörperschaften gegenseitig herunterkonkurrieren. Man prophezeit ein ‚race to the bottom‘. Die Kontroverse führt zu der Einsicht, daß es notwendig ist, mögliche Versagenstatbestände des Wettbewerbs zu identifizieren und die Funktionsfähigkeit des Wettbewerbs durch geeignete Institutionen zu gewährleisten.

Beihilfen spielen in diesem Konzept insofern eine Rolle, weil sie als ein Wettbewerbsparameter in diesem Standortwettbewerb verstanden werden können. Denn Beihilfen können nicht nur die Produktions-, sondern auch die Standortentscheidung eines *mobilen* Unternehmens bzw. einer *mobilen* Investition beeinflussen. Daher ist es notwendig, die Wirkung der Vergabe von Beihilfen auch in bezug auf den Wettbewerb zwischen Standorten zu analysieren. Dabei soll der Frage nachgegangen werden, unter welchen Bedingungen die Vergabe von Beihilfen zu Ineffizienzen bzw. zu einem Versagen des *Standortwettbewerbs* führt, so daß auch aus der Perspektive des Standortwettbewerbs eine Beihilfenkontrolle notwendig wäre. Ineffizienzen können insbesondere dann erwartet werden, wenn es an der Mobilität von Individuen, Unternehmen und Kapital mangelt und eine ineffiziente Beihilfenpolitik nicht durch einen Wegzug sanktioniert werden kann. Die Politiker hätten unter diesen Umständen einen Anreiz, durch die Vergabe von Beihilfen bestimmte Interessengruppen zu begünstigen.

Ineffizienzen können im interjurisdiktionellen Wettbewerb zudem erwartet werden, wenn keine fiskalische Äquivalenz vorliegt bzw. die Jurisdiktionen keinen harten Budgetrestriktionen ausgesetzt sind und Kosten der Beihilfenvergabe auf andere Jurisdiktionen verlagern können. Eine Beihilfenkontrolle könnte in diesen Fällen als Teil einer Wettbewerbsordnung für den interjurisdiktionellen Wettbewerb fungieren und die Vergabe von Beihilfen verbieten und kontrollieren.

Im dritten Teil der ökonomischen Analyse werden die beiden zuvor geschilderten Perspektiven zusammengeführt. Es ist zu klären, welche Wechselwirkungen zwischen dem Wettbewerb zwischen Unternehmen und dem interjurisdiktionellen Wettbewerb bestehen und welche Folgerungen mit Blick auf die Notwendigkeit und Funktion einer Beihilfenkontrolle gezogen werden können. Ein *funktionsfähiger* interjurisdiktioneller Wettbewerb hat Einfluß auf die Wirtschaftspolitik der Jurisdiktionen. Die Vergabe ineffizienter Beihilfen an Unternehmen, insbesondere an Unternehmen und Sektoren in wirtschaftlichen Schwierigkeiten, könnte durch Abwanderung der Steuerzahler sanktioniert werden. Die Sanktionierung von Staatsversagen bzw. die Disziplinierung der Politiker sind wichtige Funktionen eines funktionsfähigen Standortwettbewerbs, die zugleich Auswirkungen auf den Wettbewerb zwischen Unternehmen haben. Denn Staatsversagen ist eine wichtige Ursache für die Vergabe von Beihilfen an Unternehmen und die hieraus resultierenden negativen grenzüberschreitenden Wettbewerbseffekte auf Unternehmen in anderen Ländern. Da die Vergabe solcher Beihilfen schon durch den interjurisdiktionellen Wettbewerb sanktioniert werden kann, ist die Notwendigkeit für eine europäische Beihilfenkontrolle aus Sicht des Wettbewerbs zwischen Unternehmen nicht unbedingt gegeben. Dies gilt speziell, wenn man der Sichtweise von *Fox* (2002) und *Mueller* (2000) folgt. Danach sollten Beihilfen aus der Perspektive des Wettbewerbs zwischen Unternehmen nur dann verboten werden, wenn das begünstigte Unternehmen eine dauerhafte Monopolstellung erhält.

Ist der interjurisdiktionelle Wettbewerb hingegen *nicht funktionsfähig*, so besteht die Gefahr, daß Beihilfen gewährt werden, die gesamtgesellschaftliche Ineffizienzen hervorrufen. Dies gilt insbesondere auch für Beihilfen, die starke Auswirkungen auf den Wettbewerb zwischen Unternehmen haben. Unter diesen Bedingungen bestehen zwei Optionen. Entweder werden entsprechende Rahmenbedingungen für einen funktionsfähigen interjurisdiktionellen Wettbewerb hergestellt. Wenn dies allerdings nicht möglich oder nicht erwünscht ist, dann ist eine Beihilfenkontrolle notwendig. Diese müßte als Teil einer integrierten Wettbewerbsordnung für den Wettbewerb zwischen Unternehmen und den interjurisdiktionellen Wettbewerb beide Wettbewerbsarten kanalisieren. Wenn man eine solche Beihilfenkontrolle implementiert, so müßten weitere Aspekte bedacht werden. So müßte sichergestellt sein, daß die Beihilfenkontrolle selbst nicht anfällig für Partikularinteressen ist und daß sie nicht zur Ausschaltung eines ansonsten funktionsfähigen interjurisdiktionellen Wettbewerbs mißbraucht werden kann.

Die Arbeit gliedert sich wie folgt: In Kapitel 2 wird zunächst die Intention, die historische Entwicklung sowie die zunehmende Durchsetzungsfähigkeit der europäischen Beihilfenkontrolle beschrieben. Im Fokus dieses Kapitels steht sodann die Definition des Beihilfebegriffes in der europäischen Beihilfenkontrolle, der von der Europäischen Kommission und der europäischen Gerichtsbarkeit in der Fallpraxis stetig fortentwickelt wird. Anhand von aktuellen Beispielsfällen soll am Ende des Kapitels verdeutlicht werden, in welchem Ausmaß mittels der europäischen Beihilfenkontrolle mittlerweile in die Kompetenzen der Mitgliedstaaten und untergeordneter Jurisdiktionsebenen eingegriffen wird.

In Kapitel 3 werden zunächst die Integrationsstufen dargestellt, die die ökonomische Integration verschiedener Nationalstaaten hin zu einem Gemeinsamen Markt oder einer Wirtschafts- und Währungsunion durchläuft. Daraufhin werden unterschiedliche Theorien zur Analyse der Wirkungen von Beihilfen auf den Wettbewerb zwischen Unternehmen betrachtet. Die Theorien sowie hieraus resultierende Implikationen für die Notwendigkeit und Funktion einer Beihilfenkontrolle werden unterschiedlichen Integrationsstufen zugeordnet. Die aus den Theorien resultierenden Empfehlungen werden sodann auf die am Ende des zweiten Kapitels angeführten Beispielsfälle angewendet.

In Kapitel 4 wird zunächst das Konzept des interjurisdiktionellen Wettbewerbs allgemein vorgestellt. Anschließend wird untersucht, inwieweit die Vergabe von Beihilfen zur Effizienz des interjurisdiktionellen Wettbewerbs beitragen kann und unter welchen Umständen die Beihilfenvergabe ineffiziente gesamtgesellschaftliche Ergebnisse auslösen würde. In solchen Fällen könnte eine supranationale Beihilfenkontrolle bzw. konkret die europäische Beihilfenkontrolle als Teil einer Wettbewerbsordnung für den interjurisdiktionellen Wettbewerb notwedig sein und dessen Funktionsfähigkeit steigern helfen. Am Ende des Kapitels werden die Erkenntnisse wiederum auf die Beispielsfälle aus Kapitel 2 angewendet.

Kapitel 5 bildet den Abschluß dieser Arbeit. Die beiden Wettbewerbsdimensionen werden zusammengeführt und zusammen analysiert. Die Notwendigkeit für eine supranationale Beihilfenkontrolle und deren Funktion wird durch eine Gegenüberstellung der Rahmenbedingungen des US-amerikanischen Binnenmarktes mit denjenigen des europäischen Binnenmarktes verdeutlicht.

2. Die Beihilfenkontrolle der Europäischen Union: ein Überblick

2.1. Intention und Ursprung der europäischen Beihilfenkontrolle

Die europäische Integration war in ihren Anfängen sowohl von politischen als auch von ökonomischen Zielvorstellungen und Zwecken geprägt (*Schmidt* 1998, S. 8 f.).[13] Die Gründung der Montanunion im Jahre 1950/51 sollte vor allem politischen Zielen dienen, nämlich den Frieden in Europa zu sichern (z. B. *Müller-Armack* 1966, S. 402). Zu diesem Zweck sollten die nationalen, kriegswichtigen Sektoren Kohle und Stahl zu einem gemeinschaftlichen Markt integriert und kontrolliert werden. Es sollten ökonomische Abhängigkeiten entstehen, die es den Staaten erschweren oder gar unmöglich machen sollten, weiterhin Kriege gegeneinander zu führen (*Schmidt* 1998, S. 8; *Nienhaus* 2003, S. 547). Zudem gab es wirtschaftliche Ziele der Montanunion, die mit den politischen vereinbar waren. Denn die Errichtung der Montanunion sollte dazu beitragen, die damals herrschende Mangelsituation in den Sektoren Stahl und Kohle zu beheben, zumal beide Sektoren auch als wichtige Schlüsselindustrien für den Wiederaufbau der europäischen Wirtschaft galten (*Hrbek* 1993, S. 4 f.; *Schmidt* 1998, S. 9). Den rechtlichen Rahmen für die Integration dieser Sektoren und die Errichtung eines gemeinschaftlichen Marktes für Kohle und Stahl bildete der EGKS-Vertrag.

Der Grundstein für eine tiefer gehende und mittlerweile alle Sektoren betreffende ökonomische bzw. realwirtschaftliche Integration[14] wurde mit der Unterzeichnung der Römischen Verträge 1957 gelegt (*Müller-Armack* 1966, S. 402). Man hatte das Ziel, durch den Abbau zwischenstaatlicher Handels- und Mobilitätshemmnisse einen Gemeinsamen Markt zu errichten. Die Schaffung größerer Märkte ermöglicht, daß Güter in verstärktem Maße international ausgetauscht werden können und mithin eine stärkere Spezialisierung der nationalen Wirtschaften erfolgen kann. Mit der Etablierung eines Gemeinsamen Marktes kann die rationellste Verteilung der Erzeugnisse und der höchste Leistungsstand erreicht werden (*Küsters* 1982, S. 179; *Möschel*, 1993, S. 23-25). Insgesamt können der wirtschaftliche Wohlstand gesteigert und die Lebensbedingungen im Integrationsraum verbessert werden (*Müller-Armack* 1966, S. 402; *Gröner* 1993, S. 5).

Diese Wohlfahrtseffekte innerhalb der europäischen Integrationszone sollten durch einen marktwirtschaftlich und nicht durch einen zentralverwaltungswirtschaftlich koordinierten Wirtschaftsprozeß realisiert werden. Dazu war es notwendig, die Funktionsfä-

---

[13] *Möschel* (1993, S. 23-27) führt vier mögliche Argumente für eine europäische Integration an: Das *Friedensargument*, d. h. die Reduzierung kriegerischer Auseinandersetzungen, das *Binnenmarkt-Argument*, d. h. die Steigerung der gemeinschaftlichen Wohlfahrt durch Handel, das *imperiale Argument*, d. h. die Bündelung wirtschaftlicher und politischer Macht in einem Handelsblock, die es ermöglicht anderen Handelsblöcken auf Augenhöhe zu begegnen, und das *Deutschen-Argument*, d. h. die stärkere wirtschaftliche und politische Einbindung Deutschlands.

[14] Der Terminus *ökonomische Integration* ist in der ökonomischen Literatur nicht eindeutig definiert. Einige Autoren sind der Ansicht, daß hiermit eine soziale Integration verbunden ist, andere fassen darunter unterschiedliche Formen der internationalen Kooperation. Charakteristisch für eine Integration ist aber in jedem Fall die Existenz von Handelsbeziehungen zwischen unabhängigen Volkswirtschaften (*Balassa* 1962, S. 1).

higkeit wettbewerblicher Marktprozesse zu gewährleisten (*Müller-Armack* 1966, S. 404 f.; *Gröner* 1993, S. 5). Dies implizierte, daß der Abbau von Handels- und Mobilitätshemmnissen vorangetrieben und die sich öffnenden nationalen Volkswirtschaften gleichzeitig vor wirtschaftspolitischen Eingriffen anderer Mitgliedstaaten geschützt wurden. Die wirtschaftspolitischen Kompetenzen der Mitgliedstaaten mußten folglich beschränkt und engen Bindungen unterworfen werden:

> „Die Ordnung eines Gemeinsamen Marktes ist so als ein streng wettbewerblicher Markt im Innern definiert. Es ist ein Markt mit binnenmarktähnlichen Verhältnissen. Ein sehr strikter Antiinterventionismus bestimmt den Vertrag" (*Müller-Armack* 1966, S. 405).[15]

Den Mitgliedstaaten wurden demzufolge durch entsprechende Bestimmungen im EWG-Vertrag, die für die Errichtung und die Funktionsfähigkeit eines Gemeinsamen Marktes notwendig sind, Fesseln auferlegt. Zum einen sind hier die Artikel zu nennen, mittels derer der Abbau von zwischenstaatlichen Handels- und Mobilitätshemmnissen bzw. die Durchsetzung der vier Grundfreiheiten, also die Freiheit des Waren- und Dienstleistungsverkehrs, die Niederlassungsfreiheit für Unternehmen, die Freizügigkeit der Arbeitnehmer und der freie Kapitalverkehr, vorangetrieben werden sollte (*Müller-Armack* 1966, S. 405; *Gröner* 1993, S. 6-8). Zum anderen sind Bestimmungen in den Vertrag aufgenommen worden, die einen funktionsfähigen Wettbewerb im Integrationsraum ermöglichen sollten. So soll gemäß Artikel 3 (1) lit. g (früher lit. f) EG ein System errichtet werden, „das den Wettbewerb innerhalb des Binnenmarktes vor Verfälschungen schützt". Dies betrifft einerseits die Verfolgung privatwirtschaftlich induzierter Wettbewerbsbeschränkungen wie horizontale und vertikale Vereinbarungen (Art. 81 EG), Fusionen (FKVO) und den Mißbrauch einer marktbeherrschenden Stellung (Art. 82 EG). Andererseits gilt dies aber auch für staatlich verursachte Wettbewerbsbeschränkungen. Denn es bestand und besteht die Gefahr, daß die Staaten *ihren* Unternehmen durch den Einsatz wirtschaftspolitischer Instrumente einen Wettbewerbsvorteil gegenüber Unternehmen aus anderen Mitgliedstaaten des Integrationsraumes verschaffen könnten.

Ein integraler Bestandteil der europäischen Wettbewerbspolitik gegen staatlich induzierte Wettbewerbsbeschränkungen war von Anfang an die europäische Beihilfenkontrolle. Über deren Implementation bestand bereits in den Verhandlungen zum EWG-Vertrag Einigkeit zwischen den Mitgliedsländern:

> „Eine der wesentlichsten Garantien, die den Unternehmen gegeben werden muß, ist, daß der Wettbewerb nicht dadurch verfälscht wird, daß ihre Konkurrenten künstlich geschaffene Vorteile besitzen. ... Allgemein kann gesagt werden, daß mit dem gemeinsamen Markt Beihilfen – ungeachtet ihrer äußeren Form – unvereinbar sind, die durch die Begünstigung gewisser Unternehmen oder Produktionszweige den Wettbewerb verfälschen und die Arbeitsteilung beeinträchtigen" (*Regierungsausschuß* 1956, S. 61 f.).

Daher wurden in den Art. 87 und 88 EG (früher Art. 92 und 93 EGV) Beihilferegeln verankert, die ebenso wie die Regeln gegen privatwirtschaftliche Wettbewerbsbeschränkungen ihren Ursprung in Art. 3 (1) lit. g EG haben.[16]

---

[15] Siehe hierzu abstrakt und allgemein auch *Hayek* (1939/1952, S. 328).

Die Besonderheit der Etablierung einer europäischen Beihilfenkontrolle lag darin, daß dieses Instrument zwar einerseits auf zunächst plausiblen und nachvollziehbaren Argumenten beruhte, andererseits aber auch einen revolutionären Charakter besaß. Denn ein solches Wettbewerbsinstrument war den Mitgliedstaaten bis dato unbekannt.[17] Auch in anderen wirtschaftlichen Integrationsräumen gab es ein solches Wettbewerbsinstrument damals noch nicht. Die Aufnahme entsprechender Regeln in die Vertragswerke des GATT und deren Nachfolger der WTO wurde erst durch die europäischen Regelungen angeregt. Der europäische Wirtschaftsraum nahm folglich mit der Implementierung dieses Instrumentes eine Vorreiterrolle ein, die aber Gefahren barg, weil man nicht auf Erfahrungen anderer Wirtschaftsräume bezüglich Funktion, Ausgestaltung und Durchsetzung des Instrumentes zurückgreifen konnte (*Ehlermann* 1995b, S. 1213 f.).

Es mußte vielmehr *erstens* ein eigenes Verständnis im Hinblick auf die Aufgaben und Funktion der Beihilfenkontrolle sowie die anzuwendende Kriterien und Verfahren entwickelt werden. Man war sich zwar in den grundsätzlichen Prinzipien einig (*Regierungsausschuß* 1956, S. 61-63). Auf eine umfassende Regelung sowohl die Kriterien als auch das Verfahren betreffend wurde aber vor dem Hintergrund der schwierigen Verhandlungen verzichtet. Es wäre für die verhandelnden Delegationen unmöglich gewesen, über jede einzelne Beihilfe während der Vertragsverhandlungen zu entscheiden, denn jeder Staat wollte für sich Ausnahmen vom Beihilfenverbot in Anspruch nehmen. Jeder Staat unterstützte aus ganz unterschiedlichen Motiven bestimmte Unternehmen, Sektoren und Regionen seiner Wirtschaft (*Küsters* 1982, S. 368).

Zweitens ergab sich neben den zu ergreifenden Maßnahmen im Rahmen der Beihilfenkontrolle auch Diskussionsbedarf über die Verteilung der Kompetenzen, und zwar zwischen nationalen Regierungen und den Gemeinschaftsorganen (*Küsters* 1982, S. 367), Zudem gab es auch Kompetenzstreitigkeiten im Hinblick auf die Frage, welches Gemeinschaftsorgan die Hauptkompetenz bei der Beurteilung von Beihilfen bekommen sollte. In diesem Punkt konnten sich Deutschland und die Niederlande durchsetzen. Die Kommission und nicht der *Europäische Rat* erhielt die Hauptkompetenz (Art. 88 EG). Dem *Europäischen Rat* wurden die entsprechenden Kompetenzen nicht zugesprochen, weil befürchtet würde, daß sich die Regierungen wechselseitig Zugeständnisse machen könnten und damit eine strikte Beihilfenkontrolle unterminiert wür-

---

[16] Vgl. *Caspari* (1987, S. 80); *Müller-Graff* (1988, S. 410 f. und 433); *Kerber* (1998b, S. 37); *Heine* (2003, S. 472).

[17] In Deutschland ist beispielsweise für die Vergabe von Subventionen kein spezifisches Gesetz als Ermächtigungsgrundlage notwendig. Es müssen lediglich die Kompetenzvorschriften und Legitimationsgrundlagen hoheitlichen Handelns eingehalten werden. Die Verabschiedung von Subventionen erfolgt daher quasi mit der Verabschiedung des Haushaltes. Der Ermessensspielraum der Politiker „pflegt entsprechend groß zu sein. Solche Verwaltungsakte können von Dritten, auch von Konkurrenten der begünstigten Empfänger, angefochten werden. Man spricht auch von Begünstigungsabwehrklagen." Diese haben jedoch in der Regel weder aus materiell-rechtlichen Gründen noch aus wettbewerbspolitischen Gründen Aussicht auf Erfolg. Es sei denn, die wettbewerbsverzerrenden Effekte der Subvention würden zu einer „enteignungsgleiche[n] Verdrängung" der Konkurrenz aus dem Markt führen (*Möschel* 1995, S. 51 f.).

de.[18] Daher kann der *Europäische Rat* lediglich Verordnungen oder Richtlinien zur Durchführung der Bestimmungen der Art. 87 und 88 EG auf Vorschlag der Europäischen Kommission und nach Anhörung des Europäischen Parlaments mit qualifizierter Mehrheit erlassen (Art. 89 EG; *Küsters* 1982, S. 367 f.). Die europäische Beihilfenkontrolle ist somit eine der wenigen Politikbereiche, in denen der *Europäischen Kommission* sowohl das Vorschlags- und Initiativrecht als auch die Entscheidungsbefugnis zugestanden wird (*Regierungsausschuß* 1956, S. 63; *Ehlermann* 1995b, S. 1216).[19]

Ein *dritter* wichtiger Punkt neben der Bestimmung der Funktion einer Beihilfenkontrolle und der damit verbundenen Abgrenzung der Kompetenzen ist die Durchsetzbarkeit der getroffenen Entscheidungen. Entscheidend ist nämlich nicht nur, wie Kriterien ausgestaltet sind oder wie Kompetenzen abgegrenzt werden. Wichtig ist, daß die auf den Kriterien beruhenden Entscheidungen ebenso wie die Kompetenzabgrenzungen auch durchsetzbar sind.

2.2. Entwicklung und Durchsetzbarkeit der europäischen Beihilfenkontrolle

Obwohl Beihilferegeln schon in den Gründungsverträgen des EGKS und des EWG verankert waren, wurde die europäische Beihilfenkontrolle lange Zeit nicht in der wettbewerbspolitischen Diskussion wahrgenommen. Das kann einerseits darauf zurückgeführt werden, daß der Abbau von Handels- und Mobilitätshemmnissen als Voraussetzung für die Errichtung des Gemeinsamen Marktes erst nach und nach erfolgte. Den Mitgliedstaaten standen folglich noch lange Zeit nach der Ratifizierung der Gründungverträge alternative wirtschaftspolitische Instrumente zur Verfügung, mit denen sie sich vor feindseligen wirtschaftspolitischen Eingriffen anderer Mitgliedstaaten schützen konnten. Sie waren folglich nicht auf eine funktionierende Beihilfenkontrolle angewiesen. Andererseits war die Beihilfenkontrolle als Wettbewerbsinstrument anfangs wenig funktionsfähig, weil sie recht durchsetzungsschwach und das Beihilfenverfahren sowie die Entscheidungsfindung von erheblicher Intransparenz geprägt waren (*Schmidt* und *Schmidt* 1997, S. 137).

Die Durchsetzungsschwäche betraf auch die Subventionsregeln des EGKS-Vertrages. Art. 4 lit. c EGKSV verfügte zwar ein striktes Beihilfenverbot nationaler Beihilfen für die Kohle- und Stahlindustrie:

"Als unvereinbar mit dem Gemeinsamen Markt für Kohle und Stahl werden innerhalb der Gemeinschaft gemäß den Bestimmungen dieses Vertrages aufgehoben und untersagt ...

---

[18] *Schmidt* und *Schmidt* (1997, S. 161 f.) argumentieren, daß dieses Problem auch auftreten könnte, wenn man der Kommission die alleinige Entscheidungsbefugnis bei Beihilfenentscheidungen einräumt. Denn auch die aus verschiedenen Nationen stammenden Kommissare können so genannte Paketlösungen schnüren. Daran können sie auch insofern ein Interesse haben, als die Kommissare zumeist aus der nationalen Politik kommen und dorthin auch wieder zurückkehren wollen.

[19] Die angesprochene Gefahr ist jedoch nicht ganz gebannt. Denn ausnahmsweise kann der Europäische Rat eine Beihilfe einstimmig auf Antrag eines Mitgliedstaats für mit dem Gemeinsamen Markt vereinbar erklären, wenn "außergewöhnliche Umstände eine solche Entscheidung rechtfertigen" (Art. 88 (2) EG).

von den Staaten bewilligte Subventionen oder Beihilfen ..., in welcher Form auch immer dies geschieht".

Und es gab keine Ausnahmen von diesem strikten Verbot (*Rosenstock* 1995, S. 67). Allerdings konnten Verstöße gegen die Bestimmungen des Art. 4 lit. c EGKSV nicht vor den EuGH gebracht werden. Im Endeffekt waren die Bestimmungen dieses Artikels aufgrund der „Unzulänglichkeit der Regeln seiner Durchsetzung" zunächst praktisch kaum durchsetzbar (*Caspari* 1986, S. 43; *Bargen* 1987, S. 57-61). Das absolute Subventionsverbot wurde folglich häufig durchbrochen, insbesondere zu Beginn der europäischen Kohlekrise, Anfang der 1960er Jahre, als die einzelnen Mitgliedstaaten *ihren* Kohlebergbau in erheblichem Maße unterstützten. Diese Unterstützung wurde von der Kommission zunächst ignoriert bzw. *nicht* als Beihilfe eingestuft, weil die Mitgliedstaaten den Art. 95 EGKSV als Schlupfloch entdeckt hatten. Danach galten die gewährten Beihilfen als notwendig für die Sicherung der Vertragsziele. Die Nutzung dieses Artikels zur Umgehung des Beihilfenverbotes wurde erst im Jahre 1964 eingeschränkt. Die Kommission einigte sich mit den Mitgliedstaaten auf bestimmte Kriterien, denen Beihilfen an Unternehmen im Kohlesektor genügen mußten, um nach Art. 95 EGKSV vom Beihilfenverbot ausgenommen werden zu können (*Caspari* 1987, S. 83 f.; *Rosenstock* 1995, S. 69).

Ähnliche Verstöße gegen das Beihilfenverbot des Art. 4 lit. c EGKSV traten auch in der Stahlindustrie auf, die sich Mitte der 1970er Jahre in einer Krise befand. Nachdem auch hier die gewährten Beihilfen zunächst schlicht ignoriert wurden, wurde später in Art. 67 EGKSV eine Umgehungsmöglichkeit des Beihilfenverbotes gefunden. Danach waren Begünstigungen an Stahlunternehmen erlaubt, wenn sie auch anderen Unternehmen in einer Nation zugute kamen, es sich folglich um allgemeine wirtschaftspolitische Maßnahmen handelte (*Rosenstock* 1995, S. 68). Daher wurde nahezu jede Finanzintervention der Staaten zugunsten der Stahlbranche in allgemeine Maßnahmen eingebettet und konnte so dem strikten Beihilfenverbot in Art. 4 lit. c EGKSV entzogen werden. In der Folge lieferten sich die Mitgliedstaaten in der Unterstützung ihrer Stahlproduktion einen regelrechten Beihilfenwettlauf, der zu innergemeinschaftlichen Handelsbeschränkungen zu führen drohte. Erst auf Initiative des *Europäischen Rates* wurden in den Jahren 1978 und 1981 Beihilfekodices erlassen, die der Kommission eine striktere Überwachung der Beihilfen ermöglichten. Die Gewährung von Beihilfen in der Stahlindustrie wurde fortan an die Durchführung von Restrukturierungsmaßnahmen, also an Kapazitätsreduktionen, geknüpft. Ab dem Jahre 1985 wendete die Kommission im Stahlbereich wieder das strikte Beihilfenverbot gemäß Art. 4 lit. c EGKSV an. Beihilfen für Forschung und Entwicklung, Umweltschutz und Betriebsstillegungen wurden ausgenommen, weil diese Ausnahmen auch für andere Sektoren gelten und über die Vergabe von Beihilfen weitere Strukturanpassungen erfolgen können.[20]

Die Beihilferegeln im EWG-Vertrag spielten anfänglich eine untergeordnete Rolle. Es gab recht wenige bei der Kommission gemeldete Fälle, die bis Ende der 1970er Jahre auch fast alle genehmigt wurden, weil eine systematische Beihilfenkontrolle bis Anfang

---

[20] Vgl. *Caspari* (1986, S. 43; 1987, S. 85); *Ehlermann* (1995a, S. 412); *Rosenstock* (1995, S. 69).

der 1980er Jahre nicht stattfand (*Noll* 2002, S. 18). Man „lebte ... doch, insgesamt ge-sehen, in einer Welt der Harmonie, und man wollte einander nicht weh tun" (*Caspari* 1987, S. 86; ebenso *Ciresa* 1993, S. 46). Die Folge war, daß die Entscheidungspraxis der Kommission von politischen Erwägungen geprägt und inkonsistent war (*Bishop* 1997, S. 84; *Thielemann* 1999, S. 406).

Die Zahl der gemeldeten Fälle stieg dann ab Ende der 1970er Jahre, als die Wirt-schaftskrise auch die gewerblichen Bereiche erreichte und die Mitgliedstaaten verstärkt auf das Instrument der staatlichen Beihilfen zurückgriffen (*Caspari* 1987, S. 86). Es gab in diesem Zeitraum auch vermehrt negative Entscheidungen der Kommission, die je-doch kaum durchsetzbar waren, weil – im Vergleich zu den anderen Wettbewerbsregeln für Unternehmen – die politische Ausgangslage für die europäische Beihilfenkontrolle schwieriger war (*Müller-Graff* 1988, S. 407). Die Mitgliedstaaten waren es seit Jahr-zehnten gewohnt, Beihilfen an die Industrie zu vergeben. Es gab ja keine vergleichbare nationale Beihilfenkontrolle. Der Widerstand der Mitgliedstaaten gegen die Durchset-zung von Beihilfenentscheidungen der Kommission und damit gegen Eingriffe in ihre Kompetenzen war folglich groß und zunächst erfolgreich (*Smith* 2001, S. 226).[21] Die Regierungen der Mitgliedstaaten profitierten bis Mitte der 1980er Jahre davon, daß der Prozeß der europäischen Integration stagnierte bzw. sich in einem „Zustand [befand], in dem die Gemeinschaftszugehörigkeit [den Mitgliedstaaten] eine Reihe politischer und wirtschaftlicher Vorteile gebracht hat, ohne daß sie nennenswerte ,Souveränitäts'-Verzichte verlangte" (*Caspari* 1986, S. 38; H. i. O.; ebenso *Cecchini* 1988, S. 3).

Erst mit der Verabschiedung des Binnenmarktprogramms im Jahre 1986 gewann der Integrationsprozeß eine neue Dynamik, der verstärkte Eingriffe der Kommission in die Kompetenzen der Mitgliedstaaten mit sich brachte. Dies galt auch für die europäische Beihilfenkontrolle, deren Durchsetzungsfähigkeit sich seitdem graduell verbessert hat (*Smith* 1998, S. 63; *Cini* 2000, S. 7).[22]

„Using its resources as well as its Treaty authority, the Commission since the late 1980s has been able to develop its capacities to investigate state aid cases, establish precedents, impose conditions on the approval of aid, and extract compliance from member state governments." (*Smith* 2001, S. 226)

Die verstärkte Durchsetzungsfähigkeit und striktere Anwendung der Beihilfenkontrolle kann in erster Linie auf die rigorosere Rechtsprechung des EuGH in Beihilfefällen nach der Verabschiedung des Binnenmarktprogramms zurückgeführt werden (*Müller-Graff*

---

[21] „Member states of the European Union have for decades used a wide range of aids to indus-try as part of their industrial policies, whether to develop national champions, rescue major enterprises in financial trouble, or simply to make national industry more competitive inter-nationally" (*Smith* 1996, S. 564).

[22] „In the case of competition policy – and within this larger category, state aid policy – politi-cal and economic conditions that led to agreement on the single market created the opportu-nity for the Commission to use its legal powers as a springboard to more substantial influ-ence ... The Commission was not unaware of the distortionary effects of government inter-vention on competition earlier in the development of the Community, but the Commission lacked the strength to countenance the political costs of applying its legal competence" (*Smith* 1996, S. 567).

1988, S. 407).[23] Erst mit Hilfe des EuGH gelang es der Kommission, eine restriktivere Beihilfenpolitik durchzuführen (*Smith* 2001, S. 226). Die Anzahl der notifizierten Beihilfenfälle stieg von zunächst 20 Fällen jährlich (Anfang der 1980er Jahre) und 120-150 Fälle pro Jahr (Mitte der 1980er Jahre) (*Caspari* 1987, S. 86 f.) auf knapp 700 Fälle im Jahre 2004 an, von denen 566 entschieden wurden (*Europäische Kommission* 2005c, S. 8 und 40). Freilich muß bei der Interpretation der Zahlen berücksichtigt werden, daß die EU infolge der Erweiterungen seit Mitte der 1980er Jahre weitere Mitgliedstaaten umfaßt.

Trotz der gestiegenen Durchsetzbarkeit der Beihilfenregeln bestehen noch erhebliche Mängel einerseits bei der Notifizierung von Beihilfen und andererseits bei der Rückforderung illegaler Beihilfen. Zwar sind die Mitgliedstaaten daran gehalten, die geplanten Beihilfen bei der Kommission zu notifizieren. Dennoch folgt aus der Nichtnotifizierung nicht zugleich, daß die Beihilfe per se verboten wird. Obwohl sie ungesetzlich ist, muß sie trotzdem von der Kommission auf ihre Vereinbarkeit mit dem Gemeinsamen Markt überprüft werden und kann sogar für legal erklärt werden.[24] Mitgliedstaaten haben aufgrund dieser Regelung wenig Anreize, Beihilfen bei der Kommission zu melden (*Nicolaides* 2002a, S. 250-252). So waren im Jahre 2004 ca. 12 % der von der Kommission entschiedenen Fälle nicht gemeldet (*Europäische Kommission* 2005c, S. 8). Die Kommission ist folglich auf andere Informationskanäle wie die Presse bzw. die Medien und die Konkurrenten der begünstigten Unternehmen angewiesen, um an Informationen über gewährte Beihilfen zu gelangen (*Nicolaides* 2002a, S. 252). Es ist daher nicht verwunderlich, daß die Kommission die Mitwirkungsrechte der Konkurrenten in Beihilfefällen stärkte. Sie dürfen potentielle Beihilfenfälle melden, werden um Stellungnahmen gebeten und haben eine Klagemöglichkeit vor dem EuGH.[25] Die Einhaltung der Notifizierungspflicht für Beihilfen könnte aber effektiver dadurch erreicht werden, wenn eine Nichtnotifizierung im Gegensatz zur derzeitigen Regelung sanktioniert würde. Die Mitgliedstaaten hätten in diesem Falle sicherlich einen größeren Anreiz, Beihilfevorhaben bei der Kommission zu melden (*Nicolaides* 2002a, S. 260).[26] Derzeit kann die Kommission die Mitgliedstaaten – mit Hilfe des EuGH – lediglich dann zur Informationsoffenlegung und Kooperation zwingen, wenn ein Beihilfeverfahren bereits eingeleitet wurde.

Die Glaubwürdigkeit und Durchsetzungsfähigkeit der Beihilfenkontrolle erfordert zudem, daß die Mitgliedstaaten dazu gezwungen werden können, vorab und ohne Noti-

---

[23] Die Beihilferegeln im EWG-Vertrag beinhalteten im Gegensatz zu den Regeln im EGKS-Vertrag von Anfang an die Möglichkeit der Klage vor dem EuGH im Falle einer Verletzung der Beihilfenvorschriften (*Regierungsausschuß* 1956, S. 63; Art. 88 (2) EG).

[24] So prüft die Kommission rechtswidrig gewährte Beihilfen in gleicher Weise wie notifizierte Beihilfen und kann sie nachträglich für mit dem Gemeinsamen Markt vereinbar erklären (z. B. *Kallfaß* 2002, S. 176).

[25] Siehe zu den Einflußmöglichkeiten der Konkurrenten *Giannakopoulos* (2000; 2001) oder *Bast* und *Blank* (1993). Schon *Zuleeg* (1974) unterbreitete den Vorschlag, eine Beihilfenkontrolle über Konkurrentenklagen durchzuführen.

[26] Die *Kommission* (1996a, S. 76) selbst stellt fest: „Die Erfahrung hat gezeigt, daß diese im EG-Vertrag festgelegte Verpflichtung [Notifizierungspflicht, verankert in Art. 88 (3) EG, d. V.] mit einer Reihe von Anreizen oder sogar Sanktionen verbunden werden muß, wenn sie wirken soll."

fizierung gewährte, illegale Beihilfen zurück zu fordern (*Püttner* und *Spannowsky* 1998, S. 349; *Nicolaides* 2002a, S. 253). Abbildung 1 zeigt aber, daß trotz steigender Durchsetzbarkeit der Beihilfenrückforderung in den letzten Jahren immer noch 47,8 % der seit 2000 zurückgeforderten Beihilfen ausstehen.[27]

Abbildung 1: Entscheidungen und zurückgeforderte Beträge 2000-2005

	Zeitpunkt der Entscheidung						
	2000	2001	2002	2003	2004	Erstes Halbjahr 2005	Gesamt
Zahl der angenommenen Entscheidungen	16	21	22	10	23	4	96
Zahl der Entscheidungen, bei denen die Höhe der Beihilfe bekannt ist.	15	12	17	8	18	2	72
Gesamtbetrag der zurückzufordernden Beihilfen (Mio. €) (1)	362.1	1828.5	1089.8	1015.9	5104.2	10.4	9410.9
Zurückgeforderte Beträge (in Mio. €)	108.2	797.9	1441.4	1228.2	4396.3	0	7972.0
Davon (a) im Wesentlichen zurückgezahlt / auf Konten blockiert	17.1	797.9	1038.0	892.5	3135.1		5880.
(b) im Konkurs eingebüßte Beihilfen	91.7		1.2	0.7			93.0
(c) Zinsen			402.2	335	1261.2		1988.4
Ausstehender Betrag (2)	253.9	1030.6	50.6	122.7	1969.1	10.4	3437.3
% zurückzufordern und offen	**70.1%**	**56.4%**	**4.6%**	**12.1%**	**38.6%**	**100%**	**36.5**

(1) Nur für Entscheidungen, bei denen die Beihilfehöhe bekannt ist. (2) Betrag ohne Zinsen.

Quelle: *Europäische Kommission* (2005b, S. 54).

---

[27] Die *Europäische Kommission* (2005b, S. 7) bemerkt in ihrem Beihilfenanzeiger vom Herbst 2005, daß von den 9,4 Mrd. EUR, die Gegenstand von Rückforderungen waren, etwa 7,9 Mrd. EUR (5,9 Mrd. EUR Hauptbetrag plus 2 Mrd. EUR Zinsen) im Zeitraum von 2000 bis Juni 2005 tatsächlich zurückgefordert wurden. In ihrem Beihilfenanzeiger aus dem Frühjahr 2005 verwies die *Kommission* (2005c, S. 8) darauf, daß allein aus dem Jahre 2000 noch 21 Fälle offen seien. Von den Mitte 2005 84 noch offenen Fällen entfallen über 90 % auf die Mitgliedsländer Deutschland (42 %), Spanien (24 %), Italien (14 %) und Frankreich (8 %) (*Europäische Kommission* 2005b, S. 52 f.).

Die Kommission tut sich also nach wie vor schwer damit, die sich widersetzenden Mitgliedstaaten zur Rückforderung illegaler Beihilfen zu zwingen. Häufig muß daher der EuGH eingeschaltet werden, um die Mitgliedstaaten zur Raison zu rufen (*Mariñas* 2005, S. 19).[28] Die Kommission selbst nimmt sich dieses Problems in jüngerer Zeit verstärkt an. Die Generaldirektion Wettbewerb gründete im Jahre 2003 eine neue Einheit, die „a coherent and systematic approach to the monitoring and enforcement of state aid decisions that fall within the remit of DG Competition" entwickeln soll (*Europäische Kommission* 2005a, S. 176).[29] Die Hauptaufgabe dieser Einheit besteht in der Überwachung der Rückforderung illegaler Beihilfen, da dies „essential for the credibility of the Commission's state aid control activity" sei (*Europäische Kommission* 2005a, S. 176). *Murray* (2004, S. 53) schlägt alternativ vor, die Kommission solle versuchen, die Disziplin der Mitgliedstaaten mittels eines *‚naming and shaming'* zu erhöhen. Effektiver wäre jedoch, neben der Rückzahlung der illegal gewährten Beihilfen (inklusive Zinsen) weitere Geldstrafen zu verhängen, wie es bei Kartellvergehen möglich ist (*Nicolaides* 2002a, S. 260).[30]

Trotz der noch bestehenden Probleme ist zu konstatieren, daß die Durchsetzungsfähigkeit der Beihilfenkontrolle seit Mitte der 1980er Jahre insgesamt anstieg. Zugleich gestaltete die Kommission auch ihre zuvor als eher intransparent und – wegen ihres großen diskretionären Spielraums in Beihilfefällen – willkürlich charakterisierte Beihilfenpraxis[31] transparenter und vorhersehbarer, indem sie sich zunächst einen Überblick über den Umfang, die Tendenzen und Ziele der von den Mitgliedstaaten eingesetzten Beihilfeinstrumente verschaffte (*Dickertmann* und *Leiendecker* 2000, S. 731).[32] Danach begann sie just in der Zeit, als die Durchsetzungsfähigkeit der Beihilfenkontrolle recht schwach war, in den 1970er Jahren, mit der Ausfüllung des institutionellen Vakuums in der Beihilfenkontrolle, das die Gründungsväter des EWG-Vertrages hinterlassen hatten.[33] Sie erließ zahlreiche Präzedenzentscheidungen, auf denen Leitlinien und Beihilferahmen basieren, die die Kommission veröffentlichte. Dadurch will die Kommission die Beihilfenentscheidungen für die Öffentlichkeit, betroffene Staaten und Unternehmen transparent und nachvollziehbar machen (z. B. *Ciresa* 1993, S. 46-48).

---

[28] Eine Dezentralisierung der Durchsetzung der Kommissionsentscheidungen wie im Bereich der Kartelle oder Fusionen scheint daher im Bereich der Beihilfenkontrolle nicht möglich zu sein (*Pons* und *Sautter* 2004, S. 59).

[29] Besonders schwierig gestaltet sich die Rückforderung von Beihilfen, die über dritte, zwischengeschaltete Parteien gewährt werden (*Parish* 2002).

[30] Siehe zur Idee der Schadensersatzzahlung allgemein bereits *Hayek* (1967, S. 32).

[31] Vgl. *Bishop* (1997, S. 84); *Thielemann* (1999, S. 406); *Cini* (2000, S. 17 f.).

[32] Diese Daten werden weiterhin regelmäßig erhoben und in Beihilfenberichten bzw. neuerdings im Beihilfenanzeiger veröffentlicht.

[33] „[M]any of the rules governing state aid were developed in the 1970s and early 1980s following the completion of the customs union in 1968. Ironically, it was during the era of 'Europessimism', often characterized as a period of dormancy in the development of the European integration, that regulations designed to reduce distortions of competition within the common market were put in place. However, an examination of the historical development of state aid policy reveals that the Competition Directorate was not able to exercise a strong regime of enforcement until the late 1980s and early 1990s" (*Smith* 1998, S. 63; H. i. O.).

Zusammenfassend kann festgehalten werden, daß die Europäische Kommission das schon im Jahre 1957 im EWG-Vertrag verankerte Instrument der Beihilfenkontrolle erst seit Mitte der 1980er Jahre durchsetzen kann. Während die Durchsetzbarkeit der Beihilfenregeln im EGKS-Vertrag immer dann verbessert wurde, als ökonomische Krisen auftraten,[34] war im EWG-Vertrag neben der wirtschaftlichen Krise die Verabschiedung des Binnenmarktprogramms im Jahre 1986 der entscheidende Anstoß. Vorher spielte auch die Interpretation des Begriffes ‚Beihilfe' aufgrund der mangelnden Durchsetzbarkeit der Beihilfenkontrolle keine große Rolle. Dies änderte sich erst mit der verstärkten Durchsetzbarkeit der Beihilfenkontrolle und den damit verbundenen stärkeren Eingriffen in die Kompetenzen der Mitgliedstaaten. Die Interpretation des Beihilfenbegriffes bzw. die Kriterien, die eine Beihilfe konstituieren, sind vor allem deshalb wichtig, weil sie die Legitimationsgrundlage für Eingriffe in nationalstaatliche Politikkompetenzen bilden. Diese Kriterien sollen nun zunächst allgemein und danach am Beispiel einzelner Fälle erläutert werden.

2.3. Das Beihilfenverbot in der europäischen Beihilfenkontrolle

2.3.1. Der Beihilfenbegriff

Im EWG-Vertrag wird der Begriff der ‚Beihilfe' verwendet. Bekannter ist aus der Theorie und politischen Praxis hingegen der Begriff der ‚Subvention'. Die Verwendung des Begriffes ‚Subvention' ist insofern schwierig, als eine einheitliche begriffliche Klärung des Begriffes nicht existiert, da sich viele Disziplinen mit unterschiedlichen Erkenntniszielen mit ‚Subventionen' beschäftigen (z. B. *Möschel* 1995, S. 32). Eine zweckmäßige Abgrenzung des Begriffes für den Finanzwissenschaftler muß nicht unbedingt zweckmäßig für den Wettbewerbstheoretiker, den Juristen oder den Politiker sein. Somit können sich je nach Erkenntnisziel ganz unterschiedlich abgegrenzte Subventionsbegriffe ergeben. Aufgrund unterschiedlicher Begriffsabgrenzungen variiert daher mitunter die Einschätzung des nationalen Subventionseinsatzes in den Subventionsberichten oder -statistiken unterschiedlicher Institute (*Gröbner* 1983, S. 10-13; *Möschel* 1995, S. 32 f.). Grundsätzlich gibt es mehrere Möglichkeiten zur Abgrenzung des Subventionsbegriffes (z. B. *Bargen* 1987, S. 14-38; *Grüne* 1997, S. 9-17). Eine Möglichkeit besteht darin, den Begriff der ‚Subvention' instrumentenbezogen zu definieren. Das bedeutet, es liegt immer dann eine Subvention vor, wenn bestimmte vom Begriff der Subvention umfaßte Instrumente zur Anwendung kommen. Alternativ kann man den Begriff problembezogen, d. h. nach der Wirkung der politischen Maßnahme definieren (*Andel* 1977, S. 491 f.).

Der EuGH und die Kommission arbeiten mit dem Begriff der ‚Beihilfe'. Dieser Begriff wird in der ökonomischen Literatur ebenso wie *Unterstützungen*, *Finanzhilfen*, *Prämien*, *Zuwendungen* oder *Zuschüsse* substitutiv zum Begriff der Subvention verwendet (*Andel* 1977, S. 491). Der EuGH hingegen unterscheidet in seiner Definition des

---

[34] "The Commission has had to find its way, often in times of economic crisis, towards the definition of a policy founded on a set of rather general rules addressed to Member States that limit their power to spend their (taxpayers') money as they wish" (*Ehlermann* 1995a, S. 411).

gemeinschaftsautonomen Begriffes zwischen ‚Beihilfen‘ und ‚Subventionen‘ (*Koenig* und *Scholz* 2003, S. 133). Er interpretiert den Begriff der ‚Beihilfe‘ als Oberbegriff bzw. als umfassender als eine ‚Subvention‘ (ebenso *Schmidt* und *Schmidt* 1997, S. 151; *Modlich* 1996, S. 27). Er unterscheidet die Begriffe folgendermaßen:

> „Nach dem gewöhnlichen Sprachgebrauch ist eine Subvention eine Geld- oder Sachleistung, die einem Unternehmen zu dessen Unterstützung gewährt wird und deshalb außerhalb des Entgelts liegt, welches der Käufer oder Verbraucher für die von dem betroffenen Unternehmen produzierten Güter oder Dienstleistungen entrichtet. In der Beihilfe wird allgemein ein hiermit eng verwandter Vorgang gesehen, der jedoch insofern *in stärkerem Maße zweckbetont* ist, als Beihilfen speziell *als Mittel zur Verfolgung bestimmter Ziele* angesehen werden, die in der Regel *nicht ohne fremde Hilfe* erreicht werden könnten. Der Begriff der Beihilfe ist jedoch weiter als der Begriff der Subvention, denn er umfaßt nicht nur positive Leistungen wie Subventionen selbst, sondern auch Maßnahmen, die in verschiedener Form die Belastungen mindern, welche ein Unternehmen normalerweise zu tragen hat und somit zwar keine Subventionen im strengen Sinne des Wortes darstellen, diesen aber *nach Art und Wirkung gleichstehen*“ (*EuGH* 1961, S. 42, Hervorhebungen durch den Verfasser).

2.3.2. Kriterien für die Identifizierung einer Beihilfe nach Art. 87 (1) EG

2.3.2.1. Die Rechtsgrundlage Art. 87 (1) EG

Die Formulierung in Art. 87 (1) EG hat sich seit den Römischen Verträgen im Jahre 1957 nicht geändert. Sie befand sich jedoch früher in Artikel 92 (1) EWG-Vertrag. In Art. 87 (1) EG heißt es:

> „Soweit in diesem Vertrag nicht etwas anderes bestimmt ist, sind staatliche oder aus staatlichen Mitteln gewährte Beihilfen gleich welcher Art, die durch die Begünstigung bestimmter Unternehmen oder Produktionszweige den Wettbewerb verfälschen oder zu verfälschen drohen, mit dem Gemeinsamen Markt unvereinbar, soweit sie den Handel zwischen Mitgliedsstaaten beeinträchtigen.“[35]

Die Kommission orientiert sich in ihrer Beihilfenpraxis in erster Linie am Beihilfenbegriff des EuGH. Dieser Begriff wird in der Beihilfenpraxis von Kommission und EuGH *kasuistisch* weiterentwickelt (*Schmidt* und *Schmidt* 1997, S. 150). Es handelt sich um einen fortwährenden Prozeß (*Europäische Kommission* 2001a, S. 98; *Hakenberg* und *Erlbacher* 2001, S. 208). Bis dato wird eine Beihilfe durch fünf Kriterien charakterisiert, die *kumulativ* erfüllt sein müssen:[36]

---

[35] Art. 87 (1) EG wird in erster Linie auf neue Beihilfen oder Änderungen der bisherigen nationalen Beihilfensysteme angewendet. Die Kommission überwacht auch bereits bestehende Beihilfen und kann zweckdienliche Maßnahmen zu deren Änderung vorschlagen, damit diese im Einklang mit der fortschreitenden Entwicklung sowie dem Funktionieren des Gemeinsamen Marktes stehen (Art. 88 (1) EG).

[36] Siehe *Püttner* und *Spannowsky* (1997, S. 326-331); *Bacon* (2003); *Golfinopoulos* (2003, S. 543); *Nicolaides* (2004, S. 367). Es gibt aber auch Autoren, die nur vier Kriterien anführen. Siehe *Bast* und *Blank* (1993, S. 183); *Schmidt* und *Schmidt* (1997, S. 151); *Monti* (1999, S. 210); *Ross* (2000, S. 402-417); *Sinnaeve* (2002, S. 68). *Nicolaides* (2001, S. 320 f.) nennt sechs Kriterien. Der Unterschied zu der hier vorgenommenen Kategorisierung besteht darin, daß einzelne Kriterien zusammengefaßt oder breiter gefächert oder die Schwerpunkte der Kategorisierung etwas anders gelegt wurden.

1. Das Unternehmen muß durch die staatliche Maßnahme begünstigt werden bzw. einen wirtschaftlichen Vorteil erhalten.

2. Die Begünstigung muß staatlich veranlaßt sein oder aus staatlichen Mitteln erfolgen.

3. Die Begünstigung muß nach selektiven Kriterien (aktivitäts-, unternehmens-, industrie- oder regionenspezifisch) gewährt werden (ebenso *Wishlade* 2003, S. 11).

4. Aus der Begünstigung muß eine Wettbewerbsverfälschung resultieren oder drohen.

5. Der zwischenstaatliche Handel muß durch die Maßnahme beeinträchtigt werden.

Für die Beurteilung einer politischen Maßnahme und ihre Qualifizierung als *Beihilfe* ist nicht deren Intention maßgeblich. Vielmehr ist allein die *Wirkung* der politischen Maßnahme in der europäischen Beihilfenpraxis ausschlaggebend dafür, daß es sich um eine Beihilfe handelt[37]: „Article 92 [jetzt 87, d. V.] does not distinguish between measures of state intervention concerned by reference to their causes or aims but defines them in relation to their effects" (*Evans* und *Martin* 1991, S. 82). Es geht „weniger um Subventionen als solche ..., als um ihre Auswirkungen auf die Wettbewerbslage im Gemeinsamen Markt und letztendlich auf die Handelsbeziehungen zwischen den Mitgliedstaaten" (*Bargen* 1987, S. 56).

Die Beurteilung einer Maßnahme nach ihrer *Wirkung* hat gegenüber einer instrumentenbezogenen Abgrenzung des Beihilfenbegriffes den Vorteil, daß die Kommission flexibel genug ist, um die Mitgliedstaaten an Umgehungsversuchen des Beihilfenverbotes zu hindern (*Europäische Kommission* 2001e, S. 18; *Mederer* 2003, S. 1995). Gerade die ständigen Umgehungsversuche der Mitgliedstaaten werden als ein wichtiger Grund dafür gesehen, daß der Beihilfenbegriff in der Beihilfenpraxis fortwährend weiterentwickelt werden muß (*Sinnaeve* 2002, S. 70).

2.3.2.2. Das Kriterium der *Begünstigung*

Eine Begünstigung im Rahmen des Art. 87 (1) EG liegt vor, wenn es sich um eine staatliche Maßnahme handelt, mittels derer ein Unternehmen[38] einen wirtschaftlichen Vorteil erhält (*Bacon* 2003, S. 55). Dies gilt dann, wenn eine Gegenleistung des Unternehmens zu der staatlich erbrachten Leistung fehlt oder geringer als marktüblich ist (*Europäische Kommission* 1999b, S. 76 f.; 2001a, S. 106). Der wirtschaftliche Vorteil drückt sich in einer Verbesserung der Kostenlage des begünstigten Unternehmens aus. Denn die Belastungen, die das Unternehmen üblicherweise zu tragen hätte, werden

---

[37] Vgl. *EuGH* (1974, Rdnr. 26-28); *Ciresa* (1993, S. 33); *Mederer* (2003, S. 1993). *Müller-Graff* (1988, S. 416 f.) führt aus diesem Grund gar ein gesondertes *Wirkungskriterium* an.

[38] Unter dem Begriff des Unternehmens wird analog der Verwendung des Begriffes in Art. 81 EG „eine einheitliche, einem selbständigen Rechtssubjekt zugeordnete Zusammenfassung personeller, materieller und immaterieller Faktoren [verstanden] ..., mit welcher auf Dauer ein bestimmter wirtschaftlicher Zweck verfolgt wird" (*Mederer* 2003, S. 2007). Damit fallen – wie die Delegationsleiter 1956 schon beschlossen haben (*Regierungsausschuß* 1956, S. 62) – staatliche Transferleistungen an Verbraucher nicht unter den Beihilfenbegriff, außer wenn die Begünstigung der Verbraucher daran gekoppelt ist, daß sie Erzeugnisse von bestimmten Unternehmen kaufen. Denn dadurch könnten bestimmte Unternehmen indirekt begünstigt werden (*Müller-Graff* 1988, S. 417).

durch die staatliche Begünstigung reduziert.[39] Beispiele für begünstigende staatliche Maßnahmen sind Zuschüsse, unrechtmäßige Stundungen und Befreiungen von Steuern und Abgaben, Befreiungen von parafiskalischen Abgaben, Zinszuschüsse, marktunübliche Übernahmen von Bürgschaften, ein Verkauf oder eine Vermietung von Grundstücken oder Gebäuden unter dem (ortsüblichen) Marktpreis. Man kann auch die kostenlose oder vergünstigte Bereitstellung von Infrastruktur und Anschlüssen ebenso wie die nicht marktgerechte Beteiligung des Staates an Unternehmen und die staatliche Übernahme von Unternehmensverlusten hierunter fassen.[40]

Im konkreten Fall ist es oft schwierig zu ermitteln, ob ein Unternehmen beim Kauf eines Grundstücks, der Erschließung eines Gewerbegebiets, dem Bau von Infrastruktur oder der staatlichen Beteiligung an einem Unternehmen begünstigt wird und einen wirtschaftlichen Vorteil erhält oder ob das Unternehmen tatsächlich den *Marktpreis* zahlt. Um dies herauszufinden, führt die Europäische Kommission den so genannten ‚Market Investor Test‘ durch. Sie untersucht dabei, ob ein hypothetischer privater Investor, Gläubiger etc. die Transaktion zu gleichen Konditionen durchgeführt hätte oder ob nur ein Staat solche Konditionen anbieten kann, weil er sich über Steuern und Zwangsanleihen refinanzieren kann (*EuGH* 1986, Rdnr. 12-17; *Ciresa* 1993, S. 60).[41] Die Kommission überprüft dabei in erster Linie die Umstände der Transaktion. Erfolgt die Transaktion nach einem bestimmten marktüblichen Verfahren, dann geht die Kommission davon aus, daß keine Begünstigung vorliegt. Wird beispielsweise ein Grundstück im Rahmen einer offenen und nicht diskriminierenden Ausschreibung erworben, handelt es sich nach Meinung der Kommission nicht um eine Begünstigung. Gleiches gilt, wenn der *Marktpreis* durch einen unabhängigen Gutachter ermittelt wird (*Europäische Kommission* 2001a, S. 107). Für den Fall der staatlichen Beteiligung an einem Unternehmen prüft die Kommission ebenfalls, ob sich ein nach Profit strebender hypothetischer privater Investor zu gleichen Bedingungen an einem Unternehmen beteiligen würde (*Mederer* 2003, S. 1997).[42] Auch hier können Verfahrensaspekte für die Frage, ob eine Begünstigung vorliegt, entscheidend sein. Beteiligt sich etwa ein privates Unternehmen *gleichzeitig* und *zu gleichen Konditionen* wie der Staat an dem Unternehmen, so liegt nach Meinung der Kommission keine Begünstigung vor (*Hansen*, *Ysendyck* und *Zühlke* 2004, S. 205). Beteiligt sich der private Investor erst *nach* der öffentlichen Hand an dem

---

[39] Vgl. *Müller-Graff* (1988, S. 418); *Schmidt* und *Schmidt* (1997, S. 152); *Nicolaides* (2001, S. 320).

[40] Vgl. *Schmidt* und *Schmidt* (1997, S. 152); *Jestaedt* und *Schelling* (1999, S. 3); *Europäische Kommission* (2001a, S. 106 f.); *Mederer* (2003, S. 1995).

[41] „Fundamentally, therefore, the normal market conditions test involves comparing the position of the state with that of a commercial entity. This means that this criterion is not relevant where the state is acting, not as a market participant, but in the exercise of its souvereign or public functions, for example in the adoption of fiscal legislation or social policy" (*Bacon* 2003, S. 55).

[42] Dieser Test ist notwendig, weil die Mitgliedstaaten nach Art. 295 EG frei darin sind, ihre Eigentumsordnung zu gestalten. Der Staat kann sich folglich auch am Wirtschaftsleben beteiligen und z. B. eigene Anteile an Unternehmen halten. Solche Aktivitäten werden der Überprüfung durch die Beihilfenkontrolle mittels des ‚Market Investor Test‘ unterworfen.

fraglichen Unternehmen, liegt hingegen ein Indiz für eine Begünstigung vor (*Mederer* 2003, S. 1997).

Ist ein Vergleichsmaßstab nicht unmittelbar gegeben, so können auch der Zweck und das Ausmaß der Kapitalbeteiligung des Staates ein Indiz dafür sein, daß es sich um eine Begünstigung handelt. Wenn die staatliche Kapitalbeteiligung beispielsweise unbefristet erfolgt und geeignet ist, Verluste des Unternehmens auszugleichen, dann kann davon ausgegangen werden, daß die Kapitalbeteiligung des Staates eine Begünstigung konstituiert (z. B. *Ciresa* 1993, S. 62-64). Es gibt folglich eine Reihe von Indizien, anhand derer beurteilt werden kann, ob eine Begünstigung vorliegt oder nicht. Es wird aber auch klar, daß große Probleme bei der Anwendung des ‚Market Investor Tests' bezüglich seiner Konzeption und der mangelnden Praktikabilität existieren. Häufig fehlen geeignete Vergleichsmaßstäbe, um einen *Marktpreis* ermitteln zu können (*Ross* 2000, S. 407). Zudem kann der Vergleich zwischen einem privaten Investor und dem Staat aufgrund der nahezu unbegrenzten Finanzkraft des Staates und seines in der Regel besseren ‚Ratings' immer nur theoretischer Natur sein (*Hansen, Ysendyck* und *Zühlke* 2004, S. 203).

2.3.2.3. Das Kriterium *staatlich* oder *aus staatlichen Mitteln*

Eine Beihilfe ist weiterhin dadurch charakterisiert, daß die einem Unternehmen gewährte Begünstigung vom Staat stammt bzw. *direkt oder indirekt* (bzw. *unmittelbar oder mittelbar*) aus *staatlichen Mitteln* finanziert sein muß.[43] Lange Zeit bestand keine Klarheit darüber, wie weit dieses Kriterium auszulegen ist (z. B. *Winter* 2004, S. 479 und 485). Wenn man die Wirkung einer staatlichen Maßnahme als Beurteilungsmaßstab heranzieht, so kann jegliche Begünstigung für Unternehmen, die auf staatlichem Handeln beruht, als Beihilfe interpretiert werden (*Müller-Graff* 1988, S. 416 f.). So spielt es aus theoretischer Sicht keine Rolle, ob die begünstigende Wirkung durch den Transfer staatlicher Mittel oder durch Regulierungen (*Verordnungssubventionen*) hervorgerufen wird (*Andel* 1977, S. 491 f.). Denn Regulierungen, Subventionen und Steuererleichterungen können bezüglich ihrer begünstigenden Wirkungen als einander äquivalent verstanden werden.[44]

Der EuGH (2001) wich im Fall PreussenElektra AG (Rs. C-379/98) von dieser Sichtweise ab. Es ging um das deutsche Stromeinspeisungsgesetz. Dieses wurde 1990 implementiert und 1994 sowie 1998 verlängert. Es verpflichtet Elektrizitätsversorgungsunternehmen dazu, den in ihrem Versorgungsgebiet erzeugten Strom aus erneuerbaren Energiequellen (Wind, Wasser, Sonne, Biomasse) zu Mindestpreisen abzunehmen. Dadurch können die im Vergleich zur Erzeugung von Atomstrom höheren Produktionskosten der Produzenten gedeckt werden. Folglich liegt der Mindestpreis über dem tatsächlichen Marktpreis für Strom. Den Elektrizitätsversorgungsunternehmen entstehen aufgrund dieser Regelung höhere Kosten (*Kuhn* 2001, S. 361 f.). Die *Mehrkosten* sollen laut Gesetz zwischen dem Elektrizitätsversorgungsunternehmen (in diesem Fall

---

[43] Private Zuwendungen an Unternehmen sind keine Beihilfen (*Mederer* 2003, S. 2003).

[44] Vgl. *Andel* (1977, S. 492 f.); *Färber* (1995, S. 37); *Kerber* (1998b, S. 54); *Gröteke* (2004, S. 154).

Schleswag) und den Netzbetreibern (in diesem Fall PreussenElektra) aufgeteilt werden (*Bronckers* und *Vlies* 2001, S. 459).[45] Gegen diese Bestimmung klagte PreussenElektra vor dem Landgericht Kiel mit dem Hinweis darauf, es handele sich bei den Mindestpreisbestimmungen des Stromeinspeisungsgesetzes um eine Beihilfe und damit um einen Verstoß gegen Art. 87 (1) EG. Das Landgericht Kiel leitete die Klage zur Vorabentscheidung an den EuGH weiter. Dieser stellte zwar fest, daß es sich bei den Mindestpreisbestimmungen um eine Begünstigung handele, das Kriterium *staatlich oder aus staatlichen Mitteln* jedoch nicht erfüllt sei, weil keine öffentlichen Mittel tangiert seien. Der EuGH bestätigte damit seine bisherige Rechtsprechung (*Kliemann* 2003, S. 37)[46], wonach die Begünstigung von Unternehmen nur dann den Tatbestand einer Beihilfe erfüllt, wenn der öffentliche Haushalt mittelbar oder unmittelbar belastet wird.[47] Das bedeutet, der Tatbestand einer Beihilfe setzt voraus, daß der Staat oder der öffentliche Sektor allgemein eine Subvention vergibt oder einen Verzicht auf Steuereinnahmen bzw. Abgaben übt.[48] Begünstigende Regulierungen wie Mindestpreise (*van Tiggele*) oder Arbeitsbestimmungen (*Sloman Neptun*) belasten den öffentlichen Haushalt nicht und erfüllen daher nach Meinung des EuGH auch nicht den Tatbestand einer Beihilfe.

Die Kommission hat in diesem Punkt jedoch ein anderes *Beihilfenverständnis*. Sie wendete im konkreten Fall ein, daß es keinen Unterschied machen könne, ob der Staat den Unternehmen direkt Mittel zuführe oder ob er entsprechende Regulierungen durchführe (*Hakenberg* und *Erlbacher* 2003, S. 202).[49] Würde der Staat nämlich keine entsprechende Regulierung erlassen, müsse er staatliche Mittel zuführen, um die gleiche Begünstigungswirkung erzielen zu können. Die Regulierung führe somit zu einer Einsparung für den Staat und sei damit als eine Beihilfe zu verstehen.

---

[45] Der Fall PreussenElektra unterscheidet sich von den übrigen Fällen dieser Kategorie dadurch, daß private Unternehmen aufgrund von Mindestpreisbestimmungen Transfers an andere private Unternehmen leisten mußten. Zuvor handelte es sich um Mindestpreisbestimmungen für Endprodukte (*Winter* 2004, S. 480 f.).

[46] Vgl. hierzu *EuGH* (1978, Rdnr. 23-25; 1993a, Rdnr. 19; 1993b, Rdnr. 16; 1998a, Rdnr. 13; 1998b, Rdnr. 35; 1999, Rdnr. 35).

[47] Die Tatsache, daß aus privater Hand gewährte Begünstigungen den Tatbestand einer Beihilfe nicht erfüllen, hat Anlaß dazu gegeben, einfach ein Unternehmen bzw. vom Staat ernannte oder instrumentalisierte öffentliche oder private Einrichtungen zwischen die öffentliche Hand und das zu begünstigende Unternehmen zu schalten, um so den Tatbestand einer Beihilfe zu umgehen. Eine solche Praxis fällt jedoch als *mittelbare* Begünstigung ebenfalls unter den Beihilfebegriff (*EuGH* 2001, S. 242).

[48] Nach dieser Auslegung erfüllt auch eine Reduktion von Sozialabgaben den Beihilfentatbestand. Im so genannten Maribel-Fall wurde die Praxis der belgischen Regierung, nach Sektoren unterschiedlich hohe Beiträge zu den Parafisci zu fordern als Beihilfe deklariert. Ziel war die Förderung bzw. die Erhaltung von Beschäftigung, da die begünstigten Unternehmen ohne diese Reduktion der Beiträge Entlassungen hätten vornehmen müssen (*Miert* 2001, S. 8). Gleiches würde auch gelten, wenn die Beiträge zu Handwerkskammern reduziert würden. Auch hier wäre das Kriterium der staatlichen Mittel erfüllt, weil in Deutschland sowohl Parafisci als auch Handwerkskammern ihre Beiträge auf der Grundlage staatlicher Zwangsgewalt erheben dürfen (*Mederer* 2003, S. 2003).

[49] Auch in früheren Fällen gab es schon unterschiedliche Ansichten zwischen Kommission und EuGH in Bezug auf die Auslegung dieses Kriteriums (*Bacon* 1997, S. 282 f.).

Die vom EuGH vertretene Auslegung des Kriteriums wird nicht nur von der Kommission kritisiert, sie wird auch in der Literatur kontrovers diskutiert und häufig als zu eng betrachtet.[50] *Ross* (2000, S. 413) kritisiert, daß eine solche Auslegung des Kriteriums gegen den ansonsten in der Beihilfenkontrolle vertretenen Grundsatz verstoße, daß für die Beurteilung einer Beihilfe die *Wirkung* einer Maßnahme und nicht das angewendete Instrument entscheidend sei. Zudem wäre es nicht möglich, mittels der Beihilfenkontrolle ein ‚level playing field' zu errichten, wenn die Kompetenz der Kommission dadurch eingeschränkt würde, daß Regulierungen keine Beihilfen darstellen.[51]

2.3.2.4. Das Kriterium der *Selektivität politischer Maßnahmen*

Charakteristisch für eine Beihilfe ist ferner, daß nur bestimmte Unternehmen oder Produktionszweige[52] von der Begünstigung profitieren dürfen. Folglich ist eine wirtschafts- oder fiskalpolitische Maßnahme dann als Beihilfe zu bezeichnen, wenn sie *selektiv* oder *spezifisch* ist und nur bestimmte Unternehmen oder Produktionszweige begünstigt bzw. andere Unternehmen oder Produktionszweige diskriminiert werden (können). Zu unterscheiden sind die *selektiven* von den *allgemeinen* Maßnahmen, die nicht unter das Beihilfenverbot des Art. 87 (1) EG fallen. Als *allgemein* werden staatliche Maßnahmen bezeichnet, wenn sie „objective, non-discriminatory and non-discretionary" sind (*Wishlade* 1997, S. 15). Sie sind dadurch gekennzeichnet, daß kein Unternehmen von der begünstigenden Wirkung ausgeschlossen bzw. diskriminiert werden kann.[53] Allgemeine Maßnahmen umfassen beispielsweise Infrastrukturmaßnahmen ebenso wie Steuermaßnahmen in Form einheitlicher Körperschaftsteuersätze, einheitliche Abschreibungsmethoden, einheitliche Sozialversicherungsbeiträge etc., zu denen alle Unternehmen eines Landes Zugang haben und die kein diskriminierendes Element enthalten (*Mederer* 2003, S. 2009-2011; *Sinnaeve* 2002, S. 68).[54] Allgemeine Maßnah-

---

[50] Vgl. *Slotboom* (1995, S. 295 f.); *Bacon* (1997, S. 287-290); *Soltész* (1998, 747-753); *Rodger* (1999, S. 254); *Kuhn* (2001, S. 368-371); *Bronckers* und *Vlies* (2001, S. 462-465); *Gröteke* (2004, S. 154).

[51] Vgl. *Rodger* (1999, S. 254); *Martin* und *Valbonesi* (2000, S. 195-197); *Kliemann* (2003, S. 38).

[52] Hierunter fallen Unternehmen der Güterherstellung sowie Dienstleistungs-, Handelsunternehmen, sonstige Gewerbezweige und freie Berufe (*Mederer* 2003, S. 2008 f.).

[53] Vgl. *Europäische Kommission* (1995, S. 184; 1996a, S. 80); *Schmidt* und *Schmidt* (1997, S. 152); *Wishlade* (1997, S. 15); *Wishlade* (2003, S. 13). „Allgemein kann gesagt werden, daß mit dem gemeinsamen Markt Beihilfen – ungeachtet ihrer äußeren Form – unvereinbar sind, die durch die Begünstigung gewisser Unternehmen oder Produktionszweige den Wettbewerb verfälschen oder die Arbeitsteilung beeinträchtigen" (*Regierungsausschuß* 1956, S. 62).

[54] „Article 92 [jetzt 87, d. V.] seeks to prevent benefits for particular undertakings or industries, while excluding those measures of general policy which affect the economic infrastructure – in any given Member State – as a whole. General measures of fiscal, monetary, and social policy are not considered as State aids where they apply to all sectors of the economy and do not favour certain undertakings, but rather regulate the conditions and equilibrium of the system as such" (*Bacon* 1997, S. 290).

men sind solche, die die Wirtschaftstätigkeit eines Landes als ganzes stimulieren (*Europäische Kommission* 1985, Rdnr. 201).[55]

Selektive weisen im Gegensatz zu allgemeinen Maßnahmen einen Ausnahmecharakter auf. Sie enthalten diskriminierende Elemente, denn sie begünstigen nur bestimmte Unternehmen (*Europäische Kommission* 1985, Rdnr. 201; *Wishlade* 2003, S. 12).[56] Beispiele hierfür sind selektive Infrastrukturmaßnahmen,[57] selektive Steuerzugeständnisse oder Steuerbefreiungen sowie diskriminierende Regeln im Bereich der Sozialversicherung, die nur bestimmte Unternehmen begünstigen.

Entscheidend für die Beurteilung einer Maßnahme als *selektiv* oder als *allgemein* ist die *Wirkung* der Maßnahme.[58] Selektivität liegt nach Meinung der Kommission dann vor, wenn sich die Maßnahme auf abgrenzbare einzelne Unternehmen oder Unternehmensgruppen bezieht.[59] Dabei kann es sich um aktivitäts-, unternehmens-, industrie- oder regionalspezifische Maßnahmen handeln.[60] Eine industriespezifische Maßnahme lag in einem Präzedenzfall, dem Fall der italienischen Textilindustrie, vor (*EuGH* 1974). Italien gewährte den Unternehmen der Textilindustrie eine teilweise Befreiung von den Soziallasten für Familienabgaben. Diese Regelung sei nach Meinung der italienischen Regierung als eine Kompensation für die Regelung der Finanzierung der Familienzulagen zu sehen, weil der Beitrag, der von Arbeitgebern und Arbeitnehmern der Textilindustrie geleistet würde, um einiges höher sei als die empfangenen Leistungen in

---

[55] Gemäß Art. 87 EG soll ein diskriminierungsfreier Wettbewerb angestrebt werden, nicht hingegen eine Gleichschaltung der Volkswirtschaften (*Möschel* 1995, S. 60). Insofern sind allgemeine Maßnahmen erlaubt.

[56] Eine solche Diskriminierung kann ihre Ursache auch darin haben, daß die zuständigen Behörden bei der Durchführung der (allgemeinen) Maßnahme einen Ermessensspielraum haben. Vgl. *Europäische Kommission* (1996a, S. 80); *Bacon* (1997, S. 291); *Sinnaeve* (2002, S. 68); *Mederer* (2003, S. 2010).

[57] Öffentliche Investitionen in Infrastruktureinrichtungen werden aus Sicht des EG-Rechtes als unbedenklich eingestuft, wenn alle Unternehmen gleichermaßen begünstigen, folglich alle Unternehmen einen Zugang haben. Die Grenze zwischen allgemeinen und selektiven Maßnahmen im Bereich der kommunalen Infrastruktur ist z. B. überschritten, wenn die Maßnahme überwiegend einem oder wenigen bestimmten Unternehmen zugute kommt. Der Tatbestand einer Beihilfe ist daher erfüllt, wenn das Firmengelände erschlossen wird sowie firmenspezifische Straßen- und Eisenbahnanschlüsse gebaut werden und das Unternehmen keine kostendeckenden Nutzungsgebühren entrichtet. Siehe hierzu ausführlich *Modlich* (1996, S. 174-190) mit einer Aufarbeitung der Argumentation in der Literatur sowie *Koenig* und *Scholz* (2003) und *Soltész* (2001). Probleme ergeben sich bei staatlichen Investitionen im Bereich der Sportinfrastruktur. Diese können als allgemeine Maßnahme deklariert werden, wenn es sich um multifunktionale Sportarenen handelt, die auch für Konzert- oder Parteitagsveranstaltungen genutzt werden können. Ebenfalls in den Blickfeld der Beihilfenkontrolle gelangen neuerdings auch Public-Private-Partnerships (*Koenig* und *Scholz* 2003, S. 135-138).

[58] Vgl. *EuGH* (1974, S. 719); *Caspari* (1987, S. 78); *Bacon* (1997, S. 290); *Wishlade* (2003, S. 11); *Gröteke* und *Heine* (2004b, S. 140).

[59] Es wird dabei nur darauf geschaut, wer von der Beihilfe *tatsächlich* profitiert (*Mederer* 2003, S. 2010). „However, the concept of aid relates to the beneficiary, not the receiver of the aid and the two do not necessarily have to coincide" (*Bacon* 1997, S. 277).

[60] Vgl. *Bacon* (1997, S. 292 f.); *Europäische Kommission* (2002g, S. 125); *Wishlade* (2003, S. 11); *Hakenberg* und *Erlbacher* (2003, S. 203).

Form von Familienzulagen. Der EuGH entschied zunächst, daß nicht die Intention, sondern die Wirkung der Maßnahme entscheidend sei. Die in Frage stehende Regelung begünstige die Arbeitgeber der Textilindustrie, die ohne die Sonderregelung höhere Lasten zu tragen hätten. Die Maßnahme sei daher als eine Beihilfe einzustufen (*EuGH* 1974, Rdnr. 29-32).[61]

Die praktizierte Unterscheidung zwischen allgemeinen und selektiven Maßnahmen ist jedoch umstritten. „The major limitation of the selectivity criterion is that it provides an incomplete tool for the analysis of the scope of Article 92 [jetzt 87, d. V.] with respect to general measures" (*Bacon* 1997, S. 296). Selbst wenn alle Unternehmen eines Mitgliedstaates einen diskriminierungsfreien Zugang zu einer begünstigenden Maßnahme haben, bedeutet dies nicht, daß auch alle Unternehmen gleichermaßen begünstigt werden (*Nicolaides* 2001, S. 140). So wird die Senkung des Körperschaftsteuersatzes in der Praxis als eine allgemeine Maßnahme aufgefaßt. Tatsächlich begünstigt diese Maßnahme aber nur Unternehmen, die Gewinne erzielen. Für Unternehmen, die keine Gewinne erzielen, hat diese Änderung keine begünstigende Wirkung. Einige Unternehmen profitieren folglich mehr von der Senkung des Körperschaftsteuersatzes als andere. Dennoch handelt es sich gemäß der definitorischen Auslegung um eine *allgemeine* Maßnahme (*Bacon* 2003, S. 59).[62]

In jüngerer Zeit gelangten verstärkt steuerliche Vergünstigungen der Mitgliedstaaten, die vor allem ausländischen Unternehmen gewährt wurden, in den Fokus der Beihilfenkontrolle.[63] Reduzierte Körperschaftsteuersätze, Steuerbefreiungen, reduzierte Steuerbemessungsgrundlagen für neu etablierte Firmen sowie Abzüge von Sozialversicherungsbeiträgen und Zinsstundungen für Steuerschulden, die ausländischen Firmen gewährt wurden, erfüllen den Tatbestand der Beihilfe und sind verboten (*Nicolaides* 2001, S. 325). Ob andere Regelungen des Steuersystems ebenfalls den Tatbestand einer Beihilfe erfüllen, ist umstritten. Während allgemeine steuerliche Maßnahmen der Mitgliedstaaten den Tatbestand einer Beihilfe nicht erfüllen, ist die Kommission der Auffassung, daß regionale Steuerkompetenzen den Tatbestand einer Beihilfe sehr wohl erfüllen, wie noch gezeigt wird.

2.3.2.5. Das Kriterium der *Wettbewerbsverfälschung*

Ein weiteres, sogenanntes *Folgewirkungskriterium* (*Müller-Graff* 1988, S. 431), das erfüllt sein muß, damit es sich bei der fraglichen Maßnahme um eine Beihilfe handelt, ist das Kriterium der Wettbewerbsverfälschung. Das bedeutet, eine aus staatlichen Mitteln gewährte Begünstigung muß eine Wettbewerbsverfälschung nach sich ziehen bzw.

---

[61] Auch eine selektive Maßnahme kann genehmigt werden, wenn sie die Kohärenz eines nach objektiven Kriterien aufgebauten Steuer- oder Sozialversicherungssystems gewährleistet. Vgl. *Caspari* (1987, S. 79); *Wishlade* (1997, S. 19); *Bacon* (1997, S. 297); *Barberá del Rosal* und *Kleinheisterkamp* (2002, S. 64 f.) sowie kritisch *Nicolaides* (2001, S. 325-328); *Golfinopoulos* (2003) und *Bacon* (2003, S. 59).

[62] Siehe kritisch hierzu auch *Gröteke* und *Heine* (2004b, S. 146).

[63] Vgl. *Monti* (1999); *Schön* (1999; 2000) sowie ausführlich *Pinto* (2003).

eine solche muß drohen, damit sie als eine Beihilfe einzustufen ist.[64] Für die Beurteilung, ob eine Wettbewerbsverfälschung vorliegt oder droht, wird der Status quo ex ante, also die Wettbewerbssituation vor der Durchführung der Begünstigung als Referenzsituation herangezogen.[65] Man nimmt an, daß vor der Gewährung der Beihilfe keine Wettbewerbsverfälschung vorliegt. „*[E]x hypothesi* no actual distortion can exist since the aid has not yet been granted" (*Bacon* 2003, S. 60; H. i. O.). In Relation zu diesem hypothetischen Ausgangspunkt ist eine Wettbewerbsverfälschung jede Verbesserung der Wettbewerbsfähigkeit des begünstigten Unternehmens im aktuellen oder potentiellen Wettbewerb.

Ob die Wettbewerbsverfälschung oder drohende Wettbewerbsverfälschung signifikant oder substantiell ist, spielte bei der Feststellung zunächst ebenso wenig eine Rolle wie die Höhe der Beihilfe (*Sinnaeve* 2002, S. 68 f.). Daraus könnte man folgern, daß das Kriterium immer erfüllt ist, eine Begünstigung mithin per se zu einer Verfälschung des Wettbewerbs führt.[66] In diesem Sinne ging auch die Kommission zunächst bei der Beurteilung von Beihilfenfällen vor:[67]

> „Die Kommission vertritt seit jeher die Auffassung, daß Beihilfen eine unmittelbare Auswirkung auf den Wettbewerb haben, da sie aufgrund ihrer Zielsetzung in vielen Fällen selektiv und diskriminierend wirksam werden. Um bestimmte Unternehmen zu fördern, müssen in anderen Bereichen Steuern erhoben werden. Indem die begünstigten Unternehmen außerhalb des üblichen Steuer- und Sozialversicherungssystems gefördert werden, das ein Gleichgewicht zwischen den Mitgliedstaaten herstellt, werden nicht nur die Unternehmen in anderen Mitgliedstaaten, sondern auch die nicht begünstigten Unternehmen in demselben Mitgliedstaat im Wettbewerb benachteiligt, indem sie höhere direkte und indirekte Abgaben entrichten müssen" (*Europäische Kommission* 1990a, S. 10; ebenso *Wishlade* 2003, S. 13).

Fixiert auf diese Sichtweise, konstruierte die Kommission teilweise konfuse und mangelhafte Kausalzusammenhänge zwischen dem Vorliegen einer Begünstigung und der hieraus resultierenden Wettbewerbsverfälschung (*Ciresa* 1993, S. 74-77). Der EuGH unterstützte zwar zunächst die Praxis der Kommission und wies die Forderung zurück, die Prüfung einer Wettbewerbsverfälschung müsse – analog der Wettbewerbspraxis gegenüber privatwirtschaftlichen Wettbewerbsbeschränkungen – eine Abgrenzung der relevanten Märkte enthalten, auf deren Grundlage eine Beurteilung der Wettbewerbsverfälschung erfolgen müsse (*EuGH* 1980, Rdnr. 6). Er machte aber auch deutlich, daß die Kommission dazu verpflichtet sei, anhand konkreter qualitativer Anhaltspunkte einen Zusammenhang zwischen der Begünstigung und der Wettbewerbsverfälschung zu begründen (*EuGH* 1980, Rdnr. 11). Damit stellte der EuGH zunächst nur geringe Anforderungen an die Analyse der Wettbewerbswirkungen einer Beihilfe, die er in seinem

---

[64] Vgl. *Müller-Graff* (1988, S. 431); *Mederer* (1999, S. 1863; 2003, S. 2011).

[65] Vgl. *EuGH* (1974, Rdnr. 36-40); *Müller-Graff* (1988, S. 431); *Mederer* (2003, S. 2011).

[66] Vgl. *Schmidt* und *Schmidt* (1997, S. 153 f.); *Ross* (2000, S. 415); *Mederer* (2003, S. 2013). Diese Sichtweise wird zum Teil auch noch in jüngerer Zeit vertreten. „Since any aid strengthens the competitive position of the beneficiary in comparison to its competitors, this criterion, ... is always considered to be fulfilled" (*Sinnaeve* 2002, S. 68 f.).

[67] Vgl. *Evans* und *Martin* (1991, S. 84-86); *Püttner* und *Spannowsky* (1998, S. 329); *Wishlade* (2003, S. 10).

Urteil vom 13. März 1985 einforderte.[68] In der konkreten Entscheidung hatte die Kommission lediglich den Wortlaut des Art. 87 (1) EG wiedergegeben. Der EuGH hob die Entscheidung auf, weil die Wiedergabe des Wortlautes keine hinreichende Begründung für das Vorliegen einer Wettbewerbsverfälschung und damit einer Beihilfe sei (*EuGH* 1985a, Rdnr. 24). Er prangerte an, daß es an Informationen über die Situation des betroffenen Marktes, den Marktanteil des begünstigten Unternehmens, die Handelsströme und die Ausfuhren des Unternehmens mangele.

Die Kommission wurde durch das Urteil aufgefordert, nicht mehr nur auf abstrakt mögliche Wettbewerbswirkungen einer Begünstigung zu rekurrieren. Sie wurde vielmehr dazu verpflichtet, im einzelnen darzulegen, daß eine Maßnahme tatsächlich oder potentiell eine Wettbewerbsverzerrung auslöst. Die Kausalität zwischen Begünstigung und Wettbewerbsverfälschung oder drohender Wettbewerbsverfälschung muß sich auf „konkrete, gegenwärtige und nicht außerhalb vernünftiger Wahrscheinlichkeit liegende Anhaltspunkte" stützen (*Püttner* und *Spannowsky* 1998, S. 329; *Mederer* 2003, S. 2011 und 2013). Die Kommission muß folglich anhand qualitativer Kriterien einen Kausalzusammenhang zwischen Begünstigung und (drohender) Wettbewerbsverfälschung nachweisen (*Mederer* 2003, S. 2013).

Die Kommission kam diesen Anforderungen erst nach, nachdem der EuGH die Wettbewerbspraxis der Kommission nochmals gerügt hatte, weil wiederum eine Abgrenzung des relevanten Marktes sowie eine Feststellung der Kapazitätsverhältnisse in diesem Markt fehlten. Danach ging die Kommission dazu über, ihre Entscheidungen routinemäßig mit Markt- und Handelsstatistiken zu belegen, um das Vorliegen einer Wettbewerbsverfälschung (und Handelsbeeinträchtigung) zu dokumentieren (*Evans* und *Martin* 1991, S. 89). Sie grenzt im Rahmen ihrer Wettbewerbsanalyse zunächst den relevanten Produktmarkt ab. Eine räumliche Abgrenzung des relevanten Marktes ist nicht erforderlich. Es genügt die Feststellung, daß das begünstigte Unternehmen in grenzüberschreitenden Märkten tätig ist. Dann führt die Kommission eine Analyse des Sektors durch, der entweder als Ganzes begünstigt wird oder in dem sich das begünstigte oder die begünstigten Unternehmen befinden. Sie untersucht so genannte ‚soft facts‘ wie die allgemeine Konkurrenzlage und ‚hard facts‘ wie die Marktstruktur der Anbieter, etc. (*Ciresa* 1993, S. 83, siehe Abbildung 2).

Im Rahmen der Wettbewerbsanalyse wird auch die Wettbewerbssituation des einzelnen begünstigten Unternehmens untersucht. Seine Stellung und Situation am Markt (‚soft fact‘) spielt ebenso eine Rolle wie der Marktanteil, das Exportvolumen, der Inlandsabsatz und die individuelle Produktionskapazität (‚hard facts‘) des Unternehmens. Inwieweit ändert die Beihilfe den Marktanteil des Unternehmens? Erhöht sie das Exportvolumen des Unternehmens oder den Inlandsabsatz? Welche Auswirkungen hat die Beihilfe auf die individuelle Produktionskapazität des Unternehmens? Anhand dieser Kriterien prüft die Kommission den kausalen Zusammenhang zwischen Begünstigung und Wettbewerbsverfälschung. Vor allem die Kapazitätswirkungen einer Begünstigung sind nach Meinung der Kommission ein besonders starkes Indiz für das Vorliegen einer

---

[68] Vgl. *EuGH* (1985a, Rdnr. 22-30); *Püttner* und *Spannowsky* (1998, S. 329); *Wishlade* (2003, S. 10); *Mederer* (2003, S. 2011).

Wettbewerbsverfälschung (z. B. *Kallfaß* 2002, S. 169 f.). Eine Kapazitätswirkung ist speziell bei ad-hoc- oder Betriebsbeihilfen zu erwarten, weil diese die Produktionskosten und damit die Kapazitätsplanungen des begünstigten Sektors oder Unternehmens sowie die Verkaufspreise direkt beeinflussen (z. B. *Evans* und *Martin* 1991, S. 89).

Abbildung 2: Analyseraster zur Feststellung einer Wettbewerbsverfälschung

	Soft facts	Hard facts
Kategorie I: Sektorale Marktbeschreibung: bei Prüfung ob 87 (1) EG vorliegt	– Allgemeine Konkurrenzlage	– Marktstruktur der Anbieter – Situation der Marktnachfrage – Sektorale Kapazitätsauslastung – Handelsvolumen
bei Prüfung, ob 87 (3) lit. c EG vorliegt	– Gemeinschaftsinteresse – Gegenleistung – Überkapazitäten	
Kategorie II: Unternehmensbeschreibung: bei Prüfung, ob 87 (1) EG vorliegt	– Stellung und Situation des Unternehmens am Markt	– Marktanteil – Exportvolumen – Inlandsabsatz – Individuelle Produktionskapazität
Kategorie III: Regionales Umfeld: bei Prüfung, ob 87 (3) lit. c EG vorliegt	– Regionale Benachteiligung – Gegenleistung	

Quelle: *Ciresa* (1993, S. 83) mit neuen Artikelbezeichnungen.

Zur Begründung eines Kausalzusammenhangs zwischen Begünstigung und Wettbewerbsverfälschung zieht die Kommission also die so genannten ‚soft' und ‚hard facts' heran. Besteht ein solcher Kausalzusammenhang, wäre zu klären, ob die Beihilfe dann generell verboten werden sollte oder ob eine bestimmte Beihilfenintensität und damit ein bestimmter Grad der Wettbewerbsverfälschung tolerierbar ist (z. B. *Wishlade* 2003, S. 10). Diese Frage ist noch nicht endgültig geklärt. Gegen die Einführung einer Spürbarkeitsschwelle spricht, daß sie den Mitgliedstaaten einen Anreiz zur Umgehung des Beihilfeverbotes geben würde (*Müller-Graff* 1988, S. 432; *Mederer* 2003, S. 2014). Aus diesem Grund verneint auch *Sinnaeve* (2002, S. 69) ein solches Spürbarkeitserfordernis für die europäische Beihilfenkontrolle. Dieses wäre ferner zu verneinen, wenn die Beihilfenkontrolle gleichförmige Wettbewerbsbedingungen für Unternehmen herstellen und erhalten (*Mederer* 2003, S. 2136) bzw. zur Etablierung eines ‚level playing field‘ beitragen soll.[69] De facto wurde aber zur Reduzierung administrativer Bürden eine so genannte ‚De-minimis‘-Regelung in die Beihilfenkontrolle implementiert. Ein gewisses Beihilfenvolumen (100.000 Euro, ab 2007: 200.000) an Unternehmen in einem bestimmten Zeitraum (3 Jahre) wird als unbedenklich eingestuft (*Wishlade* 2003, S. 10). Diese Regelung wurde nunmehr in der neuen Gruppenfreistellungsverordnung (*Europäische Kommission* 2001f) verankert und könnte als eine Spürbarkeitsschwelle interpretiert werden (*Mederer* 2003, S. 2019).

Festzuhalten bleibt einerseits, daß die Analyse der Wettbewerbseffekte von Begünstigungen nach Art. 87 (1) EG nicht genau vorgeschrieben ist. Sie erfolgt aber in anderer Weise als diejenige nach Art. 81, 82 EG und der Fusionskontrolle. Andererseits birgt die im Rahmen der Beihilfenkontrolle von der Kommission durchgeführte Wettbewerbsanalyse mit ihrer einseitigen Fokussierung auf die Produktionskapazitäten und der Zugrundelegung der ex-ante Situation als Referenzpunkt für die Beurteilung von Beihilfen Gefahren. Denn dadurch werden implizite Annahmen bezüglich der Wettbewerbsintensität ex-ante getroffen, die nach Meinung *Jennys* (1994, S. 549) vorab überprüft werden sollten. „In the decisions of the Commission on state aids, competition in the relevant sector is always, implicitly assumed to be working satisfactorily, or to be excessive, even though there is practically no analysis of the actual intensity of competition.“

2.3.2.6. Das Kriterium der *Handelsbeeinträchtigung*

Ein weiteres *Folgewirkungskriterium*, das eine Beihilfe erfüllen muß, ist das Kriterium der *Handelsbeeinträchtigung*. Durch die Begünstigung muß mithin nicht nur der Wettbewerb zwischen Unternehmen verfälscht, sondern auch der Handel zwischen den Mitgliedstaaten beeinträchtigt werden. Es ist aber schwierig, die Kriterien *Wettbewerbsverfälschung* und *Handelsbeeinträchtigung* getrennt zu prüfen, denn

> „[z]wischen Wettbewerbsverfälschung und Handelsbeeinträchtigung einer Maßnahme ist insoweit ein rechtserheblicher Zusammenhang zu bejahen, als die Verbesserung der Wettbewerbsposition gegenüber Konkurrenten aus anderen Mitgliedstaaten eine Vermutung für die Handelsbeeinträchtigung begründet" (*Müller-Graff* 1988, S. 434).

Auch bei der Prüfung, ob eine Handelsbeeinträchtigung vorliegt, muß die Kommission begründen, daß die Begünstigung geeignet ist, eine Handelsbeeinträchtigung herbeizuführen.[70] Sie muß zwar *nicht* tatsächlich nachweisen, daß es durch die Begünstigungen zu Veränderungen von Handelsvolumina und einer Änderung der Struktur der Handelsströme kommt. Es genügt wiederum die Feststellung, daß eine Handelsbeeinträchtigung vorliegt,

---

[69] Vgl. *Sinnaeve* (1999, S. 14); *Miert* (2001, S. 46); *Wishlade* (2003, S. 1).

[70] Vgl. *Schmidt* und *Schmidt* (1997, S. 154); *Püttner* und *Spannowsky* (1998, S. 330); *Ross* (2000, S. 416). Es muß keine *aktuelle* Handelsbeeinträchtigung nachgewiesen werden. Da es sich um notifizierte Beihilfen handelt, die nicht ausgeführt werden dürfen, braucht die Kommission bezüglich einer Maßnahme nur feststellen, „whether it is *capable* of affecting inter-state trade" (*Bacon* 2003, S. 61; H. i. O.).

„wenn sich anhand einer Gesamtheit objektiver Umstände mit hinreichender Wahrschein-
lichkeit voraussehen läßt, daß die Beihilfe unmittelbar oder mittelbar, tatsächlich oder der
Möglichkeit nach den Wirtschaftsverkehr zwischen Mitgliedstaaten beeinflussen kann"
(*Mederer* 2003, S. 2017).

Der EuGH hat zu diesem Kriterium Klarheit geschaffen. In einem Präzedenzfall entschied er, daß eine Beihilfe dann vorliegt, wenn durch die Begünstigung die Marktposition eines Unternehmens im Vergleich zu ausländischen Konkurrenten gestärkt wird
(*EuGH* 1980). In einem weiteren Fall, der Rechtssache 102/87, entschied der *EuGH*
(1988b, Rdnr. 18 f.), daß nicht notwendigerweise darzulegen ist, daß das begünstigte
Unternehmen selbst grenzüberschreitend tätig ist. Eine Handelsbeeinträchtigung liegt
auch dann vor, wenn durch die Begünstigung die heimische Produktion gestärkt wird,
so daß es für Unternehmen aus anderen Mitgliedstaaten schwieriger ist, ihre Produkte
zu exportieren. In einem weiteren Urteil stellte der *EuGH* (1988a, Rdnr. 17 f.) fest, daß
es nicht notwendig ist zu prüfen, ob für ein bestimmtes Produkt ein grenzüberschreitender Handel existiert. Es genügt festzustellen, daß die Position des begünstigten Unternehmens als Ganzes gestärkt wird. Dann kann die Beihilfe auch Auswirkungen auf die
Produkte und Preisgestaltung anderer Produkte des Unternehmens haben und auch dort
die Position des Unternehmens gegenüber den ausländischen Konkurrenten stärken (*Bacon* 2003, S. 61).

Hinsichtlich der Spürbarkeit einer Handelsbeeinträchtigung ist bislang keine konkrete Aussage getroffen worden. Man könnte in der ‚De-minimis'-Regelung eine Spürbarkeitsschwelle sehen. Diese Regelung gilt aber nicht generell. Sie wird je nach Sektor
und Wirkung unterschiedlich ausgelegt. Denn in manchen Sektoren haben Beihilfen von
geringem Umfang, die an relativ kleine Unternehmen gewährt werden, keinen oder nur
einen sehr geringen Einfluß auf den zwischenstaatlichen Handel.[71] Dabei handelt es sich
um Unternehmen wie Autoreparaturwerkstätten und Taxidienstleistungen, die in lokalen
Märkten mit wenig grenzüberschreitendem Wettbewerb operieren. Dies gilt vor allem
auch für Sektoren, in denen hohe Transportkosten anfallen. In diesen Fällen gestattet die
Kommission im Rahmen der ‚De-minimis'-Regelung, daß lokale und regionale Gebietskörperschaften in erster Linie kleine und mittlere Unternehmen fördern dürfen
(*D'Sa* 2000, S. 150). In anderen Sektoren können aber auch schon geringe Beihilfenintensitäten einen großen Einfluß auf den zwischenstaatlichen Handel haben. Diese Sektoren sind daher von der ‚De-minimis'-Regelung ausgenommen (*Mederer* 2003, S. 2019).

Die Diskussion um die Auslegung bzw. Reichweite dieses Kriteriums ist von großer
Relevanz, da mit Hilfe dieses Kriteriums die Zuständigkeitsbereiche abgegrenzt werden.
Hat die gewährte Begünstigung keinen Einfluß auf den zwischenstaatlichen Handel
bzw. keine grenzüberschreitenden Effekte, so handelt es sich bei der fraglichen Maßnahme auch nicht um eine Beihilfe im Sinne des Art. 87 (1) EG. Die Maßnahme fällt
somit aus dem Zuständigkeitsbereich der Kommission heraus und verbleibt in der
Kompetenz der Mitgliedstaaten. Mit der Errichtung eines Binnenmarktes und einer da-

---

[71] In diesem Zusammenhang sind auch die Urteile des EuGH bezüglich der Förderung nieder-
ländischer Häfen zu nennen. Diese Förderung hat zwar einen Einfluß auf den lokalen Wettbewerb, aber keinen oder nur einen sehr geringen auf den zwischenstaatlichen Handel und
wurde daher nicht als Beihilfe eingestuft (*Könings* 2004, S. 87).

mit einhergehenden stärkeren Verflechtung der Märkte dehnt sich der Anwendungsbereich der Beihilfenkontrolle jedoch zwangsläufig immer stärker aus. Speziell aus diesem Grund hat sich auch der Kompetenzbereich der europäischen Organe zu Lasten der Kompetenzen der Mitgliedstaaten immer stärker erweitert (*Mederer* 2003, S. 2017).

2.3.3. Einige statistische Daten zur europäischen Beihilfenkontrolle

Im folgenden soll ein kurzer statistischer Überblick über die Vergabe von Beihilfen in der EU gegeben werden.

Abbildung 3: Staatliche Beihilfen der Mitgliedstaaten in der EU-25, 2004

	Gesamtvolumen ohne Schienenverkehr in Mrd. EUR	Gesamtvolumen ohne Landwirtschaft, Fischerei und Verkehr in Mrd. EUR	Gesamtvolumen ohne Schienenverkehr in % des BIP	Gesamtvolumen ohne Landwirtschaft, Fischerei und Verkehr in % des BIP
EU-25	61,6	45,5	0,60	0,44
EU-15	56,4	42,0	0,57	0,43
10 neue MS	5,2	3,4	1,09	0,70
BE	1,0	0,7	0,34	0,24
CZ	0,4	0,2	0,41	0,19
DK	1,4	1,0	0,71	0,52
DE	17,2	15,1	0,78	0,69
EE	0,0	0,0	0,39	0,09
GR	0,5	0,3	0,29	0,20
ES	4,0	3,1	0,47	0,37
FR	8,9	6,3	0,54	0,39
IE	1,0	0,4	0,65	0,27
IT	7,0	5,4	0,52	0,40
CY	0,2	0,1	1,48	1,06
LV	0,0	0,0	0,39	0,16
LT	0,1	0,0	0,68	0,13
LU	0,1	0,0	0,31	0,17
HU	1,0	0,7	1,26	0,87
MT	0,1	0,1	3,10	2,71
NL	1,8	0,9	0,39	0,18
AT	1,4	0,5	0,61	0,22
PL	2,9	2,0	1,47	1,01
PT	1,5	1,1	1,09	0,83
SI	0,2	0,1	0,96	0,53
SK	0,2	0,2	0,64	0,63
FI	2,5	0,6	1,66	0,38
SE	2,7	2,2	0,99	0,80
UK	5,4	4,2	0,32	0,25

Quelle: *Europäische Kommission* (2005b, S. 10).

In Abbildung 3 ist die absolute Höhe der von jedem Mitgliedsland vergebenen Beihilfen dargestellt.[72] Die Höhe der Beihilfen ist jedoch für sich genommen wenig aussagekräftig. Erst wenn man diese in Beziehung zum BIP setzt, lassen sich Vergleiche ziehen und Aussagen darüber treffen, welches Land die Industrie und Landwirtschaft in welchem Ausmaß unterstützt. Aus der nächsten Grafik wird deutlich, daß die Höhe der Beihilfen sowohl absolut als auch in Relation zum BIP der einzelnen Staaten in der EU-15 über den Zeitablauf zurückgegangen ist. Es gibt zwar noch einzelne Ausreißer, aber der Trend ist erkennbar und deutet auf ein Sinken der gewährten Beihilfen hin.

Abbildung 4: Entwicklung des staatlichen Beihilfevolumens in der EU, 1994-2004

	1994	1995	1996	1997	1998	1999	2000	2001	2002	2003	2004	Jahres-durch-schnitt 2000-02	Jahres-durch-schnitt 2000-04
EU-25													
Gesamtvolumen ohne Landwirtschaft, Fischerei und Verkehr in Mrd. EUR							46,0	47,0	52,7	48,3	45,5	48,5	49,0
in % des BIP							0,48	0,47	0,52	0,49	0,44	0,48	0,48
EU-15													
Gesamtvolumen ohne Schienenverkehr in Mrd. EUR	77,5	77,0	75,5	95,5	64,3	54,8	56,6	58,0	63,5	55,3	56,4	59,4	58,4
in % BIP	1,08	0,98	0,95	1,14	0,74	0,61	0,60	0,61	0,66	0,58	0,57	0,62	0,60
Gesamtvolumen ohne Landwirtschaft, Fischerei und Verkehr in Mrd. EUR	58,9	57,0	56,7	76,2	48,8	38,5	40,9	42,5	46,8	39,4	42,0	43,4	42,9
in % BIP	0,82	0,73	0,71	0,91	0,56	0,43	0,43	0,45	0,48	0,41	0,43	0,45	0,44

Anmerkung: Der außergewöhlich hohe Wert für 1997 ist größtenteils auf die Beihilferegelung zugunsten des Crédit Lyonnais in Frankreich zurückzuführen. Ebenso ist der verhältnismäßig hohe Wert für 2002 teilweise auf die erheblichen Bürgschaften zurückzuführen, die der Bankgesellschaft Berlin AG im Rahmen des Umstrukturierungspakets gewährt wurden (C28/2002). Für die zehn neuen Mitgliedstaaten liegen keine Angaben zum Verkehr vor, während die Angaben zur Landwirtschaft nur für 2004 vorliegen. Quelle: GD Wettbewerb.

Quelle: *Europäische Kommission* (2005b, S. 12).

---

[72] Der hohe Anteil der Beihilfen in den neuen Beitrittsländern ist darauf zurückzuführen, daß hier noch Heranführungsmaßnahmen wirksam sind, die im Rahmen von Übergangsvereinbarungen auslaufen oder befristet sind (*Europäische Kommission* 2005b, S. 10).

Die Mitgliedstaaten vergeben knapp zwei Drittel ihrer potentiell wettbewerbsverfälschenden Subventionen an das verarbeitende Gewerbe und den Dienstleistungssektor
(Abbildung 5). Die zweitmeisten nationalen Beihilfen, die von der Kommission unter
Art. 87 (1) EG geprüft wurden, wurden der Landwirtschaft und Fischerei gewährt. Es
folgen Bergbau und Verkehr ohne Schienenverkehr. Die Aufteilung differiert jedoch
von Mitgliedstaat zu Mitgliedstaat (Abbildung 6).

Abbildung 5: Staatliche Beihilfen insgesamt nach Sektoren, EU-25, 2004

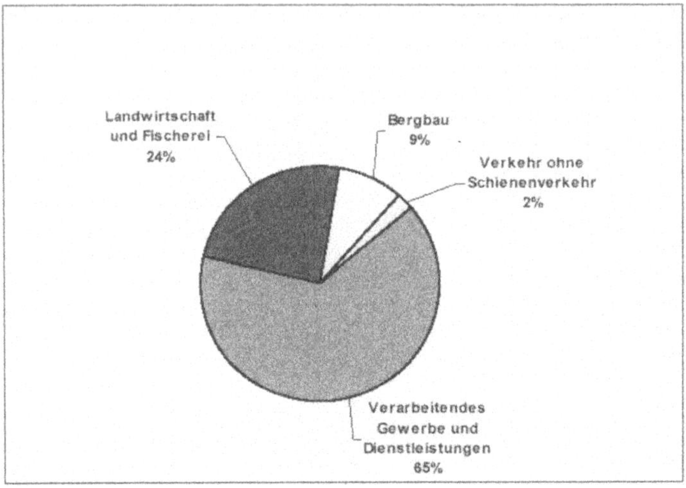

Anmerkung. (Potenziell) wettbewerbsverzerrende Beihilfen laut Definition in Artikel 87 Absatz 1 EG-Vertrag,
die von den EU-25-Mitgliedstaaten für alle Sektoren mit Ausnahme des Schienenverkehrs gewährt und von der
Kommission geprüft wurden. Quelle: GD Wettbewerb, GD Verkehr, GD Fischerei und GD Landwirtschaft

Quelle: *Europäische Kommission* (2005b, S. 13).

Abbildung 6:   Sektorale Verteilung der Beihilfen nach Mitgliedstaaten, 2004

	% des Gesamtbetrags							Mio. EUR
	Verarbeitendes Gewerbe	Dienstleistungen (einschließlich Fremdenverkehr, Finanzdienstleistung, Medien und Kultur)	Landwirtschaft	Fischerei	Kohle	Verkehr ohne Schienenverkehr	Sonstiges nicht verarbeitendes Gewerbe	Gesamt
EU-25	59	5	23	1	9	2	1	61617
BE	65	4	26	0	0	2	2	972
CZ	37	5	47	6	4	0	0	352
DK	71	2	20	1	0	6	0	1375
DE	66	4	12	0	18	0	0	17236
EE	24	0	76	0	0	0	0	35
EL	66	3	28	2	0	0	1	473
ES	49	1	18	3	28	0	0	3975
FR	54	7	26	1	10	2	0	8915
IE	33	8	58	0	0	0	0	951
IT	72	5	16	2	0	6	0	7037
CY	35	24	29	0	0	0	12	184
LV	25	15	60	0	0	0	0	44
LT	16	0	81	1	0	0	3	122
LU	48	8	45	0	0	0	0	78
HU	63	1	31	0	5	0	0	1015
MT	87	0	13	0	0	0	0	134
NL	47	0	45	0	0	8	0	1813
AT	32	4	63	0	0	0	0	14 27
PL	51	0	31	0	17	0	1	2873
PT	13	61	24	1	0	0	2	1475
SI	46	1	45	0	6	0	2	250
SK	98	0	2	0	0	0	0	212
FI	22	1	74	0	0	3	0	2483
SE	75	4	12	0	0	7	2	2745
UK	71	0	18	2	1	2	6	5442

Anmerkung: Aufgrund von Rundungen ergibt die Summe der Prozentzahlen für einige Mitgliedstaaten nicht exakt 100. Quelle: GD Wettbewerb, GD Verkehr, GD Fischerei und GD Landwirtschaft.

Quelle: *Europäische Kommission* (2005b, S. 14).

Interessant ist zudem mit Blick auf die Definition des Begriffes Beihilfe zu erfahren, welche Beihilfeninstrumente die Mitgliedstaaten zur Begünstigung von Unternehmen im verarbeitenden Gewerbe und im Dienstleistungsbereich einsetzen. Dies wird in der folgenden Grafik verdeutlicht.

Abbildung 7:   Anteil der einzelnen Beihilfeinstrumente an den Gesamtbeihilfen für das verarbeitende Gewerbe und den Dienstleistungssektor in der EU-25, 2002-2004

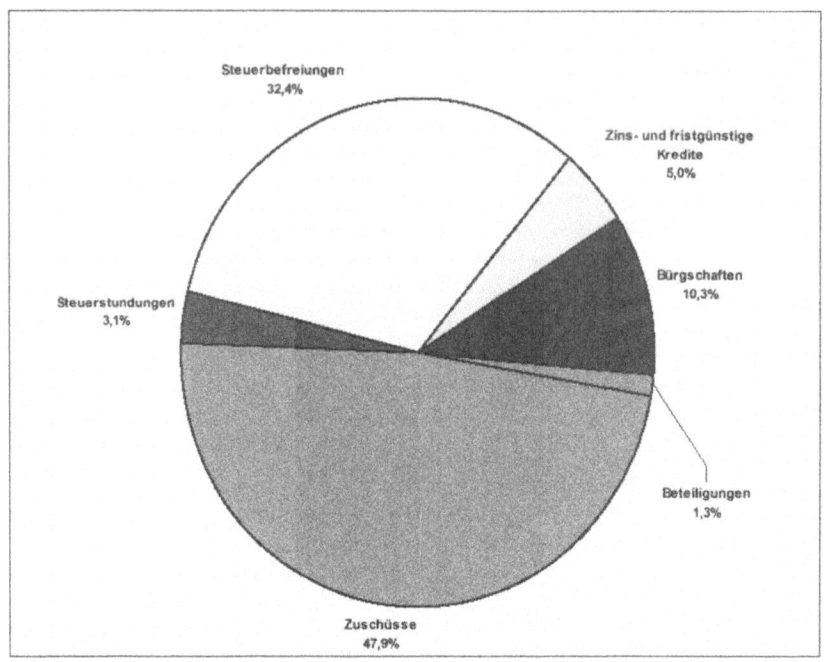

Anmerkung: Der Kohlebergbau bleibt hier unberücksichtigt. Quelle: GD Wettbewerb

Quelle: *Europäische Kommission* (2005b, S. 27).

Der überwiegende Anteil der Beihilfen wird in Form von Zuschüssen mit 47,9 % und Steuerbefreiungen mit 35,4 % gewährt. Alle weiteren Instrumente wie Steuerstundungen, Bürgschaften, zinsgünstige Darlehen und Unternehmensbeteiligungen spielen eine eher untergeordnete Rolle. Die Nutzung der Instrumente differiert jedoch wiederum von Mitgliedsland zu Mitgliedsland. Beihilfen wurden beispielsweise in Belgien, Dänemark, Estland, Luxemburg und Österreich zu mindestens 85 % in Form von Zuschüssen gewährt. Zypern, Litauen, Portugal und die Slowakei nutzten hingegen zu mindestens 75 % das Instrument der Steuerbefreiung (*Europäische Kommission* 2005b, S. 27 f.).

Nun soll noch ein kurzer quantitativer Überblick über die Entscheidungspraxis der Kommission gegeben werden. Es fällt auf, daß im Zeitraum von 2002 bis 2004 der überwiegende Teil der Beihilfenfälle ohne Einwände genehmigt wurde. In nur etwas mehr als 5 % der Fälle (118 von 1986) traf die Kommission eine negative Entscheidung. Auffällig ist allerdings, daß auf Deutschland (35) und Italien (25) über die Hälfte der negativen Entscheidungen entfielen.

Abbildung 8: Anzahl der positiven und negativen Beihilfenentscheidungen, 2002-2004, 2004

	2002-2004				2004			
	Ohne Einwände genehmigt	Sonstige Positiv-entschei-dungen	Negativ-entschei-dungen	Ge-samt	Ohne Einwände genehmigt	Sonstige Positiv-entschei-dungen	Negativ-entschei-dungen	Ge-samt
Gesamt	1693	175	118	1986	470	54	42	566
Neue MS	9	1	0	10	9	1	0	10
BE	61	11	8	80	18	7	3	28
DK	45	7	1	53	12	4	1	17
DE	299	43	35	377	76	9	10	95
EL	433	1	3	47	8	1	1	10
ES	203	17	13	133	41	4	3	48
FR	220	20	12	252	52	10	6	68
IE	45	4	1	50	16	2	0	18
IT	349	27	25	401	130	6	12	148
LU	5	0	2	7	1	0	0	1
NL	105	7	4	116	30	2	1	33
AT	48	6	3	57	8	1	1	10
PT	37	9	3	49	8	1	1	10
FI	35	1	1	37	8	1	0	9
SE	33	3	1	37	8	1	1	10
UK	156	18	6	180	45	4	2	51

Anmerkung: Fälle, in denen sowohl eine negative als auch eine positive Entscheidung erging, wurden zum Teil doppelt gezählt. Unter „sonstige Positiventscheidungen" fallen hier Positiventscheidungen und an bestimmte Auflagen geknüpfte Entscheidungen, denen ein förmliches Prüfverfahren vorausging, sowie alle Entscheidungen, wonach die betreffende Maßnahme keine Beihilfe darstellt. Für die neuen Mitgliedstaaten wurden 2004 zehn Entscheidungen erlassen: in neun Fällen erging eine Genehmigung ohne Einwände und in einem Fall wurde entschieden, daß keine Beihilfe vorliegt. Quelle: GD Wettbewerb, GD Fischerei, GD Landwirtschaft, GD Verkehr.

Quelle: *Europäische Kommission* (2005c, S. 40).

2.4. Ausnahmen vom Beihilfenverbot

2.4.1. Ein Überblick

Nicht alle von den Mitgliedstaaten gewährten potentiell wettbewerbsverfälschenden Beihilfen unterliegen dem Beihilfenverbot. Der EG-Vertrag sieht auch Ausnahmen vom Beihilfenverbot vor. Die Formulierung „soweit in diesem Vertrag nicht etwas anderes bestimmt ist" (Art. 87 (1) EG) deutet darauf hin, daß es erstens *vertragliche* Ausnahmebereiche vom Beihilfenverbot gibt. Damit sind Beihilfen gemeint, die aufgrund anderweitiger vertraglicher Bestimmungen erst gar nicht dem Verbot des Art. 81 (1) EG unterliegen. Zweitens gibt es gemäß Art. 87 (2) EG *Legalausnahmen*, die *per se* mit dem Gemeinsamen Markt vereinbar sind. In Art. 87 (3) EG sind drittens die sogenannten im

Ermessen der Kommission liegenden Ausnahmebereiche angeführt, die der Kommission die Möglichkeit einräumen, Beihilfen für mit dem Gemeinsamen Markt vereinbar zu erklären. Viertens kann der Europäische Rat Beihilfen nach Art. 87 (3) lit. e EG auf Vorschlag der Kommission mit qualifizierter Mehrheit erlauben. Fünftens hat der Europäische Rat gemäß Art. 88 (2) EG die Möglichkeit, einstimmig auf Antrag eines Mitgliedstaates Beihilfen für mit dem Gemeinsamen Markt vereinbar zu erklären, „wenn außergewöhnliche Umstände eine solche Entscheidung rechtfertigen."

Zu beobachten ist, daß der Europäische Rat seine Kompetenzen im Bereich der Beihilfenkontrolle lange Zeit nicht nutzte (*Ehlermann* 1995b, S. 1214; *Cini* 2000, S. 8). Erst in jüngerer Zeit wurde er aktiv, indem er zum einen die Einführung von Gruppenfreistellungen durch den Erlaß entsprechender Verordnungen unterstützte. Hierauf wird im folgenden noch einzugehen sein. Zum anderen erklärte der Rat die nach dem Auslaufen des EGKS-Vertrages im Jahre 2002 weiterhin gewährten Beihilfen im Steinkohlebergbau für mit dem Gemeinsamen Markt vereinbar (*Europäischer Rat* 2002, VO 1407/2002; *Nowak* 2003, S. 389). Die Vergabe von Kohlebeihilfen wird seither nicht mehr nach den Regeln des EGKS-Vertrages, sondern nach dem EG-Vertrag beurteilt.

2.4.2. Vertragliche Ausnahmen

Aufgrund bestimmter Vertragsbestimmungen sind einige Sektoren sowie die Erbringung gewisser Dienstleistungen vom Beihilfenverbot des Artikel 87 (1) EG ausgenommen. Zu ersteren gehört der Agrarbereich inklusive der Fischereiwirtschaft. Der Rat kann gemäß Artikel 36 EG die Geltung von Wettbewerbs- und damit auch von Beihilferegeln einschränken und Beihilfen „zum Schutz von Betrieben, die durch strukturelle oder naturgebundene Bedingungen benachteiligt sind", genehmigen (Art. 36, Satz 2 lit. a EG). Gleiches gilt für Beihilfen, die „im Rahmen wirtschaftlicher Entwicklungsprogramme" gewährt werden (Art. 36 Satz 2 lit. b EG). Große Teile der nationalen Agrarbeihilfen fallen demnach nicht unter das Beihilfenverbot. Zudem betreibt die Kommission im Rahmen ihrer Agrarpolitik eine eigene Agrarförderung, die ebenfalls nicht unter das Beihilfenverbot fällt. Ein weiterer Ausnahmebereich ist der Verkehrssektor. Nach Artikel 73 EG sind Beihilfen mit dem Gemeinsamen Markt vereinbar, „die den Erfordernissen der Koordinierung des Verkehrs oder der Abgeltung bestimmter, mit dem Begriff des öffentlichen Dienstes zusammenhängender Leistungen entsprechen."

Art. 86 (2) EG enthält eine weitere Ausnahmeregelung. „Unternehmen, die mit Dienstleistungen von allgemeinem wirtschaftlichem Interesse betraut sind oder den Charakter eines Finanzmonopols haben" unterliegen nur den Wettbewerbsregeln, „soweit die Anwendung dieser Vorschriften nicht die Erfüllung der ihnen übertragenen Aufgaben rechtlich oder tatsächlich verhindert." Das Verhältnis zwischen der Regelung des Art. 86 (2) und dem Beihilfenverbot in Art. 87 (1) EG war in jüngerer Zeit sehr strittig. Dabei schien es bis vor kurzem kaum Berührungspunkte zwischen den beiden Artikeln zu geben, denn die *Dienstleistungen von allgemeinem wirtschaftlichen Interesse* (analog: *Gemeinwohlverpflichtungen* oder *Leistungen der Daseinsvorsorge*) wurden jahrelang von staatlichen Monopolunternehmen erbracht (*Bartosch* 2002, S. 551). Erst durch die Liberalisierung vieler Monopolbereiche wie Post, TV, Telefon, Gas, Wasser in den 1980er und 1990er Jahren änderte sich auch die Praxis der Daseinsvorsorge in den Mitgliedstaaten (*Nettesheim* 2002, S. 253). Seither wurden und werden zunehmend privatwirtschaftliche Unternehmen mit Dienstleistungen von allgemeinem wirtschaftlichem Interesse wie Vorratshaltung und Bedarfsdeckung betraut (*Hakenberg* und *Erlbacher* 2003, S. 205). Sie erhalten für die Erbringung dieser Dienstleistungen, die als essentiell für die Entwicklung und den territorialen Zusammenhalt der Gemeinschaft erachtet werden (Art. 16 EG), staatliche Kompensationszahlungen. Probleme können nun auftreten, weil die Unternehmen, die für die Erbringung der Dienstleistung kompensiert werden, im Wettbewerb mit anderen Unternehmen stehen. Die Kompensationszahlungen könnten nämlich auch als Begünstigung und damit als Beihilfe nach Art. 87 (1) EG aufgefaßt werden.[73]

Die Frage, ob Kompensationszahlungen nach Art. 86 (2) EG als Beihilfen einzustufen sind, wurde im Zeitverlauf kontrovers beurteilt. Zunächst galten sie nicht als Beihilfen. Wegweisend für diese Sichtweise war das EuGH-Urteil (1985b) von 1985 in der Rechtssache 240/83. Frankreich hatte in einem Gesetz die so genannte Altöl-Richtlinie (Richtlinie 75/439/EWG) des Europäischen Rates vom 16. Juni 1975 umgesetzt. Danach wurden Unternehmen, die Öl verkauften, dazu verpflichtet, Altöl zu sammeln und/oder zu beseitigen. Dafür erhielten sie eine Kompensationszahlung vom Staat. Diese Kompensationszahlung stellte nach Meinung des EuGH keine staatliche Beihilfe dar, weil die Unternehmen lediglich die aus der Verpflichtung resultierenden Zusatzkosten erstattet bekamen und keine darüber hinausgehenden Begünstigungen erhielten. Diese Sichtweise wird auch als *Tatbestandslösung* bezeichnet. Sie hatte lange Zeit Bestand, bis der EuGH im Jahre 1998 entschied, daß Kompensationszahlungen an Unternehmen, die Dienstleistungen im allgemeinen wirtschaftlichen Interesse erbringen, auch dann zunächst als Beihilfen einzustufen sind, wenn die staatliche Kompensationszahlung die den Unternehmen entstehenden Lasten nicht übersteigt. Artikel 87 (1) EG fragt nämlich nicht nach den Gründen oder Zielen der staatlichen Intervention, sondern nach der Wirkung einer Maßnahme. Die in Frage stehenden Kompensationszahlungen wurden zunächst als Beihilfe eingestuft und mußten bei der Kommission notifiziert werden (*Beihilfenansatz*). Sie konnten aber laut Artikel 86 (2) EG nachträglich erlaubt werden, wenn das begünstigte Unternehmen einen Auftrag zur Erbringung der Gemeinwohlverpflichtung hatte und ein Zusammenhang zwischen Ausgleichszahlung und Auftrag bestand (*Rechtfertigungslösung*; *Nettesheim* 2002, S. 258 f.; *Kliemann* 2003, S. 36 und 42; *Hansen*, *Ysendyck* und *Zühlke* 2004, S. 219 f.).[74]

---

[73] Siehe zur nachfolgenden Darstellung auch *Heine* und *Gröteke* (2005, S. 468-471).

[74] Ein solcher Zusammenhang konnte im Fall West LB nicht festgestellt werden. Anstaltslast und Gewährträgerhaftung standen in keinem Verhältnis zu der Gemeinwohlverpflichtung, die der Bank auferlegt worden war. Die Begünstigungen des öffentlichen Bankensektors wurden als Beihilfen eingestuft (*Nettesheim* 2002, S. 262). Deutschland muß(te) den öffentlichen Bankensektor reorganisieren. Die West LB wurde in ein öffentlich rechtliches Mutterunternehmen, das mit Gemeinwohlaufgaben betraut ist, und eine privatwirtschaftliche Tochtergesellschaft aufgespalten (*Moser*, *Pesaresi* und *Soukup* 2002, S. 10).

In den Rechtssachen Ferring (Rs. C-53/00 – Ferring/ACOSS; *EuGH* 2001b)[75] und Altmark (Rs. C-280/00 – Altmark Trans GmbH; *EuGH* 2003) kehrte der EuGH zu seiner ursprünglichen Einschätzung zurück. Danach liegt eine Beihilfe nur dann vor, wenn die Kompensationszahlung die zusätzlichen Kosten übersteigt, die dem Unternehmen dadurch anfallen, daß es die Dienstleistung im allgemeinen wirtschaftlichen Interesse erbringen muß (*EuGH* 2001b, Rdnr. 26, 27 und 33; *Kliemann* 2003, S. 42). Übersteigt die Ausgleichszahlung die Zusatzkosten nicht, liegt auch keine Beihilfe vor (*Santamato* und *Pesaresi* 2004, S. 18).

Die Reaktionen auf das Ferring-Urteil waren kritisch. Die Notwendigkeit und die Angemessenheit einer Ausgleichszahlung hänge beispielsweise davon ab, in welchem Ausmaß Fixkosten ausgeglichen werden dürfen oder wie effizient das kompensierte Unternehmen wirtschaften müsse. Die Mitgliedstaaten hätten somit erhebliche Gestaltungsspielräume, um die Beihilfenkontrolle zu unterlaufen.[76] Zudem käme es zu einer latenten Begünstigung der mit der Daseinsvorsorge betrauten Unternehmen, denn wie könnten unter den genannten Umständen Mitnahmeeffekte vermieden werden?[77]

In dieser Hinsicht brachte das Urteil in der Rechtssache Altmark weitere Klärung. Es war zu beurteilen, ob staatliche Zuschüsse an ein Busunternehmen (Altmark Trans GmbH), das im Gegenzug den Öffentlichen Personennahverkehr sicherstellte, Beihilfen darstellten. Der EuGH stellte in seinem Urteil Kriterien auf, die erfüllt sein müssen, damit eine Kompensationsleistung nicht als Beihilfe erachtet wird:[78]

1. Das begünstigte Unternehmen ist tatsächlich zur Erbringung einer *ex ante* klar definierten gemeinwirtschaftlichen Dienstleistung verpflichtet worden.

2. Die Parameter, die eine Kompensation begründen und anhand derer sie berechnet wird, müssen *ex ante* in objektiver und transparenter Weise aufgestellt werden.

3. Die Kompensation darf nicht das überschreiten, was zur Erfüllung der Dienstleistung erforderlich ist. Bei der Berechnung der Kompensation werden erzielte Einnahmen und ein *angemessener* Gewinn für das Unternehmen bereits berücksichtigt.

4. Die Höhe des erforderlichen Ausgleichs bestimmt sich in erster Linie über eine *öffentliche, nicht diskriminierende Ausschreibung*. Falls eine solche Ausschreibung

---

[75] Im Fall Ferring ging es um die unterschiedliche steuerliche Behandlung von Pharmaherstellern und Großhändlern. In Frankreich wird bei Pharmaherstellern eine Abgabe auf Verkäufe an Apotheken erhoben. Diese Abgabe wird aber bei Verkäufen von Großhändlern an Apotheken nicht fällig. Das Pharmaunternehmen Ferring klagte nun gegen diese Abgabenregelung und verwies auf eine Begünstigung für Großhändler. Der EuGH stufte die Ausnahmeregelung für Großhändler nicht als Beihilfe ein und begründete dies damit, daß den Großhändlern im Gegensatz zu Pharmaherstellern eine gesetzliche Verpflichtung auferlegt worden sei, ständig ein bestimmtes Sortiment von Arzneimitteln vorzuhalten, um im Bedarfsfall die Apotheken zeitnah beliefern zu können (*EuGH* 2001b).

[76] Problematisch ist in diesem Zusammenhang zudem, daß die Mitgliedstaaten definieren können, was unter den Begriff der *Daseinsvorsorge* fällt (*Kliemann* 2003, S. 48).

[77] Vgl. *Nicolaides* (2002b, S. 314-317; 2002c, S. 190-197; 2003, S. 561-573).

[78] Vgl. *EuGH* (2003, S. 993 f.); *Hansen, Ysendyck* und *Zühlke* (2004, S. 221 f.); *Santamato* und *Pesaresi* (2004, S. 17 f.).

nicht durchführbar ist oder durchgeführt wird, soll die Kompensationszahlung im Rahmen eines *Benchmarkings* ermittelt werden. In diesem Fall errechnet sich die Kompensationszahlung

> „auf der Grundlage einer Analyse der Kosten ..., die ein durchschnittliches, gut geführtes Unternehmen, das so angemessen mit Transportmitteln ausgestattet ist, daß es den gestellten gemeinwirtschaftlichen Anforderungen genügen kann, bei der Erfüllung der betreffenden Verpflichtungen hätte, wobei die dabei erzielten Einnahmen und ein angemessener Gewinn aus der Erfüllung dieser Verpflichtung zu berücksichtigen sind" (*EuGH* 2003, S. 994).

Freilich wirft die Formulierung einige Probleme auf. Es stellt sich zum einen die Frage nach dem *ideal tender*, der idealen Ausschreibung. Diese Frage bleibt in der Rechtsprechung des EuGH offen (*Santamato* und *Pesaresi* 2004, S. 20). Dies birgt aber Probleme. Denn häufig kommt nur ein Unternehmen für die Ausführung der Aufgabe in Frage (*Nettesheim* 2002, S. 254 f.; *Hansen, Ysendyck* und *Zühlke* 2004, S. 221). Und je nach Ausschreibungsmethode können sich ganz unterschiedliche Ergebnisse für eine Kompensation ergeben. Zudem werden Zweifel daran gehegt, daß mittels der neuen Methode des Benchmarking ein Äquivalent für die Marktüblichkeit der Vergütung gefunden werden kann (*Hansen, Ysendyck* und *Zühlke* 2004, S. 222). Die Kommission (2005e) hat die vom EuGH vorgegebenen Kriterien für die Beurteilung von Kompensationszahlungen im Rahmen der Daseinsvorsorge für ihre Praxis bereits konkretisiert.

2.4.3. Legalausnahmen gemäß Art. 87 (2) EG

In Art. 87 (2) EG werden bestimmte Arten von Beihilfen genannt, die als mit dem Gemeinsamen Markt vereinbar gelten.[79]

Nach Art. 87 (2) lit. a EG sind „Beihilfen sozialer Art an einzelne Verbraucher, wenn sie ohne Diskriminierung nach der Herkunft der Waren gewährt werden", mit dem Gemeinsamen Markt vereinbar (siehe hierzu bereits *Regierungsausschuß* 1956, S. 62).

Laut Art. 87 (2) lit. b EG sind „Beihilfen zur Beseitigung von Schäden, die durch Naturkatastrophen oder sonstige außergewöhnliche Ereignisse entstanden sind", mit dem Gemeinsamen Markt vereinbar.[80] Sie fungieren als Schadensausgleich und tragen zur Wiederherstellung der Wettbewerbsbedingungen vor Eintritt des Schadensfalles bei.

Die Idee des Ausgleichs von Wettbewerbsnachteilen steht auch dem dritten Ausnahmetatbestand nach Art. 87 (2) lit. c EG Pate. Hiernach werden

> „Beihilfen für die Wirtschaft bestimmter durch die Teilung Deutschlands betroffener Gebiete der Bundesrepublik Deutschland, soweit sie zum Ausgleich der durch die Teilung verursachten wirtschaftlichen Nachteile erforderlich sind",

---

[79] Bei diesen Ausnahmen kann jedoch generell gefragt werden, ob es sich überhaupt um Begünstigungen handelt (*Schmidt* und *Schmidt* 1997, S. 145).

[80] Hierunter fallen beispielsweise außergewöhnliche Naturereignisse wie Erdbeben, Vulkanausbrüche, Hochwasser, Waldbrände, Wirbelstürme. Sonstige außergewöhnliche Ereignisse sind etwa Kriege, innere Unruhen, Terroranschläge sowie Bergwerks- und Industrieunfälle größeren Ausmaßes (*Mederer* 2003, S. 2049).

als mit dem Gemeinsamen Markt vereinbar angesehen. Die Zonenrand- und Berlinförderung ließen sich so legitimieren. Wirtschaftliche Probleme, die aus der DDR-Zeit resultieren und einen wirtschaftlichen Wiederaufbau der neuen Bundesländer notwendig machen, fallen jedoch nicht unter diese Regelung, wie der Fall VW im Jahre 1996 zeigte (*Schmidt* und *Schmidt* 1997, S. 146; *Mederer* 2003, S. 2053).[81] Art. 87 (2) lit. c EG hat daher kaum noch Bedeutung.

2.4.4. Ausnahmen nach Art. 87 (3) EG

2.4.4.1. Ein Überblick

Art. 87 (3) EG billigt der Kommission ein gewisses Ermessen bei der Beurteilung von Beihilfen zu. Sie kann folgende Arten von Beihilfen erlauben:

– „Beihilfen zur Förderung der wirtschaftlichen Entwicklung von Gebieten, in denen die Lebenshaltung außergewöhnlich niedrig ist oder eine erhebliche Unterbeschäftigung herrscht" (Art. 87 (3) lit. a EG),

– „Beihilfen zur Förderung wichtiger Vorhaben von gemeinsamen europäischem Interesse oder zur Behebung einer beträchtlichen Störung des Wirtschaftslebens eines Mitgliedstaats" (Art. 87 (3) lit. b EG),

– „Beihilfen zur Förderung der Entwicklung gewisser Wirtschaftszweige oder Wirtschaftsgebiete, sofern die Handelsbedingungen nicht in einer Weise verändert werden, die dem gemeinsamen Interesse zuwiderläuft" (Art. 87 (3) lit. c EG),

– „Beihilfen zur Förderung der Kultur und zur Erhaltung des kulturellen Erbes, soweit sie die Handels- und Wettbewerbsbedingungen in der Gemeinschaft nicht in einer Weise beeinträchtigen, das dem gemeinsamen Interesse zuwiderläuft" (Art. 87 (3) lit. d EG).

– sowie sonstige Beihilfen, die der Europäische Rat auf Vorschlag der Kommission für mit dem Gemeinsamen Markt vereinbar erklären kann (Art. 87 (3) lit. e EG).

Die Kommission kann ihren diskretionären Spielraum im Rahmen von Art. 87 (3) EG jedoch nicht willkürlich, sondern nur „nach Maßgabe wirtschaftlicher und sozialer Wertungen ... die auf die Gemeinschaft als Ganzes zu beziehen sind" ausüben (*EuGH* 1980, Rdnr. 24; *Schina* 1987, S. 44). Die Kommission muß zwischen den potentiell wettbewerbsverzerrenden Effekten und den aus gemeinschaftlicher Sicht potentiell vorteilhaften Effekten einer Beihilfe abwägen (*Schina* 1987, S. 47). Beihilfen nach Art. 87 (3) EG müssen daher die folgenden Kriterien erfüllen:[82]

– Durch die Beihilfenvergabe muß ein Beitrag zur Erreichung der in Artikel 87 (3) EG und insbesondere Art. 2 EG angeführten Gemeinschaftsziele geleistet werden.

---

[81] Die Kommission entschied, daß Beihilfen an VW für Investitionen in den neuen Bundesländern nicht den Bestimmungen des Art. 87 (2) lit. c EG unterliegen.

[82] Vgl. *Schmidt* und *Schmidt* (1997, S. 154); *Püttner* und *Spannowsky* (1998, S. 349); *Seabright*, *Herbe* und *Atanasiu* (1999, S. 19); *Sinnaeve* (1999, S. 16); *Heskamp* (2001, S. 239-246).

- Die Beihilfe muß zur Verwirklichung dieser Ziele notwendig sein.
- Die Beihilfe muß angemessen sein. Der positive Zielbeitrag muß mit dem negativen Wettbewerbseffekt der Beihilfe abgewogen werden.

Die Kommission hat die verschiedenen Beihilfearten, bei denen sie gemäß Artikel 87 (3) EG einen Ermessensspielraum hat, in verschiedene Kategorien eingeteilt: *horizontale, sektorale* und *regionale* Beihilfen. Abbildung 9 gibt einen schematischen Überblick hierüber. Ihre Abwägungskriterien hat die Kommission in Leitlinien und Beihilferahmen für die unterschiedlichen Beihilfearten veröffentlicht.

Abbildung 9: Taxonomie der Beihilfen gemäß Art. 87 (3) EG

Beihilfentyp	Potentieller Nutzen	Potentielle Verzerrung
Horizontal		
Beschäftigung	– Reduzierung von Arbeitsmarktunvollkommenheiten	– Getarnte Betriebsbeihilfe
Umwelt	– Steigerung der Umweltqualität	– Getarnte Betriebsbeihilfe
F&E	– Förderung der Innovationstätigkeit	– Getarnte Betriebsbeihilfe
Rettung und Umstrukturierung	– Ermöglichung des Überlebens fundamental gesunder Firmen	– Erhaltung unrentabler Firmen
Kleine & mittlere Unternehmen	– Linderung von Finanzmarkt- und anderen Arten von Marktversagen bei Kleinunternehmen; Förderung neuer Arbeitsplätze	– Schaffung oder Erhaltung unrentabler Firmen
Regional		
	– Förderung der Entwicklung von peripheren Regionen	– Beihilfenkriege, Lenkung von mehr Beihilfen in wirtschaftsschwache Regionen reicher Mitgliedstaaten als in wenig entwickelte Regionen armer Mitgliedstaaten
Sektoral		
Schrumpfende oder sich konsolidierende Industrien	– Erleichterung von Arbeitsmarkttransfers, Ermöglichung der Restrukturierung; Anteil an den Anpassungskosten	– Verzögerung notwendiger Reorganisation; Begünstigung von Firmen in reichen Mitgliedstaaten, ineffiziente Firmen überleben, Marktaustritt effizienter Firmen
Privatisierte Industrien	– Steigerung des Anteils der durch Marktkräfte gelenkten Wirtschaft	– Künstlicher Vorteil für zuvor staatliche Unternehmen

Quelle: *Martin* und *Valbonesi* (2000, S. 180).

Aus der folgenden Abbildung wird deutlich, in welchem Ausmaß die Mitgliedstaaten Beihilfen gewähren, die nach Art. 87 (3) EG freigestellt werden können.

Abbildung 10: Staatliche Beihilfen für horizontale Ziele und sektorale Beihilfen, 2004

	Horizontale Ziele	Forschung und Entwicklung	Umwelt und Energieeinsparung	KMU	Beschäftigung	Ausbildung	Regionale Entwicklung a.n.g. (1)	Andere horizontale Ziele	Sektorale Beihilfen (2)	Kohle	Verarbeitendes Gewerbe	Dienstleistungen	Gesamtvolumen ohne Landwirtschaft, Fischerei und Verkehr in Mio. EUR
EU-25	76	12	25	12	4	3	18	3	24	12	8	3	45.461
BE	100	25	2	33	4	8	23	4	0	0	0	0	685
CZ	82	33	2	10	0	0	36	0	18	8	0	10	165
DK	97	1	54	0	38	0	0	3	3	0	3	0	1003
DE	78	11	44	3	1	0	18	1	22	20	1	1	15128
EE	100	21	1	3	0	0	31	44	0	0	0	0	8
EL	97	2	8	12	4	0	67	5	3	0	2	2	330
ES	62	13	3	12	1	1	31	1	38	35	2	0	3136
FR	59	15	2	19	4	1	14	4	41	14	25	2	6348
IE	62	10	2	3	12	3	20	12	38	0	27	11	393
IT	95	18	1	34	7	13	20	4	5	0	3	2	5415
CY	46	2	1	1	0	5	5	32	54	0	37	3	131
LV	100	0	0	8	0	0	92	0	0	0	0	0	17
LT	49	2	0	12	0	0	34	1	51	0	35	0	23
LU	100	19	0	21	0	0	31	30	0	0	0	0	43
HU	45	2	0	4	1	0	26	10	55	7	48	1	696
MT	8	0	0	3	0	1	0	4	92	0	92	0	117
NL	96	25	52	14	1	0	4	1	4	0	4	0	854
AT	96	28	18	23	5	6	13	3	4	0	3	1	524
PL	26	1	1	0	13	0	10	0	74	25	48	0	1972
PT	22	3	0	8	1	4	5	0	78	0	0	78	1114
SI	70	18	19	2	17	3	6	5	30	10	17	0	137
SK	35	0	0	0	0	2	32	1	65	0	65	0	207
FI	98	25	38	8	6	0	15	6	2	0	0	2	571
SE	100	4	88	1	0	0	3	5	0	0	0	0	2231
UK	99	16	27	22	0	5	26	3	1	1	0	0	4211

Prozentsatz des Gesamtvolumens ohne Landwirtschaft, Fischerei und Verkehr

(1) Beihilfen für die allgemeine regionale Entwicklung anderweitig nichtgenannt. (2.) Beihilfen für spezifische Sektoren, die im Rahmen von Maßnahmen ohne horizontale Zielsetzung gewährt wurden, sowie Beihilfen für die Rettung und Umstrukturierung von Unternehmen. Die Angaben unter sektorspezifische Beihilfen enthalten auch Beihilfen für andere nichtverarbeitende Sektoren, die nicht in der Tabelle enthalten sind. Quelle: GD Wettbewerb

Quelle: *Europäische Kommission* (2005b, S. 22).

2.4.4.2. Horizontale Beihilfen

Aus Abbildung 10 wird deutlich, daß horizontale Beihilfen mit durchschnittlich 76 % den größten Anteil an den gewährten Beihilfen ausmachen. Noch Mitte der 1990er Jahre lag er bei 50 %, wurde in der Folge auch auf Initiative des Europäischen Rates gesteigert (*Europäische Kommission* 2005b, S. 22). Es handelt sich um allgemeine Rahmengesetze sowie spezifische Unternehmensförderungen. Unter horizontale Beihilfen fallen u. a. auch solche, die der Korrektur von Marktversagen dienen können, wie im folgenden gezeigt wird.

2.4.4.2.1. Beihilfen zur Förderung von Forschung und Entwicklung

Die so genannten F&E-Beihilfen können nach Art. 87 (3) lit. c EG erlaubt werden. Sie werden gewöhnlich recht positiv beurteilt, weil sie zunächst eine verstärkte Innovationstätigkeit der Unternehmen induzieren sollen, in deren Folge es zu wirtschaftlichem Wachstum und zur Schaffung von Arbeitsplätzen kommen kann. Zugleich werden F&E-Beihilfen für die Umsetzung der gemeinschaftsweiten Strategie zur Verbesserung der Wettbewerbsfähigkeit der gemeinschaftlichen Industrie, die auch in Art. 130 (1) EG proklamiert wird, als essentiell notwendig erachtet.[83] Detaillierte Regelungen zur Behandlung von F&E-Beihilfen sind im Gemeinschaftsrahmen von 1996 (*Europäische Kommission* 1996c) und in der 2004 in Kraft getretenen Gruppenfreistellungsverordnung 364/2004 vom 25.2.2004 (*Europäische Kommission* 2004c) enthalten.

F&E-Beihilfen können in Höhe von 100 % der beihilfefähigen Kosten gewährt werden, wenn es sich um *Grundlagenforschung* handelt (*Europäische Kommission* 2004c, L 63/24).[84] Die *industrielle* Forschung der Unternehmen kann mit bis zu 60 % der beihilfefähigen Kosten unterstützt werden. Bei vor-wettbewerblichen Entwicklungen kann der Staat 35 % der Kosten alimentieren. Aufschläge sind zudem bei Forschungskooperationen, insbesondere wenn diese grenzüberschreitend sind, bei forschenden KMU, bei Unternehmen in benachteiligten Wirtschaftsgebieten (Verzahnung mit regionalpolitischen Zielsetzungen) sowie nach Einzelfallprüfung möglich. Patentkosten können ebenfalls über Beihilfen alimentiert werden (*Europäische Kommission* 2004c, L 63/24 f.). Die F&E-Förderung der Mitgliedstaaten wird insgesamt von der Kommission wohlwollend beurteilt, da möglichen wettbewerbsverzerrenden Effekten bei der Prüfung von F&E-Beihilfen wenig Gewicht zugemessen wird.

---

[83] Vgl. *Schmidt* und *Schmidt* (1997, S. 156); *Püttner* und *Spannowsky* (1998, S. 358 f); *Europäische Kommission* (1998a, C 48/2; 2004c, L 63/22; 2005b, S. 23). Das Ziel der Stärkung der Wettbewerbsfähigkeit ist auch Teil der so genannten *Lissabon-Strategie*, durch die die EU bis zum Jahre 2010 zum wettbewerbsfähigsten und dynamischsten Wirtschaftsraum der Welt werden soll.

[84] Die staatliche Unterstützung von Grundlagenforschung, die allen Unternehmen eines Mitgliedstaates zugute kommen kann, fällt nach Ansicht der Kommission nicht unter das Beihilfenverbot. In der Regel ist die Grundlagenforschung, wie sie von Hochschulen und Forschungsinstituten betrieben wird, so weit von einer marktlichen Verwertung entfernt, daß keine Auswirkungen auf den Wettbewerb zwischen Unternehmen und den zwischenstaatlichen Handel vorliegen (*Püttner* und *Spannowsky* 1998, S. 359).

2.4.4.2.2. Umweltschutzbeihilfen

Beihilfen, die zum Umweltschutz gewährt werden, fallen ebenfalls in die Kategorie
horizontaler Beihilfen und können von der Kommission nach Art. 87 (3) EG für mit
dem Gemeinsamen Markt vereinbar erklärt werden. Der *Europäische Rat* fordert, daß
nachhaltiges Wachstum auch umweltverträglich sein muß. Man sieht in der Förderung
von Investitionen zur Verbesserung der Energieeffizienz und der Nutzung erneuerbarer
Energien nicht nur den Zweck, die Umweltbedingungen im Integrationsraum qualitativ
zu verbessern. Die Förderung soll auch dazu dienen, die Wettbewerbsfähigkeit der Unternehmen in der Gemeinschaft zu erhöhen (*Europäische Kommission* 2005b, S. 25).

Die Regelungen des Gemeinschaftsrahmens wurden notwendig, weil die Staaten
immer mehr getarnte Betriebsbeihilfen unter dem Deckmantel von Umweltzielen gewährten (*Europäische Kommission* 2001b, C 37/3). Daraufhin veröffentlichte die
Kommission in ihrem Gemeinschaftsrahmen für staatliche Umweltschutzbeihilfen Kriterien, die erfüllt sein müssen, damit Umweltschutzbeihilfen vom Beihilfenverbot ausgenommen werden können. Dies beinhaltet insbesondere, daß die Beihilfen nur gewährt
werden dürfen, wenn sie zu einer Verbesserung der Umweltsituation beitragen. Während den Unternehmen nach dem Gemeinschaftsrahmen von 1994 noch Umweltschutzbeihilfen gewährt werden konnten, damit sie sich kurzfristig an geltende Umweltnor-
men anpassen konnten (*Europäische Kommission* 1994b, C 72/3 ff.; *Schmidt* und
Schmidt 1997, S. 156), gilt diese Regel nun nicht mehr (*Europäische Kommission*
2001b, C 37/6).[85] Unternehmen können nur noch Beihilfen bis zu einer Höhe von 30 %
der Investitionskosten erhalten, wenn durch die Investition entweder die geltenden
strengsten Gemeinschaftsnormen übertroffen werden oder die Umweltqualität in Bereichen verbessert wird, in denen keine Gemeinschaftsnormen existieren (*Europäische
Kommission* 2001b, C 37/5 f.).

Zudem hält die Kommission die von vielen Mitgliedstaaten vorgenommene Förderung der Nutzung erneuerbarer Energien für mit dem Gemeinsamen Markt vereinbar.
Sie erlaubt für solche Investitionen Förderungen bis zu einer Höhe von 40 % der beihilfefähigen Kosten.[86]

Ferner haben viele Mitgliedstaaten Steuern auf den Energieverbrauch eingeführt. Sie
streben damit (unter anderem) eine Verbesserung der Umweltqualität an. Von diesen
nationalen Steuerregeln sind jedoch – wie im Falle der deutschen Ökosteuer – häufig
gerade die energieintensiven Sektoren – mit Hinweis auf die negativen Effekte dieser
Steuer auf die Wettbewerbsposition der Unternehmen – ausgenommen. Diese Sonderregelung stellt nach Ansicht der Kommission zwar eine Beihilfe dar. Diese kann aber
unter bestimmten Bedingungen für einen Zeitraum von maximal 10 Jahren akzeptiert
werden, muß dann aber neu angemeldet und beurteilt werden (*Europäische Kommission*
2001b, C 37/6).

---

[85] Lediglich für KMU besteht noch eine Ausnahme (*Europäische Kommission* 2001b, C 37/7).

[86] Aufschläge sind beispielsweise im Fall der Verbesserung der Umweltqualität möglich, falls
diese Investitionen von KMU oder in einem Fördergebiet durchgeführt werden (*Europäische
Kommission* 2001b, C 37/7 f.).

2.4.4.2.3. Ausbildungs- und Beschäftigungsbeihilfen

Weiterhin kann die Kommission Ausbildungs- und Beschäftigungsbeihilfen nach Art. 87 (3) EG erlauben. Für beide Beihilfeformen wurden Gruppenfreistellungsverordnungen erlassen. Nach Meinung der Kommission wirken sich Ausbildungsbeihilfen (VO 68/2001) zum Wohle der ganzen Gesellschaft aus. Denn die Ausbildung der Arbeitnehmer kann auch anderen Unternehmen und damit der Wettbewerbsfähigkeit der gesamten Wirtschaft zugute kommen. Die staatliche Unterstützung ausbildender Unternehmen ist notwendig, weil die Unternehmen aufgrund positiver Externalitäten zu wenig in Ausbildung investieren würden (*Europäische Kommission* 2001c, L 10/21). Genehmigt wird daher vor allem die staatliche Förderung allgemeiner Ausbildungsmaßnahmen, weil sie alle Unternehmen begünstigt und den Wettbewerb zwischen Unternehmen weniger stark verzerrt. Wettbewerbsverzerrende Wirkungen von Ausbildungsbeihilfen sind eher bei spezifischen Ausbildungsmaßnahmen zu erwarten, weil sie zumeist an den gegenwärtigen oder zukünftigen Arbeitsplatz des Beschäftigten im begünstigten Unternehmen geknüpft sind. Demzufolge darf die Beihilfenintensität, d. h. der Anteil der Beihilfe an den förderfähigen Kosten bei spezifischen Ausbildungsmaßnahmen 25 % (bei KMU 35 %) nicht übersteigen. Bei allgemeinen Ausbildungsmaßnahmen, durch die sich die Vermittelbarkeit des Arbeitnehmers verbessert, kann sie bis zu 50 % (bei KMU 70 %) der beihilfefähigen Kosten betragen. Ein weiterer Zuschlag kann gewährt werden, wenn die Ausbildung in Fördergebieten erfolgt (*Europäische Kommission* 2001c, L 10/22 f.).

Beschäftigungsbeihilfen in Form von Steuererleichterungen, Vergünstigungen bei Sozialabgaben etc. können nach Meinung der Kommission aufgrund imperfekt funktionierender Arbeitsmärkte gerechtfertigt werden. Ursächlich für diese Probleme können etwa institutionelle Vorkehrungen des Arbeitsmarktes, insbesondere die Vereinbarung von Mindestlöhnen, sein (*Europäische Kommission* 2004d, S. 26). Beschäftigungsbeihilfen können vergeben werden, wenn sie zu einer Erhöhung der Beschäftigung und/oder zu einer Einstellung behinderter oder benachteiligter Arbeitnehmer führen, die beispielsweise aufgrund ihres Alters ohne Unterstützung nur schwerlich eine Beschäftigung finden würden (*Europäische Kommission* 2002b, L 337/3-8). Die Voraussetzung für die Gewährung einer Beschäftigungsbeihilfe ist, daß sie lediglich die Mehrkosten deckt, die den Unternehmen bei der Einstellung von Arbeitnehmern entstehen. Die Kosten der Schaffung von Arbeitsplätzen in kleinen Unternehmen können mit 15 % (bei mittleren Unternehmen mit 7,5 %) gefördert werden. Eine Erhöhung der Förderung ist für Unternehmen in regionalen Fördergebieten möglich. Die Förderung wird nur gewährt, wenn die Arbeitsplätze über einen bestimmten Zeitraum bestehen bleiben.

Eine Freistellung ist nach VO 2204/2002 möglich, wenn die Beihilfenintensität bei benachteiligten Arbeitnehmern bis zu 50 %, bei behinderten Arbeitnehmern bis zu 60 % der Lohnkosten beträgt. Ansonsten sind nach vorheriger Notifizierung Einzelfallprüfungen erforderlich (*Europäische Kommission* 2002b, L 337/9 f.).

2.4.4.2.4. Beihilfen an kleine und mittlere Unternehmen

Die ‚De-minimis'-Regelung wurde bereits erwähnt. Gemäß dieser Regelung dürfen Beihilfen bis zu einer bestimmten Grenze an Unternehmen unabhängig von deren Größe gewährt werden. Diese Regelung kommt aber de facto eher kleinen und mittleren Unternehmen zugute (*Mederer* 2003, S. 2122). Daneben können Beihilfen an kleine und mittlere Unternehmen (KMU) ebenfalls auf der Basis des Art. 87 (3) EG vom Beihilfenverbot ausgenommen werden. Eine Rechtfertigung für die Vergabe solcher Beihilfen kann in der Unvollkommenheit des Kapitalmarktes und anderen Arten von Marktversagen gesehen werden.[87] Zudem tragen kleine und mittlere Unternehmen in erheblichem Maße zur Schaffung von Arbeitsplätzen und zur wirtschaftlichen Dynamik bei (*Schmidt* und *Schmidt* 1997, S. 157; *Europäische Kommission* 2001g, L 10/33). Aufgrund dessen hat die Kommission die Gruppenfreistellungsverordnung 70/2001 erlassen. Da die Förderung der KMUs einerseits die erwähnten positiven Effekte erzeugt, andererseits aber auch potentiell wettbewerbsverfälschende Wirkungen durch die Beihilfenvergabe auftreten können, werden maximale Beihilfenintensitäten festgelegt. Dabei werden mittlere Unternehmen in der Förderfähigkeit stärker restringiert als kleine. Investitionsvorhaben von kleinen Unternehmen dürfen mit 15 %, diejenigen von mittleren Unternehmen mit 7,5 % der beihilfefähigen Kosten gefördert werden. Aufgrund der von KMUs ausgehenden Effekte für die wirtschaftliche Dynamik sind Investitionsvorhaben in regionalen Fördergebieten stärker förderfähig, sofern die Investition für einen bestimmten Zeitraum in der Region verbleibt (*Europäische Kommission* 2001g, L 10/34-36).

2.4.4.2.5. Rettungs- und Umstrukturierungsbeihilfen

Nach Art. 87 (3) EG kann die Kommission *Rettungs-*[88] und *Umstrukturierungsbeihilfen*[89] vom Beihilfenverbot ausnehmen. Dabei handelt es sich um so genannte Betriebsbeihilfen, die von der Kommission als besonders schädlich, weil im hohen Maße wettbewerbsverzerrend eingestuft werden. Sie ermöglichen existenzgefährdeten Unternehmen ein Überleben auf dem Markt zu Lasten der effizienteren Konkurrenzunternehmen aus anderen Mitgliedstaaten. Marktaustritte werden verhindert und strukturelle Anpassungen auf Konkurrenten in anderen Mitgliedstaaten verlagert (*Europäische Kommission* 2004e, C 244/6; *Kallfaß* 2002, S. 153). Daher ist zum einen eine genaue Prüfung der durch die Beihilfen hervorgerufenen Wettbewerbsverzerrungen notwendig. Zum ande-

---

[87] Imperfekte Informationen sowie Risikoaversität der Gläubiger können die Etablierung und Entwicklung von KMUs behindern. Aufgrund der Unvollkommenheiten des Kapitalmarktes können KMUs beispielsweise schlechtere Kreditkonditionen als konkurrierende Großunternehmen bekommen. Der Staat kann dieses Problem in verschiedener Weise lösen. Der Einsatz von Beihilfen ist eine Möglichkeit (*Meiklejohn* 1999b, S. 29).

[88] Rettungsbeihilfen sollen das in einer wirtschaftlichen Krise befindliche Unternehmen kurzfristig am Leben erhalten. Ursprünglich soll in der Phase der Gewährung dieser Beihilfe keine Umstrukturierung stattfinden. Doch da eine solche Abgrenzung des Begriffes der Rettungs- zur Umstrukturierungsbeihilfe schwierig ist, wurde der Begriff der Rettungsbeihilfe etwas weiter ausgelegt (*Europäische Kommission* 2004e, C 244/2).

[89] Umstrukturierungsbeihilfen dienen der Wiederherstellung der langfristigen Rentabilität eines Unternehmen mittels entsprechender Umstrukturierungen des Unternehmens (*Schmidt* und *Schmidt* 1997, S. 157 f.; *Europäische Kommission* 2004e, C 244/2).

ren darf es nicht zur Gewohnheit werden, daß die Mitgliedstaaten Unternehmen in wirtschaftlich schwierigen Situationen unterstützen. Demnach soll das Beihilfenverbot gemäß Art. 87 (1) EG die Regel bleiben. Ausnahmen sollen nur in kleinem Ausmaß und unter sehr restriktiven Bedingungen zugelassen sein (*Europäische Kommission* 2004e, C 244/2). Die Kommission macht sozial- und regional- sowie wettbewerbspolitische Gründe geltend, wenn sie Rettungs- und Umstrukturierungsbeihilfen erlaubt.[90] So kann die Vergabe von Rettungs- und Umstrukturierungsbeihilfen dazu beitragen, eine Marktstruktur aufrechtzuerhalten, die eine gewisse Wettbewerbsintensität sicherstellt. Dies gilt gemeinhin nicht für die Förderung von großen Unternehmen in Sektoren mit strukturellen Überkapazitäten. Aber für die Erhaltung von KMUs können diese Erwägungen eine Rolle spielen, weil von ihnen die erwähnten positiven Effekte ausgehen (*Europäische Kommission* 1999c, C 288/2; 2004e, C 244/3).

Aufgrund der wettbewerbsschädlichen Effekte hat die Kommission Kriterien für die Vergabe von Rettungs- und Umstrukturierungsbeihilfen aufgestellt, die insbesondere durch die Fälle *Alstom*[91] und *Bull*[92] jüngst konkretisiert wurden. Eine Rettungsbeihilfe darf nur gewährt werden, wenn (*Europäische Kommission* 2004e, C 244/5)

— es sich um eine Liquiditätsbeihilfe in Form von Kreditbürgschaften oder Krediten zu Marktkonditionen handelt. Dabei darf die Rettungsbeihilfe nur bis zur Erstellung des Sanierungskonzeptes, höchstens aber 6 Monate lang, gewährt werden,

— ihre Höhe auf den notwendigen Betrag begrenzt ist, der die Weiterführung des Unternehmens während dieser Zeit gewährleistet,

— sie aus akuten sozialen Gründen gerechtfertigt ist und keine gravierenden Ausstrahlungseffekte in andere Mitgliedstaaten hat,

— sie einmalig ('one time, last time' Prinzip) in einem Zeitraum von 10 Jahren gewährt wird. Falls außergewöhnliche und nicht vorhersehbare Umstände vorliegen, dann beträgt der Zeitraum 5 Jahre (*Europäische Kommission* 2004e, C 244/11).[93]

Eine Umstrukturierungsbeihilfe kann freigestellt werden, wenn (*Europäische Kommission* 2004e, C 244/6-8)

---

[90] Aus wohlfahrtsökonomischer Sicht wäre zu untersuchen, ob Marktversagen vorliegt. Wenn dies nicht der Fall ist, sollten die Beihilfen verboten werden (z. B. *Kallfaß* 2002, S. 154). In der Beihilfenkontrolle spielen aber auch verteilungspolitische Argumente eine Rolle. So ist es das Ziel, mögliche negative lokale und regionale Wohlfahrts- und Beschäftigungseffekte infolge des Ausscheidens einer Firma aus dem Markt in Abwägung mit den wettbewerbsverzerrenden Wirkungen des Erhaltes der Firma zu minimieren. Jedoch „paradoxically, the guidelines do not require public authorities to submit any assessment of the local, regional or national impact" (*Nicolaides* und *Kekelekis* 2004, S. 206).

[91] In diesem Fall ging es um die Frage, ob ein Unternehmen in Schwierigkeiten zunächst rentable Unternehmensteile verkaufen muß, die zur Fortführung des Unternehmens nicht unbedingt notwendig sind, bevor eine Beihilfe gewährt werden darf (*Galand* et. al. 2004).

[92] Fraglich war, welcher zeitliche Abstand zwischen den Zeitpunkten liegen muß, an denen ein Unternehmen Rettungs- und Umstrukturierungsbeihilfen erhalten kann.

[93] Die verschiedenen zeitlichen Begrenzungen waren in den vorangegangenen Leitlinien von 1999 wenig spezifiziert (*Nicolaides* und *Kekelekis* 2004, S. 205). Die neuen Leitlinien schaffen in dieser Hinsicht größere Klarheit.

– das Unternehmen förderungswürdig ist, d. h. ein Umstrukturierungsplan besteht, durch dessen Umsetzung die langfristige Rentabilität des Unternehmens unter realistischen Annahmen in einer angemessen Zeit wiederhergestellt werden kann,[94]

– unzumutbare Wettbewerbsverfälschungen ausgeschlossen werden können. Ansonsten kann eine solche Beihilfe, insbesondere an Unternehmen in Sektoren mit *chronischen* Überkapazitäten, nur unter der Bedingung gewährt werden, daß Kapazitäten irreversibel abgebaut, Vermögenswerte veräußert, die Marktrepräsentanz reduziert oder Marktzutrittsschranken in dem betreffenden Markt gesenkt werden. Die Kommission kann dem Unternehmen noch weitergehende Auflagen erteilen, um die wettbewerbsverfälschenden Wirkungen von Umstrukturierungsbeihilfen zu lindern,

– die Beihilfe auf das erforderliche Mindestmaß begrenzt ist. Neu ist, daß die Unternehmen einen erheblichen eigenen Beitrag zum Umstrukturierungsplan leisten müssen, der in einer Veräußerung von Vermögenswerten, die zur Fortführung des Unternehmens nicht unbedingt notwendig sind, oder in einer entsprechenden Fremdfinanzierung zu Marktkonditionen liegen kann. Dieser eigene Beitrag muß nach Meinung der Kommission so hoch wie möglich sein. Er muß bei kleinen mindestens 25 %, bei mittleren mindestens 40 % und bei großen Unternehmen mindestens 50 % der zur Umstrukturierung notwendigen Kosten betragen. Ein möglichst hoher eigener Beitrag ist nach Meinung der Kommission ein Indiz dafür, daß die Märkte von einer Wiederherstellung der Rentabilität des Unternehmens überzeugt sind (*Europäische Kommission* 2004e, C 244/7),

– der Umstrukturierungsplan vollständig durchgeführt und die darin aufgeführten Bedingungen eingehalten werden,

– entsprechende Jahresberichte aufgestellt werden, anhand derer die Kommission die Durchführung des Umstrukturierungsplans kontrollieren kann.

2.4.4.3. Sektorale Beihilfen

Sektorale Beihilfen unterliegen Beihilfenregelungen, die für bestimmte Sektoren aufgestellt wurden. Ausnahmen vom Beihilfenverbot für sektorale Beihilfen basieren entweder auf vertraglichen Ausnahmeregelungen oder auf den Regelungen des Art. 87 (3) lit. c EG. Letztere beruhen auf der bisherigen Entscheidungspraxis der Kommission. Hierauf aufbauend hat die Kommission sektorspezifische Beihilfekodizes erlassen, die Kriterien für die Beurteilung und Freistellungsmöglichkeiten von Beihilfen nach Art. 87 (3) EG enthalten (*Mederer* 2003, S. 2136).

Es gibt mehrere Kategorien von sektoralen Beihilfen (*Martin* und *Valbonesi* 2000, S. 180). Die erste Kategorie bezieht sich auf Beihilfen, die an schrumpfende bzw. so

---

[94] Siehe kritisch hierzu *Nicolaides* und *Kekelekis* (2004, S. 207): Wenn es die Bedingung für die Vergabe von Umstrukturierungsbeihilfen ist, daß das Unternehmen umstrukturiert wird, um dann nicht nur kostendeckend, sondern rentabel zu wirtschaften, warum sind dann überhaupt staatliche Beihilfen notwendig? Warum investieren unter solchen Umständen dann nicht ausschließlich private Investoren? „The answer must be that the state aid makes the investment more attractive to private investors."

genannte sensitive Sektoren vergeben werden. Eine generelle Gefahr sektoraler Beihilfen liegt darin, daß diese in dauerhafte Subventionierungen ausarten und der Strukturkonservierung dienen. Das eigentliche Ziel der Beihilfenvergabe, die strukturelle Anpassung der Unternehmen an marktliche Gegebenheiten zu erleichtern und den Strukturwandel voranzutreiben, wird jedoch von den Mitgliedstaaten häufig vernachlässigt (*Schmidt* und *Schmidt* 1997, S. 159). Daher unterliegen Beihilfen an Sektoren wie Kohle, Stahl, Schiffsbau, synthetische Kunstfasern spezifischen Beihilfekodizes. Wie bei den Rettungs- und Umstrukturierungsbeihilfen sind auch bei der Gewährung von sektoralen Beihilfen an sensitive Sektoren gewisse Kriterien einzuhalten. Es müssen realistische Umstrukturierungspläne für die begünstigten Unternehmen in diesen schrumpfenden Sektoren vorliegen. Zumeist wird dabei ein Abbau, zumindest aber keine Steigerung der Kapazitäten gefordert. Zudem müssen die Wettbewerbseffekte der Beihilfen auf andere Wettbewerber minimal sein. Betriebsbeihilfen, die zu einer Produktionssteigerung führen, insbesondere wenn es sich um exportorientierte Sektoren handelt, sind daher in der Regel nicht ausnahmefähig. Investitionsbeihilfen dürfen in diesen sensitiven Sektoren nur unter horizontalen (Umweltschutz, F&E, Schließung) oder regionalen Gesichtspunkten gewährt werden. Die Umsetzung des Umstrukturierungsplanes wird von der Kommission überwacht (*Martin* und *Valbonesi* 2000, S. 181).

Unter sektorale Beihilfen fallen auch solche, die an Unternehmen in Sektoren vergeben werden, die privatisiert (und zum Teil auch dereguliert) worden sind und somit den Marktkräften ausgesetzt wurden. Dies trifft z. B. für den Bankensektor sowie den Flugtransportsektor zu (*Püttner* und *Spannowsky* 1998, S. 362 f.; *Martin* und *Valbonesi* 2000, S. 181). Die Privatisierung von Unternehmen gewann zudem nach der Wiedervereinigung Deutschlands an Bedeutung. Sektorale Beihilfen können auch in diesem Fall als notwendig erachtet werden, damit sich die Unternehmen auf die neue Marktumgebung einstellen können. Dauerhafte Subventionen sollen verhindert werden.

Sektorale Beihilfen können auch zur Steigerung der Wettbewerbsfähigkeit im Rahmen industriepolitischer Erwägungen eingesetzt werden (*Schmidt* und *Schmidt* 1997, S. 159). In diesem Zusammenhang könnte beispielsweise die Automobilindustrie genannt werden, da in Europa jeder zehnte Arbeitsplatz direkt oder indirekt von dieser Industrie abhängt (*Europäische Kommission* 1997a, C 279/1; *Monti* 2002, S. 412). Aber auch die Automobilindustrie hat hin und wieder mit Überkapazitäten zu kämpfen. Im Bereich der sektoralen Beihilfen wird also ein besonderes Augenmerk auf Sektoren gelegt, die sich in Strukturkrisen befinden.

Aufgrund der Besonderheiten der jeweiligen Sektoren und der zum Teil unterschiedlichen Zielsetzungen existierten lange Zeit unterschiedliche sektorale Beihilfekodizes. Dies ging zu Lasten der Transparenz und der Berechenbarkeit von Beihilfenentscheidungen. Die Kommission strebte daher die Entwicklung einheitlicher Kriterien für die unterschiedlichen Sektoren an und führte im Jahre 1998 einen multisektoralen Beihilferahmen für regionale Großinvestitionen ein (*Europäische Kommission* 1998c). Dieser sollte sich zunächst bewähren. Daher galt er noch nicht für die äußerst sensitiven Sektoren (*Mederer* 2003, S. 2138). Mit Inkrafttreten des neuen multisektoralen Beihilferahmens für regionale Großinvestitionen im Jahre 2004 hat die Kommission einen weiteren Schritt in Richtung eines allgemeinen sektorübergreifenden Beihilferahmens gemacht.

Dieser multisektorale Beihilferahmen soll nach dem Auslaufen der speziellen Beihilfe-kodizes auch für die sensitiven Sektoren gelten und somit für eine Vereinfachung der Vorschriften und eine größere Transparenz in der Beihilfenvergabe sorgen (*Europä-ische Kommission* 2002c, C 70/9).[95] Er enthält neben allgemeinen Kriterien jedoch auch einzelne Spezialklauseln für bestimmte Sektoren. Insgesamt nimmt die Kommission mit der Einführung dieses multisektoralen Regionalbeihilferahmens für große Investitions-vorhaben Abstand von sektoralen Sonderregelungen und schafft so mehr Transparenz.

2.4.4.4.   Regionale Beihilfen

2.4.4.4.1.   Zur Notwendigkeit der Kontrolle nationaler Regionalbeihilfen

Mit dem multisektoralen Regionalbeihilferahmen für Großinvestitionen wurde be-reits ein weiterer Ausnahmebereich des Art. 87 (3) EG angesprochen, nämlich der Be-reich der Regionalbeihilfen. Die Europäische Kommission möchte mit der Kontrolle regionaler mitgliedstaatlicher Beihilfen einen wichtigen Beitrag zur Stärkung des wirt-schaftlichen und sozialen Zusammenhalts leisten und die harmonische wirtschaftliche Entwicklung in der gesamten Gemeinschaft fördern (*Schmidt* und *Schmidt* 1997, S. 160). Dieser Beitrag wird im Zusammenhang mit der europäischen Regionalpolitik jedoch häufig vernachlässigt, weil vielfach unter europäischer Regionalpolitik lediglich eine Förderung über die EU-Strukturfonds und den Kohäsionsfonds verstanden wird (*Thielemann* 2002, S. 43 f.).

Die Bedeutung und Notwendigkeit der Beihilfenkontrolle für die Verfolgung regio-nalpolitischer Zwecke wurde bereits in den 1960er Jahren erkannt. Denn einerseits sorg-te der technische Fortschritt, das Wirtschaftswachstum und die Verschärfung des inter-nationalen und gemeinschaftlichen Wettbewerbs dafür, daß es zu regionalen Disparitä-ten in der regionalen Beschäftigungsstruktur und den Einkommensverhältnissen kam (*Europäische Kommission* 1972, S. 130; *Cini* und *McGowan* 1998, S. 148). Anderer-seits bot das verstärkte Zusammenwachsen des Gemeinsamen Marktes den Unterneh-men zunehmend die Möglichkeit, bei Neuinvestitionen nicht mehr nur den einzelnen Mitgliedstaat, sondern den gesamten Wirtschaftsraum der Gemeinschaft als Standort-menge ins Kalkül zu ziehen. Die Folge war, daß sich die Regionen bei dem Versuch, eine Neuinvestition zu attrahieren, gegenseitig überboten haben (*Eser* 1989, S. 202). Weil man vermutete, daß wirtschaftsschwache Regionen nicht die nötigen finanziellen Ressourcen hätten, um Neuinvestitionen zu attrahieren, wurde ein solcher Bietprozeß als schädlich empfunden. Man sah aufgrund dieses Bietprozesses eine „sinnvolle Streu-ung der Tätigkeiten, wie sie im gemeinsamen Interesse angezeigt wäre", nicht gewähr-leistet (*Europäische Kommission* 1972, S. 130 f.). Das Instrument der Beihilfe sollte daher nur bestimmten, nämlich wenig entwickelten, Gebieten zur Ansiedlung solcher mobilen Investitionen vorbehalten sein. Durch die Lenkung der Investitionen in benach-teiligte Gebiete sollte der regionale Entwicklungsprozeß beschleunigt werden. Eine

---

[95] Für die Stahlindustrie tritt der multisektorale Regionalbeihilferahmen nach Ablaufen des EGKS-Vertrags schon ab dem 24.7.2002, für die Kunstfaser- und die Automobilindustrie nach Ablauf der sektorspezifischen Beihilferahmen ab dem 1.1.2003 in Kraft (*Europäische Kommission* 2002c, C 70/12; *Mederer* 2003, S. 2137 f.).

Kontrolle der Ansiedlungsbeihilfen wurde von der Kommission als notwendig erachtet, weil die Ansiedlungsbeihilfen sonst häufig über das hinausgehen würden, „was zum Ausgleich der den betreffenden Unternehmen aus der behördlich erwünschten Standortwahl entstehenden Nachteile erforderlich wäre" (*Europäische Kommission* 1972, S. 131). Die Vergabe regionaler Investitionsbeihilfen ist zusammenfassend nur benachteiligten Regionen zum Ausgleich regionaler Standortnachteile vorbehalten. Ansonsten sollen die Unternehmen ihre Standorte aufgrund ihrer autonomen Entscheidungen festlegen und nicht durch Beihilfen beeinflußt oder gelenkt werden (*Ciresa* 1993, S. 111).

2.4.4.4.2. Die Kriterien zur Vergabe von Regionalbeihilfen

Die Kontrolle nationaler regionaler Beihilfen gilt zudem als notwendig, weil diese Beihilfen nicht nur zur Schaffung von Arbeitsplätzen, zur regionalen Entwicklung und zum Ausgleich der Standortnachteile beitragen sollen. Die Kontrolle ist auch notwendig, weil die Beihilfen den begünstigten Unternehmen einen Wettbewerbsvorteil gegenüber Konkurrenten verschaffen können. Da die Kommission ihre Ermessensentscheidungen im Rahmen der Artikel 87 (3) lit. a und c EG nach der Maßgabe wirtschaftlicher und sozialer Wertungen ausüben soll, versucht sie, zwischen wettbewerbsverzerrenden und regionalpolitisch vorteilhaften Effekten einer Beihilfe abzuwägen (*EuGH* 1980, Rdnr. 17 und 24; *Cini* und *McGowan*, 1998, S. 147). Im Jahre 1971 hat die Kommission vier Kriterien aufgestellt, die erfüllt sein müssen, damit Regionalbeihilfen für vereinbar mit dem Gemeinsamen Markt erklärt werden können:[96]

1. Die betroffenen Regionen müssen erhebliche wirtschaftliche Schwierigkeiten haben.

2. Die Marktkräfte können diese Schwierigkeiten ohne Beihilfen nicht beseitigen.

3. Die Höhe der Beihilfe muß diesen Schwierigkeiten angepaßt sein. Gleichzeitig muß es ein allgemeines Maximum (Höchstgrenze) für regionale Beihilfen geben.

4. Die Beihilfen müssen ferner transparent sein und dürfen den Wettbewerb in bestimmten Wirtschaftszweigen nicht verfälschen. Die sektoralen Konsequenzen der Beihilfe müssen daher quantifizierbar sein.

Die Förderung mittels regionaler Beihilfen bezieht sich in erster Linie auf die Förderung von mobilen Investitionsprojekten und die damit verbundene Schaffung von neuen Arbeitsplätzen. Gefördert werden zu diesem Zweck nur so genannte Erstinvestitionen,[97] die mobil sind und ohne die Förderung nicht in dieser Region durchgeführt würden. Daher wird die Mobilität der Investition als ein notwendiges Kriterium für die Vergabe einer Beihilfe gesehen. Zudem ist die Beihilfenvergabe daran gebunden, daß die mobile Investition für einen bestimmten Zeitraum in der Region verbleibt, damit sie den gewünschten positiven wirtschaftlichen Beitrag zur Entwicklung der Region erbringen kann (*Europäische Kommission* 1998b, C 74/9).

---

[96] Vgl. *Europäische Kommission* (1972, S. 134-138); *Ciresa* (1993, S. 111); *Cini* und *McGowan* (1998, S. 148); *Wishlade* (2003, S. 39-41).

[97] Darunter faßt man „die Erweiterung, Modernisierung und Diversifizierung der Tätigkeiten der in diesen Regionen befindlichen Betriebsstätten sowie die Ansiedlung neuer Unternehmen" (*Europäische Kommission* 1998b, C 74/9).

Fraglich ist, in welchem Ausmaß die Wettbewerbseffekte einer Regionalbeihilfe in der Beihilfenentscheidung berücksichtigt werden sollten. Die Beurteilung von Regionalbeihilfen förderte bezüglich dieses Aspektes einige Inkonsistenzen zu Tage (*Cini* und *McGowan* 1998, S. 148 f.).[98] So wird eine Abwägung zwischen den regionalen Fördereffekten und den wettbewerbsverzerrenden Effekten einer Investitionsbeihilfe ernsthaft nur bei der Vergabe von Regionalbeihilfen an Unternehmen in *sensitiven* Sektoren vorgenommen, die unter Überkapazitäten leiden (*Jestaedt* und *Schelling* 1999, S. 5). Es wird untersucht, wie sich die Kapazitäten des begünstigten Unternehmens infolge der Investition verändern. Erhöhen sie sich, so zieht dies eine (marginale) Kürzung der Beihilfe nach sich. Verringern sie sich, kann die Beihilfe erhöht werden (*Seabright, Herbe* und *Atanasiu* 1999, S. 21). Insgesamt ist festzuhalten, daß die Kommission zwar zwischen regionalen und wettbewerbsverzerrenden Effekte einer Regionalbeihilfe abwägen muß. Sie hat dabei aber einen großen Spielraum,[99] der bei der Beurteilung von Beihilfen nach Art. 87 (3) lit. a EG noch größer ist als bei Regionalbeihilfen nach Art. 87 (3) lit. c EG (*Wishlade* 2003, S. 32).

Von Relevanz ist zudem die Auswahl und Vergleichbarkeit der Fördergebiete. Die Anwendung der Regionalbeihilferegeln und damit die Auswahl der Gebiete erfolgt seit dem Fall *Philip Morris* differenziert (*Wishlade* 2003, S. 30 f.):

– Art. 87 (3) lit. a EG bezieht sich auf die Gemeinschaft als Ganzes. Es gelten solche Regionen als förderfähig, die ein BIP pro Kopf gemessen in Kaufkraftstandards aufweisen, das 75 % des Gemeinschaftsdurchschnittes nicht überschreitet.[100]

– Bei der Auswahl der Fördergebiete nach Artikel 87 (3) lit. c EG können neben gemeinschaftlichen auch nationale Wohlfahrtsindikatoren Berücksichtigung finden.

Früher legte die Kommission für förderfähige Regionen nach Art. 87 (3) lit. c EG Schwellenwerte fest. Die Förderfähigkeit setzte voraus, daß das BIP pro Kopf mindestens 15 % niedriger als der nationale Durchschnitt sein und die Arbeitslosenquote mindestens 10 % über dem nationalen Durchschnitt liegen mußte (*Schmidt* und *Schmidt* 1997, S. 161). Jetzt gibt die Europäische Kommission (1998b, C 74/11 f.) vor, daß der nationale Anteil der Bevölkerung, der in Fördergebieten gemäß Art. 87 (3) lit. c EG lebt, maximal 50 % der nicht schon im Rahmen von Art. 87 (3) lit. a EG geförderten Bevölkerung betragen darf. Die Neuregelung gibt den Mitgliedstaaten zwar einen gewissen Spielraum bei der Förderung nationaler *Problemregionen*, die Mitgliedstaaten sind aber verpflichtet, nationale Fördergebietskarten anzufertigen, die von der Kommission genehmigt werden müssen (*Europäische Kommission* 1998b, C 74/12).

---

[98] So sind zwar Betriebsbeihilfen als Instrumente der Regionalpolitik wegen ihres wettbewerbsverzerrenden Charakters nicht erlaubt. Sie können jedoch in Fördergebieten nach Art. 87 (3) lit. a EGV genehmigt werden, wenn sie nachweislich zur Entwicklung der Region beitragen, d. h. regionale Nachteile ausgleichen, und degressiv sowie zeitlich begrenzt ausgestaltet sind (*Europäische Kommission* 1998b, C 74/16).

[99] Siehe kritisch hierzu *Jestaedt* und *Schelling* (1999, S. 5).

[100] Mit dem Indikator BIP pro Kopf in Kaufkraftstandards sollen Wechselkurs- und Preisniveauunterschiede zwischen den Mitgliedstaaten ausgeschaltet werden, um so nationale Wohlstandsniveaus miteinander vergleichen zu können (*Klemmer* 1998, S. 482).

Die Höhe oder Intensität der Förderung in den benachteiligten Gebieten richtet sich nach der Intensität der regionalen Probleme. Auch innerhalb derselben Fördergebietskategorie findet daher eine Differenzierung statt.[101] Zudem gibt es Förderhöchstgrenzen. In Fördergebieten nach Art. 87 (3) lit. a EG darf die Beihilfenintensität maximal 50 % Nettosubventionsäquivalent (NSÄ)[102] der förderfähigen Kosten betragen. In Gebieten äußerster Randlage darf bis zu 65 % gefördert werden. Die Förderung in Fördergebieten nach Artikel 87 (3) lit. c EG ist auf 20 % NSÄ der förderfähigen Kosten begrenzt. Ausgenommen sind Gebiete äußerster Randlage sowie sehr dünn besiedelte Gebiete, in denen bis 30 % NSÄ gefördert werden kann (*Europäische Kommission* 1998b, C 74/15).[103] Diese Differenzierung und Begrenzung soll ferner dazu beitragen, daß die als schädlich empfundenen Beihilfenwettläufe um mobile Investitionsprojekte eingedämmt werden.

2.4.4.4.3. Multisektoraler Regionalbeihilferahmen für große Investitionsvorhaben

Trotz der regionalen Begrenzungen der prozentual förderfähigen Kosten wuchsen freilich mit steigenden Investitionsvolumina der Unternehmen auch die theoretisch möglichen Beihilfenansprüche von Unternehmen an, die in benachteiligten Gebieten investieren wollten. Probleme entstanden dadurch, daß viele Regionen zwar aufgrund der Bestimmungen hohe Beihilfen hätten vergeben dürfen, jedoch finanziell nicht dazu in der Lage waren, so daß eine Differenzierung der Beihilfenintensitäten in Anlehnung an die differenzierten regionalen Probleme de facto nicht möglich war (*Martin* und *Schulze-Steinen* 1997; *Barberá del Rosal* 2002, S. 12). Daher führte die Kommission (1998c) im Jahre 1998 zunächst den ersten multisektoralen Regionalbeihilferahmen für große Investitionsprojekte mit dem Ziel ein, die Attraktivität benachteiligter Regionen für Investoren zu wahren und zugleich Subventionswettläufe um die Ansiedlung von Großinvestitionen zu vermeiden. Dieser erste Beihilferahmen war jedoch einerseits zu kompliziert und wenig transparent und enthielt andererseits noch keine Reduzierung der regionalen Beihilfenintensitäten in Abhängigkeit von der Investitionssumme.[104] Deshalb wurde im Jahre 2002 ein neuer multisektoraler Regionalbeihilferahmen für Großinvestitionen eingeführt. Dieser sieht nun eine Reduzierung der Förderintensität für große Investitionsvorhaben in Abhängigkeit von der Investitionssumme und der regionalen Förderintensität vor, damit differenzierte Beihilfenintensitäten auch tatsächlich ausgeschöpft werden können und Investitionsanreize gewahrt bleiben.[105] Ferner ist nach Mei-

---

[101] Vgl. *Schmidt* und *Schmidt* (1997, S. 161); *Europäische Kommission* (1998b, C 74/15); *Püttner* und *Spannowsky* (1998, S. 352); *Seabright, Herbe* und *Atanasiu* (1999, S. 20 f.).

[102] Der Begriff Nettosubventionsäquivalent bezeichnet den Subventionswert nach Abzug von Steuern (*Püttner* und *Spannowsky* 1998, S. 352).

[103] Zusätzlich zu dieser Regionalförderung kann auch nach horizontalen Kriterien gefördert werden. Es kann somit noch ein Aufschlag für KMU und/oder F&E und/oder Umweltschutz, etc. gewährt werden. Insgesamt muß der Investor aber mindestens 25 % der Investitionskosten selbst tragen (*Europäische Kommission* 1998b, C 74/13).

[104] Siehe für einen Überblick mit Kritik *Wishlade* (2003, S. 123-134); *Soltész* (2005, S. 99 f.).

[105] *Soltész* (2005, S. 105) sieht in der Reduzierung der regionalen Beihilfenintensitäten für regionale Großinvestitionen jedoch negative Signale für potentielle Investoren.

nung der Kommission eine Reduzierung der regionalen Beihilfenintensitäten für Großinvestitionen notwendig, weil diese zum einen weniger von regionalspezifischen Problemen benachteiligter Regionen betroffen seien und zum anderen die Großinvestoren
eine große Verhandlungsmacht gegenüber den Beihilfen gewährenden Behörden hätten
(*Europäische Kommission* 2002c, C 70/8 f.; *Barberá del Rosal* 2002, S. 12). Zudem
würden hohe staatliche Beihilfen für große Investitionsvorhaben das Risiko einer Änderung der Wettbewerbsbedingungen auf dem Markt und des Auftretens von Handelsbe-
einträchtigungen bergen, weil es sich bei den Beihilfenempfängern häufig um bedeu-
tende Marktteilnehmer handele (*Europäische Kommission* 2002c, C 70/9).

Insgesamt versucht die Kommission mit dem neuen multisektoralen Regionalbeihilferahmen für Großinvestitionen eine neue Balance zwischen den „drei zentralen Zielen
der Gemeinschaftspolitik, d. h. dem unverfälschten Wettbewerb im Binnenmarkt, dem
wirtschaftlichen und sozialen Zusammenhalt und der Wettbewerbsfähigkeit" herzustellen (*Europäische Kommission* 2002c, C 70/8). Konkret bedeutet dies, daß einerseits
regionale Beihilfen für Großinvestitionen nicht angemeldet werden müssen, wenn bestimmte Schwellenwerte nicht überschritten werden.[106] Andererseits kann der regionale
Höchstfördersatz aufgrund der Senkung der regionalen Fördersätze für Großinvestitionen, nur noch für beihilfefähige Kosten bis 50 Mio. EUR angewandt werden. Die
darüber hinausgehenden Kosten können nur noch in geringerem Umfang gefördert werden (Abbildung 11).

Abbildung 11: Abstufung des regionalen Beihilfesatzes bei Großinvestitionen

Beihilfefähige Kosten	Herabgesetzter Beihilfesatz
Bis zu 50 Mio. EUR	100 % des regionalen Beihilfehöchstsatzes
Teil zwischen 50 Mio. und 100 Mio. EUR	50 % des regionalen Beihilfehöchstsatzes
Teil über 100 Mio. EUR	34 % des regionalen Beihilfehöchstsatzes

Quelle: *Europäische Kommission* (2002c, C 70/10).

Aufgrund der in Abbildung 11 dargelegten Abstufung der Förderung ergeben sich in
Abhängigkeit von dem jeweiligen regionalen Höchstfördersatz einer Region und der
Höhe der beihilfefähigen Kosten die in Abbildung 12 dargestellten regionalen Höchstfördersätze für Großinvestitionen. Diese regionalen Höchstfördersätze werden in spezifischen Sektoren wie der Kfz-Industrie aufgrund der wettbewerbsschädlichen Wirkung
der Regionalbeihilfe noch weiter gesenkt (30 % der regionalen Höchstfördersätze); in
der Stahlindustrie dürfen gar keine regionalen Beihilfen gewährt werden (*Europäische
Kommission* 2002, C 70/13; *Wishlade* 2003, S. 137-140).

---

[106] Eine regionale Beihilfe muß angemeldet werden, wenn die Beihilfe für eine Investition von
100 Mio. EUR und mehr die zulässige regionale Höchstgrenze für Beihilfen dieser Art übersteigt. Ferner kann eine Investitionsbeihilfe für einzeln angemeldete Beihilfevorhaben nicht
gewährt werden, a) wenn der Beihilfenempfänger vor der Investition mehr als 25 % des Produktes herstellt oder nach der Investition mehr als 25 % des Umsatzes in dem Produktmarkt
erzielt; b) wenn die Investition eine Kapazitätsausweitung des Marktes um mehr als 5 % induziert und dieser Markt nicht überdurchschnittlich wächst (*Europäische Kommission*
2002c, C 70/10; *Wishlade* 2003, S. 137).

Abbildung 12: Regionale Beihilfehöchstsätze für Großinvestitionen

Beihilfefähige Kosten	Regionaler Beihilfehöchstsatz					
	15 %	20 %	25 %	30 ,%	35 %	40 %
50 Mio. EUR	15,00 %	20,00 %	25,00 %	30,00 %	35,00 %	40,00 %
100 Mio. EUR	11,25 %	15,00 %	18,75 %	22,50 %	26,25 %	30,00 %
200 Mio. EUR	8,18%	10,90 %	13,63 %	16,35 %	19,08 %	21,80 %
200 Mio. EUR	6,33 %	8,44 %	10,55 %	12,66 %	14,77 %	16,88 %

Quelle: *Europäische Kommission* (2002c, C 70/11).

2.4.4.4.4. Zum Verhältnis von Beihilfenkontrolle und Europäischer Regionalpolitik

2.4.4.4.4.1. Einführung

Mit der Kontrolle der mitgliedstaatlichen Vergabe von Regionalbeihilfen führt die Kommission eine so genannte *indirekte* Regionalpolitik durch. Die Generaldirektion Regionalpolitik der Kommission betreibt zudem eine eigene Regionalpolitik auf Gemeinschaftsebene, die so genannte *aktive* Regionalpolitik (*Berg* und *Gehrmann* 2004, S. 319). Deren Ziel ist es, die Unterschiede zwischen Regionen vor dem Hintergrund der Vollendung des Binnenmarktes und der Einführung einer einheitlichen Währung zu reduzieren (*Barnier* 2003, S. 292). Während jedoch die Art. 87 und 89 EG (früher 92 und 94 EGV) der Kommission – zumindest formal – schon früh die Möglichkeit eröffneten, die Regionalpolitik der Mitgliedstaaten speziell im Hinblick auf die Ansiedlung von Unternehmen zu kontrollieren, existierten für die europäische Regionalpolitik zunächst keine vertraglichen Bestimmungen.[107] Man hielt auch eine Regionalpolitik auf Gemeinschaftsebene anfangs nicht für notwendig, da man einerseits glaubte, daß mittels des Gemeinsamen Marktes eine Konvergenz ohne eine explizite Regionalpolitik zu erreichen ist. Andererseits bestanden keine großen Wohlfahrtsdivergenzen zwischen den Gründungsstaaten der Gemeinschaft. Erst nach dem Beitritt neuer Mitgliedsländer zu der Gemeinschaft, speziell nach der Süderweiterung trat ein großes Wohlfahrtsgefälle in der Gemeinschaft auf. Der Ruf nach einer aktiven Regionalpolitik wurde lauter und die Regionalpolitik erhielt auf Drängen der neuen Beitrittsländer materiell ein stärkeres Gewicht.[108]

---

[107] Die legale Rechtfertigung für eine europäische Regionalpolitik war zunächst fragil. Man bezog sich auf den Wortlaut der Präambel der Römischen Verträge (*Franzmeyer* 2001, S. 282; *Wishlade* 2003, S. 147; *Beek* und *Neal* 2004, S. 590). Erst mit der Verabschiedung der Einheitlichen Europäischen Akte wurden entsprechende Bestimmungen in den Vertrag aufgenommen (in den Artikeln 2, 146-148 und 158 ff. EG, ehemals Artikel 130 lit. a-c EGV, *Wishlade*, 2003, S. 153 f.). Zu den Entwicklungsphasen der europäischen Regionalpolitik siehe *Beek* und *Neal* (2004, S. 589-596).

[108] Vgl. *Franzmeyer* (2001, S. 283); *Stahl* und *Lluna* (2003, S. 296); *Axt* (2003, S. 3).

2.4.4.4.4.2. Ziele der EU-Regionalpolitik

Die EU-Förderung von Regionen erfolgt – ebenso wie bei der Kontrolle von Regionalbeihilfen – nach Art und Intensität der regionalen Entwicklungsrückstände. Die unterschiedliche Intensität regionaler Probleme erfordert eine differenzierte Förderung. Zur Systematisierung der EU-Regionalförderung wurden bestimmte Ziele in der europäischen Regionalpolitik definiert. Vor der Agenda 2000 gab es sechs Ziele, die dann auf drei komprimiert wurden. Anhand dieser Ziele werden förderfähige Regionen bzw. Zielgebiete definiert und abgegrenzt (siehe Abbildung 13).

Abbildung 13: Die regionalpolitischen Ziele der EU 2000-2006[109]

	Maßnahmen	Förderberechtigte Gebiete	Mittelausstattung 2000-2006 (in Preisen von 1999
Ziel 1	Förderung der Entwicklung und strukturellen Anpassung der Regionen mit Entwicklungsrückstand	Alle Regionen mit weniger als 75 % des durchschnittlichen BIP pro Kopf der EU-15	135,95 Mrd. €
Ziel 2	Förderung der wirtschaftlichen und sozialen Umstellung der Gebiete mit Strukturproblemen; industrielle und ländliche Gebiete, Problemgebiete in Städten, von der Fischerei abhängige Krisengebiete	Regionen mit strukturellen Krisen, die keine Ziel 1-Förderung erhalten	22,45 Mrd. €
Ziel 3	Unterstützung der Anpassung und Modernisierung der Bildungs-, Ausbildungs- und Beschäftigungspolitiken und -systeme	Regionen mit Arbeitsmarktproblemen, die keine Ziel 1-Förderung erhalten	24,05 Mrd. €
Gemeinschaftsinitiativen	Unterstützung der grenzüberschreitenden Zusammenarbeit (INTERREG), Unterstützung krisenbetroffener Städte (URBAN), Strategieentwicklung für ländliche Regionen (LEADER), Förderung der Gleichberechtigung auf dem Arbeitsmarkt (EQUAL)	Grenzregionen, Städte in strukturschwachen Gebieten, ländlicher Raum, Regionen mit hoher Frauenerwerbslosigkeit	10,44 Mrd. €

Quelle: *Berg* und *Gehrmann* (2004, S. 321).

---

[109] Neben den in der Abbildung angesprochenen Zielen gibt es noch weitere, die die Fischerei (außerhalb des Ziels 1 1,1 Mrd. €), innovative Maßnahmen (1 Mrd. €) sowie die neuen Beitrittsländer (40 Mrd. €) betreffen.

Die Abgrenzung basiert auf der so genannten NUTS-Systematik.[110] Unter die *Ziel 1-Regionen* fallen im wesentlichen NUTS II Gebiete, deren Bevölkerungen ein BIP pro Kopf in Kaufkraftstandards[111] von bis zu 75 % des Gemeinschaftsdurchschnitts aufweisen (*Wishlade* 2003, S. 166).[112] In den Ziel 1-Gebieten, deren Entwicklungsrückstand zumeist auf strukturelle Probleme zurückgeführt werden kann, leben 22 % der Gemeinschaftsbevölkerung; 70 % der Strukturfondsmittel fließen in diese Regionen (*Stahl* und *Lluna* 2003, S. 296).

Die *Ziel 2-Förderung* bezieht sich auf Gebiete der NUTS III-Ebene, in denen der Strukturwandel gefördert und abgefedert werden soll.[113] Da vorgegeben ist, daß nicht mehr als 18 % der Gemeinschaftsbevölkerung in Ziel 2-Gebieten leben dürfen, gibt die Kommission für jeden Mitgliedstaat vor, wie hoch der Anteil der Bevölkerung sein darf, der in den Genuß dieser Förderung kommen kann.

Die *Ziel 3-Förderung* bezieht sich auf arbeitsmarktpolitische Maßnahmen, speziell auf die aktive Arbeitsmarktpolitik, die Aus- und Weiterbildung sowie auf Maßnahmen zur Anpassung an wirtschaftliche und soziale Veränderungen auf dem Arbeitsmarkt.

Die Reform der Zielgebiete im Rahmen der Agenda 2000 sollte vor allem eine konsistente und kohärente europäische und nationale Förderung in den Zielregionen ermöglichen. Bislang divergierten nämlich die Zielgebiete, in denen die EU ihre Regionalförderung betrieb, mit denjenigen, in denen die nationale Förderung produktiver Investitionen in benachteiligten Regionen durchgeführt wurde (*Europäische Kommission* 1998d, C 90/3 f.). Dies soll sich ändern. Die Kommission strebt neben einer stärkeren Konzentration der Mittel auch eine stärkere Kohärenz zwischen den Ziel 1-Regionen der europäischen Regionalpolitik und den Fördergebieten nach Art. 87 (3) lit. a EG an.[114] Gleiches gilt für Ziel 2-Gebiete. Auch bei diesen strebt(e) die Kommission bereits für den Zeitraum 2000-2006 eine größtmögliche Kohärenz zu den nach Art. 87 (3) lit. a und c

---

[110] *NUTS* steht für *Nomenclature des unités territoriales statistiques*, also für Gebietseinheiten, die zu statistischen Zwecken systematisiert werden. Diese Abgrenzung der Verwaltungseinheiten ist je nach Mitgliedstaat sehr unterschiedlich (*Klemmer* 1998, S. 483 f.). Dabei entsprechen NUTS I-Gebiete in Deutschland den Bundesländern, NUTS II-Gebiete den Regierungsbezirken und NUTS III-Gebiete den Landkreisen.

[111] Der Indikator des Pro-Kopf-BIPs wurde verschiedentlich kritisiert. Wichtige Indikatoren wie die Erwerbs- und Arbeitslosenquote, der Industrialisierungsgrad sowie die Produktivität wurden von der Kommission in ihrem dritten periodischen Bericht zur Lage der Regionen in einem „synthetischen Maß der Problemintensität" berücksichtigt. Im sechsten Bericht werden die Indikatoren wieder getrennt voneinander ausgewiesen. Wichtigstes Maß ist und bleibt das BIP pro Kopf zu Kaufkraftstandards (*Franzmeyer* 2001, S. 281)

[112] Nach der Reform erhalten auch Inseln wie die Azoren, Madeira, die französischen Überseedepartements und die Kanarischen Inseln wie auch die ehemaligen Ziel 6-Gebiete mit geringer Bevölkerungsdichte die Ziel 1-Förderung (*Europäischer Rat* 1999b, L 161/3).

[113] Zudem bezieht sich die Förderung im Rahmen dieses Ziels auf ländliche Gebiete mit rückläufiger Entwicklung sowie auf städtische Krisengebiete und von der Fischerei abhängige Problemgebiete. 11,5 % des Budgets entfallen auf Ziel 2-Gebiete, 12,3 % entfallen auf Ziel 3-Gebiete (*Franzmeyer* 2001, S. 287).

[114] Vgl. *Europäische Kommission* (1996b, S. 127; 1998d); *Wishlade* (2003, S. 172).

EG definierten Regionen an (*Europäische Kommission* 1998d).[115] Damit Inkonsistenzen zwischen Fördergebieten nach Art. 87 (3) lit. a EG und Art. 87 (3) lit. c EG vermieden werden können, soll das BIP-Kriterium strikter als bisher angewendet werden. Bislang hat die Kommission jedoch ihr Ziel einer stärkeren Konzentration der Fördermittel und eine stärkere Kohärenz der Fördergebiete nicht erreicht (*Wishlade* 2003, S. 172-176).

2.4.4.4.4.3. Instrumente der EU-Regionalpolitik

Die regionale Förderung findet auf Gemeinschaftsebene über den Kohäsionsfonds, das Finanzinstrument für die Fischereiwirtschaft (FIAF) und die drei Strukturfonds statt (*Franzmeyer* 2001, S. 286; *Barnier* 2003, S. 292).[116] Zu den Strukturfonds zählen der Europäische Ausrichtungs- und Garantiefonds für die Landwirtschaft (EAGFL, ab 1975), der Europäische Sozialfonds (ESF) und der Europäische Fonds für regionale Entwicklung (EFRE).[117] Mit diesen Fonds werden unterschiedliche Ziele verfolgt. EAGFL und FIAF fördern Struktur- und Anpassungsmaßnahmen in Ziel 1- und Ziel 2-Gebieten, also in ländlichen Regionen, die unter den strukturellen Problemen der Landwirtschaft und der Fischerei leiden. Der ESF fördert hauptsächlich Strukturmaßnahmen in Ziel 3-Gebieten. Der wichtigste Strukturfonds, der EFRE, unterstützt Infrastrukturprojekte sowie Investitionen im „produktiven Umfeld von Unternehmen" (vor allem der KMU) und lokale Wirtschafts- und Beschäftigungsprogramme mittels Infrastruktur- und gewerblicher Investitionszuschüsse (*Europäischer Rat* 1999a, L 213/1).

Der Zweck der regionalen Strukturfonds-Förderung liegt weniger in einer regionalen Umverteilung der Einkommen. Vielmehr soll eine *aktive* Regionalpolitik betrieben werden, d. h. die Mittel der Strukturfonds sollen für Investitionen in Infrastruktur, speziell in die Verkehrsinfrastruktur, und Bildungsmaßnahmen sowie für die Lenkung von Produktionsfaktoren in benachteiligte Gebiete verwendet werden. Eine große Rolle spielen – besonders nach der Süderweiterung der Gemeinschaft – auch direkte Produktions- und Investitionsbeihilfen, d. h. Beihilfen, durch die der Verbleib und die Ansiedlung von Unternehmen beeinflußt werden soll.[118] Das bedeutet, daß die Kommission

---

[115] Eine Gemeinsamkeit besteht darin, daß die Förderprogramme der Strukturfonds die gleiche Laufzeit haben wie die im Rahmen von Art. 87 (3) lit. c EG aufgestellten Fördergebietskarten.

[116] Ein wichtiges Instrument der Europäischen Regionalpolitik ist zudem die Europäische Investitionsbank. Sie vergibt Kredite zu Vorzugsbedingungen an unterentwickelte, arme Regionen und leistet so einen Beitrag zum Entwicklungsprozeß (*Franzmeyer* 2001, S. 282).

[117] Die Strukturfonds beziehen sich auf Regionen. Sie sind für den Zeitraum der Jahre 2000-2006 mit Mitteln in Höhe von 195 Mrd. Euro ausgestattet (EU-15). Der 1993 ins Leben gerufene Kohäsionsfonds der EU richtet sich nicht an Regionen, sondern an Mitgliedstaaten, deren BIP pro Kopf unter 90 % des Gemeinschaftsdurchschnittes liegt. Der Fonds fördert transnationale Verkehrsinfrastrukturprojekte und Umweltprojekte in den ärmsten Mitgliedstaaten und ist für den Zeitraum von 2000-2006 mit Mitteln von 18 Mrd. Euro ausgestattet (EU-15). Nutznießer der Mittel dieses Fonds waren vor der EU-Osterweiterung Spanien, Portugal, Griechenland und Irland, die auf die Wirtschafts- und Währungsunion vorbereitet werden sollten (*Südekum* 2002, S. 124; *Barnier* 2003, S. 292). Der Fonds sollte ursprünglich 1999 auslaufen, wurde aber im Rahmen der Agenda 2000 vorerst bis 2006 verlängert.

[118] Vgl. *Marquez* (1994, S. 127); *Europäische Kommission* (2001d, S. 117); *Südekum* (2002, S. 122); *Karl* (2002, S. 214-216).

(genauer die Generaldirektion Regionalpolitik) über ihre eigene Regionalpolitik eben-falls eine Unternehmensförderung betreibt und Regionalbeihilfen vergibt. Dies wird jedoch vielfach kritisiert, weil die im Rahmen der Strukturfonds vergebenen Beihilfen im Gegensatz zu den regionalen Beihilfen der Mitgliedstaaten nicht den Bestimmungen der europäischen Beihilfenkontrolle unterliegen (*Schmidt* und *Schmidt* 1997, S. 165).[119] Aufgrund bestehender Konflikte dieser Praxis mit der Beihilfenpolitik der Generaldirek-tion Wettbewerb soll und will die EU-Regionalpolitik eher auf direkte Unternehmens-beihilfen verzichten, um eine stärkere Kohärenz der Politikbereiche zu erreichen (*Euro-päische Kommission* 1998d, C 90/7; *Südekum* 2002, S. 126).

2.4.4.4.4.4. Prinzipien der Förderung

Die Kommission hat verschiedene Prinzipien für *ihre* Regionalförderung aufgestellt (*Wishlade* 2003, S. 148 f.). Das Prinzip der *Programmierung* beinhaltet, daß die Regio-nalförderung mehrjährigen Programmen und nicht einem projektbasierten Ansatz folgen soll, um einerseits die Transparenz und andererseits auch die Effizienz der europäischen Regionalpolitik zu erhöhen. Der Grundsatz der *Konzentration der Mittel* soll eine Re-gionalpolitik nach dem *Gießkannenprinzip* verhindern, wie sie noch bis in die 1990er Jahre praktiziert wurde.[120] Das Gros der Mittel soll den Ziel 1-Gebieten zufließen (*Franzmeyer* 2001, S. 284). Nach dem Grundsatz der *Partnerschaft* sind sowohl die Kommission als auch die Kommunen und Mitgliedstaaten an der Erarbeitung regionaler Entwicklungspläne beteiligt.[121] Nach dem Grundsatz der *Kohärenz* sollen nationale, regionale und gemeinschaftliche Förderpolitiken aufeinander abgestimmt sein. Weitere Grundsätze sind die der *Additionalität* und *Kofinanzierung*. Das bedeutet, daß der Mit-gliedstaat zunächst einen eigenen Beitrag leisten muß, bevor Mittel aus den Fonds flie-ßen. Die Mittel aus den Fonds werden nur ergänzend gewährt und dürfen nationale Mit-tel nicht ersetzen.[122] Daher – so wird argumentiert – kann die Kommission über ihre

---

[119] Das gilt auch für die von der EU aus dem EAGFL gewährten Agrarbeihilfen, die ebenfalls nicht den Bestimmungen des Art. 87 (1) EG unterliegen (z. B. *Bargen* 1987, S. 64).

[120] Die europäische Regionalpolitik stand lange Zeit im Verdacht, eine Regionalpolitik nach dem *Gießkannenprinzip* zu praktizieren (*Franzmeyer* 2001, S. 294; *Berg* und *Gehrmann* 2004, S. 324). Es fehlte an einer analytischen Grundkonzeption. Die Mittel wurden gemes-sen an den Zielen der Regionalpolitik ineffektiv oder gar kontraproduktiv eingesetzt (*Süde-kum* 2002, S. 138). Man konnte die EU-Regionalpolitik daher auch als ein Rabattsystem ver-stehen, durch das die Mitgliedstaaten einen möglichst großen Anteil der gezahlten EU-Beiträge zurückbekommen wollten (*Axt* 2000, S. 42; *Beek* und *Neal*, 2004, S. 590). Bisweil-en wird gar argumentiert, die Kommission benutzte die Mittel der Fonds um potentiellen Beitrittskandidaten den Beitritt in die EU attraktiver zu gestalten (*Boldrin* und *Canova* 2001, S. 244; *Berg* und *Gehrmann* 2004, S. 322-327).

[121] Die Kommission erstellt ein gemeinschaftliches Förderkonzept, das die Mitgliedsstaaten in operationelle Programme umsetzen. Die Kommission bewertet die von den Mitgliedstaaten durchgeführten Maßnahmen im Hinblick auf die Effizienz und Effektivität. Fällt die Bewer-tung positiv aus, wird die so genannte Effizienzreserve gewährt, die 4 % der Mittel ausmacht (*Tetsch* 2002, S. 201-203).

[122] Das kann allerdings zur Folge haben, daß auf EU-Ebene verfügbare Mittel nicht mehr voll-ständig abgerufen werden, wenn das Mitgliedsland nicht in der Lage ist, genügend eigene Mittel zur Durchführung regionalpolitischer Initiativen wie Infrastrukturinvestitionen aufzu-bringen (*Noetzel* und *Stumm* 1997, S. 97; *Franzmeyer* 2001, S. 289).

Fördergrundsätze einen erheblichen Einfluß auf die Regionalpolitik der Mitgliedstaaten ausüben. Denn um in den Genuß der Förderung aus Strukturfondsmitteln zu gelangen, müssen die Mitgliedstaaten die von ihnen zur Förderung im Rahmen der Ziel 2-Gebiete vorgeschlagenen Regionen auch bei der EU-Beihilfenkontrolle als nationales Fördergebiet anmelden.[123] Daher ist anzunehmen, daß der Einfluß der Kommission auf die Mitgliedstaaten im Hinblick auf ihre Auswahl nationaler Fördergebiete steigen wird (*Tetsch* 2002, S. 203; *Berg* und *Gehrmann* 2004, S. 327).[124]

2.4.4.4.5. Ausblick: Regionalförderung in der EU

Die am 1. Mai 2004 vollzogene Osterweiterung mit dem Beitritt von zehn neuen Mitgliedstaaten zur EU ist ein bedeutender Schritt und eine große Herausforderung für die Europäische Regionalpolitik. Durch den Beitritt der 10 neuen Mitgliedsländer steigt zwar die Fläche der EU um 20 % und die Bevölkerung wächst um 25 %. Das BSP der EU steigt hingegen nur um 5 % (*Lammers* 2004a, S. 275). Aufgrund des vergleichsweise geringen BSP der neuen Mitgliedsländer steigt das Wohlstandsgefälle innerhalb der EU noch weiter an. Die Lücke zwischen dem durchschnittlichen BIP pro Kopf der Gemeinschaft und dem BIP pro Kopf im ärmsten Mitgliedsland hat sich nach der Osterweiterung verdoppelt (*Niebuhr* und *Schlitte* 2004, S. 167 und 170).[125] Dies hat zum einen erhebliche Auswirkungen auf die Ausgaben der EU im Rahmen der Regionalpolitik (*Axt* 2003; *Beek* und *Neal* 2004, S. 600-603). Zum anderen sind damit auch Auswirkungen auf die regionale Förderung verbunden, und zwar sowohl bezüglich der Förderung aus den EU-Fonds als auch bezüglich der Förderung gemäß Art. 87 (3) lit. a und c EG. Denn aufgrund des großen Wohlfahrtsgefälles zwischen den etablierten und den neu hinzu getretenen Mitgliedstaaten wird das gemeinschaftsweite, durchschnittliche Pro-Kopf BIP in Kaufkraftstandards sinken, und zwar auf 92 % gemessen am vorherigen Wohlstandsniveau (*Niebuhr* und *Schlitte* 2004, S. 170). Dies ist nun die neue Bezugsgröße für die Förderfähigkeit von Regionen. Möglicherweise können nun bisherige Fördergebiete keine Förderung mehr erhalten, weil ihr BIP pro Kopf gemessen am neuen gemeinschaftsweiten durchschnittlichen BIP pro Kopf in Kaufkraftstandards gestiegen ist, obwohl sich „an ihrer wirtschaftlichen Situation absolut nichts geändert hat" (*Berg* und *Gehrmann* 2004, S. 325). Beispielsweise müßten vormalige Ziel 1-Gebiete wie die

---

[123] „The Communication draw intention to the fact that eligibility for the Structural Funds had special status as a selection criterion for Article 87 (3) (c), provided that the population ceiling for national regional aid was respected *and that the regions eligible for the Structural Funds were not chosen later than the national assisted areas*" (*Wishlade* 2003, S. 173; H. i. O.).

[124] Siehe kritisch hierzu *Tetsch* (2002, S. 200), der argumentiert, daß über den Grundsatz der Kofinanzierung Präferenzverzerrungen entstehen können und das Subsidiaritätsprinzip im Bereich der Regionalpolitik verletzt werde (ebenso *Berg* und *Gehrmann* 2004, S. 327). Denn die Länder hätten einen großen Anreiz, solche Regionen für die Förderung auszuwählen, die von der Kommission als Förderregionen für die Vergabe von EU-Mitteln bestimmt worden seien, obwohl eine Förderung anderer Regionen aus der Sicht der Mitgliedstaaten notwendiger sei.

[125] Im Jahre 2001 betrug das durchschnittliche BIP pro Kopf in Kaufkraftstandards in den neuen Beitrittsländern 10.500 €, in der EU-15 23.200 € (*Berg* und *Gehrmann* 2004, S. 325)

ostdeutschen Regionen Halle, Leipzig und Brandenburg Südwest aus der Förderung der EU-Fonds herausfallen. Hingegen erfüllen fast alle Regionen der beigetretenen neuen Länder das Kriterium des geringen BIP pro Kopf (*Lammers* 2004b, S. 134) und kommen zum Beginn der neuen Planungsperiode ab 2007 in den Genuß großer Teile der Struktur- und Kohäsionsfondsmittel.

Diese neue Konstellation wirkt sich auch auf die nationale regionale Förderung aus. Alle neuen Mitgliedsländer erhalten die Möglichkeit, im Rahmen der Beihilfenkontrolle Regionalbeihilfen gemäß Art. 87 (3) lit. a EG zu gewähren, während einige zuvor förderfähige Gebiete aufgrund des so genannten statistischen Effektes nun weitaus weniger oder gar keine Regionalbeihilfen mehr zur Ansiedlung von Unternehmen gewähren dürften. Die etablierten Mitgliedstaaten werden somit in ihrer nationalen Regionalpolitik über die Vergabe von Regionalbeihilfen eingeschränkt (*Mussler* 2005, S. 17).

Üblicherweise erhalten Fördergebiete, die aus der Förderung herausfallen, für eine Übergangszeit ‚phasing out'-Mittel. Ein solches ‚phasing out' soll nun auch nach der Ost-erweiterung erfolgen, und zwar auch im Rahmen der nationalen Förderung mit Regionalbeihilfen. So bleiben die gesamten neuen Bundesländer der Bundesrepublik zunächst vollständig als Art. 87 (3) lit. a EG-Gebiete eingestuft, obwohl das BIP pro Kopf in Kaufkraftstandards teilweise mehr als 75 % des gemeinschaftsweiten durchschnittlichen BIPs pro Kopf beträgt. Der Höchstfördersatz der ostdeutschen Regionen wurde aber bis 2013 auf 30 % festgesetzt (vorher 35 %). Längerfristig soll dann wieder eine Differenzierung zwischen originären Art. 87 (3) lit. a EG-Gebieten und solchen Gebieten erfolgen, die das BIP-Kriterium nicht mehr erfüllen (*Mussler* 2005, S. 17).

2.5. Beihilfenfälle

Nachdem ein systematischer Überblick über die europäische Beihilfenkontrolle, deren Intention, Durchsetzungsfähigkeit und Ausgestaltung gegeben wurde, sollen im folgenden noch einige Fälle betrachtet werden. Dies ist aus zwei Gründen wichtig für diese Arbeit. Einerseits soll anhand dieser Fälle verdeutlicht werden, was zuvor nur abstrakt beschrieben wurde, nämlich wie die Kommission die Beihilfenkontrolle anwendet und die Beihilfekriterien auslegt. Anhand der Auslegung der Beihilfenkriterien wird auch ersichtlich, wie stark die Kommission mit der Beihilfenkontrolle in die Kompetenzen der Mitgliedstaaten eingreift. Andererseits sollen die nachfolgenden Beihilfenfälle im Anschluß an die theoretische Analyse in den Kapiteln 3 und 4 als Referenzfälle herangezogen werden. Es soll gezeigt werden, wie die Fälle beurteilt werden könnten, wenn man die Notwendigkeit, Funktion und Ausgestaltung einer europäischen Beihilfenkontrolle aus der Perspektive unterschiedlicher ökonomischer Theorien analysiert. Damit soll ein Beitrag zur Forderung der Kommission (2005d) nach einer stärkeren ökonomischen Fundierung der Beihilfenkontrolle geleistet werden.

2.5.1. Der Fall Ryanair

2.5.1.1. Beihilfen für Ryanair

Am 12. Februar 2004 entschied die *Europäische Kommission* (2004a), daß die irische Billig-Fluglinie Ryanair an dem belgischen Regionalflughafen BSCA (Brussels
South Charleroi Airport) Beihilfen erhalten hat und diese zurückzahlen muß.[126] Streit-
punkt sind Sonderkonditionen für Ryanair, die in einem privatrechtlichen Vertrag aus
dem Jahre 2001 zwischen Ryanair und dem im Eigentum der Wallonischen Region befindlichen und von dieser kontrollierten Flughafen BSCA vereinbart wurden.[127] Ryanair
erhielt für 15 Jahre Rabatte auf die Landegebühren und die Gebühren bei der Bodenabfertigung der Passagiere. Ryanair mußte nur 1 Euro pro Passagier für die Bodenabfertigung bezahlen, während andere Fluglinien an dem gleichen Flughafen zwischen 8 und
13 EUR pro Passagier entrichten mußten. Ähnliches galt für die Landegebühren.

Ferner kam Ryanair in den Genuß einiger so genannter ‚one-shot-incentives'. Diese
umfaßten 250.000 EUR für die Unterbringung und Verpflegung von Ryanair-
Angestellten, ein Beitrag von 160.000 EUR für jede neu eröffnete Route von BSCA
aus, 768.000 EUR für die Rekrutierung und Ausbildung von Mitarbeitern, insbesondere
von Piloten, und die kostenlose Nutzung von Büro- und Stauräumen (*Europäische
Kommission* 2003a, C 18/3; 2004a, L 137/3). Zudem grün-deten BSCA und Ryanair
eine neue Fördergesellschaft für den Flughafen und Standort Charleroi.

Ryanair ließ sich in der Vereinbarung zusichern, daß die Wallonische Regierung die
Verluste von Ryanair kompensieren müsse, wenn diese in der Vertragslaufzeit die Flughafengebühren für Ryanair erhöhen oder sonstige Regulierungen zum Nachteil von Ryanair erlassen sollte.[128] Im Gegenzug für all diese Vergünstigungen verpflichtete sich
Ryanair, eine Mindestanzahl von Flügen von und nach Charleroi zu unterhalten. Damit
garantierte Ryanair dem Flughafen indirekt eine bestimmte Anzahl von Passagieren
während der Vertragslaufzeit von 15 Jahren.[129] Bei Nichteinhaltung dieser Verpflichtung konnte Ryanair zur Haftung herangezogen werden.

---

[126] Vgl. auch *Soltész* (2003); *Steinrücken* und *Jaenichen* (2004c); *Gröteke* und *Kerber* (2004);
Callaghan (2005). *Steinrücken* und *Jaenichen* (2004c, S. 97) führen einen ähnlichen Fall am
Flughafen in Straßburg an. Ryanair erhielt von der dortigen Industrie- und Handelskammer
ebenfalls Vergünstigungen. Nachdem der Verdacht einer Wettbewerbsverzerrung aufkam,
verlegte Ryanair seine Aktivitäten von Straßburg nach Baden-Baden.

[127] BSCA ist ein Unternehmen des öffentlichen Rechts. Es ist mehrheitlich im Besitz der Wallonischen Region und wird von dieser kontrolliert. Seit 1991 ist BSCA autorisiert, bis zu
65 % der Flughafenkosten durch Flughafengebühren und Gebühren auf sonstige erbrachte
Dienstleistungen zu generieren. Im Jahre 2002 sagte die Wallonische Region zu, 65 % der
Flughafenkosten von BSCA durch Steuereinnahmen zu kompensieren, was gerechtfertigt sei,
weil BSCA mit dem Transfer und Abfertigung von Passagieren eine Aufgabe erfülle, die
nach Art. 86 (2) EG im allgemeinen wirtschaftlichen Interesse liege (*Europäische Kommission* 2004a, L 137/2).

[128] Dies umfaßt Erhöhungen der Parkgebühren, aber auch Restriktionen bei den Öffnungszeiten
des Flughafens wie ein Nachtflugverbot (*Europäische Kommission* 2003a, C 18/3).

[129] „In return, Ryanair undertook vis-à-vis BSCA to base a number of aircraft at Charleroi (between two and four) and to operate at least three rotations per aircraft leaving Charleroi over

„If Ryanair had to cease its operations at Charleroi, the company would be required to repay to BSCA the 'participation' in the expenditure connected with the opening of Ryanair's base and the 'marketing contribution'" (*Europäische Kommission* 2004a, L 137/3; H. i. O.).

Obwohl beide Parteien in der privatrechtlichen Vereinbarung wechselseitige Verpflichtungen eingegangen waren, hegte die Kommission Zweifel, ob die Sonderkonditionen für Ryanair am Flughafen BSCA mit dem Gemeinsamen Markt vereinbar seien. Sie leitete ein Beihilfeverfahren ein, das sich über zwei Jahre hinzog (*Callaghan* 2005, S. 439). Die Prüfung der Kommission, ob Flughafenkonditionen, die einer Fluglinie gewährt werden, eine Begünstigung enthalten, erfolgt typischerweise in mehreren Schritten (*Soltész* 2003, S. 1035). In einem *ersten* Schritt prüft die Kommission, ob die Fluggesellschaft, in diesem Fall Ryanair, gegenüber anderen Fluggesellschaften, die an diesem Flughafen operieren, bevorzugt wird. Dies ist unstreitig, da keine andere Fluglinie vergleichbare Konditionen am Flughafen BSCA bekommen hat (*Europäische Kommission* 2004a, L 137/3; 2003a, C 18/4).[130] In einem *zweiten* Schritt prüft die Kommission, ob „die Einräumung des Vorzugstarifs aufgrund der Umstände des Einzelfalles dem unternehmerischen Verhalten eines privaten Unternehmens entspricht" (*Soltész* 2003, S. 1035). Würde folglich ein *hypothetischer* privater Unternehmer (Flughafenbetreiber) Ryanair die gleichen Konditionen gewähren, so läge keine Beihilfe vor. Um dies herauszufinden, wird der sogenannte ‚Market Investor Test' durchgeführt. Dieser Test gestaltete sich für die Kommission in diesem Fall schwierig, „because of the complexity of its (BSCA, d.V) relations with the Walloon Region" (*Europäische Kommission* 2004a, L 137/11; ebenso 2003a, C 18/4). Die Kommission dividierte zunächst die Aktivitäten und Aufgaben von BSCA und solche, die der Wallonischen Region zuzurechnen waren, auseinander. In der Folge orientierte sich die Kommission bei der Durchführung ihres Tests am Geschäftsplan von BSCA, der der Vereinbarung mit Ryanair zugrunde lag.[131] Die Kommission analysierte die Gewinnerwartung, die BSCA auf der Grundlage des Vertrages mit Ryanair in dem Geschäftsplan hegte. Sie war der Ansicht, daß ein privater Investor, der nicht auf staatliche Vorteile zurückgreifen könne, nicht mit einem derartigen Gewinn hätte rechnen können, wie ihn BSCA durch die Vereinbarung mit Ryanair erzielen wollte. Ihrer Meinung nach beinhaltete der Geschäftsplan mehrere Punkte, die für einen privaten Investor nicht annehmbar gewesen wären. Erstens kritisierte die Kommission, daß durch die Vereinbarung mit Ryanair Profit von weiteren potentiellen Nutzern des Flughafens erwartet werde. Es wurden 40 Flüge pro Tag bei einem geschätzten Passagieraufkommen von 2 Mio. Passagieren pro Jahr einkalkuliert. BSCA ging in dem Geschäftsplan aufgrund dieses steigenden Flug- und Pas-

---

a 15-year period. The Irish company thus provides the airport manager with airport traffic that allows it to anticipate income, either through airport taxes or through non-aeronautical services" (*Europäische Kommission* 2004a, L 137/3).

[130] *Soltész* (2003, S. 1035 f.) kritisiert, daß dieses Prüfkriterium problematisch ist, weil es nicht berücksichtige, daß die Flughafenkosten durch die Gebühren gedeckt seien müßten. Es liegt nach dem Prüfkriterium der Kommission z. B. keine Beihilfe vor, wenn alle Fluglinien an einem Flughafen Flughafenentgelte in Höhe von 0 Euro entrichten müßten.

[131] Dabei ging die Kommission von der Ertragslage des Flughafens vor der Vereinbarung mit Ryanair aus. In dieser Zeit erzielte der Flughafen geringe Gewinne (*Europäische Kommission* 2004a, L 137/35).

sagieraufkommens davon aus, daß die Flughafengebühren bis 2010 schrittweise gesteigert werden könnten. Dies könne nach Meinung der Kommission jedoch nur realisiert werden, wenn sich weitere Fluglinien am Flughafen ansiedeln oder eine Ausdehnung und Neuverhandlung der Vereinbarung mit Ryanair erfolge, aus der sich die Steigerung der Gebühren ergebe. Die Kommission war der Ansicht, daß ein privater Investor seine Kalkulation im Geschäftsplan nicht auf hypothetische zukünftige Fluglinien und Passagiere abstellen würde. Ferner sei infolge eines verstärkten Passagieraufkommens mit weiteren Kosten für die Erweiterung und den Ausbau des Flughafens zu rechnen, die ebenfalls nicht berücksichtigt worden seien (*Europäische Kommission* 2004a, L 137/35 f.).

Zweitens hat BSCA laut Kommission seinen Status als öffentliches Unternehmen ausgenutzt. (Potentielle) Brand- und Wartungsrisiken wurden im Geschäftsplan zu niedrig eingestuft und Beiträge zum Umweltfonds bzw. eine Steigerung dieser Beiträge wurden nicht berücksichtigt. Dies führt nach Meinung der Kommission (2004a, L 137/38-40) insgesamt zu einer besseren Gewinnerwartung, als sie von einem privaten Flughafenbetreiber kalkuliert werden kann.[132] Die Kommission war aufgrund des ‚Market Investor Test' also der Ansicht, daß eine Begünstigung für Ryanair vorlag.

Kritische Stimmen bemängeln jedoch, daß die Kommission den ‚Market Investor Test'nicht adäquat durchgeführt hat (*Callaghan* 2005, S. 440-442). So ist die Entwicklung des relevanten Marktes nicht adäquat berücksichtigt worden (ebenso *Gröteke* und *Kerber* 2004, S. 317-319). Zudem operiert Ryanair bereits seit 1997 erfolgreich auf dem Flughafen BSCA, so daß Geschäftsrisiken, wie sie von der Kommission suggeriert werden, in dem Maße nicht auftreten. Ferner wurde außer acht gelassen, daß BSCA verschiedene andere Fluglinien zu vergleichbaren Konditionen an den Flughafen locken wollte, was mißlang. Nur Ryanair war bereit, zu den Konditionen am Flughafen zu operieren. Daher kann bezweifelt werden, daß es sich um eine Begünstigung für Ryanair handelt (*Gröteke* und *Kerber* 2004, S. 327; *Steinrücken* und *Jaenichen* 2004c, S. 99). Außerdem sei nicht die Frage zu stellen, ob ein privater Investor ohne staatliche Unterstützung solche Konditionen geboten hätte, sondern ob ein privater Investor unter den gleichen Umständen die gleichen Konditionen geboten hätte (*Callaghan* 2005, S. 441).

Neben der Begünstigung stellte die Kommission fest, daß das Kriterium der staatlichen Mittel erfüllt sei, da BSCA ein öffentliches Unternehmen ist und von der Wallonischen Region entsprechend unterstützt wurde. Zudem ist das Kriterium der Selektivität erfüllt, da nur Ryanair begünstigt wurde. Andere Fluglinien, die auf dem Flughafen BSCA operierten, mußten höhere Gebühren zahlen. Damit lag auch eine Wettbewerbsverzerrung zwischen Fluglinien an dem Flughafen vor. Weiterhin lag auch eine Handelsbeeinträchtigung vor, weil Ryanair in einem grenzüberschreitenden Markt tätig ist.

---

[132] Ryanair führte an, daß die Fluglinie an privat betriebenen Flughäfen sogar noch bessere Konditionen bekomme als in Charleroi. Demzufolge impliziere die Einschätzung der Kommission im vorliegenden Fall eine Diskriminierung zwischen privaten und öffentlichen Flughäfen. Die Kommission wies den Einwand zurück, da die von Ryanair angeführten privat betriebenen Flughäfen ebenfalls staatlich gefördert würden. Ein Vergleich hinke somit (*Europäische Kommission* 2004a, L 137/12 f. und 32).

Die Kommission kam daher zu dem Schluß, daß der Vertrag zwischen BSCA und Ryanair Beihilfen für Ryanair enthält (*Europäische Kommission* 2004a, L 137/43-45).

Geprüft wurde abschließend, ob die Beihilfen gemäß den Ausnahmebestimmungen des Art. 87 (3) EG für mit dem Gemeinsamen Markt vereinbar erklärt werden können. Im Fall Ryanair können die positiven regionalwirtschaftlichen Effekte, die aus der Begünstigung für Ryanair resultieren nach Auffassung der Kommission nur dann für mit dem Gemeinsamen Markt vereinbar erklärt werden, wenn die Region in ein Fördergebiet fällt. Charleroi liegt in einem Fördergebiet nach Art. 87 (3) lit. c EG. In diesem dürfen aber nur Investitions- und keine Betriebsbeihilfen – wie im Falle Ryanairs – gewährt werden (*Europäische Kommission* 2004a, L 137/46). Der Ausnahmetatbestand ist somit nicht erfüllt.

2.5.1.2. Gemeinschaftliche Leitlinien für Fluglinien an Regionalflughäfen

Regionalflughäfen verfügen meist über ein so geringes Passagieraufkommen, daß eine rentable Bewirtschaftung des Flughafens nicht möglich ist (*Europäische Kommission* 2005e, C 312/11). Die Kommission wägt daher in ihren Beihilfeentscheidungen Regionalflughäfen betreffend zwischen der Auslastung von Regionalflughäfen bzw. der Vermeidung unausgelasteter regionaler Infrastruktur und wettbewerbsverzerrenden Effekten von Beihilfen ab (*Europäische Kommission* 2004a, L 137/50-62). Als Folge der Ryanair-Entscheidung hat die Kommission (2005e) „Gemeinschaftliche Leitlinien für die Finanzierung von Flughäfen und die Gewährung staatlicher Anlaufbeihilfen für Luftfahrtunternehmen auf Regionalflughäfen" veröffentlicht. Die Kommission will einen fairen Wettbewerb zwischen Fluglinien auf Regionalflughäfen gewährleisten: „Auf demselben Spielfeld müssen für alle auch dieselben Spielregeln gelten: die angebotenen Möglichkeiten müssen für alle Gesellschaften offen sein" (*de Palacio*, zitiert nach *Europäische Kommission* 2004b, S. 1). Kurz: Ein fairer Wettbewerb zwischen Fluglinien an einem Regionalflughafen ist dann möglich, wenn ein ‚level playing field' für Fluglinien an Regionalflughäfen etabliert wird (*Gröteke* und *Kerber* 2004, S. 325). Die Kommission hat hierfür folgende Spielregeln aufgestellt: Regionalflughäfen sollen nach den Prinzipien der *Transparenz*, *Nicht-Diskriminierung* und *Proportionalität* verfahren, wenn sie Fluglinien für angebotene Dienstleistungen Gebühren auferlegen. Unterschiede in den Flughafengebühren sind nur dann mit dem Gemeinsamen Markt vereinbar, wenn es sich um Anlaufbeihilfen handelt. Das bedeutet, es dürfen nur Beihilfen zum Aufbau neuer Routen gewährt werden und es müssen folgende Bedingungen erfüllt sein (*Europäische Kommission* 2005e, C 312/12-14):

1. Die Beihilfe muß einen notwendigen Anreiz zum Aufbau einer neuen Flugroute bieten und das Nettofluggastaufkommen erhöhen;

2. Die Beihilfe muß proportional zum verfolgten Ziel sein, d. h. die zusätzlichen Anlaufkosten ausgleichen und sich an der Entwicklung der Fluggastzahlen bemessen;

3. Die Beihilfe muß in einer transparenten Weise nach objektiven Kriterien gewährt werden. Ausschreibungen müssen ohne Diskriminierung von Fluglinien erfolgen;

4. Die Beihilfe kann höchstens drei Jahre gewährt werden und muß degressiv ausgestaltet sein. Sie darf 50 % der beihilfefähigen Kosten des Jahres und im Durch-

schnitt der drei Jahre 30 % dieser Kosten nicht übersteigen. In Fördergebieten nach Art. 87 (3) lit. a EG-Gebieten darf eine Beihilfe fünf Jahre lang gewährt werden und ebenfalls 50 % der beihilfefähigen Kosten eines Jahres sowie im Durchschnitt der fünf Jahre 40 % dieser Kosten nicht übersteigen.

Schon im Fall Ryanair wurden erste Ideen für solche Regeln entwickelt (*Europäische Kommission* 2004a, L 137/52-57).[133] Ryanair konnte einen Teil der Beihilfen behalten, der für die Eröffnung einer neuen Flugroute von oder nach Charleroi bestimmt war. Die Fluglinie muß aber insbesondere die ,one-shot-incentives' zurückzahlen, da diese nicht der Eröffnung bestimmter Routen zurechenbar waren, sondern pauschal vergeben wurden. Ryanair muß ferner einen Teil der Differenz zwischen *normaler* Landegebühr und reduzierter Landegebühr zurückerstatten. Das gleiche gilt für die reduzierten Bodenabfertigungsgebühren. Außerdem muß Ryanair Beihilfen in Form der reduzierten Flughafengebühren für die Flugverbindung Charleroi-Dublin vollständig zurückzahlen. Diese Strecke wurde bereits 1997 eröffnet. Damit war die Frist von 5 Jahren zum Zeitpunkt der neuen Vereinbarung zwischen Ryanair und BSCA Ende des Jahre 2001 bereits abgelaufen (*Europäische Kommission* 2004a, L 137/61 f.).

2.5.2. Regionalbeihilfen in der Automobilindustrie

2.5.2.1. Beihilferahmen für die Automobilindustrie

Nahezu jeder zehnte Arbeitsplatz hängt im europäischen Binnenmarkt direkt oder indirekt von der Automobilindustrie ab. Aufgrund der Sensibilität des Sektors existierte für die Automobilindustrie bis zum Jahre 2002 ein separater sektoraler Beihilferahmen. Dieser enthielt spezielle Beihilferegelungen nur für diesen Sektor. Darunter befanden sich auch Regelungen hinsichtlich der Vergabe von Regionalbeihilfen. Regionalbeihilfen dürfen im Automobilsektor nicht in Form von Betriebs-, sondern nur als Investitionsbeihilfen gewährt werden. Sie müssen zur Entwicklung förderfähiger Regionen beitragen, indem sie einen Anreiz zur Schaffung von direkten und indirekten Arbeitsplätzen geben (*Europäische Kommission* 1997a, C 279/2 und 5; *Gröteke* und *Heine* 2004a, S. 324).

Die Bewilligung von Investitionsbeihilfen in förderfähigen Gebieten setzt voraus, daß diese notwendig sind. Das impliziert, daß die fragliche Investition ohne die Beihilfe nicht in dem benachteiligten Gebiet durchgeführt würde. Der Beihilfenempfänger muß folglich nachweisen, daß er das Investitionsprojekt nicht ohnehin an dem förderfähigen Standort verwirklicht hätte. Dafür ist es notwendig, daß er einen Alternativstandort anführt, an dem er sein Investitionsprojekt ebenfalls wirtschaftlich rentabel realisieren könnte (*Europäische Kommission* 1997a, C 279/5; ebenso *Feltkamp* 2003, S. 31).[134] Die

---

[133] Siehe kritisch hierzu *Gröteke* und *Kerber* (2004, S. 325-328); *Barrett* (2004b) und *Callaghan* (2005, S. 442 f.).

[134] „Zur Erbringung des Nachweises für die Standortungebundenheit des Projekts muß der Kapitalgeber ... insbesondere durch eine Standortstudie beweisen, daß er mindestens eine andere als die gewählte wirtschaftlich rentable Produktionsstätte im EWR oder in einem Land Mittel- und Osteuropas (MOEL) in Aussicht genommen hat" (*Europäische Kommission* 1997a, C 279/5).

Kommission überprüft zunächst die vom Investor erstellten Standortanalysen und läßt diese von unabhängigen Sachverständigen begutachten.[135] Ist das Investitionsprojekt mobil, d. h. könnte es an unterschiedlichen Standorten durchgeführt werden, muß die Kommission die Höhe der zu gewährenden Regionalbeihilfe berechnen. Diese darf generell den regionalen Höchstfördersatz nicht übersteigen. Zur exakten Berechnung führt die Kommission eine Kosten-Nutzen-Analyse durch und versucht damit, die Vor- und Nachteile der alternativen Standorte für den Investor abzuwägen.[136]

> „Diese Gegenüberstellung in Form einer Kosten-Nutzen-Analyse soll nicht den wesentlichen Beitrag der Regionalbeihilfe für den inneren Zusammenhalt auf Gemeinschaftsebene in Abrede stellen, sondern gewährleisten, daß auch noch andere Elemente von Interesse für die Gemeinschaft, wie etwa die Entwicklung und die allgemeine Wettbewerbsfähigkeit in der Industrie in Europa sowie die Wahrung eines lauteren Wettbewerbs, berücksichtigt werden" (*Europäische Kommission* 1997a, C 279/5).

Die Kosten-Nutzen-Analyse dient folglich zur Quantifizierung der Standortnachteile des Standortes in einem Fördergebiet. Daraus leitet sich die Höhe der erlaubten Regionalbeihilfe ab. Diese kann noch in Abhängigkeit von den Kapazitätseffekten der Investition verändert werden. So droht im Falle einer Erhöhung der Kapazitäten eine Reduzierung der Beihilfe. Bei Reduzierung der Kapazitäten ist ein Aufschlag möglich. Die folgenden Fälle sollen das Vorgehen der Kommission im Bereich der Regionalbeihilfen im Kfz-Sektor verdeutlichen (*Gröteke* und *Heine* 2004a).

2.5.2.2. Einige Fälle

1999 plante VW ein neues Automodell auf den Markt zu bringen, den Phaeton. Dieser sollte mit dem Audi A 8, der Mercedes S-Klasse, der BMW 7er-Reihe und dem Jaguar konkurrieren. Das Konzept von VW sah vor, das Auto in einer *gläsernen Manufaktur* fertigzustellen, so daß der Käufer die Endmontage des Autos vor Ort miterleben konnte. Zudem sollte der Fabrikstandort dem Käufer ein kulturelles Ambiente bieten können, in das die Übergabe des Autos eingebettet werden konnte (*Europäische Kommission* 2002d, L 48/25). Aufgrund dieser Anforderungen kamen für VW zwei Standorte für die *gläserne Manufaktur* in Frage: Dresden und Prag. Dresden liegt in einem Art. 87 (3) lit. a EG-Fördergebiet, das zur Vergabe von Regionalbeihilfen für Investitionen berechtigt. Prag lag damals noch nicht in einem Fördergebiet, da die Tschechische Republik noch nicht EU-Mitglied war. Prag wurde als wirtschaftlich rentabler Alternativstandort anerkannt. Das Projekt wurde demzufolge als mobil eingestuft.[137]

---

[135] Regionalbeihilfen in der Kfz-Industrie waren zu notifizieren, wenn mindestens eines der folgenden Kriterien erfüllt war: 1. die Gesamtkosten des Vorhabens überschritten 50 Mio. ECU oder 2. der Bruttogesamtbetrag der Beihilfen, die entweder aus nationalen und/oder aus den EU Mitteln, also Strukturfonds und Rahmenprogrammen stammten, überstieg 5 Mio. ECU (*Europäische Kommission* 1997a, C 279/3).

[136] Die Kosten-Nutzen-Analyse wurde durchgeführt, wenn die Beihilfenintensität des Projektes mindestens 20 % des regionalen Höchstfördersatzes betrug (*Europäische Kommission* 1997a, C 279/6).

[137] Das bedeutet jedoch nicht, daß die gesamten Investitionskosten beihilfefähig sind, sondern nur die Teile der Investition, die tatsächlich mobil sind (*Europäische Kommission* 1997a, C

Um die regionalen Unterschiede feststellen zu können, anhand derer sich die genaue
Beihilfenintensität für das jeweilige Investitionsprojekt bemißt, führte die Kommission
eine Kosten-Nutzen-Analyse durch. Der größte Nachteil des Standortes Dresden waren
(und sind) die im Vergleich zu Prag hohen Arbeitskosten, die einen Investor davon ab-
halten könnten, in Dresden zu investieren.[138] Gegen Prag sprach hingegen das Imagedefizit. Denn Autos ‚made in Germany' genießen eine höhere Reputation als solche aus
der Tschechischen Republik. Als Ausgleich für dieses Imagedefizit müßte VW bei einer
Produktion in Prag entweder niedrige Einführungspreise in Kauf nehmen oder sehr viel
mehr Geld in Werbung investieren als in Deutschland, um eine gute Qualität des Autos
glaubhaft signalisieren zu können (*Europäische Kommission* 2002d, L 48/30). Insgesamt ergab sich aufgrund der höheren Arbeitskosten dennoch ein Standortnachteil für
Dresden. Bezogen auf die beihilfefähigen Kosten in Höhe von 652,81 Mio. DM errech-
nete man einen Standortnachteil und damit eine Förderrelation von 13,28 %. Da aber
durch die Investition VWs Produktionskapazitäten stiegen, wurde ein Prozentpunkt abgezogen. Daher genehmigte die Kommission für VW eine Beihilfe in Höhe von
80,17 Mio. DM (*Europäische Kommission* 2002d, L 48/26 f.).

Die deutschen Behörden notifizierten im Dezember 2001 eine Beihilfe in Höhe von
418,6 Mio. EUR bei der Kommission, die für den Bau eines neuen *BMW*-Werkes in
Leipzig bestimmt war. Die beihilfefähigen Kosten wurden mit 1.204,9 Mio. EUR ange-
geben und es sollten 5.400 neue Arbeitsplätze direkt im Werk entstehen (*Europäische
Kommission* 2003b, L 128/12 f.). Die Kommission leitete ein Verfahren ein und stellte
fest, daß für den Bau dieses Werkes aus Sicht von BMW zwei wirtschaftlich rentable
alternative Standorte in der engeren Auswahl standen: Leipzig in Ostdeutschland und
Kolin in der Tschechischen Republik. Beide Standorte wurden von der Kommission als
alternative Standorte anerkannt (*Europäische Kommission* 2003b, L 128/15). Da
Deutschland den Standortnachteil Leipzigs auf 591,4 Mio. EUR bezifferte, die gebotene
Beihilfe aber nur 418,6 Mio. EUR betragen sollte, zweifelte die Kommission die deutschen Angaben an und führte eine Kosten-Nutzen Analyse durch. Die Kommission relativierte die von Deutschland angegebenen Kostenunterschiede in einigen Bereichen. Sie
kam wiederum zu dem Ergebnis, daß die Arbeitskosten den größten Unterschied bzw.
den größten Nachteil zu Lasten des Standortes Leipzig ausmachten, obwohl die Kommission auch in diesem Fall unterstellte, daß sich die Lohnkosten zwischen Ostdeutschland und den neuen Beitrittskandidaten in den Folgejahren etwas angleichen würden.
Sie zog daher den Konvergenzfaktor in Höhe von 5 % heran, d. h. es werden jährlich
5 % von der Lohnkostendifferenz zwischen den Standorten abgezogen. Gegen diese
Vorgehensweise wendete jedoch die Bundesregierung ein, daß die Lohnkostenunterschiede zwischen Kolin und Leipzig in Zukunft eher steigen würden, da mit einer Re-

---

279/6; *Gröteke* und *Heine* 2004a, S. 324). Für eine Lagerhalle trifft dies beispielsweise nicht
zu, da ihr Standort in der Regel abhängig vom Standort der Produktion ist.

[138] Üblicherweise werden die in 5 Jahren nach Start der Produktion bei einer Neuansiedlung
anfallenden Kostenunterschiede berücksichtigt (*Europäische Kommission* 1997a, C 279/6).
Hinsichtlich der Differenz der Arbeitskosten zwischen den Standorten geht die Kommission
davon aus, daß eine Angleichung stattfindet. Die Kommission bezieht folglich einen 5 %igen
Konvergenzfaktor in ihre Kosten-Nutzen-Analyse ein (*Europäische Kommission* 2002d,
L 48/30).

duktion der Wochenarbeitszeit in Leipzig infolge einer Angleichung an das westdeutsche Niveau zu rechnen sei. Die Kommission hielt diese Argumentation zwar für plausibel, konnte aber nicht ausschließen, daß eine solche Reduktion auch in Kolin stattfinden könnte. Neben den Arbeitskosten berücksichtigte die Kommission Produktivitätsunterschiede zwischen den Arbeitnehmern an den beiden Standorten, die separat in die Kosten-Nutzen-Analyse eingingen. Außerdem wurden Ausbildungskosten und Sprachbarrieren in die Kosten-Nutzen-Analyse einbezogen (*Europäische Kommission* 2003b, L 128/17). Die Kommission kalkulierte bei der Festsetzung der Beihilfe ein, daß durch die Investition die Produktionskapazität von BMW ausgeweitet wird. Es wurde daher ein Prozentpunkt abgezogen. Schließlich beschloß die Kommission, daß 30,14 % der beihilfefähigen Investitionskosten in Höhe von 1.204,9 Mio. EUR, also 363,16 Mio. EUR, durch eine Beihilfe alimentiert werden dürfen (*Europäische Kommission* 2003b, L 128/18).

DaimlerChrysler und *Mitsubishi Motors* wollten zusammen Motoren produzieren und für die Produktion ein neues Werk errichten. In diesem Werk sollten 500 neue Arbeitsplätze geschaffen werden. Aus Sicht der beiden Unternehmen gab es zwei mögliche Standorte für die Errichtung des Motorenwerkes: Zum einen Kölleda in Thüringen und zum anderen Nyergesujfalu in Ungarn. Für den Standort Kölleda war wiederum die Gewährung einer Regionalbeihilfe möglich. Der Bund und das Bundesland Thüringen beabsichtigten angesichts einer Investitionssumme von abgezinst 220,4 Mio. EUR, von denen 185 Mio. EUR als beihilfefähig anerkannt wurden, eine Beihilfe in Höhe von 63,8 Mio. EUR Beihilfe zu gewähren (*Europäische Kommission* 2002e, L 282/23). Deutschland gab für den Standort Kölleda im Vergleich zum ungarischen Standort einen Standortnachteil von 37,8 % an. Demnach müßten 37,8 % der Investitionskosten mittels einer Beihilfe alimentiert werden, damit der Standortnachteil Kölledas gegenüber dem ungarischen Standort ausgeglichen würde. Auch in diesem Fall relativierte die Kommission durch Anwendung der Kosten-Nutzen Analyse die deutschen Angaben, weil bestimmte Risiken am ungarischen Standort nach Meinung der Kommission zu gering eingeschätzt wurden. Dies betraf zum einen die sprachlichen Schwierigkeiten in Ungarn, die Kosten für Sprachkurse erfordern. Zum anderen waren die Kosten der technischen Anpassungen der Zulieferer, Ausbildungsmaßnahmen von Arbeitnehmern, die im Ausland arbeiten sollen, sowie Grundlagenausbildung in der Kosten-Nutzen-Analyse nach Meinung der Kommission nicht angemessen berücksichtigt. Teile dieser Ausbildungskosten fielen nach Auffassung der Kommission aber auch in Kölleda an. Dort existierten jedoch keine Sprachprobleme. „Hauptgrund für den Nachteil von Kölleda sind die erheblich höheren Arbeitskosten" (*Europäische Kommission* 2002e, L 282/26). Diese seien ausschlaggebend dafür, daß der Standortnachteil Kölledas 31,93 %, gemessen an den beihilfefähigen Investitionskosten betrug. Auch in diesem Fall wurde aufgrund der Kapazitätsaufstockung infolge der Investition ein Abschlag von einem Prozentpunkt vorgenommen, so daß insgesamt eine Beihilfe in Höhe von 57,22 Mio. EUR genehmigt wurde (*Europäische Kommission* 2002e, L 282/28).

Als Ergebnis aus der Betrachtung der drei Fälle bleibt festzuhalten, daß Regionalbeihilfen zum Ausgleich von regionalen Standortnachteilen bzw. zum Ausgleich von Kostenunterschieden in der Produktion, der Vermarktung, des Verkaufs, etc. an alternativen Standorten gewährt werden. Standorte in den neuen deutschen Bundesländern hatten in allen drei Fällen für Investoren insbesondere aufgrund ihrer hohen Arbeitskosten Standortnachteile gegenüber Standorten in den mittel- und osteuropäischen Staaten. Lohnunterschiede können vor allem aufgrund von Produktivitätsunterschieden der Arbeitnehmer an den unterschiedlichen Standorten gerechtfertigt sein. Wären jedoch die Lohnunterschiede durch die Produktivitätsunterschiede determiniert, müßte der Investor zwischen beiden Standorten indifferent sein. Produktivitätsunterschiede, Sprachbarrieren, Ausbildung etc. sind jedoch nicht die einzigen Determinanten für Lohnkostenunterschiede. Es ist in den genannten Fällen zusätzlich davon auszugehen, daß die Lohnkostenunterschiede zwischen den neuen Bundesländern und Standorten in den mittel- und osteuropäischen Staaten vor allem auf die unterschiedlichen institutionellen Rahmenbedingungen der Arbeitsmärkte zurückgeführt werden können. Insofern würde die Vergabe von Regionalbeihilfen auch dem Ausgleich auf Lohnkostenunterschieden dienen, die durch unterschiedliche Arbeitsmarktregulierungen verursacht sind (*Gröteke* und *Heine* 2004a; 2003).

2.5.2.3. Jüngere Entwicklungen und Konsequenzen

Die Vergabe von Regionalbeihilfen in der Kfz-Industrie wird seit dem 1. Januar 2003 durch den neuen multisektoralen Regionalbeihilferahmen für große Investitionsvorhaben geregelt, der den sektoralen Kfz-Beihilferahmen abgelöst hat. Der neue Beihilferahmen setzt für die Vergabe von Regionalbeihilfen ebenfalls voraus, daß das Investitionsprojekt mobil ist. Nach wie vor ist also ein Alternativstandort, an dem die Investition ebenso gut ausgeführt werden könnte, notwendig für die Vergabe von Regionalbeihilfen in benachteiligten Gebieten. Abgeschafft wurde allerdings die Kosten-Nutzen-Analyse aufgrund des hohen bürokratischen Aufwandes bei der Anwendung dieses Instrumentes. Stattdessen legt die Kommission den Höchstsatz für die Vergabe von Regionalbeihilfen in der Kfz-Industrie fest. Dieser beträgt 30 % des regionalen Beihilfehöchstsatzes, wenn die beihilfefähigen Kosten 50 Mio. EUR und/oder das Beihilfevolumen 5 Mio. EUR überschreiten (*Europäische Kommission* 2002c, C 70/13). Wichtig ist nun, daß auch weiterhin Unterschiede in den Arbeitskosten bei der Beurteilung der Regionalbeihilfe berücksichtigt werden können (*Europäische Kommission* 2002, C 70/10; in Verbindung mit 1998b, C 74/16 f.).

Auf die Höhe der regionalen Höchstfördersätze hat auch die Osterweiterung der EU Einfluß. Sie bewirkt, daß Standorte, die ehemals Gebiete waren, in denen Regionalbeihilfen vergeben werden durften, nun entweder gar keine Regionalbeihilfen oder aber geringere Regionalbeihilfen gewähren dürfen als die meisten Gebiete in den neuen Mitgliedsländern. Heute dürften beispielsweise auch Prag, Kolin und der ungarische Standort Regionalbeihilfen für die Ansiedlung von VW, BMW sowie DaimlerChrysler und Mitsubishi Motors gewähren. Aufgrund ihres geringeren Pro-Kopf-BIPs dürften diese Standorte sogar höhere Regionalbeihilfen gewähren als die ostdeutschen Standorte. Denn eigentlich würden viele dieser ostdeutschen Standorte wegen des *statistischen Effekts* aus der Förderung des Art. 87 (3) lit. a EG herausfallen. Dies konnte von Deutschland jedoch zunächst verhindert werden.

2.5.3. Regionale Steuerkompetenzen und europäische Beihilfenkontrolle

2.5.3.1. Einführung

„Until 1997 direct taxes had largely escaped scrutiny under the European Community's State aid rules. Then the Code of Conduct Group on Business Taxation, made up of officials from finance ministries, began examining whether national tax measures competed "unfairly". A year later, the European Commission issued its communication on the kind of tax measures that could be caught by Article 87 (1) of the EC Treaty. This is the Article that lays down the principle that State aid measures, in any form, are incompatible with the common market" (*Nicolaides* 2004, S. 365; H. i. O.).

Mehrere Staaten wurden im Rahmen dieses Code of Conduct aufgerufen, bestimmte Steuerregelungen abzuändern, weil sie nicht den Grundsätzen eines *fairen Steuerwettbewerbs* entsprachen. Für diese Aufforderung gab es jedoch keine legale Basis.[139]

Im gleichen Zeitraum war die Kommission mehrfach im Rahmen der Beihilfenkontrolle mit der Beurteilung regionaler Steuerkompetenzen betraut worden. Es ging um die Frage, wie regionale Steuersysteme in der Beihilfenkontrolle behandelt werden sollen. Ist es folglich mit dem Gemeinsamen Markt vereinbar, daß bestimmte Regionen innerhalb eines Mitgliedslandes eine eigene Steuerautonomie haben und demzufolge Unternehmen innerhalb eines Mitgliedstaates in unterschiedlichen Regionen unterschiedlich besteuert werden können? Die Kommission hat in einer Reihe von Fällen darauf hingedeutet, daß regional unterschiedliche Steuerregeln und Steuerbelastungen innerhalb eines Mitgliedstaates regional selektive Maßnahmen darstellen und daher gegen das Beihilfenverbot verstoßen (können).[140] Dies soll anhand der folgenden Fälle Baskenland, Azoren und Gibraltar verdeutlicht werden.

2.5.3.2. Europäische Beihilfenkontrolle und Steuerautonomie des Baskenlandes

2.5.3.2.1. Die Steuerautonomie der historischen baskischen Gebiete

Aufgrund ihrer Steuerautonomie erregten die spanischen Gebiete des Baskenlandes, die so genannten historischen baskischen Gebiete Guipúzcoa, Álava und Vizcaya, erhöhtes Aufsehen. Die Steuerautonomie basierte zu damaliger Zeit auf einem Passus im spanischen Steuergesetz (Concierto Economico (Wirtschaftsvereinbarung) von 1981, geändert durch Gesetz 27/1990 vom 26. Dezember 1990) (*Saggio* 2000, Rdnr. 2).[141] Die Regierungen der baskischen Gebiete erließen aufgrund ihrer Kompetenz Steuerregelungen, die Steuervergünstigungen für Unternehmen und private Haushalte umfaßten.[142]

---

[139] Vgl. *Monti* (1999, S. 210); *Pinto* (2003, S. 35-37); *Nicolaides* (2004, S. 365).

[140] Vgl. *Nicolaides* (2004, S. 379-383); *Gröteke* und *Heine* (2004b); *Horácek* (2004).

[141] Der Zentralstaat erhält zwar die Zolleinnahmen und Einnahmen, die durch Finanzmonopole erhoben werden, sowie Alkoholabgaben, die andere Steuereinnahmen stehen in erster Linie den baskischen Gebieten zu (*Saggio* 2000, Rdnr. 2).

[142] Juristische und natürliche Personen konnten Befreiungen und Ermäßigungen von der Steuer bei der Gründung neuer Unternehmen, Investitionen in Anlagevermögen, Investitionen in Forschung und Entwicklung, Investitionen, die der Exportförderung dienen, der Abschreibung neuer Vermögensgegenstände, der Kapitalbildung kleiner Unternehmen sowie der Ein-

Um solche Steuervergünstigungen in Anspruch nehmen zu können, mußten die Unternehmen und Privatpersonen der Steuerpflicht der baskischen Gebiete unterliegen. Das setzte voraus, daß die Unternehmen ihren Sitz in den historischen Gebieten des Baskenlandes haben und/oder dort einen gewissen Anteil ihres Gesamtumsatzes erzielen mußten (*Saggio* 2000, Rdnr. 4).[143] Diese Steuervergünstigungen für Unternehmen waren im Juni und Oktober 1994 Gegenstand einer Klage der Allgemeinen Staatsverwaltung Spaniens vor der baskischen Kammer für verwaltungsrechtliche Streitigkeiten. Zu klären war, ob die Ausgestaltung der Steuerautonomie der baskischen Gebiete gegen die Niederlassungsfreiheit des Art. 43 EG und das Beihilfenverbot des Art. 87 (1) EG verstößt. Dies sollte der EuGH in einer Vorabentscheidung klären.

2.5.3.2.2. Zur Vereinbarkeit der Steuerautonomie mit dem EG-Vertrag

Bevor der Gerichtshof eine Entscheidung trifft, nimmt üblicherweise der Generalanwalt Stellung. Generalanwalt *Saggio* war der Meinung, daß die Steuerregelungen der historischen baskischen Gebiete gegen das Prinzip der Niederlassungsfreiheit verstoßen.[144] Zudem war der Generalanwalt der Auffassung, daß die Steuerregelungen, die die historischen baskischen Gebiete aufgrund ihrer Steuerautonomie erließen, den Tatbestand einer Beihilfe erfüllen. Er hielt die baskischen Steuerregelungen nicht für allgemeine, sondern für selektive Maßnahmen, da sie

> „ausschließlich für Unternehmen gedacht [sind], die in einer bestimmten Region des betreffenden Mitgliedstaats niedergelassen sind, und für diese Unternehmen eine Vergünstigung dar[stellen], in deren Genuß Unternehmen nicht kommen können, die vergleichbare wirtschaftliche Tätigkeiten in anderen Gebieten desselben Staates ausüben möchten" (*Saggio* 2000, Rdnr. 35).

Die beklagten Juntas (Regierungen der historischen Gebiete) machten ihrerseits darauf aufmerksam, daß man eine Differenzierung bezüglich des Vorliegens einer regional selektiven Maßnahme treffen muß. Regionale Selektivität liegt ihrer Meinung nach vor, wenn ein Staat bzw. die zentrale Regierung steuerliche Maßnahmen erläßt, die bestimmte regional ansässige Unternehmen begünstigen. Eine solche regionale Selektivität steuerlicher Maßnahmen liegt ihrer Ansicht aber nicht vor, wenn diese von den zuständigen Behörden im Hoheitsgebiet erlassen werden. Letztere sollten als allgemeine Maßnahme und damit nicht als Beihilfen verstanden werden. Man kann nämlich die Zuweisung der steuerlichen Zuständigkeiten an die Behörden der Historischen Gebiete

---

stellung und Ausbildung von Personal in Anspruch nehmen (*Saggio* 2000, Rdnr. 4; siehe auch *Pinto* 2003, S. 163).

[143] Natürliche Personen mußten ihren gewöhnlichen Aufenthalt in diesen Gebieten haben, um diese Steuervergünstigungen in Anspruch nehmen zu können.

[144] Unternehmen, die ihren Hauptsitz nicht im Baskenland hatten oder dort nicht den erforderlichen Anteil ihres Umsatzes erzielten, kamen nicht in den sofortigen Genuß der Steuervergünstigungen, wenn sie dort investieren wollten. Sie mußten zunächst die volle Steuerlast tragen, bekamen die Vergünstigung dann *ex post* vom spanischen Staat. Unternehmen mit entsprechendem Umsatz und/oder Sitz in den baskischen Gebieten erhielten aber die Vergünstigungen *ex ante*. Dies wurde als ein Verstoß gegen die Niederlassungsfreiheit von Unternehmen interpretiert, da zwischen einheimischen und nicht einheimischen Unternehmen bei der Ausübung der gleichen Tätigkeit diskriminiert wurde (*Saggio* 2000, Rdnr. 6, 19-25).

nicht von der Regelung der Zuteilung von Steuerkompetenzen auf zwei unterschiedliche Mitgliedstaaten unterscheiden, die mit dem Gemeinsamen Markt vereinbar seien. Wenn man aber in der Ausübung regionaler Steuerkompetenzen eine Beihilfe sieht, so müßte dies – der Analogie folgend – auch für die allgemeinen Steuerkompetenzen der Mitgliedstaaten gelten. Die einzige Alternative zur Vermeidung solcher Verstöße und der hierdurch ausgelösten Wettbewerbsverzerrungen zwischen Unternehmen wäre eine EU-weite Harmonisierung der Steuersysteme. Differenziert man jedoch und gestattet den Zentralregierungen der Mitgliedstaaten die Ausübung ihrer allgemeinen Steuerkompetenzen, den regionalen Behörden die Ausübung ihrer regionalen Steuerkompetenzen aber nicht, „so würde dies einem Werturteil über die verfassungsrechtliche Struktur des spanischen Staates gleichkommen" (*Saggio* 2000, Rdnr. 36).

Der Generalanwalt vertrat hingegen die Auffassung, daß die Zuweisung von regionalen Steuerkompetenzen innerhalb eines Mitgliedstaates „einen rein formalen Gesichtspunkt" darstellt (*Saggio* 2000, Rdnr. 37). Würde man die Zuweisung von regionalen Steuerkompetenzen als mit dem Gemeinsamen Markt vereinbar erklären, so wäre der Umgehung des Beihilfenverbotes Tür und Tor geöffnet. Denn jeder Mitgliedstaat könnte durch die Zuweisung von Steuerkompetenzen auf untergeordnete Jurisdiktionen bestimmte regional ansässige Unternehmen bevorzugt behandeln, ohne daß die EU-Kommission dies verhindern könnte. Der Generalanwalt beharrte somit auf seiner Einschätzung, daß die aus der Steuerautonomie resultierenden regional differierenden Steuerregelungen, die insbesondere zu einer Begünstigung der im Baskenland ansässigen Unternehmen führte, den Tatbestand einer Beihilfe erfüllten. Er führte zudem an, daß bei der Auslegung des Art. 87 (1) EG „die Wirkungen der Beihilfe und nicht die Natur des Organs, das sie gewährt, oder dessen Zuständigkeiten nach der internen Regelung zu prüfen sind" (*Saggio* 2000, Rdnr. 37). Bevor der EuGH die Anfrage der baskischen Verwaltungskammer für verfassungsrechtliche Streitigkeiten beantworten und Klarheit in der Frage der Behandlung regionaler Steuerkompetenzen im Rahmen der Beihilfenkontrolle schaffen konnte, wurde die Anfrage „as a result of the discontinuance of the applicant in the cases of the main proceedings" zurückgezogen (*EuGH* 2000).

Die Problematik wurde auch im Jahr 2002 im Fall Ramondín ansatzweise behandelt. Das Unternehmen *Ramondín* (nach seiner Neugründung im Baskenland *Ramondín Capsulas*) erhielt durch die Umsiedlung und Neugründung in dem fünf Kilometer entfernten Baskenland erhebliche steuerliche Vorteile. Obwohl bereits andere Tatbestände dafür sprachen, daß Ramondín eine Beihilfe erhalten hatte, nahm das Gericht auch Stellung zur Frage der Steuerautonomie der historischen Gebiete des Baskenlandes. Es stellte klar, daß die Steuerautonomie der historischen baskischen Gebiete und die aus ihr folgenden Steuerregelungen durchaus den Charakter einer Beihilfe aufweisen könnten: „in any case, internal fiscal autonomy does not exempt a region from the obligations arising from the Treaty; especially Art. 87 (1) comprises all kinds of public measures, no matter at which intrastate level they are taken" (*EuG* 2002, Rdnr. 57).[145]

---

[145] Siehe auch *Barberá del Rosal* und *Kleinheisterkamp* (2002, S. 61-63); *Pinto* (2003, S. 164); *Gröteke* und *Heine* (2004b, S. 144).

2.5.3.2.3. Europäische Beihilfenkontrolle und weitere steuerautonome Regionen

Eine weitere Klärung des Verhältnisses zwischen regionaler Steuerautonomie und den Bestimmungen der Beihilfenkontrolle wurde durch die Fälle der Azoren und Gibraltar herbeigeführt. Die Azoren gehören zu Portugal und besitzen eine Steuerautonomie. Die Steuersätze für Unternehmen, die auf den Azoren angesiedelt waren, lagen unter denen, die für die übrigen Unternehmen in Portugal galten. Es ergab sich somit eine Begünstigung für Unternehmen auf den Azoren (*Tenreiro* 2003, S. 93). Die Kommission folgte in diesem Fall der Argumentation des Generalanwaltes aus dem Fall des Baskenlandes und sah in den Steuerregelungen der Azoren eine Beihilfe.[146] Die Ausübung von regionalen fiskalischen Kompetenzen steht daher weiter im Konflikt mit der europäischen Beihilfenkontrolle.[147]

Eine weitere Konkretisierung dieses Konfliktes und Vorschläge für dessen Auflösung ergaben sich im Falle Gibraltars.[148] Gibraltar, das zu Großbritannien gehört und eine eigene Steuerautonomie besitzt, führte eine Reform der Körperschaftsteuer durch. Es sollten nicht mehr die Unternehmensgewinne besteuert werden. Das allgemeine Steuersystem sollte vielmehr aus einer Lohnsummensteuer, einer Gewerbegrundbenutzungsgebühr und einer jährlichen Eintragungsgebühr der Unternehmen bestehen. Allerdings durfte die Steuerlast insgesamt nur 15 % des Unternehmensgewinns oder 500.000 GBP betragen. Der niedrigere der Beträge war ausschlaggebend. Firmen, die keinen Gewinn erzielten, waren von der Steuer weitestgehend freigestellt (*Europäische Kommission* 2002f, C 300/2; *Horácek* 2004, S. 97).[149] Auch in diesem Fall ging es um die Frage, ob die Ausübung der Steuerautonomie Gibraltars mit den Bestimmungen des EG-Vertrages vereinbar war oder nicht. Die Kommission stellte fest, daß die Steuerlast für Unternehmen in Gibraltar, die 15 % des Unternehmensgewinns nicht übersteigen durfte, unter derjenigen für Unternehmen in Großbritannien lag, da der Körperschaftsteuersatz im übrigen Großbritannien bei 30 % lag. Die Kommission sah nun in der Steuerreform Gibraltars eine regional selektive Begünstigung der dort ansässigen gegenüber den im übrigen Großbritannien ansässigen Unternehmen. Denn

> „[i]n the absence of a specific company taxation regime in Gibraltar, companies in Gibraltar would be subject to the standard United Kingdom tax regime and would pay

---

[146] In Analogie zur Argumentation des Generalanwaltes im Falle Gibraltars argumentiert (*Nicolaides* 2004, S. 382): „The Azores taxation was deemed to be a derogation from the national tax system because if Member States could limit the regional application of their taxes through institutional arrangements that conferred autonomy to certain regions, then State aid control would be ineffective."

[147] Zum Teil wurde diese Beihilfe dennoch genehmigt, weil es sich bei den Azoren um ein Gebiet handelt, in dem Regionalbeihilfen gewährt werden dürfen (*Nicolaides* 2004, S. 382).

[148] Vgl. *Europäische Kommission* (2002f); *Pinto* (2003, S. 183-187); *Horácek* (2004).

[149] Gesonderte Steuervorschriften galten für Finanzdienstleistungsunternehmen, die zusätzlich 8 % der Gewinne abführen mußten. Auch Unternehmen im Bereich der Daseinsvorsorge mußten zusätzlich zu den Abgaben 35 % ihrer Gewinne versteuern (*Europäische Kommission* 2002f, C 300/2).

higher rates of company taxation" (*Europäische Kommission* 2002f, C 300/8; siehe auch *Horácek* 2004, S. 98).[150]

Aus dieser Einschätzung folgt nach Meinung von *Horácek* (2004, S. 98) nicht, daß die Steuerautonomie und damit die Dezentralisierung von fiskalischen Kompetenzen innerhalb eines Mitgliedstaates in Frage gestellt wird. Aus den Fällen wird jedoch deutlich, daß es auf die Wirkungen der aus der Steuerautonomie resultierenden Steuerregeln ankommt. Es wird argumentiert, daß man aus der bisherigen Beihilfenpraxis gegenüber steuerautonomen Regionen ein neues Kriterium, das Kriterium der ,similar tax burden' ableiten könnte, das die fiskalische Autonomie einschränkt. Dieses Kriterium wurde bisher aber noch nicht vor dem EuGH *getestet* (*Nicolaides* 2004, S. 383 f.). Man kann folgende Unterscheidung treffen:

1. Regionale Steuerkompetenzen sind kompatibel mit dem Gemeinsamen Markt, wenn die Steuerlast für Unternehmen in der betreffenden Region a) höher ist als im Landesdurchschnitt, oder b) größer oder gleich einer staatlicherseits vorgegebenen Mindestbesteuerung für Unternehmen ist (*Horácek* 2004, S. 98).

2. Werden Unternehmen hingegen in einer Region aufgrund dezentraler Steuerkompetenzen geringer besteuert als Unternehmen in anderen Regionen desselben Mitgliedstaates oder liegt die Steuerlast unter der staatlicherseits vorgegebenen Mindestbesteuerung, liegt regionale Selektivität und damit eine Beihilfe vor.[151]

Der Fall steuerautonomer Regionen zeigt, daß die Anwendung der Beihilfenkontrolle bereits zu „clashes with key institutionally entrenched domestic traditions" geführt hat und noch weitere folgen werden (*Thielemann* 1999, S. 403). Aus der soeben dargestellten Beihilfenpraxis können weitere Schlußfolgerungen gezogen werden: Man könnte argumentieren, daß die Beihilferegelungen mit dem Kriterium der *same tax burden* darauf abzielen, ein innerstaatliches ,level playing field' im Rahmen der Unternehmensbesteuerung zu kreieren:

„Member States have explicitly complained about the selective use of State aid rules and have indirectly hinted at the application of Arts. 95 and 96 instead" (*Pinto* 2003, S. 192 f.).[152]

Daß es sich lediglich um eine innerstaatliche Mindestharmonisierung handelt, liegt daran, daß allgemeine steuerliche Maßnahmen, die alle Unternehmen in einem Mitgliedstaat betreffen, bislang nicht den Tatbestand einer Beihilfe erfüllen. Daher kann die

---

[150] Die Entscheidung der Kommission wurde zwar aufgrund von Formfehlern annulliert. Ihre inhaltliche Sichtweise hielt die Kommission später aufrecht (*Pinto* 2003, S. 184; *Horácek* 2004, S. 97; *Nicolaides* 2004, S. 383; *Horácek* 2005).

[151] Diese kann aber durchaus aufgrund der Bestimmungen regionaler Beihilfen für mit dem Gemeinsamen Markt vereinbar erklärt werden.

[152] Auf der Basis der Artikel 95 und 96 EG (früher Art. 99 und 100 EGV) können der Europäische Rat und die Europäische Kommission eine Angleichung der nationalen Rechtsvorschriften erlassen, sofern Unterschiede in den Rechtsvorschriften die Funktionsfähigkeit des Binnenmarktes gefährden bzw. die Wettbewerbsbedingungen auf dem Gemeinsamen Markt verfälschen. Auch der Auftrag zu einer Harmonisierung der Unternehmenssteuern wird aus Art. 96 EG (früher Art. 100) abgeleitet (*Europäische Kommission* 1998e, C 384/3; *Feld* 2000, S. 11).

Beihilfenkontrolle (noch) nicht für eine vollständige Harmonisierung der Unternehmenssteuern auf EU-Ebene eingesetzt werden (*Gröteke* und *Heine* 2004b, S. 150).

2.6. Zwischenfazit zur Entwicklung der europäischen Beihilfenkontrolle

Die europäische Beihilfenkontrolle war nicht nur als Instrument zunächst schwer durchsetzbar. Auch die genaue Klärung des Begriffes der *Beihilfe*, die schon vor Abschluß der Römischen Verträge nicht möglich war und den europäischen Organen, in erster Linie der Kommission und dem EuGH, überlassen wurde, blieb und bleibt eine zentrale Aufgabe im Rahmen der Beihilfenkontrolle. Anhand der geschilderten Kriterien und Ausnahmen vom Beihilfenverbot sowie der zur Illustration angeführten Fallbeispiele wird deutlich, daß der Beihilfebegriff nach wie vor nicht endgültig geklärt ist und von Kommission und EuGH kasuistisch fortentwickelt wird. Die Fortentwicklung des Beihilfebegriffes ist auch notwendig, da die Mitgliedstaaten sehr findig bei der Suche nach Umgehungsmöglichkeiten des Beihilfenverbotes sind. Um dem vorzubeugen, ist die Kommission gezwungen, diese Umgehungsversuche durch eine fortwährende Neuinterpretation des Beihilfenbegriffes bzw. der ihn charakterisierenden Kriterien zu unterbinden. Die Offenheit des Beihilfenbegriffes und die Möglichkeit der Neuinterpretation sind daher notwendig, um eine flexible Anwendung der Beihilfenkontrolle zu ermöglichen.

Als Zweck der Beihilfenpolitik wird oftmals, wie dies beispielsweise im Falle Ryanairs geschieht, die Etablierung eines ‚level playing fields‘ gesehen. Unternehmen aus unterschiedlichen Mitgliedstaaten sollen im Gemeinsamen Markt gleiche Wettbewerbsbedingungen vorfinden, die nicht durch die Vergabe von Beihilfen *künstlich* verzerrt werden. Diesem Ziel folgend greift die Kommission zunehmend in die Kompetenzen der Mitgliedstaaten ein, und zwar mittlerweile in einem Ausmaß, das Zweifel aufkommen läßt, ob dies von den Gründungsvätern so gewollt sein kann (*Robertson* 2004, S. 605).[153] Zudem wird der Kommission vorgeworfen, es mangele an der ökonomischen Fundierung ihrer Beihilfenpraxis.

Die Kommission möchte diesen Mangel im Rahmen ihres ‚State Aid Action Plan' aus dem Jahre 2005 beseitigen und die Kontrolle von Beihilfen stärker als bisher an ökonomischen Kriterien ausrichten (*Europäische Kommission* 2005d, S. 7). In den folgenden Kapiteln soll diesem Anliegen Rechnung getragen werden. Es werden unterschiedliche ökonomische Theorien herangezogen, aus denen Begründungen und Kriterien für die Notwendigkeit und Funktion einer europäischen Beihilfenkontrolle im Gemeinsamen Markt abgeleitet werden.

---

[153] *Becker* (2001) demonstriert am Beispiel des deutschen Kommunalrechts, daß dieses größtenteils nicht vereinbar mit den europäischen Beihilferegelungen ist. Wenn sich nicht das Europarecht an das deutsche Kommunalrecht anpasse, müsse eine Anpassung des deutschen Kommunalrechts an die Beihilferegeln erfolgen.

3. Ökonomische Analyse der europäischen Beihilfenkontrolle aus Sicht des Wettbewerbs zwischen Unternehmen

3.1. Einführung: Beihilfen in geschlossenen und offenen Volkswirtschaften

Üblicherweise wird bei der Analyse von Subventionswirkungen unterschieden, ob Subventionen in einer geschlossenen oder offenen Volkswirtschaft gewährt werden (z. B. *Grüne* 1997, S. 31-35). In einer geschlossenen Volkswirtschaft kann der Einsatz des wirtschafts- und finanzpolitischen Instrumentes der Subvention oder der Beihilfe einen positiven Beitrag zur Korrektur von Marktversagen auf Gütermärkten leisten und damit eine Wohlfahrtssteigerung hervorbringen.[154] Subventionen können beispielsweise bei der Internalisierung positiver technologischer externer Effekte[155] oder bei der Regulierung natürlicher Monopole wirksam zum Einsatz kommen.[156]

Aus wohlfahrtsökonomischer Sicht ist allerdings zu überprüfen, ob die Subvention das geeignete Instrument zur Behebung eines Marktversagens ist, zumal die Finanzierung der Subvention durch Steuern auch negative Wohlfahrtswirkungen erzeugen kann (*Grüne* 1997, S. 33). So könnten andere wirtschaftspolitische Instrumente als Subventionen in bestimmten Situationen besser geeignet sein, um die effiziente Allokation (wieder)herzustellen. Wenn aber ein anderes ‚first best‘-Instrument nicht zur Verfügung steht oder trotz der Verfügbarkeit nicht eingesetzt wird, entsteht ein neuer theoretischer Blickwinkel für die Analyse von Subventionen.[157] Man müßte dann untersuchen, ob Subventionen zur Erreichung eines ‚second best‘-Optimums eingesetzt werden können.[158] Im Rahmen der Theorie des ‚second best‘ versucht man, die notwendigen und hinreichenden Bedingungen eines zweitbesten Optimums zu ermitteln (*Schlieper* 1982, S. 487). Bezüglich des Einsatzes von Beihilfen ist aus wohlfahrtstheoretischer folglich zunächst zu prüfen, ob es effizientere alternative Instrumente zum Subventionseinsatz gibt, um das Marktversagen zu beheben (*Beers* und *Moor* 2001, S. 23-26). Ist dies nicht der Fall, müßte dann überprüft werden, unter welchen (Optimal)Bedingungen eine ‚second best‘-Lösung durch den Subventionseinsatz realisiert werden kann.

Generell können beim Einsatz von Subventionen, ob als ‚first‘ oder ‚second best‘-Instrument, aus wohlfahrtsökonomischer Sicht aber weitere Probleme aufgrund von Staatsversagen auftreten. Denn einerseits fehlt den Politikern häufig das Wissen über die Wirkungsweise von Subventionen. Das hat zur Folge, daß sie falsch zum Einsatz gebracht werden, so daß Folgeinterventionen in den Marktmechanismus erforderlich

---

[154] Vgl. *Andel* (1977, S. 499 f.); *Gröbner* (1983, S. 28-70); *Lehner* und *Meiklejohn* (1991, S. 18-21); *Färber* (1995, S. 20-25); *Rosenstock* (1995, S. 5-17); *Berthold* und *Donges* (1996, S. 490-493); *Grüne* (1997, S. 31-33); *Schmidt* und *Schmidt* (1997, S. 138-141); *Meiklejohn* (1999b); *Kallfaß* (2002, S. 154).

[155] Vgl. z. B. *Pigou* (1962, S. 224); *Rosenstock* (1995, S. 15); *Beers* und *Moor* (2001, S. 13).

[156] Vgl. *Lehner* und *Meiklejohn* (1991, S. 21); *Grüne* (1997, S. 32); *Meiklejohn* (1999a, S. 8).

[157] Vgl. *Lipsey* und *Lancaster* (1956, S. 17); *Boadway* (1997, S. 3); *Lancaster* (1997, S. 26).

[158] Vgl. *Grossman* (1990, S. 96); *Lehner* und *Meiklejohn* (1991, S. 21 f.); *Grüne* (1997, S. 32). Siehe allgemein zu ‚second best‘ *Schlieper* (1982, S. 486-493); *Boadway* (1997); *Lancaster* (1997).

sind.[159] Andererseits kann das Instrument der Subvention aufgrund ihres selektiven Charakters von Politikern zur Bedienung von Partikularinteressen eingesetzt werden (z. B. *Grüne* 1997, S. 105-208; *Beers* und *Moor* 2001, S. 73). In beiden Fällen kann der Einsatz von Subventionen aus wohlfahrtsökonomischer Sicht Ineffizienzen generieren.

Während die Vergabe von Subventionen in einer geschlossenen Volkswirtschaft lediglich nationale Konsequenzen hervorruft, da Konsum und Produktion übereinstimmen, trifft diese Übereinstimmung nicht mehr zu, wenn man die Volkswirtschaften öffnet und ein zwischenstaatlicher Handel existiert. In offenen Volkswirtschaften kann die Subventionsvergabe folglich nicht nur nationale, sondern auch grenzüberschreitende Effekte auslösen (*Markusen et al.* 1995, S. 145; *Grüne* 1997, S. 33-35). Kurz: Mittels der Vergabe von Subventionen kann ein Land Protektionismus betreiben und negative grenzüberschreitende Wettbewerbseffekte zu Lasten von Unternehmen in anderen Staaten erzeugen (z. B. *Lehner* und *Meiklejohn* 1991, S. 23).

Noch zu Beginn der europäischen Integration konnte man die Staaten in Europa eher als geschlossene Volkswirtschaften bezeichnen, da sie von Handelshemmnissen umgeben waren. Es wurden auch Subventionen in diesen geschlossenen Volkswirtschaften vergeben.[160] Der Wettbewerb zwischen Unternehmen aus unterschiedlichen Mitgliedstaaten war demnach durch große Verzerrungen gekennzeichnet, da jeder Mitgliedstaat *seine* Unternehmen vor unliebsamer Konkurrenz aus anderen Mitgliedstaaten schützen konnte. Zugleich verhinderten solche zwischenstaatlichen Handels- und auch Mobilitätshemmnisse die grenzüberschreitende Wanderung von Produktionsfaktoren und somit auch den Wettbewerb zwischen Staaten – oder allgemeiner – zwischen Jurisdiktionen (Gebietskörperschaften) (*Vaubel* 2000, S. 283; *Fox* 2002, S. 92 f.).

Die Mitgliedstaaten verfolgten mit der Unterzeichung der Römischen Verträge das Ziel, durch die Etablierung eines Gemeinsamen Marktes Integrationsvorteile zu realisieren (*Cecchini* 1988, S. 102-135).[161] Die Öffnung nationaler Märkte führt zu einer Intensivierung des Wettbewerbs zwischen Unternehmen aus unterschiedlichen Mitgliedstaaten. Dies induziert Effizienzsteigerungen, die Ausnutzung von Massenproduktionsvorteilen, eine höhere Innovationsrate und eine Verbesserung der internationalen Wettbewerbsfähigkeit. Weitere Konsequenzen sind ein höheres Wirtschaftswachstum, mehr Beschäftigung und eine bessere Konsumentenversorgung, da infolge der Öffnung der Märkte die gestiegene Anbieterzahl für eine große Angebotsvielfalt sorgt (z. B. *Berg* und *Schmitt* 2003, S. 131).

Zur Realisierung dieser Integrationsvorteile ist neben dem Abbau von Handelshemmnissen eine Wettbewerbspolitik vonnöten, die verhindert, daß privatwirtschaft-

---

[159] Vgl. *Färber* (1995, S. 20-25); *Berthold* und *Donges* (1996, S. 490); *Schmidt* und *Schmidt* (1997, S. 141 f.); *Beer* und *Moor* (2001, S. 13-19).

[160] "The Member States were each surrounded by high trade barriers, some of the economies were statist and nationalistic, and subsidies freely flowed into national enterprises, particularly state-owned monopolies" (*Fox* 2002, S. 92).

[161] Siehe zu den verschiedenen Barrieren, die einer Marktöffnung und damit einer Stimulierung des Wettbewerbs in grenzüberschreitenden Märkten entgegenstehen und zu den Instrumenten der EU zur Bekämpfung dieser Barrieren *Berg* und *Schmitt* (2003, S. 140).

liche oder staatliche Wettbewerbsbeschränkungen den Wettbewerb zwischen Unternehmen verfälschen und damit die positiven Wirkungen des Abbaus von Handels- und Mobilitätshemmnissen konterkarieren (*Fox* 2002, S. 92 f.). Die europäische Beihilfenkontrolle ist Teil einer solchen Wettbewerbspolitik. Diese ist notwendig, weil den Mitgliedstaaten nach dem Wegfall verschiedener protektionistischer Instrumente wie Zölle, Importkontingente, etc., noch die Vergabe von staatlichen Beihilfen verbleibt, um Unternehmen zu begünstigen bzw. vor ausländischer Konkurrenz zu schützen.[162] Die originäre Aufgabe der europäischen Beihilfenkontrolle ist es daher, die Vergabe wettbewerbsverfälschender Beihilfen im Integrationsraum zu unterbinden.[163] Im Fokus dieses Kapitels steht deshalb die Frage, unter welchen Umständen die Vergabe von Beihilfen negative grenzüberschreitende Effekte auf Unternehmen in anderen Mitgliedstaaten desselben Integrationsraumes auslöst und wie diese negativen grenzüberschreitenden Effekte ökonomisch zu beurteilen sind. Von besonderer Bedeutung ist für die ökonomische Analyse die Kenntnis über die Systematik eines ökonomischen Integrationsprozesses.

Abbildung 14: Grundformen ökonomischer Integration

Merkmal → Form ↓	Freihandel zwischen Mitglieds-ländern	Gemeinsamer Zolltarif gegenüber Dritt-ländern	Freie Mobili-tät der Pro-duktions-faktoren	Harmonisierung oder Vereinigung der Wirtschafts-politiken
Freihandels-zonen	•			
Zollunionen	•	•		
Gemeinsame Märkte	•	•	•	
Wirtschafts-unionen	•	•	•	•

Quelle: *Blank, Clausen* und *Wacker* (1998, S. 35).

Die ökonomische Integration verschiedener nationaler Volkswirtschaften zu einem Gemeinsamen Markt kann einerseits als ein Prozeß, andererseits aber auch als ein ‚state of affairs' definiert werden (*Balassa* 1962, S. 1; *Curzon-Price* 1974, S. 19). Die unter-

---

[162] Vgl. *Ehlermann* (1994, S. 27); *Miert* (1995, S. 220); *Vaubel* (2000, S. 287).

[163] „The full benefits from the completion of the internal market will only materialize if governments do not distort the adjustment process with more national State aids" (*Lehner* und *Meiklejohn* 1991, S. 13).

schiedlichen Stufen, die eine ökonomische Integration typischerweise in ihrem Prozeß durchläuft, werden in Abbildung 14 verdeutlicht.[164]

Die schwächste Form der wirtschaftlichen Integration der Volkswirtschaften unterschiedlicher Nationalstaaten ist die *Freihandelszone*. Sie ist dadurch charakterisiert, daß nur Waren grenzüberschreitend gehandelt werden können, sofern sie ihren Ursprung in einem der Mitgliedsländer haben. Alle Zölle und nicht-tarifären Handelshemmnisse, die den Handel zwischen den Mitgliedstaaten betreffen, werden abgeschafft. Jedes Land behält aber seinen eigenen Außenzoll gegenüber Drittstaaten. Die Integration verschiedener Volkswirtschaften zu einer *Zollunion* geht einen Schritt weiter. Die Mitgliedsländer der Freihandelszone vereinbaren einen gemeinsamen Außenzoll.[165] Die europäische Zollunion wurde 1968 verwirklicht.

Im nächsten Integrationsschritt werden institutionelle Mobilitätshemmnisse für die grenzüberschreitende Wanderung von Kapital, Unternehmen und Arbeitnehmern abgebaut. Ist dies geschehen, entsteht der so genannte *Gemeinsame Markt*, in dem nun die Produktionsfaktoren direkt grenzüberschreitend zu den Produktionsstätten wandern können. Vorher waren die Produktionsfaktoren national gebunden. Daher richteten sich deren Einsatzmöglichkeiten nach dem Produktabsatz der nationalen Produzenten. Die Verständigung der Mitgliedsländer des europäischen Integrationsraumes auf die Errichtung eines Gemeinsamen Marktes erfolgte im Prinzip mit der Unterzeichnung der Römischen Verträge. Die grenzüberschreitende Liberalisierung der Faktormärkte wurde aber erst mit der Verabschiedung des Binnenmarktprogramms im Jahre 1986 und dessen Inkrafttreten im Jahre 1987 stärker forciert.

Der Abbau grenzüberschreitender Mobilitätshemmnisse für Waren, Dienstleistungen, Finanzkapital, Arbeitnehmer und Unternehmen im europäischen Binnenmarkt wird als *negative Integration* bezeichnet. Damit sind alle Maßnahmen gemeint, die die Mitgliedstaaten unterlassen müssen, damit sich die nationalen Volkswirtschaften ökonomisch zu einem Binnenmarkt bzw. einem Gemeinsamen Markt integrieren. Damit wären die vier Grundfreiheiten in einem Binnenmarkt erfüllt. Weitere, darüber hinausgehende Integrationsschritte fallen unter das Stichwort der *positiven Integration*.[166] Die positive Integration richtet sich „auf all jene wirtschaftspolitischen Maßnahmen ..., die im Zuge der Integration zu ergreifen sind" (*Gröner* 1993, S. 7 f.). Nach dem Schema von *Balassa* erfordern weitere Integrationsschritte eine Harmonisierung oder Vereinigung der Wirtschaftspolitiken, d. h. von politischen Zielen, Prinzipien und Institutionen. Die höchste Stufe der ökonomischen Integration verschiedener Volkswirtschaften ist demnach die Bildung einer gemeinsamen *Wirtschafts- und Währungsunion*. Die Harmonisierung national divergierender Politikbereiche, speziell die Vereinheitlichung der nationalen

---

[164] Vgl. *Balassa* (1962, S. 2); *Blank, Clausen* und *Wacker* (1998, S. 32-35); *Gandolfo* (1998, S. 195); *Ohr* und *Gruber* (2001, S. 3-5); *Pelkmans* (2001, S. 8); *Heine* und *Kerber* (2003, S. 111). Siehe für eine differenziertere Darstellung *Cassel* und *Welfens* (2003, S. 7).

[165] Bei einer Freihandelszone ohne gemeinsamen Außenzoll kann das Problem auftreten, daß Waren über das Mitgliedsland mit dem niedrigsten Außenzoll in die Freihandelszone eingeführt werden (*Balassa* 1962, S. 2).

[166] Diese Differenzierung geht auf *Tinbergen* (1965, S. 76-78) zurück.

Währungen,[167] der Fiskal- und Sozialpolitik sowie der Konjunkturpolitik ist nach Meinung von *Balassa* (1962, S. 2) notwendig, um Diskriminierungen im Gemeinsamen Markt zu verhindern. Im Jahre 1992 verständigten sich die Mitgliedstaaten im Amsterdamer Vertrag auf eine Gemeinsame Wirtschafts- und Währungsunion. Sie gipfelte in der Einführung des Euro im Jahre 2002.

Die aus dem *Balassa*schen Schema resultierende Forderung nach einer Vereinheitlichung der angesprochenen Politikfelder ist jedoch strittig, weil *Balassa* die Frage nach geeigneten harmonisierten institutionellen Regeln ungeklärt läßt.[168] Der Nutzen einer Harmonisierung verbunden mit einem erheblichen Eingriff in die Kompetenzen der Mitgliedstaaten kann ebenso in Frage gestellt werden. In Kapitel 4 wird ausführlich diskutiert, daß „das Ausmaß der positiven Integration" letztlich abhängig ist „von der ordnungspolitischen Konzeption ..., die für das Zusammenwachsen der Märkte gelten soll" (*Gröner* 1993, S. 8). Konkret kann nämlich neben dem Wettbewerb zwischen Unternehmen ab der Integrationsstufe des Gemeinsamen Marktes noch eine zweite Wettbewerbsdimension, der Standortwettbewerb, in Erscheinung treten. Es müßten folglich beide Wettbewerbsdimensionen in der ökonomischen Analyse berücksichtigt werden.

Die Aufgabe *dieses* Kapitels ist es nun, die Wirkung von Beihilfen bzw. Subventionen auf den *Wettbewerb zwischen Unternehmen* – wie von der Europäischen Kommission jüngst gefordert – anhand *ökonomischer* Theorien zu analysieren. Dabei ist zu beachten, daß der europäische Integrationsprozeß mehrere Integrationsstufen durchlaufen hat. Daher beziehen sich die nun folgenden ökonomischen Theorien nicht ausschließlich auf die Integrationsstufe des Gemeinsamen Marktes, sondern auch auf vorgelagerte Integrationsstufen. In Abhängigkeit von der Integrationsstufe, aber auch von der ökonomischen Theorie und den ihnen zugrundeliegenden Effizienzkriterien können sich unterschiedliche Schlußfolgerungen für die Notwendigkeit und Funktion einer europäischen Beihilfenkontrolle ergeben. Anhand dieser ökonomischen Schlußfolgerungen und Kriterien sollen die derzeitige Beihilfenkontrollpraxis und insbesondere die angeführten Beihilfenfälle kritisch analysiert werden.

---

[167] Durch eine einheitliche Währung sinken die Wechselkursrisiken und damit die Transaktionskosten bei grenzüberschreitenden Transaktionen in einer Währungsunion. Vor allem können die Mitgliedstaaten nicht mehr die Kapitalmobilität durch strategische Auf- und Abwertungen der eigenen Währung oder die Einschränkung der Währungskonvertibilität beschränken (*Blank, Clausen* und *Wacker* 1998, S. 130).

[168] Vgl. *Blank, Clausen* und *Wacker* (1998, S. 41); *Pelkmans* (2001, S. 9 und 47-65); *Heine* und *Kerber* (2003, S. 111). Auch *Tinbergen* (1965, S. 69-75) war bereits der Ansicht, daß nicht alle Politikbereiche harmonisiert werden müssen. Für bestimmte Bereiche regte er aber Mindestbedingungen sowie die Implementierung einer supranationalen Behörde an. Die Frage nach der institutionellen Ausgestaltung dieser Mindestbedingungen blieb aber auch bei ihm unbeantwortet.

3.2. Allokationsorientierte Integrationstheorie und Beihilfenkontrolle

3.2.1. Allokationsorientierte Integrationstheorie: Die Zollunion

3.2.1.1. Wohlfahrtswirkungen einer Zollunion

Die Theorie der regionalen Integration ist Teil der Außenwirtschaftstheorie (*Curzon-Price* 1974). Die Modelle der allokationsorientierten Integrationstheorie, die zu Beginn des europäischen Integrationsprozesses in den 1950er Jahren für die regionale Integration nationaler Volkswirtschaften an Bedeutung gewannen, basieren auf der klassischen Außenhandels- oder Freihandelstheorie mit der Freihandelssituation als wohlfahrtsökonomischer Referenzsituation. Eine Freihandelszone entsteht, wenn Zölle und sonstige Handelshemmnisse zwischen den Mitgliedstaaten abgebaut werden. Gegenüber Drittstaaten haben diese Handelshemmnisse jedoch weiterhin Bestand. In der Zollunion werden die Zölle gegenüber Drittstaaten vereinheitlicht. Mit der Errichtung einer Zollunion gehen zwei Effekte einher: der *handelsschaffende* und der *handelsumlenkende* Effekt (*Viner* 1950, S. 41-55). Der handelsschaffende Effekt resultiert aus der Ausschöpfung des Tauschpotentials durch Außenhandel zwischen den Mitgliedstaaten der Freihandelszone. In den Außenhandelstheorien, die diesen Effekt erklären, wird zumeist angenommen, die Nachfrage nach Gütern sei in jedem Land gleich, die Ausstattung mit Produktionsfaktoren hingegen nicht.[169] Jedes Land kann nun seine Wohlfahrt im Vergleich zur Autarkiesituation steigern, indem es sich auf die Produktion solcher Güter spezialisiert, bei deren Produktion es einen *absoluten* oder *komparativen* Kostenvorteil besitzt, und solche Güter importiert, bei denen es einen solchen Vorteil nicht hat.[170] „Under a system of perfectly free commerce, each country naturally devotes its capital and labour to such employments as are most beneficial to each" (*Ricardo* 1817/1977, S. 156). *Adam Smith* zeigte, daß bei Freihandel eine Spezialisierung der Volkswirtschaften auf der Basis absoluter Kostenvorteile erfolgen würde. *David Ricardo* (1817/1977, S. 158 f.) demonstrierte, daß auch ein Land, das in der Produktion keine absoluten Kostenvorteile aufweist, am Außenhandel teilnehmen kann, wenn es sich auf die Produktion des Gutes spezialisiert, bei dem es einen komparativen Kostenvorteil hat. Folglich sind komparative Kostenvorteile entscheidend für die Spezialisierung der Produktion in Freihandelszonen und Zollunionen.[171]

Heckscher und *Ohlin* zeigen in ihrem Modell, worin die Spezialisierungsvorteile liegen. Sie gehen davon aus, daß unterschiedliche Bestände an Produktionsfaktoren (z. B. Kapital und Arbeit) in den unterschiedlichen Ländern existieren. Das Land, das relativ gut mit Arbeitskräften ausgestattet ist, kann sich verstärkt auf die Produktion des Gutes

---

[169] Es wird zudem angenommen, daß die Mitgliedsländer qualitativ gleichwertige Güter mit unterschiedlichen Technologien herstellen können (*Jerger* und *Menkhoff* 1996, S. 21).

[170] Vgl. *Jones* (1980); *Schmidtchen* (1987, S. 289); *Behboodi* (1994, S. 8). Für die Theorie der komparativen Kostenvorteile vgl. *Ricardo* (1817/1977, S. 146-185); *Viner* (1932); *Gandolfo* (1998, Kap. 2).

[171] „The doctrine of comparative cost advantage states that each nation can find a set of commodities in the production of which it can successfully compete in world markets, regardless of the degree of efficiency of its technology or resource base" (*Jones* 1980, S. 235).

konzentrieren, das vergleichsweise arbeitsintensiv hergestellt wird. Die inländische Nachfrage nach dem Gut, das eine kapitalintensive Produktion erfordert, kann durch Importe aus dem mit relativ viel Kapital und wenig Arbeit ausgestatteten Land befriedigt werden. Die Nachfrage nach beiden Gütern kann somit am effizientesten durch Außenhandel und eine damit verbundene Spezialisierung der Produktion bedient werden. Durch den Außenhandel kommt es nun nicht nur zu einem Ausgleich der Güterpreise in der Freihandelszone, sondern auch zu einem Ausgleich der relativen Faktorpreise.[172] Die Argumentation zeigt, daß die kollektive Wohlfahrt gesteigert oder maximiert wird, wenn Handelsschranken abgebaut und Freihandel durchgeführt wird.

Die Wohlfahrtswirkungen einer Freihandelszone oder Zollunion lassen sich in *partialanalytischer* Weise sehr illustrativ beschreiben (*Blank, Clausen* und *Wacker* 1998, S. 60 f.; *Nienhaus* 2003, S. 550 f.). Diesen Analysen liegen folgende Annahmen zugrunde:[173] Es handelt sich um komparativ statische Analysen. Die Produktionstechnologie wird als gegeben angenommen. Die Produktion weist positive, aber sinkende Grenzerträge des Faktoreinsatzes und konstante Skalenerträge auf. Es wird vorausgesetzt, daß auf den Märkten die Marktstruktur der vollkommenen Konkurrenz gegeben ist. Die Produktionsfaktoren werden als homogen unterstellt und es wird perfekte Mobilität der Produktionsfaktoren innerhalb eines Landes angenommen. Das bedeutet, die Produktionsfaktoren sind *innerhalb* einer Volkswirtschaft räumlich und zwischen den Sektoren dieser Volkswirtschaft vollkommen mobil und zudem vollbeschäftigt. Internationale Faktorbewegungen sind nicht möglich. Daher ist die Analyse auf Zollunionen (oder Freihandelszonen) beschränkt. Staatliche Maßnahmen bleiben auf die Handelspolitik beschränkt. Transport- und Transaktionskosten werden nicht berücksichtigt.[174]

Die Wirkung von Zöllen und anderen nichttarifären Handelshemmnissen lassen sich anhand des Referenzzustandes des Freihandels recht einfach ableiten.[175] Für das Inland hat der Wegfall der Zölle auf Importgüter den Effekt, daß der Inlandspreis für Güter sinkt, bei denen die einheimischen Anbieter keinen Kostenvorteil haben. Folglich werden die einheimischen Anbieter, die vor dem Zollabbau aufgrund des hohen Inlandspreises noch kostendeckend produzieren konnten, durch die billigeren Importe aus dem Markt verdrängt. Das hat zum einen zur Folge, daß die Konsumentenrente für diejenigen Produkte steigt, bei denen die inländischen Firmen keinen komparativen Kostenvorteil hatten. Zum anderen werden die nun nicht mehr benötigten Produktionsfaktoren aufgrund der unterstellten vollkommenen Mobilität im Inland in die wachsenden Sektoren gelenkt. Mit diesen werden Güter produziert, bei deren Produktion das Land einen absoluten oder komparativen Kostenvorteil hat. Es rentiert sich daher, die Produktionsfaktoren in diese Sektoren zu lenken, da sie dort produktiver als in anderen Sektoren sind (*Ricardo* 1817/1977, S. 156 f.). Dieser Effekt tritt für alle Mitgliedstaaten einer

---

[172] Vgl. *Heckscher* (1991, S. 63); *Ohlin* (1991, S. 93); *Behboodi* (1994, S. 9); *Gandolfo* (1998, Kap. 4).

[173] Vgl. z. B. *Schmidtchen* (1987, S. 298); *Blank, Clausen* und *Wacker* (1998, S. 59 f.); *Pelkmans* (2001, S. 93).

[174] Siehe zur Kritik an diesen Annahmen beispielsweise *Welfens* (2003, S. 56-58).

[175] Vgl. *Jones* (1980, S. 235-257); *Blank, Clausen* und *Wacker* (1998, S. 59-71); *Gandolfo* (1998, S. 196-202); *Nienhaus* (2003, S. 549-552).

Zollunion auf. Die Einführung von Zöllen und anderen Handelshemmnissen würde diese Effekte konterkarieren und somit die kollektive Wohlfahrt der Mitgliedstaaten der Zollunion reduzieren.

Zur Beurteilung der Wohlfahrtswirkungen einer Zollunion muß jedoch weiterhin beachtet werden, daß neben dem zuvor geschilderten handelsschaffenden auch ein handelsumlenkender Effekt auftreten kann. Denn aufgrund der Zollschranken gegenüber Drittstaaten kann es passieren, daß Güter nicht aus dem an sich kostengünstigeren Drittstaat, sondern aus einem anderen Mitgliedstaat der Zollunion oder Freihandelszone importiert werden (*Viner* 1950, S. 43). Der Handel wird umgelenkt. Dies bedeutet, daß – aus Sicht der Weltwirtschaft – *falsche* Signale zur Spezialisierung gesendet werden (*Blank*, *Clausen* und *Wacker* 1998, S. 61).[176] Diese können aber minimiert werden, wenn die Freihandelszone oder Zollunion möglichst viele Volkswirtschaften umfaßt. Dann steigt die Wahrscheinlichkeit, daß sich die kostengünstigsten Produzenten in der Zollunion oder Freihandelszone befinden (*Nienhaus* 2003, S. 551).

3.2.1.2. Wohlfahrtswirkungen einer Beihilfenkontrolle in einer Zollunion

(Export-)Subventionen haben – *partialanalytisch* betrachtet – bezogen auf den Binnenmarkt vergleichsweise geringere Handelsverzerrungen zur Folge als der Einsatz von Zöllen. Der Inlandspreis bleibt zumindest gleich (*Blank*, *Clausen* und *Wacker* 1998, S. 20; *Rose* und *Sauerheimer* 2006, S. 607 f.). Dies gilt auch für die inländische Konsumentenrente. Diese kann sogar steigen, wenn die Subvention einen Einfluß auf den inländischen Produktpreis hat (*Lehner* und *Meiklejohn* 1991, S. 23 f.; *Gandolfo* 1998, S. 209-211). Grenzüberschreitend können Subventionen ähnlich negative Wohlfahrtseffekte wie Zölle haben (*Gandolfo* 1998, S. 156 f.; *Blank*, *Clausen* und *Wacker* 1998, S. 12).[177] Denn Subventionen können – ähnlich wie Schutzzölle – bewirken, daß Unternehmen weiterhin ein Produkt herstellen, obgleich sie bei dessen Produktion gegenüber ausländischen Konkurrenten keinen Kostenvorteil haben. Wenn die Subventionen die Kostennachteile einheimischer Anbieter ausgleichen, können jene mit den an sich billigeren Importen mithalten, werden also nicht vom Markt verdrängt (*Behboodi* 1994, S. 11; *Gandolfo* 1998, S. 151). Dies hat zur Folge, daß die Produktionsfaktoren im subventionierenden Land in der Produktion der subventionierten Güter verharren. Die aus gesamtgesellschaftlicher Sicht notwendige Reallokation von Produktionsfaktoren in ihre effizienteste Verwendung, d. h. in die Herstellung von Produkten, bei denen das Land einen Kostenvorteil hat, unterbleibt (*Lehner* und *Meiklejohn* 1991, S. 23). Die Produktion und internationale Arbeitsteilung folgt demnach nicht mehr den *natürlichen* komparativen Kostenvorteilen. Es kommt folglich verglichen mit der Freihandelssituation zu Wohlfahrtsverlusten, und zwar nicht nur innerhalb des subventionierenden Landes, was allein schon einen entsprechenden Eingriff mittels einer Beihilfenkontrolle rechtfertigen könnte. Durch die Subventionierung nationaler Produzenten geraten auch die Produzenten in anderen Mitgliedsländern unter einen *künstlich* erzeugten Kostendruck. Sie

---

[176] *Viner* (1950, S. 43) nennt dies den *protektionistischen* Effekt einer Zollunion.

[177] In der Totalanalyse wäre freilich zu berücksichtigen, daß Subventionen Kosten für den Staat, Zölle hingegen Staatseinnahmen verursachen (*Gandolfo* 1998, S. 151).

sind unter Umständen gezwungen, Kapazitäten abzubauen und damit Produktionsfaktoren aus der – gesamtgesellschaftlich gesehen – effizienten Verwendung freizusetzen.

Aus partialanalytischer Sicht kommt es folglich nicht nur zu einer nationalen Fehlallokation von Produktionsfaktoren durch die Subventionsvergabe, sondern auch zu negativen Auswirkungen auf die Faktorallokation in anderen Mitgliedsländern der Freihandelszone oder Zollunion. Dieser Effekt kann auftreten, wenn infolge der Subvention
Importe durch inländische Produkte substituiert oder Exporte angeregt werden. In beiden Fällen wird die Produktion in anderen Ländern verdrängt und die internationale
Spezialisierung, die sich nach den absoluten oder komparativen Kostenvorteilen richten
soll, konterkariert. Die hiermit verbundenen Wohlfahrtsverluste können noch gesteigert
werden, wenn die betroffenen Mitgliedsländer Gegenmaßnahmen ergreifen und *ihre*
Unternehmen ebenfalls finanziell unterstützen (z. B. *Behboodi* 1994, S. 11).

Wenn man die Wohlfahrtseffekte einer Beihilfe beurteilt, so dürfen nicht nur die partialanalytischen Wirkungen einer Beihilfenvergabe oder Subventionierung betrachtet
werden. In einer *Totalanalyse* müssen zudem die Effekte der Besteuerung zur Finanzierung einer Subvention berücksichtigt werden (*Rose* und *Sauernheimer* 2006, S. 608;
Blank, Clausen und *Wacker* 1998, S. 20).[178] Hieraus können sich weitere negative Einflüsse auf die nationale Wohlfahrt ergeben. Zum einen können negative Einkommensef-
fekte der Besteuerung auftreten. Zum anderen kann die Besteuerung auch die komparativen Kostenvorteile und damit Faktorallokation eines Landes beeinflussen, wenn sie
nicht allokativ neutral erhoben wird (*Lehner* und *Meiklejohn* 1991, S. 22 f., *Rose* und
Sauernheimer 2006, S. 607).

Aus dieser theoretischen Diskussion folgt: Schließen sich Staaten zu einer Freihandelszone oder Zollunion zusammen, so kann aus ökonomischer Sicht die Wohlfahrt der
beteiligten Staaten gesteigert werden, wenn jegliche Arten von Handelshemmnissen
(Zöllen, etc.) abgebaut werden. Dies gilt auch für Subventionen. Denn die Argumentation zeigte, daß Subventionen ähnlich wirken und ähnliche negative grenzüberschreitende
Effekte auslösen können wie Zölle oder andere protektionistische Instrumente. Daher –
so könnte man schlußfolgern – sollten Mitgliedstaaten, die eine ökonomische Integration ihrer Volkswirtschaften beabsichtigen, eine Beihilfenkontrolle implementieren, die
die Vergabe von Beihilfen innerhalb der Freihandelszone oder Zollunion verbietet. Die
Beihilfenkontrolle könnte dazu beitragen, die suggerierten Wohlfahrtsgewinne zu realisieren, die auf der Ausnutzung absoluter oder komparativer Kostenvorteile basieren.
Kurz: eine Beihilfenkontrolle soll aus der Perspektive dieser Theorie freie Märkte mit
unverzerrtem Wettbewerb schützen, um eine Ausnutzung komparativer Kostenvorteile
und damit eine Maximierung der Wohlfahrt in der Freihandelszone oder Zollunion zu
ermöglichen (*Brander* 1987, S. 23-25).

---

[178] Im günstigsten Fall können sich die Effekte Steigerung der Konsumentenrente und Erhöhung
der Steuern sowie Zolleinnahmen und höherer Inlandspreis, also Senkung der Konsumentenrente ausgleichen, wenn man Konsumsteuern heranzieht (*Gandolfo* 1998, S. 151).

3.2.2. Kritik

Die Wirkung einer Beihilfenkontrolle muß in diesem Szenario allerdings relativiert werden. Zwei gegenläufige Effekte können die aus der traditionellen Außenhandelstheorie abgeleiteten Wohlfahrtswirkungen einer supranationalen Beihilfenkontrolle zum Teil in Frage stellen. Und drittens bleibt die Frage nach den politischen Anreizen der Gewährung von Beihilfen unbeantwortet.

1. Bisher wurden Freihandelszonen und Zollunionen immer nur positiv beurteilt, weil sie zu Freihandel führen. Eine Freihandelszone oder Zollunion mit wenigen Mitgliedsländern kann aber auch große handelsumlenkende Effekte bewirken. Das bedeutet, daß es zu einer Ausweitung des Handels zwischen Zollunionsländern zu Lasten des Handels mit Drittstaaten kommt, weil zu letzteren noch Zollschranken existieren, die Einfluß auf den Handel und die Spezialisierung in der Produktion haben. Insofern kann auch die Implementierung einer Beihilfenkontrolle in einer Freihandelszone oder Zollunion zwar eine effiziente Faktorallokation auf die Produktion von zwischenstaatlich gehandelten Gütern *innerhalb* der ganzen Freihandelszone oder Zollunion sicherstellen. Handelsumlenkende Effekte kann sie nicht verhindern. Diese wären in einer großen Freihandelszone minimiert. Denn mit deren Größe steigt die Wahrscheinlichkeit, daß die kostengünstigsten Produzenten darin enthalten sind. Daher wäre die Wohlfahrtswirkung einer Beihilfenkontrolle um so größer, je größer die Freihandelszone oder Zollunion ist.

Diese Problematik der Effizienz einer Beihilfenkontrolle in einer Freihandelszone kann ferner illustriert werden, wenn man den Verhandlungsprozeß hinsichtlich der institutionellen Ausgestaltung einer Freihandelszone oder Zollunion in die Analyse mit einbezieht (*Johnson* 1965, S. 274-281; *Rosenstock* 1995, S. 45 f.).[179] Ein Mitgliedsland würde beispielsweise Subventionen des Partnerlandes akzeptieren, wenn Importe aus Drittländern durch Importe aus dem subventionierenden Partnerland substituiert würden. Die Verständigung auf eine Subventionsbegrenzung zwischen den Partnerländern ist demnach wahrscheinlich, wenn beide von einem Rückgang der Produktion betroffen sind und sich die Produktionsverluste infolge einer Subventionsbegrenzung „ungefähr gleich auf die beiden Mitgliedstaaten verteilen" (*Rosenstock* 1995, S. 46).

2. In einer großen Freihandelszone oder Zollunion können zwar die potentiellen, handelsumlenkenden Effekte minimiert werden, weil die Wahrscheinlichkeit groß ist, daß die kostengünstigsten Produzenten dieser Freihandelszone oder Zollunion angehören (z. B. *Cassel* und *Welfens* 2003, S. 6 f.). Gleichzeitig ist es jedoch sehr wahrscheinlich, daß die an der Freihandelszone oder Zollunion beteiligten Mitgliedstaa-

---

[179]   Die traditionelle Außenhandelstheorie erklärt nicht die politische Realisation von Zollunionen (*Clapham* 1993, S. 26). „At the same time, the economist is left without a theory capable of explaining a variety of important and observable phenomena, such as the nature of tariff bargaining, the commercial policies adopted by various countries, the conditions under which countries are willing to embark on customs unions and the argument and considerations that have weight in persuading countries to change their commercial policies" (*Johnson* 1965, S. 257).

ten den Status eines ‚kleinen Landes' bekommen werden. Von einem kleinen Land – so wird angenommen – gehen keine Effekte auf den Weltmarkt, speziell auf die Weltmarktpreise, aus. Das Land wird vielmehr als Preisnehmer angesehen.[180] Das hätte beispielsweise zur Folge, daß auch die Vergabe von Beihilfen eines kleinen Landes an seine Unternehmen in einer großen Zollunion kaum negative externe Effekte auf ein anderes Mitgliedsland erzeugen kann. Die ausländischen Konkurrenten der subventionierten Unternehmen im kleinen Land sehen sich demnach (fast) der gleichen Marktkonstellation wie zuvor gegenüber. Sie werden durch die Gewährung einer Beihilfe durch das kleine Land folglich nicht beeinflußt.[181] Eine europäische Beihilfenkontrolle wäre demnach nur in einer Zollunion mit großen Mitgliedsländern notwendig, deren Subventionierung Einfluß auf konkurrierende Unternehmen in anderen Mitgliedstaaten ausübt. Im Falle einer großen Zollunion mit vielen kleinen Mitgliedsländern hat die inländische Reallokation der Produktionsfaktoren infolge der Subventionierung indes keine oder nur geringe externe Effekte.

Die Europäische Wirtschaftsgemeinschaft umfaßte anfangs sechs Mitgliedstaaten. Es handelte sich mithin um eine *kleine* Wirtschaftsgemeinschaft mit *großen* Mitgliedsländern. Unter diesen Bedingungen war davon auszugehen, daß die nationale Subventionierung von Unternehmen oder Sektoren die Marktkonstellation für Konkurrenten aus anderen Mitgliedsländern negativ beeinflußt. Aufgrund dieser grenzüberschreitenden Subventionseffekte waren sogar Gegenmaßnahmen zu erwarten. Die Etablierung einer Beihilfenkontrolle in der Europäischen Wirtschaftsgemeinschaft war daher aus Sicht der Mitgliedstaaten notwendig, und zwar nicht nur um Fehlallokationen im subventionierenden Land, sondern auch um grenzüberschreitende Effekte zu verhindern.[182]

---

[180] Vgl. *Blank, Clausen* und *Wacker* (1998, S. 20 und 89); *Besley* und *Seabright* (2000, S. 206); *Pelkmans* (2001, S. 242).

[181] Vgl. *Soltwedel* et al. (1988, S. 56, Fn. 3); *Grossman* (1990, S. 93); *Pelkmans* (2001, S. 242); *Karl* (2002, S. 214 f.); *Rose* und *Sauernheimer* (2006, S. 607 f.). Die Unterscheidung zwischen großem und kleinem Land ist in der traditionellen Außenhandelsliteratur wichtig und beruht auf der von *Ricardo* getroffenen Gleichsetzung zwischen Größe des Landes und Größe des Produktionsstandortes bzw. Marktanteil des Unternehmens und der Annahme, daß jedes Land nur ein Gut produziert (Tuch und Wein-Beispiel; *Ricardo* 1817/1977, S. 157 ff.). Diese Annahmen müssen relativiert werden. Der ‚kleines Land Fall' ist realistisch für kleine offene Volkswirtschaften mit geringem Pro-Kopf-Einkommen und einer geringen Faktorproduktivität, was darauf schließen läßt, daß sie wenig innovativ sein werden. Es können „im Grenzfall alle Unternehmen als Preisnehmer erscheinen" (*Welfens* 2003, S. 52). Die Frage, was die Charakteristika eines kleinen Landes sind, stellt sich vor dem Hintergrund des Instrumentes der Subvention bzw. Beihilfe etwas differenzierter. Denn es ist durchaus denkbar, daß auch territorial kleine Länder eine reiche Ausstattung an natürlichen Ressourcen haben oder aufgrund einer effizienten Wirtschaftsordnung große finanzielle Ressourcen bzw. ein hohes Pro-Kopf-Einkommen angehäuft haben, wie dies etwa für die Schweiz oder Singapur gilt (*Welfens* 2003, S. 41). Auch diese kleinen Staaten können aufgrund ihrer finanziellen Ressourcen über die Subventionierung bestimmter Bereiche Einfluß auf die Weltmarktmarktbedingungen haben.

[182] Fraglich ist, ob diese Argumentation auch für die jetzige Europäische Union mit mittlerweile 27 Mitgliedsländern Geltung besitzt.

3.2.3. Beihilfenkontrolle im Gemeinsamen Markt und der Währungsunion

Auf der Stufe der Freihandelszone oder Zollunion können nur Waren innerhalb des Integrationsraumes ohne Verzerrung grenzüberschreitend wandern. Die Integrationsstufe des Gemeinsamen Marktes ist nun dadurch charakterisiert, daß die Produktionsfaktoren nicht mehr nur innerhalb eines Landes, sondern auch grenzüberschreitend mobil sind. Dies ist möglich, wenn institutionelle Mobilitätshemmnisse zwischen den Mitgliedstaaten abgebaut werden, so daß diese einer grenzüberschreitenden Wanderung der Produktionsfaktoren an den Ort der effizientesten Produktion nicht im Wege stehen.[183] Bei freier Wanderung der Produktionsfaktoren würde zugleich der internationale Güterhandel entfallen, der oftmals als ein „(imperfektes) Substitut für internationale Faktormobilität" interpretiert wird (*Siebert* und *Rauscher* 1991, S. 503).[184] Die Produktionsfaktoren wandern demnach international in ihre effizienteste Verwendung, nämlich dorthin, wo ihre Produktivität und die Zahlungsbereitschaft für die Faktoren am höchsten sind und absolute Kostenvorteile in der Produktion vorherrschen.

Die Gewährung von Subventionen an bestimmte Unternehmen verschafft diesen gegenüber nicht begünstigten Unternehmen einen Wettbewerbsvorteil. Ein weiterer Effekt der Beihilfenvergabe im Gemeinsamen Markt ist, daß nicht nur die Allokation der Produktionsfaktoren innerhalb eines Mitgliedslandes, sondern auch grenzüberschreitend beeinflußt werden kann. Das bedeutet, daß sich Produktionsfaktoren aufgrund einer lokalen Subventionierung an Standorte im Gemeinsamen Markt verlagern, an denen der Einsatz der Produktionsfaktoren weniger produktiv wäre als an anderen. Produktionsfaktoren könnten somit durch die Vergabe von lokalen Beihilfen räumlich entgegen den *natürlichen* absoluten Produktivitäten alloziert werden, wenn man obige Argumentation analog auf die Integrationsstufe des Gemeinsamen Marktes anwendet. Ein generelles Subventions- oder Beihilfenverbot könnte folglich verhindern, daß der Wettbewerb zwischen Unternehmen und die räumliche Allokation der mobilen Produktionsfaktoren inklusive der Unternehmen durch die Vergabe von Beihilfen verfälscht wird.[185]

3.2.4. Zwischenfazit und Kritik

Die bisherige Analyse einer ökonomischen Integration verschiedener Volkswirtschaften zu einer Freihandelszone, Zollunion oder eines Gemeinsamen Marktes beruhte auf der traditionellen Außenhandelstheorie bzw. dem *Heckscher-Ohlin*-Theorem und

---

[183] *Ricardo* bezog sich in seinen Ausführungen insbesondere auf den Produktionsfaktor Kapital. Ist dieses grenzüberschreitend mobil, so wandert es zu den Produktionsstandorten, an denen es am knappsten ist und die Kapitaleigner eine höhere Kapitalrendite erzielen können als in der bisherigen Verwendung (*Ricardo* 1817/1977, S. 160-162).

[184] Vgl. auch *Gandolfo* (1998, S. 129); *Blank*, *Clausen* und *Wacker* (1998, S. 125).

[185] Die Frage nach der Sicherung der räumlichen Effizienz der Allokation der Produktionsfaktoren durch ein Beihilfenverbot im Gemeinsamen Markt muß aber wiederum differenziert beurteilt werden. Es müßten auch *wanderungsumlenkende* Effekte eines Gemeinsamen Marktes berücksichtigt werden. Je weniger Mitgliedstaaten diesem Gemeinsamen Markt angehören, desto wahrscheinlicher ist es, daß Produktionsfaktoren von außerhalb dieses Gemeinsamen Marktes produktiver sein können als Produktionsfaktoren, die in dem Gemeinsamen Markt vorhanden sind.

den diesen Modellen zugrunde liegenden Annahmen. Es wurde von der Annahme ausgegangen, daß staatliches Handeln allein auf die Handelspolitik beschränkt ist.[186] Das bedeutet, daß die nationalstaatlichen, wirtschaftspolitischen Instrumente allein mit Blick auf mögliche Wirkungen auf den grenzüberschreitenden Warenhandel oder – erweitert auf die Integrationsstufe des Gemeinsamen Marktes – auf die grenzüberschreitende Faktorwanderung hin analysiert werden. Die Analyse von Beihilfen in diesem Kontext zeigt, daß es durch den Einsatz von Beihilfen zu handels- und wettbewerbsverzerrenden Effekten zwischen den Mitgliedstaaten kommen kann. Eine internationale Arbeitsteilung bzw. die Spezialisierung der Produktion gemäß absoluter respektive komparativer Kostenvorteile kann durch die Vergabe von Beihilfen konterkariert werden. Gemessen an der Freihandelssituation wird dadurch kein Wohlfahrtsoptimum erreicht. Die Implementierung einer Beihilfenkontrolle für die Freihandelszone oder Zollunion kann somit gerechtfertigt werden. Gleiches gilt mit Blick auf die Gewährung von Beihilfen in einem Gemeinsamen Markt. Wiederum wird eine Beihilfenkontrolle als notwendig erachtet, um Verzerrungen in der *natürlichen* räumlichen Faktorallokation und hieraus resultierende Wohlfahrtsverluste zu unterbinden.

Würde man diese Argumentation auf alle nationalen wirtschaftspolitischen Instrumente übertragen, so müßte mit Blick auf die institutionelle Ausgestaltung des Gemeinsamen Marktes nicht nur eine strikte Beihilfenkontrolle implementiert werden. Da alle Instrumente potentielle Verzerrungen des grenzüberschreitenden Handels oder der grenzüberschreitenden Faktorwanderungen auslösen könnten, müßte gar eine Harmonisierung aller nationalen Politikbereiche gefordert werden. Nur auf diese Weise können die Kostenvorteile in der Produktion bestmöglich ausgenutzt und die Wohlfahrt im Integrationsraum maximiert werden.[187]

Die Zwangsläufigkeit einer solchen Harmonisierung und die normativen Implikationen dieser theoretischen Sichtweise werden jedoch auch vielfach kritisiert.[188] Denn so einleuchtend die Argumentation der traditionellen Außenhandelstheorie auch sein mag, es wird nicht danach gefragt, welche Motive einer Subventionsvergabe zugrunde liegen. Die Frage nach den Gründen für eine Beihilfengewährung bzw. allgemein für Protektionismus bleibt nämlich in den bisherigen Analysen ungeklärt.[189] Denn aus der bisherigen Diskussion geht hervor, daß die Gewährung von Beihilfen nicht nur grenzüberschreitend Wohlfahrtsverluste hervorrufen kann, sondern auch aus Sicht des subventionierenden Staates ineffizient ist. Mit der Gewährung von Beihilfen sind auch nationale Wohlfahrtsverluste verbunden. Produktionsfaktoren wandern nicht in ihre effizienteste Verwendung. Zudem müssen die produktiven Produktionsfaktoren die finanziellen Mittel zur Gewährung von Subventionen aufbringen, was weitere nationale Wohlfahrtsein-

---

[186] Vgl. z. B. *Schmidtchen* (1987, S. 298); *Blank, Clausen* und *Wacker* (1998, S. 59 f.); *Pelkmans* (2001, S. 93).

[187] Vgl. beispielsweise *Bhagwati* (1997, S. 23-29); *Leebron* (1997, S. 48-66); *Trebilcock* und *Howse* (2000, S. 388).

[188] Vgl. *Ohlin* (1965, S. 86 f.); *Leebron* (1997, S. 67-78); *Trebilcock* und *Howse* (2000, S. 389); *Monopolkommission* (1998); *Möschel* (2006).

[189] Vgl. *Frey* (1985); *Weck-Hannemann* (1992); *Siebert* (1994, S. 168 f.); *Blank, Clausen* und *Wacker* (1998, S. 1-21).

bußen nach sich zieht. Wenn aufgrund der vorangegangenen holzschnittartigen Analyse mit der Vergabe von Beihilfen derlei Ineffizienzen verbunden sind,

1. warum werden aus nationaler Sicht Beihilfen vergeben?

2. unter welchen Umständen lösen national vergebene Beihilfen negative grenzüberschreitende Externalitäten auf Unternehmen in anderen Mitgliedsländern bzw. Wettbewerbsverzerrungen zwischen Unternehmen in dem Integrationsraum aus?

3. unter welchen Umständen ist die Implementierung einer Beihilfenkontrolle zur Vermeidung solcher grenzüberschreitenden Wettbewerbsverzerrungen infolge der Vergabe von Beihilfen notwendig (*Besley* und *Seabright* 2000, S. 202; *Pelkmans* 2001, S. 241 f.)?

In der bisherigen Argumentation wurden beispielsweise Beihilfen zur Korrektur eines nationalen Marktversagens außer acht gelassen. Weitere nationale Gründe für die Vergabe von Beihilfen und die Notwendigkeit einer Beihilfenkontrolle ergeben sich aus den folgenden neueren außenhandelstheoretischen Ansätzen sowie der Theorie der Neuen Politischen Ökonomie. Mit Blick auf die gemeinschaftliche Wohlfahrt sollen aus diesen Ansätzen zugleich neue Begründungsmuster für die Notwendigkeit und Funktion einer europäischen Beihilfenkontrolle abgeleitet werden.

3.3. Analogiebildung zum ‚Infant-Industry'-Argument

Eine mögliche Begründung für den nationalen Einsatz von Zöllen ergibt sich aus dem Erziehungszollargument. Diese Argumentation kann auch – analog zum traditionellen Gebrauch – für die Vergabe von Beihilfen herangezogen werden: Für ein Land kann es sinnvoll sein, seine *junge* Industrie temporär zu schützen, weil sie gegenüber der ausländischen Konkurrenz noch nicht wettbewerbsfähig ist. Ursächlich hierfür können hohe Investitionskosten sein. Bei hohen Investitionskosten kann eine günstigere Kostenstruktur und damit eine entsprechende Wettbewerbsfähigkeit gegenüber ausländischen Konkurrenten erst durch eine erhöhte Ausbringungsmenge und die damit einher gehende Realisierung von Skalenerträgen erreicht werden. Die Idee ist folglich, daß inländische Unternehmen zunächst protegiert werden, damit es ihnen gelingt, dynamische Skalenerträge zu realisieren und einen Wettbewerbsvorteil gegenüber der ausländischen Konkurrenz zu erhalten bzw. den Vorsprung ausländischer Konkurrenten aufzuholen (*Donges* 1994, S. 184).

Allerdings wäre ein staatlicher Eingriff nicht notwendig, wenn man von effizienten Kapitalmärkten ausgeht. Diese würden Kapital bereitstellen, damit ein effizientes Unternehmen einen Wettbewerbsvorteil bzw. seinen Wettbewerbsnachteil gegenüber der Konkurrenz aufholen kann. Die Notwendigkeit für einen Staatseingriff wäre nur gegeben, wenn der Kapitalmarkt versagt und keine markt- und risikoäquivalenten Zinsen verlangt (*Rosenstock* 1995, S. 20 f.). Die Vergabe von Beihilfen wäre dann allerdings nur eine ‚second best'-Lösung. Aus wohlfahrtsökonomischer Sicht wären institutionelle Vorkehrungen vorzuziehen, die ein Kapitalmarktversagen beheben.

Eine Förderung *junger* Industrien mittels der Vergabe von Beihilfen ließe sich unter dem Deckmantel des Erziehungszollargumentes zudem rechtfertigen, wenn von der

Industrie positive Externalitäten auf die übrige nationale Wirtschaft erwartet werden. Eine junge Industrie unternimmt Forschungsanstrengungen und generiert externe Erträge oder externe Ersparnisse für andere Unternehmen oder Sektoren, wenn die forschende junge Industrie andere Sektoren oder Industrien nicht von den Ergebnissen bzw. der Verwertung der Forschungsergebnisse ausschließen kann. Dadurch werden das Technologieniveau und das Humankapital der Wirtschaft insgesamt erhöht (*Donges* 1994, S. 183 f.), weil beispielsweise ausgebildete Arbeitnehmer ihr erworbenes Wissen in anderen Industrien anbringen können. Aufgrund dessen wird freilich der Anreiz der jungen Industrie, Forschungsanstrengungen zu unternehmen und Arbeitnehmer auszubilden, abgeschwächt. Es kommt zu Unterinvestitionen, die durch die Vergabe von Beihilfen korrigiert werden könnten (*Rosenstock* 1995, S. 21). Die Gründe für die Vergabe von Beihilfen liegen folglich in erster Linie in der Behebung eines erwarteten inländischen Marktversagens. Das heißt, Subventionen werden eingesetzt, um nationale Allokationsverzerrungen zu beheben und die Wohlfahrt des Inlandes zu steigern. Dabei kann allerdings das Problem auftreten, daß eine *falsche* Auswahl der geförderten Industrien getroffen wird, weil die Politiker nicht allwissend sind und unter Umständen nicht wissen können, welche Industrie die dargestellten Effekte tatsächlich hervorbringt. Mit der Auswahl dieser Industrien können daher weitere Wohlfahrtskosten verbunden sein (*Rosenstock* 1995, S. 22 f.).

Die Vergabe von Subventionen gemäß dem Erziehungszollgedanken hat in erster Linie nationale Effekte und keine negativen Auswirkungen auf andere Mitgliedsländer einer Zollunion oder Freihandelszone, solange es sich bei dem subventionierenden Land um ein kleines Land handelt (*Rosenstock* 1995, S. 23). Der Eingriff einer supranationalen Beihilfenkontrolle wäre in diesem Modell nicht notwendig. Eine andere Sichtweise ergibt sich aber, wenn es sich bei dem subventionierenden Land um ein vergleichsweise großes Land handelt. Dann besteht die Möglichkeit, daß die inländische Wohlfahrt über eine strategische Subventionierung des Staates auf Kosten der übrigen Mitgliedsländer einer Zollunion oder Freihandelszone weiter gesteigert werden kann (*Donges* 1994, S. 184). Hierauf soll im folgenden eingegangen werden.

3.4. Beihilfen im *Heckscher-Ohlin-Samuelson*-Modell

3.4.1. Annahmen

Zur Klärung handelsbezogener Integrationsfragen werden auch Modellierungen auf der Basis eines angepaßten *Heckscher-Ohlin-Samuelson* (HOS)-Modells vorgenommen. Daher sollen die Wirkungen von Beihilfen im folgenden auf diese Weise analysiert werden (*Soltwedel* et al. 1988, S. 56).[190] Zugrunde gelegt wird ein Zwei-Güter-Zwei-Länder-Zwei-Faktoren-Modell. Von Relevanz ist in diesem Modell, daß es sich – gemäß der in der traditionellen Außenhandelsliteratur wichtigen Unterscheidung zwischen kleinen und großen Ländern – bei dem subventionierenden Land um ein *großes Land* handelt. Für ein großes Land kann die Vergabe von Subventionen dann sinnvoll im Sinne von wohlfahrtsteigernd sein, wenn es Einfluß auf die Marktkonstellation nehmen

---

[190] Siehe zu dem Modell auch *Welfens* (2003, S. 45 f.).

kann und dadurch seine Handelsbedingungen, also seine ‚Terms of Trade'[191], verbessern kann. Die ‚Terms of Trade'-Verbesserung allein reicht nicht aus. Denn mit der Gewährung der Beihilfe sind im Vergleich zur Freihandelssituation Kosten verbunden. Produktionsfaktoren werden aus ihrer effizientesten Verwendung abgezogen. Die Finanzierung der Subvention erzeugt in der Regel ebenso Wohlfahrtskosten, weil sie neben dem Entzug der Mittel eine ineffiziente Faktorreallokation auslöst.[192] Folglich muß das Land durch die Subventionierung zusätzliche Wohlfahrtsgewinne generieren, die diese Kosten überkompensieren. Ob und wie dies möglich ist, wird mit Hilfe des HOS-Modells analysiert.

Die Wirkung einer Beihilfe auf Preise und Mengen hängt von den Angebots- und Nachfrageelastizitäten ab. Wenn Angebot und Nachfrage sehr preiselastisch sind, können schon kleine Preisänderungen große Mengeneffekte auslösen (z. B. *Soltwedel* et al. 1988, S. 61). Zu untersuchen ist demnach, wie die Vergabe von Beihilfen auf Güterpreise, Produktion, Konsum, ‚Terms of Trade' und den Außenhandel wirken.

Dem angepaßten HOS-Modell liegen folgende Annahmen zugrunde (*Soltwedel* et al. 1988, S. 56 f.):

− vollkommene Konkurrenz,

− substitutionale linear homogene Produktionsfunktionen,

− die beiden betrachteten Güter werden (bei gleichem Faktorpreisverhältnis) mit unterschiedlichen Faktorintensitäten produziert,

− Produktionsfunktionen sind in beiden Ländern und allen Regionen identisch,

− beide Güter sind handelbar,

− die Faktorausstattungen der betrachteten Länder und Regionen unterscheiden sich in ihrer Zusammensetzung,

− strukturelle Veränderungen eines Landes haben Einfluß auf das andere Land (*Großes Land Hypothese*),

− es gibt keine regionalspezifischen Unterschiede der Nachfragepräferenzen,

− das Faktorangebot ist insgesamt konstant,

− die relativen Preise sind unbegrenzt flexibel,

− Faktoren sind intersektoral uneingeschränkt mobil, interregional und international völlig immobil.

---

[191] Die Terms of Trade (T) sind eine Maßzahl für das reale Austauschverhältnis zwischen importierten und exportierten Gütern eines Landes. Fallen die Terms of Trade, muß mehr exportiert werden, um die Importe zu finanzieren. Die Terms of Trade sind definiert als die mit 100 vervielfachte Verhältniszahl von Exportgüterpreisniveau (E) und Importgüterpreisniveau (I) (T=E/I * 100) oder durch die Verhältniszahl der Veränderung von Exportgüterpreisniveaus (dE) und des Importgüterpreisniveaus (dI): T=dE/dI * 100 (beispielsweise *Soltwedel* et al. 1988, S. 65, Fn. 1).

[192] In diesem Modell wird jedoch angenommen, daß die Finanzierung der Beihilfen allokationsneutral erfolgt (*Soltwedel* et al. 1988, S. 57).

Zunächst soll der Ein-Gut-Zwei-Länder-Fall vorgestellt werden, um im Anschluß daran die Wirkung von Subvention im HOS-Modell, also im Zwei-Länder-Zwei-Güter-Zwei-Faktoren-Modell darzustellen. *Soltwedel* et al. (1988) fügen in dieses Modell bei der Analyse von Regionalbeihilfen zusätzlich zwei Regionen ein.

3.4.2. Sektorale Beihilfen

3.4.2.1. Ein-Gut-Zwei-Länder-Fall

Zunächst soll kurz in einer partialanalytischen Betrachtung die Wirkung einer Beihilfe in dem Ein-Gut-Zwei-Länder-Fall dargelegt werden. Angenommen wird, daß ein großes Land die Produktion eines Gutes, das sowohl im Inland als auch im Partnerland hergestellt wird, mittels Stückprämien bzw. kostensenkenden Beihilfen subventioniert.

1. Subventioniert das große Land ein Gut, bei dessen Produktion das Partnerland einen komparativen Vorteil hat, so bewirkt die Subventionsvergabe, daß der Preis des subventionierten Gutes sinkt. Zudem wird das große Land, das zunächst aufgrund seines komparativen Kostennachteils das Gut importiert hat, nun weniger importieren, weil es die eigene Produktion infolge der Subventionierung im Vergleich zur Freihandelssituation steigern kann. Es findet somit eine Verlagerung (,crowding out') der Produktion von den Produzenten im Partnerland auf die Produzenten im Inland statt. In Abhängigkeit von der Preiselastizität von Angebot und Nachfrage wird die Produktionsausweitung im Inland aufgrund der gesunkenen Preise in der Regel größer sein als die Produktionseinschränkung im Partnerland (*Soltwedel* et al. 1988, S. 64). Demzufolge wird auch der Konsum im Inland und im Partnerland aufgrund der gesunkenen Preise steigen. Da nun die Importe des großen Landes – und der Außenhandel insgesamt – zurückgehen und zudem die noch verbleibenden Importe billiger geworden sind, verbessern sich ceteris paribus die ,Terms of Trade' des subventionierenden großen Landes im Vergleich zur Freihandelssituation. Zugleich ist jedoch mit der Verlagerung der Produktion vom effizienteren Partnerland in das ineffizientere subventionierende Land ein Effizienzverlust verbunden. Die Wohlfahrtseffekte für das subventionierende Land hängen von dem Ausmaß der jeweiligen Effekte (,Terms of Trade'-Effekt und Effizienzverlust) ab und bleiben insoweit unbestimmt. Für das Partnerland ergeben sich hingegen nur Nachteile: die ,Terms of Trade' sinken und es findet eine Produktionsverlagerung in das große Land statt. Der Verlust an Produzentenrente übersteigt den Gewinn an Konsumentenrente deutlich (*Soltwedel* et al. 1988, S. 61 f.; *Rosenstock* 1995, S. 26-28).

2. Es ist alternativ möglich, daß das subventionierende große Land bei der Produktion des Gutes ex ante einen komparativen Vorteil hat. Dann ergeben sich folgende Effekte: Wiederum wird der Preis des subventionierten Gutes sinken, die produzierte Menge steigt, da auch der Konsum in beiden Ländern steigt. Der Import des Partnerlandes steigt folglich auch. Es findet wiederum eine Produktionsverlagerung von den Produzenten des Partnerlandes hin zu den Produzenten im Inland statt. Insgesamt nimmt damit der Außenhandel zu. Da der Weltmarktpreis des subventionierten Exportgutes sinkt, verschlechtern sich die ,Terms of Trade' für das Inland. Im Unterschied zum vorherigen Fall gewinnt das Partnerland, da die Steigerung der Kon-

sumentenrente den Verlust an Produzentenrente übersteigt (*Soltwedel* et al. 1988, S. 62-64; *Rosenstock* 1995, S. 28).

3.4.2.2. Zwei-Güter-Zwei-Länder-Fall

Nun soll der Zwei-Güter und Zwei-Länder-Fall betrachtet werden. Es wird ange-nommen, daß das kleine Partnerland bei Gut x einen komparativen Vorteil hat, während das große Inland bei der Produktion des Gutes y einen Kostenvorteil hat. Ausgehend vom Freihandelsgleichgewicht führt nun das große Land eine sektorspezifische Beihilfe für das Gut x, bei dem das Partnerland einen komparativen Kostenvorteil hat, ein. Diese Beihilfe bewirkt, daß für die inländischen Produzenten die relativen Preise und die Marktpreise auseinander fallen. Es wird für sie attraktiver, das Gut x anstelle des Gutes y zu produzieren. Dadurch entstehen im Inland ein Produktionsüberschuß bei Gut x und eine Angebotslücke bei der Produktion des Gutes y. Der Marktpreis des Gutes x sinkt. Der Konsum des Gutes x steigt aufgrund dessen im In- wie im Partnerland an. Die Pro-duktion dieses Gutes geht im Partnerland zurück, wird im Inland jedoch im Vergleich zum Produktionsrückgang im Partnerland stärker ausgeweitet. Insgesamt geht der Au-ßenhandel zurück, weil nicht nur das subventionierende große Land weniger von Gut x importiert, sondern auch seine Exporte von Gut y infolge einer Produktionsverlagerung weg von Gut y auf Gut x sinken. Aufgrund der verringerten Produktion wird bei glei-chem Verlauf der Nachfragekurve der Weltmarktpreis des Gutes y steigen. Bei preisela-stischer Nachfrage sinkt der Konsum des Gutes y im In- wie im Partnerland. Die ‚Terms of Trade' des subventionierenden Inlandes verbessern sich folglich, weil das Importgü-terpreisniveau sinkt und das Exportgüterpreisniveau steigt. Insgesamt erreicht das In-land eine Wohlfahrtssteigerung, da der ‚Terms of Trade'-Effekt die Verluste der ver-zerrten Produktions- und Konsumstruktur überwiegt. Das Partnerland erleidet aus bei-den Effekten einen Wohlfahrtsverlust (*Soltwedel* et al. 1988, S. 68-71; *Rosenstock* 1995, S. 29-31).

Würde das große Land alternativ die Produktion des Gutes y, bei dem es einen kom-parativen Kostenvorteil hat, mittels einer sektoralen Beihilfe fördern, so hätte dies den Effekt, daß das Inland mehr von Gut y und weniger von Gut x herstellt. Dadurch erhö-hen sich folglich die Exporte, die Importe steigen ebenfalls an, so daß die Spezialisie-rung verstärkt wird und der Außenhandel insgesamt steigt. Freilich ist damit eine Ver-schlechterung der ‚Terms of Trade' für das subventionierende Land verbunden, weil die Preise für Importgüter steigen, diejenigen für Exportgüter hingegen fallen. Die ‚Terms of Trade' des Partnerlandes hingegen steigen (*Soltwedel* et al. 1988, S. 72; *Rosenstock* 1995, S. 32).

Bisher wurde in dem Modell davon ausgegangen, daß die Produktionsfaktoren nur zwischen den Sektoren vollständig mobil sind. Die Produktionsfaktoren wandern in die Produktion, in der sie die höchsten Faktorentgelte erzielen können. Die Gewährung von Beihilfen hat hierauf einen Einfluß. Nach dem *Heckscher-Ohlin*-Theorem hat das Land einen komparativen Vorteil bei der Produktion des Gutes, für das in Relation mehr von dem reichhaltig vorhandenen Produktionsfaktor benötigt wird. Wird nun das Gut sub-ventioniert, bei dessen Produktion das Land keinen komparativen Kostenvorteil hat, so wird der knappere Produktionsfaktor noch stärker nachgefragt. Er wird folglich noch knapper. Sein Faktorentgelt steigt. Daraufhin wird laut Annahme eine Substitution des knappen Produktionsfaktors durch den reichhaltiger vorhandenen Produktionsfaktor vorgenommen. Die Intensität des reichhaltiger vorhandenen Produktionsfaktors nimmt bei der Produktion von x zu und die Produktivität des knapperen Produktionsfaktors steigt. Die sektorale Subventionierung nutzt folglich den Besitzern des knapperen Produktionsfaktors. Im Falle der Subventionierung des wettbewerbsfähigen Gutes y tritt der umgekehrte Effekt ein (*Rosenstock* 1995, S. 32; *Soltwedel* et al. 1988, S. 75-78).

Ein anderes Ergebnis stellt sich ein, wenn man zusätzlich zur intersektoralen Mobilität auch eine interregionale oder gar eine internationale Mobilität der Produktionsfaktoren einführt. Dabei wird jedoch hinsichtlich des Mobilitätsgrades unterschieden: der Faktor Kapital (K) wird als vollkommen mobil angenommen, und zwar sowohl interregional als auch international. Für den Faktor Arbeit (L), d. h. Arbeitskräfte mit einer allgemeinen Grundqualifikation, wird dagegen vollkommene Immobilität unterstellt. Ferner wird der Produktionsfaktor Humankapital (F) eingeführt. Dabei handelt es sich um Arbeitskräfte mit besonderen Qualifikationen, die nur interregional mobil sind. Angenommen wird ferner, es gebe zwei Regionen im Inland a und b, wobei F eine Präferenz für a hat und in dieser Region produktiver ist als in der anderen.[193] Dies äußert sich in den Translokations- bzw. Wanderungskosten des Produktionsfaktors F. Der Produktionsfaktor F kann folglich ungleich über die Regionen verteilt sein. Aufgrund der unterschiedlichen Mobilitätsgrade der Produktionsfaktoren können Differenzen in den Faktorentgelten zwischen den Regionen auftreten. Zudem wird angenommen, die Produkte können mit unterschiedlichen Intensitäten der Produktionsfaktoren hergestellt werden, d. h. die Produktionsfaktoren sind substituierbar. Dennoch sind Haupteinsatzfaktoren zur Produktion der Güter notwendig. F und K sind Haupteinsatzfaktoren für die Produktion von y, L ist Haupteinsatzfaktor für die Produktion von x. (*Soltwedel* et al. 1988, S. 81 f.; *Rosenstock* 1995, S. 33).

Unter diesen Voraussetzungen wird sich jede Region jeweils auf die Produktion des Gutes spezialisieren, für dessen Herstellung regional gebundene Produktionsfaktoren benötigt werden und vor Ort reichlich vorhanden sind. In Region a ist beispielsweise der Produktionsfaktor F aufgrund seiner regionalen Präferenz reichlicher vorhanden als in b. Zunächst wird das mobile Kapital und der Faktor Arbeit in Region a zusammen mit F kombiniert. Es werden x und y produziert. Das bedeutet, K wandert von Region b in Region a, weil es dort zunächst produktiver eingesetzt werden kann. Durch die Abwanderung von K aus Region b wird der Produktionsfaktor K dort knapp. Die Wanderung von K zwischen den Regionen hört auf, wenn ein Ausgleich der Faktorentgelte für K in beiden Regionen auftritt. Aufgrund der Abwanderung von K aus b, spezialisiert sich Region b auf die Produktion des arbeitsintensiven Gutes x. Der immobile Faktor L wird damit in Region b relativ schlechter entlohnt als in a. Die Differenz der Faktorentgelte für F zwischen Region a und b müßte den Translokationskosten des Faktors entsprechen und damit äquivalent zur räumlichen Präferenz des Faktors sein. Wäre sie grö-

---

[193] Dabei kann es sich um nicht-pekuniäre Nutzen handeln, die die hoch qualifizierten Arbeitskräfte in einer Region, nicht aber in der anderen erzielen können, weil beispielsweise das kulturelle Angebot divergiert (*Soltwedel* et al. 1988, S. 81 f.; *Rosenstock* 1995, S. 33).

ßer oder kleiner käme es in b zu einer Zu- oder Abwanderung des Faktors (*Soltwedel* et al. 1988, S. 83-85; *Rosenstock* 1995, S. 33).

Wird nun eine sektorspezifische Beihilfe vergeben, so werden Produktion, Konsum und Außenhandel in gleicher Weise verändert, wie zuvor beschrieben. Das bedeutet, daß die Produktion des geförderten Gutes im Inland steigt und die des nicht geförderten Gutes sinkt. Die Weltmarktpreise des geförderten Gutes sinken, dessen Konsum steigt, während der Konsum des nicht subventionierten Gutes sinkt. Gleichzeitig wird die Produktion des subventionierten Gutes vom Ausland ins Inland verlagert ('crowding out'). Dafür steigt die Produktion des im Inland nicht subventionierten Gutes im Ausland. Der Außenhandel nimmt ab, wenn es sich beim geförderten Gut um das Importgut x handelt. Er nimmt bei Förderung von Exportgut y zu. Die konkreten Effekte der Vergabe einer sektorspezifischen Beihilfe auf die Regionen ergeben sich vor dem Hintergrund der obigen Mobilitätsannahmen für die Produktionsfaktoren (*Soltwedel* et al. S. 87-89; *Rosenstock* 1995, S. 33 f.).

Bei Subventionierung des *weniger wettbewerbsfähigen* Gutes x im Inland findet in Region a eine Produktionsausweitung des Gutes x statt, d. h. eine Verlagerung der Produktion von Gut y auf Gut x. Dadurch steigt der relative Faktorpreis des für die Produktion von Gut x notwendigen Haupteinsatzfaktors L. Für die anderen Faktoren K und F sinkt er. Region b kann auf die Subvention kaum reagieren, weil sie sich ohnehin schon vollständig auf die Produktion dieses Gutes spezialisiert hat. Die Subvention bewirkt hier zunächst eine Erhöhung der Faktorentgelte. Das hat zur Folge, daß die mobilen Produktionsfaktoren K und – mit Einschränkung – F von Region a nach Region b wandern, bis ein neues Gleichgewicht erreicht wird. Infolge der Zuwanderung verbessert sich die Produktivität von L in Region b und dadurch steigt seine Entlohnung. Aufgrund dieser Änderung der regionalen Faktoreinsatzverhältnisse verlagert sich die Produktion im Inland auf die Herstellung von Gut x. Dies führt einerseits zu einer Verbesserung der inländischen ,Terms of Trade', zu einer Verringerung des Außenhandels und zu einer Produktionsumstrukturierung im Ausland von Gut x auf Gut y. Andererseits wird die Effizienz im Inland dadurch gemindert, daß der Produktionsfaktor K in Region b weniger produktiv ist als in a (*Soltwedel* et al. 1988, S. 88).

Wird das *wettbewerbsfähige* Gut y subventioniert, so betrifft dies zunächst nur Region a, weil Region b sich auf die Produktion von Gut x spezialisiert hat. In Region a, wo y produziert wird, steigen folglich Produktion und Faktorentgelte. Es kommt daraufhin zu einer Wanderung der Produktionsfaktoren F und K von Region b nach Region a, bis die Faktorentgelte wieder ausgeglichen sind bzw. die Differenz der Faktorentgelte für F zwischen den Regionen den Translokationskosten entspricht. Die L-Intensität der Produktion in Region b wird demzufolge steigen, die Produktivität und das Faktorentgelt von L in Region b werden sinken. „Wieder ist es der immobile Faktor, bei dem die Subvention hauptsächlich wirksam wird" (*Soltwedel* et al. 1988, S. 89). Die Subventionierung der Produktion von Gut y hat die bereits beschriebenen Auswirkungen sinkender ,Terms of Trade' für das Inland und einer Verstärkung des Außenhandels (*Soltwedel* et al. 1988, S. 89; *Rosenstock* 1995, S. 33).

Nimmt man an, daß der Faktor K nicht mehr nur zwischen den Regionen eines Landes, sondern auch international mobil ist, so hat die Subventionierung des Gutes x grenzüberschreitende Kapitalimporte in die Region b bzw. die Subventionierung von Gut y grenzüberschreitende Kapitalimporte in die Region a zur Folge. Die Produktionsmöglichkeiten nehmen im Inland für das jeweils geförderte Gut zu, im Partnerland hingegen sinken sie, insbesondere für das kapitalintensive Gut y. Somit hat der Entzug des Faktors K im Partnerland zwei Effekte auf die dortige Produktionsstruktur: Einerseits stärkt der Abzug von K die vorhandenen komparativen Kostenvorteile bei der Herstellung von Gut x. Andererseits beeinflußt er den ‚Terms of Trade'-Effekt, und zwar in Abhängigkeit davon, welches Produkt subventioniert wird. Die Wirkung auf den Außenhandel ist nicht eindeutig, wenn die Produktion von Gut x im Inland subventioniert wird. Im Ausland fließt K ab, was auf eine dortige Spezialisierung auf Gut x hindeutet. Allerdings weist der ‚Terms of Trade'-Effekt darauf hin, daß die Produktionsstruktur von Gut x auf Gut y verlagert werden sollte, weil das Inland aufgrund der Subventionierung weniger von Gut x importiert und weniger von Gut y exportiert. Im Falle der Subventionierung der Produktion von Gut y steigt der Außenhandel, der ‚Terms of Trade'-Effekt ist aber auch nicht eindeutig bestimmbar, „da er in beiden Staaten isoliert betrachtet zu einer Verschlechterung tendiert" (*Rosenstock* 1995, S. 34), „in jedem Fall aber gering" ist (*Soltwedel* et al. 1988, S. 89).

3.4.3. Regionalbeihilfen

Neben den bisher betrachteten sektorspezifischen Beihilfen analysieren *Soltwedel* et al. auch regionale Beihilfen. Geht man zunächst davon aus, daß die Faktoren interregional und international immobil und vollbeschäftigt sind, so bewirkt eine regionale Beihilfe an die Region b, die stärker auf die Produktion des *weniger wettbewerbsfähigen* Gutes x spezialisiert ist, einen realen Einkommenstransfer von der nicht subventionierten in die subventionierte Region. Denn durch die Subventionierung steigen die Einnahmen der Produzenten, was bei vollkommener Konkurrenz und Vollbeschäftigung dazu führt, daß auch die Faktorentgelte in der geförderten Region b steigen. Die Einkommen in der nicht geförderten Region a sinken real, so daß die geförderte Region mehr, die nicht geförderte hingegen weniger Güter konsumieren kann als zuvor. Der interregionale Handel wird demnach ausgedehnt. Da angenommen wurde, daß die Subvention und deren Finanzierung sektorneutral ausgestaltet ist, ergibt sich aufgrund der Annahme der Vollbeschäftigung und der interregionalen Immobilität der Produktionsfaktoren keine Veränderung der Preisrelation zwischen den beiden Gütern x und y. Die Produktionsstruktur bleibt unverändert. Es kommt auch nicht zu einer Ausweitung bzw. Einschränkung der Produktion in beiden Regionen. Unter diesen Bedingungen ist das Ausland von der regionalen Subventionierung nicht betroffen, weil sich das Angebots-Nachfrage-Verhalten des Inlands und damit auch die ‚Terms of Trade' nicht ändern (*Soltwedel* et al. 1988, S. 72 f.; *Rosenstock* 1995, S. 35).

Bezieht man hingegen die Faktormobilität mit ein, um die Wirkungen einer Beihilfe im Gemeinsamen Markt zu untersuchen, dann ändern sich die Wirkungen. Wird vorerst nur eine interregionale Mobilität von K und F angenommen, und werden K und F in erster Linie in Region a eingesetzt, um Gut y zu produzieren, so hat eine Subventionierung von Region b, die sich auf die Produktion von Gut x spezialisiert hat, zunächst wiederum die Wirkung, daß die Faktorentgelte in Region b steigen. Hieraus ergeben sich entsprechende Anreize für die Produktionsfaktoren K und F, von Region a in Region b zu wandern. Die Intensität der Produktionsfaktoren K und F bei der Produktion des Gutes x in Region b steigt. Zugleich steigt die Produktivität und Entlohnung des immobilen Produktionsfaktors L in Region b. Die Produktion der Volkswirtschaft verlagert sich durch die Faktorwanderungen auf die Produktion des Gutes x, die ‚Terms of Trade‘ verbessern sich. Die Tauschbereitschaft des Inlandes nimmt ab. Dadurch wird ein Strukturwandel im Ausland ausgelöst. Im Inland entstehen Ineffizienzen, weil der Faktor K – im Vergleich zu seiner möglichen Produktivität in Region a – in Region b weniger produktiv ist (*Soltwedel* et al. 1988, S. 90; *Rosenstock* 1995, S. 35).

Wenn K international mobil ist, so wandert dieser Produktionsfaktor nicht nur aus der Region a, sondern auch aus dem Ausland in die geförderte Region b. Dadurch wird die Produktion in Region b bzw. im Inland ausgeweitet. Wegen der Abwanderung von K kann im Ausland weniger von Gut y hergestellt werden. Die Spezialisierung der Produktion auf das Gut x wird dort verstärkt. Die Handelsneigung des Auslandes steigt, diejenige des Inlandes sinkt. Der Nettoeffekt für den Außenhandel hängt von der Größe und Struktur der Länder ab (*Soltwedel* et al. 1988, S. 90 f.; *Rosenstock* 1995, S. 35 f.).

3.4.4. Allgemeine Faktorbeihilfen

Neben den bisher vorgestellten Subventionsformen sind weitere Typen der Subventionierung vorstellbar, die nicht sektor- oder regionalspezifisch, sondern faktorspezifisch sind. Solche allgemeinen Faktorbeihilfen sind z. B. Lohnsubventionen, Investitionsbeihilfen oder die Förderung zum Aufbau von Humankapital. Im einfachsten Fall mit immobilen Produktionsfaktoren und Vollbeschäftigung ergibt sich ähnlich wie im Falle der Regionalbeihilfen nur ein Einkommenseffekt. Die Faktor- und Gütermärkte, die Produktionsstruktur und die ‚Terms of Trade‘ bleiben unberührt. Das Ausland wird von diesen Beihilfen nicht tangiert (*Soltwedel* et al. 1988, S. 73 f.; *Rosenstock* 1995, S. 36).

Ist eine interregionale Faktorwanderung zugelassen, so führt diese allgemeine Faktorbeihilfe nicht zu einer regionalen Wanderung, weil die Subventionen dem geförderten Faktor im ganzen Land zugute kommen. Lediglich die Faktorentgelte für den geförderten Faktor steigen im ganzen Land, wenn Vollbeschäftigung herrscht. Es besteht kein Wanderungsanreiz für den geförderten Faktor. Wird hingegen der Produktionsfaktor Kapital im Inland gefördert und ist dieser international mobil, dann kommt es zu einer Wanderung von Kapital vom Aus- ins Inland. Im Inland steigt die Kapitalintensität sowohl bei der Produktion von Gut x als auch bei derjenigen von Gut y, weil K bei der Produktion von Gut x der Engpaß-Faktor und bei der Produktion von Gut y der Haupteinsatzfaktor ist. Im Ausland hingegen nehmen die Produktionsmöglichkeiten ab. Die Tauschbereitschaft und der Außenhandel steigen. Der ‚Terms of Trade‘-Effekt des Inlandes ist aufgrund der Ausweitung beider Produktionsmöglichkeiten unbestimmt. Im Ausland findet aufgrund der Abwanderung des Faktors K eine noch stärkere Spezialisierung als zuvor auf das arbeitsintensive Gut x statt (*Soltwedel* et al. 1988, S. 91; *Rosenstock* 1995, S. 36 f.).[194]

3.4.5. Konsequenzen für eine supranationale Beihilfenkontrolle

Das Modell von *Soltwedel* et al. (1988) basiert auf dem *Heckscher-Ohlin-Samuelson*-Modell. Es verdeutlicht, daß *große Länder* einen Anreiz haben können, Beihilfen zur Steigerung der nationalen Wohlfahrt zu gewähren. Besonders deutlich wird aus dem Modell, daß sektorspezifische Subventionen die stärksten negativen Effekte auf die Produktion im Ausland haben, da sie die inländische Produktionsstruktur und damit die ,Terms of Trade' für das Inland direkt beeinflussen können. Ist eine interregionale Faktorwanderung möglich, so können sektorspezifische Beihilfen die Produktionsmöglichkeiten der Volkswirtschaft verändern. Bei internationaler Mobilität des Faktors Kapital haben sie einen Einfluß auf die Faktorverteilung zwischen In- und Ausland und damit auf die Produktionsmöglichkeiten. Wie stark dieser Einfluß ist, hängt davon ab, ob Gut y oder Gut x subventioniert wird. Besonders stark ist die wettbewerbsverzerrende und diskriminierende Wirkung der Subventionierung der Produktion des Gutes x, bei dem das große Land einen Wettbewerbnachteil hat. Eine Beihilfenkontrolle ist nach diesem Modell in einem Integrationsraum notwendig, um solche Praktiken *großer Länder* gegenüber *kleinen Ländern* zu verhindern, und zwar auf jeder Integrationsstufe.

Die Vergabe regionaler Beihilfen bewirkt unter den Bedingungen einer Freihandelszone oder Zollunion lediglich einen Einkommenstransfer zugunsten der geförderten Region. Bei interregionaler Mobilität der Produktionsfaktoren können Veränderungen der Faktorausstattungen der Regionen auftreten, die sektorale Nebeneffekte haben können. Die Auswirkungen auf das kleine Land hängen davon ab, welche Produktion in der geförderten Region vorherrscht. Dies wäre bei der Feststellung der wettbewerbsschädlichen Wirkungen der Beihilfe zu beurteilen. Liegt eine internationale Faktormobilität – dies entspricht der Integrationsstufe des Gemeinsamen Marktes – vor, kann die Vergabe von Beihilfen die Faktorverteilung zwischen In- und Partnerland beeinflussen. Auch in diesem Fall könnten durch die Vergabe von Regionalbeihilfen die Wettbewerbsbedin-

---

[194] Im Rahmen der bisherigen Argumentation des Modells wurde davon ausgegangen, daß die Produktionsfaktoren vollbeschäftigt sind. Wenn jedoch für den immobilen Produktionsfaktor L im Inland Mindestpreise gelten, so ändern sich die Produktionsmöglichkeiten. Die Nachfrage nach L sinkt. Es herrscht Unterbeschäftigung. Es wird folglich auf einem ineffizienten Produktionsniveau produziert. Dies gilt insbesondere für die Region b, weil der Produktionsfaktor F eine Präferenz für Region a hat und Kapital interregional oder international mobil ist. Die Vergabe von Faktorbeihilfen für den Faktor L könnte dazu beitragen, die Unterbeschäftigung und die aus den Mindestpreisbestimmungen resultierenden Ineffizienzen teilweise zu beheben: „Alle Maßnahmen, die die Unterbeschäftigung der Wirtschaft beheben, erhöhen demnach zunächst einmal die Effizienz der heimischen Wirtschaft – allerdings in geringerem Maße, als wenn die Faktorpreisuntergrenzen aufgegeben würden" (*Soltwedel* et al. 1988, S. 101). Denn durch die Subvention werden von einem Faktoren aus produktiven in weniger produktive Verwendungen umgelenkt. Zum anderen können sich die Wirtschaftssubjekte aufgrund der Subventionierung der Kontrollfunktion des Wettbewerbs entziehen. Ein notwendiger Strukturwandel könnte auf diese Weise verhindert werden. Auf das Ausland hätte diese Faktorbeihilfe die bereits beschriebenen Effekte (*Soltwedel* et al. 1988, S. 91-102).

gungen zwischen den Unternehmen in unterschiedlichen Ländern verzerrt werden, insbesondere wenn die Produktionsstruktur des Partnerlandes – anders als in der obigen Analyse – auf diesem mobilen Faktor basiert. Die negativen Wettbewerbswirkungen wären ebenfalls durch eine Beihilfenkontrolle zu unterbinden (*Soltwedel* et al. 1988, S. 93). Aus Sicht des Beihilfen vergebenden Landes wäre allerdings zu fragen, welche Ziele mit der Vergabe von Regionalbeihilfen verbunden sind. Denn die Steigerung der nationalen Wohlfahrt auf Kosten des *kleinen Landes* kann effizienter über die Vergabe sektoraler Beihilfen erfolgen.

Eine allgemeine Faktorsubvention hat unter den Bedingungen der Freihandelszone oder Zollunion keine Konsequenzen. Mögliche verzerrende Effekte können erst im Gemeinsamen Markt auftreten, wenn die Gewährung der Beihilfe die internationale Faktorallokation verändert. Auch dies kann zu einer Änderung der Produktionsstruktur im In- und Ausland beitragen, da Faktoren, die im Inland nicht gefördert werden, im Ausland besser gestellt werden als zuvor (*Soltwedel* et al. 1988, S. 93). Eine supranationale Beihilfenkontrolle könnte solche Effekte verhindern. Da aber der ‚Terms of Trade'-Effekt für das subventionierende große Land unbestimmt ist, stellt sich die Frage, warum ein großes Land Subventionen zu Lasten eines kleinen Landes vergeben sollten. Wird eine Verbesserung der nationalen Wohlfahrt zu Lasten des kleinen Landes angestrebt, so kann sie wiederum effizienter über die Vergabe sektoraler Beihilfen erfolgen.

Zusammenfassend ergibt sich aus der Modellanalyse, daß die Etablierung einer europäischen Beihilfenkontrolle notwendig ist, wenn es in einem Integrationsraum große Länder und kleine Länder gibt. Für ein großes Land mit außenhandelspolitischen Einflußmöglichkeiten kann es wohlfahrtssteigernd sein, besonders wettbewerbsschädliche sektorspezifische Beihilfen zu gewähren, um die eigene Wohlfahrt auf Kosten des kleinen Landes zu steigern. Auch regionale und faktorspezifische Beihilfen können unter Mobilitätsannahmen, wie sie für den Gemeinsamen Markt realistisch sein dürften, grenzüberschreitende Wettbewerbsverfälschungen auslösen bzw. negative Auswirkungen auf die Produktionsstruktur des kleinen Landes haben (*Soltwedel* et al. 1988, S. 102-105). Als besonders schädlich werden jedoch sektorspezifische Beihilfen empfunden. Da es sich im vorgestellten Modell um ein kleines und ein großes Land handelt, wobei das kleine Land annahmegemäß keine Auswirkungen auf die Marktkonstellationen ausüben kann, wurden so genannte Retorsionsmaßnahmen des kleinen Landes nicht untersucht. Diese können aber auftreten, wenn das kleine Land entsprechende finanzielle Ressourcen zur Verfügung hat bzw. zwei große Länder betrachtet werden. Eine Beihilfenkontrolle wäre folglich nicht nur notwendig, um mögliche negative grenzüberschreitende Effekte infolge der Vergabe sektorspezifischer Beihilfen, sondern auch um Retorsionsmaßnahmen seitens der benachteiligten Länder zu verhindern (*Soltwedel* et al. 1988, S. 102-105; *Rosenstock* 1995, S. 25). Vor dem Hintergrund, daß verschiedene Aspekte wie Finanzierung der Subvention sowie Wechselkurseffekte außer Acht gelassen wurden, sind allerdings die Schlußfolgerungen aus diesem Modell zu relativieren.

Die nachfolgende Theorie versucht diesen Mißstand zu beheben. Die Wohlfahrtseffekte sektoraler Beihilfen werden näher spezifiziert. Dabei wird die Interaktion zwischen Unternehmen und Ländern berücksichtigt. Zudem werden die Kosten der Subventionsvergabe stärker einbezogen.

3.5. Beihilfen in der Theorie der strategischen Handelspolitik

3.5.1. Allgemeine Vorbemerkungen zur Theorie der strategischen Handelspolitik

Die Theorie der strategischen Handelspolitik wurde in den 1980er Jahren von *Brander*, *Krugman*, *Spencer* und anderen entwickelt.[195] Analytisch kann sie der Integrationsstufe der Freihandelszone bzw. Zollunion zugerechnet werden. Die Theorie ist den Änderungen von Rahmenbedingungen und neuen Erkenntnissen in der Außenhandelstheorie geschuldet (*Krugman* 1987a, S. 9; 1996, S. 19). Schon früh wurden die zentralen Prämissen des Theorems der komparativen Kostenvorteile bzw. des Freihandelspostulats und damit auch die Relevanz der Kernaussagen der realen Theorie der Außenwirtschaft für die praktische Wirtschaftspolitik in Frage gestellt (*Haberler* 1970; *Donges* 1994, S. 183). Denn man ging von der Annahme eines statischen Modells der vollständigen Konkurrenz aus und unterstellte konstante Skalenerträge in der Produktion. Zudem wurde postuliert, daß Effizienz in jeder Industrie als ein Datum gegeben sei (*Donges* 1994, S. 183; *Krugman* 1996, S. 19). Dem wurde entgegnet, daß die Annahmen nicht realistisch seien. Vielmehr finde man in der Realität dynamische und oligopolistische Märkte mit Marktzutrittsschranken und strategische Verhaltensmuster seitens der Marktakteure und Staaten vor. Zudem sei es realistisch, die Existenz positiver statischer und dynamischer Skalenerträge für die im Außenhandel involvierten Staaten und Unternehmen zu unterstellen.[196] Anfang der 1980er Jahre gelang es, solche Aspekte auch in die Außenhandelstheorie aufzunehmen.

Die Modelle der strategischen Handelspolitik basieren auf den Annahmen, daß sich die Regierung wohlmeinend verhält und wettbewerblich imperfekte Märkte existieren (*Siebert* 1988, S. 552). Im Fokus steht die Frage, warum ein Staat einem Unternehmen Beihilfen gewähren sollte. Dies erfolgt nur dann, wenn der Staat dadurch die nationale Wohlfahrt steigern kann, was in erster Linie zu Lasten der Wohlfahrt anderer Mitgliedstaaten geht. Der (aktive) Staat greift strategisch in den Markt ein und versucht damit, die aufgrund wettbewerblich imperfekter Märkte auftretenden Oligopolrenten ausländischer Konkurrenten auf die einheimischen Unternehmen umzulenken (*Krugman* 1996, S. 19).[197] Dazu werden Subventionen – in einigen Fällen nur Exportsubventionen – eingesetzt, um mittels eines erhöhten Outputs und verringerter Preise mehr ausländische

---

[195] Mit diesem neuen Theoriestrang entbrannte eine neue ordnungspolitische Diskussion über die Einstellung zum Freihandelspostulat. Bis dato galten nur das Erziehungs- und Optimalzollargument als allokationstheoretisch diskussionswürdige Ausnahmetatbestände vom Freihandelspostulat (*Donges* 1994, S. 183).

[196] Vgl. *Brander* (1987, S. 23); *Krugman* (1987a, S. 6); *Grossman* (1990, S. 96-100); *Behboodi* (1994, S. 16 f.); *Krugman* (1996, S. 19).

[197] Die Regierung müßte zu diesem Zweck die Marktsituation, in der sich das begünstigte Unternehmen befindet, kennen und die zukünftige Entwicklung des Marktes prognostizieren können. Zudem müssen mit der Vergabe der Beihilfe Anreize innerhalb des Unternehmens geschaffen werden, Kapazitäten aufzustocken oder – im Falle von Überkapazitäten im Markt – Kapazitäten nicht abzubauen. Die Subvention muß folglich eine Verhaltensänderung auslösen (*Färber* 1995, S. 94). Dies kann beispielsweise durch die Vergabe von Stücksubventionen erreicht werden. Bei der Untersuchung der Wirkung einer Beihilfe spielt folglich die Art der Beihilfe und deren Einfluß auf die Kosten und Kapazitätsplanung der Firma eine Rolle (*Harbord* und *Yarrow* 1999, S. 94-96 mit einigen Beispielen).

Nachfrage auf das einheimische Unternehmen zu ziehen. Demnach erhöht das begünstigte Unternehmen also seine Kapazitäten und weitet seinen Marktanteil aus.[198] Mit der
Kapazitätserhöhung sind negative Wettbewerbseffekte für ausländische Konkurrenten
verbunden, denn das begünstigte Unternehmen wird den eigenen Gewinn auf Kosten
der Gewinne ausländischer Unternehmen zu steigern suchen.[199] Der Zweck einer solchen strategischen Handelspolitik ist also das so genannte ‚rent shifting' (*Siebert* 1988,
S. 553) oder ‚profit shifting' (*Brander* und *Spencer* 1985, S. 84; *Brander* 1987, S. 26).[200]
Diese individuelle Rationalität der Subventionierung von Unternehmen zum Zwecke
der Rentenumlenkung kann aber dadurch getrübt werden, daß Gegenreaktionen erfolgen
und es mithin zu Subventionswettläufen kommen kann.

Solche Gegenreaktionen sind unter den Annahmen der allokationsorientierten Integrationstheorie eher *nicht* zu erwarten, weil bei dieser das statische Modell der vollständigen Konkurrenz zugrunde liegt. Die Gewährung von Subventionen hätte aufgrund der
Annahme sehr kleiner Marktanteile der begünstigten Unternehmen keinen oder einen zu
vernachlässigenden Effekt auf den Marktpreis und die Menge.[201] Eine Reaktionsverbundenheit ist daher eher in Oligopolmärkten zu erwarten, die durch hohe Marktzutrittsschranken gekennzeichnet sind. Diese werden durch das Auftreten von dynamischen
Skalenerträgen bei der Produktion (Lernkurveneffekte), Verbundvorteilen (bei Ausweitung der Produktpalette) und nachfrageseitigen Kostenersparnissen (Netzwerkexternalitäten) verfestigt.[202]

Im folgenden sollen die wichtigsten Modelle der Theorie der strategischen Handelspolitik und die hieraus resultierenden Implikationen für die Notwendigkeit einer Beihilfenkontrolle kurz dargestellt werden. Es muß anschließend jedoch kritisch hinterfragt
werden, ob eine solche strategische Handelspolitik überhaupt realisierbar ist bzw. ob die
den Modellen zugrunde liegenden Annahmen realistisch sind. Dementsprechend müßten auch die aus den Modellen resultierenden Implikationen für die Funktion und die
Notwendigkeit einer europäischen Beihilfenkontrolle relativiert werden.

---

[198] Dafür muß die mit der Subventionierung verbundene Strategie des Staates langfristig und
glaubwürdig sein. Dies gelingt beispielsweise, wenn sich der Staat eine gewisse Reputation
aufbaut oder aufgebaut hat und darüber die Glaubwürdigkeit der Durchführung einer solchen
strategischen Handelspolitik signalisieren kann (*Brander* und *Spencer* 1985, S. 84). Dies
kann die Entscheidung des begünstigten Unternehmens, Kapazitäten auf- bzw. nicht abzubauen, positiv beeinflussen. Am wahrscheinlichsten ist eine Ausdehnung der Produktion eines Unternehmens, wenn die vorhandenen Kapazitäten nicht ausgelastet sind.

[199] Vgl. *Eaton* und *Grossman* (1986, S. 390); *Brander* (1987, S. 28); *Grossman* (1990, S. 100);
Donges (1994, S. 185); *Besley* und *Seabright* (2000, S. 207).

[200] „Strategische Handelspolitik kann als der Versuch interpretiert werden, die einer Volkswirtschaft erwachsenden Wohlfahrtsgewinne durch wirtschaftspolitische Maßnahmen zu vergrö-
ßern. Dabei sind die betrachteten Maßnahmen in der Regel sektorspezifisch" (*Siebert* 1988,
S. 553).

[201] Vgl. *Grossman* (1990, S. 94); *Besley* und *Seabright* (2000, S. 206); *Karl* (2002, S. 214 f.).

[202] Vgl. *Siebert* (1988, S. 552); *Grossman* (1990, S. 99 f.); *Donges* (1994, S. 184 f.).

3.5.2. Theorie der strategischen Handelspolitik und Beihilfenkontrolle

3.5.2.1. Das Modell von *Brander* und *Spencer*

Brander und *Spencer* (1985, S. 83) versuchen mit ihrem Modell zu erklären, warum es die Strategie eines Staates sein kann, die Exporte eigener Unternehmen zu subventionieren, obwohl davon vor allem auch die Konsumenten anderer Länder in Form verbilligter Importe profitieren. Sie gehen von der Annahme aus, daß mindestens zwei exportierende Länder mit jeweils einem Unternehmen sowie mindestens ein importierendes Land existieren. Die beiden Unternehmen werden nicht wie im Fall des perfekten Wettbewerbs agieren (*Brander* 1987, S. 26). Angenommen wird die Wettbewerbssituation eines symmetrischen *Cournot*-Duopols mit zwei identischen exportierenden Ländern, in denen zwei identische Unternehmen ein homogenes Gut produzieren. Im *Cournot*-Duopol findet ein Wettbewerb mit dem Aktionsparameter *Menge* zwischen den Firmen statt. *Brander* und *Spencer* (1985, S. 84) gehen davon aus, daß die „firms play Nash against all other players, and governments play Stackelberg against firms and Nash against other governments."[203] Die Regierungen vergeben Stücksubventionen für die zum Export bestimmten Güter, um die Marktanteile des subventionierten Unternehmens in dem importierenden Land zu steigern. Durch die Stücksubventionen werden die variablen Stückkosten der Exportgüter des Unternehmens reduziert. Das begünstigte Unternehmen steigert seine Kapazitäten und damit seine Produktion „in the output rivalry with its rival" (*Brander* und *Spencer* 1985, S. 89).

Im folgenden zeigen *Brander* und *Spencer* (1985, S. 87 f.) die möglichen Konsequenzen des Staatseingriffs: Die Vergabe bzw. Erhöhung der nationalen Subvention reduziert den Preis des Gutes im importierenden Land, erhöht den einheimischen Gewinn und reduziert den Gewinn des ausländischen Konkurrenten. Was mehr erstaunt, ist aber, daß durch die Subventionsvergabe die einheimische Wohlfahrt netto, also abzüglich der Kosten der Subventionierung, erhöht wird. In dem Modell wird angenommen, daß die Steigerung der nationalen Wohlfahrt der Gewinnsteigerung des Unternehmens entspricht. Dies setzt freilich voraus, daß die Anteilseigner des Unternehmens Inländer sind. Unter diesen Bedingungen hat der Staat somit ein Interesse, Subventionen zu vergeben. Sein Ziel ist es, das einheimische Unternehmen als *Stackelberg*-Führer auf dem Markt zu etablieren, um die Gewinne des Unternehmens und damit die nationale Wohlfahrt zu steigern (von 400 bei Kooperation auf 500; siehe Abbildung 15).[204] Das Land, in dem die Konkurrenzfirma angesiedelt ist, wird jedoch hierauf reagieren. Es hat ebenfalls einen Anreiz, das eigene Unternehmen zu subventionieren, um entsprechende Renten zu attrahieren und die eigene nationale Wohlfahrt zu steigern (von 50 auf 100). Da die Unternehmen als symmetrisch und die Länder als identisch angenommen wurden, hat jedes Land den gleichen Anreiz zur Subventionierung seines Unternehmens. Daher

---

[203] Siehe auch *Eaton* und *Grossman* (1986, S. 386).

[204] Der Gewinn eines Unternehmens und damit die nationale Wohlfahrt kann sogar weiter gesteigert werden, wenn man steigende statische oder dynamische Skalenerträge annimmt (*Grossman* 1990, S. 100). Wegen solcher Skalenerträge auf einem *geschützten* Markt kann das protegierte Unternehmen auch in der Lage sein, auf anderen Märkten die Marktbedingungen zu seinen Gunsten zu beeinflussen (*Eaton* und *Grossman* 1986, S. 384).

kann es zu einem nicht-kooperativen ‚Nash-Gleichgewicht' (100/100) mit den folgenden Eigenschaften kommen (*Brander* und *Spencer* 1985, S. 95):

1. In beiden Ländern werden positive Produktionssubventionen vergeben.

2. Im nicht-kooperativen Nash-Subventions-Gleichgewicht würde die kumulative
   Wohlfahrt der produzierenden Länder steigen, wenn die Subventionsniveaus reduziert würden.

Als Ergebnisse des Modells sind festzuhalten (*Brander* und *Spencer* 1985, S. 98 f.):

1. Ein Staat hat einen Anreiz, eine strategische Handelspolitik durchzuführen. Exportsubventionen sind hierfür ein geeignetes Instrument.

2. Die Gewährung von Exportsubventionen hat über die Mengenausweitung und die
   hiermit verbundene Preisreduktion bei gleichem Verlauf der Nachfragekurve einen
   direkten Effekt auf den Gewinn konkurrierender Unternehmen und damit auf die
   Wohlfahrt des Staates, in dem die konkurrierenden Unternehmen angesiedelt sind.
   Es wird allerdings unterstellt, daß es nur ein Land gibt, das importiert und gleichzeitig nicht selbst produziert, während die anderen Länder produzieren und exportieren,
   aber gleichzeitig nicht importieren.

3. Die Staaten befinden sich in einer Gefangenendilemma-Situation (Abbildung 15).
   Für jeden Staat ist es rational, wenn er defektiert, also versucht, mittels der Vergabe
   von Subventionen die relative Position des einheimischen Unternehmens und damit
   seine Wohlfahrt zu verbessern. Die Gewährung von Beihilfen ist auch rational, solange die zusätzlichen Gewinne des Unternehmens die Kosten der Subvention dek-
   ken.

Abbildung 15: Gefangenendilemma-Situation

		Country E	
		Cooperate	Defect
Country A	Cooperate	400, 400	50, 500
	Defect	500, 50	100, 100

Quelle: *Brander* (1987, S. 37).

Allerdings kann die kollektive Wohlfahrt beider produzierender Länder gesteigert
werden, wenn sich beide Länder kooperativ verhalten (Situation 400/400 in Abbildung 15). Diese kollektiv beste Situation könnte realisiert werden, wenn beide Länder
auf die Subventionsvergabe verzichten.[205] Sie müßten folglich eine Kooperation verein-

---

[205] Zur Abschätzung der Wohlfahrtswirkungen einer solchen Vereinbarung sind neben der Auflösung des Gefangenendilemmas, in dem sich die produzierenden Staaten befinden, weitere
Punkte zu berücksichtigen. Zum einen werden die marginalen Opportunitätskosten der
Staatseinkünfte nicht adäquat berücksichtigt. Es wird angenommen, daß alternative Verwendungen oder gar eine Senkung der Steuern in diesem Modell keine größere Wohlfahrtswirkung erzeugen würde als eine Exportsubventionierung. Zum anderen kann in einer Welt imperfekter Information und imperfekter Regierungen die Subventionierung letztlich auch auf

baren. Nach dem Abschluß einer solchen Vereinbarung kann es jedoch seitens der Kooperationspartner Anreize geben, gegen diese zu verstoßen. Diese Gefahr besteht dann, wenn der beiderseitig vereinbarte Subventionsverzicht nicht glaubwürdig kontrolliert und durchgesetzt werden kann (*Brander* und *Spencer* 1985, S. 99; *Behboodi* 1994, S. 50-56). Im Hinblick auf die aktuelle Praxis argumentiert *Behboodi*, daß das GATT oder die WTO bei der Durchsetzung bilateraler oder multilateraler Abkommen einige Ineffizienzen aufweist.[206] Er hält die europäische Beihilfenkontrolle – auch aufgrund ihrer (gestiegenen) Durchsetzungsfähigkeit – für ein effizienteres Instrument zur Realisierung der kollektiv besten Lösung (*Behboodi* 1994, S. 81-96).

3.5.2.2. Das Modell der Europäischen Kommission

Neben dem Modell von *Brander* und *Spencer* gibt es eine Reihe weiterer Modelle, die sich mit der Thematik der strategischen Handelspolitik und dem Einsatz von Subventionen in dieser Hinsicht beschäftigt haben. Die *Europäische Kommission* hat ein eigenes Modell entwickelt, das im Grunde auf die europäische Zollunion zugeschnitten ist. Sie will mit der Konstruktion ihres eigenen Modells zeigen, wie Beihilfen den Wettbewerb zwischen Unternehmen in einem oligopolistischen Marktumfeld beeinflussen können (*Europäische Kommission* 1990, S. 102). Das Modell basiert auf der Annahme eines einzelnen Marktes. Die Kommission nennt das Beispiel des Automobilmarktes, auf dem eine bestimmte Anzahl von oligopolistischen Firmen konkurriert. Die Firmen sind in unterschiedlichen Ländern angesiedelt und werden jeweils von ihren Regierungen subventioniert (*Europäische Kommission* 1990b, S. 111). Auch in diesem Modell wird wieder angenommen, daß sich die Oligopolisten strategisch verhalten und ihren Gewinn unter Berücksichtigung der Aktionen der anderen Firmen maximieren. Jedes Unternehmen handelt – wie es im ,*Cournot*-Modell' üblich ist – unter der Annahme, daß der Konkurrent seinen Output nicht ändert.

Diese Überlegungen werden durch die folgenden Annahmen präzisiert:

1. Als Beispiel für eine Industrie, in der dieses Modell gelten könnte, wird die Automobilindustrie angeführt.

2. Es wird angenommen, daß es zwei Firmen gibt, die im europäischen Wirtschaftsraum Autos produzieren, von denen eine im Land A, die andere im Land B angesiedelt ist.

Staatsversagen (,Rent-seeking') zurückzuführen sein, so daß im Endeffekt nicht die nationale Wohlfahrt, sondern nur die Wohlfahrt einzelner Individuen zu Lasten der Wohlfahrt der übrigen, weniger einflußreichen Gemeinschaftsmitglieder gesteigert wird (*Brander* und *Spencer* 1985, S. 98, siehe auch Abschnitt 3.6.).

[206] Bei bilateralen oder multilateralen Handelsarrangements wie dem GATT wird zumeist ein Rat, eine Kommission oder ein Komitee gegründet, das aus politischen Repräsentanten der Länder besteht, die diese Vereinbarung getroffen haben. Man versucht Konflikte im Wege der Verhandlung, des Konsenses oder durch Kompromisse zu lösen. Das politische Komitee oder die Kommission wird dabei durch ein Sekretariat oder ein Gremium von Experten unterstützt. Die getroffenen Entscheidungen haben in der Regel aber keine bindende Wirkung für die Staaten. So habe das GATT-System vor allem im Handelsstreit infolge der Subventionierung von Boeing und Airbus versagt (*Behboodi* 1994, S. 50-56).

3. Es existiert eine Nachfrage nach Autos in Abhängigkeit vom Preis.

4. Es wird angenommen, daß keine Autos in die EU importiert oder exportiert werden, d. h. die beiden Firmen bestreiten die gesamte Nachfrage mit ihrer Produktion.

5. Beide Firmen arbeiten mit der gleichen Produktionstechnologie und werden als gleich effizient angenommen. Sie haben folglich die gleiche Kostenfunktion, bestehend aus fixen und variablen Kosten. Die Unternehmen sind also symmetrisch. Es findet keine Absprache zwischen den Unternehmen statt, so daß von einem nichtkooperativen *Nash*-Spiel gesprochen werden kann.

6. Zudem wird vorausgesetzt, daß jede Firma ihren Gewinn unter der Annahme zu maximieren sucht, daß die Entscheidung des einen Unternehmens keine Auswirkung auf die Entscheidung des anderen Unternehmens hat.

Subventioniert nun ein Land sein Unternehmen, so reduzieren sich dessen Grenzkosten. Dementsprechend steigert das begünstigte Unternehmen die produzierte Menge gegenüber derjenigen des Konkurrenzunternehmens, das keine Beihilfen erhält. Gleichzeitig steigt damit der Gewinn des subventionierten Unternehmens, während derjenige des nicht subventionierten Unternehmens sinkt. Da auch in diesem Modell die Wohlfahrt eines Landes mit dem Gewinn seines Unternehmens korreliert, ist auch die Wohlfahrt in dem nicht subventionierenden Land zurückgegangen, während diejenige im subventionierenden Land gestiegen ist. Aber die Wohlfahrt in der europäischen Gemeinschaft ist insgesamt gefallen (von 0,2222 auf 0,1875, siehe Abbildung 16) (*Europäische Kommission*, 1990b, S. 116 f.).

Abbildung 16: Auszahlungsmatrix im Modell der Europäischen Kommission

NO STATE SUBSIDISES			
Profit of both manufacturers	**+ 2/9**	**or**	**+ .2222**
ONE GOVERNMENT SUBSIDISES			
Profit of both manufacturers	+ 5/16	or	+ .3125
(dominated by one firm who is receiving subsidy)			
Cost of state subsidy	- 1/8	or	- .125
Net	**+ 3/16**	**or**	**+ .1875**
ALL GOVERNMENTS SUBSIDISE			
Profit of all manufacturers	+ 72/225	or	+ .32
Cost of State subsidies	- 36/225	or	- .16
Net	**+ 36/225**	**or**	**+ .16**

Quelle: *Europäische Kommission* (1990b, S. 118).

Wenn nun angenommen wird, das bislang nicht subventionierende Land unterstützt sein Unternehmen ebenfalls, dann steigt zwar die Wohlfahrt in Land 2, diejenige in Land 1 hingegen sinkt, weil der Gewinn des in Land 1 subventionierten Unternehmens sinkt. Die kollektive Wohlfahrt geht insgesamt weiter zurück (von 0,1875 auf 0,16). Die kollektiv wohlfahrtsmaximale Lösung (hier: 0,2222) ist die Situation ohne Subventionen (*Europäische Kommission* 1990b, S. 118). Daher kommt die Kommission zu dem Schluß, daß eine Beihilfenkontrolle notwendig ist, weil sie die konkurrierenden Unternehmen und ihre Länder aus der mißlichen Gefangenendilemma-Situation befreit. Die kollektive Wohlfahrt kann durch die Implementierung einer Beihilfenkontrolle gesteigert bzw. das kollektive Wohlfahrtsoptimum realisiert werden.

Kritisch ist an dieser Analyse und der daraus resultierenden Empfehlung für die Aufgabe einer europäischen Beihilfenkontrolle jedoch anzumerken, daß die Konsumentenwohlfahrt im Modell der Kommission keine Berücksichtigung findet. Infolge gezahlter Subventionen und steigender Absatzmengen müssen die Preise sinken, damit die zusätzliche Menge am Markt abgesetzt werden kann. Demzufolge steigt die Konsumentenrente. Dieser positive Wohlfahrtseffekt wird allerdings ausgeklammert „because an unspecified proportion of consumers will not be internal to the home (i.e. EC) market, since a significant proportion of output is presumably exported to non-EC consumers whose welfare should not be counted in these calculations" (*Europäische Kommission* 1990b, S. 119). Damit widerspricht sich die Kommission jedoch selbst, denn es wurde in dem Modell angenommen, daß keine Importe in die Europäische Gemeinschaft sowie keine Exporte aus der europäischen Gemeinschaft stattfinden (siehe Annahme 4). Eine Erfassung der Konsumentenwohlfahrt müßte unter diesen Bedingungen in der europäischen Gemeinschaft also möglich sein.[207] Berücksichtigt man – entgegen der Auffassung der Kommission – die Konsumentenwohlfahrt, so hätte die Implementierung einer Beihilfenkontrolle bzw. eines Beihilfenverbotes zur Folge, daß die Güterpreise steigen und mithin negative Effekte für die Konsumenten auftreten (*Janeba* 1998, S. 136).

3.5.2.3. Modelle von *Collie*

Ausgangpunkt der Modelle ist die Aussage der Generaldirektion Wettbewerb der Europäischen Kommission, die Kontrolle sei im Rahmen der Vollendung des Binnenmarktes von besonderer Relevanz, um ein ‚level playing field' zu kreieren (*Collie* 2002a, S. 190). Im Zentrum seiner Untersuchung steht die Frage, wie die Handelsliberalisierung die Anreize der Mitgliedstaaten der EU beeinflußt, Beihilfen zu vergeben. *Collie* will mittels seiner Modelle Erklärungen dafür liefern, warum Mitgliedstaaten den Wunsch hegen, *ihren* Unternehmen Beihilfen zu gewähren. Zugleich möchte *Collie* (2002a, S. 191; 2000, S. 868) aus den gewonnen Erkenntnissen eine ökonomische Begründung für ein supranationales Beihilfenverbot ableiten.

---

[207] Würden hingegen Exporte ebenso wie oligopolistische Konkurrenten außerhalb der Europäischen Gemeinschaft in das Kalkül miteinbezogen, so könnte die Wohlfahrt der Gemeinschaft mittels der Vergabe von Beihilfen zu Lasten der Nicht-Gemeinschaftsmitglieder gesteigert werden. Siehe dazu *Abraham*, *Couwenberg* und *Dewit* (1992).

Collie ist – im Einklang mit obiger Diskussion – der Ansicht, daß in Modellen mit perfektem Wettbewerb kein Anreiz zur Vergabe von Beihilfen besteht. Die Vergabe von Beihilfen führt in dieser Marktform nur zu einer Verzerrung der Produktionsstruktur und damit zur Reduktion der *nationalen* Wohlfahrt (*Collie* 2000, S. 868 f.). Erst die Existenz von Oligopolmärkten verschafft den Mitgliedstaaten den Anreiz, durch die Vergabe von Beihilfen Oligopolrenten umzulenken. Auf diese Weise soll die Wohlfahrt des eigenen Landes über die Gewinnsteigerung eigener Unternehmen zu Lasten von Unternehmen aus anderen Mitgliedstaaten und damit zu Lasten der Wohlfahrt dieser Mitgliedstaaten gesteigert werden (‚beggar-thy-neighbour-Politik').[208] Dieses Vorhaben modelliert *Collie* (2002a, S. 193) in einem zweistufigen Spiel: Auf der *ersten* Stufe setzen die als symmetrisch angenommenen Staaten zunächst jeweils die Beihilfen für die als identisch angenommenen Unternehmen fest. Stellvertretend für alle Beihilfen, die eine Produktionsänderung des Unternehmens verursachen können, wird von einer Produktionsbeihilfe ausgegangen. Alle Beihilfen lösen bei den begünstigten Unternehmen eine Erhöhung des Outputs aus. Damit der erhöhte Output abgesetzt werden kann, müssen wiederum die Preise sinken. Die Konsumentenrente steigt. Auf der *zweiten* Stufe konkurrieren dann die *Cournot*-Oligopolisten miteinander. Im ‚*Cournot*-Gleichgewicht' haben diese – bei gegebener Subventionierung – ihre Mengen unabhängig voneinander und simultan so festgesetzt, daß ihre Gewinne maximiert werden.

Collie argumentiert nun, daß dieses Gleichgewicht keine Gefangenendilemma-Situation darstellen muß, wie dies von *Brander* und *Spencer* (und der *Europäischen Kommission*) behauptet wird. Es muß nämlich berücksichtigt werden, daß alle Konsumenten in der EU das subventionierte Produkt zu geringeren Preisen konsumieren können und somit von der wechselseitigen Subventionierung der Mitgliedstaaten profitieren (*Collie* 2000, S. 869; *Collie* 2002a, S. 198).[209] Folglich kann das Gleichgewicht, das infolge der wechselseitigen Subventionierung der Staaten erreicht wird, auch pareto-effizient sein, weil die oligopolistische Wettbewerbsverzerrung bzw. Marktzutrittsschranken abgebaut werden und dadurch der Wettbewerb intensiviert wird (z. B. *Grossman* 1990, S. 96-99). *Pareto*-Effizienz läge aber nur vor, wenn der Zuwachs an Konsumentenrente die negativen Wohlfahrtseffekte der Beihilfe übersteigt (siehe hierzu auch *Dillen* 1995). Wäre dies der Fall, könnte die Implementierung eines Beihilfenverbotes keine wohlfahrtssteigernden Effekte generieren, weil durch eine Reduzierung der Beihilfen der ‚dead weigh loss' infolge der oligopolistischen Wettbewerbsverzerrung er-

---

[208] Die Wohlfahrt eines Landes setzt sich aus der Konsumentenwohlfahrt zuzüglich des Gewinns der einheimischen Firmen abzüglich der Kosten der Subvention zusammen (*Collie* 2002b, S. 219).

[209] Die meisten Modelle gehen davon aus, daß die konkurrierenden Firmen lediglich um die Renten konkurrieren, die in einem Drittstaat erzielt werden können. Wenn es möglich ist, den inländischen Markt von den ausländischen Märkten zu trennen, so kann es durchaus sein, daß im Inland ein Preis gesetzt wird, der über dem Preis im Ausland liegt. Es wird dementsprechend im Inland weniger abgesetzt, die Konsumentenrente sinkt und damit auch die inländische Wohlfahrt (*Grossman* 1987, S. 58). Können die Märkte hingegen nicht getrennt werden, weil beispielsweise die Europäische Kommission in der EU versucht, solche Unternehmenspraktiken zu verhindern, dann muß auch ein positiver Effekt für die inländischen Konsumenten berücksichtigt werden. Diese profitieren dann ebenfalls von der Subventionierung über billigere Güterpreise.

höht würde. Insofern wären die in bisherigen Modellen als negativ beschriebenen Gefangenendilemma-Situationen, in denen sich die Staaten befinden, und die gezogenen Schlußfolgerungen zu relativieren.

Allerdings muß bei der Beurteilung des Wohlfahrtseffektes nach *Collie* auch die Wohlfahrtswirkung der Besteuerung zur Finanzierung der Beihilfen mit einbezogen werden.[210] Die Europäische Kommission sowie *Brander* und *Spencer* gingen in ihren Modellen – ebenso wie dies im HOS-Modell geschah – davon aus, daß die Finanzierung der Beihilfen allokationsneutral erfolgt, so daß die Besteuerung Opportunitätskosten in Höhe der für die Subvention aufgebrachten Mittel verursacht (*Soltwedel* et al. 1988, S. 57).[211] Dies gilt aber nur, wenn die Finanzierung der Beihilfe über eine Pauschal- oder Kopfsteuer erfolgt. Solche Steuern diskriminieren nicht zwischen den verschiedenen Verwendungsmöglichkeiten des Einkommens und ziehen lediglich einen Einkommenseffekt nach sich. Erfolgt die Finanzierung jedoch über eine spezifische Besteuerung, so verursacht die Steuer zusätzlich zum Einkommenseffekt einen Substitutionseffekt. Es werden Opportunitätskosten der Besteuerung erzeugt, die über den Entzug der Mittel hinausgehen. Die Steuerzahler werden infolge der Besteuerung dazu angereizt, Alternativen zu wählen, die ihr Nutzenniveau über den Einkommenseffekt der Steuer hinaus senken (,excess burden') (z. B. *Browning* 1993). Dieser zusätzliche Wohlfahrtsverlust muß bei der Beurteilung der Wirkungen einer Beihilfe berücksichtigt werden. Eine national erfolgreiche strategische Handelspolitik müßte folglich auch diese Zusatzkosten zumindest decken, eher übersteigen. Denn es ist weiterhin zu bedenken, daß sowohl die Individuen als auch der Staat die für die Subventionierung notwendigen Steuermittel in andere produktive Verwendungen lenken könnten.

Entscheidend ist, ob die gesamtgesellschaftlich wohlfahrtsmindernden Effekte der Gewährung von Beihilfen (Faktorreallokation, Besteuerung, ,excess burden' der Besteuerung, Auslösung von Gegenreaktionen in anderen Ländern) die positiven Wohlfahrtseffekte der Beihilfenvergabe, nämlich die Reduzierung des ,dead weigh loss' auf dem oligopolistischen Markt, übersteigen (siehe dazu auch *Schwalbe* 2006). Ist dies der Fall – und *Collie* zeigt, daß dies gilt, wenn *plausible* Werte angenommen werden –, dann tritt die schon in den anderen Modellen beschriebene Situation ein, daß die wechselseitige Subventionierung netto gesamtgesellschaftliche Ineffizienzen hervorruft. In solchen Fällen kann die Beihilfenkontrolle dazu beitragen, die kollektive Wohlfahrt zu steigern (*Collie* 2000, S. 870; 2002a, S. 198).[212]

---

[210] Dies wird bei *Eaton* und *Grossman* (1986) und *Grossman* (1987, S. 60 f.) thematisiert.

[211] Diese Annahme wurde schon von *Brander* und *Spencer* (1985, S. 98) in Frage gestellt.

[212] Die gleichen Überlegungen müßten auch erfolgen, wenn man statt von einem *Cournot*-Oligopol von einem *Bertrand*-Oligopol (*Collie* 2002b) oder wenn man statt von einem homogenen Oligopol von einem heterogenen Oligopol ausgeht (*Collie* 2000). *Collie* (2002, S. 29) betont die Notwendigkeit einer Beihilfenkontrolle für die Fälle, in denen Regierungen nicht wohlfahrtsmaximierend handeln und Subventionen für fixe Kosten vergeben, um ineffiziente Firmen am Markt zu erhalten.

3.5.3. Kritik und Implikationen für eine Beihilfenkontrolle

3.5.3.1. Kritik an den Oligopolmodellen

Die Robustheit der theoretischen Empfehlungen der Modelle hinsichtlich der Realisierung einer strategischen Handelspolitik wirft vor dem Hintergrund der den Modellen zugrunde liegenden Annahmen Zweifel auf.[213] Zunächst stellt sich die Frage, ob es für ein einzelnes Land wirklich rational sein kann, eine strategische Handelspolitik zu verfolgen. Folgende kritische Punkte können in diesem Zusammenhang angeführt werden:

1. Die in der Theorie der strategischen Handelspolitik beschriebene Förderung läßt sich nicht auf alle Sektoren bzw. auf die Volkswirtschaft als Ganzes anwenden. Eine Volkswirtschaft kann mittels einer strategischen Handelspolitik immer nur bestimmte Sektoren fördern, beispielsweise die Automobilindustrie. Aufgrund der Förderung der Automobilindustrie sinken die Automobilpreise, der Absatz steigt, die Nachfrage nach Arbeitskräften steigt, dementsprechend steigen die Löhne. Aufgrund des gestiegenen Faktorpreisniveaus steigen die Inputpreise in anderen Sektoren. Diese werden somit nicht mehr wettbewerbsfähig sein, zumal auch in der Regel die Steuerbürde zur Finanzierung der Begünstigung bestimmter Sektoren oder Unternehmen von anderen Sektoren getragen werden muß. Es kommt zu einer Reallokation der Produktionsfaktoren im Inland über Preisanpassungen (*Monopolkommission* 2004, S. 78). Die Auswahl bestimmter Sektoren im Rahmen einer strategischen Handelspolitik setzt folglich immer einen bewußten Verzicht auf mögliche Gewinne in anderen Industrien voraus. Das ist das so genannte Interdependenzproblem (*Donges* 1994, S. 187). Folglich kann über eine strategische Handelspolitik nicht die Wettbewerbsfähigkeit von Volkswirtschaften allgemein, sondern immer nur die Wettbewerbsfähigkeit bestimmter Sektoren gefördert werden. Zugleich werden andere Sektoren der Volkswirtschaft diskriminiert.[214]

2. Dies ist sehr bedenklich, wenn man ein weiteres grundlegendes Problem der Durchführung einer strategischen Handelspolitik bedenkt: das *Wissensproblem*. Woher weiß eine Regierung bzw. der Politiker, welche Unternehmen, Sektoren oder Regionen sich als Gegenstand strategischer Handelspolitik eignen?[215] In der Regel können Politiker oder Regierungen dieses Wissen nicht haben. Daher fällt es schwer oder es ist ihnen gar unmöglich, die wachstumsträchtigsten Branchen oder Unternehmen zu identifizieren.[216] Die mangelnde Kenntnis um wachstumsträchtige Branchen läßt ei-

---

[213] Vgl. *Siebert* (1988, S. 566); *Donges* (1994, S. 185 f.); *Krugman* (1996, S. 23 f.).

[214] Vgl. *Suntum* (1986); *Grossman* (1987); *Krugman* (1994); *Berthold* (1994); *Krugman* (1996); *Monopolkommission* (2004, S. 76).

[215] „Not only may the government have to rely on incomplete information about the underlying conditions of the economy, but it may also be handicapped by asymmetric information" (*Nicolaides* und *Bilal* 1999a, S. 98). Siehe auch *Grossman* (1987, S. 58-60); *Donges* (1994, S. 186); *Monopolkommission* (2004, S. 80).

[216] Dies beinhaltet unter anderem die Ermittlung von Marktzutrittsbedingungen sowie die Abschätzung der optimalen Betriebsgröße und der in- und ausländischen Nachfrage (*Donges* 1994, S. 186). Selbst Experten haben hier Probleme. Falls sie doch die Wirkungsweisen und Beziehungen innerhalb einer Industrie verstanden haben sollten und sie entsprechende Modelle aufstellen, erweisen sich die modellierten Gewinne einer strategischen Handelspolitik

ne strategische Handelspolitik als wenig rational erscheinen. Will man sie dennoch durchführen, so ist es notwendig, Erfolgskriterien aufzustellen (*Grossman* 1987, S. 60). Ansonsten besteht die Gefahr, daß diese Politik lediglich bestimmten Interessengruppen dient und „Branchen, die ihren Zenit zumeist längst überschritten haben, künstlich aufrechterhalten werden."[217] Denn existierende Unternehmen haben einen größeren politischen Einfluß als potentielle Unternehmen, die an deren Stelle existieren würden. Daher ist zu erwarten, daß die knappen Ressourcen nicht in die ökonomisch effizienteste Verwendung, sondern zu den besten Lobbyisten fließen.[218]

3. Wie stellt der Politiker sicher, daß die finanzielle Förderung und der damit verbundene Schutz vor Wettbewerb, die ein Unternehmen oder ein Sektor erhält, nicht dazu führt, daß das Unternehmen ineffizient arbeitet (*Monopolkommission* 2004, S. 80)? In den theoretischen Modellen der strategischen Handelspolitik wird dies schlicht vorausgesetzt: Regierungen können auf der ersten Stufe die Höhe der Beihilfe festlegen und damit die Outputentscheidung des Unternehmens beeinflussen. Dagegen ist z. B. einzuwenden, daß selbst eine stark outputabhängige Förderung von Unternehmen oder Sektoren nur dann zu einer gewünschten Erhöhung des Outputs führt, wenn die Politik des Staates glaubwürdig ist und dem Unternehmen oder Sektor entsprechende Anreize gegeben werden.[219] Dazu ist aber eine detaillierte Analyse der Anreizstrukturen innerhalb einer Firma notwendig, was vor allem Gegenstand der Theorie der Firma ist (*Europäische Kommission* 1990b, S. 107-110; *Harbord* und *Yarrow* 1999, S. 92). Haben die Politiker hierüber kein Wissen, kann die Förderung die intendierten Reaktionen der Firma oder des Sektors in ihr Gegenteil verkehren: Die Firma produziert ineffizient (*technische Ineffizienz* oder *X-Ineffizienz*; *Leibenstein* 1966) und die Entwicklung neuer Produktionstechniken und Produkte wird laxer betrieben als in der Situation ohne staatliche Unterstützung (*Europäische Kommission* 1990b, S. 105-110; *Monopolkommission* 2004, S. 80).

4. Im Hinblick auf die erfolgreiche Durchführung einer strategischen Handelspolitik müssen noch weitere Bedingungen erfüllt sein: *Erstens* muß das begünstigte Unternehmen oder die begünstigte Branche einen im Vergleich zum Gesamtabsatz großen Auslandsabsatz haben. Damit scheidet die Subventionierung solcher inländischen Unternehmen und Branchen aus, die einen relativ niedrigen „Grad der Internationa-

---

als sehr gering (*Krugman* 1996, S. 24). Damit kann bestätigt werden, was *Hayek* (1974/1996, S. 12-14) bereits verdeutlichte, nämlich, daß dieses Wissen über die wachstumsträchtigen Branchen nicht zentralisierbar ist. Die Politik soll daher lediglich abstrakte Regeln aufstellen, und der Markt soll den Wirtschaftssubjekten Anreize bieten, sich ständig an veränderte Gegebenheiten anzupassen. Dadurch können die Maximierung individueller Einkommen und die Erhöhung des Gesamtprodukts der Gesellschaft miteinander vereinbar gemacht werden (*Hayek* 1967, S. 29; 1969/1994a, S. 51 f.).

[217] *Berthold* (1994, S. 124). Siehe auch *Nicolaides* und *Bilal* (1999a, S. 98), *Monopolkommission* (2004, S. 82).

[218] Vgl. *Siebert* (1988, S. 578), *Besley* und *Seabright* (2000, S. 233), *Monopolkommission* (2004, S. 82).

[219] „A rent-shifting subsidy is one in which the patron government uses tax resources from elsewhere in the economy to make a commitment to altering the reaction function of the client firm" (*Besley* und *Seabright* 2000, S. 207).

lisierung der Produktion" aufweisen (*Donges* 1994, S. 185). *Zweitens* wird angenommen, daß der oligopolistische Wettbewerb den Unternehmen Gewinne beläßt. Das bedeutet aber, daß die Modelle wenig robust gegenüber Veränderungen der gemachten Annahmen in bezug auf Mengen oder Preise sind (*Donges* 1994, S. 185). Legt man beispielsweise statt des *Cournot*-Wettbewerbs *Bertrand*-Wettbewerbsverhalten zugrunde, so ergeben sich „für ein Dyopol mit intensivem Preiswettbewerb ... andere Politikempfehlungen" (*Monopolkommission* 2004, S. 80). *Drittens* muß die Beziehung zwischen dem Land und *seinem* Unternehmen näher spezifiziert werden. Eine strategische Handelspolitik setzt nämlich voraus, daß das begünstigte Unternehmen im eigenen Land angesiedelt ist und bleibt. Es darf folglich nicht der Fall eintreten, daß sich ausländische Kapitaleigner an der Firma beteiligen und die Gewinne einer solchen strategischen Handelspolitik einstreichen. Es müssen also „barriers to international rent dissipation" existieren (*Dick* 1993, S. 243 f.). Nur dann kommen die weltweit abgeschöpften Renten dem eigenen Land zugute (*Monopolkommission* 2004, S. 80). Sind die Bedingungen nicht erfüllt, kann der Staat nicht alle positiven Effekte seiner Subventionierung internalisieren. Er hat dann nur noch einen geringen Anreiz, eine solche strategische Handelspolitik durchzuführen.[220] Kurz: Die Eigentümerstruktur der Unternehmen ist ein weiteres wichtiges Merkmal für die Durchführung einer strategischen Handelspolitik (*Welzel* 1995, S. 222), ebenso wie Marktzutrittsschranken und die Rentabilität der Industrie (*Spencer* 1987, S. 70 f.).

5. Eine strategische Handelspolitik ist daher – wenn überhaupt – nur sinnvoll in einer Freihandelszone oder einer Zollunion praktizierbar, in der nur der Güterhandel möglich ist und die Produktionsfaktoren an das jeweilige Mitgliedsland gebunden sind. In einem Gemeinsamen Markt kann es nur Anreize zur Durchführung einer solchen Strategie geben, wenn das begünstigte Unternehmen im Staatsbesitz ist bzw. vom Staat kontrolliert wird oder wenn das Unternehmen aufgrund standortspezifischer Investitionen lokal gebunden ist und sich der Besteuerung nicht entziehen kann.

Empirisch gibt es gemischte Erfahrungen bezüglich des Erfolgs einer strategischen Handelspolitik. Die Subventionierung von Boeing/McDonnell-Douglas und Airbus wird in dieser Hinsicht kontrovers diskutiert. Allerdings kann an dem Markt für Großraumflugzeugbau sehr gut geschildert werden, welche Marktstrukturbedingungen für eine erfolgreiche Durchführung einer strategischen Handelspolitik erfüllt sein müssen. Es handelt sich bei diesem Markt um einen engen Oligopolmarkt mit hohen Marktzutrittsschranken und hohen dynamischen Skalenerträgen, also Lerneffekten, die bei einer erhöhten Stückzahl realisiert werden können. Außerdem spielen Verbundvorteile durch die breite Anwendbarkeit der grundlegenden Konstruktionsprinzipien ebenso eine Rolle wie Netzwerkexternalitäten auf seiten der nachfragenden Fluggesellschaften (Piloten-

---

[220] Vgl. *Dick* (1993); *Welzel* (1995); *Huck* und *Konrad* (2003, S. 300). Auch die Nationen, deren Kapitaleigner von der Subventionierung im anderen Land profitieren, haben weniger Anreiz, die eigenen Unternehmen zu subventionieren, weil dadurch die Gewinne der an der ausländischen Unternehmung beteiligten Kapitaleigner und damit auch die nationale Wohlfahrt geschmälert würde (*Huck* und *Konrad* 2003, S. 300).

ausbildung und Wartung) (*Donges* 1994, S. 189; *Röller* und *Hirschhausen* 1999, S. 140).

Zudem wird die Politik des japanischen Ministeriums für Außenhandel und Industrie (MITI) häufig als ein Beispiel für eine erfolgreiche strategische Handelspolitik angeführt.[221] Diese muß jedoch differenziert beurteilt werden. Einige Sektoren und Unternehmen waren durchaus international erfolgreich. Ebenso waren aber auch Sektoren erfolgreich, wie die Automobilindustrie, die durch wenige staatliche Interventionen gekennzeichnet waren. Es gibt aber auch Sektoren, für die das MITI zwar Marktzutrittsschranken aufgebaut und eine Kartellbildung gefördert hat, die sich aber dennoch in wirtschaftlichem Rückstand gegenüber anderen Sektoren befinden (*Monopolkommission* 2004, S. 81 f.).[222] Der Anteil, den eine strategische Handelspolitik am Aufstieg der japanischen Unternehmen an die Weltspitze hatte, wird daher vielfach überschätzt. Auf Rentenumlenkung aus dem Ausland ist sie nach *Donges* (1994, S. 190) nicht ausgerichtet gewesen. Ebenso hätten Marktbesonderheiten bei der Wachstumsorientierung der japanischen Wirtschaftspolitik keine Rolle gespielt.

Insgesamt kann die strategische Handelspolitik aufgrund der Annahmen des Modells und der empirischen Befunde „nur als theoretische Denkmöglichkeit, nicht aber als robuste Grundlage einer erfolgreichen Wirtschaftspolitik" gelten (*Monopolkommission* 2004, S. 82). Nicht ohne Grund werden deshalb ordnungspolitische Zweifel an der Durchführung einer solchen Politik angebracht.[223]

3.5.3.2. Implikationen für eine Beihilfenkontrolle

Welche Implikationen ergeben sich aus der Diskussion der Theorie der strategischen Handelspolitik für die Notwendigkeit und Gestaltung einer europäischen Beihilfenkontrolle?

Zunächst kann festgehalten werden, daß die Durchführung einer strategischen Handelspolitik nur erfolgreich – im Sinne von wohlfahrtssteigernd für das ausführende Land – sein kann, wenn besondere Marktkonstellationen vorliegen: enges Oligopol, hohe Marktzutrittsschranken etc. Diese Marktkonstellationen sind zudem eher mit den Integrationsstufen der Freihandelszone oder Zollunion verbunden. Aufgabe der Beihilfenkontrolle wäre es daher, zu untersuchen, ob im gegebenen Fall die Marktkonstellationen als erfüllt gelten können. Falls dies zutrifft, müßte eine gesamtgesellschaftliche Abwägung der positiven Effekte der Beihilfengewährung für die Konsumenten mit den negativen Wohlfahrtswirkungen der Beihilfenvergabe (Faktorreallokation, Besteuerung, excess burden der Besteuerung sowie Gegenreaktion des Auslandes) erfolgen. Auf Grundlage dieser Abwägung müßten mögliche Subventionswettläufe unterbunden werden, wenn sie zu gesamtgesellschaftlich ineffizienten Ergebnissen führen, die resultieren

---

[221] Vgl. *Siebert* (1988, S. 549); *Monopolkommission* (2004, S. 81); *Grossman* (1987, S. 65).

[222] Siehe kritisch zur japanischen Politik *Krugman* (1996, S. 23) und als Überblick für die Bewertung von Industrie- und strategischer Handelspolitik in verschiedenen Staaten *Audretsch* (1993).

[223] Vgl. beispielsweise *Siebert* (1988); *Donges* (1994); *Berthold* (1994).

können, wenn sich Staaten in einer Gefangenendilemma-Situation befinden. Eine Beihilfenkontrolle bzw. ein Beihilfenverbot kann in diesen Fällen zu einer Wohlfahrtssteigerung im gesamten Integrationsraum beitragen. In den Fällen, in denen die besonderen Marktkonstellationen nicht vorliegen, ist ein Verbot von Beihilfen aus der Sicht der Theorie der strategischen Handelspolitik nicht notwendig. Beihilfen könnten gar begrüßt werden, wenn sie zu einem Abbau von Marktzutrittsschranken und damit zu einer Intensivierung des Wettbewerbs beitragen.[224]

Da die strategische Handelspolitik eher auf der Integrationsstufe der Freihandelszone und Zollunion sinnvoll durchführbar ist, könnte ein Beihilfenverbot daher erstens durch fortschreitende Integrationsbemühungen, d. h. die Sicherstellung der grenzüberschreitenden Mobilität von Produktionsfaktoren als ein Charakteristikum für einen Gemeinsamen Markt, ergänzt werden. Zweitens wäre eine konstitutionelle Regel wünschenswert, die es den Staaten verbietet, Eigentum an Unternehmen zu erwerben, da dies die Möglichkeit der Durchführung einer strategischen Handelspolitik, auch auf der Integrationsstufe des Gemeinsamen Marktes, einschränken würde.

Die Ausgestaltung einer Beihilfenkontrolle als ein Instrument zur Etablierung eines ‚level playing field' zwischen Unternehmen aus unterschiedlichen Mitgliedstaaten ließe sich aus der obigen Diskussion nicht rechtfertigen und wäre zu rigide (*Brander* 1987, S. 45). Gleiches gilt für die derzeitige Beihilfenkontrollpraxis, die zwischen selektiven und allgemeinen Maßnahmen differenziert. Denn bestimmte selektive Maßnahmen müssen aus Sicht der Theorie der strategischen Handelspolitik kein Problem für den grenzüberschreitenden Wettbewerb darstellen, wenn die Marktkonstellationen nicht erfüllt sind. In diesen Fällen bliebe den Regierungen ein Spielraum, um Beihilfen zur Behebung nationalen Marktversagens zu vergeben. Dies ist ein Punkt, der in den außenhandelstheoretischen Modellen wenig beachtet wird. Liegen hingegen die Marktkonstellationen für die Durchführung einer strategischen Handelspolitik vor, hätte die Unterscheidung zwischen allgemeinen und selektiven Maßnahmen positive Wirkungen. Denn eine strategische Handelspolitik mittels allgemeiner Maßnahmen, die alle Unternehmen gleichermaßen fördert, wäre höchst ineffizient, da nicht zielgenau und zu kostenintensiv gefördert würde (*Besley* und *Seabright* 1999, S. 20).

3.6. Beihilfenkontrolle und die Theorie der Neuen Politischen Ökonomie

Die traditionelle Außenhandelstheorie basiert ebenso wie die Theorie der strategischen Handelspolitik auf der Annahme, daß Politiker und Regierungen im Sinne des Gemeinwohls handeln. Demnach werden sie außenhandelspolitische Instrumente nur einsetzen, wenn sie zur Mehrung der nationalen Wohlfahrt – auch auf Kosten der Wohlfahrt anderer Staaten – nützlich sind. Handlungsbedarf für eine supranationale Beihil-

---

[224] Durch die Vergabe von Beihilfen kann auch erst ein Marktzutritt und damit ein intensivierter Wettbewerb ermöglicht werden kann, der aufgrund *unüberwindbarer* Marktzutrittsschranken ansonsten nicht möglich gewesen wäre. So könnte über die Vergabe von Subventionen die Bestreitbarkeit von Märkten gewährleistet werden (*Europäische Kommission* (1990b, S. 103), *Röller* und *Hirschhausen* (1999, S. 138). Siehe allgemein zur Bestreitbarkeit von Märkten *Baumol, Panzar* und *Willig* (1982); *Fehl* (1985).

fenkontrolle besteht dann, wenn national rationales Handeln negative grenzüberschreitende Externalitäten induziert und die kollektive Wohlfahrt mindert. Zieht man diese Annahme über das Verhalten der Politiker nun in Zweifel, können sich weitere Erkenntnisse bezüglich der Notwendigkeit und Funktion einer Beihilfenkontrolle ergeben.

In der ökonomischen Theorie wird davon ausgegangen, daß Marktakteure nach Mehrung des Eigennutzes streben, wenn sie auf Märkten tätig sind. Es ist daher fraglich, warum sich Politiker bzw. Regierungen nicht ebenfalls rational eigeninteressiert anstatt wohlmeinend verhalten sollten, wie dies bislang postuliert wurde (*Grossman* 1987, S. 64).[225] In den vergangenen Jahrzehnten wurde mit der ‚Public Choice'-Theorie ein neuer Theoriestrang entwickelt, der für Regierungen und Politiker nun eigeninteressiertes Verhalten annimmt.[226] In Demokratien können Politiker ihr Eigeninteresse am besten verfolgen, wenn sie im Amt sind bzw. bleiben. Die Theorie der Demokratie, ein Teil der ‚Public Choice'-Theorie, geht davon aus, daß gewisse Restriktionen für die Politiker bei der Verfolgung ihrer eigenen Interessen existieren. Denn Politiker müssen, damit sie ihre eigenen Ziele (weiter)verfolgen können, ihre (Wieder)Wahl sicherstellen. Aufgrund des angenommenen Strebens nach Wiederwahl bzw. Maximierung ihrer Wählerstimmen, gelten die Politiker in der ‚Public Choice'-Literatur als „entrepreneurs selling policies for votes" (*Behboodi* 1994, S. 33). In diesem Fall wird vorausgesetzt, daß Politiker zur Sicherung ihrer (Wieder)Wahl die Möglichkeit zum Einsatz von außenhandelspolitischen bzw. protektionistischen Instrumenten, hier Beihilfen, haben. Sie werden folglich diese Instrumente dann einsetzen, wenn die Begünstigten zur Wahl des Politikers durch Mobilisierung einer großen Wählerschar beitragen können. In diesem Kontext kann die Vergabe von Beihilfen für Politiker besonders attraktiv sein, um Wählerstimmen zu maximieren, da Beihilfen sehr selektiv an bestimmte Wählergruppen vergeben werden können.[227]

Welche Unternehmen oder Sektoren in den Genuß von Beihilfen kommen, hängt davon ab, wie gut sich Sektoren oder Unternehmen (und deren Belegschaften) organisieren lassen, bzw. wie gut es ihnen gelingt, das Wahlverhalten der Bürger effektiv zu beeinflussen und Wählerscharen zu mobilisieren, die für den jeweiligen Politiker oder die Regierung stimmen.[228] Es ist daher nicht überraschend, daß bereits etablierte Unternehmen oder Sektoren gegenüber noch nicht etablierten Unternehmen oder Sektoren einen Vorteil haben, da erstere in der Regel mehr Wählerstimmen mobilisieren können als letztere.[229] Dies gilt vor allem dann, wenn „[f]ür das Wählerverhalten von Gruppen von Bürgern ... strukturelle Veränderungen in ihren Arbeits- und Lebensbedingungen, also z. B. Einkommensminderung oder Arbeitsplatzverlust, besonders bedeutsam" sind (*Rosenstock* 1995, S. 47). Arbeitsplätze sind gerade in etablierten Sektoren oder Unterneh-

---

[225] Siehe zur Diskussion über die Frage nach den Verhaltensannahmen für Politiker und Bürokraten im öffentlichen Sektor *Buchanan* und *Tullock* (1970, Kap. 3).

[226] Siehe für einen allgemeinen Überblick *Mueller* (2003) oder *Mueller* (1997).

[227] Vgl. *Lehner* und *Meiklejohn* (1991, S. 25); *Rosenstock* (1995, S. 47); *Färber* (1995, S. 19).

[228] Vgl. *Olson* (1968; 1985); *Behboodi* (1994, S. 34); *Rosenstock* (1995, S. 47).

[229] Die Wahrnehmung und Befriedigung der unterschiedlichen Interessen erfolgt im politischen Prozeß somit asymmetrisch (*Monopolkommission* 2004, S. 83).

men gefährdet, die unter den Anpassungslasten der wirtschaftlichen Integration zu leiden haben, da sie der verschärften und billigeren Konkurrenz von Unternehmen aus anderen Mitgliedstaaten ausgesetzt sind. Politiker werden aufgrund dieser Konstellation vermutlich diese unter Anpassungsdruck leidenden Sektoren und Unternehmen durch Beihilfen begünstigen, um die gefährdeten Arbeitsplätze zu sichern.

Wendet man diese Erkenntnisse auf die Theorie der strategischen Handelspolitik an, so ist zu erwarten, daß gerade solche etablierten Unternehmen, Industriesektoren oder Regionen ausgewählt werden, die unter großen Anpassungs- oder Strukturproblemen infolge der Integration und des verschärften Wettbewerbs leiden. Denn sie dürften gegenüber neuen und potentiell wachstumsträchtigen Industriesektoren über die größere politische Lobby und das größere Wählerstimmenpotential verfügen.[230] Das hätte zur Konsequenz, daß eine eigentlich effizienzorientiert intendierte strategische Handelspolitik zu einem ineffizienten Umverteilungsprogramm wird, mit dessen Hilfe Überkapazitäten und Arbeitsplätze schrumpfender Sektoren aufrechterhalten werden können (*Krugman* 1987b, S. 141; *Moore* und *Suranovic* 1993, S. 368).

Wie geht man nun mit dem Beihilfenproblem um? Man könnte die Auffassung vertreten, daß es zunächst das Problem der Mitgliedstaaten selbst ist, wenn sie ineffiziente Beihilfen vergeben. Da jedoch die Vergabe von Beihilfen an einheimische Unternehmen und Sektoren dazu beiträgt, daß im Inland entsprechende Kapazitäten aufrechterhalten und dadurch Arbeitsplätze gerettet werden können, wird der – insbesondere in schrumpfenden Märkten – notwendige Kapazitätsabbau auf die Unternehmen in anderen Mitgliedstaaten verlagert. Auf diese Weise wird folglich eine ‚beggar-thy-neighbour'-Politik betrieben. Infolgedessen kann es wiederum zu Gegenmaßnahmen anderer Mitgliedstaaten kommen, wenn – wie dies auf schrumpfenden Märkten (Oligopolmärkten) zumeist üblich ist – eine Reaktionsverbundenheit zwischen den Unternehmen aus unterschiedlichen Ländern vorliegt. Letztlich können wiederum Subventions- oder Beihilfenkriege auftreten. Ursache hierfür ist nach *Vanberg* (1997, S. 25-27; 2000, S. 377-379), daß sich die Mitgliedstaaten in einer Gefangenendilemma-Situation befinden: Die Individuen eines jeden Mitgliedstaates haben zwar durchaus ein Interesse daran, eine möglichst effiziente Faktorallokation im eigenen Land herbeizuführen und dementsprechend konstitutionelle Regeln zu erlassen, die den Politikern die Vergabe von Beihilfen verbietet. Wenn solche Regeln jedoch nicht durchsetzbar sind, können die Politiker nicht effektiv in der Vergabe von Beihilfen beschränkt werden. Sie werden durch die Vergabe von Beihilfen weiterhin persönliche Vorteile daraus ziehen können, daß sie in Strukturkrisen befindliche, *wählerstimmenträchtige* Unternehmen und Sektoren begünstigen. Aufgrund dessen können aus dieser für das subventionierende Land

---

[230] Vgl. *Brander* und *Spencer* (1985, S. 98); *Europäische Kommission* (1990b, S. 115); *Lehner* und *Meiklejohn* (1991, S. 25 f.); *Berthold* (1994, S. 124); *Nicolaides* und *Bilal* (1999a, S. 98); *Besley* und *Seabright* (2000, S. 233); *Collie* (2002b, S. 229); *Monopolkommission* (2004, S. 82). *Grossman* (1987, S. 65) sieht solche Probleme bei der Exportförderung: „The risk that any scheme of targeted export promotion would fall prey to much the same sort of special interest pressures is cause for grave concern. If an apparatus for discretionary industrial policy of this type were to be erected, each and every export sector would have ample incentive to argue the (alleged) merits of its own case for subsidization."

ineffzienten Beihilfenvergabe die schon oben geschilderten negativen grenzüberschreitenden Effekte resultieren, die wiederum Gegenmaßnahmen anderer Mitgliedstaaten und letztlich Subventionswettläufe nach sich ziehen können.[231]

Die Aufgabe einer europäischen Beihilfenkontrolle wäre es unter dem neuen theoretischen Blickwinkel wiederum, eine Gefangenendilemma-Situation zu unterbinden und damit die gesamtgesellschaftliche Wohlfahrt zu steigern. Im Grunde übt sie aber die Funktion aus, fehlende oder nicht glaubwürdige Commitments der Mitgliedstaaten zur Bekämpfung nationalen Staatsversagens zu substituieren oder zu ergänzen und dadurch die Transparenz, Vorhersehbarkeit und Glaubwürdigkeit der Politiken der Mitgliedsländer einer Wirtschaftsgemeinschaft zu erhöhen (*Nicolaides* und *Bilal* 1999a, S. 101). „Supranational control, then, functions as an instrument for committing governments not to pursue policies which are harmful either to others or to themselves" (*Nicolaides* 2004, S. 369). Aufgrund der geschilderten Problematik müßte man hinsichtlich der Funktion einer Beihilfenkontrolle nun differenzieren. Soll es der Zweck der Beihilfenkontrolle sein, die Steigerung der Wohlfahrt im Integrationsraum zu gewährleisten, so wäre die Vergabe jeglicher Beihilfen aus politökonomischen Gründen zu unterbinden. Dies gilt selbst für Beihilfen, die keine grenzüberschreitenden Effekte haben. Man könnte aber auch argumentieren, daß die Beihilfenkontrolle nur dann eine nationale Beihilfenvergabe unterbinden soll, wenn sie *lediglich* negative grenzüberschreitende Wettbewerbswirkungen bzw. Kapazitätseffekte auslöst. Für jeden Fall gilt, daß den Politikern die Möglichkeit entzogen werden muß, eine Beihilfenpolitik entgegen dem Gemeinwohl durchzusetzen (*Nicolaides* 2004, S. 370; *Monopolkommission* 2004, S. 83). Die in der aktuellen Beihilfenpraxis geltende Differenzierung zwischen allgemeinen und selektiven Maßnahmen wäre in diesem Zusammenhang durchaus sinnvoll.

Es muß jedoch beachtet werden, daß auch supranationale Institutionen – und damit auch die europäische Beihilfenkontrolle selbst – und die in dieser handelnden Politiker und Bürokraten ihre eigenen Interessen verfolgen, wenn sie mit der Durchführung entsprechender Kontroll- und Sanktionsaufgaben betraut sind. Sie können damit selbst Zielpersonen von ‚Rent-seeking'-Aktivitäten werden.[232] Ist dies der Fall, dann wird das eigentliche Problem, nämlich die Bekämpfung von Beihilfen infolge von nationalem Politik- bzw. Staatsversagens durch die Implementierung einer supranationalen Institution nicht gelöst, sondern lediglich auf eine höhere Ebene verlagert (*Besley* und *Seabright* 2000, S. 223). Die zentrale Ebene müßte daher an die Durchsetzung der Beihilferegeln gebunden werden, um den Mißbrauch der Beihilfenkontrolle für protektionistische Zwecke zu verhindern.[233]

---

[231] „It is very difficult for governments to resist political demands for similar or retaliatory policies. Governments often get caught in such prisoner's dilemma situations, where domestic aid is granted to restore a ‚level playing field' with subsidized foreign industries" (*Nicolaides* und *Bilal* 1999a, S. 101, H. i. O.).

[232] Vgl. *Rosenstock* (1995, S. 374-380); *Schmidt* und *Schmidt* (1997, S. 161-165); *Schmidt*, (1998, S. 260-263); *Schmidt* (2001, S. 8-11). Siehe allgemein *Frey* und *Buhofer* (1986).

[233] Vgl. *Schmidt* (1998, S. 274; 2001, S. 12); *Heine* und *Gröteke* (2005, S. 476).

Einschränkend ist abschließend anzumerken, daß Politiker Beihilfen nur dann strategisch zur Maximierung der Wählerstimmen vergeben können, wenn Bedingungen erfüllt sind, wie sie auf der Integrationsstufe der Freihandelszone oder der Zollunion vorfindbar sind. Hierfür ist charakteristisch, daß die Wähler, also die Begünstigten der Beihilfenpolitik ebenso wie die Zahler der Subvention – dies wurde in der partialanalytischen Sicht bisher nicht diskutiert – an die Jurisdiktion gebunden sind. Die Steuerzahler können sich der nationalen Besteuerung nicht entziehen. Diese Möglichkeit besteht erst, wenn ein Gemeinsamer Markt errichtet ist und die Bürger infolge des Wegfalls von Mobilitätshemmnissen grenzüberschreitend wandern können (ausführlicher in Kap. 4).

3.7. Wettbewerbstheoretische Beurteilung von Beihilfen

Zur Beurteilung von Wettbewerbswirkungen, die die Vergabe von Beihilfen auf den Wettbewerb zwischen Unternehmen im Integrationsraum auslösen kann, und der Ausgestaltung einer Beihilfenkontrolle gibt es noch verschiedene weitere Modelle. Diese Modelle orientieren sich zum Teil an der Anwendung wettbewerbspolitischer Instrumente gegenüber privatwirtschaftlich induzierten Wettbewerbsproblemen und eröffnen weitere Perspektiven im Hinblick auf die Beantwortung der Frage

> „how state aids affects competition in the industry in question. Whether this is or is not the case requires a detailed analysis of the competitive constraints which operate in the industry including *inter alia* a definition of the relevant market and an assessment of barriers to entry or exit" (*Bishop* 1997, S. 85; H. i. O.).

In die folgenden Modelle lassen sich durchaus die bisherigen theoretischen Sichtweisen einfügen. Die Wettbewerbsanalyse wird aber auch auf die Integrationsstufe des Gemeinsamen Marktes ausgedehnt. Wiederum können unterschiedliche Konsequenzen für die Funktion einer europäischen Beihilfenkontrolle abgeleitet werden.

3.7.1. Vorschlag von *Fingleton, Ruane* und *Ryan* (1999) und *Fingleton* (2001)

3.7.1.1. Beurteilungsmaßstäbe

Fingleton, Ruane und *Ryan* (1999) sowie *Fingleton* (2001) unterbreiten einen pragmatischen Vorschlag zur Analyse der wettbewerbsverzerrenden Wirkungen von Beihilfen, der sich stark an der Vorgehensweise gegenüber privatwirtschaftlich verursachten Wettbewerbsverfälschungen sowie an bereits dargestellten außenhandelstheoretischen Erklärungsmustern orientiert. Während *Fingleton, Ruane* und *Ryan* (1999) Hinweise darauf geben wollen, wie man solche Wettbewerbsverzerrungen ermitteln kann,[234] geht *Fingleton* (2001) einen Schritt weiter. Er versucht qualitative und quantitative Kriterien („per se-Regeln' und „rules of reason') zu entwickeln, mit denen die festgestellten negativen grenzüberschreitenden Wirkungen einer Beihilfe auf Wettbewerber in anderen Mitgliedstaaten beurteilt werden können (*Fingleton* 2001, S. 60 f.).

---

[234] „[W]e examine the question of State aids generally, with a view to developing a taxonomy to handle the different criteria according to which the State aid might be approved and the market definition which might be relevant" (*Fingleton, Ruane* und *Ryan* 1999, S. 65).

Fingleton (2001, S. 61) zeigt in seinem Zwei-Länder-Beispiel, daß bei der Vergabe einer Beihilfe mehrere Effekte auftreten können, nämlich inländische und grenzüberschreitende. Aus beiden resultiert ein Nettoeffekt oder Totaleffekt der Beihilfe, der jedoch vom Beihilfen vergebenden Land zumeist nicht berücksichtigt wird, denn für dieses steht nur der Effekt der Beihilfen für das eigene Land – auch auf Kosten des Auslandes – im Vordergrund. Bei der Beurteilung des Nettoeffektes einer Beihilfe müssen aber auch negative grenzüberschreitende Effekte inklusive der Gefahr eines Gefangenendilemmas mit wechselseitigen Subventionen einbezogen werden. Speziell in letzterem Fall ist es nach *Fingleton* (2001, S. 61) gesamtgesellschaftlich wünschenswert, die Beihilfenvergabe einzuschränken und nur solche Beihilfen zuzulassen, die einen positiven gesamtgesellschaftlichen Wohlfahrtseffekt generieren.

Zur Beurteilung der gesamtgesellschaftlichen Effekte einer nationalen Beihilfenvergabe führt *Fingleton* (2001, S. 60-63) zwei unterschiedliche Regeln an, die im Rahmen einer Beihilfenkontrolle Anwendung finden könnten:[235]

1. Legalisierung aller Beihilfen, die einen nicht negativen totalen Nettoeffekt haben.

2. Legalisierung aller Beihilfen, die keinen negativen grenzüberschreitenden Effekt haben.

Die *zweite* Regel weist nach *Fingleton* einen starken ‚per se-Regel'-Charakter auf.[236] Sie stellt für Politiker bzw. Länder eine anreizkompatible Regel dar, wenn sie durchsetzbar ist. Denn kein Land bzw. kein Politiker in dem Land hat einen Anreiz, über die Vergabe von Beihilfen in verzerrender Weise in die inländischen Produktionsverhältnisse einzugreifen, sofern davon negative grenzüberschreitende Effekte auf Konkurrenten in anderen Mitgliedstaaten ausgehen. Dabei spielt es keine Rolle, ob die Beihilfenvergabe die nationale Wohlfahrt steigern soll oder aus einem Staatsversagen resultiert. Ein Vorteil dieser Regel ist, daß sie einfach und kostengünstig anwendbar wäre. Allerdings ist diese Regel nicht wohlfahrtsoptimal, denn es werden auch solche Beihilfen verboten, die zwar negative grenzüberschreitende Effekte haben, aber *netto* auch zur Steigerung der gesamtgesellschaftlichen Wohlfahrt beitragen können (*Fingleton* 2001, S. 62).[237]

Diese gesamtgesellschaftlichen Effekte können durch die Anwendung der *ersten* Regel, die in diesem Zusammenhang eher Elemente einer ‚rule of reason' beinhaltet, stär-

---

[235] Eine mögliche ‚per se-Regel' könnte auf dem Kalkül der Gleichheit oder Chancengleichheit für alle Unternehmen im Gemeinsamen Markt basieren. Dann könnte sich bei der Beurteilung von Beihilfen allerdings ein Trade-off zwischen Gleichheits- und Effizienzaspekten ergeben (*Fingleton* 2001, S. 61; *Pelkmans* 2001, S. 242). *Fingleton* stellt auf den Effizienzaspekt ab.

[236] *Fingleton* gebraucht den Begriff der ‚per se-Regel'. Streng genommen bedeutet ‚per se-Regel' aber, daß Beihilfen entweder legalisiert oder aber verboten werden sollen. Die Regel, die *Fingleton* hier vorschlägt, entspricht eher einem *Standard*.

[237] Zudem kann es den Ländern in bestimmten Situationen auch ermöglicht werden, sich vor sich selbst zu schützen. Das bedeutet, daß sie sich einer Beihilfenkontrolle selbst in Fällen unterwerfen könnten, in denen kein grenzüberschreitender Effekt vorliegt, um beispielsweise landesinternes Staatsversagen auszuschalten (*Fingleton* 2001, S. 63). Es müßte dann aber sichergestellt sein, daß das Problem des Staatsversagens nicht auf eine höhere Ebene verlagert werden kann.

ker berücksichtigt werden. Nach dieser Regel können auch Beihilfen genehmigt werden,
die zwar einen negativen grenzüberschreitenden Effekt auf konkurrierende Unternehmen
in anderen Mitgliedstaaten auslösen, aber insgesamt einen positiven Nettoeffekt
aus Sicht der gesamten Gemeinschaft aufweisen. Es können beispielsweise Beihilfen
zur Beseitigung von nationalem Marktversagen, Beihilfen zu Umverteilungszwecken,
zur Daseinsvorsorge und ebenso Beihilfen berücksichtigt werden, die im Standortwettbewerb (siehe Kap. 4) vergeben werden (*Fingleton, Ruane* und *Ryan* 1999, S. 77 f.).
Auch die positiven Effekte der Beihilfen für die Konsumenten infolge der Intensivierung des Wettbewerbs können berücksichtigt werden, auch wenn die Beihilfen einen
negativen grenzüberschreitenden Effekt auf Unternehmen in anderen Mitgliedsländern
haben. Die Überlegungen von *Collie* könnten folglich auch Berücksichtigung finden.
Insgesamt ist die Beurteilung von Beihilfen gemäß der ersten Regel gegenüber derjenigen gemäß Regel zwei zwar differenzierter und berücksichtigt mehr Wohlfahrtsaspekte.
Zugleich ist die Anwendung der ersten Regel aber auch kostenintensiver (*Fingleton*
2001, S. 63).

3.7.1.2. Vorschlag zur Ermittlung der Wettbewerbswirkungen einer Beihilfe

Um Beihilfen beurteilen zu können, ist es wichtig, die verschiedenen, von ihr ausgehenden Effekte zu identifizieren. Orientiert man sich an der Wettbewerbspraxis gegenüber privaten Wettbewerbsbeschränkungen wie bei der Europäischen Fusionskontrolle
oder der Ausnahmeregelung des Art. 81 (3) EG, so spielt für die Beurteilung der Wettbewerbseffekte zunächst die Abgrenzung des relevanten Marktes eine große Rolle. In
der Regel werden sowohl Angebots- als auch Nachfragekonstellationen bzw. die Substi-
tuierbarkeit von Angebot und Nachfrage geprüft (*Fingleton* 2001, S. 64).[238] Nachdem
die Märkte sachlich und räumlich abgegrenzt wurden, wird analysiert, ob für die Unternehmen Preisspielräume bestehen. Was passiert, wenn das fragliche Unternehmen seine
Preise erhöht? Dazu müssen die Reaktionsmöglichkeiten der Konsumenten und konkurrierender (potentielle) Anbieter untersucht werden, um zu sehen, ob das Unternehmen
möglicherweise eine marktbeherrschende Stellung ausnutzen kann. Zudem wird berücksichtigt, inwieweit der Handel zwischen den Mitgliedstaaten betroffen ist (*Pelkmans*
2001, S. 229).

Die Abgrenzung des relevanten sachlichen und geographischen Marktes müßte mit
Blick auf die Nachfrage sowie die Konkurrenten und deren Flexibilität ihre Produktion
umzustellen bzw. zu verlagern auch bei der wettbewerbspolitischen Beurteilung von
Beihilfen vorgenommen werden. Im Gegensatz zur obigen Analyse müßte aber überprüft werden, was bei einer *Preissenkung* passiert. Wie können die Konsumenten und
aktuelle und potentielle Konkurrenten reagieren und ist ebenfalls eine marktbeherrschende Stellung des subventionierten Unternehmens zu erwarten? Um die Effekte einer
Beihilfe adäquat bestimmen zu können, schlagen *Fingleton, Ruane* und *Ryan* (1999,
S. 76) vor, daß man die Effekte getrennt nach der Nachfrage- und nach der Angebotsseite eines Marktes untersucht. Die Angebotsseite umfaßt die Industrien und Industriesek-

---

[238] Siehe für die verschiedenen Konzepte und Wettbewerbspraktiken beispielsweise *Fingleton,
Ruane* und *Ryan* (1999, S. 68-75).

toren, in der das begünstigte Unternehmen tätig ist. Unter den Begriff *Industrie* sollen die Firmen gefaßt werden, die die gleichen Produkte herstellen, unter den Begriff *Industriesektor* neben der Industrie auch Zulieferer und Abnehmer der Industrie. Die Wettbewerbswirkungen einer Beihilfe – so wird angenommen – hängen einerseits von der Art der Beihilfe (aktivitäts-, firmen-, industriesektor- oder regionalspezifisch). Andererseits spielen auch die Mobilität der Firmen, das Niveau des Preiswettbewerbs und andere Faktoren eine Rolle (*Fingleton, Ruane* und *Ryan* 1999, S. 81).[239]

Betrachtet man eine firmenspezifische Beihilfe, die nur einem bestimmten Unternehmen zugute kommt, so ist zu erwarten, daß diese den Beihilfenempfänger dazu veranlaßt, seinen Output zu erhöhen bzw. nicht in dem sonst notwendigen Maße zu senken (*Fingleton, Ruane* und *Ryan* 1999, S. 79; *Fingleton* 2001, S. 64).[240] Die Beihilfe ermöglicht es dem Beihilfenempfänger, seinen Marktanteil (und seinen Gewinn) in Relation zu den Konkurrenten zu steigern (positiver Industrieeffekt). Die Konkurrenten werden folglich mit einem negativen Industrieeffekt konfrontiert, wenn die Nachfragekurve unverändert bleibt. Zudem sind Auswirkungen auf den Industriesektor zu erwarten. Während das subventionierte Unternehmen mehr oder zumindest im gleichen Maße Produktionsfaktoren nachfragen wird (positiver Industriesektoreffekt), sinkt die Nachfrage der nicht subventionierten Konkurrenten nach Produktionsfaktoren (negativer Industriesektoreffekt). Ferner kann die Beihilfengewährung noch einen Markteffekt auslösen. Dieser ist positiv, wenn die Preise fallen und die abgesetzte Menge der Industrie insgesamt steigt und somit die Konsumentenrente steigt.

Wie sich die beschriebenen Effekte international verteilen und unter welchen Umständen die Vergabe von Beihilfen schädliche grenzüberschreitende Wirkungen verursacht, wird anhand der folgenden Bedingungskonstellationen dargestellt:

1. Wenn der Outputmarkt national und der Inputmarkt ebenfalls national ist (*Autarkiezustand*) hat die Beihilfenvergabe keine Effekte auf ausländische Produzenten.

2. Wenn der Outputmarkt international ist, die Inputs aber national gebunden sind (*Freihandelszone, Zollunion*), dann kann die Beihilfe einen negativen Industrieeffekt haben, d. h. das begünstigte Unternehmen kann seinen Marktanteil und Gewinn zu Lasten der Konkurrenten aus dem Ausland erhöhen (strategische Handelspolitik).

3. Wenn sowohl der Output- als auch der Inputmarkt international sind, können die negativen Industrieeffekte auf andere Nationen teilweise durch positive Industriesektoreffekte kompensiert werden (*Gemeinsamer Markt*).

---

[239] *Fingleton, Ruane* und *Ryan* (1999, S. 77 f.) nehmen an, daß der Staat nur dann Beihilfen vergeben wird, wenn sie zu einer Steigerung der nationalen Wohlfahrt beitragen, d. h. wenn die Benefits die Kosten übersteigen. Als Beispiele werden Beihilfen für die Internalisierung positiver Produktionsexternalitäten, positiver Agglomerationsexternalitäten, intertemporaler und Umweltexternalitäten sowie für öffentliche Gütern genannt. Auch distributive Ziele der Beihilfenvergabe werden erwähnt (*Fingleton, Ruane* und *Ryan* 1999, S. 81, Fn. 3).

[240] Allerdings ist hierbei das Entscheidungskalkül eines Unternehmens zu berücksichtigen. Denn die Entscheidung eines Unternehmens im Hinblick auf den Aufbau von Kapazitäten, den Abbau von Kapazitäten sowie Marktzu- oder Marktaustritt hängt unter anderem von der Einschätzung der Marktentwicklung, der Kostenstruktur eines Unternehmens und der Art der gewählten Beihilfe ab (*Harbord* und *Yarrow* 1999).

4. Und wenn der Outputmarkt national, der Inputmarkt international ist, dann hat die inländische Beihilfengewährung positive industriesektorspezifische Wirkungen auf das Ausland (*Gemeinsamer Markt*) (*Fingleton, Ruane* und *Ryan* 1999, S. 81).

Um die grenzüberschreitenden Effekte einer Beihilfe abschließend beurteilen zu können, muß noch der Markteffekt berücksichtigt werden. Dieser Markteffekt ist positiv, wenn es infolge der Beihilfengewährung zu einer Erhöhung des totalen Industrie-Outputs und einer Reduzierung der Preise, also letztlich zur Erhöhung der Konsumentenrente kommt. Im Endeffekt müssen die unterschiedlichen Effekte gegeneinander abgewogen werden. Im Falle eines negativen Vorzeichens, d. h. die negativen Industrie- und Industriesektoreffekte überwiegen die positiven Industrie-, Industriesektor-, und Markteffekte, müßte die Beihilfe verboten werden. Das dürfte besonders dann der Fall sein, wenn ein Unternehmen durch die Beihilfengewährung eine große Marktmacht erhält und ex post die Preise anheben kann.

Wenn man nicht firmenspezifische, sondern aktivitätsspezifische Beihilfen betrachtet, so müssen die gleichen Aspekte geprüft werden. Der Industrieeffekt dieser Beihilfe hängt nun aber auch davon ab, inwiefern es den konkurrierenden Unternehmen gelingt, ihre Produktionsstruktur so zu ändern, daß sie ebenfalls in den Genuß der Beihilfe kommen können. Es muß daher geprüft werden, ob Marktzutrittsschranken vorhanden sind, die die Flexibilität eines Unternehmens darin einschränken, seine Produktion auf die subventionierte Aktivität umzustellen (*Fingleton, Ruane* und *Ryan* 1999, S. 80). Konsequenterweise müßte aus dieser Perspektive auch die physische Mobilität der Unternehmen untersucht werden. Können Unternehmen aus anderen Mitgliedstaaten ihren Standort in das Beihilfen vergebende Land verlegen und dort ebenfalls Beihilfen in Anspruch nehmen, dann hätte die Beihilfe keinen negativen Wettbewerbseffekt.

Wenn die Wettbewerbsanalyse ergibt, daß eine Beihilfe für Firmen allgemein zugänglich ist, so hätte sie quasi keine negativen Auswirkungen auf den Wettbewerb zwischen Unternehmen (z. B. *Kerber* 1998a, S. 221). Anzumerken ist allerdings, daß die Bestreitbarkeit der Märkte, und zwar sowohl in sachlicher als auch in geographischer Hinsicht, zum Teil durch hohe versunkene und irreversible Kosten eingeschränkt sein kann. Dies gilt insbesondere für staatlich verursachte Mobilitätshemmnisse, aber ebenso für den Fall hoher versunkener bzw. irreversibler Standortinvestitionen. Die größte Flexibilität weisen wohl Multiproduktunternehmen im Hinblick auf die Umstellung der Produktion sowie multinationale Unternehmen im Hinblick auf die physische Produktionsverlagerung auf. Abschließend kann gesagt werden, daß der Vorschlag von *Fingleton* sowie *Fingleton, Ruane* und *Ryan* zur Ausgestaltung einer Beihilfenkontrolle durchaus geeignet ist, die möglichen Beihilfenprobleme zu lösen, die in den zuvor beschriebenen Theorien angesprochen wurden. Der Ansatz ist zudem differenzierter. Beihilfen zur Behebung von Marktversagen sowie Beihilfen, die zur Intensivierung des Wettbewerbs in abgeschotteten oligopolistischen oder monopolistischen Märkten beitragen, sind mit dem Ansatz vereinbar. Der Ansatz läßt sich ferner auf alle Integrationsstufen anwenden.

3.7.2. ‚Predatory'-Strategien, Beihilfen und Beihilfenkontrolle

3.7.2.1. Einführung

Privatwirtschaftlich verursachte Wettbewerbsverfälschungen im Wettbewerb zwischen Unternehmen werden in den USA und in Europa in unterschiedlicher Weise beurteilt. Denn es gibt unterschiedliche Wettbewerbskonzepte, die der Wettbewerbpolitik zugrunde liegen. So ergeben sich auch Unterschiede in der Wettbewerbspolitik bzw. in der Funktion, die dem Wettbewerb in dem Gemeinsamen Markt zugedacht ist (*Fingleton, Ruane* und *Ryan* 1999, S. 75 f.). Die Sicherung des Wettbewerbs in der EU kann nicht als Selbstzweck gesehen werden. Vielmehr ist es von Anfang an die Funktion der europäischen Wettbewerbspolitik gewesen, zur Erfüllung der in Art. 2 EG verankerten integrationspolitischen Ziele beizutragen:[241] „Europäische Wettbewerbspolitik ist zuallererst Integrationspolitik" (*Miert* 1995, S. 219). „The competition policy of the EU has been designed to complement the ‚free trade' goals that first led to the Union's formation" (*Mueller* 2000, S. 357; H. i. O.).[242] Der europäischen Wettbewerbspolitik können in ihrer integrationspolitischen Eigenschaft drei Funktionen zugesprochen werden: 1. die Gewährleistung der Öffnung nationaler Märkte, 2. die Vermeidung von Wettbewerbsverzerrungen und damit zugleich die Gewährleistung eines fairen Wettbewerbs, 3. die Förderung eines wirksamen Wettbewerbs „als Steuerungsinstrument des marktwirtschaftlichen Geschehens" (*Schmidt* 1998, S. 159).

Die europäische Wettbewerbspolitik hat im Vergleich zur amerikanischen zusätzliche integrationspolitische Aufgaben zu leisten. Die Integration nationaler Märkte und insbesondere die Gewährleistung des zwischenstaatlichen Handels spielen eine wichtige Rolle. So wird die Marktöffnung bzw. die Zwischenstaatlichkeitsklausel mit jedem Wettbewerbsinstrument, also auch im Rahmen der europäischen Beihilfenkontrolle, abgeprüft. Daher, so wird häufig kritisiert, hat die europäische Wettbewerbspolitik noch eine relativ große Nähe zur Außenhandelstheorie, was zur Konsequenz habe, daß die europäische Wettbewerbspolitik „promote[s] equity more than efficiency" (*Fox* 2002, S. 98; *Fox*, 2003). Das unterscheide die europäische von der amerikanischen Wettbewerbspolitik. Freilich ist zu erwarten, daß die Wettbewerbspolitik „als Instrument der Marktöffnung und -integration im Laufe der Zeit an Bedeutung verlieren" wird (*Miert* 1995, S. 220), nämlich dann, wenn der Integrationsprozeß abgeschlossen ist.

In Amerika wird das Problem der Sicherung des Gemeinsamen Marktes bzw. des zwischenstaatlichen Handels durch die ‚Commerce Clause' auf zentraler Ebene gelöst. „The European Union has no positive Commerce Clause giving Community institutions the plenary power to regulate interstate commerce" (*Fox* 2002, S. 97). Dieses Problem ließe sich auf europäischer Seite beispielsweise lösen, wenn ebenfalls eine solche separate ‚Commerce Clause' in den EU-Vertrag mit aufgenommen wird oder aber bereits vorhandene Vertragsartikel verstärkt diese Funktion ausüben würden (*Fox* 2002, S. 97).

---

[241] Vgl. *Kerber* (1994, S. 185); *Schmidt* (1998, S. 159); *Sauter* (2004, S. 200).

[242] *Hay* und *Morris* (1991, S. 617) gehen so weit, zu behaupten, daß „the promotion of effective competition is the *sole* focus of this policy" (Hervorhebung F.G.).

Der Ansatz von *Fingleton* et al. (1999) trägt dem europäischen Wettbewerbsansatz Rechnung. Er berücksichtigt in Anlehnung an die europäische Wettbewerbspraxis gegenüber wettbewerbswidrigen Vereinbarungen ganz unterschiedliche, auch grenzüberschreitende Effekte (Industrie-, Industriesektor- und Markteffekte). Im Gegensatz hierzu hat man bei der amerikanischen Wettbewerbspolitik im Rahmen der Bekämpfung von privatwirtschaftlich verursachten Wettbewerbsverzerrungen, die für die Ausgestaltung der Beihilfenkontrolle Pate stehen soll, den Eindruck, daß die eigentlich Begünstigten der Wettbewerbspolitik die Konsumenten sein sollen: „consumers matter".[243] Das bedeutet, es werden in erster Linie Markteffekte, also Preis- und Mengeneffekte aus Sicht der Konsumenten, betrachtet. Eine Beihilfenkontrolle wäre aus dieser Perspektive nur dann notwendig, wenn die Vergabe von Beihilfen zu einem Aufbau oder einer Stärkung einer marktbeherrschenden Stellung des Beihilfenempfängers führt. Dann würde die Gefahr bestehen, daß ein marktmächtiges Unternehmen seine Position zu Lasten der Konsumenten ausnutzen könnte (*Mueller* 2000, S. 346; *Fox* 2002, S. 94 f.).

Es existieren folglich zwischen der EU und den USA unterschiedliche wettbewerbliche Vorstellungen, die sich auch auf die Behandlung von Beihilfen auswirken können. Dies kann zum einen darauf zurückgeführt werden, daß der ökonomische Integrationsprozeß in den USA bis zur Errichtung eines Gemeinsamen Marktes seit langem abgeschlossen ist, während sich die EU noch in diesem Prozeß befindet. Zum anderen sind hierfür unterschiedliche Wettbewerbsauffassungen ausschlaggebend. Im folgenden soll die Notwendigkeit und Funktion einer Beihilfenkontrolle aus Sicht der US-amerikanischen Wettbewerbspraxis diskutiert werden.

3.7.2.2. Beihilfenkontrolle als Instrument einer ‚Antipredation'-Politik

3.7.2.2.1. Zur ‚Predatory'-Strategie

Negative Effekte für Konsumenten, also negative Markteffekte, sind unter den Voraussetzungen des Gemeinsamen Marktes dann zu erwarten, wenn eine ‚predatory'- oder ‚predatory pricing-Strategie' mittels der Vergabe von Beihilfen Erfolg verspricht.[244] Die ‚predatory'- oder ‚predatory-pricing-Strategie' entbehrte zunächst lange Zeit einer theoretischen Grundlage (*Williamson* 1977, S. 284; *Motta* 2004, S. 413). Eine Begründung für die Durchführung einer solchen Strategie wurde dann aber im sogenannten ‚deep pocket'- oder ‚long purse'-Argument gesehen. Das bedeutet, ein Unternehmen hat im Gegensatz zu seinen Konkurrenten größere finanzielle Reserven, eine ‚war chest', so daß es sich das Unternehmen kurzfristig leisten kann, die Preise zu senken und gleichzeitig das Angebot zu erhöhen. Über diese Preissenkung kann das Unternehmen die Nachfrage von Konkurrenten mit den ‚small pockets' auf sich ziehen und damit die

---

[243] Vgl. *McGee* (1980, S. 292); *Easterbrook* (1983/2004, S. 190); *Mueller* (2000, S. 357).

[244] Eine befriedigende Definition des Begriffes ‚predatory pricing' gibt es zwar nicht, dennoch ist die Thematik real und wichtig (*Baumol* 1979, S. 1). *Joskow* und *Klevorick* (1979, S. 219 f.) fassen unter den Begriff des ‚predatory pricing' ein Verhalten, das infolge kurzfristiger Preissenkungen darauf angelegt ist, aktuelle Konkurrenten aus dem Markt zu drängen bzw. potentiellen Konkurrenten den Markteintritt zu verwehren, um anschließend höhere Gewinne zu erzielen, als dies ohne die Preissenkung möglich gewesen wäre.

Konkurrenten aus dem Markt drängen oder potentielle Konkurrenten am Markteintritt hindern.[245]

> „A firm which drives out or excludes rivals by selling at unremunerative prices is not competing on merits, but engaging in behavior that may properly be called predatory" (*Areeda* und *Turner* 1975, S. 697).

Dabei handelt es sich um eine Investition in die Zukunft. Denn langfristig wird mit dieser kurzfristigen Preissenkung durch die Verdrängung der Konkurrenten eine Ausschaltung des Wettbewerbs bzw. eine Marktmachtposition angestrebt. Im Idealfall erhält das Unternehmen nach Durchführung dieser Strategie ein Monopol und damit die Möglichkeit, langfristig höhere Preise erzielen und so den Verlust kompensieren zu können, der mit der kurzfristigen verlustreichen Preissenkung verbunden ist. Mittlerweile wurde verstärkt in spieltheoretischen Modellen analysiert, wie ein ,predator' unter der Annahme asymmetrisch verteilter Informationen aktuellen oder potentiellen Konkurrenten glaubwürdig signalisieren kann, daß er in der Tat eine solche Strategie durchführen wird. Das Unternehmen könnte sich diesbezüglich beispielsweise eine entsprechende Reputation aufbauen oder auf andere Weise signalisieren, daß es über ausreichende finanzielle Ressourcen verfügt, um einen Preiskampf durchzuführen. Diese Drohung ist insbesondere dann glaubwürdig wenn die aktuellen oder potentiellen Konkurrenten finanziell restringiert sind.[246]

,Predatory'-Strategien sind aus ökonomischer Sicht kritisch zu beurteilen. Zwar können sich für die Konsumenten kurzfristig Wohlfahrtsverbesserungen ergeben, weil der Preis sinkt und die Menge steigt. Ist die Strategie aber erfolgreich und können konkurrierende Unternehmen aus dem Markt verdrängt werden, kommt es langfristig zu einer Preiserhöhung und damit zu einer Wohlfahrtsverschlechterung für die Konsumenten, d. h. zu einem Verlust an Konsumentenrente bzw. zu einer allokativen Ineffizienz. Zudem können produktive Ineffizienzen auftreten, wenn infolge einer solchen Strategie ähnlich effiziente oder gar effizientere Unternehmen aus dem Markt gedrängt werden (*Williamson* 1977, S. 288; *Motta* 2004, S. 435).

Es ist zu klären, wie eine solche ,predatory pricing'-Strategie erkannt werden kann, welche wettbewerbspolitischen Maßnahmen (,antipredation policy') ergriffen werden können und wie sich die Vergabe von Beihilfen in eine solche ,predatory'-Strategie eines Unternehmens einpaßt. Die Subventionierung einer ,predatory'-Strategie eines Unternehmens kann für den Staat rational sein, wenn sich die gewährten Subventionen durch die später erzielbaren Marktmachtgewinne des Unternehmens amortisieren lassen.[247] Bezieht man die Gewährung von Beihilfen in die folgenden Vorschläge zum

---

[245] Dieses ,deep pocket'-Argument wird vielfach vertreten, obwohl „[n]o one has yet demonstrated why predators could acquire the reserves they will need, while victims cannot" (*McGee* 1980, S. 297). Dies gilt wohl nur dann, wenn der Kapitalmarkt versagt (*Tirole* 2003, S. 377 f.).

[246] Vgl. für die frühen Ansätze *McGee* (1958, S. 139 f.); *Areeda* und *Turner* (1975, S. 698) und für Ansätze mit spieltheoretischen Erweiterungen *Harbord* und *Yarrow* (1999, S. 126-128); *Tirole* (2003, S. 373-377); *Motta* (2004, S. 412-435); *Morrison* (2004, S. 87).

[247] Es besteht somit eine Analogie in der Intention einer solchen Subventionierung zwischen der ,predatory'-Stratgie und derjenigen aus der Theorie der strategischen Handelspolitik.

wettbewerbspolitischen Umgang mit ‚predatory'-Strategien ein, so ergeben sich weitere Erkenntnisse bezüglich der Notwendigkeit und Funktion einer Beihilfenkontrolle.

3.7.2.2.2. *Areeda-Turner*-Kriterium

Areeda und *Turner* (1975) stellen zunächst klar, daß ‚predatory'-Strategien recht selten vorkommen bzw. unwahrscheinlich sind, was aber nicht bedeutet, daß es nicht entsprechende wettbewerbspolitische Regeln gegen solche Strategien geben müsse. Ein wesentliches Indiz *gegen* eine *normale* wettbewerbliche Preissetzung und *für* die Durchführung einer ‚predatory pricing'-Strategie ist nach Meinung von *Areeda* und *Turner* (1975, S. 703 und 733), daß ein Unternehmen kurzfristig nicht den Profit maximiert. Indem es den Preis unter seine kurzfristigen Grenzkosten setzt, zielt es offensichtlich darauf ab, eine Verdrängungsstrategie durchzuführen. Das *Areeda-Turner*-Kriterium besagt folglich, daß der Preis nicht unter den kurzfristigen Grenzkosten eines Unternehmens liegen darf.[248]

Berücksichtigt man nun, daß auch die Vergabe von Beihilfen ein geeignetes Instrument zur Durchführung einer solchen ‚predatory pricing'-Strategie sein kann, dann ist fraglich, wie das *Areeda-Turner*-Kriterium in diesem Zusammenhang angewendet werden kann. Versteht man unter Grenzkosten Netto-Grenzkosten, was bedeutet, daß die Subventionen bereits in den Grenzkosten berücksichtigt sind, dann würde die Beihilfenvergabe keine wettbewerbspolitischen Probleme hervorrufen. Teilt man diese Ansicht nicht, dann wäre zu untersuchen, inwieweit Beihilfen aus Sicht dieses Ansatzes akzeptabel sein können. Nach Auffassung von *Mueller* (2000, S. 347) ist mit dem *Areeda-Turner*-Kriterium vereinbar, daß Preise unter die langfristigen totalen durchschnittlichen Kosten gesetzt werden können, solange sie mindestens den kurzfristigen Grenzkosten entsprechen. Daraus ergibt sich, daß in dem Maße, wie die Preise unter den langfristigen totalen Durchschnittskosten liegen, ein Verlust für das Unternehmen entsteht, der durch einen Transfer der Kapitaleigner und/oder Arbeitnehmer ausgeglichen werden müsse. Wenn solche Transfers von Kapitaleignern und/oder Arbeitnehmern im Rahmen des *Areeda-Turner*-Kriteriums an das Unternehmen gestattet sind, spricht im Grunde nichts dagegen, daß dies auch für einen staatlichen Transfer gilt (*Mueller* 2000, S. 347 f.). Eine Beihilfenkontrolle hätte insofern gemäß dem *Areeda-Turner*-Kriterium solche Beihilfen zu verbieten, die begünstigen, daß ein Unternehmen den Preis unter die kurzfristigen Grenzkosten setzt.

Die Anwendung des *Areeda-Turner*-Kriteriums birgt jedoch unterschiedliche Probleme, denn *erstens* ist es schwierig, die kurzfristigen Grenzkosten eines Unternehmens zu ermitteln (*Areeda* und *Turner* 1975, S. 733).[249] *Zweitens* zeigt *Møllgaard* (2004), daß das primäre Abstellen auf die Kontrolle von Preisen zur Verhinderung einer ‚predatory pricing'-Strategie nicht unbedingt eine sinnvolle ‚antipredation policy' ist. Denn eine

---

[248] Ausnahmen von der Regel sind möglich, wenn der Wettbewerber nachweisen kann, daß es sich um Einführungspreise handelt oder der Konkurrent zu ähnlich niedrigen Preisen anbietet (*Areeda* und *Turner* 1975, S. 733).

[249] *Areeda* und *Turner* (1975, S. 733) führen daher weitere situationsbedingte Kriterien an, anhand derer man feststellen kann, ob eine ‚predatory pricing'-Strategie vorliegt.

Verdrängung der Konkurrenten muß nicht notwendigerweise über den Preis erfolgen. Das ist insbesondere der Fall, wenn es sich um Beihilfen für Investitionen handelt, die Unternehmen, beispielsweise TV-Sender, tätigen (müssen), um die Nachfrage anzuregen. Als Beispiel wird der Markt für TV-Werbung angeführt. Die Fernsehsender, so die Annahme, finanzieren sich in erster Linie über Einnahmen aus der Werbung, wobei die Attraktivität eines Senders für ein werbendes Unternehmen davon abhängt, wie viele Zuschauer eine Sendung schauen, in deren Verlauf ein Werbespot gezeigt wird. TV-Sender, die eine Beihilfe erhalten, können ein attraktiveres Fernsehangebot offerieren als die nicht subventionierte Konkurrenz. Dies hat zur Folge, daß große Teile der Zuschauer den Sender wechseln. Aufgrund des Zuschauerzustroms wird der Sender attraktiver für die Werbeindustrie. Auf diese Weise kann der subventionierte Sender die Konkurrenz vom Markt verdrängen und höhere Preise für die Ausstrahlung von Werbespots fordern.

„If the aid is sufficiently large, if the demand-enhancing investment in product quality are sufficiently important and / or if investments in cost-reducing innovations are significant, then the non-receiving firm may be forced to leave the market. In this extreme case, state aid would be predatory" (*Møllgaard* 2004, S. 12).

Drittens wird an dem Kriterium von *Areeda* und *Turner* häufig kritisiert, daß es aus wohlfahrtstheoretischer Sicht nicht effizient sei. Denn das eigentliche Problem einer solchen Verdrängungsstrategie, nämlich langfristig die Preise zu erhöhen, nachdem die Preise kurzfristig reduziert werden, um die Konkurrenten aus dem Markt zu drängen, werde im Kriterium von *Areeda* und *Turner* vernachlässigt. Daher handelt es sich um ein statisches Konzept, das von der intertemporalen Perspektive abstrahiert.[250]

3.7.2.2.3. *Baumol*-Regel

Der Vorschlag von *Baumol* (1979) für die Durchführung einer ‚antipredation policy' trägt der intertemporalen Perspektive der Unternehmensstrategie Rechnung. Zudem ist er auch auf das von *Møllgaard* (2004) geschilderte Problem anwendbar. Er erfordert keine Ermittlung der Kostenstruktur des Unternehmens. Es wird lediglich „the incumbent's intertemporal price path" betrachtet (*Tirole* 2003, S. 373). In diesem Sinne gibt es nach *Baumol* (1979, S. 4; H. i. O.) eine einfache und allokativ effiziente Lösung, um ein ‚predatory pricing'-Verhalten zu unterbinden:

„[T]he established firm can be left free to cut prices in order to protect its interests, without being permitted to *reraise* those prices *if the entrant leaves the market* or if the firm wants to subsidize price cuts of other products that are then threatened by competition. In short, such price reductions can be made quasi-permanent."

Baumol (1979, S. 8-10) schlägt vor, daß Preise für eine Periode von fünf Jahren konstant gehalten werden sollen.[251] Unter dieser Regulierung können Preissenkungen als ein Zeichen für Effizienz verstanden werden, da die Unternehmen aufgrund der Langfri-

---

[250] Vgl. *Williamson* (1977, S. 287; 1979, S. 183-185); *Baumol* (1979, S. 2 f.).

[251] Freilich müßten bei dieser Preisregulierung sowohl Inflationssteigerungen wie auch exogene Preisänderung bei Rohstoffen berücksichtigt werden. Die Preisregel müsse zudem im Kausalzusammenhang mit tatsächlichen oder angedrohten Marktein- bzw. -austritten von Firmen gesehen werden (*Baumol* 1979, S. 6-9).

stigkeit der Preissetzung und der fehlenden Aussicht auf zukünftige Gewinnrealisierung keine Anreize mehr haben würden, eine ‚predatory pricing'-Strategie zu verfolgen. Unter dieser Preissetzungsregel können effiziente Firmen nicht durch ineffizientere aus dem Markt gedrängt werden, sondern nur umgekehrt. Die produktive Effizienz wird ebenso wie die allokative Effizienz nicht geschmälert.

Wie kann nun die Vergabe von Subventionen als Instrument zur Durchführung einer solchen ‚predatory' Strategie aus der *Baumol*schen Perspektive beurteilt werden? Für die Konsumenten brächte eine langfristig angelegte Gewährung von Beihilfen keinen Nachteil mit sich, sondern sogar einen langfristigen Vorteil, wenn ein Unternehmen aufgrund einer dauerhaften Subvention die Preise dauerhaft niedrig halten müßte. Die Vergabe von Beihilfen würde nach *Mueller* (2000, S. 348) somit nicht in Konflikt mit der von *Baumol* vorgeschlagenen Ausgestaltung einer ‚antipredation policy' geraten.[252]

3.7.2.2.4. Der Ansatz von *Joskow* und *Klevorick*

Einen weiteren Vorschlag für die Ausgestaltung einer ‚antipredation policy' liefern *Joskow* und *Klevorick* (1979). Die Autoren argumentieren, daß es bei der wettbewerbspolitischen Beurteilung kurzfristiger Verhaltensweisen immer schwierig sei, Rückschlüsse auf langfristige Marktergebnisse zu ziehen und hieraus Empfehlungen für eine Wettbewerbspolitik gegen eine ‚predatory pricing'-Strategie abzuleiten (*Joskow* und *Klevorick* 1979, S. 217). Sie stellen vielmehr – in intertemporärer Perspektive – die Frage nach den Determinanten einer erfolgreichen ‚predatory pricing'-Strategie, wobei sie insbesondere die Stabilität und Dauerhaftigkeit des mit dieser Strategie angestrebten Monopols fokussieren. Der Erfolg einer ‚predatory-pricing'-Strategie setzt nämlich voraus, daß das Unternehmen zukünftig einen Preisspielraum besitzen wird, der es ihm ermöglicht, die zuvor aufgewendeten Kosten zu amortisieren. Das gelingt freilich nur, wenn in diesem Markt Marktstrukturmerkmale vorhanden sind, die einen baldigen Eintritt von Konkurrenzunternehmen oder einen Wiedereintritt verdrängter Unternehmen nach der temporären Preissenkung verhindern.[253]

Joskow und *Klevorick* (1979, S. 225-234; *McGee* 1980, S. 319) nennen folgende Bedingungen oder Marktstrukturmerkmale, die Einfluß darauf haben, ob eine Firma kurzfristig eine Monopolstellung auf dem Markt ausnutzen kann:

1. die Preiselastizität der Nachfrage;

---

[252] An dieser Schlußfolgerung können jedoch Zweifel angebracht werden, denn streng genommen dürfte die *Baumol*-Regel nur für Einproduktunternehmen gelten. *Baumol* (1979, S. 10) selbst würde für den Fall der Quersubventionierung innerhalb einer Mehrproduktfirma durchaus eine Kostenkontrolle unterstützen. Denn in diesem Fall „a very profitable firm may prefer, even for long periods, to use some of the profits contributed by other outputs as a source to subsidize socially unacceptable low prices of products threatened by entry." Im Gegensatz dazu muß das begünstigte Unternehmen im Falle der staatlichen Subventionierung noch nicht einmal in anderen Sparten sehr profitabel sein.

[253] Solange kein irreversibler Abbau von Kapazitäten stattgefunden hat, könnten die physischen Kapazitäten verdrängter Unternehmen durchaus wieder aktiviert werden, wenn ein Monopolist seine Preise erhöhen würde (*McGee* 1958, S. 140 f.).

2. ‚conditions of entry', d. h. inwieweit Konkurrenten zeitnah in den Markt eintreten und das Monopol disziplinieren können. Dabei sei der Begriff *Marktzutrittsschranke* zu eng und leicht fehl zu interpretieren. Es handele sich vielmehr um mehrere Charakteristika, die den Marktzutritt beeinflussen: die Höhe der zum Markteintritt erforderlichen finanziellen Ressourcen, Kapitalmarktunvollkommenheiten, das Risiko, Werbungsausgaben, ein Markenname sowie die Transferierbarkeit von Ressourcen von einer Firma zur nächsten (*Joskow* und *Klevorick* 1979, S. 228 f.). Je kosten- und zeitintensiver der Markteintritt ist, desto schwieriger ist es, eine dominante Firma zu disziplinieren;

3. Dynamische Effekte wie technologische Innovationen, die Einfluß auf die Produktionskosten der Wettbewerber und Newcomer haben können und die es ihnen ermöglichen, qualitativ gleichwertige Produkte günstig herzustellen (*Joskow* und *Klevorick* 1979, S. 231-234).

Ausgehend von diesen Marktstrukturmerkmalen leiten *Joskow* und *Klevorick* (1979, S. 269) einen Vorschlag für eine ‚antipredation policy' ab:

> „In the absence of difficult entry conditions or similarly conducive structural features of the market, long-run monopoly power is unlikely. Hence, predatory pricing would be irrational and thus improbable. Therefore, if there were not significant entry barriers, and no other structural evidence was presented that pointed to a monopoly problem, the case should be dismissed on structural grounds alone. If, on the other hand, the market's structural characteristics implied the existence or prospect of long-run monopoly power, then the exception was relevant, and the court should have looked beyond average variable cost in deciding the issue."[254]

Berücksichtigt man die Überlegungen von *Joskow* und *Klevorick*, so kann die Vergabe von Beihilfen an Unternehmen im Gemeinsamen Markt nur unter bestimmten Bedingungen wettbewerbspolitische Probleme aufwerfen. So muß das subventionierte Unternehmen die Möglichkeit haben, den Preis unter die unsubventionierten langfristigen variablen Durchschnittskosten zu senken. Zudem müssen Marktstrukturmerkmale existieren, die es dem Unternehmen ermöglichen, zukünftig eine Marktmachtposition zu erhalten, die stabil und dauerhaft ist.[255] Diese Bedingungen könnten z. B. erfüllt sein, wenn ein dominantes Unternehmen mit einem Marktanteil von mindestens 50 % in einem Markt mit hohen Marktzutrittsschranken tätig ist (*Mueller* 2000, S. 348).[256]

---

[254] „Obstacles to entry are necessary conditions for success. ... It is foolish to monopolize an area or market into which entry is quick and easy. ... In general, monopolization will not pay if there is no special qualification for entry, or no relatively long gestation period for the facilities that must be committed for successful entry" (*McGee* 1958, S. 142).

[255] Es ist für ein Unternehmen nur dann rational, seine Preise unter die durchschnittlichen langfristigen variablen Kosten zu senken, wenn mit späteren Gewinnen zu rechnen ist, ansonsten wäre es für das Unternehmen rational, die Produktion zu stoppen bzw. den Geschäftsbereich zu veräußern. Aus dieser Perspektive kann folglich eine Preissenkung nur als eine Investition in die Zukunft betrachtet werden (*McGee* 1980, S. 292).

[256] Kritisch kann angemerkt werden, daß bei der Umsetzung der von *Joskow* und *Klevorick* vorgeschlagenen ‚antipredation policy' ein erheblicher zusätzlicher Aufwand auf die Wettbewerbsbehörden zukommen würde, auch weil die Grenze zu Wettbewerbssituationen, in denen sich ein Unternehmen aufgrund seiner großen Effizienz eine entsprechende Position erarbeitet hat, nicht klar gezogen werden kann (*McGee* 1980, S. 320).

Festzuhalten ist, daß die Prüfung von Beihilfen nach amerikanischem Vorbild berücksichtigen müßte, inwiefern Märkte, in denen subventionierte Unternehmen tätig sind, durch Bedingungen charakterisiert sind, die dem subventionierten Unternehmen letztlich Anreize für und auch die Aussicht auf eine erfolgreiche Durchführung einer ‚predatory pricing'-Strategie geben.[257] Falls entsprechende Bedingungen vorliegen, sollte die Beihilfe verboten werden (*Mueller* 2000, S. 349; *Fox* 2002, S. 94 f.).

Eine große Diskussion wird darüber geführt, ob eine solche ‚predatory pricing'-Strategie aus der Sicht eines Unternehmens überhaupt rational sein kann.[258] Die Frage der Rationalität einer solchen Politik stellt sich vor dem Hintergrund einer Beihilfenvergabe etwas spezifischer (*Mueller* 2000, S. 349 f.). Man müßte nämlich berücksichtigen, daß für einen wohlfahrtsmaximierenden Staat – ebenso wie in der Theorie der strategischen Handelspolitik – die Vergabe von Beihilfen nur dann rational sein kann, wenn sich die Beihilfe ex post amortisieren läßt. D. h. die Monopolgewinne müßten dem Staat zugerechnet werden können, z. B. indem der Staat die Monopolgewinne des Unternehmens (teilweise) abschöpft. Dazu müßte das Unternehmen bzw. müßten die Eigner des Unternehmens lokal gebunden sein bzw. das Unternehmen oder die Kapitaleigner dürften sich nicht dem Hoheitsbereich des Staates entziehen können. Nur dann wäre die Vergabe von Beihilfen für den Staat rational und demzufolge eine Beihilfenkontrolle erforderlich. In den übrigen Fällen stellt die Vergabe von Beihilfen nichts anderes dar als eine Verschwendung von Steuergeldern (*Ioannis* und *Reiner* 2001, S. 292; *Pelkmans* 2001, S. 242).

Zusammenfassend folgt aus der Anwendung einer ‚antipredation policy' auf die Vergabe von Beihilfen, daß die Bedingungen für ein erfolgreiches ‚predatory pricing' bzw. für eine ‚predatory'-Strategie eher selten gegeben sind. Das impliziert, daß – gemessen an der Gesamtheit der Beihilfen – der Anteil der Beihilfen, die negative Markteffekte zeitigen und daher verboten werden sollten, sehr gering ist (*Fox* 2002, S. 92). Eine Kontrolle von Beihilfen wäre beispielsweise nicht notwendig für die in der Realität am meisten vergebenen Beihilfen an Unternehmen in Schwierigkeiten. Denn diese Unternehmen können eher als Opfer denn als Täter einer Verdrängungsstrategie gelten (*Mueller* 2000, S. 350). Die Funktion einer Beihilfenkontrolle hinsichtlich der Verhinderung erfolgreicher ‚predatory pricing'-Strategien kann dadurch unterstützt werden, daß die Voraussetzungen für einen Gemeinsamen Markt erfüllt sind, speziell die Niederlassungsfreiheit. Denn die Niederlassungsfreiheit erlaubt es Unternehmen in einem Gemeinsamen Markt, die gleichen Konditionen an einem Standort zu erhalten wie bereits

---

[257] Die Überprüfung der Dauerhaftigkeit eines Monopols müßte zugleich berücksichtigen, daß andere Staaten ebenfalls Beihilfen an ihre Unternehmen vergeben, die dadurch in die Lage versetzt werden, die Marktzutrittsschranken zu überspringen und für mehr Wettbewerb auf dem Markt zu sorgen (*Europäische Kommission* 1990b, S. 103; *Grossman* 1990, S. 96 f.; *Behboodi* 1994, S. 30-32; *Hirschhausen* und *Röller* 1999, S. 137-140). Das bedeutet, daß nicht nur ein Unternehmen, sondern auch ein Staat mit Vergeltungsmaßnahmen rechnen muß, wenn er eine solche Strategie durchführt (*McGee* 1980, S. 295). Hierin könnte eine weitere Parallele zu den schon im Rahmen der Theorie der strategischen Handelspolitik angesprochenen Problemen gesehen werden.

[258] Vgl. *McGee* (1958, S. 137-143; 1980, S. 294-300); *Adams, Brock* und *Obst* (1996a; 1996b); *Motta* (2004, S. 413-415).

ansässige Firmen. Die Gefahr einer erfolgreichen ‚predatory pricing'-Strategie kann folglich sinken, wenn Konkurrenzunternehmen sich am gleichen Standort niederlassen und die gleichen Beihilfen erhalten dürfen und/oder wenn sich die begünstigten Unternehmen der Besteuerungsgewalt des Staates entziehen können.

3.8. Einordnung der Beihilfenfälle

Die Beihilfenpraxis der Europäischen Kommission wurde in Kapitel 2 vorgestellt. Es wurden die Kriterien beschrieben, die von der Kommission zur Bewertung von Beihilfenfällen zugrunde gelegt werden. Die Kommission sieht die Aufgabe der Beihilfenkontrolle darin, einen ‚fairen Wettbewerb' der Unternehmen auf dem Gemeinsamen Markt sicherzustellen. Dies soll vor allem durch die Etablierung eines ‚fully level playing field' für die Unternehmen im Gemeinsamen Markt erfolgen.[259] Zur Illustration der Vorgehensweise der Kommission wurden am Ende des zweiten Kapitels exemplarisch drei Beihilfenfälle ausführlich beschrieben. Diese Fälle sollen nun anhand der in diesem dritten Kapitel angestellten ökonomischen Überlegungen analysiert werden. Es zeigt sich, daß der Versuch der Herstellung eines ‚level playing field' eher mit der Sichtweise der traditionellen Außenhandelstheorie kompatibel sein kann, jedoch weniger mit neueren ökonomischen Theorien zur Beurteilung der Wettbewerbswirkungen von Beihilfen.

3.8.1. Der Fall Ryanair

Im Fall Ryanair erhielt die irische Billigfluglinie am Regionalflughafen Charleroi gewisse Sonderkonditionen, die andere am Flughafen BSCA operierende Fluglinien nicht erhalten haben. Die Vergünstigungen wurden als Beihilfe deklariert, denn nach Auffassung der Kommission soll es das Ziel der Beihilfenkontrolle sein, ein ‚level playing field' für Fluglinien herzustellen, die am selben Flughafen operieren. Demnach müssen alle Fluglinien an einem Flughafen gleich behandelt werden. Ryanair muß aufgrund dieser Regelung einen Teil der Beihilfen zurückzahlen. Dieser Tatbestand soll nun aus Sicht der verschiedenen angeführten ökonomischen Theorien analysiert werden.

In der Entscheidung wird nur gefordert, daß eine Gleichbehandlung aller Fluglinien an demselben Flughafen stattfinden muß. Weil aber die Flughafengebühren zwischen den Flughäfen divergieren dürfen, können durchaus Wettbewerbsverzerrungen zwischen Fluglinien auftreten, die unterschiedliche Flughäfen anfliegen.[260] Um hieraus resultierende Wettbewerbsverzerrungen zwischen Fluglinien zu vermeiden, müßten die Flughafengebühren aus Sicht der traditionellen Außenhandelstheorie an allen Flughäfen im Gemeinsamen Markt gleich hoch sein. Da dies aber nicht gewährleistet ist, ist die Regelung der Kommission aus Sicht der traditionellen Außenhandelstheorie ineffizient. Eine Fehlallokation von Ressourcen im Gemeinsamen Markt wird durch die Regel nicht verhindert. Allerdings setzt die Argumentation in der traditionellen Außenhandelstheo-

---

[259] Vgl. *Sinnaeve* (1999, S. 14); *Miert* (2001, S. 46); *Sinnaeve* (2002, S. 88); *Wishlade* (2003, S. 1); *Gröteke* und *Heine* (2003, S. 258); *Gröteke* und *Heine* (2004a, S. 328); *Europäische Kommission* (2004b, S. 1; 2005d, S. 5).

[260] Im Extremfall dürfen die Flughafengebühren an einem Flughafen sogar bei null Euro liegen, solange dies für alle Fluglinien an demselben Flughafen gilt (*Soltész* 2003, S. 1035 f.).

rie voraus, daß die Produktionsfaktoren ausgelastet sind. Dies gilt für den Flughafen Charleroi nicht. Somit sind die Schlußfolgerungen zu relativieren.

Man könnte argumentieren, daß neuere außenhandelstheoretische Überlegungen zur Beurteilung von Beihilfen im Flugsektor Eingang in die Mitteilung der Kommission (1994a) zur Anwendung der Beihilfenkontrolle auf den Flugsektor aus dem Jahre 1994 gefunden haben. In dieser Mitteilung werden Beihilfen an die *eigenen*, also im staatlichen Besitz befindlichen, Fluglinien als wettbewerbsschädlich und daher nicht mit dem Gemeinsamen Markt vereinbar dargestellt. Die Situation stellte sich damals folgendermaßen dar. Beihilfen sind in den 1990er Jahren an staatliche Fluglinien, wie Olympic Airways in Griechenland (auch kürzlich wieder), Air France in Frankreich etc., vergeben worden (*Campbell, Rowley* und *Waverman* 1994, S. 421 f.; *Hartwig* 2004, S. 285). Solche Beihilfen rufen in einem Markt, der von Überkapazitäten bzw. einer ineffizienten Nutzung vorhandener Kapazitäten und relativ wenigen Anbietern geprägt ist, eine Wettbewerbsverzerrung und somit eine Bedrohung für Fluglinien aus anderen Staaten hervor (*Clayton* 1997, S. 97; *Kunz* 1999, S. 32 f.). Da unter diesen Bedingungen Gegenreaktionen zu erwarten sind, ist ein Subventionswettlauf im Luftfahrtsektor zu befürchten (*Europäische Kommission* 1994a, C 350/5). Die europäische Beihilfenkontrolle kann unter den geschilderten Bedingungen als ein notwendiges Instrument zur Disziplinierung der Mitgliedstaaten und Verhinderung einer ‚beggar-thy-neighbour' Politik angesehen werden. Dafür lassen sich zwei Gründe anführen: Erstens könnten die Bedingungen geeignet sein, um eine strategische Handelspolitik durchzuführen, also mögliche Oligopolgewinne von anderen Fluglinien umzulenken. In einem solchen Fall wäre eine Beihilfenkontrolle notwendig, um dies zu unterbinden. Da es sich zweitens bei den geschilderten Fluglinien jedoch nicht um die *Täter* einer strategischen Handelspolitik handelt, sondern zumeist um notleidende Fluglinien, sind wohl Staatsversagensgründe für die geschilderten Probleme ursächlich. Die Forderung nach einem Beihilfenverbot könnte daher vor allem darauf abzielen, mögliche Subventionskriege zu vermeiden, die infolge von Staatsversagen auftreten könnten.

Die Prämissen für die Durchführung einer strategischen Handelspolitik sind aber – Fluglinien betreffend – im Fall von Ryanair nicht erfüllt. Denn die Wallonische Regierung wird keinen Anreiz haben, eine irische Fluglinie im Rahmen einer strategischen Handelspolitik zu begünstigen, wenn sie keine Möglichkeit hat, die Subvention zu amortisieren. Dies wäre nur möglich, wenn das Unternehmen in anderer Form an die Region gebunden und damit der Steuerhoheit der Region ausgesetzt wäre. Eine Berücksichtigung der Erkenntnisse aus den Modellen der strategischen Handelspolitik ergibt somit, daß diese Beihilfe keinen Einfluß auf den Markt für *Fluglinien* hat und somit genehmigt werden kann. Da es sich bei Ryanair auch nicht um ein notleidendes Unternehmen handelt, ist auch Staatsversagen nicht ursächlich für die Beihilfenvergabe. Aus der Sicht der Modelle der strategischen Handelspolitik und der ‚Public Choice'-Theorie wären folglich keine Wettbewerbsverzerrungen und Gegenreaktionen zu erwarten.

Möglicherweise könnten aber die wallonische Regierung und BSCA mittels der Gewährung von Beihilfen an Ryanair versuchen, eine ‚beggar-thy-neighbour'-Politik gegenüber konkurrierenden *Flughäfen* zu betreiben. Die Argumentation ist dabei etwas modifiziert gegenüber derjenigen in der Theorie der strategischen Handelspolitik. Dort wurde angenommen, die Länder subventionieren ihre Unternehmen. Hier – so könnte man argumentieren – subventionieren Regionen ihre Flughäfen, um Passagiere von Flughäfen in anderen Regionen umzulenken. Aufgrund der günstigeren Flugpreise könnten beispielsweise die Nachfrager (Passagiere) nun von Charleroi aus fliegen und nicht mehr von Brüssel aus. Zu prüfen wäre folglich, ob die Beihilfe geeignet ist, den Wettbewerb zwischen Flughäfen zu verfälschen und Gegenreaktionen bzw. Subventionswettläufe zu induzieren (*Gröteke* und *Kerber* 2004, S. 322-325).[261] Solche Wettbewerbsverzerrungen sind im konkreten Fall aber eher zu verneinen. Denn die Konstellation suggeriert, daß nicht etwa eine strategische Handelspolitik betrieben wird, sondern Beihilfen vielmehr dazu genutzt werden, um Marktzutrittsschranken aufzubrechen. Dadurch kann der Wettbewerb sowohl auf dem Markt für Fluglinien als auch auf dem Markt für Flughäfen erst intensiviert werden.

Zu diesem Ergebnis kann man beispielsweise gelangen, wenn man vom Ansatz von *Fingleton* (2001) und *Fingleton, Ruane* und *Ryan* (1999) ausgeht. Danach wäre zu prüfen, ob mittels der gewährten Vergünstigungen eine marktbeherrschende Stellung von Ryanair im Flugmarkt entstehen würde.[262] Es sollte dabei auf die Art der gewährten Beihilfe eingegangen und die relevanten Märkte sollten abgegrenzt werden, um die Effekte der Beihilfe beurteilen zu können. Dabei sind die Industrieeffekte, Industriesektoreffekte und Markteffekte einer Beihilfe zu ermitteln und gegeneinander abzuwägen.

Der Industrieeffekt beschreibt die Wettbewerbswirkungen der Beihilfe auf konkurrierende Unternehmen. Für die Bestimmung des Industrieeffektes ist die Art der Vergünstigung im Fall Ryanair wichtig. Diese kann zwar mit Blick auf die übrigen am Flughafen operierenden Fluglinien als firmenspezifisch interpretiert werden, weil nur Ryanair, aber nicht die übrigen Fluglinien am Flughafen BSCA begünstigt werden. Man kann jedoch vermuten, daß jede andere Fluglinie die Vergünstigungen ebenfalls bekommen hätte, wenn sie ebensolche Gegenleistungen wie Ryanair erbracht hätte. Dies würde implizieren, daß Ryanair die Vergünstigungen auf der Basis objektiver Kriterien erhalten hat. Freilich sollten diese Kriterien im Rahmen einer Ausschreibung transparent offen gelegt werden, aber die Tatsache, daß BSCA mit 35 Airlines verhandelt hat, läßt den Schluß zu, daß die Beihilfe eher aktivitäts- als firmenspezifisch ist und von anderen Airlines auch hätte in Anspruch genommen werden können, wenn sie entspre-

---

[261] Unter diesen Bedingungen wäre die Entscheidung der Kommission kritisch zu beurteilen, weil es möglich bleibt, daß subventionierte Flughäfen unterschiedliche Flughafengebühren verlangen können, solange die Fluglinien an demselben Flughafen gleich behandelt werden. Es besteht somit die Möglichkeit zu einer strategischen Handelspolitik. Dabei ist aber zu berücksichtigen, daß die Europäische Kommission im Rahmen der Beihilfenkontrolle nur dann tätig wird, wenn grenzüberschreitende Effekte vorliegen. Wäre nur der Brüsseler Flughafen von der Praxis in Charleroi betroffen, hätte dies keine beihilfenrechtlichen Konsequenzen.

[262] *Fingleton, Ruane* und *Ryan* (1999) geben den Flugsektor bei ihrer Forderung und der Ausarbeitung von Kriterien im Hinblick auf die Überprüfung von Beihilfen als Beispiel an. Jedoch gehen sie davon aus, daß es sich bei der begünstigten Fluglinie um die *eigene* Fluglinie handelt. „Suppose a national government wishes to give aid to its national carrier" (*Fingleton, Ruane* und *Ryan* 1999, S. 84). Diese Bedingung ist aber im Fall Ryanair nicht erfüllt. Daher muß eine allgemeine Überprüfung der Wettbewerbseffekte der Vergünstigungen an Ryanair erfolgen.

chende Gegenleistungen erbracht hätten (*Gröteke* und *Kerber* 2004, S. 321 f.; *Steinrücken* und *Jaenichen* 2004c, S. 99). Dies hat Auswirkungen auf die Beurteilung der Wettbewerbseffekte der Beihilfe.

> „Assuming the aid is broad based, say open to all manufacturing firm meeting general criteria, is there any reason for the Commission to be concerned about the particular market in which any given aid recipient is operating" (*Fingleton, Ruane* und *Ryan* 1999, S. 85)?

Die Ermittlung der unterschiedlichen Effekte ist im konkreten Fall diffizil, weil es sich um die Vergabe von Beihilfen in einem Sektor handelt, der erst liberalisiert wurde und immer noch wird (*Europäische Kommission* 2004a, L 137/60; *Gröteke* und *Kerber* 2004, S. 317-319). Erst infolge der Liberalisierung und vor allem durch den Zutritt von Billigfluglinien wurde der Wettbewerb im Flugsektor intensiviert (z. B. *Callaghan* 2005, S. 441). Der Marktzutritt von Billigfluglinien ist jedoch mit Schwierigkeiten verbunden: Zum einen sind freie Slots an etablierten Flughäfen aufgrund der dort herrschenden Großvaterrechte kaum zu bekommen. Das bedeutet, nutzt eine Fluglinie den Slot in t_0, so hat sie einen Anspruch auf denselben Slot in t_1. Zum anderen ist das Geschäftskonzept der Billigfluglinien meist nicht kompatibel mit dem Geschäftskonzept etablierter Flughäfen. Aus diesen zwei Gründen ist es notwendig, daß nicht nur die Billigfluglinien neu in den Markt für Flugdienstleistungen eintreten, sondern auch Flughäfen.[263] Auch BSCA tritt erst neu in den Markt ein. Für den Markteintritt in die von mehreren Flughäfen bediente und vom Brüsseler Flughafen Zaventem dominierte Brüsseler ‚catchment area‘ benötigt BSCA eine entsprechende Auslastung und muß Fluglinien attrahieren (*Barrett* 2000, S. 16 f.). Dementsprechend wird BSCA Fluglinien bessere Konditionen bieten, die stärker zu einer Auslastung des Flughafens beitragen, als anderen Fluglinien, die dies nicht in demselben Umfang tun. Im Fall Ryanair kommt daher „die markteintrittsfördernde Wirkung der Preisdifferenzierung bei Inputprodukten sehr deutlich" zur Geltung (*Haucap* und *Hartwich* 2006, S. 123). Man kann folglich argumentieren, daß die Vereinbarung zwischen BSCA und Ryanair nicht wettbewerbsbeschränkend, sondern vielmehr wettbewerbsfördernd ist. Denn sie ermöglicht sowohl Ryanair als auch BSCA den Marktzugang (*Gillen* und *Lall* 2004, S. 48). Das komplementäre Auftreten von Billigfluglinien und regionalen Flughäfen führt zu einer Intensivierung und nicht zu einer Einschränkung des Wettbewerbs im zunehmend liberalisierten Flugmarkt (*Gröteke* und *Kerber* 2004, S. 318 f.). Insofern müßten insbesondere die Markteffekte des gestiegenen Wettbewerbs, der erst durch die von BSCA gewährten Beihilfen an Ryanair ermöglicht wird, besonders hervorgehoben werden, um in der Terminologie von *Fingleton* et al. zu bleiben. Kurz, die Gewährung von Beihilfen wäre in diesem Fall als nicht wettbewerbsschädlich zu bewerten. Sie trägt vielmehr zu einer Intensivierung des Wettbewerbs und einer Steigerung der Wohlfahrt im Gemeinsamen Markt bei.

Da die Beihilfen nicht zu einer Monopolisierung, sondern erst zu einer Intensivierung des Wettbewerbs führen, überwiegen die positiven Markteffekte eindeutig. Daher sind die Vergünstigungen für Ryanair aus Sicht der vorgestellten ‚antipredation policies‘ nicht zu beanstanden.

---

[263] Vgl. *Graham* (1997); *OECD* (1998); *Starkie* (1998); *Barrett* (2000); *Berg* und *Schmitt* (2002, S. 92); *Starkie* (2002); *Barrett* (2004a, S. 35-37); *Fridstrøm* et al. (2004).

Zusammenfassend muß aus ökonomischer Sicht Kritik an der Entscheidung der Kommission angebracht werden. Denn „Ryanair's agreement with Charleroi Airport was simply the extension of a successful model from the UK and Ireland to mainland Europe" (*Callaghan* 2005, S. 440). Aufgrund der Analyse wurde festgestellt, daß die Vergünstigungen an Ryanair nicht geeignet sind, den Wettbewerb zu verfälschen. Die Entscheidung der Kommission ist daher anzuzweifeln. Kritiker meinen, daß es sich bei der Entscheidung der Kommission um eine politische Entscheidung handelt, „based on pressure from a dominant airport and several national airlines" (*Callaghan* 2005, S. 444; *Barrett* 2004b, S. 12 f.). Gleiches gilt für die Kriterien, die die Kommission für die Vergabe von Beihilfen an Regionalflughäfen im Anschluß an den Fall entwickelt hat (*Europäische Kommission* 2004a, L 137/52-57; 2005e). Auch diese sind aus ökonomischer Sicht ineffizient (*Gröteke* und *Kerber* 2004, S. 325-328). Der Fall Ryanair zeigt ganz deutlich, daß es nach wie vor an einer wettbewerbspolitischen Analyse im Rahmen der Beihilfenkontrolle mangelt. Die Vermutung liegt nahe, daß die Kommission nach wie vor davon ausgeht, daß Beihilfen ‚per se' eine Wettbewerbsverfälschung hervorrufen, weil implizit angenommen wird, daß die Ausgangssituation vor der Beihilfenvergabe eine Situation perfekten Wettbewerbs ist. Entspricht die Ausgangssituation aber nicht diesem Ideal, treten für die Kommission Probleme bei der Begründung ihrer Politik auf. Zudem eröffnet der Mangel an ökonomischer Analyse politischen Entscheidungsspielraum bei den Beihilfenentscheidungen.

3.8.2. Der Fall der regionalen Steuerautonomie

In der Beihilfenkontrolle wird zwischen allgemeinen und selektiven Maßnahmen unterschieden. In diesem Zusammenhang wurde überprüft, ob die Ausführung einer regionalen Steuerautonomie durch regionale Regierungen den Tatbestand einer selektiven Maßnahme erfüllt und gegen Art. 87 EG verstößt. Die Kommission sieht den Tatbestand der Beihilfe als erfüllt an, wenn steuerautonome Gebiete ihren Steuersatz unter einen nationalen Mindeststeuersatz senken. Die Praxis der Kommission könnte als ein Versuch interpretiert werden, zumindest national ein ‚level playing field' zu etablieren, d. h. für Unternehmen national gleiche Steuerbelastungen herzustellen.

Aus Sicht der traditionellen Außenhandelstheorie könnte man folgendermaßen argumentieren: Die von der Kommission vertretene Unterscheidung zwischen allgemeinen und regional selektiven Maßnahmen ist nur dann geeignet, ein ‚level playing field' zwischen Unternehmen im Integrationsraum zu etablieren, wenn nationale steuerliche Maßnahmen über flexible Wechselkurse ausgeglichen werden. Dann haben die national unterschiedlichen allgemeinen Steuermaßnahmen keinen Einfluß auf den grenzüberschreitenden Wettbewerb zwischen Unternehmen.[264] Dies gilt jedoch nur für die Integrationsstufen der Freihandelszone oder Zollunion. Wenn man sich in einem Gemeinsamen Markt befindet oder gar in einer Währungsunion, dann werden die nationalen Unterschiede in der Besteuerung nicht mehr über flexible Wechselkurse ausgeglichen. Strebt man unter diesen Bedingungen ein ‚level playing field' für Unternehmen aus un-

---

[264] Vgl. *Europäische Kommission* (1989, S. 8; 1990a, S. 6); *Gröteke* und *Heine* (2004b, S. 141); *Gröteke* (2004, S. 156).

terschiedlichen Mitgliedstaaten an, so ist die Differenzierung zwischen allgemeinen und regional selektiven Maßnahmen ungeeignet. Es wäre vielmehr zu fordern, daß die Unternehmenssteuern nicht nur national, sondern international vereinheitlicht werden.

Zieht man das adaptierte HOS-Modell zur Beurteilung der regionalen Steuerautonomie heran, können sich andere Schlußfolgerungen ergeben. Unter den Annahmen des adaptierten Modells hat die Ausübung der Steuerautonomie keine Auswirkungen auf den Handel und auf die Position des Auslandes, wenn die Produktionsfaktoren gänzlich immobil sind. Sind sie hingegen nur regional mobil, so können sich negative Auswirkungen einer regionalen Steuerdifferenzierung auf das Ausland ergeben, wenn in der Region das importierte Gut aufgrund der Beihilfe kostengünstiger hergestellt werden kann. Demzufolge sinkt die Tauschbereitschaft des Inlandes, und ein Strukturwandel ist im Ausland erforderlich. Zugleich entstehen aber auch im Inland Ineffizienzen, weil der Faktor K – im Vergleich zur möglichen Produktivität in der anderen Region – weniger produktiv ist (*Soltwedel* et al. 1988, S. 90; *Rosenstock* 1995, S. 35). Rational wäre eine Beihilfengewährung nur, falls sie positive Effekte für das Inland hat. Dies wäre im Einzelfall zu prüfen. Ist der mobile Faktor grenzüberschreitend mobil, so wandert er in die geförderte Region. Aufgrund der daraus resultierenden Produktionsanpassung hängt der Nettoeffekt des Außenhandels von der Größe und Struktur der Länder ab (*Soltwedel* et al. 1988, S. 90 f.; *Rosenstock* 1995, S. 35 f.). Generell ist es notwendig, daß es sich beim subventionierenden Land um ein großes Land handelt, damit eine solche Strategie erfolgreich sein kann. Dies kann speziell für Gibraltar verneint werden. Zudem wäre eine sektorale Förderung zur Durchführung einer ‚beggar-thy-neighbour'-Politik effizienter als eine regionale Förderung.

Aus Sicht der Modelle der strategischen Handelspolitik stellt sich die Frage, ob mittels einer regionalen Steuerautonomie tatsächlich eine sinnvolle strategische Handelspolitik betrieben werden kann. Natürlich können regional unterschiedliche Steuersätze dazu beitragen, daß regional ansässige Unternehmen durch die Gewährung von Steuererleichterungen gegenüber ausländischen Konkurrenten bevorzugt werden. Aber sofern es sich um Maßnahmen handelt, die alle Unternehmen in einer Region gleichermaßen betreffen und ihnen somit der Zugang zu den Vergünstigungen offen steht, so kann eine solche Maßnahme im Hinblick auf die Durchführung einer strategischen Handelspolitik als zu ineffizient und zu teuer beurteilt werden (*Besley* und *Seabright* 1999, S. 20). So ist es beispielsweise schwer nachzuvollziehen, daß das kleine Gibraltar mit seiner Steuerautonomie und den begrenzten finanziellen Ressourcen eine solche Strategie verfolgen würde (*Nicolaides* 2004, S. 383). Eine solche Strategie könnte zudem nur Erfolg haben, wenn die Unternehmen an den Standort gebunden sind und Konkurrenzunternehmen die Vergünstigungen nicht ebenfalls in Anspruch nehmen können. Wenig erfolgreich wäre die Strategie, wenn die Bedingungen eines Gemeinsamen Marktes erfüllt sind und die Niederlassungsfreiheit gilt. Dies wäre zu prüfen.

Der Ansatz von *Fingleton*, *Ruane* und *Ryan* (1999) läßt Interpretationsspielräume im Hinblick auf die Beurteilung einer regionalen Steuerautonomie. Es handelt sich nicht um eine firmenspezifische, sondern um eine regionale Beihilfe, da nur Unternehmen in einer bestimmten Region Steuervorteile erhalten können. Bei der Ermittlung der Industrieeffekte einer Beihilfenvergabe, also negativer Effekte auf konkurrierende Unternehmen, wäre auch zu berücksichtigen, inwieweit konkurrierende Unternehmen ihre Produktion räumlich verlagern könnten. Ist die Produktion mobil und ist die Niederlassungsfreiheit im Gemeinsamen Markt durchgesetzt, so kann diese regionale Beihilfe äußerst geringe Industrieeffekte generieren. Dies wäre aber zu prüfen, wenn man die Märkte abgrenzt. Darüber hinaus müßten Industriesektoreffekte, d. h. Effekte auf die Zulieferer überprüft werden. Es müßte ebenfalls eine analoge Prüfung der geographischen Flexibilität erfolgen. Es verbleibt noch eine Untersuchung der Markteffekte.

Zur Klärung der Frage, ob mit einer solchen Beihilfengewährung eine ‚predatory pricing'-Strategie verbunden ist, müßte untersucht werden, ob Marktstrukturbedingungen vorliegen, die ein dauerhaftes Monopol zulassen. Dies wäre beispielsweise im Fall Ramondín zu prüfen.

Zusammenfassend entspricht die Praxis der Kommission keinem theoretischen Konzept, das hier angeführt wurde. Man muß allerdings hinsichtlich der Beurteilung der Wettbewerbseffekte solcher regionaler Steuermaßnahmen die jeweilige Integrationsstufe berücksichtigen. Auf der Integrationsstufe der Freihandelszone oder Zollunion können eher wettbewerbsverzerrende Effekte auftreten als auf der Integrationsstufe des Gemeinsamen Marktes, sofern es sich bei der Aktivität begünstigter Unternehmen und deren Konkurrenten in anderen Mitgliedstaaten nicht um eine Tätigkeit handelt, die an bestimmte Rohstofffundorte gebunden ist. Die Unterscheidung zwischen allgemeinen und regional selektiven Maßnahmen wäre folglich eher sinnvoll für die Integrationsstufe der Freihandelszone oder Zollunion, wenn eine Industrie oder ein Sektor auf eine bestimmte steuerautonome Region räumlich begrenzt wären. Diese Unterscheidung wäre hingegen weniger sinnvoll für den Gemeinsamen Markt, in dem zudem noch die Niederlassungsfreiheit durchgesetzt ist. Ob Wettbewerbsprobleme durch regionale Steuerautonomie ausgelöst werden können, muß durch Hinzuziehung der Theorien im Einzelfall analysiert werden.

3.8.3. Regionalbeihilfen in der Kfz-Industrie

Die Beihilfenpraxis der Europäischen Kommission gegenüber der Vergabe nationaler Regionalbeihilfen beinhaltet zwei Aspekte. Zum einen werden regionale Nachteile ausgeglichen. Bei den vorgestellten Fällen handelte es sich in erster Linie um den Ausgleich von Lohnkostendifferenzen zwischen den Regionen Ostdeutschlands und den neuen EU-Mitgliedstaaten. Zum anderen werden aber auch Wettbewerbseffekte der Vergabe einer Regionalbeihilfe auf die Konkurrenten des begünstigten Unternehmens berücksichtigt. Führt nämlich die geplante Investition zu einer Erhöhung der Kapazitäten des begünstigten Unternehmens, so wird die Regionalbeihilfe gekürzt.

Es wurde festgestellt, daß die Regionalbeihilfen in der Kfz-Industrie in erster Linie vergeben werden, um Lohnkostenunterschiede auszugleichen, die zumeist regulierungsbedingt sind. Es werden also „institutional rigidities, notably in the labour market" ausgeglichen (*Meiklejohn* 1999a, S. 8). Sieht man in den Regulierungsunterschieden eine Ursache für eine ineffiziente räumliche Faktorallokation, so kann diese durch die Vergabe von Regionalbeihilfen korrigiert werden.[265] Da die Beihilfe zugleich gekürzt wird, falls das begünstigte Unternehmen seine Kapazitäten ausweiten sollte, kann diese Regelung aus Sicht der traditionellen Außenhandelstheorie als sinnvoll gelten.

Nach dem adaptierten HOS-Modell ergeben sich ähnliche Überlegungen. Sind die institutionellen Rigiditäten auf dem deutschen Arbeitsmarkt ursächlich für die vergleichsweise hohen Arbeitskosten in Ostdeutschland, so hat dies folgende Konsequenzen. Am ostdeutschen Standort ansässige Unternehmen werden gezwungen sein, den relativ teuren Produktionsfaktor Arbeit durch Kapital zu substituieren. Dies gilt für die Integrationsstufen der Freihandelszone oder Zollunion. Auf der Integrationsstufe des Gemeinsamen Marktes können die Unternehmen alternativ ihre Produktion in Länder verlagern, in denen die Arbeitskosten bei gleicher Produktivität niedriger sind. Beides führt zu einer Erhöhung der Arbeitslosigkeit in der von institutionellen Rigiditäten geprägten Region (*Meiklejohn* 1999b, S. 30), sofern mit der Einführung der institutionellen Arrangements nicht zugleich die Grenzproduktivität des Faktors Arbeit steigt (*Rosenstock* 1995, S. 18). Man könnte das Problem der Arbeitslosigkeit dadurch lösen, daß man die institutionellen Rigiditäten direkt abschafft. Dem stehen aber die starken Interessen der Gewerkschaften entgegen (*Meiklejohn* 1999b, S. 30). In diesem Falle kann in der Region nur ein optimales Produktionsniveau, d. h. eine optimale Auslastung der Arbeitskräfte erreicht werden, wenn mittels der Vergabe von Regionalbeihilfen der Faktor Arbeit subventioniert bzw. verbilligt wird (*Soltwedel* et al. 1988, S. 101; *Rosenstock* 1995, S. 19). Die Regionalbeihilfen bewirken dies.[266] Mit diesen Regionalbeihilfen sind aber noch negative grenzüberschreitende Konsequenzen verbunden. Denn eine Beihilfe zur Beseitigung von Unterbeschäftigung wirkt ähnlich wie eine Verbesserung der Entlohnung einzelner Faktoren in bestimmten Verwendungen oder bestimmten Regionen. Die Beihilfe hat einen regionalen Effekt mit sektoralen Nebeneffekten, also Auswirkungen auf die ,Terms of Trade', und einen Faktormarkteffekt. Denn es werden auch die ausländische Faktorausstattung und die ausländischen Produktionsmöglichkeiten beeinflußt (*Soltwedel* et al. 1988, S. 102). Man versucht diese negativen Konsequenzen aber zu unterbinden, indem die Produktionskapazität des Unternehmens möglichst konstant gehalten wird, weil eine Kapazitätserhöhung mit einer Reduktion der Beihilfen sanktioniert wird. Die Reduktion der Beihilfen würde bewirken, daß der Faktor Arbeit wieder relativ teurer wird. Die Produktionskosten würden somit steigen und eine stärkere Ausdehnung der Kapazitäten unattraktiv erscheinen lassen.

Die Kontrolle von Regionalbeihilfen wird häufig damit begründet, daß sie Subventionswettläufe um die Ansiedlung von Unternehmen verhindern soll. Aus Sicht der Theorie der strategischen Handelspolitik läßt sich eine solche Behauptung jedoch nicht nachvollziehen, weil die Unternehmen bzw. die Investitionsprojekte mobil sind. Damit

---

[265] Zur Rechtfertigung dieser Beihilfen wird sogar mißbräuchlich der Begriff des Marktversagens herangezogen (*Meiklejohn* 1999a, S. 8; *Ehlermann* und *Atanasiu* 2001, S. XXIV f.; *Pelkmans* 2001, S. 243).

[266] „The judgment is that firms may justifiably receive aid up to the point at which their costs are no lower than those of other producers in other locations. Implicit in this judgment is the claim that a ,reasonable' level of aid is on [sic!] that equalizes costs and conditions of production in different locations" (*Besley* und *Seabright* 2000, S. 230).

eine strategische Handelspolitik erfolgreich sein kann, so wurde herausgearbeitet, müssen die Unternehmen immobil, also national gebunden sein. Diese Voraussetzung wäre nur erfüllt, wenn ein Unternehmen *nach* der Ansiedlung immobil ist. Vorausgesetzt, das Unternehmen sei nach der Ansiedlung immobil, könnte man durchaus argumentieren, daß die Ansiedlungssubvention Teil einer strategischen Handelspolitik ist. Dies setzt voraus, daß mit der Subvention eine entsprechende Ausweitung der Kapazitäten beim begünstigten Unternehmen einhergeht. Eine Beihilfenkontrolle, die entsprechende Einschränkungen wie die Einmaligkeit der Beihilfe einerseits sowie die Beschränkung der Kapazitäten als Auflage für die Vergabe von Regionalbeihilfen andererseits auferlegt, ließe sich daher mit dem Hinweis auf die oligopolistische Marktstruktur und zu erwartende Subventionswettläufe rechtfertigen. Insofern fügt sich die Beihilfenpraxis in das theoretische Modell der strategischen Handelspolitik, das die Kommission selbst für den Automobilsektor entwickelt hat, ein. Die Praxis weist allerdings die gleiche Schwäche wie das Modell auf, denn positive Effekte für Konsumenten, die gerade infolge einer Erhöhung der Kapazitäten insbesondere in so genannten sensiblen Sektoren zu erwarten sind, bleiben unbeachtet.[267] Die Beihilfenpolitik begünstigt letztlich die Verfestigung der Marktstruktur und des Oligopolverhaltens im Automobilsektor.

Zieht man den Ansatz von *Fingleton, Ruane* und *Ryan* (1999) sowie *Fingleton* (2001) heran, so werden auch hier die Kapazitätseffekte und die hieraus resultierenden Auswirkungen auf andere Industrieunternehmen und den Industriesektor berücksichtigt. Zugleich werden auch die Markteffekte bei der Beurteilung der Beihilfe ins Kalkül gezogen. Im Hinblick auf den wettbewerbsverzerrenden Charakter der Beihilfe wäre die Frage hinsichtlich der adäquaten Marktabgrenzung und eventuell der räumlichen Mobilität der Konkurrenzunternehmen zu stellen. Es handelt sich hier um Regionalbeihilfen, die für Unternehmen zugänglich sind, die sich in einer bestimmten Region ansiedeln. Es handelt sich nicht um firmenspezifische Beihilfen. Die Ermittlung des Industrieeffektes müßte folglich die räumliche Mobilität der Unternehmen berücksichtigen. Die Mobilität der Unternehmen scheint – den Fällen nach zu urteilen – hoch zu sein, denn es wurden allein drei Automobilunternehmen betrachtet, die relativ kurz nacheinander im gleichen Fördergebiet investiert haben. Dies wird jedoch von der Kommission ignoriert. Ihr Ziel ist es – um in der Terminologie von *Fingleton, Ruane* und *Ryan* (1999) zu bleiben – Industrieeffekte ganz zu verhindern, ohne jedoch eine Differenzierung hinsichtlich der Art der Beihilfe zu treffen. Das bedeutet, eine notwendige Untersuchung der Industrieeffekte findet ebenso wenig statt wie eine Analyse möglicher positiver Markteffekte.[268]

Aus Sicht des ‚predatory pricing'-Ansatzes der Beihilfenkontrolle wäre hingegen in erster Linie auf die Folgen der Subventionierung für die Konsumenten abzustellen. So-

---

[267] „Nevertheless, such arguments (even if plausible in theory) may be difficult to justify empirically" (*Besley* und *Seabright* 1999, S. 22). Siehe auch *Neven* und *Seabright* (1995).

[268] *Fingleton, Ruane* und *Ryan* (1999, S. 78) berücksichtigen auch Umverteilungsargumente bei der Beurteilung von Beihilfen. So könnte man Regionalbeihilfen rechtfertigen, um eine regionale Umverteilung durchzuführen, d. h. den armen Regionen die Möglichkeit zur Gewährung von Beihilfen geben, den reichen hingegen nicht. Diese Differenzierung resultiert aus der Vorstellung, daß zwar Kapital grenzüberschreitend mobil sei, Arbeitskräfte hingegen nicht.

lange es zu keiner Monopolposition eines begünstigten Unternehmens kommt, wären die Beihilfen als ‚waste of tax payers' money' einzustufen und kein Problem für eine europäische Beihilfenkontrolle. Eine Monopolposition kann im vorliegenden Fall nicht erwartet werden, weil die Beihilfen allen Unternehmen offen stehen, die in diesen benachteiligten Gebieten investieren wollen. Insofern ist die Kürzung der Regionalbeihilfe bei Erhöhung der Produktionskapazitäten pauschal nicht zu begrüßen, weil mögliche Markteffekte außer acht gelassen werden.

Zusammenfassend orientiert sich die Praxis der Kommission eher an älteren handelspolitischen Theorien. Aus Sicht neuerer Theorien, die sich mit den Auswirkungen von Beihilfen auf den Wettbewerb zwischen Unternehmen beschäftigen, kann die Praxis nicht nachvollzogen werden. Vielmehr kann argumentiert werden, daß die Beihilfen dazu dienen, nationales Staatsversagen zu alimentieren und zugleich die Marktstruktur zu konservieren.

3.8.4. Beurteilung weiterer Aspekte der europäischen Beihilfenkontrolle

In jüngerer Zeit haben in der europäischen Beihilfenkontrolle neben den obigen Entscheidungen Veränderungen stattgefunden. Es findet eine verstärkte Annäherung der Beihilfenkontrolle an die Wettbewerbspraxis im Rahmen von Art. 81 EG statt. Dies äußert sich beispielsweise in der Implementierung von Gruppenfreistellungen in der Beihilfenkontrolle. Auch die Konzipierung des multisektoralen Regionalbeihilferahmens mit abgestuften Beihilfenniveaus verdeutlicht, daß eine stärkere Konzentration auf solche Beihilfen stattfindet, die an Unternehmen mit entsprechender Marktmacht in oligopolistischen Märkten vergeben werden. Auch wenn die Kommission für diese Reform Kapazitätsengpässe anführt, so könnte man argumentieren, daß die Kommission insofern neueren wettbewerbstheoretischen Überlegungen Tribut zollt.

Die Kommission ist bisher aber noch nicht dazu übergegangen – wie vielfach gefordert – eine Abgrenzung des relevanten Marktes bzw. relevanten Sektors vorzunehmen, wie sie in anderen Wettbewerbsbereichen erfolgt (z. B. *Ciresa* 1993, S. 83). Es findet bisher nur teilweise eine Analyse des relevanten Sektors oder Marktes in den sensiblen Sektoren statt, und zwar zum einen bei der Kontrolle von Regionalbeihilfen in sensiblen Sektoren wie der Automobilindustrie und zum anderen bei der Kontrolle von Rettungs- und Umstrukturierungsbeihilfen. Es handelt sich folglich um eine Kontrolle von Beihilfen in Sektoren mit großen Strukturproblemen, in denen die Vergabe von Beihilfen negative grenzüberschreitende Effekte auslösen kann. Daher werden solche Beihilfen im Einzelfall untersucht (*Kallfaß* 2002, S. 157). Die Kommission prüft dabei, ob sich ein bestimmtes Unternehmen in Schwierigkeiten befindet, es folglich einen großen Eigenkapitalverlust erlitten hat und sich unmittelbar vor der Insolvenz befindet.[269] Zudem werden weitere Eigenschaften der Märkte bzw. der Sektoren untersucht, in denen sich das Unternehmen befindet. Die Nachfrageentwicklung und insbesondere die Frage nach den Überkapazitäten sind von großer Relevanz. Eine Abgrenzung des relevanten Sektors ist somit notwendig (*Campbell*, *Rowley* und *Waverman* 1994, S. 422 f.; *Kallfaß*

---

[269] Siehe hierzu ausführlich *Kallfaß* (2002, S. 159 f.).

2002, S. 160). Diese Praxis entspricht dem Vorschlag von *Fingleton* (2001) und *Fingleton*, *Ruane* und *Ryan* (1999) bezüglich der Analyse von Industrieeffekten. Markteffekte werden aber außer acht gelassen.

Die wichtigste Ursache für die Vergabe von Rettungsbeihilfen ist Staatsversagen. Denn es ist eher unwahrscheinlich, daß mittels der Vergabe von Rettungsbeihilfen eine strategische Handelspolitik oder eine ‚predatory pricing'-Strategie durchgeführt wird. Diese Unternehmen können eher als Opfer denn als Täter einer solchen Politik verstanden werden. Die Beihilfen werden gewährt, weil staatliche Regeln zur Eindämmung des Staatsversagens nicht existent oder durchsetzungsfähig sind. Die Politiker können also nicht davon abgehalten werden, in Schwierigkeiten befindlichen Unternehmen Subventionen zu gewähren. Durch die Subventionen werden ineffiziente Kapazitäten aufrechterhalten. Die Kapazitätsanpassung wird ins Nachbarland verlagert. Dort kann es zu Gegenreaktionen kommen, und letztlich kann diese Praxis in Subventionswettläufe ausarten. Man könnte daher argumentieren, daß die Kontrolle der Vergabe von Rettungs- und Umstrukturierungsbeihilfen notwendig ist, um die Staaten aus einer Gefangenendilemma-Situation zu befreien. Rettungs- und Umstrukturierungsbeihilfen sollten aus dieser Sicht ganz verboten werden. Die derzeitige Beihilfenpraxis der Europäischen Kommission, die zuläßt, daß Rettungs- und Umstrukturierungsbeihilfen einmalig gewährt werden dürfen und ein Kapazitätsabbau und eine glaubwürdige Umstrukturierung erfolgen muß, stellt aus allokativer Sicht nur eine ‚second best'-Lösung dar. Denn die Kommission überprüft nicht, ob eine Liquidation des Unternehmens die ökonomisch sinnvollere Variante wäre (*Besley* und *Seabright* 2000, S. 234).

Aus Sicht der ‚predatory'-Ansätze stellen solche Beihilfen jedoch weniger ein Problem dar, weil aufgrund vorhandener Überkapazitäten der Aufbau eines dauerhaften Monopols nicht zu erwarten ist. Sie sind eher positiv zu beurteilen, weil sie positive Effekte für die Konsumenten generieren, auch wenn diese aus einer Verschwendung von Steuergeldern resultieren (*Mueller* 2000, S. 350).

3.9. Zwischenfazit

Dem Wettbewerbsinstrument *europäische Beihilfenkontrolle* kommt in der europäischen Wettbewerbspolitik eine wichtige Rolle zu. Sie ist Teil einer Wettbewerbspolitik, deren Aufgabe es ist, die europäische Integration voranzutreiben, indem sie kontraproduktive Effekte auf die Integration des Wirtschaftsraumes verhindert. Die Intention der europäischen Beihilfenkontrolle beruht nach Auffassung der Kommission darauf, einen ‚fairen Wettbewerb' zwischen Unternehmen auf dem Gemeinsamen Markt zu gewährleisten. Damit ist zumeist gemeint, daß negative Wettbewerbswirkungen auf Konkurrenten in anderen Mitgliedstaaten sowie die Gefahr von Subventionswettläufen unterbunden werden sollen. Problematisch ist, daß der Terminus ‚fairer Wettbewerb' theoretisch ganz unterschiedlich interpretiert werden kann. Wenn mit der Gewährleistung eines ‚fairen Wettbewerbs' zudem noch integrationspolitische Ziele verfolgt werden, stellt sich die Interpretation noch komplexer dar. Denn die Gewährleistung des ‚fairen Wettbewerbs' muß im Zusammenhang mit der jeweiligen Integrationsstufe gesehen werden.

In der Realität wird vielfach gefordert, die Sicherung eines ‚fairen' Wettbewerbs beinhalte notwendiger Weise, daß die europäische Beihilfenkontrolle zur Etablierung eines ‚level playing field' beitragen müsse. Eine solche Sichtweise kommt aus ökonomischer Sicht der traditionellen Außenhandelstheorie sehr nahe. Gemäß dieser Theorie werden Beihilfen als handelspolitische Instrumente analysiert. Demzufolge konterkariert die nationale Vergabe von Beihilfen die absoluten und komparativen Kostenvorteile im Integrationsraum. Dies hat Einfluß auf die nationale Allokation der Produktionsfaktoren wie auch auf die Allokation der Produktionsfaktoren in den Partnerländern. Dadurch werden letztlich Wohlfahrtsverluste im Integrationsraum generiert. Die Aufgabe einer Beihilfenkontrolle ist aus Sicht dieser Theorie differenziert. Auf der Integrationsstufe der Freihandelszone oder Zollunion kann eine Unterscheidung in allgemeine und selektive Maßnahmen, wie sie von der Europäischen Kommission propagiert wird, durchaus sinnvoll erscheinen, wenn ein flexibler Wechselkurs für einen Ausgleich nationaler Unterschiede sorgen kann. Schreitet der Integrationsprozeß jedoch weiter voran, so ist eine solche Beihilfenpraxis insbesondere nach der Etablierung einer Währungsunion nicht mehr geeignet, um ein ‚level playing field' zu etablieren. Vielmehr wäre eine Harmonisierung nationaler Politikfelder vonnöten, um grenzüberschreitende Wettbewerbseffekte zwischen Unternehmen bzw. Einflüsse der Beihilfe auf die räumliche Allokation von Unternehmen im Integrationsraum zu unterbinden. Die teilweise Analogie zwischen der Beihilfenpraxis und den Implikationen der traditionellen Außenhandelstheorie könnte darin begründet sein, daß die allokationsorientierte Integrationstheorie in den 1950er Jahren entwickelt (*Nienhaus* 2003, S. 549) und zu dieser Zeit die Beihilfenkontrolle in den EWG-Vertrag aufgenommen wurde.

Die Schlußfolgerungen, die sich aus der traditionellen Außenhandelstheorie für die Notwendigkeit und Ausgestaltung einer Beihilfenkontrolle ziehen lassen, mögen einleuchtend sein. Die Theorie gibt aber keinerlei Aufschluß darüber, warum Nationalstaaten Beihilfen vergeben (z. B. Marktversagen) und unter welchen Umständen negative grenzüberschreitende Externalitäten zu erwarten sind. Solche Erklärungen liefert beispielsweise ein modifiziertes HOS-Modell. Danach ist es nur für ein großes Land sinnvoll, mittels der Vergabe von Beihilfen die eigene Wohlfahrt auf Kosten eines kleinen Landes zu steigern. Dies gilt aber auch nur unter den Annahmen des Modells und insbesondere für die Vergabe sektoraler Beihilfen.

In den Modellen der Theorie der strategischen Handelspolitik werden ähnliche Aspekte hervorgehoben. Die Vergabe von Beihilfen kann nur dann zur Steigerung der nationalen Wohlfahrt beitragen, wenn man von den üblichen Annahmen der traditionellen Außenhandelstheorie abstrahiert und oligopolistische Marktstrukturen annimmt. Es wird gezeigt, unter welchen Bedingungen es zu negativen grenzüberschreitenden Effekten mit der Gefahr von Subventionswettläufen kommen kann. Allerdings kann die Durchführung einer solchen auf die Steigerung der nationalen Wohlfahrt abzielenden Politik wohl eher als theoretisch denkmöglich, jedoch praktisch kaum durchführbar angesehen werden. Dies gilt speziell vor dem Hintergrund, daß eine solche Politik eher in einer Freihandelszone oder Zollunion durchgeführt werden kann, da die Voraussetzungen für eine erfolgreiche strategische Handelspolitik im allgemeinen recht selten vorliegen, in einem Gemeinsamen Markt fast gar nicht. Dennoch lassen sich aus den Modellen wertvolle Hinweise ableiten, unter welchen Bedingungen eine Beihilfenkontrolle notwendig ist und welche Funktion sie ausüben soll. Wettbewerbsverzerrungen und Subventionswettläufe sind nämlich in oligopolistischen Marktstrukturen zu erwarten, in denen eine Reaktionsverbundenheit zwischen Unternehmen und Regierungen besteht.

Die größte Erklärungskraft für die Vergabe von Beihilfen mit negativen grenzüberschreitenden Wettbewerbseffekten und Subventionswettläufen liefert die Einbeziehung von Staatsversagen in Modelle unvollständigen Wettbewerbs. Als Intention für die Beihilfenvergabe gilt nun nicht mehr die Steigerung der nationalen Wohlfahrt. Im Gegenteil, zumeist schaden die Beihilfen der nationalen Wohlfahrt, aber sie dienen den Politikern zur Erreichung ihrer Ziele. Eine Beihilfenkontrolle hätte folglich nur mittelbar die Aufgabe, mögliche Wettbewerbsprobleme zwischen Unternehmen zu kontrollieren. In erster Linie soll sie die Staaten vor sich selbst zu schützen. Diese Probleme sind – wie später noch gezeigt wird – vor allem auf der Integrationsstufe der Freihandelszone und Zollunion von großer Relevanz. Sie können vielleicht im Gemeinsamen Markt wirkungsvoll bekämpft werden.

Fingleton (2001) und *Fingleton, Ruane* und *Ryan* (1999) haben ein Wettbewerbskonzept für die Funktion einer Beihilfenkontrolle entwickelt. Um die Wohlfahrtswirkungen einer Beihilfenvergabe zu erfassen, sollen die hieraus resultierenden Industrieeffekte, d. h. die Wirkungen auf die Konkurrenz, Industriesektoreffekte, d. h. die Wirkungen auf die Zulieferer und Abnehmer, sowie die Markteffekte, d. h. die Wirkungen auf die Konsumenten, grenzüberschreitend beurteilt werden. Von großer Relevanz ist die Art der Beihilfe. Die Autoren weisen auch darauf hin, daß bei der Abgrenzung des relevanten Marktes zur Feststellung des Industrieeffektes nicht nur die Flexibilität der Produktion hinsichtlich der Herstellung anderer Güter berücksichtigt werden soll. Auch die räumliche Flexibilität spielt eine Rolle. Letztlich soll untersucht werden, inwieweit ein Unternehmen seinen Marktanteil auf Kosten der Konkurrenten erhöhen und eine marktbeherrschende Stellung erlangen kann. Das Innovative des Ansatzes ist die Abwägung von Industrie- und Industriesektoreffekten, d. h. negativen Wirkungen einer Beihilfe auf die Wettbewerber sowie vor- und nachgelagerte Märkte, und Markteffekten, d. h. den positiven Effekten der Beihilfe für Konsumenten.

Empfehlungen aus der ‚predation'-Theorie beziehen sich auch auf die Integrationsstufe des Gemeinsamen Marktes. Es werden lediglich die Wirkungen einer Beihilfe auf die Konsumenten betrachtet. Solange eine Beihilfe nicht dazu beiträgt, daß eine Verdrängungspolitik eines Unternehmens Erfolg zeitigt, also zu dauerhaften Marktmachtstellungen des begünstigen Unternehmens führt, kann die Beihilfe erlaubt werden. Es handelt sich dann lediglich um eine Verschwendung von Steuergeldern.

Abschließend bleibt festzuhalten, daß die europäische Beihilfenkontrolle ein wichtiges Wettbewerbsinstrument ist, das den Erfolg der Integration des Wirtschaftsraumes zu fördern in der Lage sein kann. Dazu bedarf sie aber einer konsistenten ökonomischen Fundierung. Besonders die Interpretation des Falles Ryanair läßt diesbezüglich einen Mangel erkennen. Vielmehr wird deutlich, daß die Entwicklung der europäischen Beihilfenkontrolle in einigen Bereichen noch wenig von ökonomischen bzw. von veralteten ökonomischen Konzepten und vor allem von politischen Kalkülen dominiert wird. Somit ist zu befürchten, daß die mangelnde Orientierung der Beihilfenpraxis an ökonomisch fundierten Kriterien einerseits und die Forderung nach einer Etablierung eines ‚level playing field' andererseits in erster Linie den Mißbrauch dieses wettbewerbspolitischen Instrumentes für die Bedienung von Partikularinteressen begünstigen.

4. Beihilfen und europäische Beihilfenkontrolle aus Sicht der Theorie des Standortwettbewerbs

4.1. Interjurisdiktioneller Wettbewerb als Integrationskonzept für die EU

Im vorherigen Kapitel wurde die originäre Funktion der europäischen Beihilfenkontrolle analysiert. Es wurde untersucht, inwieweit die europäische Beihilfenkontrolle zur Sicherung des *Wettbewerbs zwischen Unternehmen* und damit zur Realisierung der Integrationsziele beitragen kann. Dabei kann die Notwendigkeit und Ausgestaltung einer Beihilfenkontrolle zur Erfüllung dieser Zwecke in Abhängigkeit von der zugrunde liegenden Theorie und Integrationsstufe variieren.

In diesem Kapitel soll nun *nicht* mehr der Wettbewerb zwischen Unternehmen im Fokus der Analyse stehen, sondern der *Wettbewerb zwischen Standorten*, Systemen oder – in Anlehnung an den angelsächsischen Begriff ‚jurisdiction‘ – Jurisdiktionen. Alternativ wird auch der Begriff *institutioneller Wettbewerb* verwendet (*Kerber* 1998b, S. 39).[270] Ausgehend vom *Balassa*schen Schema (Abbildung 14), hat der europäische Integrationsprozeß die Stufe des Gemeinsamen Marktes erreicht. Die vier Grundfreiheiten werden zunehmend durchgesetzt. Die Produktionsfaktoren können immer leichter grenzüberschreitend wandern. Der Prozeß der *negativen* Integration ist weit vorangeschritten. Zugleich stellt sich die Frage, wie die *positive* Integration in der EU vorangetrieben bzw. wie der ökonomische Integrationsprozeß institutionell eingebettet werden sollte. Eine wichtige institutionelle Entscheidung war die Errichtung einer Währungsunion mit einer gemeinsamen Währung und einer zentralen Währungspolitik. Das Ausmaß der Zentralisierung nationaler Politikfelder ist jedoch im Rahmen der positiven Integration generell umstritten. Je nach ordnungspolitischer Konzeption gibt es unterschiedliche Ansichten.

Vielfach wurde und wird eine Harmonisierung der verschiedenen nationalen Politikbereiche im Rahmen der positiven Integration im europäischen Integrationsraum gefordert. Nationale Regulierungen, Unternehmenssteuern[271] und sogar Staatsausgaben (*Andel* 1965) sollen vereinheitlicht werden. Dabei werden die Vorteile einer Harmonisie-

---

[270] Vgl. zur Begrifflichkeit auch *Eickhof* (2003).

[271] Siehe für einen Überblick *Feld* (2000, S. 12 und 14); *Feld* und *Kirchgässner* (2001, S. 22); *Fuest* und *Huber* (2003, S. 378). National unterschiedliche Steuerpraktiken waren mehrfach Gegenstand von Verfahren vor dem EuGH, weil nach Meinung der Europäischen Kommission zumeist Auslandsinvestitionen diskriminiert wurden, was gegen die Regeln des europäischen Binnenmarktes verstoßen würde. In jüngerer Zeit wurden daher verstärkt empirische Studien in Auftrag gegeben, die Aufschluß über die schädlichen Unternehmenssteuerpraktiken geben sollten. Im Anschluß an diese Berichte wurde von der Kommission ein ‚Code of Conduct‘ zur Unternehmensbesteuerung erarbeitet, der verschiedene Steuerregelungen der Mitgliedstaaten als schädlich anprangerte. Die Finanzminister der EU stimmten diesem rechtlich nicht bindenden ‚Code of Conduct‘ zu, so daß solche schädlichen Steuerpraktiken nun abgebaut werden sollen (*Monti* 1999; *Feld* 2000, S. 11; *Fuest* und *Huber* 2003, S. 382; *Pinto* 2003, S. 30-52, Kap. 3 und Kap. 4). Siehe zu einer kritischen Analyse des ‚Code of Conduct‘ *Bratton* und *McCahery* (2001), die einerseits fordern, daß eine bessere empirische Überprüfung dieser steuerlichen Tatbestände hätte stattfinden müssen. Andererseits werden ihrer Meinung nach die positiven Aspekte eines Steuerwettbewerbs zu wenig berücksichtigt.

rungslösung herausgestellt (*Ehlermann* 1995c, S. 12-16): Es gibt keine unterschiedlichen nationalen Regeln und Steuervorschriften mehr, so daß faktisch keine Verstöße gegen die Durchsetzung der vier Grundfreiheiten auftreten. Die Harmonisierung kann zudem einen unverzerrten Wettbewerb zwischen Unternehmen im Integrationsraum gewährleisten. Nationalstaatlich verursachte, *künstliche* Wettbewerbsverzerrungen gibt es nicht mehr, sondern ein ‚level playing field' für alle Unternehmen im Gemeinsamen Markt. Wie in Kapitel 3 gezeigt wurde, ist die Etablierung eines ‚level playing field' aus Sicht unterschiedlicher wettbewerbstheoretischer Konzepte für den Wettbewerb zwischen Unternehmen jedoch nicht zwingend notwendig.

Gegen die Sichtweise der vollständigen Harmonisierung wenden sich die Vertreter des Konzeptes des interjurisdiktionellen Wettbewerbs. Ausgangspunkt ist die Frage, wie nicht nur die individuellen Präferenzen bezüglich privater Güter und Leistungen, sondern auch bezüglich öffentlicher Leistungen bestmöglich erfüllt werden können. Die Überlegung ist, daß die in einem Gemeinsamen Markt vorherrschende Mobilität von Individuen und Produktionsfaktoren in Verbindung mit einer dezentralen Ansiedlung von politischen Kompetenzen in einem föderalen Mehr-Ebenen-System einen Wettbewerb in Gang setzt. Das bedeutet, die Standorte oder Jurisdiktionen stehen mit ihren wirtschaftspolitischen Parametern im Wettbewerb miteinander um die Ansiedlung oder Attrahierung von mobilen Individuen, Unternehmen, Finanzkapital, etc. Dieser Wettbewerb zwischen den Standorten oder Jurisdiktionen soll die Politiker dazu anreizen bzw. sie dazu zwingen, öffentliche Leistungen und Regulierungen gepaart mit Steuerpreisen anzubieten, die bestmöglich den Präferenzen der Individuen entsprechen. In der Literatur gibt es jedoch ganz unterschiedliche Auffassungen darüber, ob ein solcher Wettbewerb wirklich funktionsfähig ist. Können mittels dieses Wettbewerbs tatsächlich effiziente Ergebnissen im Sinne der Präferenzen der Bürger und damit auch die potentiell erreichbaren Integrationsvorteile realisiert werden?

Die Befürworter heben hervor, daß der Wettbewerb genau die beschriebenen Effekte generieren könnte, d. h. die Jurisdiktionen bieten kostengünstige und effiziente Steuer-Leistungsbündel an. Demgegenüber weisen die Kritiker darauf hin, daß der interjurisdiktionelle Wettbewerb die Jurisdiktionen dazu veranlassen würde, ineffiziente Steuer-Leistungsbündel anzubieten. Es käme sowohl im Bereich der Regulierungen wie auch im Bereich der Steuern zu einem ‚race to the bottom', weil sich die Jurisdiktionen bei der Ansiedlung von Unternehmen und Individuen gegenseitig unterbieten würden. Diese Kritik ist ernst zu nehmen. Es muß folglich in den Fällen, in denen der interjurisdiktionelle Wettbewerb bei der Verwendung bestimmter Parameter versagen könnte, eine institutionelle Vorkehrung getroffen werden. Daher besteht die Forderung nach der Implementierung eines zentralen institutionellen Rahmens bzw. einer Wettbewerbsordnung für den interjurisdiktionellen Wettbewerb. Die Aufgabe dieser Wettbewerbsordnung besteht darin, den interjurisdiktionellen Wettbewerb so zu kanalisieren, daß effiziente im Sinne von präferenzgerechten und kostenminimale Angebote resultieren.[272]

---

[272] Vgl. *Siebert* und *Koop* (1990, S. 455 f.); *Streit* und *Mussler* (1995, S. 83); *Kerber* (1998a; 1998b, S. 68; 2000c, S. 369); *Siebert* (2002); *Kerber* (2003, S. 55); *Heine* (2003a, S. 472);

Aufbauend auf einer zunächst allgemeinen Darstellung des Konzeptes des interjurisdiktionellen Wettbewerbs, das bislang sowohl in der europäischen Integrationspraxis als auch in der Beihilfenpraxis vernachlässigt wird, soll eine Analyse der Wirkungen von Beihilfen in diesem Konzept erfolgen.[273] Die Analyse orientiert sich an folgenden Fragestellungen:

1. Welche Anreize haben Jurisdiktionen, im Standortwettbewerb Beihilfen zu vergeben?

2. Unter welchen Umständen führt die Vergabe von Beihilfen zu einer Steigerung der Effizienz des interjurisdiktionellen Wettbewerbs?

3. Unter welchen Bedingungen sind bei der Vergabe von Beihilfen Ineffizienzen oder ein Versagen des interjurisdiktionellen Wettbewerbs zu erwarten, so daß eine supranationale Beihilfenkontrolle notwendig sein könnte, um die Wettbewerbsprozesse im Standortwettbewerb zu kanalisieren?

4. Welche Probleme sind mit der Implementierung einer Beihilfenkontrolle als zentralisiertem Bestandteil eines institutionellen Rahmens (Wettbewerbsordnung) für den interjurisdiktionellen Wettbewerb verbunden? Gibt es Alternativen zur Implementierung einer Beihilfenkontrolle?

Diese Analyse soll Aufschluß darüber geben, wie die Vergabe von Beihilfen und die europäische Beihilfenkontrolle zu einer Verbesserung der Funktionsfähigkeit des interjurisdiktionellen Wettbewerbs und damit als Instrument zur Realisierung weiterer Integrationsvorteile im europäischen Binnenmarkt beitragen können. Die Erkenntnisse der Analyse werden anhand der Beispielsfälle aus Kapitel 2 verdeutlicht.

4.2. Die Theorie des interjurisdiktionellen Wettbewerbs

In der finanzwissenschaftlichen Literatur gibt es zwei Literaturstränge, die sich mit der Frage effizienter, d. h. präferenzengerechter und kostenminimaler Bereitstellungen öffentlicher Leistungen in einem föderalen Mehr-Ebenen-System beschäftigen, die Theorie des fiskalischen Föderalismus und die Theorie des interjurisdiktionellen Wettbewerbs.[274] Beide Theoriestränge sind Teile der ökonomischen Föderalismustheorie.

4.2.1. Vorbemerkung: Zur traditionellen Theorie des fiskalischen Föderalismus

Die Theorie des fiskalischen Föderalismus ist eine normative Theorie und wurde in der Tradition von *Oates* (1972) entwickelt. Ziel dieser Theorie ist es, das sogenannte ‚assignment problem‘ (‚assignment of functions‘, ‚tax assignment‘) zu lösen, d. h. Hinweise im Hinblick darauf zu liefern, wie Kompetenzen in einem aus mehreren vertika-

---

Heine und *Kerber* (2003, S. 118 f.). Siehe allgemein zur Wettbewerbsordnung *Eucken* (1952/1975, Kap. XV).

[273] Vgl. *Kerber* (1998b); *Koenig* (1998); *Koenig* und *Kühling* (1999).

[274] Siehe als Überblick *Kenyon* und *Kincaid* (1991); *Oates* (1999; 2002); *Blankart* und *Borck* (2004).

len Ebenen bestehenden öffentlichen Sektor zugeteilt werden sollten, damit die Effizienz des öffentlichen Sektors optimiert wird:[275]

> „The theory attempts to provide a rationale for a federal system of government and to establish guidelines for an appropriate division of responsibilities among governments" (*Kenyon* und *Kincaid* 1991, S. 8).

Ausgangspunkt ist eine hypothetische Situation, in der ein zentraler Planer die Zuordnung von Kompetenzen auf die unterschiedlichen Gebietskörperschaftsebenen eines öffentlichen Sektors quasi am Reißbrett von Grund auf neu gestalten kann (*Oates* 1999, S. 1130 f.; *Blankart* und *Borck* 2004, S. 443). Die Aufgabe besteht darin, die Kompetenzen auf die unterschiedlichen Gebietskörperschaftsebenen so zuzuweisen, daß die Bereitstellung öffentlicher Leistungen aus Sicht der Konsumenten möglichst effizient erfolgt.[276] Die Vorteile, die ein dezentrales öffentliches Angebot bietet, hat *Oates* (1972, S. 54) in dem so genannten Dezentralisierungstheorem postuliert:

> „The theorem indicates that, in the absence of cost-savings from the centralized provision of a good and of interjurisdictional externalities, the level of welfare will always be at least as high (and typically higher) if Pareto-efficient levels of consumption are provided in each jurisdiction than if any single, uniform level of consumer is maintained across all jurisdictions" (H. i. O.).[277]

Die Vorteile einer dezentralen Zuordnung von Aufgaben in einem Mehr-Ebenen-System eines öffentlichen Sektors bestehen *erstens* darin, daß das öffentliche Angebot besser an die regional heterogenen Präferenzen der Bürger angepaßt werden kann (*Oates* 1972, S. 12).

> „The tailoring of outputs to local circumstances will, in general, produce higher levels of well-being than a centralized decision to provide some uniform level of output across all jurisdictions" (*Oates* 1994, S. 130).[278]

Eine dezentrale Bereitstellung öffentlicher Leistungen hat einen *zweiten* Vorteil. Denn dezentrale Regierungen sind in der Regel besser über die Präferenzen und die Kosten der Bereitstellung präferenzengerechter öffentlicher Leistungen informiert als zentrale Regierungen.[279] *Drittens* besteht die Möglichkeit, daß auf dezentraler Ebene kreativ

---

[275] Vgl. *Oates* (1972, Kap. 1; 1977); *McLure* (1983); *Musgrave* (1983); *Kenyon* und *Kincaid* (1991, S. 8 f.); *Oates* (1994; 1999); *Besley* und *Seabright* (2000, S. 207); *Oates* (2002; 2005, S. 353).

[276] Vgl. *Oates* (1972, S. 14); *Kenyon* und *Kincaid* (1991, S. 8); *Eichenberger* (1994, S. 404); *Oates* (1999, S. 1120; 2002, S. 378). „The federal system was created with the intention of combining the different advantages which result from the magnitude and littleness of nations" *Tocqueville* (1980) zitiert nach *Oates* (1999, S. 1120).

[277] Siehe auch *Oates* (1972, S. 35; 1977, S. 5 f.; 1999, S. 1122). Dabei impliziert dieses Theorem, daß die einzige Alternative zur lokalen die zentrale Bereitstellung öffentlicher Leistungen ist (*Oates* 2005, S. 353).

[278] Siehe auch *Oates* (1972, S. 13; 1999, S. 1121 f.).

[279] Vgl. *Tullock* (1969); *Oates* (1972, S. 13; 1999, S. 1123). Hierin kommt wiederum das *Hayek*sche Argument der Nichtzentralisierbarkeit von Wissen zum Tragen (*Hayek* 1974/1996, S. 4). Die zentrale Regierung kennt die Präferenzen der Bürger nicht so gut wie die dezentrale. Aufgrund des fehlenden Wissens ist es der zentralen Regierung nicht möglich, ein öffentliches Angebot zu unterbreiten, das den heterogenen Präferenzen der Bürger bezüglich öffentlicher Leistungen Rechnung trägt. Es stellt sich jedoch die Frage, wie die zentrale Ebene unter diesen Bedingungen die ihr selbst zugewiesenen Aufgaben effizient erfüllen kann,

nach neuen bzw. besseren Steuer-Leistungsbündeln gesucht und diesbezüglich experimentiert werden kann. Damit ist das Ziel verbunden, die Präferenzen der Bürger nach öffentlichen Leistungen noch besser befriedigen zu können.[280] *Viertens* kann eine dezentrale Erfüllung öffentlicher Aufgaben auch zu einer weiteren Effizienzsteigerung beitragen. Die Politik auf dezentraler Ebene kann gezielter auf die Belange der Bürger eingehen. Daher haben diese auch einen höheren Anreiz als im Falle zentralisierter Politik, ihre Präferenzen nach öffentlichen Leistungen zu offenbaren bzw. die Politik so zu beeinflussen, daß die gewünschten öffentlichen Leistungen auch erbracht werden (*Eichenberger* 1994, S. 404).[281]

Eine zentrale Bereitstellung öffentlicher Leistungen kann unter bestimmten Bedingungen auch Vorteile bieten.[282] Dies kann erstens der Fall sein, wenn die dezentrale Bereitstellung aus den verschiedensten Gründen zu allokativen Ineffizienzen, d. h. zu Fehlallokationen von Ressourcen im öffentlichen Sektor, führen wird. So können beispielsweise externe Effekte bei einer dezentralen Politikausübung auftreten. Externalitäten und damit Ineffizienzen bei der Bereitstellung öffentlicher Leistungen haben ihre Ursache darin, daß die wirtschaftspolitischen Maßnahmen über die Grenzen der Jurisdiktion, die diese ausführt, hinaus ausstrahlen und nicht über das Preissystem internalisiert werden (können). Existieren positive externe Effekte, d. h. Bürger außerhalb der Jurisdiktion können das Angebot nutzen, ohne dafür zahlen zu müssen, so werden die öffentlichen Leistungen in der ausführenden Jurisdiktion teurer und nicht in dem Umfang angeboten, der ohne die Externalitäten optimal gewesen wäre. Falls negative Externalitäten vorliegen, d. h. Kosten können auf andere Jurisdiktionen abgewälzt werden, dann kann die öffentliche Leistung in der ausführenden Jurisdiktion günstiger und in einem größeren Umfang angeboten werden, als dies ohne die Externalität der Fall gewesen wäre (*Blankart* und *Borck* 2004, S. 448).

Eine effiziente Bereitstellung von öffentlichen Leistungen wird durch den *Streukreis* dieser Leistungen determiniert (*Olson* 1969, S. 483). Die Entscheidung über das Angebot sollte folglich auf der Jurisdiktionsebene erfolgen, auf der die Nutznießer eines öffentlichen Gutes mit den Kostenträgern übereinstimmen. Dann können in der Entscheidung bezüglich der Bereitstellung öffentlicher Leistungen alle Kosten- und Nutzenaspekte berücksichtigt werden. Unter diesen Bedingungen ist das so genannte ,Prinzip der fiskalischen Äquivalenz' erfüllt.[283] Man könnte nun argumentieren, daß sich ausge-

---

wenn sie doch nicht die Präferenzen der Bürger kennt (*Oates* 2005, S. 352). Daß dies dennoch möglich ist, versuchen *Cross* (2002); *Lockwood* (2002) sowie *Besley* und *Coate* (2003) in ihren Modellen zu zeigen. „In fact, however, central government programs often result in varying levels of certain public outputs across local jurisdictions" (*Oates* 2005, S. 353).

[280] Vgl. *Oates* (1972, S. 12 f.; 1999, S. 1132): *Blankart* und *Borck* (2004, S. 445).

[281] *Fünftens* dient eine dezentrale Kompetenzansiedung dem Schutz der grundlegenden Rechte und Freiheiten der Bürger (*Eichenberger* 1994, S. 404).

[282] Vgl. *Oates* (1972, S. 4-11; 1977, S. 5); *Eichenberger* (1994, S. 404); *Oates* (1999, S. 1121); *Lockwood* (2002, S. 313).

[283] *Breton* (1965, S. 180) spricht in diesem Zusammenhang auch von einem „perfect mapping", *Oates* (1972, S. 33-35) von „perfect correspondence"; *Blankart* (2004, S. 3, H. i. O.) von „institutioneller Kongruenz", wenn „sich *die Kreise der Nutznießer, Entscheidungsträger und Steuerzahler* decken". Siehe für dieses Prinzip bereits *Wicksell* (1896, S. 112-118).

hend von den Eigenschaften der bereitgestellten Güter und Leistungen bzw. der durch-geführten Politiken eine mehr oder weniger perfekte Hierarchie von Gütern und damit eine perfekte Handlungsanweisung für die Zuordnung von Aufgaben auf unterschiedli-che Jurisdiktionsebenen ergibt. Danach müßte es für jede spezielle öffentliche Leistung eine optimale Jurisdiktionsgröße geben.[284] Am Reißbrett scheinen eine solche Gestal-tung von Jurisdiktionen und die Zuordnung von Kompetenzen auf diese möglich zu sein. In der Realität ist jedoch eine solche perfekte Zuordnung von Kompetenzen auf-grund der zum Teil schwer ermittelbaren geographischen Dimension der Kosten und Nutzen der bereitgestellten Leistungen schwierig (*Oates* 1977, S. 6). Somit ist das Pro-blem der Externalitäten von bedeutsamer Relevanz.

Spätere Ansätze in der Theorie des fiskalischen Föderalismus versuchen daher, bei der Existenz von Externalitäten alternative Lösungsmöglichkeiten zu einer Zentralisie-rung der Aufgaben herauszuarbeiten. So könnte die übergeordnete Ebene versuchen, die existierenden Externalitäten gemäß der *Pigou*schen Lösung mittels entsprechender Steuern oder Subventionen (Zuwendungen) zu internalisieren.[285] Es wäre auch vorstell-bar, daß solche Externalitäten im Wege einer *Coase*schen Verhandlungslösung zwi-schen den Jurisdiktionen internalisiert werden könnten. Dies könnte auch zu pareto-effizienten-Ergebnissen führen, jedoch nur unter *utopischen* Annahmen. Denn es wäre gemeinhin eine übergeordnete Institution notwendig, die Zwang ausüben und auf diese Weise die mit einer Verhandlung verbundenen Transaktionskosten senken und die Pro-bleme kollektiven Handelns lösen kann.[286]

Ein zweiter Grund für die zentrale Bereitstellung öffentlicher Leistungen kann in der Möglichkeit liegen, positive Skalenerträge bei der Produktion bzw. Bereitstellung öf-fentlicher Leistungen auszunutzen. Die Realisierung von Skalenerträgen kann für die Bürger ein zentralisiertes Angebot öffentlicher Leistungen attraktiver erscheinen lassen als ein dezentrales, weil sich die Kosten des öffentlichen Angebots bei steigendem Out-put verringern. Allerdings tritt bei einer zentralisierten Lösung das Problem auf, daß das öffentliche Angebot unter Umständen nicht mehr den heterogenen Präferenzen der Bür-ger Rechnung trägt. Das sind die Kosten der Zentralisierung. Im Endeffekt ergibt sich die Zuweisung von Kompetenzen aus einer Abwägung zwischen den Vorteilen eines dezentralen und eines zentralen Angebotes.[287]

---

[284] Vgl. *Oates* (1972, Kap. 2; 1977, S. 6); *Breton* (1996, S. 184).

[285] Vgl. *Olson* (1969, S. 485); *Inman* und *Rubinfeld* (1997a, S. 46); *Oates* (1999, S. 1126 f.); *Blankart* und *Borck* (2004, S. 449). „The central government can provide goods and correct spillovers in either of two ways: provide the good directly or mandate outcomes (a „quantita-tive" control), or subsidize or tax local governments to provide the efficient levels of the ac-tivity on their own (a „price" control)" (*Inman* und *Rubinfeld* 1997a, S. 46). Diese Lösung ist nach obiger Argumentation nur möglich, wenn die zentrale Ebene vollständig informiert ist und eine effizientere Lösung erzielen kann (*Oates* 2005, S. 359).

[286] Vgl. *Olson* (1968; 1969, S. 480 f.); *Inman* und *Rubinfeld* (1997a); *Feld* (2000, S. 51).

[287] Vgl. *Oates* (1977, S. 6); *Eichenberger* (1994, S. 404); *Oates* (1999, S. 1121); *Lockwood* (2002, S. 313). Schon *Tullock* (1969) schlug vor, daß auch kleine Jurisdiktionen solche Ska-leneffekte bei der Bereitstellung öffentlicher Leistungen ausnutzen könnten, wenn sie Ver-träge mit großen privaten Anbietern dieser Leistungen oder mit anderen Jurisdiktionen ab-schließen. Mit einer günstigen, standardisierten Lösung ist aber die Gefahr verbunden, daß

Auch verteilungs- und stabilitätspolitische Argumente können für eine zentrale Durchführung dieser Politiken sprechen, insbesondere wenn die Individuen mobil sind. Denn die dezentrale Durchführung von distributiven und konjunkturpolitischen Maßnahmen kann positive Effekte für andere Gebietskörperschaften generieren, so daß deren Anreiz zur Durchführung ähnlicher Maßnahmen sinkt.[288]

4.2.2. Grundlagen der Theorie des interjurisdiktionellen Wettbewerbs

4.2.2.1. Hinführung

Die theoretischen Modelle des interjurisdiktionellen Wettbewerbs greifen die Effizienzüberlegungen der Theorie des fiskalischen Föderalismus in bezug auf eine föderale Organisation des öffentlichen Sektors auf. Im Unterschied zur traditionellen Theorie des fiskalischen Föderalismus wird in den Modellen des interjurisdiktionellen Wettbewerbs jedoch die Funktion des Wettbewerbs für die Effizienz des öffentlichen Sektors hervorgehoben. Dieser wird auf Anbieterseite durch die wichtige Vorbedingung initiiert, daß Jurisdiktionen auf dezentraler Ebene, also auf Ebene der Kommunen oder Länder, eine gewisse wirtschaftspolitische und fiskalische Autonomie infolge dezentraler Kompetenzzuordnung erhalten haben (*Feld* und *Kirchgässner* 1998, S. 65). Auf der Nachfrageseite spielt die Mobilität der Konsumenten und deren Möglichkeit, zwischen den Jurisdiktionen und deren Angeboten wählen zu können, eine wichtige Rolle (*Kerber* 2000a, S. 218-221).[289] Erst der so initiierte Wettbewerb zwischen Jurisdiktionen ermöglicht die Ausnutzung der von der Theorie des fiskalischen Föderalismus postulierten Effizienzpotentiale einer dezentralen Kompetenzzuweisung. Denn er zwingt die Politiker dazu, das öffentliche Angebot an den Präferenzen der Bürger zu orientieren.

Über die effizienzsteigernde Wirkung des interjurisdiktionellen Wettbewerbs gibt es ganz unterschiedliche Ansichten: Ob er beispielsweise wohlfahrtssteigernd[290] ist oder versagt und daher wohlfahrtsreduzierend[291] wirkt, ist unklar.

---

die bereitgestellten Leistungen nicht den Präferenzen der Bürger entsprechen und demzufolge eine eigene Bereitstellung dieser Leistungen vorteilhaft sein könnte. Eine andere Möglichkeit, diesem ‚Trade-off' zu entgehen, wäre die Gründung von Zweckverbänden. Auf diese Weise können Jurisdiktionen bestimmte Leistungen anbieten, die sie alleine nicht anbieten könnten, weil sie zu kostenintensiv wären. Dies trifft beispielsweise für Kläranlagen und die Abfallbeseitigung zu. Die Effizienz solcher Projekte kann jedoch getrübt werden, wenn Prinzipal-Agent-Probleme auftreten, die dazu führen, daß eine zu große Verwaltung aufgebaut wird und zu hohe Kosten entstehen. Zudem können sich die Manager dieses jurisdiktionsübergreifenden Zweckverbandes im Gegensatz zu den Politikern der Kontrolle durch die Wähler entziehen (*Blankart* und *Borck* 2004, S. 446 f.).

[288] Vgl. *Oates* (1972, S. 6-10; 1977, S. 5; 1999, S. 1121); *Eichenberger* (1994, S. 404).

[289] "For endogenous decentralization to work, the individuals must be given a wide range of opportunities to express their preferences and to choose accordingly" (*Eichenberger* 1994, S. 414).

[290] „[O]ne of the great strengths of federalism is the opportunity it presents for the development of intergovernmental competition...The national government itself should undertake to strengthen competition among states. It can do so in prosaic yet effective fashion by acting to improve information and mobility" (*Dye* 1990, S. 177 und 193).

„Weniger klar ist, zu welchem Ergebnis der Systemwettbewerb insgesamt führt und vor allem wie dieses Ergebnis zu bewerten ist. Können wir diesem Wettbewerb als Organisationsverfahren trauen" (*Sinn* 2002, S. 398)?

Die Beantwortung dieser Frage ergibt sich in theoretischer Sicht aus den jeweiligen herangezogenen theoretischen Modellen und den ihnen zugrunde liegenden Annahmen. Diese unterschiedlichen Betrachtungsweisen sollen im folgenden beginnend mit dem *Tiebout*-Modell vorgestellt werden.

4.2.2.2. Das *Tiebout*-Modell

Die Idee des interjurisdiktionellen Wettbewerbs geht ursprünglich auf *Charles M. Tiebout* (1956) zurück, der seine Theorie der lokalen Ausgaben als Antwort auf die Modelle von *Samuelson* (1954; 1955) und *Musgrave* (1939) entwickelte. Nach Auffassung letztgenannter Autoren gibt es zwar eine effiziente Marktlösung bei der Bereitstellung privater Güter. Eine ähnlich effiziente Lösung für die Bereitstellung öffentlicher Leistungen gibt es hingegen nicht. Das Problem ist, daß bei öffentlichen Leistungen kein dem Marktmechanismus ähnlicher Mechanismus existiert, der den Bürgern Anreize gibt, ihre Präferenzen nach öffentlichen Leistungen zu offenbaren. Denn aufgrund der von *Samuelson* verwendeten Definition öffentlicher Güter, die besagt, daß bei öffentlichen Gütern keine Rivalität im Konsum stattfindet und andere Konsumenten nicht vom Konsum des Gutes ausgeschlossen werden können, tritt das typische Kollektivgutproblem auf (*Samuelson* 1955, S. 351). D. h. die Individuen – *Tiebout* nennt sie ‚consumer-voters' – werden sich bezüglich der Offenbarung ihrer Präferenzen strategisch bzw. als Trittbrettfahrer verhalten. Sie werden ihre Präferenzen verheimlichen und versuchen, öffentliche Leistungen zu konsumieren, ohne dafür Steuern zahlen zu müssen. Da die Präferenzen nach öffentlichen Leistungen nicht offenbart werden, können die Regierungen das Angebot öffentlicher Leistungen nicht an die Präferenzen der Bürger anpassen. Das optimale Angebot öffentlicher Leistungen kann somit nicht bestimmt werden.[292]

Tiebout begegnet diesem Dilemma, indem er nicht wie *Samuelson* et al. von der Bereitstellung reiner, d. h. nationaler öffentlicher Gütern durch den öffentlichen Sektor ausgeht. Er betrachtet vielmehr die von lokalen Gemeinden angebotenen Leistungen, für die es einen Bedarf gibt, die aber nicht privat bereitgestellt werden, weil ein privater Anbieter die Konsumenten nicht zur Zahlung zwingen kann (*Tiebout* 1956, S. 417).[293]

---

[291] „Competition among states for specific businesses is commonplace and growing more costly...Congress should stop the use of preferential taxes and subsidies by state and local governments to compete with one another to attract and retain businesses" (*Burstein* and *Rolnick* (1996, S. 35 f.).

[292] Vgl. *Musgrave* (1939); *Samuelson* (1954; 1955); *Tiebout* (1956, S. 416).

[293] In Anlehnung an die *Clubtheorie* von *Buchanan* (1965) werden diese lokalen Gemeinden auch als *Clubs* und somit die von ihnen bereitgestellten Güter auch als *Clubgüter* bezeichnet. Siehe auch *Grossekettler* (1985) mit einem Überblick über Güterklassifikationen. *Hans-Werner Sinn* betrachtet in seinen Analysen lediglich öffentliche Güter, denn die Aufgabe des öffentlichen Sektors sei es, reine öffentliche Güter bereitzustellen, bei denen die Kriterien Nichtausschließbarkeit vom Konsum und Nichtrivalität im Konsum erfüllt sind. Siehe *Sinn* (1990a, S. 11; 1997a;b; 1990b; 2004; 2002) sowie *Bewley* (1981, S. 715). Güter, wie sie von

Ausgehend hiervon zeigt *Tiebout* in seinem Modell, daß der Wettbewerb zwischen den Jurisdiktionen zu einer Offenbarung der Präferenzen nach öffentlichen Leistungen führen kann. Er argumentiert, daß die Bürger einen Anreiz haben, in die Jurisdiktion zu wandern, die das Steuer-Leistungsbündel anbietet, welches den Präferenzen der Bürger am besten entspricht. Der Anreiz liegt darin, den individuellen Nutzen durch eine Wanderung in eine andere Jurisdiktion und die Inanspruchnahme des dort angebotenen Steuer-Leistungsbündels zu steigern. Die Wanderung kann somit als ein Akt der Präferenzoffenbarung interpretiert werden.[294]

Das Modell von *Tiebout* enthält den Versuch einer Analogiebildung zum Wettbewerb auf Gütermärkten.[295] Der interjurisdiktionelle Wettbewerb erfüllt analog dem Wettbewerb auf Gütermärkten eine Anpassungsfunktion. Denn die Regierungen sind gezwungen, ein angebotenes Steuer-Leistungsbündel zu ändern, wenn dieses Bündel und der verlangte Preis nicht den Präferenzen der Bürger entsprechen. „Political competition is not something politicians choose or want ... it is „forced" on people by the environment" (*Breton* 1987, S. 273; H. i. O.). Für die Funktionsfähigkeit und die Effizienz des interjurisdiktionellen Wettbewerbs ist folglich der funktionierende Wanderungsmechanismus von großer Bedeutung, da über die Wanderung erstens eine *pareto*-optimale-Allokation der Bürger auf die Jurisdiktionen möglich ist. Zweitens können die Bürger über Wanderungen den City Managern entsprechende Anreize vermitteln (,voting by feet'), ein effizienteres im Sinne von präferenzengerechteres und/oder kostengünstigeres Steuer-Leistungsbündel bereitzustellen.[296]

Aus den *Tiebout*schen Überlegungen kann geschlußfolgert werden:

„Just as market competition produces an economic system responsive to consumer needs, interjurisdictional competition can produce a government system responsive to voter desires" (*ACIR* 1991, S. 4; ebenso *Donahue* 1997, S. 74).

„[T]he outcome under interjurisdictional competition is identical to the outcome that would emerge if one were to replace local governments with perfectly competitive firms that supplied local public goods to firms and households at marginal cost" (*Oates* und *Schwab* 1991, S. 140 f.).

Tiebout betrachtet werden, sind solche, die bei steigenden oder marginalen Grenzkosten angeboten werden. Dabei handelt es sich aber nach *Sinn* (1990a, S. 11) um Güter, die auf Märkten und nicht vom Staat angeboten werden sollten.

[294] Zur Analogie von Wettbewerb auf Produktmärkten und interjurisdiktionellem Wettbewerb siehe auch *Siebert* und *Koop* (1990); *ACIR* (1991, S. 11 f.); *Kenyon* und *Kincaid* (1991, S. 10 f.); *Kerber* (1994); *Streit* und *Mussler* (1995); *Kerber* (1998a; 1998b); *Kiwit* und *Voigt* (1998, S. 318-321); *Windisch* (1998); *Kerber* (2000a; 2000c; 2003).

[295] Der Analogieschluß zwischen dem Wettbewerb auf Gütermärkten und dem interjurisdiktionellen Wettbewerb kann folgendermaßen spezifiziert werden: Die Jurisdiktion hat im interjurisdiktionellen Wettbewerb die gleiche Funktion wie ein Unternehmen auf Gütermärkten. Die angebotene öffentliche Leistung kann als ein Analogon zum privaten Gut gesehen werden. Die Steuer kann analog dem Güterpreis verstanden werden. Die Regierung oder der City Manager hat die Funktion, die das Management eines Unternehmens ausübt. Die Bürger übernehmen die Funktion der Konsumenten der angebotenen öffentlichen Leistungen sowie der Kapitaleigner der Jurisdiktion (*Kerber* 1998a, S. 201 f.).

[296] Siehe auch *Bewley* (1981, S. 715); *Feld* und *Kirchgässner* (1998, S. 65).

Vergleicht man folglich das Wettbewerbsmodell der vollkommenen Konkurrenz auf Gütermärkten mit dem *Tiebout*-Modell, kann man zu dem Ergebnis gelangen, daß „local government represents a sector where the allocation of public goods ... need not take a back seat to the private sector" (*Tiebout* 1956, S. 424). Zusammenfassend zeigt *Tiebout* in seinem Modell, daß die Individuen durch ihre Wanderung ihre Präferenzen nach öffentlichen Leistungen offenbaren werden. Der Anreiz für Individuen zur Wanderung besteht darin, in der Jurisdiktion zu leben, die das für sie optimale Steuer-Leistungsbündel bereitstellt. Es kommt aufgrund dieses Wanderungsmechanismuses zu einer optimalen Aufteilung der Individuen auf die unterschiedlichen Jurisdiktionen (*Mc-Guire* 1974).

4.2.2.3. Kritik am *Tiebout*-Modell

Tiebout zieht eine Analogie zwischen interjurisdiktionellem Wettbewerb und dem Wettbewerb auf Gütermärkten. Damit diese Art des Wettbewerbs die geschilderten pareto-optimalen-Ergebnisse generiert, müssen bestimmte Annahmen erfüllt sein. Daß die Marktform der vollständigen Konkurrenz gelten soll, ist nur eine Annahme. Daneben gibt es noch weitere, die in der Realität jedoch nur selten erfüllt sind, wie *Tiebout* selbst zugibt:[297]

1. Damit die Wähler/Konsumenten in die Jurisdiktion wandern können, deren Steuer-Leistungsbündel am besten ihren Präferenzen entspricht, müssen sie vollkommen mobil sein, d. h. kostenlos zwischen den Jurisdiktionen wandern können. Das bedeutet, daß Arbeitsplätze sie ebenso wenig räumlich beschränken dürfen wie soziale Beziehungen. Die Annahme der Mobilität kann jedoch in der Realität für die Produktionsfaktoren Boden, die Ausstattung mit Umweltfaktoren (*natürlichen Standortfaktoren*) und einige Typen des Produktionsfaktors Arbeit eher verneint werden. Als hochgradig mobil werden nach dem Wegfall institutioneller Mobilitätshemmnisse – wie dies auf der Integrationsstufe des Gemeinsamen Marktes vorausgesetzt wird – das Finanzkapital und auch das Sachkapital ex-ante, also vor der Investition, eingestuft.[298] Mit Blick auf den Mobilitätsgrad der Produktionsfaktoren wird in einigen Modellen auch davon gesprochen, daß die immobilen um (komplementäre) mobile Produktionsfaktoren konkurrieren.[299] Dieser Aspekt, daß eine Jurisdiktion die wirtschaftliche Entwicklung durch die Ansiedlung von Investitionen oder ganzen Unternehmen fördern kann, bleibt bei *Tiebout* unberücksichtigt (*Kenyon* 1997,

---

[297] Vgl. *Tiebout* (1956, S. 419 f.); *ACIR* (1991, S. 13); *Kenyon* und *Kincaid* (1991, S. 10); *Kenyon* (1997, S. 15); *Sinn* (1997a, S. 12); *Feld* und *Kirchgässner* (1998, S. 65 f.); *Blankart* und *Borck* (2004, S. 451) und ausführlich *Windisch* (1998); *Schnellenbach* (2004, S. 5-9).

[298] Vgl. *Siebert* und *Koop* (1990, S. 441); *Feld* und *Kirchgässner* (1995, S. 565); *Sinn* (2002, S. 395). Sachkapital ist nach der Investition nur in dem Ausmaß der Abschreibung mobil. Denn abgeschriebenes Kapital kann auch an anderen Standorten reinvestiert werden.

[299] Vgl. *Giersch* (1982); *Siebert* und *Koop* (1990, S. 442); *Sinn* (1992, S. 178). „Nevertheless, government ... can try to influence positively the attractiveness of domestic investment opportunities in worldwide intergovernmental competition ... by setting tax rates and supplying goods in such a way that the country is attractive to innovative foreign resources, including entrepreneurial and cultural talents" (*Giersch* 1982, S. 58 f.).

S. 20). Er aber spielt in den Modellen, die nach *Tiebout* entstanden sind (z. B. *Oates* und *Schwab* 1988), eine wichtige Rolle.

2. Ferner muß es eine genügend große Anzahl an Jurisdiktionen geben bzw. eine Neugründung von Jurisdiktionen muß kostenlos möglich sein. Denn für jeden Präferenztyp muß eine Jurisdiktion existieren, damit es zu pareto-effizienten-Ergebnissen durch einen interjurisdiktionellen Wettbewerb kommen kann. Es darf keine Überfüllung der Jurisdiktionen auftreten. Jurisdiktionen dürfen aber auch nicht unterbevölkert sein. In beiden Fällen würden die angebotenen Leistungen nicht zu minimalen Kosten produziert. Wenn ein City Manager infolge einer fehlenden Auslastung der Jurisdiktion die öffentlichen Leistungen nicht im Minimum der U-förmigen Grenzkostenkurve produziert, wird er versuchen, weitere Bürger und Unternehmen zur Ansiedlung in der Jurisdiktion zu bewegen. Dies wird er solange tun, bis die öffentlichen Leistungen zu den geringst möglichen Kosten pro Kopf produziert werden können, mithin die optimale Jurisdiktionsgröße erreicht ist (*Tiebout* 1956, S. 419; *McGuire* 1974, S. 119-121).

3. Außerdem werden die üblichen Annahmen vorausgesetzt, die auch im Modell der vollständigen Konkurrenz für Gütermärkte gelten müssen (*Reschowsky* 1991): Die Bürger müssen vollständig über die angebotenen Steuer-Leistungsbündel der Jurisdiktionen informiert sein. Es gibt zudem keine externen Effekte der angebotenen Leistungen zwischen den Gemeinden. Das bedeutet, die angebotenen Leistungen sind reine lokale Güter und Leistungen ohne Ausstrahlungseffekte. Sie werden auch nur durch die Einnahmen der Jurisdiktion finanziert. Es dürfen ferner keine strategischen Interaktionen zwischen den Jurisdiktionen wie im Falle der Marktform eines Oligopols auftreten (*Siebert* und *Koop* 1990, S. 440; *Kenyon* 1997, S. 15). Aufgrund dieser Annahmen kann man vermuten, daß das *Tiebout*sche Modell des interjurisdiktionellen Wettbewerbs am besten „in large metropolitan areas with many suburban governments" erfüllt ist (*Kenyon* 1997, S. 20).

4. Zudem könnten bei der Analogiebildung zwischen der Modellierung des Wettbewerbs auf Gütermärkten und dem interjurisdiktionellen Wettbewerb weitere Probleme auftreten. Dies betrifft z. B. die Analogiebildung zwischen Individualgütern auf Gütermärkten und Clubgütern auf politischen Märkten, die von ihrer Charakteristik nicht übereinstimmen müssen. Während Individualgüter durch die Kriterien Ausschließbarkeit und Rivalität im Konsum gekennzeichnet sind, gilt dies nicht für Clubgüter. Diese sind durch Ausschließbarkeit und – je nach angebotener Leistung – Nichttrivalität im Konsum charakterisiert.[300] Ferner sind Gütermärkte in staatliche Institutionen eingebettet, die u. a. die Einhaltung von Verträgen und die Sicherung von Eigentumsrechten gewährleisten. Solche Institutionen sind auch für das Funktionieren des interjurisdiktionellen Wettbewerb wichtig, jedoch häufig nicht gegeben (*Kiwit* und *Voigt* 1998, S. 326; *Kerber* 1998a, S. 222 f.). Außerdem kann angezweifelt werden, daß Jurisdiktionen in ähnlicher Weise in den Standortmarkt ein-

---

[300] Vgl. *Grossekettler* (1985); *Siebert* und *Koop* (1990, S. 440); *Sinn* (1992, S. 179); *Kiwit* und *Voigt* (1998, S. 325 f.).

und insbesondere austreten können wie Unternehmen in den Gütermarkt (z. B. *Donahue* 1997, S. 75).

4.2.3. Zur Funktionsfähigkeit des interjurisdiktionellen Wettbewerbs

4.2.3.1. Einleitende Bemerkungen

Das *Tiebout*-Modell gilt als die traditionelle theoretische Grundlage für die Theorie des interjurisdiktionellen Wettbewerbs. Die Annahmen des Modells wurden bereits kritisch diskutiert. In der Theorie entbrannte nachfolgend eine Diskussion darüber, ob der interjurisdiktionelle Wettbewerb wirklich so funktionsfähig ist und Effizienzgewinne generieren kann, wie dies von *Tiebout* geschildert wurde. Hierüber gibt es kontroverse Ansichten, weil die theoretischen Konzepte sehr verschieden sind.[301] Befürworter argumentieren, der interjurisdiktionelle Wettbewerb führe zu einem effizienten Angebot öffentlicher Leistungen mit *marktgerechten* Preisen (z. B. *Oates* und *Schwab* 1991, S. 127). Die Widersacher betonen, er verursache ein ‚race to the bottom‘ mit einem ineffizienten Angebot öffentlicher Güter und Regulierungen (*Oates* und *Schwab* 1988, S. 334). Dies soll im folgenden kurz allgemein diskutiert werden, bevor die spezifische Bedeutung von Beihilfen in diesem interjurisdiktionellen Wettbewerb analysiert wird.

4.2.3.2. Der Steuerwettbewerb

4.2.3.2.1. Einführung

Im *Tiebout*-Modell wird davon ausgegangen, daß die Bürger zur Finanzierung des öffentlichen Leistungsangebotes nicht nach ihrer Leistungsfähigkeit besteuert werden, sondern sogenannte ‚benefit taxes‘ zahlen müssen.[302] Diese geben in Analogie zum Preis auf Gütermärkten den Preis für die in Anspruch genommenen öffentlichen Leistungen wider (*Tiebout* 1956, S. 417).[303] Das setzt voraus, daß Preise individuell nach den konsumierten öffentlichen Leistungen festgesetzt werden können. Unter diesen Bedingungen sind effiziente Ergebnisse zu erwarten. Diese Effizienz wird in der Literatur jedoch vielfach in Frage gestellt.[304] So wird angemahnt, daß der Steuerwettbewerb zu

---

[301] Ökonomen verfügen zwar über „a good theory of the functioning of markets, their benefits and their failures. Our understanding of governments and of public administration is much more imperfect, in great part because the topic is more difficult. When one compares markets to public provision, one compares something understood relatively well to something one does not understand very well at all" (*Crémer*, *Estache* und *Seabright* 1996, S. 39).

[302] Schon *Wicksell* (1896, S. 77 f.) wies auf dieses Besteuerungsprinzip als Alternative zur Besteuerung nach der Leistungsfähigkeit hin, sah aber auch Schwierigkeiten bei dessen Umsetzung: „Eine wirkliche Gleichheit zwischen Leistung und Gegenleistung kann wohl nur dann in Frage kommen, wenn bestimmte, dem Staate durch das Einzelinteresse veranlaßte Kosten nachgewiesen werden können, was nur ganz ausnahmsweise der Fall ist."

[303] Alternativ schlägt *Tiebout* (1956, S. 418) die Zahlung von Kopfsteuern oder ‚lump-sum-taxes‘ vor, wenn die Eigenschaften der bereitgestellten Leistungen (Feuerwehr, Krankenhäuser, Polizei) keine individuelle Bepreisung zulassen.

[304] Siehe als Überblick *Wilson* (1999); *Feld* (2000); *Wilson* und *Wildasin* (2004); *Wilson* und *Janeba* (2005); *Pitlik* (2006).

einer Unterversorgung mit öffentlichen Leistungen führen müsse. Denn aufgrund des gegenseitigen Herunterkonkurrierens der Steuersätze sei ein effizientes öffentliches Angebot nicht mehr finanzierbar. Zudem würden in dem Wettbewerb verschiedene Arten fiskalischer Externalitäten erzeugt, die bei Wanderungsentscheidungen nicht berücksichtigt und daher Ineffizienzen im Wettbewerb subnationaler Jurisdiktionen auslösen würden.[305] Ferner wird beklagt, daß der interjurisdiktionelle (Steuer-)Wettbewerb eine Umverteilungspolitik verhindere (z. B. *Pauly* 1973).[306]

Gordon ordnet die verschiedenen Problemfelder oder Ineffizienzen, die bei einer dezentralen Entscheidung über die Bereitstellung und Finanzierung von öffentlichen Leistungen auftreten können, wie folgt (*Gordon*, 1983, S. 580; ebenso *Feld*, 2000, S. 44 f.):

1. Es gelingt einer Jurisdiktion, *Kosten-Spillover* zu erzeugen. Das bedeutet, daß Bürger anderer Jurisdiktionen zur Finanzierung öffentlicher Leistungen einer Jurisdiktion herangezogen werden können, ohne daß sie von den Leistungen profitieren. Dies wird als Export von Steuern bezeichnet (*McLure* 1967; *Mintz* und *Tulkens* 1986).

2. Bürger anderer Jurisdiktionen kommen kostenlos in den Genuß von Leistungen, die in anderen Jurisdiktionen angeboten werden (*Nutzen-Spillover*).

3. Die Festsetzung einer Steuer in einer Jurisdiktion kann Auswirkungen auf eine andere haben. Beispielsweise wird durch Abwanderung von Individuen die Überfüllung der Jurisdiktion reduziert. Die Überfüllungskosten sinken.

4. Die Kosten und damit die Preise für die Bereitstellung öffentlicher Leistungen ändern sich in anderen Jurisdiktionen.

5. Die Steuereinnahmen in der einen Jurisdiktion ändern sich infolge des Einsatzes des Aktionsparameters *Steuern* in einer anderen Jurisdiktion (Steuerwettbewerb).

6. Die Produkt- und Faktorpreise begünstigen Bürger einer Jurisdiktion gegenüber Bürgern anderer Jurisdiktionen ('Terms of Trade'-Effekt).

7. Verteilungseffekte zwischen 'nonresidents' werden ignoriert.

Zusammenfassend fokussieren sich die Probleme im Steuerwettbewerb auf fiskalische oder räumliche Externalitäten, Skalenerträge beim Konsum öffentlicher Leistungen und Umverteilung (*Feld* 2000, S. 45). Diese sollen nachfolgend diskutiert werden.

4.2.3.2.2. Fiskalische Externalitäten

Fiskalische Externalitäten werden in der Literatur zum Steuerwettbewerb kontrovers beurteilt. Ein häufig vorgebrachter Einwand gegen die Effizienz des Steuerwettbewerbs findet sich beispielsweise bei *Zodrow* und *Mieszkowski* (1986). Sie argumentieren, daß ein zu geringes Angebot öffentlicher Leistungen resultiere, wenn Jurisdiktionen zur Finanzierung öffentlicher Leistungen nur 'second best', also verzerrende, Steuern zur

---

[305] Vgl. beispielsweise *McLure* (1986); *Wildasin* (1986); *Zodrow* und *Mieszkowski* (1986).

[306] Vorausgesetzt wird jeweils in den Modellen, daß die Regierungen im besten Interesse ihrer Bürger handeln (*Gordon* 1983, S. 567).

Verfügung stehen würden.[307] Angenommen wird, daß eine Jurisdiktion darauf angewiesen ist, das fiskalische Instrument der Vermögenssteuer zu nutzen, um die Bereitstellung lokaler öffentlicher Leistungen zu finanzieren (*Zodrow* und *Mieszkowski* 1986, S. 357). Von dieser Steuer ist auch das als vollkommen mobil angenommene Kapitalvermögen betroffen. Will die Jurisdiktion ein zusätzliches öffentliches Angebot unterbreiten, muß sie die Vermögenssteuer – auch das mobile Kapital betreffend – erhöhen. Aufgrund seiner Mobilität würde das Kapital jedoch in eine andere Jurisdiktion abwandern. Aus Angst vor dieser Abwanderung wird die Jurisdiktion folglich keine Steuererhöhung durchführen und keine zusätzliche öffentliche Leistung bereitstellen.

Gegen diese Sichtweise wendet *McLure* (1986, S. 342) ein, daß es eine äußerst ineffiziente Politik sei, eine öffentliche Leistung (beispielsweise kostenlose Schulmahlzeit) durch eine Erhöhung der Steuern auf mobile Faktoren (wie Fischer, die einen anderen Hafen ansteuern können,) zu finanzieren. Die effiziente Lösung bestehe darin, Marktpreise oder ‚benefit taxes‘ für die Verpflegung der Schüler zu verlangen. Dies setzt freilich voraus, daß Regierungen – als wichtige Vorbedingung für einen funktionierenden interjurisdiktionellen Wettbewerb – eine fiskalische Autonomie besitzen müssen, die es ihnen ermöglicht, ‚benefit taxes‘ erheben zu können.[308]

Starrett (1980) ist der Auffassung, daß Wanderungsexternalitäten Ineffizienzen bei der Bereitstellung öffentlicher Leistungen generieren. Diese seien abhängig von der Art der Besteuerung. Er geht von einem *Cournot-Nash*-Wettbewerb aus. In einem ersten Fall nimmt *Starrett* an, daß eine Jurisdiktion Steuern auf eine fixe Bemessungsgrundlage wie Landrenten erhebt, um öffentliche Leistungen zu finanzieren. Will die Jurisdiktion ein zusätzliches Angebot offerieren, so ist damit zu rechnen, daß solche Bürger in die Jurisdiktion wandern, die vom öffentlichen Angebot profitieren, aber keine Landrenten erzielen und daher keinen Beitrag leisten müssen. Infolge dessen ist mit einer Überfüllung der Jurisdiktion und einem Anstieg der Überfüllungskosten zu rechnen, während die Überfüllung in anderen Jurisdiktionen abnimmt. Dies einkalkulierend wird die Jurisdiktion auf ein zusätzliches Angebot an öffentlichen Leistungen verzichten bzw. ein ineffizient niedriges bereitstellen (*Starrett* 1980, S. 380). In einem zweiten Fall wird die Steuer auf eine flexible bzw. mobile Bemessungsgrundlage wie Kapital erhoben. In einem *Cournot-Nash* Wettbewerb werden die Jurisdiktionen zu viel für öffentliche Leistungen ausgeben, weil sie mit Zuwanderung rechnen und die Kosten auf mehr Individuen verteilen werden. In beiden Fällen birgt der Steuerwettbewerb folglich Ineffizienzen.

Buchanan und *Goetz* (1972) sowie *Flatters*, *Henderson* und *Mieszkowski* (1974) vertreten die Auffassung, daß das aus der Wanderung resultierende Gleichgewicht eines *Tiebout*-Modells nicht *Pareto*-effizient sei. Sie gehen – wie dies üblich für Modelle zum Steuerwettbewerb ist – davon aus, daß zwei Jurisdiktionen existieren, die Clubkollektivgüter anbieten, zu deren Finanzierung alle Bürger einer Jurisdiktion gleichermaßen

---

[307] Zur Analyse der verschiedenen Steuerarten auf ihre verzerrenden Wirkungen hin siehe beispielsweise *Zodrow* und *Mieszkowski* (1989).

[308] Siehe hierzu auch *Oates* und *Schwab* (1988; 1991); *Feld* und *Kirchgässner* (1998, S. 65); *Pitlik* (2006, S. 32).

beitragen. Ineffizienzen können nun auftreten, weil ein Migrant, der von einer Jurisdiktion in die andere wandert, die Wirkungen seiner Wanderung nicht berücksichtigt. Die ehemalige Jurisdiktion des Migranten muß bei der Bereitstellung der gleichen öffentlichen Leistungen den Steuersatz pro Kopf erhöhen, weil die Kosten der Bereitstellung der öffentlichen Leistungen auf weniger Steuerzahler verteilt werden müssen. Alternativ könnte die Jurisdiktion weniger öffentliche Leistungen bereitstellen (*negative fiskalische Externalität*) (Punkt 5 bei *Gordon* 1983, S. 581). In der Zuzugsjurisdiktion tritt der umgekehrte Effekt auf. Die Kosten der bereitgestellten Leistungen können auf mehr Steuerzahler verteilt werden. Der durchschnittliche Steuerbetrag pro Kopf sinkt (*positive fiskalische Externalität*, Punkt 4).

> „If this externality is not internalized by centralized decision making, then one region may be overpopulated and the other underpopulated" (*Flatters, Hernderson* und *Mieszkowski* 1974, S. 100).

Ähnlicher Meinung ist *Wildasin* (1986; 1989). Weil Wanderungsexternalitäten nicht berücksichtigt werden, so die Argumentation, sind die privaten Kosten, also die Steuerbelastung des Individuums in der neuen Jurisdiktion, niedriger als die sozialen Kosten. Da die negativen fiska-lischen Externalitäten nicht berücksichtigt werden, bietet die Zuzugsjurisdiktion ihr Leistungsbündel zu billig an. Es kann sogar aufgrund der fehlenden Berücksichtigung sozialer Kosten zu einem Unterbietungswettbewerb und damit generell zu Ineffizienzen im interjurisdiktionellen Wettbewerb kommen (*Wildasin* 1989, S. 194). Solche Ineffizienzen würden unterbleiben, wenn die fiskalischen Externalitäten internalisiert würden. *Wildasin* fordert zu diesem Zweck keine Harmonisierung der Steuern. Vielmehr soll die übergeordnete Jurisdiktion – im Sinne einer *Pigou*-Steuer bzw. *Pigou*-Subvention – die Zuzugsjurisdiktion besteuern und der Jurisdiktion, die einen Verlust an Steuerbemessungsgrundlage erleidet, eine Subvention gewähren (*Wildasin* 1986, S. 354; *Wildasin* 1989, S. 197-207). Man könnte nun – konträr zu *Tiebout* – schlußfolgern, daß die Mobilität des Kapitals die Effizienz des interjurisdiktionellen Wettbewerbs nicht fördert, sondern gar beeinträchtigt (*Wilson* und *Wildasin* 2004, S. 1066).

Myers (1990) führt demgegenüber an, daß die Jurisdiktionen die fiskalischen Externalitäten ihrer Steuerpolitik durchaus in ihre Überlegungen einbeziehen und einen Anreiz zu einer freiwilligen Internalisierung dieser Externalitäten haben. Sie werden potentielle Migrationen und ihre Auswirkungen auf das öffentliche Budget berücksichtigen und Abwanderungen durch freiwillige Transfers reduzieren. Dazu müssen ihnen aber adäquate Transferinstrumente zur Verfügung stehen (*Feld* und *Kirchgässner* 2001, S. 26 f.). Vor diesem Hintergrund ist eine Intervention einer übergeordneten Jurisdiktion – wie in vielen anderen Modellen gefordert – nicht notwendig.

Man könnte zudem in Analogie zum Wettbewerb auf Gütermärkten argumentieren, daß es sich bei den sogenannten Wanderungsexternalitäten um „merely pecuniary" Externalitäten handelt (*Tullock* 1970, S. 161). Denn die Effekte, die Jurisdiktionen auf die Bewohner anderer Jurisdiktionen ausüben, bleiben auf die Preise und die Wanderung beschränkt.[309] Dritte Parteien sind folglich nur durch wettbewerbliche Marktreaktionen

---

[309] Vgl. *Bewley* (1981, S. 714); *Sinn* (1992, S. 191 f.); *Kiwit* und *Voigt* (1998, S. 327 f.).

betroffen (*Siebert* und *Koop* 1990, S. 450). Die vielfach geforderte Ausschaltung oder Kompensation dieser pekuniären externen Effekte würde nunmehr die Effizienz dieses Wettbewerbs unterminieren.

„If, contrary to the basic assumption of much of the literature of tax competition, the financing of state and local public services reflected more accurately the benefits of such services, the case for reducing tax competition via federal subsidies would be weak and perhaps vanish" (*McLure* 1986, S. 342).

Überträgt man diese Sichtweise auf die zuvor genannten Theorien, so gibt es durchaus Ansatzpunkte für die Internalisierung von Wanderungsexternalitäten. *Boadway* (1982, S. 847) kritisiert die Schlußfolgerungen von *Starrett*, wonach die Besteuerung von Landrenten zur Finanzierung von öffentlichen Leistungen nicht internalisierbaren Überfüllungskosten verursachen würde. Denn durch den Zustrom anderer Produktions-fak-toren wird der Faktor Boden bei der Produktion knapp und daher teurer, während die zuströmenden Arbeitskräfte im Verhältnis niedriger entlohnt werden. Insofern tragen die zuströmenden Arbeitnehmer einen Teil der Überfüllungskosten selbst. Zudem könnte argumentiert werden, daß aufgrund der Raumknappheit die Grundstücks- und Gebäudepreise sowie die Mieten steigen werden. Das bedeutet, es gibt durchaus Mechanismen, die zur Internalisierung fiskalischer Externalitäten beitragen.[310]

Zusammenfassend sind pekuniäre Externalitäten weniger ein Problem, sondern vielmehr Ergebnis eines effizienten Steuerwettbewerbs. Pekuniäre Externalitäten können nur dann Ineffizienzen im Steuerwettbewerb auslösen, wenn Jurisdiktionen groß genug sind, um die Produkt- oder Faktorpreise nach Steuern in anderen Jurisdiktionen beeinflussen zu können (Punkt 6 bei *Gordon*). Dies könnte zu einer ineffizienten Allokation von Individuen, vor allem aber des mobilen Kapitals führen. Gibt es mehrere große Jurisdiktionen, dann können auch strategische Interaktionen zwischen oligopolistischen Jurisdiktionen Ineffizienzen im Steuerwettbewerb hervorrufen. Diese aus der Wettbewerbstheorie bekannten Probleme könnten durch eine Dezentralisierung der Kompetenzen und eine damit einhergehende Herstellung einer atomistischen Marktstruktur auf dem Standortmarkt unterbunden werden.[311]

4.2.3.2.3. Räumliche bzw. technologische Externalitäten

Neben pekuniären externen Effekten können im Steuerwettbewerb auch technologische externe Effekte (Punkte 1 und 2 in der *Gordon*schen Rangfolge) auftreten. Letztere sind dadurch charakterisiert, daß sie nicht über den Marktmechanismus internalisiert werden. Durch die mangelnde Internalisierung kann es – wie im Wettbewerb auf Gütermärkten – zu Marktversagen und Ineffizienzen kommen. Denn Jurisdiktionen bieten bei fehlender Internalisierung technologischer externer Kosten oder Nutzen ineffiziente

---

[310] Die Argumentation von *Starrett* setzt zudem voraus, daß die Bürger aus unterschiedlichen Jurisdiktionen homogene Präferenzen für öffentliche Leistungen haben. Siehe auch *Wellisch* (1995, S. 29 f.). Geht man hingegen – wie im *Tiebout*-Modell – von heterogenen Präferenzen der Bürger aus, stellt sich das von *Starrett* angesprochene Problem nicht (z. B. *Flatters*, *Henderson* und *Mieszkowski* 1974, S. 110 f.).

[311] Vgl. *Oates* und *Schwab* (1991, S. 136); *Kerber* und *Vanberg* (1995, S. 56 f.); *Kerber* (1998a, S. 213); *Wilson* (1999, S. 278-280 und 294).

Steuer-Leistungsbündel an, die eine Fehlallokation von Individuen und Unternehmen zur Folge haben können.[312] Beispielsweise können Steuern zur Finanzierung öffentlicher Leistungen, die in der einen Jurisdiktion erzeugt werden, auf die andere Jurisdiktion ausgelagert werden. Dadurch würden die dortigen Jurisdiktionsmitglieder negativ betroffen (negative technologische Externalitäten). Es kann aber auch zu positiven Nutzen-Spillovern kommen, wenn beispielsweise die Bewohner einer Kernstadt über die Errichtung eines Theaters entscheiden, dessen Darbietungen auch von Bewohnern anderer Jurisdiktionen in Anspruch genommen werden können. Weil für den Bau dieses Theaters lediglich die Präferenzen der Bürger der Kernstadt und deren Kaufkraft entscheidend sind, wird tendentiell zu wenig vom Gut Theater bereitgestellt. Freilich ist auch der Fall denkbar, daß eine Jurisdiktion versucht, die Steuerlast zu exportieren. Gelingt dies, so ist zu erwarten, daß im Vergleich zu einer Situation ohne Steuerexport tendentiell mehr von den öffentlichen Leistungen bereitgestellt wird oder bei gleichem Angebot die Steuerlast sinkt (*Mintz* und *Tulkens* 1986, S. 134; *Feld* und *Kirchgässner* 2001, S. 29)

Falls solche technologischen externen Effekte unbeachtet bleiben, kann es folglich zu Ineffizienzen kommen, weil kein „perfect mapping" (*Breton* 1965, S. 180), keine „fiskalische Äquivalenz" (*Olson* 1969), keine „perfect correspondence" (*Oates* 1972, S. 33-35) oder keine „institutionelle Kongruenz" (*Blankart* 2004, S. 3) vorliegt. Diese Problematik wurde bereits im Rahmen der Theorie des fiskalischen Föderalismus angesprochen. Die genannten Lösungsmöglichkeiten wie eine Zentralisierung der Kompetenzen,[313] *Coase*sche Verhandlungslösungen zwischen Jurisdiktionen oder *Pigou*-Steuern und *Pigou*-Subventionen können daher wiederum angeführt werden (z. B. *Feld* 2000, S. 48-53).

4.2.3.2.4. Skaleneffekte

Die Möglichkeit der Ausnutzung von Skaleneffekten bei der Bereitstellung öffentlicher Leistungen kann ebenfalls als eine Ursache für Ineffizienzen im Steuerwettbewerb gesehen werden (z. B. *Bewley* 1981). Angenommen wird, daß sich zwei identische In-

---

[312] Dabei muß allerdings berücksichtigt werden, daß die Unterscheidung zwischen pekuniären und technologischen externen Effekten nicht immer einfach ist. Siehe zu dieser Diskussion auch *Tullock* (1970, insbesondere Kap. 7).

[313] Ein Beispiel für einen räumlich verzerrten Steuerwettbewerb liefert *Sinn* (1990b, S. 491-493; 1995, S. 242 f.). Er betrachtet die unterschiedlichen Mehrwert- und Verbrauchssteuersätze in der EU, die den Transit betreffen. Aufgrund der offenen Grenzen innerhalb der EU können beispielsweise die Dänen in Flensburg Bier kaufen, auf das die deutsche Alkoholsteuer zu entrichten ist. Diese ist im Vergleich zur dänischen relativ günstig. Es gibt daher Anreize für Dänen, ihren Alkohol in Deutschland zu kaufen. Ähnliches gilt für den *Tanktourismus* an der Grenze zwischen Deutschland und Luxemburg. Aufgrund dieses *Steuertourismuses* könnten sich die Hochsteuerländer gezwungen sehen, ihre Steuern zu senken, um wettbewerbsfähig zu bleiben. Das öffentliche Angebot müßte folglich reduziert werden. Um dies zu vermeiden, schlägt *Sinn* (1990b, S. 492) eine Harmonisierung der Mehrwert- und Verbrauchssteuern im Integrationsraum vor. Auch andere Autoren fordern unter diesen Umständen eine Intervention der übergeordneten Jurisdiktion zum Selbstschutz der Jurisdiktionen (*Cnossen* 1983, S. 162; *Oates* und *Schwab* 1988, S. 334; *Siebert* und *Koop* 1990, S. 445 f.; *ACIR* 1991, S. 10; *Sinn* 1995, S. 243).

dividuen in zwei unterschiedlichen Gemeinden befinden. In beiden Gemeinden wird ein identisches öffentlich bereitgestelltes Gut angeboten, bei dessen Bereitstellung positive Skalenerträge realisiert werden können. Das bedeutet, daß bei einer Steigerung des Outputs die Kosten pro bereitgestellter Einheit sinken.

Bewley geht zudem davon aus, daß die Regierungen – wie im *Tiebout*-Modell (*Tiebout* 1956, S. 418, Fn. 11) – nicht in der Lage sind, zwischen den Konsumenten aufgrund ihres Namens oder ihrer Präferenzen bei der Steuererhebung zu diskriminieren (*Bewley* 1981, S. 714). Optimal wäre es, wenn beide Individuen in eine Jurisdiktion ziehen und die ‚economies of scale‘ bei der Bereitstellung öffentlicher Leistungen ausgenutzt würden. Weil jedoch eine Diskriminierung zwischen den beiden Indviduen bezüglich der Steuerzahlung nicht möglich ist, kann ein Individuum nicht die vollen positiven Effekte der Wanderung bzw. positiven fiskalischen Externalitäten, die es für die Zuzugsjurisdiktion erzeugen würde, in das eigene Kalkül einbeziehen. Deshalb werden beide Individuen in der bisherigen Jurisdiktion verharren (*Bewley* 1981, S. 717). Selbst wenn man unterstellt, die Jurisdiktionen möchten die Wohlfahrt der Bürger maximieren, indem sie versuchen, weitere Individuen zu attrahieren und so die Skalenerträge zu realisieren, kommt keine effiziente Lösung zustande. Denn beide Jurisdiktionen würden das gleiche Angebot unterbreiten. Es gibt folglich keinen Anreiz für die Individuen, die Heimat-Jurisdiktion zu verlassen (*Bewley* 1981, S. 719-729).

Während *Bewley* das Problem in der mangelnden Realisierung von Skaleneffekten sieht, argumentiert *Sinn* (1997a; b), daß gerade die Realisierung solcher Skaleneffekte Probleme generieren würde. Ausgehend von einer großen Anzahl von Individuen und vielen Jurisdiktionen habe die Realisierung der Skalenerträge zur Folge, daß es zu einem ruinösen Wettbewerb zwischen den Jurisdiktionen kommen könne. *Sinn* (1997a, S. 27-29; 1997b, S. 251-258; 2002, S. 401 f.; 2004, S. 32 f.) illustriert dieses Problem anhand der Bereitstellung von Infrastruktur. Um positive Skalenerträge realisieren zu können, d. h. Individuen und Unternehmen in die eigene Jurisdiktion zu locken, müssen sich die Jurisdiktionen ständig in ihren Steuerpreisen unterbieten. Dieser Unterbietungsprozeß führt im Endeffekt dazu, daß sich die Konsumenten am Ende des Prozesses auf wenige Jurisdiktionen oder Staaten konzentrieren. Dadurch werde aber das eigentliche wirtschaftspolitische Problem nicht gelöst. Das eigentliche Problem ist nämlich die Ausnutzung von ‚economies of scale‘ und ein hieraus resultierender ruinöser Wettbewerb auf *Gütermärkten*. Dieser ruinöse Wettbewerb bewirkt Ineffizienzen bei der *privaten* Bereitstellung solcher Güter. Ein Staatseingriff ist notwendig. Sinn zeigt nun, daß dieses Problem der ‚economies of scale‘, das einen Staatseingriff erst erfordert, auch im interjurisdiktionellen Wettbewerb auftritt, und somit nicht gelöst, sondern nur auf eine höhere Ebene verlagert wird. Die Bereitstellung solcher Güter bzw. deren Regulierung sollte daher von der höchsten staatlichen Ebene übernommen werden.[314]

Schaut man in die Realität, so können in der Tat räumliche Ballungseffekte beobachtet werden. Dies würde die Argumentation von *Sinn* stützen. Jedoch wurde in empirischen Studien herausgefunden, daß die Skaleneffekte im Bereich der Bereitstellung öffentlicher Leistungen nicht für diese Ballungseffekte verantwortlich sind (z. B. *Blankart*

---

[314] Vgl. *Sinn* (1995, S. 248; 1997a, S. 24; 1997b, S. 255; 2002, S. 402; 2004, S. 32).

2000b, S. 133). Damit kann auch die Richtigkeit der *Sinn*schen Argumentation angezweifelt werden. Denn abstrakt theoretisch könnte man auch argumentieren, daß bei
Auftreten von Skaleneffekten Jurisdiktionen fusionieren (im Falle positiver Skalenerträge) oder disintegrieren (im Falle negativer Skalenerträge) können. Eine harmonisierte
Lösung ist daher ex ante nicht unbedingt notwendig. Zudem muß mit Blick auf die
Nachfrager bezweifelt werden, daß deren Präferenzen bezüglich öffentlicher Leistungen
tatsächlich homogen sind, wie von *Bewley* und *Sinn* angenommen wurde. Insofern ist
fraglich, ob die Möglichkeit der Realisierung von Skaleneffekten tatsächlich einen ruinösen Wettbewerb mit einer Konzentration der Bürger auf eine oder wenige Jurisdiktionen induziert.[315] Vielmehr ist anzunehmen, daß sich die optimale Größe einer Jurisdiktion aus einer „Abwägung von Produktvielfalt und Größenvorteilen entsprechend den
Bürgerpräferenzen" ergibt (*Blankart* 1996a, S. 88). Somit kann der Wettbewerb eher als
die Zentralisierung Jurisdiktionen stimulieren, ihre optimale Größe zu realisieren
(*Blankart* 2000b, S. 134). Zudem vernachlässigt die *Sinn*sche Argumentation, daß eine
Konzentration der Individuen auf eine oder wenige Gebietskörperschaften schon durch
den begrenzten Platz bzw. durch die Verfügbarkeit von Gebäuden eingeschränkt ist.
Dieser fixe Faktor (Boden oder die Anzahl der Häuser) limitiert somit die Ausnutzung
der Skalenerträge und die Gefahr eines ruinösen Wettbewerbs. Insgesamt kann angenommen werden, daß die optimale Größe einer Jurisdiktion selbst bei der Bereitstellung
öffentlicher lokaler Güter relativ klein sein wird (*Blankart* und *Borck* 2004, S. 455).[316]

4.2.3.2.5. Umverteilung

In der Literatur zum interjurisdiktionellen Wettbewerb bzw. Steuerwettbewerb wird
häufig hervorgehoben, daß dieser eine dezentrale Umverteilungspolitik verhindere.[317]
Führt eine Jurisdiktion auf untergeordneter Jurisdiktionsebene, die sich im Wettbewerb
mit anderen Jurisdiktionen befindet, eine Umverteilungspolitik von Reichen zu Armen
durch, so können folgende Konsequenzen erwartet werden. Die Reichen, die aufgrund
der Umverteilung höhere Steuern als die ,benefit taxes' zahlen müssen oder – anders
ausgedrückt – mehr zum Sozialprodukt beitragen müssen als sie erhalten, wandern ab
(*Helms* 1985, S. 574). Arme hingegen, die nach der Umverteilung mehr vom Sozialprodukt erhalten, als sie beigetragen haben, werden angelockt.[318] Würde eine Jurisdiktion
eine Umverteilungspolitik in obigem Sinne durchführen, würde dies folglich eine Mi-
gration von Individuen mit unterschiedlichen Wohlfahrtspositionen induzieren. Infolgedessen ergeben sich positive Externalitäten für andere Jurisdiktionen, denn dort würden
Reiche zu- und Arme abwandern. Die sozialpolitische Situation in anderen Jurisdiktionen würde sich somit verbessern (*Wildasin* 1991, S. 768; *Dercks* 1996, S. 19). Es voll-

---

[315] „I find a model with homogeneous communities ... startling and strikingly in conflict with
my everyday experience" (*Bewley* 1981, S. 735).

[316] Auch empirisch konnte die ,race to the bottom'-Hypothese bislang nicht bestätigt werden
(*Feld* 2000 für die Schweiz; *Büttner* 1999 bezogen auf die Körperschaftsteuer in der EU).
Für einen Überblick zur Empirie des Steuerwettbewerbs siehe *Büttner* (2001).

[317] Vgl. *Oates* (1972, S. 6-8); *Pauly* (1973, S. 35 f.). Siehe zum Problem schon *Buchanan*
(1950).

[318] Vgl. *Feld* und *Kirchgässner* (1995, S. 562); *Sinn* (2002, S. 400; 2004, S. 30).

zieht sich eine Art *adverse Selektion* (*Wellisch* 1995, S. 123) mit der Folge, daß die Umverteilungs- oder Wohlfahrtsjurisdiktion bei weiterer Verfolgung ihrer Distributionspolitik einen finanziellen Kollaps befürchten muß (*Sinn* 1995, S. 246 f.).[319] Demzufolge kann eine effiziente Umverteilungspolitik nicht dezentral, sondern nur von einer zentralen Ebene durchgeführt werden (*Oates* 1972, S. 8; *Sinn* 1997b, S. 263). Zur genaueren Analyse der Zwangsläufigkeit der bisherigen Argumentation werden nun zwei ökonomische Begründungsmuster für eine dezentrale Umverteilungspolitik betrachtet.

1. *Sinn* argumentiert, daß eine Umverteilungspolitik als eine Versicherung gegen Lebens- und Karriererisiken interpretiert werden könnte, auf die sich die Bürger im konstitutionellen Zustand einigen können.[320] Demnach hätten alle Individuen unter dem Schleier der Ungewißheit eine Präferenz für einen umverteilenden Sozialstaat.[321] Befindet sich eine solche umverteilende Jurisdiktion im Wettbewerb mit anderen Jurisdiktionen, so müßte sie bei der Durchführung einer *effizienten* Umverteilungspolitik mit oben beschriebenen Effekten rechnen. Folglich wird die Jurisdiktion eine suboptimale Umverteilungspolitik betreiben und eher versuchen, die Nettozahler besser und die Nettoempfänger schlechter zu behandeln als Nachbarjurisdiktionen, um unerwünschte Zu- und Abwanderungen zu verhindern (*Sinn* 1997b, S. 263). Die Konsequenz ist eine „Unterversorgung mit Sozialpolitik" (*Sinn* 2002, S. 400).[322] Die Lösung dieses Problems könnte eine Harmonisierung der Umverteilungspolitik sein. Eine einheitliche Harmonisierungsregel, die das Niveau der Umverteilung festlegt, ist aber zwischen Jurisdiktionen mit unterschiedlichen Durchschnittseinkommen pro Kopf nur sehr schwer, wenn überhaupt zu finden (*Sinn* 2002, S. 401; 2004, S. 31). Eine mit dem interjurisdiktionellen Wettbewerb kompatible Lösung wäre hingegen das von *Sinn* vorgeschlagene Heimatlandprinzip. Dieses Heimatlandprinzip ist mit einer staatlich verfügten Zwangsversicherung vergleichbar. Im Rahmen des Heimatlandprinzips soll sich ein Bürger bis zu einem bestimmten Alter entscheiden, zu welcher Umverteilungs-Jurisdiktion er gehören möchte. Er bleibt dieser Jurisdiktion in Umverteilungsfragen dann dauerhaft und unabhängig von seinem tatsächlichen Wohnsitz zugehörig.[323]

---

[319] Exemplarisch kann hier angeführt werden, daß das Bestreben New Yorks, eine intensivierte Umverteilungspolitik durchzuführen, aufgrund der induzierten Wanderungsbewegungen gescheitert ist und zu erheblichen finanziellen Problemen für die Jurisdiktion geführt hat. Siehe beispielsweise *Sinn* (1992, S. 193).

[320] Vgl. *Sinn* (1997a, S. 31). Siehe auch *Mueller* (1998, S. 173 f.); *Dercks* (1996, S. 42-59).

[321] Dieser Schleier verdeckt, welche zukünftige Position die jeweilige Person in der Gesellschaft einnehmen wird, ob sie beispielsweise Pech hat und Nettoempfänger oder Glück hat und Nettozahler sein wird (*Sinn* 1997b, S. 258; 2002, S. 399; 2004, S. 30 f.).

[322] Man könnte jedoch einerseits argumentieren, daß die Mobilität in Europa nicht so hoch ist, als daß eine Umverteilung nicht stattfinden könnte. Andererseits könnte behauptet werden, daß die Besteuerung zu Umverteilungszwecken vielleicht durch andere Vorteile des Standortes kompensiert werden könnte. Im letzteren Falle wird aber von der bisherigen Marginalbetrachtung mit ihrer c.p.-Annahme abgewichen und eine Totalbetrachtung vorgenommen (*Feld* und *Kirchgässner* 1995, S. 563).

[323] „Voting with one's feet would make only sense, if it could be limited to the pre-constitutive phase in Rawls' sense, i.e., if the judgement on income redistribution policies would have to

Die bisherige Argumentation suggeriert, daß eine dezentrale Umverteilungspolitik scheitern muß. Empirisch kann ein solches Scheitern zunächst nicht bestätigt werden (*Feld* und *Kirchgässner* 1995, S. 567; *Feld* 2000, S. 324-347). Allerdings weisen *Feld* und *Kirchgässner* (1998, S. 68) darauf hin, daß der Sozialstaat in der Schweiz deshalb nicht zusammenbreche, weil bei bestimmten Umverteilungsmechanismen (direkte Bundessteuern und Rentenversicherungssystem) eine Mindestharmonisierung existiere. Zudem gebe das *Bürgerortprinzip* im Rahmen der Sozialhilfe wenige Anreize zur Wanderung.

2. *Mueller* (1998, S. 179) argumentiert, daß eine dezentrale Umverteilungspolitik im interjurisdiktionellen Wettbewerb nicht versagen muß und keine Abwanderung der Reichen stattfindet, solange es sich um eine freiwillige Umverteilung handelt. Für eine solch freiwillige Umverteilung können altruistische Motive angeführt werden. Eine freiwillige oder *Pareto*-effiziente Umverteilung setzt somit voraus, daß der Nutzen der Armen (Empfänger) in die Nutzenfunktion der Reichen (Zahler) integriert ist, und der Nutzen der Armen von deren Einkommen abhängt.[324] Die Realisierung einer freiwilligen Umverteilung ist jedoch mit dem Problem behaftet, daß ein Reicher sich als Trittbrettfahrer verhalten könnte. Er wird hoffen, daß andere Reiche für die Umverteilung sorgen. Dadurch kann er seinen Nutzen steigern, ohne selbst zahlen zu müssen.[325] Da sich jeder Reiche so verhalten wird, kommt eine Umverteilung nicht zustande, obwohl sie zu einer *Pareto*-Verbesserung in der Jurisdiktion führen würde. Gibt es keine privaten Mechanismen, die diese Umverteilung zu realisieren imstande sind, so müssen sich die Jurisdiktionsmitglieder selbst dazu zwingen, eine Umverteilung herbeizuführen, „ebenso wie sie sich ‚zwingen‘, Steuern zu zahlen, um die Bereitstellung anderer Kollektivgüter zu gewährleisten" (*Dercks* 1996, S. 33; H. i. O.).[326] Um dennoch die Freiwilligkeit der Umverteilung zu wahren, sollte die Entscheidungskompetenz hinsichtlich der Ausgestaltung des Umverteilungsprogramms nur bei den Nettozahlern bzw. Reichen liegen. Die Empfänger können zwar Vorschläge hinsichtlich der Höhe der Umverteilung unterbreiten, sie sollten aber auf die Entscheidung hinsichtlich des Ausmaßes an Umverteilung keinen entscheidenden Einfluß haben (*Mueller* 1998, S. 175). So kann einerseits die Freiwilligkeit der Umverteilung sichergestellt und gleichzeitig das Trittbrettfahrerproblem gelöst werden. Es kann daher erwartet werden, daß in einer mobilen Welt nur eine Umverteilung stattfindet, wenn sie auch im Interesse der Zahler ist. Die Reichen werden unter diesen Bedingungen nicht abwandern, weil sie sich dadurch selbst schaden würden (*Pauly* 1973, S. 57; *Mueller* 1998, S. 180). Empi-

---

be made behind the veil of ignorance – before it is known whether the individual belongs to the winners or losers of this policy regime" (*Sinn* 1990a, S. 10).

[324] Vgl. *Hochman* und *Rodgers* (1969, S. 543-545); *Thurow* (1971, S. 327 f.); *Pauly* (1973, S. 37); *Dercks* (1996, S. 31); *Mueller* (1998, S. 175).

[325] Vgl. *Hochman* und *Rodgers* (1969, S. 543, Fn. 4); *Thurow* (1971, S. 328 f.); *Dercks* (1996, S. 32).

[326] „[I]f there is no appropriate private vehicle ... the establishment of collective institutions through which such an income transfer can be processed may increase the welfare of both parties (Reiche und Arme, F. G.)" (*Hochman* und *Rodgers* 1969, S. 543).

risch läßt sich diese Argumentation zumindest für die Schweiz bestätigen. Die im Steuerwettbewerb befindlichen Kantone können Umverteilungen von Reichen zu Armen durchführen, ohne daß eine Abwanderung der Reichen zu konstatieren wäre. Die Reichen akzeptieren Umverteilungsentscheidungen, wenn

> „sie an der Entscheidung über das Ausmaß an Umverteilung eingebunden sind. ... Daher wird möglicherweise auch eine dezentrale Einkommensumverteilung aufgrund der höheren prozeduralen Gerechtigkeit eher akzeptiert" (*Feld* 2000, S. 345).[327]

Eine solchermaßen ausgestaltete Umverteilungspolitik hätte den Vorteil gegenüber der in Punkt 1 angeführten Lösung, daß das Äquivalenzprinzip auch bei der Umverteilung gewahrt bleibt, denn die Zahler der Umverteilung dürfen über die Höhe der Umverteilung selbst entscheiden.[328]

Zusammenfassend kann festgehalten werden, daß es einerseits Argumente für die Hypothese gibt, daß der Steuerwettbewerb Ineffizienzen generiert. Dies ist zumeist der Fall, wenn negative technologische Externalitäten vorliegen, mithin keine fiskalische Äquivalenz gegeben ist. Es kann ebenso zu Ineffizienzen in der Allokation der Bürger oder Produktionsfaktoren als Reaktion auf ein ineffizientes Angebot öffentlicher Leistungen kommen, wenn es den Jurisdiktionen an effizienten fiskalischen Instrumenten mangelt. Andererseits gibt es aber auch gute Argumente dafür, daß der Steuerwettbewerb funktioniert und – entgegen der üblichen Meinung – Umverteilungen auf dezentraler Ebene möglich sind.

4.2.3.3. Der Regulierungswettbewerb

Ein weiterer Parameter der Jurisdiktionen im interjurisdiktionellen Wettbewerb neben Steuern und der Bereitstellung öffentlicher Leistungen sind die Regulierungen (Produkt-, Umwelt-, Arbeitsmarktregulierungen, Gesellschaftsrecht, etc.). Der Wettbewerb mittels solcher Regulierungen umfaßt ganz unterschiedliche Typen:[329] Es gibt einen Regulierungswettbewerb, der durch eine grenzüberschreitende Mobilität der Individuen bzw. Produktionsfaktoren induziert wird (Typ A). Ein anderer Typ Regulierungswettbewerb ist dadurch charakterisiert, daß Individuen oder Unternehmen Regulierungen anderer Jurisdiktionen wählen können, ohne die eigene Jurisdiktion verlassen zu müssen (Typ B). Der Regulierungswettbewerb vom Typ A liegt vor, wenn auf dem Gemeinsamen Markt Unternehmen aus unterschiedlichen Ländern mit Produkten, die nach den jeweils in den Ländern geltenden Produktregulierungen hergestellt wurden, in Wettbewerb treten. Der Wettbewerb wird allerdings erst durch das Prinzip der wechselseitigen Anerkennung von Produktregulierungen in Gang gesetzt, wie es in der EU

---

[327] Siehe auch *Feld* (1997, S. 476); *Blankart* (2000b, S. 140); *Feld* und *Kirchgässner* (2001, S. 44). *Feld* (2000, S. 345) bezeichnet dieses Verhalten der Bürger gegenüber ihrer Jurisdiktion als loyales Verhalten in Anlehnung an die begriffliche Unterscheidung nach *Hirschman* (1970): ‚exit, voice, loyality'. Man könnte allerdings auch argumentieren, daß die Reichen aufgrund von Trägheit oder aufgrund hoher Austrittskosten in der Jurisdiktion verharren (*Schäfer* 2005, S. 145).

[328] Siehe zur Diskussion um das Äquivalenzprinzip in Umverteilungsfragen *Schäfer* (2005).

[329] Vgl. *Kerber* (2000b); *Heine* und *Kerber* (2002, S. 51; 2003, S. 118).

praktiziert wird (z. B. *Sun* und *Pelkmans* 1995). Das heißt, ein Unternehmen kann seine Produkte nach den Bestimmungen seines Landes produzieren und in einem anderen Mitgliedsland des Integrationsraumes verkaufen. Will nun ein Unternehmen nach den Regulierungen (Produkt-, Umwelt-, Arbeitsmarktregulierungen, Gesellschaftrecht, etc.) eines anderen Landes produzieren, so muß es seinen Sitz verlagern. Daher kann der Regulierungswettbewerb vom Typ A als eine eher indirekte Form des Regulierungswettbewerbs angesehen werden. Denn – in einer ganzheitlichen Betrachtung – können neben den Regulierungen noch andere Faktoren für die Standortentscheidung von Unternehmen oder Individuen in Frage kommen. Demgegenüber kann der Regulierungswettbewerb vom Typ B als die direktere und sensitivere Variante des Regulierungswettbewerbs angesehen werden, weil die Entscheidung nur auf das gewählte Regulierungsbündel beschränkt ist (*Heine* und *Kerber* 2002, S. 51). Das bedeutet, das Unternehmen kann Regulierungen einer anderen Jurisdiktion wählen und nach diesen produzieren, ohne seinen Standort verlagern zu müssen. Damit wird folglich im Regulierungswettbewerb vom Typ B das Steuer-Leistungsbündel von Jurisdiktionen aufgebrochen. Es muß nicht mehr ein ganzes Bündel, sondern es können einzelne Komponenten dieses Bündels gewählt werden (*Heine* 2003b, S. 16).

Ob ein solcher Regulierungswettbewerb im Sinne von *Tiebout* Regulierungen hervorbringt, die den Präferenzen der Bürger nach staatlichen Regulierungen bestmöglich entsprechen oder ob dieser zu Ineffizienzen führt, ist in der theoretischen Diskussion umstritten.[330] Ein Modell, das auf diese Problematik eingeht, ist das von *Oates* und *Schwab* (1988). Dieses bezieht sich auf den Regulierungswettbewerb vom Typ A. Die Autoren zeigen, daß der interjurisdiktionelle Wettbewerb, und zwar sowohl mit Regulierungen als auch Steuern, als effizient betrachtet werden kann. Die als immobil angenommenen Individuen wählen die Steuersätze und die Regulierungen für das mobile Kapital so, daß sie für die Bewohner effizient sind.[331]

---

[330] Vgl. *Streit* und *Mussler* (1995); *Sun* und *Pelkmans* (1995); *Sinn* (1997a; 1997b); *Trachtman* (2000). Vgl. auch diverse Beiträge in *Esty* und *Geradin* (2001); *Sinn* (2002); *Heine* und *Kerber* (2002, S. 51); *Heine* (2003a; 2003b); *Sinn* (2004).

[331] *Oates* und *Schwab* (1988) nehmen an, daß in jeder Jurisdiktion ein privates Gut erzeugt wird, für dessen Produktion sowohl Arbeit als auch Kapital benötigt werden. Mit der Produktion ist die Emission von Schadstoffen verbunden. Der Produktionsfaktor Kapital wird als vollständig mobil zwischen den Jurisdiktionen angenommen, während den Arbeitskräfte als vollkommen immobil gelten. Das Kapital ist so auf die einzelnen Jurisdiktionen verteilt, daß die Kapitalrendite in allen Jurisdiktionen identisch ist. Würde nun eine Jurisdiktion ihre Steuern reduzieren und/oder Umweltregulierungen laxer gestalten, so hätte dies c. p. zur Folge, daß mehr Kapital in die betreffende Jurisdiktion wandert. Infolge des Kapitalzustroms wird der zur Produktion benötigte Produktionsfaktor Arbeit verstärkt nachgefragt. Das bedeutet, daß noch nicht ausgelastete Arbeitskräfte Arbeit erhalten. Wenn die vorhandenen Arbeitskräfte bereits ausgelastet sind, steigen die Löhne. In jedem Fall kommt es zu einem Anstieg der Lohnsumme in der Jurisdiktion. Es muß folglich aus Sicht der Bürger der jeweiligen Jurisdiktion eine Abwägung zwischen hohen Löhnen und reduzierten Steuersätzen und Umweltstandards erfolgen, weil mit einer Erhöhung der Steuern bzw. Verschärfung der Umweltregulierungen Kapital abwandert und damit ein Verlust von Arbeitsplätzen und Lohnzahlungen einhergeht. Setzt man voraus, daß alle Individuen in einer Jurisdiktion die gleichen Präferenzen für Umweltregulierungen und Steuern haben, so werden effiziente Steuersätze und Umweltstandards festgelegt.

Sinn (1990a, S. 7-11; 1997a, S. 40-48; 1997b, S. 264-270; 2002, S. 402-404; 2004, S. 33 f.) behauptet hingegen, daß der Regulierungswettbewerb unabhängig vom Typ generell zu einem ,race to the bottom' bzw. zu einem ,lemons-Gleichgewicht' führe. *Sinn* ist der Meinung, daß die Informationsasymmetrie-Probleme, die zu einem Markt-versagen auf dem *Gütermarkt* geführt und einen Eingriff des Staates erfordert haben, im Regulierungswettbewerb auf einer höheren Ebene wieder auftreten. Ebenso wie auf Gütermärkten die guten Qualitäten durch die schlechten infolge des Prozesses der *adversen Selektion* verdrängt werden (*Akerlof* 1970), würden auch im Regulierungswettbewerb die guten durch die schlechten Regulierungen verdrängt. Es komme somit wiederum zu einem Marktversagen für gute Qualitäten. Eine Harmonisierung, wie es beispielsweise das Basel II-Abkommen im Bereich der Bankenregulierung darstellt, sei notwendig, um dem Versagen des Regulierungswettbewerbs zu begegnen (*Sinn* 2002, S. 404). Empirisch kann ein solches ,race to the bottom', wie es von *Sinn* beschrieben wird, jedoch nicht festgestellt werden (*Sun* und *Pelkmans* 1995).

Die Funktionsfähigkeit des Regulierungswettbewerbs wird nach wie vor kontrovers diskutiert, so am Beispiel des amerikanischen Gesellschaftsrechts.[332] Die Kritiker sind der Ansicht, der Wettbewerb führe zu einem ,race to the bottom'. Die Befürworter sind der Meinung, daß im Wettbewerb ein Gesellschaftsrecht angeboten würde, das den Präferenzen der Unternehmen entspreche. Allerdings können die 50 verschiedenen von den amerikanischen Bundesstaaten angebotenen Gesellschaftsrechte noch zu wenige sein, um den sehr heterogenen Präferenzen der Unternehmen bestmöglich gerecht zu werden. Empirisch läßt sich auch keine Evidenz für die Argumentation des ,race to the bottom' anführen (*Heine* 2003a, S. 480 f.). Es können höchstens „equilibria with less than efficient levels of public services" konstatiert werden (*Oates* 2002, S. 383).

Freilich hängt die Effizienz des Regulierungswettbewerbs generell – wie diejenige des Steuerwettbewerbs auch – davon ab, ob eine fiskalische Äquivalenz vorliegt (*Siebert* und *Koop* 1990, S. 448; *Trachtman* 2000, S. 338). Liegen technologische Externalitäten vor, so können diese die marginale Kosten- und/oder Nutzenposition einer Jurisdiktion ändern. Dies ist beispielsweise der Fall, wenn eine umweltverschmutzende Jurisdiktion bzw. die Bürger nicht die vollen Kosten ihrer laxen Umweltregulierungen selbst tragen müssen, weil ein großer Teil der Umweltverschmutzung von benachbarten Jurisdiktionen getragen wird. Dann gefährdet die Setzung von Umweltregulierungen die Effizienz des interjurisdiktionellen Regulierungswettbewerbs (*Heine* 2003a, S. 475).[333] Auch in diesem Fall können zwar Verhandlungslösungen zwischen den Jurisdiktionen dazu beitragen, die Probleme zu beseitigen (*Siebert* und *Koop* 1990, S. 451 f.). Jedoch kann die schon erwähnte ,free rider'-Problematik ebenso wie die fehlende Durchsetzbarkeit entsprechender Verhandlungslösungen dazu führen, daß eine Internalisierung der externen Effekte eher durch eine Harmonisierung der Regulierungen erfolgen sollte. Im Bereich des amerikanischen Gesellschaftsrechts sind allerdings die externen Effekte

---

[332] Vgl. *Heine* (2003a, S. 479-481; 2003b); *Heine* und *Kerber* (2003, S. 120-122).

[333] Dies gilt nicht für pekuniäre Externalitäten, da sie in Analogie zu den Abläufen auf Gütermärkten die marginalen Bedingungen nicht gefährden. „Therefore, the market for regulation would still yield Pareto-optimal allocation" (*Siebert* und *Koop* 1990, S. 450).

nicht so schwerwiegend, als daß eine komplette Harmonisierung erfolgen müßte. Man könnte allerdings für Teilbereiche eine Mindestharmonisierung vorsehen (*Heine* 2003a, S. 480 f.).[334]

In der Existenz von Skaleneffekten wird wiederum ein Hindernis für einen effizienten Regulierungswettbewerb gesehen. So könnte eine Harmonisierung von Regulierungen die Realisierung hoher Skalenvorteile (statische und dynamische) bei der Rechtsproduktion und der Gewährleistung der Rechtssicherheit ermöglichen (*Heine* 2003a, S. 475 f.). Ob eine solche Harmonisierung notwendig ist, weil der Regulierungswettbewerb aufgrund dieser Skalenvorteile analog der von *Sinn* beschriebenen Problematik versagen könnte, muß aufgrund der schon angesprochenen Heterogenität der Präferenzen für unterschiedliche Regulierungen bezweifelt werden. Man muß schließlich die Vorteile des Regulierungswettbewerbs in Relation zu den Vorteilen einer Harmonisierung beurteilen (*Sun* und *Pelkmans* 1995, S. 82-88; *Trachtman* 2000, S. 343). In diesem Zusammenhang müssen auch die in den folgenden zwei Abschnitten dargestellten Aspekte berücksichtigt werden.

4.2.3.4. Interjurisdiktioneller Wettbewerb und das Wissensproblem

Bisher wurde argumentiert, der interjurisdiktionelle Wettbewerb trage dazu bei, daß die angebotenen Steuer-Leistungsbündel den Präferenzen der Bürger bestmöglich entsprechen. Dabei wird unterstellt, die Präferenzen der Bürger seien bekannt. Ein neues Begründungsmuster für die Effizienzvorteile, die ein interjurisdiktioneller Wettbewerb generieren könnte, liefern evolutorische Wettbewerbskonzepte in der Tradition von *Hayek* (1969/1994b; ‚Wettbewerb als Entdeckungsverfahren‘) und *Schumpeter* (1966, Kap. 2; ‚Wettbewerb als ein Prozeß der Innovation und Imitation‘). Diese für den Wettbewerb auf Gütermärkten entwickelten Konzepte werden nun auch auf den interjurisdiktionellen Wettbewerb angewendet. Es wird somit die Entdeckungs- und Fortschrittsfunktion des interjurisdiktionellen Wettbewerbs hervorgehoben.[335]

In der Tradition von *Hayek* (1969/1994b) ließe sich argumentieren, daß die Politiker und Bürokraten – anders als in den neoklassischen Modellen unterstellt – nicht über perfektes Wissen hinsichtlich der von den Bürgern gewünschten öffentlichen Leistungen und Regulierungen verfügen. Es wird vielmehr angenommen, daß diese nur „hypothesenartiges, fallibles Wissen über die Gestaltung der optimalen Steuer-Leistungs-Pakete haben" (*Kerber* 2003, S. 48). Sie werden im interjurisdiktionellen Wettbewerb mit Steuer-Leistungsbündeln experimentieren, um in einem solchen ‚trial and error‘-Prozeß ein besseres Wissen darüber zu generieren, welche öffentlichen Leistungen, den

---

[334] Ein Problem für ein effizientes Regulierungsangebot könnte allerdings in der Existenz von Pfadabhängigkeiten liegen. Das bedeutet, daß Jurisdiktionen nicht in der Lage sind, effiziente Regulierungen anzubieten, weil die existierenden in ein größeres nationales Rechtssystem eingebettet sind. Man kann dann die Regulierungen nicht einfach ändern, weil schädliche Wechselwirkungen zu anderen Regulierungen des nationalen Rechtssystems auftreten können (Heine und Kerber 2002, S. 63 f.; Heine 2003a, S. 476 f.).

[335] Vgl. *Oates* (1972, S. 13); *Vihanto* (1992); *Vanberg* und *Kerber* (1994); *Streit* und *Mussler* (1995, S. 78); *Streit* (1995, S. 121 und 127; 1996, S. 523); *Windisch* (1998, S. 130-137); *Kerber* (2003, S. 48 f.).

Präferenzen der Jurisdiktionsmitglieder bestmöglich entsprechen.[336] Somit ist der Wettbewerb besser in der Lage als eine zentralisierte Lösung, dezentral verstreutes Wissen bezüglich der Präferenzen der Individuen nach öffentlichen Leistungen aufzudecken (*Oates* 1972, S. 12 f., analog zum Gütermarkt *Hayek* 1969/1994b).

„On the local level, individuals with very different and quite extraordinary backgrounds can be selected as government agents, and the peculiar knowledge of these individuals combined with the peculiar stimuli provided by each local environment offers most favorable conditions for the emergence of new ideas and discoveries" (*Vihanto* 1992, S. 417).

Der interjurisdiktionelle Wettbewerb kann ebenfalls eine Fortschrittsfunktion ausüben. Die Jurisdiktionen sind im Wettbewerb mit anderen Jurisdiktionen um mobile Unternehmen und Produktionsfaktoren gezwungen, ständig bessere Steuer-Leistungsbündel anbieten zu müssen als die Konkurrenten. Die Konkurrenten sind wiederum gezwungen, die besseren Angebote anderer Jurisdiktionen zumindest zu imitieren oder sogar bessere Steuer-Leistungsbündel anzubieten.[337] Die Funktion des Wettbewerbs ist somit in Anlehnung an *Hayek* (1969/1994b, S. 257), „to discover new ways of doing things better than they have been done before" (*Vihanto* 1992, S. 418).[338] Insofern wird ein Regulierungswettbewerb, ein Steuerwettbewerb oder allgemein ein Wettbewerb mit Steuer-Leistungsbündeln zwischen den Jurisdiktionen begrüßt, weil er Anreize bietet, das vorhandene Angebot im Interesse der Bürger zu verbessern.[339] Freilich muß sichergestellt sein, daß die Experimente einer Jurisdiktion nicht darauf abzielen, Kosten zu externalisieren bzw. bewußt negative technologische Externalitäten zu generieren (*Vanberg* und *Kerber* 1994, S. 207-216).[340]

4.2.3.5. Interjurisdiktioneller Wettbewerb und Neue Politische Ökonomie

4.2.3.5.1. Zähmung des Leviathans

Die Einbeziehung der Neuen Politischen Ökonomie oder ‚Public Choice'-Theorie in die Theorie des interjurisdiktionellen Wettbewerbs liefert weitere Erkenntnisse über den Nutzen, die Effizienz und die Funktionsfähigkeit des interjurisdiktionellen Wettbewerbs. In den bisherigen Modellen wurde angenommen, daß die handelnden Regierun-

---

[336] Vgl. *Vihanto* (1992, S. 415); *Sinn* (1992, S. 191); *Vanberg* und *Kerber* (1994, S. 201-206); *Streit* und *Mussler* (1995, S. 78 f.); *Kerber* und *Vanberg* (1995, S. 42-48).

[337] „Whether it is learning by doing on the job or the acquisition of formal knowledge, the key to survival is improving the efficiency of the organization relative to that of rivals" (*North*, 1995, S. 28).

[338] Jurisdiktionen können von den Experimenten anderer Jurisdiktion lernen. Sie können so sehen, was schlecht ist und nicht übernommen werden sollte. Es können aber auch neue ‚best practices' generiert werden, die von anderen Jurisdiktionen übernommen werden (*Brandeis* 1932; *Oates* 1972, S. 12 f.; *Vihanto* 1992, S. 419; *Streit* und *Mussler* 1995, S. 79; *Oates* 1999, S. 1132). Die Vorteile eines dezentralen Experimentierens werden auch in der Theorie des ‚Yardstick-Competition' hervorgehoben (*Salmon* 1987; *Breton* 1991, S. 40; *Kenyon* 1997, S. 14; *Kerber* und *Eckardt* 2005).

[339] *Vanberg* und *Kerber* (1994); *Sun* und *Pelkmans* (1995, S. 83); *Apolte* (1999, S. 98 f.). Bezogen auf Gütermärkte siehe *Hayek* (1969/1994b, S. 257)

[340] Siehe zu weiteren Problemen *Kerber* und *Vanberg* (1995, S. 45-47).

gen oder City Manager benevolente Akteure sind, die den Nutzen der Bürger der Jurisdiktion zu maximieren suchen.[341] In Analogie zu den Verhaltensannahmen, die für Individuen auf Gütermärkten gelten, kann man jedoch unterstellen, daß die Regierenden bei
der Ausübung ihrer Tätigkeit ebenfalls ihr Eigeninteresse verfolgen (z. B. *Brennan* und
Buchanan 1980, S. 14 und 16; *Streit* 1995, S. 116 f.). Dann ist zu erwarten, daß Politiker Steuer-Leistungsbündel anbieten, die am besten geeignet sind, *ihre* persönlichen
Ziele zu realisieren. Dieses Angebot muß aber nicht unbedingt den Präferenzen aller
Bürger bestmöglich entsprechen. Unter diesen Bedingungen kann der interjurisdiktionelle Wettbewerb mit seiner *Kontroll-* und *Anreizfunktion* eine wichtige Rolle zur Sanktionierung und Beschränkung der Politiker spielen. Denn die Bürger werden aus der
Jurisdiktion abwandern, wenn die Politiker ihre eigenen Interessen verfolgen und ineffiziente Steuer-Leistungsbündel anbieten. Daher können Politiker und Bürokraten unter
dem Druck des interjurisdiktionellen Wettbewerbs dazu gezwungen werden, nicht ihre
eigenen Interessen, sondern – sofern es Zielkonflikte gibt – die Interessen und Präferenzen der Bürger zu verfolgen.[342] Dies soll nun verdeutlicht werden.

Aus der ‚Public Choice'-Literatur sollen zwei Begründungsmuster für ein konfligie-
rendes Verhalten zwischen Regierenden (Politikern und Bürokraten) und Bürgern in
einer Demokratie vorgestellt werden: das Leviathan- und das ‚Rent-seeking'-Problem.
Das Leviathan-Problem entsteht dadurch, daß die Regierenden während ihrer Amtsperiode über eine Zwangsgewalt bzw. das Monopolrecht zur Besteuerung der Jurisdiktionsmitglieder verfügen. Es wird unterstellt, daß sich die Interessen der Politiker und
Bürokraten zu einem gemeinsamen Ziel der Budgetmaximierung aggregieren lassen. So
entsteht ein monolithisches Regierungsgebilde, das als Leviathan oder Ausgeburt des
Feudalstaates bezeichnet wird. Der Leviathan nutzt seine monopolistische Position –
analog zu Monopolen auf Gütermärkten –, um die Staatseinkünfte zu maximieren, also
Monopolrenten abzuschöpfen.[343]

In Demokratien unterliegt das Handeln der Regierenden und damit auch jenes des
Leviathans der Beschränkung, daß sich die Politiker in bestimmten zeitlichen Abstän-
den der Wahl durch die Bürger stellen müssen (*Brennan* und *Buchanan* 1980, S. 17 und
30 f.). Die Politiker bzw. die Regierung muß folglich wieder gewählt werden, um weiterhin die an das Amt gebundene Monopolmacht ausüben zu können (*Sinn* 1992,

---

[341] Vgl. *Oates* (1972); *Quian* und *Weingast* (1997, S. 83); *Rodden* und *Rose-Ackerman* (1997,
S. 1521); *Edwards* und *Keen* (1996, S. 115); *Sinn* (1997a, S. 11; 1997b, S. 249 f.). Die bisherigen Modelle sind kompatibel mit der in der Theorie der Firma vorherrschenden Sichtweise,
daß jeweils die Regierung oder die Organisation einer Firma als ‚black box' modelliert wird.
Man gibt bestimmte Inputs ein und am Ende kommt die für die Firma bzw. die Bürger bestmögliche Lösung heraus (*Quian* und *Weingast* 1997, S. 83).

[342] Vgl. *Brennan* und *Buchanan* (1980, S. 168 und 184); *Sinn* (1992); *Streit* und *Mussler* (1995);
Streit (1996); *Kerber* (1998a; 1998b); *Apolte* (2001, S. 359); *Kerber* (2003).

[343] Vgl. *Brennan* und *Buchanan* (1980, S. 26-30); *Sinn* (1992, S. 179 f.); *Apolte* (2001, S. 360-
366). „[B]ecause there are inherent tendencies in the structure of government to push it toward that sort of behavior implied in the monopolistic model, tendencies that may emerge in
settings where constraints are wholly absent. That is, natural government is monopoly government, with all the implications that the word ‚monopoly' suggests" (*Brennan* und *Buchanan* 1980, S. 16; H. i. O.).

S. 180). An diese Bedingung knüpft eine andere Theorie an, nämlich die ‚Rent-seeking'- oder Interessengruppen-Theorie. Die Interessengruppen haben gemäß dieser Theorie einen großen Einfluß auf die Wahlchancen der Regierung, da sie Wählerstimmen für die Politiker mobilisieren können. Im Gegenzug bieten die Regierenden diesen Interessengruppen Vorteile in Form spezifischer begünstigender Regulierungen, öffentlicher Leistungen oder Steuervergünstigungen an.[344] Somit profitieren auch die Interessengruppen vom Leviathan und sichern ihn durch ihre Unterstützung zu Lasten anderer, belasteter Bevölkerungsgruppen ab (*Sinn* 1992, S. 180 f.; *Oates* 2002, S. 381).

Die Bürger können konstitutionelle Regeln als Fesseln für den Leviathan und zur Lösung des ‚Rent-seeking'-Problems setzen. Diese Regeln werden, wie es die Konstitutionenökonomik suggeriert, unter dem Schleier der Ungewißheit erlassen.[345] Sie sollen verhindern, daß eine (unfreiwillige) Umverteilung zwischen Bürgern und Leviathan stattfinden und eine Verschwendung von Ressourcen in Form von ‚Rent-seeking' betrieben werden kann (*Brennan* und *Buchanan* 1980, S. 32 f.). Es gibt zwei Arten von Verfassungsregeln, die beschränkende Wirkungen entfalten: 1. Prozedurale Regeln. Sie sind wenig effizient oder restriktiv, wenn sie so ausgestaltet sind, daß Wahlen periodisch stattfinden und nach dem Mehrheitswahlrecht abgestimmt wird. Denn dann können die beschriebenen ‚Rent-seeking'-Probleme auftreten (*Brennan* und *Buchanan* 1980, S. 17). Man müßte folglich andere prozedurale Regeln wie das Einstimmigkeitswahlrecht implementieren. 2. Alternativ könnten fiskalische Regeln wie Schranken für die Höhe des Budgets bzw. Staatsanteils oder die Höhe der Steuersätze in die Verfassung aufgenommen werden (*Brennan* und *Buchanan* 1980, S. 33). Ob solche fiskalischen konstitutionellen Vorkehrungen den Leviathan tatsächlich restringieren können, hängt – wie bei allen konstitutionellen Regeln – von deren Durchsetzbarkeit ab (*Brennan* und *Buchanan* 1980, S. 9 f.).

Neben oder ergänzend zu den konstitutionellen Regeln kann auch der interjurisdiktionelle Wettbewerb eine wichtige Funktion zur Beschränkung des Leviathans erfüllen. Ist der interjurisdiktionelle Wettbewerb funktionsfähig, so können die Bürger durch Abwanderung oder durch Androhung einer Abwanderung dafür sorgen, daß der Leviathan nicht mehr seine Monopolmacht ausüben kann. Der Wettbewerb zwischen Jurisdiktionen ist daher willkommen, damit die Steuersätze in erträglichen Grenzen bleiben (ebenso *Dye* 1990, S. 1-3; *Scharpf* 1998).[346] Auch ‚Rent-seeking'-Aktivitäten werden durch den interjurisdiktionellen Wettbewerb sanktioniert. Denn solche Aktivitäten lösen unfreiwillige Umverteilungen aus, weil die Bürger mehr für die erhaltenen Leistungen

---

[344] Damit wird die wohlfahrtstheoretische und auch von *Sinn* (1997b, S. 11) propagierte *Referenzwelt* verlassen, in der die Regierungen nur auf Marktversagen in adäquater Weise reagieren. Statt dessen wird unterstellt, daß die Regierungen die Möglichkeit haben, auch *quasiöffentliche* Güter bereitzustellen. Dadurch ist es möglich, einige Jurisdiktionsmitglieder selektiv zu begünstigen (*Brennan* und *Buchanan* 1980, S. 28).

[345] Dieser verbirgt, welche Positionen sie später in der Gesellschaft einnehmen werden, ob sie also Steuerzahler oder Mitglied des Leviathans sind. Unterstellt wird dabei, die Bürger seien risikoavers. Das bedeutet, sie gehen bei der Auswahl der Regel davon aus, daß sie Steuerzahler sein werden (*Brennan* und *Buchanan* 1980, S. 32).

[346] Siehe zur Diskussion der unterschiedlichen theoretischen Konzepte, Wohlfahrtstheorie und ‚Public Choice'-Theorie, in bezug auf den Steuerwettbewerb *Blankart* (2000b).

zahlen müssen, als sie an ‚benefits' erhalten. In einem solchen Fall werden die so belasteten Bürger die Jurisdiktion verlassen. Gleiches gilt, wenn ineffiziente Regulierungen angeboten werden, die auf ‚Rent-seeking'-Aktivitäten basieren.[347] Der interjurisdiktionelle Wettbewerb kann somit wie ein Substitut für fehlende oder wie ein Komplement für vorhandene konstitutionelle Regeln zur Beschränkung des Leviathans wirken:[348]

> „[I]ntergovernmental competition that a genuinely federal structure offers may be constitutionally "efficient", regardless of the more familiar consideration of interunit spillovers examined in the orthodox theory of fiscal federalism" und konsequenterweise ist „tax competition among separate units ... an objective to be sought in its own right" (*Brennan* und *Buchanan* 1980, S. 185 f.; H. i. O.).

Die *Zähmung des Leviathans* kann also gelingen, wenn der interjurisdiktionelle Wettbewerb funktionsfähig ist. Dies setzt voraus, daß Kompetenzen auf dezentraler Ebene angesiedelt sind, das Prinzip der fiskalischen Äquivalenz gilt sowie die Eigenschaften eines Gemeinsamen Marktes erfüllt sind. Es muß sichergestellt sein, daß alle institutionellen Mobilitätshemmnisse abgeschafft werden, so daß Güter und Produktionsfaktoren sowie Individuen grenzüberschreitend wandern können. Um dies zu gewährleisten, könnten konstitutionelle Regeln bzw. entsprechende Regelungen auf supranationaler Ebene – wie in der EU – erlassen werden.[349] Wenn es solche Regeln gibt, könnten Mobilitätshemmnisse für Individuen nur noch dadurch begründet sein, daß sie sich *freiwillig* an eine Jurisdiktion binden. Dies ist der Fall, wenn sie irreversible Investitionen tätigen und damit lokale Renten erzielen oder persönliche Präferenzen für eine bestimmte Jurisdiktion haben (*Brennan* und *Buchanan* 1980, S. 172). Der Grad der individuellen Mobilität richtet sich – nach der Etablierung eines Gemeinsamen Marktes – somit nach der Höhe der lokalen Renten und persönlichen Präferenzen für einen spezifischen Standort. Dabei gilt: Je immobiler die Individuen sind, desto schwächer ist die zähmende Wirkung des interjurisdiktionellen Wettbewerbs und desto schwächer ist seine Funktion als Substitut oder Komplement für konstitutionelle Regelungen zur Zähmung des Leviathans.[350]

> „For these reasons competition among governments will never be able to protect immobile factors from excessive taxation by Leviathan-type governments, as long as they have the option to choose the type of tax that best serves their goals" (*Apolte* 2001, S. 365 f.; ebenso *Wellisch* 2000, S. 76 f.).

Im Falle von Immobilität muß die Zähmung des Leviathans – wie bereits erläutert – mittels konstitutioneller Regeln erfolgen. Entscheidend ist dann, wie effizient und durchsetzungsfähig die konstitutionellen prozeduralen und fiskalischen Regeln sind.

---

[347] Vgl. *Streit* und *Mussler* (1995, S. 79 f.). Siehe allgemein *Siebert* und *Koop* (1990, S. 444); *Streit* (1996, S. 525 f.).

[348] Vgl. *Brennan* und *Buchanan* (1980, S. 184); *Oates* und *Schwab* (1988, S. 334); *Sinn* (1992, S. 187); *Edwards* und *Keen* (1996, S. 115); *Oates* (2002, S. 381;). „Intergovernmental competition for fiscal resources and interjurisdictional mobility of persons in pursuit of "fiscal gains" can offer partial or possibly complete substitutes for explicit fiscal constraints on the taxing power" (*Brennan* und *Buchanan* 1980, S. 184; H. i. O.).

[349] Vgl. *Kerber* (2003, S. 55 f.). Siehe allgemein *Brennan* und *Buchanan* (1980, S. 172 f.), *Sinn* (1992, S. 187).

[350] Vgl. *Sinn* (1992, S. 187); *Wellisch* (1995, Kap. 6.3); *Blankart* (2000b, S. 135).

Deren Effizienz bzw. zähmende Wirkung wird jedoch in der Regel als geringer eingeschätzt als die des interjurisdiktionellen Wettbewerbs, so daß die Regierungen unter
realistischen Umständen immer eine gewisse Monopolmacht ausüben können „and there is basically little to be done about it" (*Apolte* 2001, S. 376).[351]

4.2.3.5.2. Gefahr der Kartellierung

Neben dem Problem der Immobilität kann die Funktionsfähigkeit des interjurisdiktionellen Wettbewerbs auch durch eine Kartellbildung der Politiker oder Regierungen
beschränkt werden. Denn die Regierungen haben, so wird unterstellt, einen großen Anreiz, sich des Wettbewerbsdrucks und damit der Gefahr zu entledigen, daß ein nicht
präferenzengerechtes öffentliches Steuer-Leistungsbündel eine Kapital- und Bürger-
flucht induziert. Es ist daher zu erwarten, daß sie gemeinsam mit Regierungen anderer
Jurisdiktionen eine Koordinierung oder gar Harmonisierung der Fiskalpolitiken und
Regulierungen anstreben, um dem ‚voting with one's feet' zu entgehen.[352] Fraglich ist
jedoch, wie stabil eine solche Koordination bzw. ein solches Kartell ist. Denn die Stabilität eines Kartells kann in zweifacher Weise gefährdet sein. Zum einen kann jede Kartellvereinbarung durch Wettbewerb *von außen* aufgebrochen werden bzw. gar nicht
zustande kommen. Denn es kann Jurisdiktionen geben, für die es vorteilhafter ist, erst
gar nicht an diesem Kartell zu partizipieren. Zum anderen sind Kartelle in ihrem *Innen-
verhältnis* gewöhnlich langfristig nicht stabil. So kann eine Jurisdiktion große Anreize
haben, die Kartellvereinbarung zu brechen, sofern ihr Anteil am Kartellgewinn geringer
ist als der Nettogewinn, den sie erzielen könnte, wenn sie sich nicht an die Kartellabrede
hält (Gefangenendilemma-Situation) (*Sinn* 1992, S. 189).

Ein Kartell kann *intern* stabilisiert werden, wenn es auf zentraler Ebene Institutionen
gibt, die für die Stabilität des Kartells, d. h. für Transparenz und die Sanktionierung von
Abweichlern sorgen. Damit die Stabilität gewährleistet werden kann, müßten die Personen in übergeordneten Institutionen einen Anreiz haben, eine Sanktionierung durchzuführen. *Vaubel* (2000) bezieht diese Überlegungen auf die EU. Er unterstellt, daß es sich
bei den Personen des Ministerrats, der Europäischen Kommission und der europäischen
Gerichtsbarkeit um eigeninteressierte Individuen handelt. Diese erfüllen zwar einerseits
ihre originäre Aufgabe und treiben die Marktintegration voran, indem sie die vier
Grundfreiheiten durchsetzen und damit den Wettbewerb der Jurisdiktionen verschärfen.

---

[351] Das beruht neben der Frage, ob eine solche Verfassung durchsetzbar ist, auf der Schwierig-
keit, präzise Schranken für die Politiker in einer solchen Verfassung festzuschreiben (*Seabright* 1996, S. 65). *Seabright* (1996) modelliert die Beziehung zwischen Bürger und Regierung als einen unvollständigen Vertrag. Dies mache es schwierig, das Handeln der Politiker
durch Gerichte sanktionieren zu können. Eine Sanktion finde daher eher durch Wahlen oder
durch Abwanderung in einem funktionsfähigen interjurisdiktionellen Wettbewerb statt. Insofern sei eine dezentrale Allokation von Kompetenzen in einem föderalen Staatsaufbau entsprechend der obigen Argumentation notwendig, damit die Bürger eine gewisse Kontrolle
über die Regierenden ausüben können, die sie in einem zentralen System nicht oder nicht so
effizient ausüben könnten.

[352] Vgl. *Sinn* (1992, S. 188 f.); *Vaubel* (1992, S. 45); *Kerber* und *Vanberg* (1995, S. 56); *Streit*
und *Mussler* (1995, S. 81 f.); *Pitlik* (1997, S. 233-236); *Windisch* (1998, S. 147); *Kerber*
(1998a, S. 211 f.); *Vaubel* (2000, S. 281 f.).

Andererseits können sie aber auch der ideale Ansprechpartner für Regierungen untergeordneter Gebietskörperschaften sein. Denn sie können aufgrund ihrer Kompetenzen die Koordination der Aktionsparameter durchsetzen und damit ein Kartell stabilisieren. Weil sie zudem durch die Koordination weiterer Aktionsparameter ihren Kompetenzbereich ausdehnen können, können sie gleichsam ihre Macht und ihr Prestige erhöhen (*Vaubel* 2000, S. 285 f.; *Blankart* 2000a, S. 37).[353] Insofern wäre auf supranationaler Ebene eine Anreizkonstellationen gegeben, die die Stabilität eines Kartells begünstigt.

Inwieweit ein Kartell durch Wettbewerb von *außen* aufgebrochen werden kann, hängt davon ab, welche Reichweite und Durchsetzungsfähigkeit supranationale Regeln entfalten können. Ein Kartell ist um so stabiler, je mehr Jurisdiktionen zur Mitwirkung im Kartell gezwungen werden können und je weniger Wettbewerber außerhalb des Kartells existieren. An einer Existenz und starken Durchsetzungsfähigkeit solcher Regeln werden insbesondere Jurisdiktionen ein Interesse haben, die ein vergleichsweise ineffizientes Steuer-Leistungsbündel mit überhöhten Steuersätzen und/oder qualitativ schlechten Gütern und/oder (zu) hohen Regulierungsstandards anbieten. Denn sie sind in besonderem Maße durch effizientere Angebote konkurrierender Jurisdiktionen unter Druck gesetzt. Sie könnten, wenn es entsprechende Regeln gäbe, beispielsweise auf ein Wettbewerbsversagen des interjurisdiktionellen Wettbewerbs bzw. auf unfaire Wettbewerbspraktiken der Konkurrenten hinweisen (*Siebert* und *Koop* 1990, S. 445). Gelingt unter diesem Vorwand eine Festlegung von Mindeststandards *auf ineffizient hohem Niveau*, das die konkurrierenden Jurisdiktionen einhalten müssen, so könnten die Wettbewerbsvorteile der konkurrierenden Jurisdiktionen aufgezehrt werden (*Vaubel* 1992, S. 44-46). Ein solches Vorgehen wird auch als eine „strategy of raising rivals' costs" bezeichnet (*Vaubel* 2000, S. 281).

Zusammenfassend kann festgehalten werden, daß der interjurisdiktionelle Wettbewerb aus der Perspektive der Neuen Politischen Ökonomie eine effizienzsteigernde Wirkung entfalten kann. Er zwingt die Politiker auf dezentraler Ebene dazu, Steuer-Leistungsbündel anzubieten, die den Präferenzen der Bürger entsprechen. Jede Zentralisierung der Kompetenzen wäre daher kritisch zu bewerten, weil dadurch die Gefahr steigt, daß die Effizienz der Steuer-Leistungsbündel sinkt und ineffiziente öffentliche Leistungen und Regulierungen angeboten sowie zu hohe Steuern gefordert werden.

4.2.3.6. ‚Second Generation of Economic Theory of Federalism'

Die Theorie der sogenannten ‚second generation of economic theory of federalism' bzw. des ‚market preserving federalism' thematisiert die vorherigen Überlegungen aus einem anderen Blickwinkel. Die Theorie baut ebenfalls auf der Theorie der Neuen Politischen Ökonomie auf, wonach Politiker als eigeninteressiert angenommen werden. Ihr Handeln kann – intendiert oder unintendiert – schlechte gesamtgesellschaftliche Ergebnisse hervorrufen (*Quian* und *Weingast* 1997, S. 84; *Aoki* 2001, S. 166). Daß föderale Staaten einen im Durchschnitt höheren Wohlstand erreicht haben als zentralisierte Staa-

---

[353] *Blankart* (2000a, S. 29) meint dazu: „Cartels among state governments, however, need enforcement by federal legislation because they would be unstable under a decentralized organization on the state level. Insofar cartelization involves centralization."

ten, so wird behauptet, sei darauf zurückführbar, daß die Politiker in entsprechenden Anreizstrukturen agieren. Diese veranlassen sie nicht nur allgemein dazu, effiziente Steuer-Leistungsbündel bereitzustellen. Sie werden insbesondere Regeln und Rahmenbedingungen anbieten, die gewährleisten, daß der Wettbewerb auf Gütermärkten effizient und funktionsfähig ist.[354] Dies beinhaltet, daß Eigentum gesichert und für die Einhaltung der Verträge gesorgt wird. Hierfür besitzen die Politiker ihr Gewaltmonopol. Dabei muß gewährleistet sein, daß die Politiker in der Ausübung dieses Gewaltmonopols effektiv beschränkt bleiben (*Quian* und *Weingast* 1997, S. 83 f.). Sie sollen nicht in funktionierende Märkte eingreifen, damit die Handlungsanreize, die den Marktteilnehmern über den Preismechanismus signalisiert werden, nicht konterkariert werden (*Weingast* 1993, S. 287; 1995, S. 1 f.). Denn die Voraussetzung für funktionierende oder *blühende* Märkte (*thriving markets*) ist einerseits, daß positive Handlungsanreize bei den Marktteilnehmern verbleiben. Dies impliziert z. B., daß die Politiker keine konfiskatorische Steuerpolitik betreiben oder anderweitige Enteignungen vornehmen dürfen. Andererseits müssen auch negative Marktsignale zur Geltung kommen, damit wirtschaftliches Fehlverhalten bestraft und nicht durch ineffiziente Politikprogramme alimentiert wird.[355] Ansonsten hätten die Wirtschaftssubjekte kaum Anreize, sich effizient zu verhalten. „Thriving markets thus require that governments solve these problems through credible commitment" (*Quian* und Weingast 1997, S. 84).

Ein solch glaubwürdiges Commitment liegt nach Meinung der Autoren in der Dezentralisierung von Kompetenzen, wenn

„1) no level of political authority has a monopoly on regulatory power; 2) the federal government has sharply restricted regulatory powers; and 3) the sub-units are constrained from engaging in inefficient, confiscatory regulation by the fact that they must compete with one another over mobile sources of revenue" (*Rodden* und *Rose-Ackerman* 1997, S. 1526).

Ineffiziente Markteingriffe zu Lasten und gegen den Willen anderer Marktteilnehmer würden unter diesen Bedingungen sofort mit einer Abwanderung sanktioniert.[356]

Ein Problem für die Aufrechterhaltung dieses Anreizsystems sehen die Vertreter des ‚market preserving federalism' in fehlenden harten Budgetbeschränkungen der im Wettbewerb befindlichen Jurisdiktionen.[357] Wenn diese Jurisdiktionen eine Zugriffsmöglichkeit auf die Notenbank und/oder auf das Budget übergeordneter Jurisdiktionen haben, so könnten diese dadurch einen Anreiz haben, eine ineffiziente Politik zu betreiben. Sie könnten beispielsweise ineffiziente Eingriffe in den Markt tätigen und einen ‚bailout'

---

[354] Vgl. *Qian* und *Weingast* (1997, S. 83); *Rodden* und *Rose-Ackerman* (1997, S. 1535); *Apolte* (1999, S. 99).

[355] „Das Hauptproblem einer „Europäischen Verfassung des Wettbewerbs" besteht darin, das Verhältnis von „subsidiärer Kompetenz" und „subsidiärer Assistenz" so zu bestimmen, daß die aus der Privatinitiative stammenden spontanen wirtschaftlichen Antriebskräfte, Eigen- und Konkurrenzkontrollen möglichst weitgehend mobilisiert und die daraus entstehenden Sozialbeziehungen vor Fehlentwicklung bewahrt werden" (*Schüller* 1997, S. 98; H. i. O.).

[356] Vgl. *Weingast* (1993, S. 291 f.; 1995, S. 5 f.); *Rodden* und *Rose-Ackerman* (1997, S. 1531).

[357] Vgl. *Quian* und *Weingast* (1997, S. 86 f.); *Kornai, Maskin* und *Roland* (2003, S. 1097); *Wildasin* (2004, S. 253 f.); *Oates* (2005, S. 360-364).

von Firmen in wirtschaftlichen Schwierigkeiten betreiben (*Quian* und *Weingast* 1997, S. 88 f.). Dieses Problem gilt es ebenfalls zu lösen.

Zudem besteht das Problem der Aufrechterhaltung einer glaubwürdigen und stabilen vertikalen Kompetenzallokation in föderalen Systemen. Diese wird von zwei inhärenten Gefahren bedroht (*Quian* und *Weingast* 1997, S. 90; *Figueiredo* und *Weingast* 2005, S. 104-107). Zum einen kann die zentrale Jurisdiktionsebene versucht sein, die Kompetenzen der dezentralen an sich zu ziehen. Zum anderen könnten dezentrale Jurisdiktionen Anreize haben, ihre Kompetenzen in ineffizienter Weise auszuüben und damit eine Politik zu Lasten der gemeinschaftlichen Wohlfahrt zu betreiben. Sie könnten beispielsweise ihre Kompetenzen nutzen, um die Güterwanderung und die Mobilität der Produktionsfaktoren zwischen den Jurisdiktionen zu behindern (z. B. *Bardhan* und *Mookherjee* 2000; *Bardhan* 2002).

Um zu überleben und ökonomisch erfolgreich zu sein, muß ein föderales System beide Dilemmata lösen. Problematisch ist dabei, daß zur Lösung des zweiten Problems in der Regel eine zentrale Institution notwendig ist. Deren Existenz könnte aber gerade das erste Dilemma verschärfen.[358] Das Problem der vertikalen Kompetenzverteilung ist somit nicht nur ein ‚assignment'-Problem, das in der traditionellen Theorie des fiskalischen Föderalismus durch einen wohlmeinenden Diktator gelöst wird.[359] Das Problem vertikaler Kompetenzverteilung ist speziell ein Problem der Glaubwürdigkeit und Durchsetzbarkeit föderaler Strukturen in einem politischen Mehr-Ebenen-System unter der Prämisse, daß Politiker oder Bürokraten eigeninteressiert handeln. Dieses Problem muß auch gelöst werden.

4.2.4. Zur Notwendigkeit einer Wettbewerbsordnung für den interjurisdiktionellen Wettbewerb

Die theoretische Diskussion um den interjurisdiktionellen Wettbewerb hat ganz unterschiedliche Erkenntnisse hinsichtlich der Funktion und der Funktionsfähigkeit eines solchen Wettbewerbs zu Tage gefördert. Es gibt gute Argumente dafür, den interjurisdiktionellen Wettbewerb als Integrationskonzept für die institutionelle Ausgestaltung des Gemeinsamen Marktes bzw. des Europäischen Binnenmarktes zu nutzen, weil er gegenüber einer Harmonisierungslösung größere Integrationsvorteile generieren kann. Jedoch kann ein interjurisdiktioneller Wettbewerb auch gesamtgesellschaftlich ineffiziente Ergebnisse hervorrufen, wenn die Bereitstellung der Steuer-Leistungspakete sowie das Experimentieren der Jurisdiktionen unkontrolliert erfolgen. Zudem besteht die Gefahr, daß Wettbewerbsparameter koordiniert, d. h. Kartelle gebildet werden können. Daher ist es unmittelbar einsichtig, daß der interjurisdiktionelle Wettbewerb – ebenso

---

[358] Dies wurde bereits von *Kerber* und *Vanberg* (1995, S. 55) erkannt: „Usually, a higher-level jurisdiction is considered to be the appropriate unit for establishing such rules. But there is also a second dimension: by defining strategies jurisdictions of lower levels may use in their competition, the higher-level jurisdiction simultaneously decides also about the vertical structure of competences within such a multi-layered system."

[359] Vgl. *Oates* (1972, Kap. 1; 1977); *McLure* (1983); *Musgrave* (1983); *Kenyon* und *Kincaid* (1991, S. 8 f.); *Oates* (1994; 1999); *Besley* und *Seabright* (2000, S. 207); *Oates* (2002; 2005, S. 353).

wie der Wettbewerb zwischen Unternehmen – nicht sich selbst überlassen bleiben kann (z. B. *Vaubel* 2000, S. 280). Vielmehr resultiert hieraus die Forderung nach einem institutionellen Rahmen, einer institutionellen Struktur bzw. einer Ordnung für diese Art des Wettbewerbs. Ein solcher institutioneller Rahmen soll die Wettbewerbsprozesse kanalisieren und dafür sorgen, daß der interjurisdiktionelle Wettbewerb in produktiver Weise funktioniert.[360]

Ein solcher Wettbewerbsrahmen muß zunächst die Funktionsfähigkeit des Gemeinsamen Marktes sichern. Institutionelle Beschränkungen der Mobilität von Gütern, Individuen und Produktionsfaktoren müßten verhindert werden.[361] Die Mobilität der Individuen, Waren und Produktionsfaktoren muß gewährleistet sein. Sind solche Mobilitätshemmnisse abgebaut, dann sind die Wanderungskosten auch durch den Grad der Zentralisierung/Dezentralisierung von Kompetenzen determiniert. Je dezentraler die Kompetenzen zugeordnet sind, desto weniger muß ein Individuum oder ein Produktionsfaktor wandern, bis es in der nächsten Jurisdiktion angelangt ist und die dortigen Steuer-Leistungsbündel in Anspruch nehmen kann, und desto geringer sind die Wanderungskosten (*Osterfeld* 1989, S. 154 f.; *Kerber* 1998a, S. 213).

Ebenso sollten die Einhaltung der Verträge und die Sicherung von Eigentum (property rights) im interjurisdiktionellen Wettbewerb gewährleistet sein.[362] Eine Wettbewerbsordnung könnte dies gewährleisten, wenn Standortvereinbarungen nicht den Status eines Über-/Unterordnungsverhältnis, sondern den Status von Verträgen zwischen gleichberechtigten Vertragspartnern erhalten (*Kerber* 1998a, S. 223).

Ein starkes Argument für Eingriffe einer zentralen Ebene liegt in Fällen vor, in denen technologische externe Effekte auftreten, die nicht durch den Marktmechanismus oder mittels einer *Coase*schen-Verhandlungslösung internalisiert werden können. Solche Externalitäten könnten dazu führen, daß ineffiziente Steuer-Leistungsbündel seitens der Jurisdiktion angeboten werden oder daß Jurisdiktionsmitglieder eine Jurisdiktion auswählen, in der sie Leistungen erhalten, für die sie keine adäquate Zahlung entrichten müssen. Individuen und Produktionsfaktoren können also aus gesamtgesellschaftlicher Sicht ineffiziente Standortentscheidungen treffen, wenn das Prinzip der fiskalischen Äquivalenz nicht erfüllt ist. Unter diese Argumentation oder den Begriff der fiskalischen Äquivalenz kann man auch die ‚no-bailout'-Klausel fassen, die den im Wettbewerb befindlichen dezentralen Jurisdiktionen den Zugriff auf die Notenbank oder das Budget übergeordneter Jurisdiktionsebenen verbietet. Unter diesen Umständen ist es möglich, daß die Bürger eine ineffiziente Politik durch Abwanderung sanktionieren.

---

[360] Vgl. *Vanberg* und *Kerber* (1994, S. 207-216); *Kerber* und *Vanberg* (1995, S. 51); *Sinn* (1996, S. 94); *Quian* und *Weingast* (1997); *Kerber* (1998a; 1998b, S. 43; 2000a, S. S228 f.; 2000c); *Müller, Fromm* und *Hansjürgens* (2001); *Kerber* (2003); *Heine* (2003a, S. 472); *Wildasin* (2004, S. 248). Zum Steuerwettbewerb siehe beispielsweise *Müller* (1998); *Feld* (2000). Die meisten der föderalismustheoretischen Modelle orientieren sich an den institutionellen Rahmenbedingungen in den USA, Kanada (*Wildasin* 2004, S. 247) oder der Schweiz (z. B. *Feld* 2000).

[361] Vgl. *Brennan* und *Buchanan* (1980, S. 171-173); *Kiwit* und *Voigt* (1998, S. 324); *Kerber* (2000a, S. S229).

[362] Vgl. *Kerber* (1998a, S. 222 f.); *Kiwit* und *Voigt* (1998, S. 326); *Kerber* (2000a, S. S229).

Auch Umverteilungsfragen können in einer solchen Wettbewerbsordnung behandelt werden. Dies kann sowohl die personelle Umverteilung als auch die regionale Umverteilung betreffen. Im Hinblick auf die personelle Umverteilung zwischen Personen einer Jurisdiktion hat *Hans-Werner Sinn* das Heimatlandprinzip als eine Lösungsmöglichkeit vorgeschlagen, die mit dem interjurisdiktionellen Wettbewerb kompatibel ist. Ob eine solche Regel tatsächlich notwendig ist, kann aus theoretischer Sicht aber angezweifelt werden. Für eine regionale Umverteilung zwischen Jurisdiktionen könnten, so sie gewünscht ist, ebenfalls entsprechende Regeln in eine Wettbewerbsordnung aufgenommen werden. Es muß dabei allerdings der ‚Trade-off‘ zwischen Effizienz und Umverteilung gelöst werden.

Ferner muß dem Problem der Zentralisierung, also der Bildung von Kartellen durch Verlagerung von Kompetenzen verbunden mit den Anreizen der übergeordneten Jurisdiktionen ihre Macht auszudehnen, begegnet werden. Es ist zu klären, wie eine Institution auf zentraler Ebene eine Wettbewerbsordnung durchzusetzen kann, ohne daß sie ihre Kompetenz mißbrauchen könnte. Im Rahmen dieser Wettbewerbsordnung gilt es zu verhindern, daß eine instabile und unglaubwürdige vertikale Kompetenzallokation mit den von *Weingast* et al. beschriebenen Dilemmata entsteht. Zu diesem Zweck wird vorgeschlagen, daß in einem föderalen System eine ‚balance rule‘ existieren müßte, die so ausgestaltet ist, daß sie selbstdurchsetzend ist, d. h. keine Anreize oder Möglichkeiten zu einer ineffizienten vertikalen Kompetenzverlagerung gibt.[363] Diesen Zweck könnten zum einen prozedurale Regeln wie Elemente einer direkten Demokratie erfüllen, indem die Bürger der untergeordneten Jurisdiktion per Referendum über die Verlagerung der Kompetenz entscheiden. Alternativ könnte festgelegt werden, daß nach einer Kompetenzverlagerung nach oben eine Wahl stattfinden muß. Das hätte zur Konsequenz, daß Politiker mögliche individuelle Vorteile einer Zentralisierung der Kompetenz nicht realisieren können. Aufgrund der Gefahr, abgewählt zu werden, wäre eine Kompetenzverlagerung, die nicht zur Effizienzsteigerung des interjurisdiktionellen Wettbewerbs beiträgt, nicht anreizkompatibel (*Eichenberger* 1994, S. 415; *Kerber* 1998a, S. 208-211).

Eine Festschreibung der vertikalen Allokation und effizienzorientierten Kriterien für eine Veränderung der Allokation in einer Verfassung könnte eine weitere Möglichkeit zur Ausgestaltung einer ‚balance rule‘ sein (z. B. *Breton* 1996, S. 261 f.). Dieser Vorschlag ist aber insofern problematisch, weil eine konstitutionelle Regel in der Regel nur dann die Dilemmata lösen hilft, wenn sie durch eine dritte, üblicherweise externe, Partei durchgesetzt wird. Es kann jedoch hier auch eine endogene Lösung geben. Eine solche wird von der *European Constitutional Group* vorgeschlagen. Es soll ein Gerichtshof für Kompetenzangelegenheiten geschaffen werden, der bei Kompetenzstreitigkeiten in der EU die Aufgabe auf eine Jurisdiktionsebene zuweist (*Vaubel* 1997, S. 448). Dabei muß die Anreizstruktur in diesem Kompetenzgerichtshof so beschaffen sein, daß die wiederum als nutzenmaximierend angenommenen Richter nicht von einer Zentralisierung der Kompetenzen profitieren können. Dies könnte erreicht werden, wenn sie nur für eine

---

[363] Vgl. *Feld* und *Kirchgässner* (1996, S. 201); *Qian* und *Weingast* (1997, S. 90); *Figueiredo* und *Weingast* (2000); *Heine* und *Gröteke* (2005, S. 477). Siehe implizit auch schon *Hayek* (1939/1952, S. 338).

bestimmte Zeit von den Nationalstaaten und Jurisdiktionen an diesen Kompetenzgerichtshof entsandt werden und nach Ablauf dieser Zeit wieder in die nationalstaatlichen Instanzen oder in die Instanzen untergeordneter Jurisdiktionen zurückkehren müssen.[364] Die genannten Vorschläge können auch Anregungen für die institutionelle Ausgestaltung des im EG-Vertrag verankerten Subsidiaritätsprinzips geben. Dieses Prinzip soll bezwecken, daß die hoheitliche Aufgabe auf der niedrigstmöglichen Jurisdiktionsebene ausgeführt wird.[365]

4.3. Beihilfen und Beihilfenkontrolle im interjurisdiktionellen Wettbewerb

4.3.1. Zur Relevanz von Beihilfen im interjurisdiktionellen Wettbewerb

Im vorherigen Abschnitt wurde allgemein diskutiert, welche Vorteile ein interjurisdiktioneller Wettbewerb gegenüber einer Harmonisierungslösung als mögliche institutionelle Ausgestaltung eines (europäischen) Binnenmarktes generieren könnte. Probleme der Funktionsfähigkeit und die Notwendigkeit für eine Wettbewerbsordnung für den interjurisdiktionellen Wettbewerb wurden ebenfalls angesprochen. Nun soll neben den bereits genannten Wettbewerbsparametern Regulierungen, Steuern und öffentliche Leistungen ein anderer Parameter im interjurisdiktionellen Wettbewerb betrachtet werden, die Vergabe von Ansiedlungs- und Erhaltungsbeihilfen an Unternehmen.

Im Vordergrund steht zunächst die Frage, wie bedeutend Beihilfen für die Ansiedlung von Direktinvestitionen sind. Über die Relevanz dieses Parameters für Standortentscheidungen eines Unternehmens gibt es ganz unterschiedliche Ansichten. Einerseits wird behauptet, daß Beihilfen für die Standortwahl von Unternehmen oder Investitionsprojekten nicht notwendig seien. „Therefore, policymakers who bestow additional assistance are giving corporations and investors something they don't need to do something they would have done anyway" (*Hanson* 1993, S. 184). Anderseits besteht die Auffassung, daß die Vergabe von Beihilfen gerade ein Anzeichen dafür sei, daß ein interjurisdiktioneller Wettbewerb stattfinde und funktioniere (*Breton* 1991, S. 51).

Für die Ermittlung der Relevanz des Standortfaktors *Beihilfen* spielt der Kontext, in dem sie vergeben werden, eine große Rolle. Zunächst war der *künstliche* Standortfaktor Beihilfe in der Realität von geringer Relevanz für die Standortentscheidung eines Unternehmens, weil der Gemeinsame Markt noch nicht vollendet war. Die Standortwahl war also aufgrund institutioneller Mobilitätshemmnisse eingeschränkt. Die Vergabe von Beihilfen konnte in diesem Zusammenhang auch keine Anreizwirkungen entfalten. Selbst nach dem Wegfall dieser institutionellen Hemmnisse kann die Standortentscheidung eines Unternehmens noch stark von der Nähe zu Absatz- und Beschaffungsmärkten determiniert sein, wenn hohe Transportkosten bei der Beschaffung der Produktionsfaktoren und/oder dem Vertrieb der Güter anfallen. Auch das Klima und andere natürliche Standortfaktoren können für die Standortentscheidung eine wichtige Rolle spielen

---

[364] Vgl. *European Constitutional Group* (1993; 2003, S. 6; 2004); *Bernholz* et al. (2004).

[365] Siehe zu einer ordnungspolitischen und finanzwissenschaftlichen Analyse des aus der katholischen Soziallehre stammenden Begriffs *Subsidiarität* beispielsweise *Homann* und *Kirchner* (1995); *Schüller* (1997).

(*Anderson* und *Wassmer* 1995, S. 740). In solchen Fällen kann und konnte also die Vergabe von Beihilfen die Standortentscheidung eines Unternehmens kaum beeinflussen.

Für viele Industrien kam es jedoch im Zuge der Globalisierung, dem Abbau von Handels- und Mobilitätsschranken sowie der Nutzung moderner Informationstechnologien und dem Sinken von Transportkosten zu einer weltweiten Verknüpfung von Märkten, so daß die Abhängigkeit der Unternehmen von lokalen Produktionsfaktoren und der räumlich gebundenen Nachfrage abnahm (z. B. *Stiglitz* 2003).[366] Damit stieg und steigt die Mobilität der Unternehmen und deren Möglichkeit, sich an verschiedenen Standorten niederzulassen. Zugleich erkannten die Politiker, daß die Standortentscheidungen der Unternehmen mittels „fiscal incentive mechanisms" beeinflußt und mögliche natürliche Standortnachteile aufgewogen werden konnten (*Anderson* und *Wassmer* 1995, S. 740). Man kann also sagen, daß die Gewährung von Beihilfen dann einen großen Einfluß auf die Standortwahl eines Unternehmens ausüben kann, wenn die Bedingungen eines Gemeinsamen Marktes vorliegen, die Transportkosten niedrig sind sowie keine Abhängigkeit von lokalen klimatischen Verhältnissen und lokalen Beschaffungs- oder Absatzmärkten vorliegt.

Die Nutzung von Beihilfeinstrumenten wie direkten Subventionen, ‚tax holidays', sonstigen Steuervergünstigungen, kostenlosen Landüberlassungen, dem kostenlosen Bau von Infrastruktur, Übernahme der Kosten für die Ausbildung der Arbeitnehmer und Lohnsubventionen ist im Wettbewerb zwischen den Jurisdiktionen mittlerweile nicht nur ein weit verbreitetes Phänomen, um Unternehmen bzw. Direktinvestitionen in eine Jurisdiktion zu locken.[367] Vielmehr nehmen die Ansiedlungsangebote immer größere und drastischere Dimensionen an.[368] Man spricht in diesem Zusammenhang sogar von Subventionswettläufen, „bidding wars" oder einem „second war between the States" (*Hanson* 1993, S. 183). Als Beleg wird häufig der Wettbewerb um die Ansiedlung eines Werkes von Mercedes Benz in den USA angeführt. Für den Bau des Werkes in Alabama erhielt Mercedes-Benz 1993 „roughly $168,000 per job ... after a 30-state bidding war" (*Donahue* 1997, S. 75).

Aus der kurzen Einleitung wird bereits deutlich, daß die Meinungen über den Einsatz von Beihilfen im Standortwettbewerb auseinander gehen. Einerseits wird argumentiert, daß die Nutzung dieser Instrumente ein Zeichen dafür ist, daß der interjurisdiktionelle Wettbewerb bzw. der Preiswettbewerb zwischen den Jurisdiktionen funktionsfähig sei (z. B. *Breton* 1996, S. 239). Andererseits wird angeprangert, daß ein interjurisdiktionel-

---

[366] Siehe für einen Überblick *Haucap* und *Wey* (1999, S. 311 f.) und *Pitsoulis* (2004) und die Entwicklungslinien der Theorie der Wirtschaftsgeographie (*Bathelt* und *Glückler* 2003).

[367] *Harms* und *Lutz* (2006) haben herausgefunden, daß Ansiedlungsbeihilfen die Neigung eines Investors, in dem subventionierenden Land zu investieren erhöhen, wenn auch sonstige politische Umstände in diesem Land positiv bewertet werden. Eine Ansiedlungsbeihilfe kann aber auch dann Einfluß auf die Investitionsentscheidung von Unternehmen haben, wenn am Standort ansonsten relativ schlechte institutionelle Bedingungen herrschen.

[368] Vgl. hierzu vor allem *Oman* (2000, Kap. 2) mit Beispielen aus verschiedenen OECD-Ländern. Siehe auch *Bond* und *Samuelson* (1986, S. 820); *Black* und *Hoyt* (1989, S. 1249); *Biglaiser* und *Mezzetti* (1997, S. 426); *Breton* (1991, S. 41); *Wilson* (1999, S. 293); *Martin* (2000, S. 1); *Scoones* und *Wen* (2001, S. 373 f.).

ler Wettbewerb mittels der Vergabe von Beihilfen zu Ineffizienzen führe. ‚Bidding wars' und Subventionswettläufe seien zu erwarten und müßten durch den Eingriff der zentralen Ebene eingedämmt werden (z. B. *Burstein* und *Rolnick* 1996; *Kasper* 1996, S. 20-25). Im folgenden soll im Rahmen des theoretischen Konzepts des interjurisdiktionellen Wettbewerbs analysiert werden, wie der Einsatz des Wettbewerbsparameters *Beihilfen* die Funktionsfähigkeit dieses Wettbewerbs beeinflußt. Wenn Ineffizienzen im interjurisdiktionellen Wettbewerb durch den Einsatz des Parameters auftreten, könnte hingegen eine supranationale Beihilfenkontrolle, verstanden als Teil einer Wettbewerbsordnung für den interjurisdiktionellen Wettbewerb, notwendig sein.[369]

4.3.2. Effizienzsteigernde Beihilfenvergabe im interjurisdiktionellen Wettbewerb

Zunächst sollen Modelle präsentiert werden, in denen die Vergabe von Beihilfen dazu beitragen könnte, daß der interjurisdiktionelle Wettbewerb gesamtgesellschaftlich effiziente Ergebnisse generiert. Beihilfen können als Instrument der Preisdifferenzierung sowie zur Behebung von Versagen des Standortwettbewerbs eingesetzt werden. Dabei handelt es sich um wohlfahrtstheoretische Argumente für die Vergabe von Beihilfen im interjurisdiktionellen Wettbewerb. Wichtig ist, daß eine Jurisdiktion nur dann bereit sein wird, Beihilfen zu vergeben, wenn es sich bei den begünstigten Unternehmen um *knappe Güter* handelt (*Besley* und *Seabright* 1999, S. 20; *Mueller* 2000).

4.3.2.1. Beihilfen als Instrument der Preisdifferenzierung

Wie im *Tiebout*-Modell beschrieben, sortieren sich Individuen und auch Unternehmen freiwillig in verschiedene Jurisdiktionen ein (*McGuire* 1974; *Mueller* 2000, S. 340). Sie wählen dabei die Jurisdiktion, in der sie leben möchten, danach aus, inwieweit das angebotene Steuer-Leistungsbündel den individuellen Präferenzen und ihrem Budget entspricht. Bei einer entsprechend großen Anzahl von Jurisdiktionen mit heterogenen Angeboten ist davon auszugehen, daß sich in jeder Jurisdiktion Individuen und Unternehmen mit identischen Präferenzen bezüglich öffentlicher Leistungen befinden. Für die angebotenen Leistungen werden die Individuen und Unternehmen ‚benefit taxes' zahlen (*Tiebout* 1956, S. 417; *Rosen* 1999, S. 113).

Wie kann man die Gewährung einer Beihilfe bzw. eine Preisdifferenzierung zwischen Unternehmen rechtfertigen, obwohl die Unternehmen in derselben Jurisdiktion annahmegemäß identische Präferenzen bezüglich der angebotenen öffentlichen Leistungen haben? Wenn es sich bei den angebotenen Leistungen um *private Güter* handelt, könnte man die unterschiedlichen Steuerbelastungen durch die unterschiedliche mengenmäßige Inanspruchnahme öffentlicher Leistungen rechtfertigen.[370] In der Regel bie-

---

[369] Vgl. *Kerber* (1998b); *Heine* (2003a, S. 473); *Heine* und *Gröteke* (2005, S. 474).

[370] Unter diesen Umständen wäre das *Wicksell*sche Kriterium der Nachweisbarkeit von individuell veranlaßten Kosten als Grundlage für die Besteuerung erfüllt. Denn es besteht ein Ausgleich zwischen Leistung und Gegenleistung (*Wicksell* 1896, S. 77 f. und 85). Eine Steuer wäre in diesem Fall jedoch nicht das adäquate Preisinstrument (*Grossekettler* 1985; *Blankart* 2000b, S. 134). Ein Grund, warum trotzdem das Instrument der Steuer zum Einsatz kommen kann, mag sein, daß die Jurisdiktionen keine Autonomie über die Anwendung adäquaterer Bepreisungsinstrumente wie Gebühren oder Beiträge haben.

tet eine Jurisdiktion jedoch *Clubgüter* an. Deren Bereitstellung kann nach *Tiebout* am effizientesten über Kopfsteuern finanziert werden. Diese Kopfsteuern werden für alle Bürger und Unternehmen in einheitlicher Höhe von einem City Manager festgelegt (*Tiebout* 1956, S. 422):

> „Just as the consumer may be visualized as walking to a private market place to buy his goods, the prices of which are set, we place him in the position of walking to a community where the prices (taxes) of community services are set."

Hieraus kann man nun schlußfolgern, daß alle Individuen mit gleichen Präferenzen bezüglich öffentlicher Leistungen die gleiche Steuerbelastung zu tragen haben.

> „Different persons would be charged equivalent ‚prices' for similar services or facilities. Within each club, payments made by each member would be identical so long as services provided are identical" (*Buchanan* und *Goetz* 1972, S. 27; H. i. O.).

Rosen (1999, S. 113) zweifelt diese Preisregel an. Er behauptet, man könne die Steuerpreise im interjurisdiktionellen Wettbewerb *personalisieren*. Diese *personalisierten Preise* für die Inanspruchnahme einer Einheit öffentlicher Leistungen könnten, wie *Rosen* meint, im Gegensatz zu den Preisen auf Gütermärkten zwischen den Individuen differieren. Freilich kann die Annahme einheitlicher Preise für Gütermärkte nicht geteilt werden. Denn es lassen sich auch auf Gütermärkten verschiedene Gründe anführen, warum identische Güter zu unterschiedlichen Preisen an unterschiedliche Konsumenten verkauft werden (z. B. *Fehl* 1981). Diese Feststellung ist insofern wichtig, als die theoretischen Begründungen für Preisdifferenzierungen auf Gütermärkten auch auf die *personalisierte* Bepreisung von Clubgütern übertragen werden könnten. Daher sollen zunächst die für eine Preisdifferenzierung auf Gütermarkten angeführten Begründungsmuster kurz skizziert werden.

Eine Preisdifferenzierung liegt dann vor, wenn „ein Anbieter unter gleichen Voraussetzungen – insbesondere hinsichtlich Menge, Ort und Zeitpunkt der Lieferung – für das gleiche Produkt oder die gleiche Leistung von seinen Abnehmern unterschiedliche Preise fordert bzw. wenn – analog umgekehrt – ein Nachfrager seinen Lieferanten unterschiedliche Preise zahlt" (*Fehl* 1981, S. 160 f.). Das impliziert, daß die Nachfrager nach identischen Gütern für einen Anbieter nicht vollkommen homogen sein müssen. Selbst wenn sie aus Sicht des Anbieters aufgrund bestimmter Transaktionsparametern wie abgenommener Menge, Ort der Lieferung des Produktes und Zeitpunkt des Kaufs, der Lieferung und der Zahlung identisch wären, können immer noch Unterschiede aufgrund weiterer Charakteristika und Transaktionsspezifika bestehen.[371] Es handelt sich folglich um *qualitative* Unterschiede zwischen den Nachfragern, die von einem Anbieter *kostenmäßig* aufgelöst werden können (*Fehl* 1981, S. 161). Wenn z. B. dem Anbieter die Transaktion mit einem bestimmten Nachfrager größere Vorteile bietet als die gleiche Transaktion mit einem anderen Nachfrager, so ergeben sich für den Anbieter mit Blick auf die Nachfrager divergierende Kosten. Diese werden sich sodann in dem Preis niederschlagen. Aufgrund dieser Unterschiede zwischen den Nachfragern läßt sich folglich eine Preisdifferenzie-

---

[371] Vgl. *Machlup* (1955, S. 398); *Adelman* (1959); *Kerber* (1989, S. 89 und 363-366).

rung zwischen Nachfragern mit identischen Präferenzen bezüglich der angebotenen Produkte rechtfertigen (*Kerber* 1989, S. 89).[372]

Kerber (1989, S. 412-440) illustriert die theoretischen Ausführungen am Beispiel eines Einkaufscenters. Identische, d. h. gleich große, Ladenflächen sollen vermietet werden. Es gibt in diesem Kontext unterschiedliche Gründe dafür, warum die Mietpreise trotz gleich großer Ladenflächen unterschiedlich sein können. Die Mietpreise können beispielsweise in zeitlicher Perspektive divergieren. So kann der Mietpreis für eine Ladenfläche zum Zeitpunkt t_0 günstiger oder teurer für den Mieter sein, als wenn er dieselbe Ladenfläche in t_1 mieten würde. Die unterschiedlichen Mietpreise können in diesem Fall beispielsweise von der Attraktivität bzw. Auslastung des Einkaufscenters abhängen. Damit ist zugleich ein weiterer Aspekt angesprochen. Denn es kann ebenfalls sinnvoll für den Betreiber des Einkaufscenters sein, unterschiedliche Mieten für identische Ladenflächen zu erheben, um eine bestmögliche Auslastung bzw. höhere Attraktivität des Einkaufscenters mit Läden zu erzielen. Zu diesem Zweck könnten so genannte Einkaufsmagnete wie renommierte Bekleidungs- oder Gastronomieunternehmen mit günstigen Ladenmieten angelockt und andere Geschäfte, die vom Kundenzustrom dieser Einkaufsmagnete profitieren, dafür mit einer höheren Miete belastet werden.

Auch auf Standortmärkten kann man davon ausgehen, daß mobile Unternehmen oder Investitionsprojekte mit identischen Präferenzen bezüglich der angebotenen öffentlichen Leistungen aus Sicht einer Jurisdiktion nicht vollkommen homogen sind. Es ist vielmehr zu vermuten, daß die Charakteristika eines Unternehmens bzw. die Transaktionsspezifika ganz entscheidend dafür sind, wie attraktiv ein Unternehmen für eine Jurisdiktion ist. Die Attraktivität eines Unternehmens kann nach *Kerber* (1998b, S. 62 f.) in Analogie zum Beispiel des Einkaufscenters davon abhängen, inwieweit die Unternehmensansiedlung zu einer bestmöglichen Auslastung der Standortressourcen oder zu einer effizienten Bereitstellung öffentlicher Leistungen beiträgt. So könnte eine Jurisdiktion eine Präferenz für die Ansiedlung eines Automobilunternehmen haben und diesem die öffentlichen Leistungen zu günstigeren Konditionen anbieten als einem Baumarkt. Obwohl beide Unternehmen im gleichen Umfang in der Jurisdiktion investieren und die gleiche Anzahl von primären Arbeitsplätzen schaffen, könnten durch die Ansiedlung des Automobilunternehmens die spezifischen vorhandenen Produktionsfaktoren besser oder adäquater ausgelastet werden als durch die Ansiedlung des Baumarktes. Bei der Ansiedlung des Baumarktes könnten beispielsweise noch zusätzliche Umschulungskosten anfallen.

Wie das Beispiel zeigt, können unterschiedliche Unternehmen zwar vollkommen identische Präferenzen für öffentliche Leistungen haben und auch die öffentlich bereitgestellten Leistungen im gleichen Ausmaß in Anspruch nehmen. Aus Sicht der Jurisdiktion können sie jedoch unterschiedlich oder heterogen sein, weil sie unterschiedliche qualitative Charakteristika im Hinblick auf die Schaffung von Arbeitsplätzen, das Anforderungsprofil für Arbeitnehmer, die Höhe der Investitionssumme, mögliche Auswirkungen auf den Zuzug weiterer Unternehmen, etc. aufweisen. Kurz: Unternehmen mit

---

[372] Die Verwendung des Begriffes ‚Preisdifferenzierung' setzt in diesem Fall voraus, daß eine Proportionalität zwischen Kosten und Preisen gewahrt bleibt (*Fehl* 1981, S. 161).

identischen Präferenzen für angebotene öffentliche Leistungen können unterschiedlich für die Jurisdiktion sein, weil sie in unterschiedlichem Maße zur wirtschaftlichen Entwicklung der Jurisdiktion bzw. zur Expansion und Diversifizierung der am Standort existierenden Wirtschaft beitragen (*Hanson* 1993, S. 185). Löst man diese qualitativen Merkmale *kostenmäßig* auf, so ist es für die Jurisdiktion notwendig und effizient, personalisierte Preise zu erheben bzw. Preisdifferenzierungen durchzuführen. Die Vergabe von Beihilfen, verstanden als Rabatte auf Steuerzahlungen, kann somit gerechtfertigt werden (*Kerber* 1998b, S. 62 f.).

Aus dieser Argumentation läßt sich noch eine zweite Art der Differenzierung ableiten. Es ist zu vermuten, daß *dasselbe* mobile Unternehmen oder dieselbe Direktinvestition aufgrund der Charakteristika des Unternehmens oder temporärer Bedingungen nicht in gleicher Weise attraktiv für *unterschiedliche* Jurisdiktionen ist. Für die eine Jurisdiktion ist beispielsweise ein Automobilwerk aufgrund der besonderen Charakteristika attraktiver als für eine andere, da die Ansiedlung eines Automobilwerkes nicht zur Qualität der am Ort vorhandenen Produktionsfaktoren paßt. Zudem kann es sein, daß die eine Jurisdiktion freie Kapazitäten hat, während die andere vollkommen ausgelastet ist und eine weitere Ansiedlung eines Unternehmens negative Auswirkungen auf die bereits am Ort vorhandenen Unternehmen hätte (*Besley* und *Seabright* 1999, S. 28). Eine Ansiedlung desselben Unternehmens würde folglich in beiden Jurisdiktion *kostenmäßig* unterschiedlich aufgelöst und unterschiedliche *personalisierte* Preise nach sich ziehen. Diese Argumentation führt zu einer wichtigen Schlußfolgerung. Denn unter den beschriebenen Umständen sind die vielfach befürchteten ‚bidding wars' oder Beihilfekriege im Hinblick auf die Ansiedlung eines Unternehmens nicht zu erwarten. Vielmehr handelt es sich um einen normalen Preiswettbewerb (*Kerber* 1998b, S. 63).

Dies kann speziell vor dem Hintergrund einer dritten Differenzierung gelten. Denn unterschiedliche Jurisdiktionen können – analog der Argumentation im *Tiebout*-Modell – auch in unterschiedlicher oder heterogener Weise attraktiv für ein *Unternehmen* sein (*Kerber* 1998b, S. 63; *Besley* und *Seabright* 2000, S. 207). Für Politiker kann es deshalb sinnvoll sein, Politikmixe, die Beihilfen beinhalten, anzubieten, die sich von denjenigen anderer Jurisdiktionen stark unterscheiden. Dadurch kann nicht nur der Heterogenität bzw. den differierenden Präferenzen der Unternehmen nach Standortleistungen Rechnung getragen werden (*Hanson* 1993, S. 185). Ein Politiker kann auf diese Weise auch umgehen, in einen Subventionswettlauf verwickelt zu werden.

Nachfolgend soll anhand weiterer Modelle gezeigt werden, daß Beihilfen als personalisierter Preis oder eine Art Rabatt auf den Steuerpreis für die Funktionsfähigkeit und die Effizienz des interjurisdiktionellen Wettbewerbs besonders geeignet sein können, während ein absolutes Beihilfenverbot diese Effizienz gefährden könnte.

4.3.2.2. Das Modell von *Mueller*: „The private firm as a public good"

Das Modell von *Mueller* (2000) steht in der Tradition von *Tiebout* (1956) und *Oates* und *Schwab* (1988). *Mueller* zeigt in seinem Modell, daß es *erstens* für eine Jurisdiktion auch im interjurisdiktionellen Wettbewerb entgegen der sonstigen Argumentation rational und effizient sein kann, eine Beihilfe an notleidende Unternehmen zu vergeben.

Zweitens zeigt *Mueller* (2000, S. 343 f.), daß dieselbe private Firma, die in seiner Argumentation den Charakter eines öffentlichen Gutes für die Jurisdiktionsmitglieder aufweist, für unterschiedliche Jurisdiktionen unterschiedliche Charakteristika hat. Da diese mithin kostenmäßig unterschiedlich aufgelöst werden, kann es dazu kommen, daß die Bürger der einen Jurisdiktion stärker von dem Erhalt einer Firma profitieren als die Bürger einer anderen Jurisdiktion. Dementsprechend sind erstere bereit, mehr für den Erhalt der Firma zu zahlen, also eine höhere Beihilfe zu gewähren, als letztere.

In seinem Modell nimmt *Mueller* gemäß der *Tiebout*schen Logik zunächst an, daß sich die Individuen einer Jurisdiktion entsprechend ihren Präferenzen nach öffentlichen Leistungen in die verschiedenen Jurisdiktionen einsortiert haben. Er geht daher davon aus, daß die Bürger derselben Jurisdiktion identische Nutzenfunktionen U (x, s, g, H) haben (*Mueller* 2000, S. 340).[373] Einzige Einkommensquelle neben der Beschäftigung im öffentlichen Sektor und dem Angebot von Dienstleistungen seien die Löhne einer Firma, die m Mitglieder der n-köpfigen Jurisdiktion beschäftigt.[374] Die Existenz einer (beliebigen) Firma in einer Jurisdiktion sichert erstens Arbeitsplätze und damit Lohneinkommen für die Jurisdiktionsmitglieder. Zweitens zahlt die Firma Steuern. Drittens ermöglicht eine Firma, daß die Jurisdiktionsmitglieder aufgrund ihrer Anstellung in der Jurisdiktion angesiedelt bleiben können. Sie können daher Nutzen aus ihrem als örtlich gebunden angenommenem Haus- und Grundvermögen ziehen bzw. dessen Wert erhalten. Vorausgesetzt wird folglich, daß die Bürger sich durch Investitionen in Haus- und Grundvermögen freiwillig an die Jurisidiktion gebunden haben.

Tritt nun bei einer Firma, die in einer bestimmten Jurisdiktion angesiedelt ist, ein Verlust auf, so wird dieser in der Regel von den Kapitaleignern getragen. Solange der Verlust der Firma durch vorhandenes Kapital gedeckt werden kann, wird diese Firma weiter betrieben. Das nicht zur Deckung notwendige Kapital kann hingegen aus der Jurisdiktion abgezogen werden. Dann würde ein Kapazitätsabbau der Firma erfolgen, womit zugleich auch ein Verlust von Arbeitsplätzen und Lohneinkommen verbunden ist. Sind die Verluste der Firma jedoch so groß, daß sie nicht durch das Firmenkapital gedeckt werden können, wird die Firma sofort geschlossen und es gehen ebenfalls Arbeitsplätze und Lohneinkommen verloren. Zudem fallen die Steuerzahlungen der Firma weg. Diese Konsequenzen können aus Sicht der Jurisdiktion nur kompensiert werden, wenn gleichzeitig neues Kapital in die Jurisdiktion attrahiert wird. Damit könnten idealerweise verloren gegangene Produktionskapazitäten, der Wegfall der Arbeitsplätze durch den Kapazitätsabbau bzw. die Schließung der alten Firma und der Wegfall der Steuereinnahmen kompensiert werden.

---

[373] Dabei ist *x* ein privates Gut, das in die Gemeinde importiert wird, *s* sind die Dienstleistungen, die von anderen Mitgliedern der Gemeinde angeboten werden, *g* sind die öffentlichen Leistungen und *H* der Bestand an Gebäuden und Grundstücksvermögen, das ein Individuum besitzt. *H* wird als eine Funktion vergangener Investitionen angenommen. Diese werden nicht abgeschrieben (*Mueller* 2000, S. 340 f.).

[374] Zudem wird die Annahme gesetzt, daß jedes Mitglied je ein Drittel seines Nutzens aus der Konsumption des privaten Gutes, der Dienstleistungen in der Gemeinschaft sowie des öffentlichen Gutes g zieht und jeweils ein Drittel seines Gehaltes dafür ausgibt (*Mueller* 2000, S. 340 f.).

Kann jedoch kein neues Kapital attrahiert und kann somit der zu erwartende Abfluß des Kapitals nicht kompensiert werden, so tritt für die Bürger der Jurisdiktion nicht nur das Problem auf, daß sie ihren Arbeitsplatz verlieren könnten oder daß weniger öffentliche Leistungen bereit gestellt werden können, weil Steuermittel fehlen. Die Bürger wären auch gezwungen, die Jurisdiktion zu verlassen, weil mit der Firma auch ihre Lebensgrundlage verloren ginge. Doch was passiert dann mit dem Haus- und Grundbesitz der Bürger? Die Bürger könnten die hierfür investierten standortspezifischen Kosten zwar durch einen Verkauf amortisieren. Da es jedoch keine Nachfrage für ihren Besitz gibt, weil auch andere Bürger keine Lebensgrundlage in der Jurisdiktion finden würden, sind die Bürger gezwungen, ihr Haus- und Grundvermögen auf Null abzuschreiben. Aus den standortspezifischen werden folglich irreversible Kosten. Zudem müßten die Bürger damit rechnen, weitere Nutzeneinbußen zu erleiden, wenn sie in eine andere Jurisdiktion wandern. Denn das dort angebotene Steuer-Leistungsbündel könnte verglichen mit dem Angebot der ehemaligen Jurisdiktion suboptimal sein (*Mueller* 2000, S. 342).

Mueller argumentiert nun, daß die Existenz der Firma für die Bürger der Jurisdiktion ein lokales öffentliches Gut darstellt. Niemand kann von den positiven Wirkungen der Firma in Bezug auf Arbeitsplatz, Steueraufkommen und Nutzen aus dem eigenen Haus- und Grundvermögen ausgeschlossen werden. Zudem besteht keine Rivalität in der Nutzung (*Mueller* 2000, S. 343). Verzeichnet eine Firma Verluste und plant einen Kapazitäts- sowie einen Arbeitsplatzabbau, der nicht durch die Attrahierung anderen Kapitals kompensiert werden kann, so muß damit gerechnet werden, daß die arbeitslosen Bürger in eine andere Jurisdiktion ziehen und ihr Haus- und Grundvermögen zurücklassen müssen. Konfrontiert mit diesen Konsequenzen könnten die Bürger einer Jurisdiktion einen Anreiz haben, eine Beihilfe zu gewähren, die den Erhalt der Firma sichert. Diese Beihilfe ist in ihrer Höhe begrenzt, denn die Bürger werden nur eine Beihilfe vergeben, die den Wertverlust des Haus- und Grundvermögens nicht übersteigt.

Die Subventionierung der Firma hat nun Auswirkungen auf Konkurrenzfirmen in anderen Jurisdiktionen. Denn durch die Subventionierung können Verluste bzw. der Zwang des Kapazitätsabbaus auf die Konkurrenzunternehmen verlagert werden. Die Bürger in der Jurisdiktion, in der ein Konkurrenzunternehmen angesiedelt ist, stehen damit vor dengleichen Problemen, wie sie oben beschrieben wurden. Sie haben mit Blick auf ihr Haus- und Grundvermögen folglich ebenfalls einen Anreiz, eine Beihilfe zu gewähren, sofern der Verlust von Kapital nicht kurzfristig durch die Attrahierung einer anderen Firma kostengünstiger kompensiert werden kann.

Mueller unterstellt in seinem Modell nun, daß die Werte des Haus- und Grundvermögens in *derselben* Jurisdiktion für alle Bürger identisch sind, aber *zwischen* den Jurisdiktionen divergieren. Das hätte zur Konsequenz, daß die Bürger in verschiedenen Jurisdiktionen aufgrund der divergierenden Werte des Haus- und Grundvermögens, in unterschiedlichem Maße bzw. in unterschiedlicher Höhe Beihilfen gewähren werden. Folglich erleiden die Bürger derjenigen Jurisdiktion den Verlust von Kapazitäten oder gar der ganzen Firma und den damit verbundenen Wegfall an Arbeitsplätzen, Steuern und die Komplettabschreibung des Haus- und Grundvermögens, die infolge ihrer niedrigen Haus- und Grundvermögenswerte die geringsten Subventionen bieten können (*Mueller* 2000, S. 345).

Festzuhalten bleibt *erstens*, daß der Bietprozeß um knappes Kapital in diesem Modell des interjurisdiktionellen Wettbewerbs effizient ist, weil Kapital in die Jurisdiktionen wandert bzw. in den Jurisdiktionen verbleibt, die am meisten von ihm profitieren.[375] Das Kapital bleibt bei den Bürgern, die aufgrund ihres Haus- und Grundvermögens relativ gesehen die höchste Zahlungsbereitschaft für den Erhalt einer Firma haben. Insofern sind die Produktionskapazitäten bzw. die Firmen effizient auf die unterschiedlichen Jurisdiktionen alloziiert. *Zweitens* zeigt dieses Modell, daß das als homogen angenommene Kapital bzw. im Hinblick auf ihre Steuerleistungen oder die Inanspruchnahme öffentlicher Leistungen als homogen angenommene Firmen für unterschiedliche Jurisdiktionen eine unterschiedliche Attraktivität und Rentabilität besitzen.

4.3.2.3. Beihilfen als Instrument zur Internalisierung positiver Externalitäten

In diesem Abschnitt werden die Modelle von *Besley* und *Seabright* (1999; 2000) sowie von *Steinrücken* und *Jaenichen* (2002; 2004b) betrachtet. Die Modelle bauen wiederum auf dem *Tiebout*-Modell und dem hiermit verbundenen Sortiermechanismus auf. Jeder Konsumtyp wandert entsprechend seinen Präferenzen in eine Jurisdiktion und zahlt dort einen Preis für die konsumierten öffentlichen Leistungen, der den Grenzkosten der Bereitstellung dieser Leistungen entspricht. Die Autoren begründen die Notwendigkeit der Vergabe von Beihilfen, eines Rabattes auf Steuerzahlungen oder eine Preisdifferenzierung im Grunde in gleicher Weise, wie dies auch *Kerber* oder *Mueller* tun. Dabei betrachten sie die Beziehung zwischen Unternehmen und den Bürgern der Gebietskörperschaft, also den übrigen Konsumenten und Zahlern der angebotenen öffentlichen Leistungen. Es wird argumentiert, ein mobiles Unternehmen erzeuge positive, neutrale oder negative externe Effekte wie beispielsweise fiskalische Externalitäten für die übrigen Jurisdiktionsmitglieder. Diese können vom Unternehmen aber nicht internalisiert werden. Wenn sich das Unternehmen aber nur an den öffentlichen Leistungen und den zu zahlenden Steuern orientiert und die Externalitäten, die es erzeugt, nicht in sein Entscheidungskalkül einbeziehen kann, kann es eine aus gesamtgesellschaftlicher Sicht ineffiziente Standortentscheidung treffen. Es geht nun darum, zu zeigen, wie diese Externalitäten internalisiert werden können, damit Unternehmen im Standortwettbewerb aus gesamtgesellschaftlicher Sicht effiziente Standortentscheidungen treffen (*Besley* und *Seabright* 1999, S. 25; 2000, S. 211).

4.3.2.3.1. Positive fiskalische Externalitäten einer Unternehmensansiedlung

Daß Ineffizienzen auftreten, weil positive Externalitäten nicht internalisiert werden können, wurde schon in der Diskussion um die Effizienz des Steuerwettbewerbs verdeutlicht. Dabei ging es um die Frage, inwieweit fiskalische Externalitäten die Effizienz des Steuerwettbewerbs beeinträchtigen. Jetzt sollen nicht die so genannten negativen fiskalischen Externalitäten, die ein Wegzug des Unternehmens verursacht, sondern die

---

[375] „Thus there is no reason to expect competition for capital across communities to result in a misallocation of resources. Communities will not bid for capital that is in infinitely elastic supply; bidding for inelastically supplied capital will allocate it to the communities having the most gain from it" (*Mueller* 2000, S. 345).

positiven fiskalischen Externalitäten, die die Zuwanderung eines Unternehmens hervor-ruft, im Fokus stehen. Der Zuzug eines Unternehmens kann beispielsweise bewirken, daß ‚economies of scale' bei der Produktion bzw. Bereitstellung öffentlicher Leistungen (Krankenhäuser, Polizei, Feuerwehr, sonstige Ver- und Entsorgung, Infrastruktur, etc.) ausgenutzt werden können. Das hätte zur Folge, daß die öffentlichen Leistungen im Hinblick auf die gestiegene Nachfrage günstiger bereitgestellt werden können. Daher könnte – und dies war die Argumentation bei *Bewley* (1981) – die Steuerlast für alle Jurisdiktionsmitglieder gesenkt werden. Das Problem ist, daß das Unternehmen, das sich möglicherweise in der Jurisdiktion niederlassen möchte, zwar wie alle anderen Ju-risdiktionsmitglieder auch von der sinkenden Steuerlast profitieren würde. Es kann aber die von seiner Ansiedlung ausgehenden positiven fiskalischen externen Effekte nur in dem Maße in sein Kalkül einbeziehen, wie seine eigene Steuerlast sinkt.[376] Daß auch die übrigen Jurisdiktionsmitglieder in Form niedriger Steuern vom Zuzug des Unterneh-mens profitieren, kann das Unternehmen bei der Standortentscheidung jedoch nicht be-rücksichtigen. Dies könnte nun zur Folge haben, daß das Unternehmen eine aus ge-samtgesellschaftlicher Sicht ineffiziente Standortentscheidung trifft (*Buchanan* und *Goetz* 1972, S. 31).

Der Vorschlag zur Lösung dieses Problems lautet, Abstand von einheitlichen Steuern zu nehmen und dem Unternehmen eine Beihilfe zu gewähren, die sich an den positiven fiskalischen Externalitäten orientiert, die eine Ansiedlung des Unternehmens stiften würde. Durch die Gewährung der Beihilfe könnte das Unternehmen die von ihm ausge-henden positiven Externalitäten in seine Standortentscheidung einfließen lassen. Damit steigt die Wahrscheinlichkeit, daß das Unternehmen eine aus gesamtgesellschaftlicher Sicht effiziente Standortwahl treffen wird (*Buchanan* und *Goetz* 1972, S. 34; *Black* und *Hoyt* 1989 S. 1251). Aus dieser Perspektive ließe sich erklären, warum beispielsweise neu angesiedelte Unternehmen niedrigere Steuern zahlen als bereits ansässige.

4.3.2.3.2. Primär- und Sekundärwirkungen der Ansiedlung eines Unternehmens

Steinrücken und *Jaenichen* (2002; 2004b) betrachten die im vorherigen Abschnitt angesprochenen positiven fiskalischen Externalitäten einer Unternehmensansiedlung differenzierter. Sie unterstellen, daß der Zuzug von Unternehmen unterschiedliche Ar-ten von Effekten für die Jurisdiktion generieren kann. Die *Primärwirkungen* einer Un-ternehmensansiedlung betreffen die Änderung des Steueraufkommens einer Jurisdiktion und die Beschäftigtenzahl.[377] Diese *Primärwirkungen* kann das Unternehmen nach An-nahme der Autoren bei der Ansiedlung in jeder Jurisdiktion in demselben Maße entfal-

---

[376] Vgl. beispielsweise *Buchanan* und *Goetz* (1972, S. 30 f.); *Bewley* (1981, S. 713-715); *Black* und *Hoyt* (1989, S. 1249).

[377] Die Erhöhung der Beschäftigtenzahl ist aus Sicht der Jurisdiktion wichtig, wenn dadurch entweder die Steuern aus abhängiger Beschäftigung steigen und/oder eine geringere jurisdik-tionsinterne Umverteilung im Rahmen der Arbeitslosenversicherung durch die Schaffung neuer Arbeitsplätze erfolgt. Die Steigerung der Kaufkraft durch gestiegene Löhne muß sich nicht unbedingt positiv für die übrigen Mitglieder der Jurisdiktion auswirken, weil laut Mo-dellannahme die Güter grenzüberschreitend handelbar sind.

ten.[378] Die *Sekundärwirkungen* der Ansiedlung desselben Unternehmens differieren hingegen laut Annahme zwischen den Jurisdiktionen, so daß dasselbe Unternehmen für unterschiedliche Jurisdiktionen in unterschiedlichem Maße attraktiv ist. Diese *Sekundäreffekte* (oder θ im Modell von *Black* und *Hoyt* 1989, S. 1250), die ein Unternehmen für unterschiedliche Jurisdiktionen bzw. deren Bürger erzeugt, kommen zwar auch den Bürgern zugute. Es besteht aber wiederum das Problem, daß ein Unternehmen die von ihm erzeugten positiven Externalitäten nicht internalisieren kann und es deshalb eine aus gesellschaftlicher Sicht ineffiziente Standortentscheidung treffen kann.[379]

Steinrücken und *Jaenichen* rechtfertigen die Vergabe von Beihilfen gemäß der Wohlfahrtsökonomik. Danach ist ein staatlicher Eingriff notwendig ist, wenn – wie in diesem Falle – die privaten und sozialen Grenznutzen einer Firma auseinander fallen.[380] Ein mögliches Instrument zur Internalisierung dieser externen Effekte und damit zum Ausgleich von privatem und sozialem Grenznutzen ist die Subvention (*Steinrücken* und *Jaenichen* 2002, S. 316; 2004b, S. 6).[381] Über die Gewährung einer Subvention können folglich die positiven Sekundäreffekte, die das Unternehmen erzeugt, internalisiert werden. Das Unternehmen kann diese Effekte sodann in Form der Beihilfe in seiner Standortentscheidung berücksichtigen.[382]

Ein vollständiges Beihilfenverbot hätte gemäß dieser Argumentation zur Folge, daß effiziente Standortentscheidungen von Unternehmen gefährdet werden könnten. Denn die Jurisdiktion könnten keine Beihilfen (Subvention, Steuervergünstigung, etc.) mehr vergeben, um die durch den Zuzug einer Firma verursachten positiven externen Nutzen zu internalisieren. Ist eine Internalisierung aber nicht möglich oder kann diese durch Anwendung eines anderen wirtschafts- oder finanzpolitischen Instrumentes nur in ineffizienter Weise erfolgen, droht eine aus gesamtgesellschaftlicher Sicht ineffiziente Standortentscheidung der Firma. Der Einsatz des Wettbewerbsparameter *Beihilfe* im interjurisdiktionellen Wettbewerb könnte folglich unter diesen Umständen die Effizienz des interjurisdiktionellen Wettbewerbs steigern helfen (*Steinrücken* und *Jaenichen* 2002, S. 322; 2004b, S. 13 f.).

---

[378] Vgl. *Steinrücken* und *Jaenichen* (2002, S. 314 f.; 2004b, S. 4). Siehe hierzu auch *Black* und *Hoyt* (1989).

[379] „In general industrialists are interested, not in the social, but only in the private, net product of their operations" (*Pigou* 1962, S. 172).

[380] „When there is a divergence between these two sorts of marginal net products, self interest will not, therefore, tend to make the national dividend a maximum; and, consequently, certain specific acts of interference with normal economic processes may be expected, not to diminish, but to increase the dividend" (*Pigou* 1962, S. 172).

[381] „It is, however, possible for the State, if it chooses, to remove the divergence in any field by "extraordinary encouragements" or "extraordinary restraints" upon investments in that field (*Pigou* 1962, S. 192, H. i. O.). Mit den *extraordinary encouragements* sind hier die Subventionen gemeint.

[382] Gemäß dieser Logik ist nicht nur bei Standortentscheidungen der Einsatz von Subventionen bzw. von Beihilfen in jeglicher Form möglich. Auch bereits ansässige Unternehmen können positive externe Effekte erzeugen, was ebenfalls die Vergabe von Beihilfen rechtfertigen könnte (*Steinrücken* und *Jaenichen* 2002, S. 320 f.).

4.3.2.3.3. Das Modell von *Besley* und *Seabright*

Besley und *Seabright* haben zu dem Problem positiver Externalitäten einer Unternehmensansiedlung ein konkretes Modell entwickelt, in dem zwei Jurisdiktionen um die Ansiedlung von Firmen konkurrieren. Sie modellieren diesen Wettbewerb als eine ‚private-values auction'. Ausgangspunkt des Modells ist, daß eine oder mehrere Firmen Investitionsprojekte realisieren wollen und zu diesem Zweck eine Ausschreibung vornehmen. Die Jurisdiktion, die die besten Konditionen inklusive gezahlter Subventionen bietet, erhält den Zuschlag für die Ansiedlung der Firma oder des Investitionsprojekts (*Besley* und *Seabright* 1999, S. 25 f.; 2000, S. 213). Der Begriff ‚private values' verrät, daß die Firmen spezifische Charakteristika oder ‚values' aufweisen, die von den Jurisdiktionen unterschiedlich bewertet werden können.[383] Zur Charakterisierung dieser ‚private values' oder – in Analogie zu *Steinrücken* und *Jaenichen* (2002; 2004b) – *Sekundäreffekte* greifen die Autoren auf die Theorie der ökonomischen Geographie zurück.[384]

Das Modell von *Besley* und *Seabright* (1999, S. 25; 2000, S. 212) basiert auf folgenden Annahmen:

— Die Firmen entscheiden selbst darüber, wo sie sich niederlassen und wie viel Output sie erzeugen. Sie sind aufgrund ihrer Mobilität a priori nicht an eine bestimmte Jurisdiktion gebunden, aber sie können den Standort in der einen Jurisdiktion gegenüber einem Standort in einer anderen bevorzugen.

— Die Standort- und Produktionsentscheidungen der Firmen verursachen externe Kosten und Nutzen für die Jurisdiktion, in der sie sich niederlassen. Der zusätzliche Nutzen äußert sich in zusätzlichen Steuereinnahmen (bzw. in einer Umverteilung der Steuereinnahmen), in der Reduzierung der Arbeitslosigkeit, in der Generierung von Wissensspillovern und in Rückwärtsverflechtungen. Das bedeutet, daß (Produktions-)Verflechtungen zu bereits ansässigen Unternehmen oder zu sich ebenfalls neu ansiedelnden Unternehmen entstehen können. Die Kosten der Unternehmensansiedlung können Überfüllungs- und auch Verschmutzungskosten umfassen.

— Es wird angenommen, daß diese Kosten und Nutzen, die die Firmen für die Jurisdiktionen erzeugen, zwischen den unterschiedlichen Jurisdiktionen differieren. Das tan-

---

[383] Auch *Scoones* und *Wen* (2001) benutzen den Begriff ‚private values'. Sie unterscheiden zwischen ‚common' und ‚private values', die eine Firma im Steuerwettbewerb für unterschiedliche Jurisdiktionen generieren kann. Diese *values* resultieren nach Meinung der Autoren wiederum aus bestimmten Komponenten einer Investition. Die ‚common component' ist in jeder Jurisdiktion identisch und kann analog zu den bei *Steinrücken* und *Jaenichen* beschriebenen *Primärwirkungen* aufgefaßt werden. Die ‚regional-specific component' der Investition divergiert regional und generiert ‚private values', die in Analogie zu den von *Steinrücken* und *Jaenichen* beschriebenen *Sekundäreffekten* interpretiert werden können.

[384] „They begin from Marshall's insight that location and production decisions of firms generate external effects in their host economies. In our context, factor and product market linkages are an important source of such externalities, as when a firm locates and thereby affects the market of skilled labour. Even though these are pecuniary externalities, government action (by taxes, subsidies or other means) can be justified if the economy is not otherwise first best, as when there is imperfect competition or unemployment" (*Besley* und *Seabright* 1999, S. 22).

giert die Standort- und Produktionsentscheidungen der Firmen zunächst wenig. Sie werden nur auf ihren potentiell am jeweiligen Standort zu erzielenden Gewinn achten, weil unterstellt wird, sie seien selbst nicht in der Lage, sich die positiven Nutzenexternalitäten ihrer Standort- und Produktionsentscheidung anzueignen (*Besley* und *Seabright* 2000, S. 212; 1999, S. 25). Dabei sind es nach Auffassung der Autoren gerade diese Externalitäten, die den Regierungen einen Anreiz geben, um mobile Firmen zu konkurrieren. Dies äußert sich beispielsweise darin, daß sie den Firmen in Abhängigkeit von ihrer Standort- und Produktionsentscheidung eine Beihilfe anbieten. Diese Beihilfe kann alle möglichen Formen annehmen. Zudem könnten Regierungen in diesem Zusammenhang auch bereit sein, Regulierungen für Unternehmen laxer zu gestalten.

− Zusätzlich zu den Externalitäten, die die Standort- und Produktionsentscheidung der mobilen Firma *in* der Jurisdiktion erzeugt, können auch Externalitäten für *andere* Jurisdiktionen sowie Konkurrenzfirmen entstehen. D. h. die Wahl des Standorts in Belgien kann auch Auswirkungen auf den Arbeitsmarkt in Nordfrankreich haben. Ebenso hat die Produktionsentscheidung nicht nur Auswirkungen auf die Profitabilität einer anderen Firma, sondern auch − wie schon bei *Mueller* (2000) beschrieben − auf die Jurisdiktion, in der sich die Konkurrenzfirma befindet. Denn wenn die Gewinne sinken, sinken auch die Einnahmen aus Ertragssteuern. Es droht gar der Abbau von Arbeitsplätzen.

Ausgehend von diesen Annahmen, soll nun der Wettbewerb zwischen Jurisdiktionen um die Ansiedlung von Unternehmen mittels der Vergabe von Beihilfen erfolgen. Ein mobiles Unternehmen kann sich entweder in Jurisdiktion A oder in Jurisdiktion B niederlassen. Siedelt sich das Unternehmen in Jurisdiktion A an, so erhält A einen Nutzen von der Ansiedlung des Unternehmens in Höhe von 5 Einheiten, während die Jurisdiktionsmitglieder in B einen Nutzen in Höhe von 0 Einheiten realisieren. Würde sich das Unternehmen hingegen in B ansiedeln, so würde die Jurisdiktion A bzw. deren Mitglieder aufgrund ausstrahlender externer Effekte der Ansiedlung in B einen Nutzen in Höhe von 3 Einheiten erhalten, die Jurisdiktion B ebenfalls. A kann folglich von der Ansiedlung des Unternehmens in B profitieren und 3 Nutzeneinheiten realisieren. A wird dem Unternehmen nun eine Ansiedlungsbeihilfe entsprechend der Höhe von 2 (5-3) Nutzeneinheiten gewähren, denn das ist die Nutzendifferenz für A zwischen einer Ansiedlung des Unternehmens in Jurisdiktion A (5) und einer Ansiedlung in Jurisdiktion B (3). B hingegen wird eine Beihilfe in Höhe von 3 (3-0) Nutzeneinheiten zur Ansiedlung des Unternehmens gewähren. Das Unternehmen wird sich folglich in B ansiedeln. Führt man eine englische Auktion durch, wird B aber nur den Preis zu zahlen haben, nämlich 2 Einheiten, den die Gemeinde A geboten hat, die mit ihrem Gebot gerade nicht in der Lage war, die Firma anzusiedeln. Es zeigt sich in dieser Form der Auktion, daß grenzüberschreitende externe Effekte die Effizienz des Bietprozesses und damit die gesamtgesellschaftlich effiziente Allokation des Unternehmens nicht gefährden, wenn Jurisdiktionen diese in ihr Kalkül einbeziehen (*Besley* und *Seabright* 1999, S. 26 f.).

Eine Beihilfenkontrolle bzw. ein striktes Beihilfenverbot bezüglich der Vergabe von Beihilfen zur Ansiedlung von Unternehmen hätte im geschilderten Fall keine Vorteile. Ein solches Verbot würde gerade verhindern, daß es zu einem effektiven Bieterwettbewerb und damit zu einer effizienten Standortentscheidung des Unternehmens kommt. Wenn es einen anderen Mechanismus als den interjurisdiktionellen Wettbewerb gäbe, der die gleichen effizienten Ergebnisse zu Tage fördert, aber zu geringeren Ausgaben führt, so wäre dieser freilich vorzuziehen. Die Vorzugswürdigkeit eines alternativen Instrumentes beruht aber auf dessen Effizienz. So kann beispielsweise bezweifelt werden, daß eine supranationale Institution mangels entsprechender Kenntnisse das Problem besser lösen kann als ein Wettbewerb der Jurisdiktionen (*Besley* und *Seabright* 1999, S. 27; 2000, S. 215).

Zusammenfassend kann die Vergabe von Beihilfen die Effizienz des interjurisdiktionellen Wettbewerbs steigern helfen. Über dieses Instrument haben die Jurisdiktionen die Möglichkeit, die Attraktivität eines Unternehmens oder Investitionsprojektes für ihre Jurisdiktion auszudrücken. Da dasselbe Unternehmen bzw. dessen Ansiedlung in unterschiedlichem Maße attraktiv für unterschiedliche Jurisdiktionen sein kann, werden die Ansiedlungsgebote auch unterschiedlich ausfallen (*Kerber* 1998b, S. 62 f.). Das Unternehmen erhält über die gewährten Beihilfen die Möglichkeit, den von ihm ausgehenden Nutzenzuwachs für die jeweilige Jurisdiktion in das eigene Kalkül bei der Auswahl des gewinnmaximalen Standorts einzubeziehen. Theoretisch mag diese Argumentation durchaus einleuchten, jedoch setzt sie gewisse Annahmen voraus, die noch zu diskutieren sein werden. Zuvor soll aber eine weitere mögliche Funktion von Beihilfen im interjurisdiktionellen Wettbewerb thematisiert werden, nämlich die Beseitigung von Informationsasymmetrien.

4.3.2.4. Informationsasymmetrien, adverse Selektion und Ansiedlungsprämien

4.3.2.4.1. Informationsasymmetrien im interjurisdiktionellen Wettbewerb

Bisher wurde als eine wichtige Voraussetzung für die Funktionsfähigkeit des interjurisdiktionellen Wettbewerbs unterstellt, daß die Bürger und Unternehmen über die Qualität der unterschiedlichen Steuer-Leistungsbündel der Jurisdiktionen vollständig informiert sind und diese bewerten können.[385] Auch für Jurisdiktionen wurde vorausgesetzt, daß diese über die Qualität der mobilen Produktionsfaktoren vollständig informiert sind (z. B. *Black* und *Hoyt* 1989, S. 1254; *Kenyon* 1997, S. 20). Unter dieser Voraussetzung können Jurisdiktionen im interjurisdiktionellen Wettbewerb eine effiziente Förderung der wirtschaftlichen Entwicklung der eigenen Jurisdiktion durchführen, indem sie nur die Ansiedlung von Unternehmen betreiben, die für den Standort auch attraktiv sind.

Bereits *Sinn* (1997a; 1997b; 2002; 2004) wies in der Diskussion um die Effizienz des Regulierungswettbewerbs darauf hin, daß das Problem der Informationsasymmetrien durch den interjurisdiktionellen Wettbewerb von den Gütermärkten auf den Standortmarkt verlagert werden kann.[386] Es könne daher auf Standortmärkten wie auf Gütermärkten aufgrund von Marktversagen infolge adverser Selektion zu einem ‚race to the bottom' kommen. Das Problem der Informationsasymmetrie, d. h. die Unkenntnis über

---

[385] „Consumer-voters are assumed to have full knowledge of differences among revenue and expenditure patterns and to react to these differences" (*Tiebout* 1956, S. 419).

[386] Siehe für eine kritische Diskussion auch *Apolte* (1999, Kap. 4).

die Qualität der angebotenen Leistungen der Marktgegenseite, kann jedoch generell im interjurisdiktionellen Wettbewerb bei der Ansiedlung eines Unternehmens auftreten.[387] Zwar kann man unterstellen, daß die jeweilige Marktseite ein Interesse daran hat, sich über die Qualität der anderen Marktseite zu informieren (*Oates* 1969; *Oates* und *Schwab* 1991, S. 137). Viele Informationen lassen sich aber häufig vorab nicht ermitteln, sondern erst nach der Ansiedlung des Unternehmens in einer Jurisdiktion. Informationsasymmetrien können ex ante einerseits auf seiten der Jurisdiktion auftreten, die die Qualität eines anzusiedelnden Unternehmens vorab nicht erkennen kann, sondern erst nach dessen Ansiedlung. Andererseits kann auch der Fall auftreten, daß Bürger oder Unternehmen die Qualität der angebotenen Leistungen einer Jurisdiktion vor der Ansiedlung nicht in Erfahrung bringen können.[388]

4.3.2.4.2. Informationsasymmetrien zu Lasten der Jurisdiktion

Informationsasymmetrien zu Lasten der Jurisdiktion können auftreten, wenn ein anzusiedelndes Unternehmen private Informationen über die eigene Qualität hat. Dieser Informationsvorsprung kann daraus resultieren, daß ein Unternehmen entweder nicht in der Lage ist, seine Qualität zu signalisieren (*Black* und *Hoyt* 1989, S. 1254), oder diese bewußt nicht signalisieren möchte. Das Unternehmen wird somit für die Jurisdiktion zu einem Erfahrungsgut, das dadurch charakterisiert ist, daß seine Qualität erst nach der Transaktion verifiziert werden kann (*Nelson* 1974, S. 747). Wenn die Jurisdiktion bestimmte Charakteristika der Firma vorab nicht erkennen kann, – in erster Linie können hier die Sekundäreffekte der Ansiedlung genannt werden –, sondern erst nach der Ansiedlung, wird dies Auswirkungen auf das Ansiedlungsangebot der Jurisdiktion haben.

In der Regel unterstellt man, daß die Jurisdiktion die Qualität eines *bestimmten* Unternehmens nicht erkennen kann, wohl aber über die durchschnittliche Verteilung der Qualitäten aller ansiedlungswilligen Unternehmen informiert ist. Die Jurisdiktion wird demnach, wenn sie risikoavers ist, ein Ansiedlungsangebot inklusive Beihilfen unterbreiten, das eher der durchschnittlichen Qualität von ansiedlungswilligen Unternehmen entspricht. Sie nimmt damit in Kauf, daß die Wahrscheinlichkeit der Ansiedlung eines Unternehmens von guter Qualität sinkt.[389] Denn eine Firma guter Qualität muß sich bei der Standortentscheidung nun an diesem durchschnittlichen Angebot orientieren und

---

[387] Siehe für einen Überblick über die Problematik der Informationsasymmetrien in der Ökonomie beispielsweise *Stiglitz* (2002).

[388] Vgl. *Bond* und *Samuelson* (1986, S. 820 f.); *King* und *Welling* (1992, S. 64); *King, McAfee* und *Welling* (1993, S. 591 f.); *Haaparanta* (1996, S. 143); *Steinrücken* und *Jaenichen* (2004a, S. 404).

[389] Diese Problematik ist vergleichbar mit dem von *Akerlof* (1970, S. 490 f.) beschriebenen Marktversagen auf dem Gebrauchtwagenmarkt. Hier ist ein potentieller Käufer – wohl wissend, daß es gute (‚plums') und schlechte (‚lemons') Qualitäten auf dem Markt gibt, er diese aber nicht unterscheiden kann – infolge von Informationsasymmetrien nur bereit, einen durchschnittlichen Preis für ein bestimmtes Auto zu zahlen. In der Folge werden die guten Qualitäten vom Markt abgezogen. Der potentielle Käufer wird daraufhin sein Angebot gemäß der gesunkenen Durchschnittsqualität nach unten anpassen. Wiederum werden die besseren Qualitäten vom Markt abgezogen, bis nur noch die schlechten Qualitäten auf dem Markt verbleiben und keine guten Qualitäten mehr gehandelt werden.

kann letztlich eine aus gesamtgesellschaftlicher Sicht ineffiziente Standortentscheidung treffen. Sie wird wahrscheinlich an ihrem derzeitigen Standort mit einem vergleichsweise schlechten Steuer-Leistungsbündel verharren. „Thus, even cash payments may not necessary be welfare improving" (*Black* und *Hoyt* 1989, S. 1254).

Eine Informationsasymmetrie zu Lasten der Jurisdiktionen liegt auch vor, wenn ein Unternehmen seine Präferenzen für einen bestimmten Standort verheimlicht. Das Unternehmen kann sich strategisch verhalten und seine wahren Präferenzen nicht offenbaren. Dadurch möchte das Unternehmen die Jurisdiktionen dazu ermuntern, sich bei den Ansiedlungsangeboten an das Unternehmen gegenseitig zu überbieten. Ermunternd werden soll vor allem die Jurisdiktion, an der sich das Unternehmen auch zu schlechteren Konditionen ansiedeln würde. Dieser soll das Gefühl gegeben werden, daß das Gebotene für eine Ansiedlung noch nicht ausreichend ist. Das Unternehmen könnte auf diese Weise zusätzliche Subventionen heraushandeln. Diese Strategie wird auch als „Underhandicapping" (*Martin* 2000, S. 3) oder „industrial blackmail" bezeichnet (*King*, *McAfee* und *Welling* 1993, S. 591; *Kasper* 1996, S. 23).

Die Lösung des Problems könnte vom Unternehmen ausgehen. Ein Unternehmen guter Qualität wird einen Anreiz haben, die eigene Qualität durch entsprechende Qualitätssignale zu erkennen zu geben. Eine bereits aufgebaute Reputation wäre ein solches Signal. Wenn jedoch ein Unternehmen entsprechende Informationen bezüglich seiner Qualität oder seiner wahren Präferenzen nicht signalisieren kann oder – wie im zweiten Fall – nicht signalisieren will, könnte die Jurisdiktion versuchen, ihrerseits entsprechende Informationen zu beschaffen. Zu diesem Zweck könnte die Jurisdiktion externe Sachverständige einsetzen, um die Qualität und die positiven Effekte der Ansiedlung einer Firma für die Jurisdiktion in Erfahrung zu bringen. Es gibt folglich unterschiedliche Möglichkeiten, das Problem zu lösen. Ein vollständiges Beihilfenverbot würde hingegen nicht zur Lösung des Problems beitragen.

4.3.2.4.3. Informationsasymmetrien zu Lasten der Unternehmen

Informationsasymmetrien können auch auf seiten der Nachfrager auftreten. So ist es möglich, daß eine Jurisdiktion besser um die Qualität der von ihr bereitgestellten öffentlichen Leistungen weiß als ein ansiedlungswilliges Unternehmen. Für ein Unternehmen ist es attraktiv, in eine Jurisdiktion mit einem qualitativ hochwertigen Steuer-Leistungsbündel zu siedeln. Denn der Gewinn des Unternehmens – so die Annahme – variiere mit der Qualität bzw. Produktivität der öffentlichen Leistungen wie Infrastruktur oder Bildungssystem. Bei der Suche nach einem Standort guter Qualität ergibt sich für das Unternehmen ein Problem. Denn auch für das Unternehmen kann die Standortqualität ein Erfahrungsgut darstellen.[390] Dies ist der Fall, wenn das Unternehmen die

---

[390] „[T]he firm is unlikely to be able to collect sufficient information about the country with certainty" (*Bond* und *Samuelson* 1986, S. 821), oder eine solche Informationsbeschaffung ist teurer als die Kosten einer (negativen) Erfahrung (*Nelson* 1970, S. 312).

wahre Qualität der angebotenen Leistungen einer Jurisdiktion erst mit Sicherheit einschätzen kann, wenn es sich in der Jurisdiktion für eine Periode angesiedelt hat.[391]

Es wird nun angenommen, es gebe Jurisdiktionen, die qualitativ hochwertige öffentliche Leistungen anbieten, H-Jurisdiktionen, und solche, die qualitativ schlechte Leistungen offerieren, L-Jurisdiktionen (*Bond* und *Samuelson* 1986, S. 821; *Steinrücken*
und *Jaenichen* 2004a, S. 403). Das Unternehmen steht nun vor dem Problem, wie es
zwischen den beiden Jurisdiktionstypen unterscheiden kann, weil es sowohl für H- als
auch L-Jurisdiktionen rational ist, das Unternehmen glauben zu machen, es handele sich
jeweils um eine H-Jurisdiktion. Unter diesen Voraussetzungen ist die Standortentscheidung zufällig, weil das Unternehmen nur mit einer gewissen Wahrscheinlichkeit annehmen kann, daß es sich bei einer bestimmten Jurisdiktion tatsächlich um eine H-
Jurisdiktion handelt (*Steinrücken* und *Jaenichen* 2004a, S. 403). Die Unkenntnis bezüglich der Standortqualität könnte wiederum ein Unternehmen dazu veranlassen, an einem
Standort zu verharren, statt sich an einem anderen, der qualitativ bessere Leistungen
offeriert und an dem höhere Gewinne erzielt werden könnten, niederzulassen. Es kann
also infolge der Informationsasymmetrie zu einer ineffizienten Standortentscheidung
des Unternehmens und damit zu einem Marktversagen auf Standortmärkten kommen.[392]

Dieses Problem könnte von den Jurisdiktionen selbst gelöst werden, indem sie ein
‚Signalling‘ betreiben. Es stellt sich dabei die Frage, wie sich eine H-Jurisdiktion in den
Augen mobiler Unternehmen glaubhaft von einer L-Jurisdiktion unterscheiden kann.
Grundsätzlich könnte eine H-Jurisdiktion im Laufe der Zeit eine Reputation hinsichtlich
des Angebotes eines qualitativ hochwertigen Steuer-Leistungsbündels erworben haben.[393] Wenn die Produkteigenschaften nur schwer erkennbar sind, kann die bereits er-
fahrene Qualität der in der Vergangenheit angebotenen Güter und Dienstleistungen als
ein Indikator für die Qualität der gegenwärtig und zukünftig bereitzustellenden Güter
und Leistungen dienen (*Shapiro* 1983, S. 659). Das liegt daran, daß die Jurisdiktion
einen Preisaufschlag bzw. eine Reputationsrente verlangen kann, wenn sie eine Reputation für gute Qualität aufgebaut hat. Um diese Reputationsrente weiterhin abschöpfen zu
können, muß die Jurisdiktion auch in Zukunft gute Qualität anbieten. Somit kann ein

---

[391] Vgl. *Bond* und *Samuelson* (1986, S. 820 f.); *King* und *Welling* (1992, S. 64); *King, McAfee*
und *Welling* (1993, S. 591 f.); *Haaparanta* (1996, S. 143); *Steinrücken* und *Jaenichen*
(2004a, S. 404). Bezogen auf Gütermärkte siehe *Nelson* (1970, S. 312).

[392] Vgl. *Bond* und *Samuelson* (1986, S. 821); *King* und *Welling* (1992, S. 64); *Steinrücken* und
Jaenichen (2004a, S. 402-404); *Steinrücken, Jaenichen* und *Kuchinke* (2005, S. 380). Siehe
für Produktmärkte beispielsweise *Nelson* (1970) und *Akerlof* (1970).

[393] Schon *Hayek* (1947/1952, S. 128; H. i. O.) machte auf die Relevanz einer Reputation oder
eines Rufes als Instrument zur Überwindung von Informations- oder Wissensasymmetrien
aufmerksam: „Im realen Leben ist der Umstand, daß unser unzureichendes Wissen über die
verfügbaren Güter oder Dienstleistungen durch unsere Erfahrung mit Personen oder Firmen,
die sie bereitstellen, ergänzt wird, – daß Wettbewerb größtenteils Wettbewerb um Ruf oder
Wohlwollen des Publikums ist – eine der ganz wichtigen Umstände, die uns helfen, unsere
täglichen Probleme zu lösen. Die Funktion des Wettbewerbs ist hier, zu zeigen, *wer* uns gut
bedienen wird.“ Siehe zum Zusammenhang zwischen Wettbewerb und Reputation auch
Hörner (2002).

Zusammenhang zwischen der Qualität der in der Vergangenheit angebotenen Güter und der zukünftig angebotenen Güter hergestellt werden.

Ist eine solche Reputation nicht vorhanden, so müßte eine Jurisdiktion zunächst Investitionen in ihre Reputation tätigen, um dann in späteren Perioden höhere Preise erheben und die Reputationsrente abschöpfen zu können (analog zu Produktmärkten *Shapiro* 1983, S. 660). Ein Instrument zum Aufbau einer Reputation könnte die Vergabe von Beihilfen sein (*Bond* und *Samuelson* 1986, S. 820 f.; *King, McAfee* und *Welling* 1993, S. 598-604). In Analogie zu den niedrigen Einführungspreisen von Produkten, könnten Beihilfen in Form von Ansiedlungsprämien oder ‚tax holidays' eingesetzt werden. Ebenso kann die Jurisdiktion Werbeausgaben tätigen oder eine so genannte Leuchtturmpolitik zum Aufbau einer Reputation betreiben.[394]

a) ‚Tax Holidays' (Ansiedlungsprämien)

‚Tax holidays'[395] sollen als niedrige Einführungspreise, beispielsweise in Form einer ermäßigten Steuerlast, verstanden werden, die Unternehmen in frühen Perioden nach ihrer Ansiedlung gewährt werden.[396] Diese können – wie nachfolgend gezeigt wird – die Funktion eines glaubwürdigen Instrumentes zur Signalisierung der Qualität der Leistungen einer Jurisdiktion übernehmen.[397] Angenommen wird ein zweiperiodiges Modell. Eine H-Jurisdiktion kann die hohe Qualität des von ihr bereitgestellten Steuer-Leistungsbündels signalisieren, indem sie dem ansiedlungswilligen Unternehmen in der ersten Periode ‚tax holidays' anbietet. Dabei kalkuliert sie ein, daß das Unternehmen nach Ablauf der ersten Periode gute Erfahrungen bezüglich der Qualität der angebotenen Standortleistungen gesammelt hat und in der Folgeperiode an diesem Standort angesiedelt bleiben wird. In der Folgeperiode, in der keine ‚tax holidays' mehr gewährt werden, wird die Jurisdiktion aufgrund des qualitativ hochwertigen Angebotes und der in dieser Hinsicht erworbenen Reputation einen Preisaufschlag von der Firma verlangen (*Steinrücken, Jaenichen* und *Kuchinke* 2005, S. 381 f.).[398] Das heißt, sie wird die Steuern für das Unternehmen erhöhen, um dadurch den in der ersten Periode erlittenen Verlust (Steuerausfall) ausgleichen zu können (*Bond* und *Samuelson* 1986, S. 820).[399]

---

[394] Vgl. *Steinrücken* und *Jaenichen* (2004a); *Steinrücken, Jaenichen* und *Kuchinke* (2005). Siehe zu niedrigen Einführungspreisen und Werbeausgaben auf Gütermärken *Shapiro* (1983); *Haucap* (1998).

[395] „Tax holidays…are tax concessions or even straight subsidies granted for a limited period after entry" (*Doyle* und *Wijnbergen* 1994, S. 211).

[396] Zur konkreten Ausgestaltung solcher ‚tax holidays' siehe z. B. *Bond* (1981). In vielen Modellen wird angenommen, daß das Unternehmen nach einer Periode wieder mobil ist (*Bond* und *Samuelson* 1986, S. 821; *King* und *Welling* 1992, S. 63; *King, McAfee* und *Welling* 1993, S. 591). Dies ist in der Realität allerdings nicht oder sehr selten der Fall (*Steinrücken* und *Jaenichen* 2004a, S. 404).

[397] Vgl. *Bond* und *Samuelson* (1986, S. 821); *Steinrücken* und *Jaenichen* (2004a); *Steinrücken, Jaenichen* und *Kuchinke* (2005, S. 381 f.).

[398] Vgl. für Produktmärkte auch *Shapiro* (1983, S. 660).

[399] Die Jurisdiktion kann und wird den Steuerpreis für das Unternehmen in der zweiten Periode gerade so hoch setzen, daß eine gerade noch Abwanderung des Unternehmens unterbleibt (*Bond* und *Samuelson*, 1986, S. 825; *Steinrücken* und *Jaenichen* 2004a, S. 404).

Eine Unterscheidung der unterschiedlichen Qualitäten der Jurisdiktionstypen wird für die Unternehmen nun möglich, weil eine solche Strategie nur von einer H-Jurisdiktion, nicht aber von einer L-Jurisdiktion durchgeführt werden kann. Da laut Annahme ein Unternehmen nach einer Periode wieder mobil ist und es in einer H-Jurisdiktion einen höheren Gewinn erzielen kann als in der L-Jurisdiktion, müßte eine L-Jurisdiktion, die ‚tax holidays' gewähren wollte, damit rechnen, daß das Unternehmen die Jurisdiktion nach einer Periode wieder verläßt. Die Einräumung von ‚tax holidays' wäre für eine L-Jurisdiktion folglich eine ineffiziente Maßnahme, da die Jurisdiktion einen dauerhaften Verlust erleiden würde.[400] Die Vergabe von Beihilfen in Form von ‚tax holidays' könnte folglich als eine effiziente Signalstrategie bzw. als eine Form der effizienten Selbstidentifizierung interpretiert werden (*Bond* und *Samuelson* 1986, S. 825). Potentielles Marktversagen infolge von Informationsasymmetrien und adverser Selektion kann auf diese Weise gelöst werden, weil die Jurisdiktionen bezüglich ihres qualitativen Angebotes für die Unternehmen unterscheidbar werden.

b) Werbeausgaben

Alternativ könnte eine H-Jurisdiktion zum Aufbau einer Reputation hohe Werbeausgaben auf sich nehmen, um ansiedlungswilligen Unternehmen die Qualität der Standortleistungen anzupreisen. Entscheidend ist bei dieser Maßnahme nicht die Information über die Qualität der angebotenen Leistungen der Jurisdiktion, die mittels der Werbung transportiert wird.[401] Denn bei Erfahrungsgütern wie der Standortqualität ist der Informationsgehalt der Werbung nur ex post, also nach der Transaktion, verifizierbar (allgemein *Milgrom* und *Roberts* 1986, S. 796 f.). Werbung kann bei Erfahrungsgütern nur indirekt informativ wirken (*Nelson* 1974, S. 752). Entscheidend ist bei Werbemaßnahmen daher das Signal, daß eine Jurisdiktion hohe Kosten irreversibel in die Werbemaßnahmen versenkt.[402] Aufgrund der getätigten Werbeausgaben kann es sich eine Jurisdiktion nicht leisten schlechte Qualität anzubieten, zumal sonst ein Preisaufschlag gefährdet wäre.[403] Eine H-Jurisdiktion könnte folglich im Rahmen von Werbemaßnahmen strategisch Geld *verbrennen*, um eine gute Qualität der angebotenen Leistungen bzw. Produktivität der Jurisdiktion zu signalisieren und sich dadurch von einer L-Jurisdiktion abzuheben.

c) Leuchtturmpolitik

Eine weitere Möglichkeit für eine H-Jurisdiktion, eine Reputation für eine hohe Qualität des angebotenen Steuer-Leistungsbündels aufzubauen, ist die Durchführung einer

---

[400] Vgl. *Bond* und *Samuelson* (1986, S. 825); *Steinrücken* und *Jaenichen* (2004a, S. 406); *Steinrücken, Jaenichen* und *Kuchinke* (2005, S. 382).

[401] Der Informationsgehalt der Werbung spielt bei solchen Gütern eine Rolle, bei denen die Information bezüglich Existenz, Eigenschaft und Preis der angebotenen Güter oder Leistungen einfach nachprüfbar ist.

[402] Siehe für Produktmärkte *Milgrom* und *Roberts* (1986, S. 797); *Haucap* (1998, S. 182).

[403] Vgl. *Steinrücken* und *Jaenichen* (2004a, S. 406-408); *Steinrücken, Jaenichen* und *Kuchinke* (2005, S. 382 f.). Bezogen auf Produktmärkte siehe *Nelson* (1974); *Milgrom* und *Roberts* (1986, S. 797).

sogenannten „Leuchtturmpolitik" (*Steinrücken* und *Jaenichen* 2004a, S. 408-413; *Steinrücken, Jaenichen* und *Kuchinke* 2005, S. 383 f.). Jurisdiktionen mit einem qualitativ hochwertigen Leistungsbündel können versuchen, Unternehmen mit einem „weithin bekannten Markennamen" Ansiedlungsbeihilfen zu gewähren. Dabei verfolgen die Jurisdiktionen das Ziel, bei dem reputationsträchtigen Unternehmen eine Reputationsanleihe zu nehmen. Auf diese Weise könnte die Ansiedlung eines reputierlichen Unternehmens, das sich seine Reputation auf dem Gütermarkt erarbeitet hat, der Jurisdiktion dazu dienen, eine eigene Reputation für qualitativ hochwertige Standortleistungen aufzubauen.[404] Wiederum wird nur eine H-Jurisdiktion eine solche Politik durchführen. Denn ein Markenunternehmen würde eine L-Jurisdiktion nach einer Periode wieder verlassen, weil dort sein Gewinn schrumpfen wird. Eine L-Jurisdiktion hätte folglich einen Verlust in Form der gewährten Ansiedlungsbeihilfe zu tragen. Zudem ist nach dieser Argumentation mit einem Wegzug eines reputationsträchtigen Unternehmens zugleich ein Reputationsverlust für die Jurisdiktion verbunden (*Steinrücken* und *Jaenichen* 2004a, S. 410; *Steinrücken, Jaenichen* und *Kuchinke* 2005, S. 384). Insofern würde eine *Wegzugsjurisdiktion* den Ruf einer L-Jurisdiktion erhalten.

Ein Beihilfenverbot könnte in allen drei Fällen zwar helfen, die Ausgaben der Jurisdiktionen zu senken. Dies würde aber in erster Linie Jurisdiktionen mit einem qualitativ schlechten Angebot gegenüber Jurisdiktionen mit hoher Standortqualität begünstigen und die Wahrscheinlichkeit ineffizienter Unternehmensansiedlungen erhöhen. Denn Jurisdiktionen mit einem qualitativ hochwertigen Angebot öffentlicher Leistungen würden, wenn sie selbst noch keine entsprechende Reputation aufgebaut haben, wichtige Instrumente zur Signalisierung der Standortqualität entzogen. Sie dürften keine ‚tax holidays' gewähren. Auch Subventionen für die Ansiedlung von Unternehmen mit hoher ‚Leuchtkraft' könnten nicht gewährt werden. Allenfalls bliebe – je nach Auslegung eines Beihilfenverbotes – noch die Möglichkeit, die Qualität der Standortleistungen über Werbeausgaben zu signalisieren.

Ein Vergleich der Instrumente zeigt, daß bei gleicher Signalwirkung, also gleichem Informationsgehalt für die Standortnachfrager, niedrige Einführungspreise (‚tax holidays') der Werbung als Signal wohlfahrtsökonomisch überlegen sind (*Steinrücken* und *Jaenichen* 2004a, S. 414; siehe für Produktmärkte *Haucap* 1998, S. 182). Denn Investoren profitieren mehr von direkten Beihilfen, in welcher Form auch immer, als von allgemeinen Ausgaben für die Standortwerbung. Eine Leuchtturmpolitik hätte gegenüber den anderen Signalstrategien nach *Steinrücken* und *Jaenichen* (2004a, S. 414) den Vorteil, weniger kostenintensiv zu sein. Sie gestalte sich insofern als effizient, weil nicht nur Geld *verbrannt* werde, wie dies in erster Linie bei allgemeinen Werbeausgaben der Fall sei, sondern gleichzeitig mit der Ansiedlung reputationsträchtiger Unternehmen eine Reputationssteigerung, also ein Zukauf von Reputation, des Standortes erfolge (*Steinrücken* und *Jaenichen* 2004a, S. 415 f.; *Steinrücken, Jaenichen* und *Kuchinke*

---

[404] *Haucap* und *Wey* (1999) argumentieren in ihrem Beitrag anders herum. Für ein Unternehmen könne es attraktiv sein, sich in Deutschland niederzulassen, da es dann unter der Marke ‚Made in Germany' produzieren könnte. Das Unternehmen könnte sich so die Reputation dieses Markennamens zunutze machen, um eine hohe Qualität bezüglich der eigenen Produkte signalisieren zu können.

2005, S. 385). Ein Beihilfenverbot würde den H-Jurisdiktionen somit die effizientesten Signalstrategien und damit die effizientesten Instrumente zur Behebung eines Marktversagens im Standortmarkt entziehen. Die Effizienz des interjurisdiktionellen Wettbewerbs wäre somit möglicherweise beeinträchtigt.

Allerdings ist der Erfolg der angeführten Signalstrategien an weitere Bedingungen geknüpft:

Die Gewährung von ‚tax holidays', die Durchführung einer Leuchtturmpolitik und die Aussicht, in der zweiten Periode einen Preisaufschlag verlangen zu können, setzt voraus, daß das Unternehmen nur mit einer Jurisdiktion und nicht mit mehreren (zumindest nicht mit mehreren H-Jurisdiktionen) gleichzeitig verhandelt (*Bond* und *Samuelson* 1986, S. 821; *King, McAfee* und *Welling* 1993, S. 591). Sonst könnte ein in einer H-Jurisdiktion angesiedeltes Unternehmen versuchen, *tax breaks* oder Beihilfen in anderen H-Jurisdiktionen in Anspruch zu nehmen. Ein Unternehmen könnte somit auch eine H-Jurisdiktion nach der ersten Periode verlassen, weil es in der zweiten mit höheren Steuerzahlungen rechnen muß (*Wilson* 1999, S. 295). Dadurch wäre freilich die Gewährung von ‚tax holidays' auch für eine H-Jurisdiktion verlustreich. Es wäre daher ideal, wenn das Unternehmen auch in der zweiten Periode in der Jurisdiktion bliebe und sich beispielsweise durch seinerseits durchgeführte irreversible Investitionen glaubwürdig an die Jurisdiktion bindet. Jedoch besteht dann die Gefahr, daß es sich fälschlicherweise an eine L-Jurisdiktion bindet.

Die Effizienz aller Signalstrategien ist insbesondere dann beeinträchtigt, wenn eine fiskalische Äquivalenz fehlt oder keine ‚no-bailout'-Klausel existiert. Hätte nämlich eine L-Jurisdiktion Zugang zu finanziellen Ressourcen einer übergeordneten Jurisdiktionsebene, so könnte sie die gleiche Signalstrategie durchführen wie eine H-Jurisdiktion. Selbst wenn Unternehmen in der zweiten Periode den Standort aufgrund der schlechten Qualität angebotener Leistungen wieder verlassen würden und somit die L-Jurisdiktion einen Verlust erleiden würde, könnte dieser Verlust durch entsprechende finanzielle Zuwendungen übergeordneter Jurisdiktionen ausgeglichen werden. Die Vergabe von Beihilfen zur Signalisierung einer bestimmten Standortqualität wäre bei fehlender fiskalischer Äquivalenz oder fehlender ‚no-bailout'-Klausel also ineffizient. Denn die Unternehmen können nicht mehr zwischen guter und schlechter Qualität unterscheiden. Aufgrund dessen käme es zu einem gesellschaftlich ineffizienten ‚Pooling'-Gleichgewicht, da sich die L- und H-Jurisdiktionen in ihren Signalstrategien unter diesen Bedingungen nicht mehr voneinander separieren könnten und es somit keine Trenngleichgewichte mehr gibt.[405]

Ein Beihilfenverbot könnte unter diesen Bedingungen ineffiziente Signalstrategien unterbinden. Das Problem würde hingegen nicht gelöst. Daher wäre darüber nachzudenken, inwiefern andere Instrumente eingesetzt werden könnten, die Transparenz auf dem Standortmarkt schaffen, wenn die angeführten Signalstrategien ihre Funktion nicht erfüllen können. So könnten beispielsweise spezialisierte Dritte eingesetzt werden, die

---

[405] Die Unterscheidung zwischen ‚Pooling'- und ‚Separating'-Gleichgewichten wird auch in der Vertragstheorie verwendet (*Aghion* und *Hermalin* 1990; *Richter* und *Furubotn* 1996, S. 233-236).

ein ‚Screening' durchführen und entsprechende Informationen über die Qualität der Standorte liefern können.

4.3.3. Zur Notwendigkeit einer Beihilfenkontrolle im Standortwettbewerb

4.3.3.1. Einführung

Die vorhergehende Argumentation zeigte, daß über die Vergabe von Beihilfen die Funktionsfähigkeit und damit die Effizienz des interjurisdiktionellen Wettbewerbs gesteigert werden kann. Mittels der Vergabe von Beihilfen können Preisdifferenzierungen bzw. Signalstrategien in verschiedenen Formen durchgeführt werden, die im Interesse der Jurisdiktion bzw. der Bürger der Jurisdiktion sind und die Standortentscheidung eines Unternehmens so beeinflussen können, daß dieses eine aus gesamtgesellschaftlicher Sicht effiziente Standortentscheidung trifft. Ein Beihilfenverbot könnte unter den geschilderten Umständen die Effizienz dieses Wettbewerbs gefährden.

Nun sollen die Bedingungen untersucht werden, unter denen die Vergabe von Beihilfen als Preisdifferenzierung bzw. Signal zu Ineffizienzen im interjurisdiktionellen Wettbewerb führen kann. Einige Andeutungen wurden bereits gemacht. Im folgenden soll eine systematische Analyse erfolgen. Dabei handelt es sich um Konstellationen, in denen die Beihilfe nicht die wahre Zahlungsbereitschaft der Jurisdiktion bzw. deren Mitglieder widerspiegelt bzw. nicht die wahren Qualitäten signalisiert. Unter diesen Umständen können Unternehmen ineffiziente Standortentscheidungen treffen. Ein Beihilfenverbot könnte zur Steigerung der Effizienz des interjurisdiktionellen Wettbewerbs beitragen. Dieses Beihilfenverbot oder eine supranationale Beihilfenkontrolle könnte in diesem Zusammenhang als Bestandteil einer Wettbewerbsordnung für den interjurisdiktionellen Wettbewerb interpretiert werden. Ihre Aufgabe würde darin bestehen, die Wettbewerbsprozesse des interjurisdiktionellen Wettbewerbs in den Fällen zu kanalisieren, in denen die Vergabe von Beihilfen Ineffizienzen im interjurisdiktionellen Wettbewerb hervorruft (*Kerber* 1998b, S. 68). Bei diesen Überlegungen ist allerdings zu beachten, daß eine supranationale Beihilfenkontrolle nicht nur als ein Instrument zur Effizienzsteigerung des interjurisdiktionellen Wettbewerbs, sondern aufgrund ihrer Durchsetzbarkeit auch als ein Instrument zur Stabilisierung von Kartellvereinbarungen dienen kann. Daher bleibt zu überlegen, ob es auch alternative Instrumente zu einer supranationalen Beihilfenkontrolle gibt, um die nachfolgenden Probleme zu lösen.

4.3.3.2. Homogene Unternehmen und Subventionswettläufe

Wie bereits erwähnt, kann empirisch beobachtet werden, daß der Wettbewerb zwischen Jurisdiktionen um die Ansiedlung von Großunternehmen oder Großinvestitionen bisher ungekannte Ausmaße annimmt. Die Jurisdiktionen überbieten sich gegenseitig in immer größeren Dimensionen mit Ansiedlungsvergünstigungen. Vielfach wird daher von „bidding wars" oder „Subventionswettläufen" gesprochen.[406]

---

[406] Vgl. *Hanson* (1993); *King, McAfee* und *Welling* (1993, S. 591); *Donahue* (1997, S. 75); *Martin* (2000, S. 1); *Scoones* und *Wen* (2001, S. 374).

In den bisher dargestellten Modellen wurde angenommen, daß unterschiedliche Firmen aufgrund ihrer Charakteristika, also ihrer ‚private values' oder *Sekundärwirkungen*, in unterschiedlicher Weise attraktiv für dieselbe Jurisdiktion sind. Zugleich kann dieselbe Firma aufgrund dieser Wirkungen in unterschiedlichem Maße attraktiv für unterschiedliche Jurisdiktionen sein. Der Wettbewerb, auch modelliert als eine *private values*-Auktion, weist unter diesen Bedingungen normale Phänomene eines Preiswettbewerbs auf und muß folglich nicht zu Instabilitäten des interjurisdiktionellen Wettbewerbs, sondern kann im Gegenteil zu stabilen Ergebnissen führen. Ein gegenseitiges Überbieten bei der Vergabe von Beihilfen wäre nicht negativ, sondern als ein Zeichen dafür aufzufassen, daß wettbewerbliche Beziehungen tatsächlich funktionieren (*Breton* 1991, S. 42-48). So könnte man die zu beobachtenden Subventionswettläufe als einen normalen Preiswettbewerb in einem Standortmarkt verstehen, der von Überkapazitäten, d. h. von unausgelasteten Ressourcen in den Jurisdiktionen, gekennzeichnet ist (*Kerber* 1998b, S. 63; *Mueller* 2000). Über den Preiswettbewerb wird somit eine Konsolidierung der Kapazitäten herbeigeführt. Dazu ist es aber tatsächlich notwendig, daß die Überkapazitäten von den unterlegenen Jurisdiktionen auch wirklich abgebaut werden.

Gegen die schädlichen Wirkungen von Subventionswettläufen spricht zudem das Argument, daß Jurisdiktionen in der *Tiebout*-Tradition nicht nur Beihilfen, sondern ganz unterschiedliche Steuer-Leistungsbündel anbieten. Aus diesem Grund sind die Jurisdiktionen in unterschiedlichem Maße attraktiv für dasselbe Unternehmen. Daher argumentiert *Hanson* (1993, S. 185), daß Subventionswettläufe nicht auftreten, wenn sich die Jurisdiktionen in ihrem Angebot von anderen Jurisdiktionen genügend differenzieren.

Einen anderen Erklärungsansatz für die Beurteilung von Subventionswettläufen liefert *Janeba* (1998). Er geht von einer Annahme aus, wie sie zumeist in der Theorie des Steuerwettbewerbs verwendet wird. Danach werden Firmen nicht als heterogen für die Standorte angenommen, sondern als homogen, weil das als Finanzierungsbasis der Unternehmen fungierende Kapital als homogen und vollkommen teilbar gilt.[407] *Janeba* läßt in sein Modell Überlegungen aus der Theorie der strategischen Handelspolitik einfließen. Die traditionellen Modelle der Theorie der strategischen Handelspolitik beziehen sich auf den Gütermarkt bzw. auf Oligopolmärkte. Das bedeutet, die subventionierten Unternehmen verfügen bereits über eine gewisse Marktmacht. Die Theorie der strategischen Handelspolitik basiert auf der Annahme, daß jedes Land sein *eigenes* (also immobiles) Unternehmen subventioniert. Über die Ausweitung der Produktion des subventionierten Unternehmens sollen Renten von ausländischen Konkurrenten umgelenkt und die inländische Wohlfahrt gesteigert werden. Dabei kommt es zu strategischen Interaktionen zwischen den Unternehmen und subventionierenden Ländern.

Diese Theorie wird nun insofern modifiziert, als die mit Marktmachtgewinnen dekorierten Oligopolunternehmen *mobil* sind. In diesem Falle werden Beihilfen nicht – wie in Kapitel 3 geschildert – vergeben, um die Produktionsentscheidungen der einheimischen Unternehmen, sondern um die mit Marktmachtgewinnen ausgestatteten, mobilen Unternehmen in ihrer Standortentscheidung zu beeinflussen. Dabei wird vorausgesetzt, daß die Firmen selbst keine Standortpräferenzen haben. Sie werden als unabhängig von

---

[407] Vgl. z. B. *Zodrow* und *Mieszkowski* (1986); *Wilson* (1999); *Scoones* und *Wen* (2001, S. 374).

standortspezifischen Unterschieden betrachtet. Sie werden ihre Produktion immer dorthin verlagern, wo die Steuern am niedrigsten sind (*Janeba* 1998, S. 141 f.).[408] Die konkurrierenden Jurisdiktionen zielen nur auf die Ansiedlung der Unternehmen ab, um die
Marktmachtgewinne der Unternehmen besteuern zu können. Das impliziert, daß die
Unternehmen für die konkurrierenden Jurisdiktionen homogen sind. Zudem, so wird
angenommen, handelt es sich um wenige konkurrierende Jurisdiktionen, zwischen denen eine Reaktionsverbundenheit besteht.

Unter diesen Umständen setzt ein Bietprozeß zwischen den Jurisdiktionen um die
mobilen Unternehmen bzw. um deren besteuerbare Marktmachtgewinne ein (*Janeba*
1998, S. 137; *Besley* und *Seabright* 1999, S. 21 f.): „In particular, each government may
seek to attract the other country's firm and thereby capture some of its profits" (*Wilson*
1999, S. 294). Es kommt zu einem Beihilfenwettlauf um die Ansiedlung von Unternehmen, der erst endet, wenn ein Steuersatz von 0 erreicht ist (*Janeba* 1998, S. 145).
Darüber hinausgehende Beihilfen würden nicht gezahlt, weil sonst die ausländischen
Kapitaleigner der Unternehmen bzw. ausländische Investoren zusätzlich begünstigt
würden (*Janeba* 1998, S. 137). Analog der Argumentation im Rahmen der Theorie der
strategischen Handelspolitik könnte man nun argumentieren, daß das rationale Handeln
der einzelnen Jurisdiktionen, nämlich die Steuersätze für Unternehmen zu senken, zu
einer gesamtgesellschaftlich ineffizienten Situation führt. Die Situation kann als eine
Gefangenendilemma-Situation interpretiert werden, in der der Ansiedlungswettbewerb
gesamtgesellschaftlich ineffiziente Ergebnisse generiert.[409] Denn am Ende des strategischen Bietprozesses erhalten die Unternehmen einen Steuersatz von 0, ohne daß dies
einen Vorteil für die Zuzugsjurisdiktion bedeuten würde. Ganz im Gegenteil, denn es ist
zu erwarten, daß die Bereitstellung öffentlicher Leistungen gekürzt wird und damit ineffizient wird, weil das im Bietprozeß angesiedelte Unternehmen zwar öffentliche Leistungen konsumiert, aber nicht zu deren Finanzierung der beiträgt. Insofern bergen die
Subventionswettläufe aus dieser Perspektive die Gefahr einer „tendency toward underprovision of public goods" (*Brueckner* und *Saavedra* 2001, S. 205).[410]

Nach dieser Argumentation wäre eine supranationale Beihilfenkontrolle notwendig,
um gesellschaftlich ineffiziente Subventionswettläufe, ein ‚race to the bottom' infolge
strategischer Interaktionen, zu verhindern. Man könnte aber auch versuchen, die strategischen Interaktionen zwischen den Jurisdiktionen unterbinden, indem man dem Vorschlag von *Oates* und *Schwab* (1991, S. 136 f.) folgt und eine weitere Dezentralisierung
der Kompetenzen durchsetzt. Dadurch würde die Anzahl der Marktteilnehmer auf der

---

[408] *Scoones* und *Wen* (2001, S. 376) nehmen in ihrem Modell an, daß die Unabhängigkeit von
standortspezifischen Faktoren mit der Größe des Unternehmens korreliert. Große Unternehmen sind demnach weniger abhängig von standortspezifischen Gegebenheiten als kleine.
Dies würde die These von *Janeba* stützen.

[409] Vgl. *Donahue* (1997, S. 76); *Janeba* (1998, S. 137); *Besley* und *Seabright* (1999, S. 21 f.).

[410] Ein ähnliches Problem kann auftreten, wenn ein Unternehmen die Jurisdiktionen glauben
macht, die Standorte wären aus seiner Sicht gleich attraktiv. Das bedeutet, es verfolgt die
schon beschriebene Strategie eines ‚Underhandicappings' und versucht die Jurisdiktionen zu
einem strategischen Bieten zu veranlassen.

Angebotsseite erhöht und strategische Interdependenzen bzw. Reaktionsverbundenheiten zwischen den Jurisdiktionen können unterbunden werden.

Allerdings ist die Argumentation von *Janeba* auch zu kritisieren, weil – wie in den meisten Modellen, die sich mit strategischen Interaktionen beschäftigen, – die Opportunitätskosten der Beihilfengewährung nicht berücksichtigt werden. „The opportunity costs of government activity are not considered. Consequently, the strategic aspect is overstated" (*Siebert* und *Koop* 1990, S. 454). Würde eine Jurisdiktion folglich die möglichen Konsequenzen und Opportunitätskosten der Beihilfengewährung – wie von *Mueller* gezeigt – berücksichtigen, würde sie weniger exzessiv bieten, als von *Janeba* beschrieben. Insofern wären auch die Konsequenzen des Modells zu relativieren.

Martin (2000, S. 4 f.) folgert daher, daß gesellschaftlich ineffiziente Subventionswettläufe oder ‚bidding wars‘ eher dann gesamtgesellschaftlich schädlich sind, wenn die bietenden Jurisdiktionen keiner fiskalischen Äquivalenz bzw. keinen harten Budgetrestriktionen ausgesetzt sind und/oder wenn der Bietprozeß politisch verzerrt ist. Beides könnte dazu führen, daß die Opportunitätskosten der Beihilfengewährung von der Beihilfen gewährenden Jurisdiktion nicht adäquat berücksichtigt werden (müssen).

4.3.3.3. Fiskalische Äquivalenz, ‚No-bailout‘ und Beihilfenkontrolle

4.3.3.3.1. Fiskalische Äquivalenz

Die Ansiedlung eines Unternehmens in einer Jurisdiktion kann technologische Externalitäten auf andere Jurisdiktionen erzeugen. Beispielsweise können Kosten, die mit der Ansiedlung des Unternehmens verbunden sind, auf andere Jurisdiktionen auf der gleichen Jurisdiktionsebene verlagert werden. Können diese Externalitäten nicht über den Preismechanismus internalisiert werden, dann könnte dies Auswirkungen auf die Ansiedlungsgebote der Jurisdiktionen und infolge dessen auf die Standortentscheidungen der Unternehmen haben. Konkret kann die Externalisierung von Kosten bewirken, daß eine Jurisdiktion ein zu hohes Ansiedlungsgebot abgibt. Ausgehend hiervon trifft ein Unternehmen dann möglicherweise eine aus gesamtgesellschaftlicher Sicht ineffiziente Standortentscheidung. Die Funktionsfähigkeit des interjurisdiktionellen Wettbewerbs mittels des Parameters Beihilfe setzt folglich voraus, daß eine fiskalische Äquivalenz gewährleistet ist (*Kerber* 1998b, S. 67; *Gröteke* und *Heine* 2004b, S. 148).

„To guarantee that competitive bidding is not unstable in one direction or the other, the central government must, first and above all, ensure that the costs of any action by the government of a jurisdiction are borne by that government and its citizens" (*Breton* 1991, S. 51). Oder: „[I]nefficiencies would never arise if the potential beneficiaries from private subsidies bore the full burden of the taxes to pay for them" (*Mueller* 2000, S. 354).

Eine supranationale Beihilfenkontrolle bzw. ein Beihilfenverbot könnte verhindern, daß bei fehlender fiskalischer Äquivalenz Beihilfen vergeben werden. Auf diese Weise können Ineffizienzen im interjurisdiktionellen Wettbewerb aufgrund nicht-internalisierter Kosten oder Nutzen vermieden werden. Eine alternative und ‚first best‘-Lösung wäre jedoch die Implementierung geeigneter konstitutioneller Regeln zur Herstellung der fiskalischen Äquivalenz und Vermeidung ineffizienter Transfers (*Kerber* 1998b, S. 67; *Mueller* 2000, S. 355). Ist eine fiskalische Äquivalenz hergestellt, ist es zudem für Politiker und Regierungen schwierig, ineffiziente Politiken zu kaschieren und sich auf diese Weise der Verantwortung gegenüber ihren Bürgern zu entziehen (*Besley* und *Seabright* 2000, S. 208).

4.3.3.3.2. ‚No-bailout‘ / harte Budgetrestriktionen

Die Notwendigkeit der fiskalischen Äquivalenz für die Effizienz des interjurisdiktionellen Wettbewerbs kann sich allerdings nicht nur auf die klassischen und zuvor beschriebenen Fälle beziehen. Dabei verursachte die Handlung der einen Jurisdiktion externe Kosten oder Nutzen für Jurisdiktionen auf der *gleichen* Jurisdiktionsebene, die durch den Preismechanismus nicht internalisiert werden konnten. Von besonderer Bedeutung ist im Hinblick auf das Bietverhalten um die Ansiedlung von Unternehmen ein weiterer Aspekt, den man auch unter den Begriff der fiskalischen Äquivalenz fassen kann. Dabei geht es um die sogenannte ‚no-bailout‘-*Klausel* bzw. um *harte Budgetrestriktionen*, die speziell von der *second generation of economic theory of federalism* in den Fokus der Betrachtung gerückt wurden. Die Frage der harten Budgetrestriktionen wird auf Finanztransfers zwischen Jurisdiktionen angewendet, die in *vertikaler* Beziehung, also in einem Über-/Unterordnungsverhältnis, zueinander stehen.

Unter ‚bailouts‘ werden gemeinhin nicht die institutionalisierten Transfers zwischen unterschiedlichen Jurisdiktionsebenen verstanden, die gemäß der traditionellen wohlfahrtsökonomischen Theorie als effizienzsteigernd gelten.[411] Vielmehr fallen unter den Begriff ‚bailout‘ *irreguläre* oder *nicht normale Transfers*, die eine Jurisdiktion erhält, die sich in finanziellen Schwierigkeiten befindet, wobei die finanziellen Schwierigkeiten durch das strategische Verhalten der Akteure und nicht durch andere Faktoren verursacht wurden (*Vigneault* 2005, S. 2).

Ein ‚bailout‘ kann auf zwei Arten erfolgen: durch die Notenbank oder eine übergeordnete Jurisdiktion. Wenn eine überschuldete Jurisdiktion zahlungsunfähig zu werden droht, so kann dies Auswirkungen auf das gesamte Finanzsystem haben. Um diese Konsequenzen zu unterbinden, könnte die Notenbank die Verschuldungspolitik der betreffenden Jurisdiktion alimentieren, indem sie die Geldmenge erhöht und die Zinsen senkt. Die Folge wäre eine Erhöhung der Inflation und damit die Gefährdung der Preisstablität mit weiteren Gefahren für die makroökonomische Stabilität im gesamten Währungsraum (*Eichengreen* und *Hagen* 1996; *Wildasin* 2004, S. 250).[412] Zudem ist mit einer Abwertung der Währung zu rechnen. Die hieraus entstehenden Konsequenzen werden von allen übrigen Jurisdiktionen im gleichen Währungsraum mitgetragen.

Alternativ kann ein ‚bailout‘ auch durch die finanzielle Unterstützung einer übergeordneten Jurisdiktion erfolgen. Zu diesem Zweck können entweder bereits institutionalisierte Umverteilungsmechanismen (‚intergovernmental grants‘) genutzt oder neue Umverteilungsmechanismen eingeführt werden (*Wildasin* 2004, S. 253).

---

[411] Darunter fallen beispielsweise der Ausgleich technologischer Externalitäten und Umverteilungsaktivitäten (*Oates* 1972, Kap. 3; *Gramlich* 1977; *Rodden, Eskeland* und *Litvack* 2003, S. 13 f.; *Wildasin* 2004, S. 253).

[412] Analog wäre die Argumentation, wenn die Jurisdiktion einen direkten Zugang zur Zentralbank hätte (*Quian* und *Weingast* 1997, S. 87).

Besteht für die Jurisdiktionen die Möglichkeit eines ‚bailout',

> „subnational governments may have weak incentives to conduct their fiscal policies in such a way as to minimize the risk of bailouts. A decentralized system of government that gives rise to disorderly finance for lower-level governments, imposes financial risks on the rest of the society, triggers excessive indebtedness for the entire nation, and may even threaten monetary stability is hardly conducive to efficient provision of public services, to equitable fiscal policies, and to economic development" (*Wildasin* 2004, S. 252).

Die Möglichkeit eines ‚bailout' kann somit auch Auswirkungen auf die Effizienz der Beihilfenvergabe im interjurisdiktionellen Wettbewerb haben. Denn die Jurisdiktionen sind bei der Vergabe von Beihilfen nicht mehr durch die finanziellen Ressourcen der Jurisdiktionsmitglieder restringiert. Sie können ihren finanziellen Spielraum ausweiten, indem sie sich zunehmend verschulden. Unter diesen Bedingungen kann es einerseits zu den befürchteten Subventionswettläufen bei der Ansiedlung von Unternehmen und zu gesamtgesellschaftlich ineffizienten Standortentscheidungen des Unternehmens kommen. Andererseits kann erwartet werden, daß die Jurisdiktionen ineffiziente Rettungsbeihilfen an Unternehmen vergeben werden, die sich in finanziellen Schwierigkeiten befinden. Man könnte argumentieren: Weil eine Jurisdiktion aufgrund fehlender Budgetrestriktionen ineffizient wirtschaften kann, ohne hierfür sanktioniert zu werden, so kann dies auch für die Unternehmen gelten, die in der Jurisdiktion ansässig sind. Die Unternehmen werden unter diesen Umständen eher darauf hoffen, alimentiert zu werden, anstatt finanzielle Schwierigkeiten durch notwendige Umstrukturierungen bzw. eigene Anstrengungen abzuwehren.[413]

Hieraus kann geschlußfolgert werden, daß es für die Funktionsfähigkeit des interjurisdiktionellen Wettbewerbs – auch mittels der Vergabe von Beihilfen – wichtig ist, daß ein glaubwürdiger institutioneller Rahmen eine effiziente Anreizstruktur für untergeordnete Jurisdiktionen vorgibt. Dieser muß unter anderem sicherstellen, daß ein ‚bailout' weder durch die Zentralbank noch durch Alimentierungen der übergeordneten Jurisdiktionsebene erfolgen kann. Neben glaubwürdigen ‚no-bailout'-Regeln können noch weitere Mechanismen dazu beitragen, daß die Jurisdiktionen wirklich harten Budgetrestriktionen ausgesetzt sind und fiskalisch effizient wirtschaften müssen. Zum einen wäre ein funktionsfähiger Kapitalmarkt zu nennen, der eine ineffiziente fiskalische Politik der Jurisdiktion über ein schlechtes Kreditrating abstraft. Zum anderen können auch funktionierende Grundstücksmärkte den Regierungen hier Fesseln auferlegen. Vorausgesetzt die Bürger und Unternehmen sind mobil, dann wird sich eine ineffiziente und auf Krediten basierende Politik nachteilig in den Grundstückspreisen der Eigner von Grund und Boden niederschlagen.[414]

4.3.3.3.3. Zur Glaubwürdigkeit von harten Budgetrestriktionen

Die Erwartungen oder Anreize untergeordneter Jurisdiktionen bezüglich eines ‚bailout' hängen von der Glaubwürdigkeit einer ‚no-bailout'-Klausel bzw. der Glaubwür-

---

[413] Vgl. *Kornai* (1986, S. 5 f.); *Quian* und *Weingast* (1997, S. 84 f.); *Kornai, Maskin* und *Roland* (2003, S. 1103).

[414] Vgl. *Quian* und *Weingast* (1997, S. 86 f.); *Rodden, Eskeland* und *Litvack* (2003, S. 3 und 18-22); *Wildasin* (2004, S. 254-266); *Oates* (2005, S. 362-364). Siehe für letzteres *Oates* (1969).

digkeit harter Budgetrestriktionen ab (*Rodden, Eskeland* und *Litvack* 2003, S. 10 f.). Wenn eine untergeordnete Jurisdiktion erwartet, daß kein ‚bailout' erfolgen wird, weil eine glaubwürdige ‚no-bailout'-Klausel existiert, dann wird sie sich an ihre Budgetbegrenzung halten. Eine solche Glaubwürdigkeit ist aber nicht gegeben, wenn die übergeordnete Ebene der untergeordneten Jurisdiktionsebene zwar formal harte Budgetrestriktionen auferlegt, diese aber im *Ernstfall* nicht durchsetzt (*Wildasin* 2004, S. 256). Das Problem der Glaubwürdigkeit harter Budgetrestriktionen wird häufig als ein Problem der Zeitinkonsistenz dargestellt.[415] Das heißt, die Politik kann sich im Zeitablauf ändern. Die übergeordnete Jurisdiktionsebene hat beispielsweise ex ante durchaus ein Interesse an harten Budgetrestriktionen für die untergeordnete Jurisdiktionsebene, ex post aber einen Anreiz, einen ‚bailout' durchzuführen, wenn sich eine untergeordnete Jurisdiktion dann tatsächlich in finanziellen Schwierigkeiten befindet (*Bordignon* 2004, S. 6).

Dieses Problem der ‚soft budget constraints'[416] für untergeordnete Jurisdiktionen läßt sich auch in einem mehrstufigen, sequentiellen Spiel darstellen. In der ersten Periode haben Jurisdiktionen in der Erwartung eines ‚bailouts' bzw. von „time inconsistent constraints" der übergeordneten Jurisdiktion (*Persson* und *Svensson* 1989, S. 325) keinen Anreiz, sich an die vorgegebenen Budgetrestriktionen zu halten (*Oates* 2005, S. 360). Sie werden sich strategisch verhalten und eine exzessive Schuldenpolitik betreiben. Denn über die Verschuldung besteht die Möglichkeit, daß Ausgaben getätigt werden können, die nicht durch Einnahmen gedeckt sein müssen.[417] In der zweiten Periode erfolgt dann der ‚bailout' durch die übergeordnete Ebene.[418]

Warum sollte aber die übergeordnete Jurisdiktionsebene ein Interesse an der Durchführung eines ‚bailout' haben? Dafür gibt es unterschiedliche Argumente:[419]

Goodspeed (2002) führt politökonomische Argumente dafür ins Feld, daß harte Budgetrestriktionen nicht durchsetzbar sind und es zu einem ‚bailout' durch die übergeordnete Jurisdiktionsebene kommen wird. Er argumentiert, daß ein Politiker auf oberer Jurisdiktionsebene Wählerstimmen gewinnen kann, wenn er einem ‚bailout' zustimmen würde. Da jedoch ein ‚bailout' zusätzliche finanzielle Mittel erfordert, muß die übergeordnete Ebene eine Steuererhöhung vornehmen. Diese Steuererhöhung kann wiederum Wahlstimmen kosten. Politiker auf übergeordneter Ebene werden daher nur dann einen ‚bailout' vornehmen, wenn der Zugewinn den Verlust an Wählerstimmen übersteigt.

Politiker übergeordneter Jurisdiktionsebenen können ferner ein Interesse daran haben, untergeordnete Jurisdiktionen auszulösen, wenn sie in der Öffentlichkeit als Kontrollinstanz für die Finanzpolitik untergeordneter Jurisdiktionen angesehen werden. Wenn eine untergeordnete Jurisdiktion überschuldet ist, kann der Eindruck entstehen,

---

[415] Siehe allgemein *Alesina* und *Tabellini* (1988); *Ohr* und *Schmidt* (2004, S. 384-386).

[416] Siehe zum Verständnis dieses Begriffes beispielsweise *Kornai* (1986).

[417] Aufgrund der Anreize der Bürger der Jurisdiktion und fehlender Budgetbeschränkungen kann es nach *Velasco* (1999, S. 40) zu einer „tragedy of the fiscal commons" kommen.

[418] Vgl. *Goodspeed* (2002); *Inman* (2003, S. 42 f.); *Vigneault* (2005, S. 2).

[419] Vgl. *Wildasin* (1997); *Goodspeed* (2002); *Kornai, Maskin* und *Roland* (2003, S. 1098-1100), *Rodden, Eskeland* und *Litvack* (2003, S. 12 f.); *Wildasin* (2004, S. 257 f.); *Oates* (2005, S. 361).

die Politiker auf übergeordneter Ebene seien ihrer Kontrollaufgabe nicht in dem erforderlichen Maße nachgekommen und hätten nicht dafür gesorgt, daß die untergeordneten Jurisdiktionen in ihren Verschuldungsaktivitäten eingeschränkt werden. Dann müssen die Politiker auf übergeordneter Jurisdiktionsebene im Falle eines Konkurses einer untergeordneten Jurisdiktion mit einem Reputationsverlust rechnen. Um einen solchen Reputationsverlust zu verhindern, haben sie einen Anreiz, den drohenden Konkurs der zu kontrollierenden Jurisdiktion durch ‚bailouts' abzuwenden.[420]

Gemäß der traditionellen Wohlfahrtsökonomik lassen sich Finanzströme zwischen Jurisdiktionsebenen rechtfertigen, wenn positive Externalitäten vorliegen. Diese Externalitäten treten auf, wenn die von einer Jurisdiktion erbrachten Leistungen auch von anderen Jurisdiktionen mitgenutzt werden können. In solchen Fällen kann die Internalisierung dieser positiven Externalitäten über eine *Pigou*-Subvention von der übergeordneten Jurisdiktion erfolgen.[421] Würde unter diesen Umständen die Jurisdiktion, die die positiven ‚Spillover'-Effekte generiert, in Konkurs gehen und somit keine öffentlichen Leistungen mehr anbieten, so hätte dies zwangsläufig negative Auswirkungen auf andere Jurisdiktionen. Um dies zu verhindern, ist laut *Wildasin* (2004, S. 257) in einem solchen Fall mit einem ‚bailout' zu rechnen. *Wildasin* (1997) argumentiert, daß solche ‚Spillover'-Effekte in erster Linie von großen Jurisdiktionen generiert werden.

Ein weiterer Grund für die Durchführung von bailouts kann darin liegen, daß Politiker auf zentraler Ebene korrupt sind (beispielsweise *Kornai, Maskin* und *Roland* 2003, S. 1099 f.; *Wildasin* 2004, S. 259).

Die angeführten Gründe sprechen dafür, daß das föderale System aus sich heraus, also endogen, Anreize für ein „fiscally irresponsible behaviour" generiert und die Glaubwürdigkeit harter Budgetrestriktionen in Frage gestellt wird (*Oates* 2005, S. 360). Die Folge wäre, daß subnationale Jurisdiktionen gegen finanzielle Risiken abgesichert wären, und zwar auch gegen solche, die sie durch ihr strategisches Verhalten selbst heraufbeschworen haben (*Vigneault* 2005, S. 2). Dies könnte nur verhindert werden, wenn bestimmte institutionelle und sonstige Vorkehrungen existieren, die harte Budgetrestriktionen bzw. ein ‚no-bailout' glaubwürdig machen.

Vigneault (2005, S. 3-7) hat untersucht, unter welchen Umständen *soft budget constraints* vorliegen bzw. ein ‚bailout' erwartet werden kann. Sie nennt folgende Determinanten: (I) *Vertical Fiscal Imbalances*, d. h. das Fehlen klarer Regeln für die Aufteilung gemeinsamer Steuereinkünfte, können ‚bailouts' begünstigen (ebenso *Hagen* und *Eichengreen* 1996, S. 137). (II) Gleiches gilt, wenn die untergeordnete Jurisdik-tionsebene keine Möglichkeit hat, eigene Einkünfte zu erzielen (*Flexibility of Own Revenue Source*), um finanzielle Krisen zu bewältigen. Dann könnte sich die übergeordnete verpflichtet fühlen, einen ‚bailout' durchzuführen. (III) Auch die Art oder Form der *intergovernmental grants* (*Types of Federal Transfers*) ist wichtig. Bei diskretionären Transfers ist die Wahrscheinlichkeit eines ‚bailouts' höher als bei nicht-diskretionären. (IV) Ent-

---

[420] Vgl. beispielsweise *Kornai, Maskin* und *Roland* (2003, S. 1099); *Rodden, Eskeland* und *Litvack* (2003, S. 10); *Oates* (2005, S. 362).

[421] Vgl. *Wildasin* (1997); *Kornai, Maskin* und *Roland* (2003, S. 1099); *Wildasin* (2004).

scheidend ist zudem die Möglichkeit der Kontrolle der Budgets der Jurisdiktionen. Dafür muß eine gewisse ‚Budget Transparency' vorliegen (auch *Alesina* und *Perrotti* 1996, S. 403 f.). (V) Die Frage der Zuteilung von ‚Expenditure Responsibilities' ist ebenso relevant. Verfügen unterschiedliche Jurisdiktionsebenen über Ausgabenkompetenzen, um dieselben Aufgaben zu erfüllen, ist die Gefahr eines ‚bailout' groß. (VI) Die Gewährung von Transfers zur Internalisierung positiver Externalitäten stellt ein Problem dar, wie von *Wildasin* (1997) geschildert. (VII) Der ‚Degree of Borrowing Autonomy' ist insofern wichtig, als Beschränkungen durch den Kapitalmarkt sowie politische oder konstitutionelle Regeln einer Überschuldung vorbeugen können. (VIII) Vorkehrungen des ‚Political Federalism' können ebenfalls Auswirkungen auf die Durchführung von ‚bailouts' haben. Haben Politiker aus der verschuldeten Jurisdiktion einen Sitz im Parlament der übergeordneten Jurisdiktion, könnten dort unter Umständen ‚bailout'-Paketlösungen geschnürt werden. (IX) Die ‚Political Benefits' der übergeordneten Jurisdiktionen für einen ‚bailout' wurden schon erwähnt. (X) Auch ‚Reputation Factors' beeinflussen die Durchführung von ‚bailouts'. Hat die übergeordnete Jurisdiktionsebene eine Reputation für *‚no-bailout'* aufgebaut, so muß die übergeordnete Jurisdiktion die Kosten des Reputationsverlustes gegen den Nutzen im Falle eines ‚bailouts' abwägen. (XI) Informationsasymmetrien können ‚bailouts' fördern, wenn die übergeordnete Jurisdiktion nicht erkennen kann, ob die schlechte finanzielle Situation der untergeordneten Jurisdiktion strategisch verursacht ist oder andere Ursachen hat (siehe auch *Bruce* 1995).[422]

4.3.3.3.4. Institutionelle Voraussetzungen für harte Budgetrestriktionen

Damit die Vergabe von Beihilfen die Effizienz des interjurisdiktionellen Wettbewerbs steigern kann, müssen die Anreize und ‚bailout'-Erwartungen der Jurisdiktionen ausgeschaltet werden. Dazu sind „a fundamental reform of political and fiscal institutions to alter the whole structure of incentives for budgetary decision-making" notwendig (*Oates* 2005, S. 361). Das heißt, es ist wichtig, glaubwürdige Institutionen zu implementieren, die gewährleisten, daß es nicht zu den beschriebenen ‚bailouts' kommt. Die von *Vigneault* angesprochenen Determinanten für einen ‚bailout' können als Richtschnur fungieren. Nachfolgend sollen einige solcher Institutionen oder deren Eigenschaften vorgestellt werden:[423]

1. Jurisdiktionen dürfen keinen Zugriff auf die Notenbank haben oder diese in irgendeiner Weise dazu veranlassen können, einen ‚bailout' zu betreiben.

2. Die zentrale Regierung muß eine effiziente Umverteilungspolitik betreiben. Sie muß ein stabiles „long lived central government" sein (*Inman* 2003, S. 52).

---

[422] *Huber* und *Runkel* (2006) schlagen ein optimales Design für die Vergabe von ‚intergovernmental grants' unter den Bedingungen der Informationsasymmetrie vor.

[423] Vgl. *Bohn* und *Inman* (1996, S. 63-66); *Inman* (2003, S. 52); *Rodden, Eskeland* und *Litvack* (2003, S. 13-17); *Wildasin* (2004, S. 260); *Oates* (2005, S. 362-364).

3. „Constitutionally or legislatively imposed balanced-budget constraints that effectively make it unlawful for local governments to run deficits on current account spending;

4. Limitations on debt issues that constrain borrowing to the finance of capital projects with careful definitions of what capital spending encompasses.[424]

5. Well designed public bankruptcy laws that specify clearly how fiscal crises will be handled" (*Oates* 2005, S. 363).

Inman (2003, S. 52) weist darauf hin, daß konstitutionelle Verbote für ‚bailouts' sowie die Einhaltung von Konkursstandards von einer politisch unabhängigen Aufsichtsbehörde kontrolliert werden müßten.

Wildasin (2004, S. 258) meint, daß das ‚bailout'-Problem gelöst werden kann, wenn sich die zentrale Regierungsebene im Falle des Konkurses einer subnationalen Jurisdiktion glaubwürdig dazu verpflichtet, nur so viel Unterstützung zu gewähren, daß ein Minimalangebot an unbedingt notwendigen öffentlichen Leistungen aufrecht erhalten werden kann. Dies würde den Anreiz subnationaler Jurisdiktionen zu einer übermäßigen Verschuldung senken.

Rodden, *Eskeland* und *Litvack* (2003, S. 13-17; ebenso *Oates* 2005, S. 363) schlagen für Transfers zwischen Jurisdiktionsebenen sowie für die Aufteilung gemeinschaftlicher Steuereinkünfte bestimmte Regeln vor: 1. Transparenz und Vorhersehbarkeit der Transfers muß hergestellt werden. 2. die lokale Bedürfnisbefriedigung muß über Steigerungen der lokalen Steuern und nicht über Zuweisungen von zentraler Ebene erfolgen. 3. die Ausgabenkompetenzen für die Erledigung von Aufgaben müssen den Jurisdiktionsebenen klar zugewiesen sein. Die untergeordneten Jurisdiktionen müssen bei der Determinierung ihrer Ausgaben ebenso wie bei der Erhebung von Steuern flexibel sein, damit die Nutzen einer Ausgabe den Kosten gegenüber gestellt werden können.

Folgt man den von *Vigneault* (2005, S. 3-7) genannten Determinanten, so wäre hinzuzufügen, daß Politikverflechtungen zwischen den Jurisdiktionsebenen unterbunden werden müssen. Dann können keine ‚bailout'-Paketlösungen geschnürt werden. Ein ‚bailout' ist zudem unwahrscheinlich, wenn die übergeordnete Jurisdiktionsebene eine hohe Reputation für ‚*no-bailout*' besitzt (ebenso *Rodden* 2003, S. 49).

Feld und *Schaltegger* (2005) schlagen eine alternative Lösung des ‚bailout'-Problems vor. Denn damit ein ‚bailout' durch eine übergeordnete Jurisdiktionsebene erfolgen kann, muß diese in der Lage sein, die Steuern für Mitglieder untergeordneter Jurisdiktionen zu erhöhen, um die Mittel an notleidende Jurisdiktionen umverteilen zu können. *Feld* und *Schaltegger* sehen eine wichtige Ursache für ausschweifende Finanzbeziehungen zwischen den unterschiedlichen Jurisdiktionsebenen, die aus ‚bailouts' resultieren, in falschen prozeduralen Regeln. Sie zeigen am Beispiel der Schweiz, daß Zuweisungen von zentraler Ebene eingeschränkt werden können, wenn die Jurisdiktionsmitglieder der zusätzlich besteuerten untergeordneten Jurisdiktionen in Referenden

---

[424] Dies sollte auch „clear and enforcable accounting standards" mit einschließen (*Inman* 2003, S. 52).

über den Grad der Finanzbeziehungen entscheiden können. Insofern können gerade die ‚Voters AS a Hard Budget Constraint' dienen. Auf diese Weise könnte zugleich das Problem, wie man für zentrale Regierungen *harte Budgetrestriktionen* implementieren kann, gelöst werden.[425] Zudem kann anhand dieses Vorschlags die Frage beantwortet werden, ob Budgetrestriktionen eher *von oben*, von der Zentralregierung, gesetzt oder *von unten* vorgegeben werden sollten.[426]

Neben diesen Regeln können funktionierende Kapitalmärkte sowie funktionierende Grundstücksmärkte als zusätzliche Marktmechanismen dazu beitragen, daß sich Jurisdiktionen glaubwürdigen harten Budgetrestriktionen gegenüber sehen:[427]

1. „Efficient credit markets in the context of a mature banking system can provide an important source of discipline for local government finance. Poor fiscal performance by a local government will, in such a setting, result in reduced access to credit and higher interest rates."[428]

2. "Efficient land markets in the context of mobile factors can also encourage responsible local fiscal decision making. Excessive debt or wasteful public decisions can manifest themselves in reduced local property values and encourage the exit of economic agents to other, better managed jurisdictions. In addition ... competition among local governments to attract mobile capital can reduce the incentives for bailouts by raising the opportunity cost of subsidizing inefficient enterprises" (*Oates* 2005, S. 362 f.).

Die Beschränkung vertikaler Finanzbeziehungen müßte zusammenfassend sowohl durch politische oder konstitutionelle Regeln als auch durch den Einsatz von Marktmechanismen (Bond- und Grundstücksmärkte) erfolgen. Existieren hingegen solche Institutionen nicht oder sind diese nicht glaubwürdig und funktionieren die Marktmechanismen nicht, so kann es in föderalen Systemen mit konkurrierenden Beziehungen zwischen den Jurisdiktionen aufgrund zu befürchtender ‚bailouts' zu Ineffizienzen kommen. Dies kann auch die bereits erwähnten Auswirkungen auf die Effizienz des Parameters *Beihilfen* im interjurisdiktionellen Wettbewerb haben: Wenn Jurisdiktionen weiche Budgetrestriktionen haben, so könnten auch Unternehmen in den Jurisdiktionen ‚bailouts' erwarten. Das heißt, Unternehmen könnten im Falle einer wirtschaftlichen Krise ebenfalls damit rechnen, Rettungsbeihilfen zu erhalten und damit ausgelöst zu werden (*Kornai* 1986, S. 5 f.), ohne daß diese Beihilfe an Haus- und Grundstückswerte gekoppelt wäre, wie von *Mueller* (2000) beschrieben. Auch Ansiedlungsbeihilfen könnten nicht mehr den Präferenzen der Bürger entsprechen und deshalb zu hoch ausfallen, wenn keine harten Budgetrestriktionen existieren. Subventionswettläufe könnten daher die Folge fehlender harter Budgetrestriktionen sein.

Das Problem kann am besten dadurch gelöst werden, daß Institutionen eingeführt bzw. durchsetzungsfähig gemacht werden, die dafür sorgen, daß sich die Jurisdiktionen

---

[425] Siehe zum Problem *Bohn* und *Inman* (1996, S. 66); *Blankart* (1996b).

[426] Siehe zur Diskussion mit Evidenz aus der Schweiz *Feld* und *Kirchgässner* (1999).

[427] Vgl. *Rodden, Eskeland* und *Litvack* (2003, S. 17-22); *Inman* (2003, S. 52); *Oates* (2005, S. 362 f.).

[428] *Inman* (2003, S. 52) verweist ebenfalls auf die Notwendigkeit eines „informed and sophisticated municipal bond market."

wie auch die Firmen harten Budgetrestriktionen gegenüber sehen.[429] Eine alternative Lösung wäre eine supranationale Beihilfenkontrolle. Ihre Aufgabe wäre es, die aus gesamtgesellschaftlicher Sicht ineffiziente Verwendung des Parameters *Beihilfe* und damit auch ineffiziente Eingriffe in den Markt bei fehlenden harten Budgetrestriktionen zu unterbinden. Eine Beihilfenkontrolle wäre jedoch nur dann sinnvoll, wenn sie durchsetzungsfähiger wäre als jurisdiktionelle konstitutionelle Beschränkungen zur Gewährleistung harter Budgetrestriktionen. Selbst wenn diese Bedingungen erfüllt sind, wäre eine supranationale Beihilfenkontrolle jedoch nur ein ‚second best'-Instrument, das an den Symptomen, nicht aber an der Ursache für eine ineffiziente Beihilfenvergabe ansetzt.

4.3.3.3.5. Harte Budgetrestriktionen: USA vs. EU

Es wurde festgestellt, daß die Existenz institutioneller Vorkehrungen ebenso wie die Funktionsfähigkeit von Bond- und Grundstücksmärkten Einfluß darauf haben, ob die im Wettbewerb befindlichen Jurisdiktionen harten Budgetrestriktionen ausgesetzt sind. Weil die Existenz solcher Vorkehrungen einen wichtigen Einfluß auf die Effizienz einer Beihilfenvergabe hat, soll nachfolgend für die EU und die USA empirisch untersucht werden, ob harte Budgetrestriktionen vorliegen oder nicht und somit eine Beihilfenkontrolle aus Sicht des interjurisdiktionellen Wettbewerbs notwendig sein könnte.

Die Politik der USA wurde zwar noch während der Regierungszeit *Kennedys* als eine Politikepoche des „Fiskalsozialismus" charakterisiert, weil Umverteilungsprogramme im großen Umfang institutionalisiert wurden (*Röpke* 1963, S. 100-103).[430] Trotz dieser Programme fanden ‚bailouts' von Jurisdiktionen nur in Ausnahmefällen statt (*Inman*, 2003, S. 70). Die Programme sind in der Folge wieder stark zurückgefahren worden. Zugleich ist auch die Verschuldung der Bundesstaaten zurückgegangen. Sie weisen seit den 1970er Jahren in zunehmendem Maße ausgeglichene Haushalte auf (*Poterba* 1994, S. 802). Aufgrund dessen wird die Auffassung vertreten, daß die institutionellen Voraussetzungen für einen funktionsfähigen interjurisdiktionellen Wettbewerb in den USA und damit auch das Kriterium der *harten Budgetrestriktionen* weitestgehend erfüllt sind.[431] Auch *McKinnon* (1997, S. 1575) meint, daß das Problem der übermäßigen Verschuldung im amerikanischen Binnenmarkt weitestgehend im Griff sei, da

> „American states and localities do not have direct or indirect access to the central bank, the money issuing authority, their borrowing is confined to issuing bonds for capital improvement. If any state begins a program of debt financing current consumption, its credit rating immediately drops, and if it continues, it faces the threat of absolute capital rationing."

Es gibt verschiedene Indikatoren dafür, daß in den USA harte Budgetrestriktionen vorherrschen. *Erstens* gibt es in den USA einen seit 1850 integrierten Kapitalmarkt und ein „mature national banking system" (*Inman* 2003, S. 56). *Zweitens* wird diese Kapi-

---

[429] Siehe zum Prozeß der Herstellung glaubwürdiger Budgetrestriktionen in Transformationsländern *Kornai* (2001).

[430] Der Staat erließ in den 1960er Jahren Programme zur Unterstützung der Bundesstaaten, die in den 1970er Jahren noch ausgedehnt wurden, danach aber wieder abgeschafft wurden (beispielsweise *Ladd* 1991).

[431] Vgl. *Bohn* und *Inman* (1996, S. 15); *Inman* (2003); *Figueiredo* (2003).

talmarktkontrolle von der Existenz von „Chapter 9 of the Federal bankruptcy law" unterstützt, der es den Jurisdiktionen erlaubt, Konkurs anzumelden.[432] Und *drittens* sind die derzeitigen harten Budgetrestriktionen in den USA das Ergebnis eines langen Prozesses. Nach der ersten Konkurswelle in den 1840er Jahren hat die zentrale Regierungsebene eine Trendwende im Umgang mit verschuldeten Gemeinden und Bundesstaaten eingeleitet. Man war sich schon damals der strategischen Bedeutung von ‚bailouts' bewußt geworden. „The 1870 no-bailout decision was a first step toward controlling local fiscal excesses" (*Inman* 2003, S. 58). In der Folge konnte selbst in der großen wirtschaftlichen Depression in den 1920er und 1930er Jahren keine Evidenz dafür gefunden werden, daß verschuldete Jurisdiktionen ausgelöst worden wären. Bis auf wenige Ausnahmen – Washington, D.C. durch die Zentrale in 1997 und die Stadt Camden durch den Bundesstaat New Jersey – wurde diese Politik auch durchgehalten. Daß die ‚bailout'-Problematik in den USA relativ erfolgreich bekämpft werden konnte, läßt sich neben dem funktionsfähigen Kapitalmarkt und den Konkursregeln also vor allem darauf zurückführen, daß sich im Laufe der Zeit ein glaubwürdiges und effektives Regulierungsregime entwickelt hat. Dieses basiert auf konstitutionellen „balanced budget rules" und „statutory limitations" (*Bohn* und *Inman* 1996).[433]

> „To add credibility to a state's future no-bailout position, all states passed regulations to limit the extent of local debt … and some states approved constitutional amendments prohibiting bailouts" (*Inman* 2003, S. 58).

Infolgedessen sind die Jurisdiktionen dazu gezwungen, eine effiziente Budgetpolitik zu betreiben. „49 of the 50 states operate under fiscal restrictions of some sort" (*Eichengreen* und *Hagen* 1996, S. 212).[434] Vermont bildet eine Ausnahme (*Bohn* und *Inman* 1996, S. 13).

> „Unlike the federal government, most states are constitutionally prohibited from using deficit finance over any prolonged period. State fiscal crises therefore require politicians to make hard choices, raising taxes or reducing outlays to restore fiscal balance" (*Poterba* 1994, S. 799 f.).[435]

Die Situation in der EU stellt sich mit Blick auf die Glaubwürdigkeit harter Budgetrestriktionen wie folgt dar: Im Gegensatz zu den amerikanischen Bundesstaaten hatten die Mitgliedstaaten der EU vor der Währungsunion eigene Notenbanken, bei denen sie sich hätten verschulden können. Man kann daraus schließen, daß die EU-Mitgliedstaaten zu dieser Zeit im Gegensatz zu den US States eher soften Kreditrestrik

---

[432] Vgl. *Inman* (2003, S. 70); *Wildasin* (2004, S. 250); *Oates* (2005, S. 363).

[433] Vgl. auch *Inman* (2003, S. 67 f.); *Figueiredo* (2003); *Wildasin* (2004, S. 251).

[434] Siehe ausführlich zu den Budgetregeln *Poterba* (1995b).

[435] *Vigneault* (2005, S. 11 f.) sieht zwar in den fehlenden klaren Regeln zur Aufteilung des gemeinsamen Steueraufkommens zwischen den drei Jurisdiktionsebenen, einen Ansatzpunkt für die mögliche Durchführung von ‚bailouts'. Im Endeffekt bestätigt sie aber die Hypothese, daß in den USA weitestgehend harte Budgetrestriktionen existieren. „Although the growth in the federal and state grant programs suggests that soft budget constraints may be a problem, fiscal indiscipline resulting in outright bailouts is not a serious problem in the United States. The historical experience during state and local fiscal crises is perhaps the deciding factor in extinguishing bailout expectations." Die Regierungsebenen haben also eine Reputation für ‚no-bailout' aufgebaut.

tionen ausgesetzt waren (*McKinnon* 1997, S. 1575). Entscheidend ist jedoch, daß die makroökonomischen Auswirkungen eines Mißbrauchs der nationalen Geldpolitik auch eher national begrenzt waren. Auswirkungen auf andere Mitgliedstaaten gab es demzufolge kaum bzw. sie wurden durch flexible Wechselkurse eingepreist.[436]

Die Defizitpolitiken der Mitgliedstaaten sind allerdings anders zu beurteilen, wenn eine Währungsunion zwischen den Mitgliedstaaten besteht. Weil nämlich die Ausweitung der Geldpolitik der EZB zu Zwecken eines ‚bailout‘ Auswirkungen auf andere Jurisdiktionen bzw. Mitgliedstaaten hat, besteht in der Währungsunion die Gefahr, daß sich die Mitgliedstaaten als Trittbrettfahrer verhalten und die Kosten der nationalen Verschuldung auf andere Staaten abgewälzt werden (z. B. *Herzog* 2004, S. 407).[437] Um diese Gefahr einer mitgliedstaatlichen Defizitpolitik einzudämmen, wurden die sogenannten Maastricht-Kriterien 1997 in den EG-Vertrag aufgenommen. Die Mitgliedstaaten einigten sich auf diese fiskalpolitischen Kriterien im Rahmen der Implementierung des Stabilitäts- und Wachstumspaktes. Danach dürfen sie sich mit maximal 3 % des nationalen BIPs netto neu verschulden. Der Schuldenstand darf 60 % des nationalen BIPs nicht übersteigen.[438] Diese Kriterien zeigten anfangs auch Wirkung. Die Mehrzahl der Mitgliedstaaten hält auch nach wie vor die vorgegebenen Verschuldungskriterien ein (*Deroose* und *Langedijk* 2005, S. 3).

Schon früh wurden jedoch Zweifel daran gehegt, ob den Mitgliedstaaten allein durch die Aufnahme solcher Kriterien und die Implementierung von Verfahrensabläufen im Falle eines Verstoßes gegen die Kriterien harte Budgetrestriktionen auferlegt werden könnten.[439] Diese Befürchtungen haben sich mittlerweile bewahrheitet. Denn die Glaubwürdigkeit der Maastricht-Kriterien als harte Budgetrestriktionen kann nach derzeitigem Stand zu recht angezweifelt werden, da die Verletzung dieser Kriterien bisher keine glaubwürdigen Sanktionen für die betroffenen Mitgliedstaaten nach sich zieht. Zudem betreiben die Mitgliedstaaten immer weitere Anstrengungen, um die Defizitkriterien abzuschwächen oder auszuhöhlen (z. B. *Belke*, *Baumgärtner* und *Kösters* 2004, S. 22; *Hamm* 2005, S. 27 f.). Die Maastricht-Kriterien sind derzeit folglich wenig glaubwürdig und daher wenig geeignet, die Mitgliedstaaten effektiv in ihrer Verschuldung einzuschränken.[440]

---

[436] *Schüller* (1982) zeigt am Beispiel der Verschuldungskrise Polens, daß die Verschuldung in erster Linie ein nationales Problem ist. Sie kann aber durchaus auch Auswirkungen auf das Ausland haben, wenn die Schuldner vorwiegend aus dem Ausland stammen und keine institutionellen Vorkehrungen für den Schuldendienst existieren.

[437] Selbst wenn kein ‚bailout‘ erfolgt, sind andere Länder negativ von der Verschuldung eines Mitgliedslandes betroffen, denn der Kapitalmarktzins wird steigen. Eine Intervention der Notenbank könnte dies verhindern. Dann könnte aber die Inflation im Währungsraum steigen (*Ohr* und *Schmidt* 2004, S. 366).

[438] Diese Kriterien, so wird häufig kritisiert, seien rein willkürlich und ökonomisch zu wenig fundiert (z. B. *Ohr* und *Schmidt* 2004, S. 381).

[439] Vgl. *Eichengreen* und *Hagen* (1996, S. 213); *Hagen* und *Eichengreen* (1996, S. 137); *Poterba* und *Hagen* (1999, S. 2).

[440] Vgl. *Herzog* (2004, S. 406); *Ohr* und *Schmidt* (2004, S. 381); *Wentzel* (2005, S. 322-325); *Heine* und *Gröteke* (2005, S. 474). *Streit* (2005a, S. 680) charakterisiert insbesondere das Defizitkriterium als eine „unbeliebte politische Selbstbeschränkung" für viele Länder der

Indem sich die Mitgliedstaaten aber weiter verschulden, könnten sie die EZB dazu nötigen, einen ‚bailout‘ zu betreiben (*Poterba* und *Hagen* 1999, S. 2; *Hamm* 2005, S. 27). Denn die EZB könnte durch eine expansive Geldpolitik und niedrige Zinssätze dazu beitragen, daß die Schuldenlast der verschuldeten Staaten geschmälert wird (*Hagen* und *Eichengreen* 1996, S. 134). Dies impliziert freilich, daß die EZB ihr ‚Commitment‘ zur Wahrung der Geldwertstabilität aufgeben würde (*Oates* 2005, S. 365 f.).[441] *Wentzel* (2005, S. 324) ist zwar der Ansicht, daß die EZB ihre Glaubwürdigkeit und Unabhängigkeit wahren könnte und verweist darauf, daß die EZB eine gewisse Reputation bezüglich ihrer Unabhängigkeit und der Wahrung der Geldwertstabilität von der Deutschen Bundesbank *geerbt* habe.[442] Gleichwohl müsse aber „der EURO sich seine eigene Reputation dauerhaft verdienen." Der Aufbau einer solchen Reputation unter der Voraussetzung einer glaubwürdigen Durchsetzung der Stabilitätskriterien könnte das ‚bailout‘-Problem jedoch auch nur teilweise und nur auf Ebene der Mitgliedstaaten lösen helfen.[443]

Zu untersuchen ist ferner, ob ‚bailouts‘ durch Finanzbeziehungen zwischen den Jurisdiktionsebenen in der EU zu erwarten sind.[444] Nachzuprüfen wäre folglich, ob beispielsweise subnationale Jurisdiktionen im interjurisdiktionellen Wettbewerb in der EU harten Budgetrestriktionen ausgesetzt sind. Dies kann nach Meinung von *Rodden* (2003, S. 162; 2005a; 2005b) insbesondere für Deutschland, aber auch – wie später noch gezeigt wird – für andere Mitgliedstaaten nicht bestätigt werden. Zwar verfügen die Bundesländer über gewisse Ausgabenkompetenzen, sie besitzen aber wenig Einfluß auf die Einnahmen, da die meisten Steuern (75 % der Einnahmen) Bundessteuern sind. Die Aufteilung der Einnahmen führt zu komplexen, aushandelbaren vertikalen Finanzbeziehungen zwischen den Jurisdiktionsebenen, die als Indiz für mangelnde Zurechenbarkeit und softe Budgetrestriktionen gesehen werden können. Einen besonderen Aspekt in den vertikalen Finanzbeziehungen stellt der deutsche Finanzausgleich dar, der sowohl auf Länderebene als auch auf Gemeindeebene innerhalb der Bundesländer eine Umverteilung zwischen den Jurisdiktionen herbeiführt. Effizienzerwägungen werden im Rahmen dieser Umverteilung durch distributive Ziele, der Angleichung der räumlichen Lebens-

---

Eurozone. Er argumentiert, daß die Kriterien (3 % Nettoneuverschuldungsgrenze und 60 % Schuldenstandsgrenze jeweils in Relation zum BIP) zu optimistisch festgelegt wurden und die Kriterien vielmehr als eine „Selbsttäuschung" zu interpretieren sei, nicht aber als eine glaubwürdige fiskalpolitische Fessel für die Budgets der Mitgliedstaaten.

[441] Es hat somit den Anschein, daß die Geldpolitik unter diesen Umständen nicht zu einer zeitkonsistenten Politik verpflichtet werden kann (z. B. *Persson*, *Persson* und *Svensson* 2006, S. 194).

[442] Siehe kritisch dazu *Belke*, *Baumgärtner* und *Kösters* (2004), die argumentieren, daß der Verfassungsentwurf des Europäischen Konvents eine Gefahr für die Unabhängigkeit der Zentralbank darstelle.

[443] *Peffekoven* (2004) fordert statt einer Reform des Stabilitätspaktes dessen strikte Einhaltung. *Hagen* (2004) schlägt zu diesem Zweck die Einsetzung eines Stabilitätsrates vor. Diese Forderung steht mit der von *Eucken* (1952/1975, S. 255-264) postulierten Notwendigkeit eines währungspolitischen Stabilisators im Einklang.

[444] Zu prüfen wäre auch, ob die EU ihre Fonds für einen ‚bailout‘ nutzen kann.

bedingungen, ergänzt.[445] Auch der Bund leistet über das Instrument der Bundeszuweisungen einen Beitrag zum Länderfinanzausgleich.

Nach der Wiedervereinigung wurde der Länderfinanzausgleich umstrukturiert. Die Bundesergänzungszuweisungen stiegen. Dies hat nach Meinung von *Rodden* (2003, S. 162 f.) die Anreize für fiskalische Undiszipliniertheiten der Länder besonders erhöht. Zudem kam es schon vor der Wiedervereinigung zu ‚bailouts' der überschuldeten Bundesländer Bremen und Saarland durch den Bund. Ausschlaggebend hierfür war ein Urteil des Bundesverfassungsgerichts aus dem Jahre 1986, nach dem der Bund das Instrument der Bundesergänzungszuweisungen auch für einen ‚bailout' der überschuldeten Bundesländer verwenden durfte bzw. darf. Im Jahre 1992 urteilte das Bundesverfassungsgericht, daß der Bund gegenüber den Ländern im Rahmen des Solidarpaktgesetzes zur Solidarität verpflichtet ist. Die überschuldeten Bundesländer Bremen und das Saarland hatten geklagt, daß der Bund ihnen im Rahmen des Solidarpaktgesetzes eine finanzielle Unterstützung gewähren müsse. Sie bekamen Recht und erhielten vom Bund ergänzende Zuweisungen zur Deckung ihres Finanzbedarfs (*Rodden* 2003, S. 178-181). Die Klage des Landes Berlin auf Solidarität des Bundes wurde hingegen im Jahre 2006 zurückgewiesen.

Ähnlich wie der Bund haben zwar auch die Bundesländer ihre eigenen konstitutionellen und statutorischen Restriktionen in bezug auf ihre Verschuldungsaktivitäten. Jedoch gibt es hier viele Umgehungsmöglichkeiten (*Rodden* 2003, S. 171 f.), zumal der Bund keine Möglichkeit hat, die Verschuldungsaktivitäten der Länder zu beschneiden (*Vigneault*, 2005, S. 10). Zudem findet keine Sanktionierung der Verschuldungsaktivitäten der Länder und Gemeinden durch den Kapitalmarkt statt. Üblicherweise wäre zu erwarten, daß Länder und Kommunen im Falle einer Mißwirtschaft durch den Kapitalmarkt sanktioniert würden, indem sie in eine schlechtere Risikokategorie eingestuft würden. Das würde bedeuten, daß die Schuldzinsen steigen und die Bürger höhere Steuerzahlungen für den Schuldendienst der Jurisdiktion entrichten müssen. In Deutschland ist aber trotz der gestiegenen Verschuldung keine Erhöhung der Kreditratings der Länder zu konstatieren (*Rodden* 2003, S. 176). Das liegt in erster Linie daran, daß die Bundesländer als Schuldner letztlich immer durch den Bund ausgelöst werden können. Im deutschen föderalen System werden den subnationalen Jurisdiktionen also softe Budgetrestriktionen vermittelt. Auch für Italien, Schweden und andere europäische Länder können anhand der untersuchten Determinanten Anzeichen für softe Budgetrestriktionen gefunden werden (*Bordignon* 2004; *Vigneault* 2005, S. 13-16).[446]

Zusammenfassend kann für die EU festgehalten werden, daß die Existenz harter Budgetrestriktionen sowohl auf der Ebene der Mitgliedstaaten als auch auf Ebene der subnationalen Jurisdiktionen bezweifelt werden muß. Vor diesem Hintergrund kann in Frage gestellt werden, daß ein interjurisdiktioneller Wettbewerb in der EU effizient und funktionsfähig wäre. Denn fehlende harte Budgetrestriktionen haben negative Auswirkungen, unter anderem auch auf die Effizienz der gewährten Ansiedlungs- oder Erhaltungssubventionen an Unternehmen. Auch die Effizienz der Signalwirkung von Beihil-

---

[445] Vgl. *Rodden* (2003, S. 164 f.; 2005b, S. 12); *Vigneault* (2005, S. 9 f.).
[446] Zu Untersuchungen für die Schweiz siehe *Feld* und *Goodspeed* (2005).

fen muß unter diesen Bedingungen in Zweifel gezogen werden. Insofern könnte eine supranationale bzw. konkret die europäische Beihilfenkontrolle dafür sorgen, daß der ineffiziente Einsatz von Beihilfen unterbunden wird. Sie könnte mit Bezug auf die europäischen Realitäten zunächst als ein unterstützendes Instrument gesehen werden, das den Politikern fiskalische Fesseln auferlegt, solange mittels anderer Institutionen keine harten Budgetrestriktionen hergestellt werden können (*Heine* und *Gröteke* 2005, S. 474). Freilich gilt dies nur, wenn und solange das Instrument der Beihilfenkontrolle besser durchsetzungsfähig ist als die Maastricht-Kriterien und andere Institutionen.

Die Diskussion zeigte bisher, daß die ‚first best‘-Lösung zur Lösung des Problems die Herstellung glaubwürdiger und durchsetzungsfähiger Verschuldungs- bzw. Budgetbeschränkungen ist. Diese müssen sicherstellen, daß im Falle einer Überschuldung *kein* ‚bailout‘ durch die EZB oder – im Falle subnationaler Jurisdiktionen – durch die übergeordnete Ebene stattfinden wird. Dafür muß eine stärkere Regelbindung sowohl im Stabilitäts- und Wachstumspakt (*Ohr* und *Schmidt* 2004, S. 387-389) als auch in den Finanzbeziehungen innerhalb der Mitgliedstaaten erreicht werden. Es ist insbesondere notwendig, daß die entscheidenden Organe und Jurisdiktionen in der EU eine ‚nobailout‘-Reputation aufbauen, wie dies in den USA bereits geschehen ist. Das Urteil des Bundesverfassungsgerichts bezüglich des Bundeslandes Berlin kann in diesem Zusammenhang als ein erster Schritt zur Herstellung harter Budgetrestriktionen in den Finanzbeziehungen zwischen Staat und Bundesländern aufgefaßt werden. Zur glaubwürdigen Herstellung harter Budgetrestriktionen müßten konsequenterweise aber auch die Ansprüche Bremens und des Saarlandes gegenüber dem Bund zurückgewiesen werden.

4.3.3.4. Jurisdiktionsinterne fiskalische Äquivalenz

Im vorherigen Abschnitt wurde diskutiert, daß der Einsatz des Wettbewerbsparameters Beihilfe im interjurisdiktionellen Wettbewerb Ineffizienzen generieren könnte, wenn keine fiskalische Äquivalenz gegeben bzw. ein ‚bailout‘ möglich ist. Man könnte nun einen neuen Blickwinkel einnehmen und überlegen, welche *jurisdiktionsinternen* Bedingungen für eine effiziente Beihilfenvergabe erfüllt sein müssen. Wie gezeigt, impliziert die Vergabe einer Beihilfe, daß Unternehmen in einer Jurisdiktion mit denselben Präferenzen nach öffentlichen Leistungen und identischer Inanspruchnahme dieser Leistungen unterschiedliche Steuerpreise für diese identischen Leistungsbündel entrichten. Fraglich ist nun, *wie* eine effiziente Preisdifferenzierung zwischen den Bürgern *jurisdiktionsintern* durchgeführt werden kann und ob die Notwendigkeit für „any set of social institutions by which this goal can be approximated" besteht (*Tiebout* 1956, S. 418).

Es gibt unterschiedliche Möglichkeiten, eine effiziente Preisdifferenzierung durchzuführen. Ein City Manager (*Tiebout*-Modell) oder eine externe Firma (Modell von *Buchanan* und *Goetz* 1972), die für die Bereitstellung der öffentlichen Leistungen verantwortlich ist, können beispielsweise eine solche Preisdifferenzierung zum Wohle aller Jurisdiktionsmitglieder vornehmen und durchsetzen. Dies setzt freilich voraus, daß der City Manager bzw. die Firma vollständig über die Präferenzen der Jurisdiktionsmitglieder informiert ist.

Entscheidet ein autorisiertes Individuum oder eine externe Firma über die Preisdifferenzierung, so scheint die Durchsetzung also möglich. Bei kollektiven Entscheidungen über die Vergabe von Beihilfen kann es aber zu Problemen kommen, weil eine Differenzierung, wie sie ein wohlwollender Diktator oder eine externe Firma durchführen könnte, unter Umständen *nicht* durchführbar ist. So ist der Betreiber eines Einkaufscenters in der Lage, die Nachfrager aufgrund bestimmter Kriterien zu trennen (*Kerber* 1989, S. 412-440; 1998b, S. 63). Das Gut, die *Ladenfläche*, ermöglicht eine solche Trennung. Denn es handelt sich zwar um *identische*, aber nicht um *dieselben* Ladenflächen. Daher ist es möglich, das Ausschlußprinzip anzuwenden. Eine Preisdifferenzierung kann auch im öffentlichen Sektor erfolgen, wenn man das Ausschlußprinzip für die Güter anwenden kann.[447] In der Regel werden jedoch Clubkollektivgüter angeboten, die dadurch charakterisiert sind, daß die Mitglieder des Clubs nicht ausgeschlossen werden können und keine Rivalität im Konsum der Güter besteht. Es stellt sich daher die Frage, wie eine Preisdifferenzierung für solche Güter herbeigeführt werden kann, vor allem wenn die Preisdifferenzierung im Rahmen kollektiver Entscheidungen erfolgen soll und die Präferenzen der Individuen nicht bekannt sind.

Im kollektiven Entscheidungsprozeß über eine Preisdifferenzierung bzw. die Vergabe von Beihilfen kann nun das Problem auftreten, daß Anbieter *und* Nachfrager über die Beihilfenvergabe abstimmen und sich nicht separiert gegenüberstehen. *Buchanan* und *Goetz* (1972, S. 36 f.) stellen diese Problematik in ihrem Modell dar. Der Ausgangspunkt ist, daß zwei Individuen (A + B) – man kann die Argumentation aber auch auf Unternehmen beziehen – bereits in einer Jurisdiktion ansässig sind. Sie haben identische Präferenzen nach öffentlichen Leistungen und konsumieren diese Leistungen in gleichem Maße. Sie unterscheiden sich nur darin, daß A Einkünfte aus lokalen Einkommensquellen, also Standortrenten, erzielt und immobil ist, während B standortunabhängige Einkünfte erzielt und mobil ist. Nun beabsichtigen die Jurisdiktionsmitglieder, ein drittes Individuum, C, das in allen Eigenschaften identisch mit B ist, in die Gemeinde zu locken. Der Zuzug von C würde positive fiskalische Externalitäten für A und B erzeugen, d. h. deren Steuerzahlungen pro Kopf reduzieren. A und B einigen sich daher darauf, C eine Subvention zur Internalisierung der positiven fiskalischen Externalitäten zu bieten. C wandert daraufhin in die Jurisdiktion.

B erkennt nun, daß es in allen Eigenschaften identisch mit C ist, und stellt sich die Frage, warum C eine Vergünstigung bekommen sollte, es selbst hingegen nicht. B droht folglich mit Abwanderung und beteiligt sich *nicht* mehr an der mit A zusammen vereinbarten Zahlung der Subvention an C.

„This system becomes completely unstable until and unless A recognizes that his receipt of locational rents is the only source for payment of the subsidy to C. In order to keep both B and C in the community, and on equal footing, A must agree to bear a larger share in total taxes, despite the identity between his objectively-measured income-wealth position and those of B and C, and despite the identity of public-goods preferences over the three persons. A will, however, accept this apparently disadvantageous fiscal treatment since he will secure some net gain under the conditions postulated" (*Buchanan* und *Goetz* 1972, S. 36 f.).

---

[447] Vgl. z. B. *Hellwig* (2005); *Norman* (2004); *Moulin* (1994).

Die Vergabe der Beihilfe kann aber auch ineffizient sein, wenn A dazu gebracht wird, Beihilfen an B und C zu zahlen, denen A ex ante nicht freiwillig zugestimmt hätte. Die Tatsache, daß B über die Beihilfe an C mitentscheiden konnte, ohne selbst einen Beitrag zu leisten, könnte diese Ineffizienz hervorrufen.

Man könnte nun *erstens* folgern, daß Preisdifferenzierungen gar nicht erst zugelassen, sondern aufgrund der geschilderten jurisdiktionsinternen Probleme verboten werden sollten. Man könnte aber *zweitens* ein Arrangement suchen, das gewährleistet, daß die Gewährung der Beihilfe bzw. die *Pareto*-superiore Umverteilung *freiwillig* erfolgt.[448] Hierzu wäre es notwendig, daß eine Trennung der Jurisdiktionsmitglieder vorgenommen wird. Man muß zwischen denjenigen, die eine Nutzensteigerung durch den Zuzug der Firma haben und bereit sind, eine Beihilfe zu zahlen (Anbieter), und denjenigen trennen, die eine Beihilfe bekommen (Nachfrager).[449] Es muß folglich eine Exklusion hergestellt werden (*Grossekettler* 1985, S. 236), um ein effizientes Beihilfenniveau zu erreichen. Neben dem Problem der Exklusion, kann nun ein weiteres Problem auftreten. Weil es sich nämlich um eine *freiwillige* Beihilfenvergabe halten soll, kann auf seiten der Anbieter einer Beihilfe das sogenannte Trittbrettfahrer-Problem auftreten. Das heißt, es gibt potentielle Anbieter einer Beihilfe, die zwar ein Interesse an der Ansiedlung oder dem Erhalt eines Unternehmens in der Jurisdiktion haben, da ihre Nutzenposition hiervon positiv beeinflußt wird. Sie könnten sich jedoch strategisch verhalten und ihre wahren Präferenzen bzw. Zahlungsbereitschaften nicht offenbaren. So kann angenommen werden, daß sie ihre Hoffnung darauf setzen, daß andere Individuen oder Firmen für die effiziente Umverteilung bzw. Beihilfe sorgen und sie vom Zuzug oder Erhalt der Firma profitieren können, ohne selbst einen Beitrag zur Umverteilung leisten zu müssen.[450] Da sich jedes Individuum und jede Firma bei einer kollektiven Entscheidung über die Vergabe und die Höhe der Beihilfe so verhalten würde, würde eine effiziente Beihilfenvergabe und damit eine *Pareto*-Verbesserung auf *freiwilliger* Basis nicht zustande kommen.

Gibt es keine privaten Mechanismen, die dieses Trittbrettfahrer-Problem lösen könnten, müßten die Jurisdiktionsmitglieder *sich selbst dazu zwingen*, ihre Präferenzen und Zahlungsbereitschaften zu signalisieren. Nachdem sich die Bürger selbst dazu verpflichtet haben, eine Beihilfe zu entrichten, kann eine freiwillige und *Pareto*-superiore Beihilfenvergabe aber nur erfolgen, wenn *nur* die zur Zahlung gezwungenen Individuen, also die Zahler, im kollektiven Entscheidungsprozeß über die Vergabe einer Beihilfe und deren Höhe entscheiden dürfen.[451] Nur diesen Zahlern bzw. Anbietern der Beihilfe soll-

---

[448] Bei der folgenden Argumentation wird auf die theoretischen Ausführungen zum Problem einer effizienten Ausgestaltung einer dezentralen Umverteilung in Kap. 4.2.3.2.5, konkret auf die Argumentation von *Mueller* (1998) in Punkt 2, zurückgegriffen.

[449] Vgl. zum Problem der Trennung von Anbietern und Nachfragern allgemein *Kiwit* und *Voigt* (1998, S. 324 f.).

[450] Vgl. analog der effizienten Ausgestaltung einer dezentralen Distributionspolitik *Hochman* und *Rodgers* (1969, S. 543, Fn. 4); *Thurow* (1971, S. 328 f.).

[451] Vgl. bezogen auf freiwillige dezentrale Umverteilungen allgemein *Feld* (1997, S. 476); *Mueller* (1998, S. 175); *Feld* (2000, S. 345); *Blankart* (2000b, S. 140); *Feld* und *Kirchgässner* (2001, S. 44). Diese Argumentation ist kompatibel mit derjenigen von *Moulin* (1994); *Norman* (2004) und *Hellwig* (2005). Die Autoren argumentieren, daß die Bürger dann einen

ten daher die – in der Unternehmenstheorie als *residual* bezeichneten – Entscheidungs- und Kontrollrechte über die Vergabe und die Höhe einer Beihilfe in der Verfassung zugesichert werden (*Heine* 2006).[452] Unter diesen Bedingungen kann erwartet werden, daß eine effiziente Beihilfe gewährt wird. Denn für die Zahler der Beihilfe, die durch die Gewährung der Beihilfe eine Nutzensteigerung erhalten, wäre es irrational, die Jurisdiktion zu verlassen, auch wenn sie stärker besteuert werden als andere Jurisdiktionsmitglieder.[453] Die Begünstigten oder Nachfrager nach einer Beihilfe sollten zwar analog der Argumentation von *Mueller* (1998, S. 175) Vorschläge über die Höhe der Beihilfe unterbreiten können, nicht aber abstimmen dürfen.

Entscheidend für eine effiziente Vergabe von Beihilfen und die Wahrung der Loyalität der Zahler zur Jurisdiktion sind folglich entsprechende jurisdiktionsinterne „proprietary institutions" (*Buchanan* und *Goetz* 1972, S. 34), oder die institutionelle Herbeiführung einer Trennung von Anbietern und Nachfragern (*Kiwit* und *Voigt* 1998, S. 324 f.).[454] Man könnte diese Bedingungen in Anlehnung an *Olson* (1969) als „jurisdiktionsinterne fiskalische Äquivalenz" oder in Anlehnung an *Oates* (1972) als „jurisdiktionsinterne perfect correspondence" bezeichnen. Oder man könnte in Anlehnung an *Grossekettler* (1985, S. 237) fordern, daß das „Konnexitätsprinzip" gelten soll, das denjenigen die Entscheidungsrechte einräumt, welche die Last der Finanzierung zu tragen haben.

Die Ausschließbarkeit von Beihilfenachfragern nach dem vorgeschlagenen Prinzip gewährleistet, daß unterschiedliche Unternehmen je nach ihrem Nutzen für die Mitglieder der Jurisdiktion unterschiedlich hohe Beihilfen bekommen. Eine effiziente Preisdifferenzierung zwischen den Jurisdiktionsmitgliedern wäre so möglich. Man darf allerdings nicht vergessen, daß mit der vorgeschlagenen Prozedur erhebliche Exklusionskosten verbunden sind, denn Entscheidungsrechte müssen definiert und zugeordnet werden. Um die Exklusionskosten zu senken, können anstelle der Definition und Zuteilung von Entscheidungs- und Kontrollrechten auch Vetorechte vergeben werden. Es könnte alternativ auch eine durchsetzungsfähige Beihilfenkontrolle erwünscht sein, die Preisdifferenzierungen generell verbietet. Die Existenz oder Durchsetzbarkeit solcher Rechte oder alternativ einer Beihilfenkontrolle ist dabei vor allem im Interesse der immobilen Zahler. Denn die Mobilität kann wie ein Substitut für die Definition und Zuteilung solcher Rechte wirken. Würde nämlich im kollektiven oder politischen Entscheidungsprozeß eine Beihilfe beschlossen, die aus Sicht der mobilen Zahler ineffizient ist, so würden sie die Jurisdiktion verlassen (*Kerber* 1998b, S. 65).

Gemäß dieser Argumentation dürfte im Modell von *Buchanan* und *Goetz* (1972) nur A das Recht haben, über das *Ob* und *die Höhe* der Beihilfe an C und B zu entscheiden.

Anreiz haben, private Informationen bzw. ihre wahren Präferenzen dann zu offenbaren, wenn Ausschließbarkeit beim Angebot öffentlicher Leistungen gegeben ist.

[452] Siehe zur Idee der Spezifizierung von ‚property rights' auf konstitutioneller Ebene mit Blick auf die „Gestaltung und Nutzung von Rechtsordnungen" auch *Sideras* (2001, S. 119 bzw. S. 117-120; H. i. O.). Siehe für Unternehmen *Grossman* und *Hart* (1986).

[453] Siehe allgemein bezüglich dezentraler Umverteilungen *Mueller* (1998, S. 180).

[454] Will man eine Preisdifferenzierung in einer Gemeinde durchführen, so ist es notwendig, kleinere Clubs innerhalb der Gemeinde zu bilden. Die Gütersystematik *Grossekettlers* (1985) ist also differenziert anzuwenden.

Denn im Gegensatz zu den anderen ist A in gewissem Grade immobil, erzielt eine Standortrente und finanziert hierdurch die Kompensation für B und C. B sollten hingegen die Entscheidungsrechte entzogen werden, weil es sich, wie *Buchanan* und *Goetz* zeigen, opportunistisch verhalten kann. Die Entscheidungs- und Kontrollrechte dürften daher nur bei den Zahlern der Ansiedlungsbeihilfe, in diesem Fall also nur bei A oder allgemein bei den Immobilen liegen, wenn es – wie in diesem Fall – keine geeigneten Kriterien gibt, um B eindeutig den Anbietern einer Beihilfe zuzuordnen. Insofern kommen sowohl B als auch C aufgrund ihrer Mobilität nur als Nachfrager nach, nicht aber als Anbieter von Beihilfen in Frage.

Betrachtet man das Modell von *Mueller* (2000), so ist dort eine Trennung von Beihilfennachfragern und -anbietern gegeben. Alle immobilen Jurisdiktionsmitglieder profitieren in gleicher Weise von dem Erhalt einer Firma in der Jurisdiktion. Die Kapitaleigner der Firma und damit die Nachfrager der Subvention oder Beihilfe sind selbst nicht Mitglieder der Jurisdiktion (*Mueller* 2000, S. 341) und dürfen daher nicht über die Vergabe der Beihilfe abstimmen. Nur die immobilen Bürger stimmen über die Notwendigkeit und die Höhe der Beihilfe ab, weil nur sie die Kosten tragen und von dem Erhalt des Unternehmens profitieren (*Mueller* 2000, S. 353).

4.3.3.5. Beihilfenkontrolle und Neue Politische Ökonomie

Die zuvor geschilderten Voraussetzungen für eine effiziente Beihilfenvergabe erhalten eine weitergehende Bedeutung, wenn man eine neue theoretische Sichtweise heranzieht. Es soll nun von der Annahme abstrahiert werden, die Politiker würden im Gemeinwohl, d. h. im Interesse der Jurisdiktionsmitglieder handeln.[455] Fraglich ist daher, wie eigennutzorientierte Politiker und Bürokraten oder allgemein der Leviathan das Instrument der Beihilfe zur Ansiedlung oder Erhaltung von Unternehmen nutzen (*Biglaiser* und *Mezzetti* 1997, S. 425).[456]

Hätte ein Leviathan das Instrument der Preisdifferenzierung zur Verfügung, so hätte dies zwei Effekte. *Erstens* würde er versuchen, die Bürger entsprechend ihres Mobilitätsgrades, d. h. nach der Höhe ihrer Wanderungskosten, zu besteuern, um so die Staatseinnahmen bzw. die Monopolrente zu maximieren.[457] Der *zweite* Effekt hat damit zu tun, daß der Leviathan in demokratischen Jurisdiktionen der Restriktion der Wiederwahl unterworfen ist. Es könnte somit vermutet werden, daß Politiker Beihilfen gewähren, die zwar nicht den Präferenzen aller Bürger entsprechen, aber geeignet sind, die Wiederwahl sicherzustellen. Dies kann zum einen Beihilfen für den Erhalt von Unternehmen in finanziellen Schwierigkeiten betreffen. Zum anderen können auch die *winning bids* im Ansiedlungswettbewerb eines Unternehmens eine Höhe erreichen, die

---

[455] Auf dieser Maxime basierte die bisherige Argumentation hinsichtlich der Vergabe von Beihilfen, die zu effizienten kollektiven Ergebnissen im interjurisdiktionellen Wettbewerb führen (z. B. *Besley* und *Seabright* 1999, S. 32; 2000, S. 220).

[456] *Black* und *Hoyt* (1989, S. 1254, Fn. 10) geben beispielsweise an: „Our results are ... sensitive to the assumption that political officials act as benevolent social planners."

[457] Vgl. allgemein *Brennan* und *Buchanan* (1980, S. 26-28); *Sinn* (1992, S. 179); *Pitlik* (1997, S. 218); *Apolte* (2001, S. 360-366).

nicht den Präferenzen der Bürger einer Jurisdiktion entspricht (*Martin* 2000, S. 4). Für die Vergabe nicht präferenzengerechter Beihilfen lassen sich eine Reihe von Gründen finden, wenn man die Anreize der einzelnen Akteure anhand unterschiedlicher NPÖ-Modelle im Hinblick auf die Nutzung des Instruments der Beihilfe analysiert.

1. Legt man das in Demokratien übliche Mehrheitswahlrecht zugrunde, so können sowohl aus dem Median-Wähler-Modell (*Downs* 1957) als auch aus der ‚Rent-seeking'-Theorie Erkenntnisse gewonnen werden, warum zu hohe bzw. nicht präferenzengerechte Beihilfen vergeben werden könnten. Nach *Biglaiser* und *Mezzetti* (1997, S. 427) hat ein Politiker besonders dann einen Anreiz, eine zu hohe Beihilfe zu vergeben, wenn er befürchten muß, die Wahl ohne die Ansiedlung oder den Erhalt eines Unternehmens zu verlieren.[458] Beides kann für die Wiederwahl des Politikers entscheidend sein, da Steuereinnahmen generiert werden können, vor allem aber Arbeitsplätze erhalten bleiben oder neu geschaffen werden. Die Arbeitsplätze und die hieraus resultierenden Einkommen, so wird argumentiert, haben einen entscheidenden Einfluß auf die Entscheidung der Wähler (ebenso *Gröbner* 1983, S. 122; *Rosenstock* 1995, S. 47). Für den Wahlsieg und den Machterhalt, muß der Politiker die Mehrheit der Wählerstimmen erzielen. Demzufolge wird er seine Politik, auch seine Fiskalpolitik, allein an der Nutzenposition der Mehrheit der Wähler, konkret an der Position des Medianwählers, orientieren.

> „The government is likely to adopt any act of spending which, coupled with its financing, is a net addition of utility to more voters than it is a subtraction, i.e., it pleases more than it irritates" (*Downs* 1957, S. 70).[459]

Ein eigeninteressierter Politiker wird folglich dann einen Anreiz haben, eine Erhaltungs- oder Ansiedlungssubvention zu gewähren, wenn die Nutzenposition der Mehrheit der Wähler durch den Erhalt oder die Ansiedlung des Unternehmens verbessert wird. Gesamtgesellschaftlich ineffiziente Beihilfen sind nun denkbar, wenn es dem Politiker gelingt, die Kosten und Nutzen einer Beihilfenvergabe so zu verteilen, daß die Mehrheit der Wähler von der Ansiedlung eines Unternehmens oder dessen Fortbestand in der Jurisdiktion profitiert, die Kosten der Beihilfe aber überwiegend von der Minderheit getragen werden (*Martin* 2000, S. 4).[460]

2. Vor allem aus der ‚Rent-seeking'-Theorie lassen sich die oben angeführten Argumente für gesamtgesellschaftlich ineffiziente Beihilfen ableiten. Angenommen wird,

---

[458] Die Autoren gehen davon aus, daß die Politiker nach ihren Fähigkeiten, Unternehmen zu attrahieren, gewählt werden. Zudem hat der Median-Wähler zwar eine gewisse Erwartung bezüglich des Nutzens, den das Unternehmen der Jurisdiktion stiften kann. Dieser Nutzen könne aber erst ex post bestimmt werden (*Biglaiser* und *Mezzetti* 1997, S. 427).

[459] Siehe auch *Poterba* (1995a, S. 166); *Mueller* (1997, S. 135). Ebenso argumentierte bereits *Wicksell* (1896, S. 109). „[D]ie Hauptaufgabe der Regierung wird nunmehr sein, die Majorität der Volksvertretung auf ihre Seite, d. h. für ihre eigenen Interessen zu gewinnen und zu behaupten. Der Weg hierzu führt durch das Paktieren und durch Kompromisse hindurch, aber solche Kompromisse bilden wahrlich keine Garantie dafür, daß das Interesse von Staat und Volk am besten gewahrt wird, es ist vielmehr so gut wie sicher, daß sie immer auf Kosten eines dritten Beteiligten abgeschlossen werden."

[460] Siehe allgemein auch *Inman* und *Rubinfeld* (1997b, S. 87),

daß Interessengruppen dem Politiker bzw. dem Leviathan die zur Wiederwahl notwendigen Stimmen verschaffen können (*Sinn* 1992, S. 180 f.; *Oates* 2002, S. 381). Sie fordern im Gegenzug aber Vergünstigungen beispielsweise in Form von Beihilfen für sich. Wenn es gelingt, die Kosten der Beihilfe auf weniger erfolgreiche Interessengruppen bzw. unorganisierbaren Bürgern abzuwälzen, kann ein Politiker oder der Leviathan Beihilfen in einem ineffizient hohen Ausmaß gewähren.

3. Die Gefahr einer ineffizienten Beihilfenvergabe infolge von Staatsversagen nimmt noch zu, wenn keine fiskalische Äquivalenz bzw. keine harten Budgetrestriktionen vorliegen und der Politiker mit einem ‚bailout' rechnen kann.[461] Hierunter fällt auch die Abwälzung finanzieller Lasten auf zukünftige Generationen (z. B. *Quian* und *Weingast* 1997, S. 84; *Inman* 2003, S. 36 f.). Politiker können beispielsweise einen Anreiz haben, in ihrer Amtszeit ineffizient hohe Beihilfen zu gewähren, wenn es ihnen gleichzeitig gelingt, die finanziellen Lasten dieser Beihilfe und die Durchführung nicht so prestigeträchtiger Projekte auf die Zeit nach ihrer Amtsperiode zu verlagern (*Black* und *Hoyt* 1989, S. 1254, Fn. 10).[462]

4. Zusammenfassend gibt es gute Gründe und auch Möglichkeiten für einen Politiker, seine *eigene Standortrente*, die an sein Amt gebunden ist, zu erhöhen oder zu erhalten, indem er ineffizient hohe Ansiedlungs- oder Erhaltungsbeihilfen gewährt (*Besley* und *Seabright* 1999, S. 32). Die Folge hieraus ist, daß die begünstigten Unternehmen aus gesamtgesellschaftlicher Sicht ineffiziente Standort- und Produktionsentscheidungen treffen können.

5. Ineffizienzen können auftreten, wenn sich nicht nur die Politiker, wie in den letzten Punkten besprochen, sondern auch die Bürokraten nicht im Sinne der Wähler verhalten (*Oates* und *Schwab* 1988, S. 350; *Mueller* 2000, S. 356). Wenn diese sich im Sinne *Niskanens* (1974; ebenso *Wintrobe* 1997, S. 433-435) wie Budgetmaximierer verhalten, könnten sie durchaus ein Interesse daran haben, den eigenen Kompetenzbereich auszuweiten, indem sie auch für die Vergabe von Beihilfen zuständig sind. Dadurch könnte ihr Budget gesteigert werden.

6. All diese Bestrebungen werden noch von der Annahme begünstigt, daß Wähler bei kollektiven und demokratischen Entscheidungen weniger rational als bei privaten Entscheidungen handeln (*Brennan* und *Buchanan* 1980, S. 19 f.; *Mueller*, 2000, S. 356). Die Ursache liegt darin, daß die Wähler ihren Einfluß auf das Wahlergebnis in demokratischen Wahlen nach dem Mehrheitswahlrecht als sehr gering ansehen. Daher ist es aus ihrer Sicht nicht rational, viel Zeit bzw. Kosten zur Informationsbeschaffung über das Wahlprogramm der Parteien und deren Auswirkungen auf die eigene Person aufzuwenden.[463] Sie verhalten sich demzufolge rational ignorant. Eine Kontrolle der Politiker wird daher nur in unzureichendem Maße erfolgen.

---

[461] *Breton* (1991, S. 51); *Kerber* (1998b, S. 67); *Mueller* (2000, S. 354 f.).

[462] Siehe zur kurzfristigen Sicht von Politikern auch *Kasper* (1996, S. 21). Das kann freilich nicht nur für Politiker gelten, sondern auch für Wähler, bei denen die konstitutionellen und die ‚in-period'-Präferenzen auseinander fallen (*Buchanan* und *Brennan* 1980, S. 18 f.).

[463] Vgl. *Downs* (1957, S. 84 f.); *Buchanan* und *Brennan* (1980, S. 19 f.); *Aldrich* (1997, S. 375 f.). Siehe für das Entscheidungskalkül eines Wählers, wenn er vollständig und kostenlos in-

Ineffizienzen können folglich bei der Vergabe von Beihilfen auftreten, weil der ‚Voice‘-Mechanismus als Mechanismus der kollektiven Willensbildung und der Kontrolle der Politiker mit Mängeln behaftet ist. Diese Mängel können behoben werden, wenn der interjurisdiktionelle Wettbewerb und damit der ‚Exit‘-Mechanismus funktioniert. Dann können solche Verhaltensweisen der Politiker bzw. des Leviathans sanktioniert werden. Politiker können auf diese Weise gezwungen werden, den Einsatz des Instruments der Beihilfe entsprechend den Bürgerpräferenzen einzusetzen. Denn vollkommen mobile Bürger haben einen Anreiz, sich über die Effizienz der angebotenen öffentlichen Leistungen zu informieren, da sie die Möglichkeit haben, ihre eigene Nutzenposition durch eine Abwanderung zu verbessern. Die Steuerlast muß sich folglich an den empfangenen Leistungen orientieren, d. h. alle Steuern werden zu ‚benefit-taxes‘. Ist die Steuerlast hingegen höher als der subjektive Wert der empfangenen Leistungen, ist mit einer Abwanderung der Bürger zu rechnen (*Oates* und *Schwab* 1991, S. 127). In einem perfekt funktionierenden interjurisdiktionellen Wettbewerb ist folglich eine unfreiwillige Umverteilung *nicht* mehr möglich, sondern nur eine *freiwillige* (*Mueller* 1998, S. 179). Insofern kann die Vergabe einer Beihilfe nur dann durchgeführt werden, wenn die Bürger dieser *freiwillig* zustimmen.

Für Politiker, die diese Mechanismen begreifen, kann es nunmehr eine effiziente Strategie sein, ‚Rent-seeking‘-Aktivitäten zurück zu drängen. Auf diese Weise könnten sie nämlich gegenüber anderen Jurisdiktionen einen Vorteil im Standortwettbewerb erlangen (*Kerber* 1998b, S. 65).

> „Sie wissen, daß sich Offenheit und Selbstbindung, Konstanz und interventionistische Enthaltsamkeit der Wirtschaftspolitik für die Allgemeinheit im Inland auszahlen, tendenziell auch in höheren Kapitalerträgen auf längere Sicht. Ebenso wie der zuverlässige Staat ist auch der schlanke Staat ein positiver Standortfaktor" (*Giersch* 1995, S. 42).

Wenn allerdings Teile der Jurisdiktionsmitglieder in ihrer Mobilität eingeschränkt sind, ist auch die Möglichkeit der Sanktionierung des Leviathans bzw. der Politiker durch den ‚Exit‘-Mechanismus eingeschränkt. Ineffizienzen bei der Vergabe von Beihilfen können unter diesen Bedingungen erwartet werden. In diesem Fall könnten konstitutionelle Lösungen wie die Definition von Entscheidungs- oder Veto-Rechten oder alternative fiskalische oder prozedurale konstitutionelle Regeln die Funktion der Zähmung des Leviathans übernehmen.[464] Als prozedurale oder elektorale konstitutionelle Regel könnte man beispielsweise das Einstimmigkeitserfordernis für kollektive Entscheidungen einführen. Dann hätte quasi jeder stimmberechtigte Bürger ein Veto-Recht. Als fiskalische konstitutionelle Beschränkungen des Leviathans bzw. der Politiker wäre neben einer Budgetbeschränkung auch eine supranationale Beihilfenkontrolle denkbar. Bezüglich der Instrumentalisierung einer supranationalen Beihilfenkontrolle zur Beschränkung der Politiker bzw. des Leviathans gibt es unterschiedliche Ansatzpunkte (*Besley* und *Seabright* 1999, S. 32-34; 2000, S. 221-223):

---

formiert ist, *Downs* (1957, Kap. 3). In der Realität hängt es vom Wählertyp ab, in welcher Weise er sich informiert. *Downs* (1957, S. 84-86) unterscheidet „agitators, passives, loyalists, and quasi-informed passives."

[464] Vgl. *Wicksell* (1896, S. 114); *Brennan* und *Buchanan* (1980); *Vanberg* (1997, S. 16).

Erstens könnte eine supranationale Beihilfenkontrolle verhindern helfen, daß Jurisdiktionen Ressourcen („waste of tax payers' money") in Form ineffizienter Beihilfen verschwenden.[465] *Besley* und *Seabright* (2000, S. 221) gebrauchen in diesem Zusammenhang die Metapher der Medizin, die die Jurisdiktionen sich selbst verschreiben und einnehmen sollten, auch wenn sie ihnen (manchmal) nicht schmeckt. Ob allerdings eine supranationale Beihilfenkontrolle das geeignete Instrument zur Bekämpfung von Ineffizienzen ist, kann bezweifelt werden (*Kerber* 1998b, S. 65; *Mueller* 2000, S. 356). Nach dem Subsidiaritätsprinzip sollte zunächst der Versuch unternommen werden, die Verschwendung von öffentlichen Mitteln durch jurisdiktionelle konstitutionelle Regeln zu beschränken.[466] Es wäre die Aufgabe des Ordnungsökonomen, den Bürgern die Problematik vor Augen zu führen, damit sie „freiwillig *konstitutionelle* Vereinbarungen treffen, die den Verzicht auf sub-konstitutionelle Entscheidungsfreiheit zum Gegenstand haben" (*Vanberg* 1997, S. 22; H. i. O.). Sie könnten sich für prozedurale konstitutionelle Regeln wie das Einstimmigkeitserfordernis bei kollektiven Entscheidungen, aber auch für fiskalische Beschränkungen wie Budgetregeln oder ein jurisdiktionsinternes Beihilfenverbot entscheiden. So könnte das Problem eines jurisdiktionsinternen Staatsversagens im allgemeinen und das Problem der ineffizienten Beihilfenvergabe im besonderen gelöst werden.

Nur wenn es sicher wäre, daß Staatsversagen auf zentraler Ebene besser gelöst werden könnte als auf dezentraler Ebene, wäre nach dem Subsidiaritätsprinzip eine zentrale Lösung in Form einer supranationalen Beihilfenkontrolle vorzuziehen (*Besley* und *Seabright* 1999, S. 33).[467] Daß Staatsversagen auf zentraler Ebene besser gelöst werden kann als auf nationaler Ebene, kann aber aus folgenden Gründen angezweifelt werden:

Zum einen tritt infolge der Verlagerung der Kompetenzen auf zentrale Ebene ein Kontrollproblem auf. Denn aufgrund der Zentralisierung der Kompetenz fällt es den Bürgern und Unternehmen schwerer, eine ineffiziente supranationale Beihilfenkontrolle mittels eines ‚voting by feet' zu sanktionieren, weil die Mobilitätskosten prohibitiv hoch sind. Das bedeutet, die eigentliche Ursache für die Gewährung ineffizienter Beihilfen, nämlich die fehlende Sanktionsgewalt der Bürger infolge fehlender Mobilität, würde durch eine zentrale Beihilfenkontrolle womöglich verschärft. Zur Lösung des Problems ineffizienter Beihilfen wäre daher zu überlegen, wie die Mobilitätskosten der Bürger gesenkt werden können und die Mobilität erhöht werden kann (*Kerber* 1998b, S. 65).[468]

---

[465] Vgl. *Kerber* (1998b, S. 65); *Besley* und *Seabright* (2000, S. 220); *Mueller* (2000, S. 356).

[466] „Die traditionelle Lösung, einen Gesetzgeber an die Kette zu legen, ist eine Verfassungslösung. Sie begrenzt von vornherein seine Gestaltungs- und Fehlgestaltungsmöglichkeiten" (*Möschel* 1995, S. 74).

[467] *Möschel* (1995, S. 74-76) benutzt auch den Begriff „parakonstitutionelle" *Lösung.*

[468] „The costs of exit or loyalty transfer are positively correlated with the geographical scope of the governmental unit. The larger the territorial unit is, other things being equal, the more costly is it to exit. This is so for two reasons. First, normally both information and moving costs are positively associated with the physical distances involved.... Second, greater physical distances often entail even greater *psychological* distances, that is, difficulties of moving to an entirely new culture, such as getting used to new customs and traditions, learning a new language, finding a new job, and the like" (*Osterfeld* 1989, S. 154; H. i. O.).

Zum anderen würde das Informationsproblem der Wähler durch die Zentralisierung der Kompetenzen weiter verschärft (*Mueller* 2000, S. 356 f.; *Vaubel* 2000, S. 286). Insofern besteht für Lobbygruppen im Bewußtsein um den diskretionären Spielraum der Politiker auf zentraler Ebene ein großer Anreiz, die Politiker und Bürokraten auf zentraler Ebene zu beeinflussen.[469] Unter diesen Umständen sind gerade die Ineffizienzen zu erwarten, die im vorherigen Punkt angesprochen wurden. Die eigentliche Ursache für eine ineffiziente Beihilfenvergabe, nämlich das nationale Staatsversagen, würde mittels einer Beihilfenkontrolle nur auf eine höhere Ebene verlagert. Daher ist insgesamt sehr zweifelhaft, ob die Verschwendung von Ressourcen infolge jurisdiktionellen Staatsversagens „any business of the European Union" sein sollte (*Besley* und *Seabright* 2000, S. 222).

Die Notwendigkeit für eine supranationale Beihilfenkontrolle könnte *zweitens* damit begründet werden, daß zwar konstitutionelle Regeln zur Vermeidung der Verschwendung von Steuergeldern auf Jurisdiktionsebene existieren, diese aber nicht glaubwürdig durchsetzbar sind. „There is, however, one crucial assumption which clearly underlies the whole constitutional construction – that of enforceability" (*Brennan* und *Buchanan* 1980, S. 9) oder „*credible commitment*" (*Weingast* 1993, S. 288; H. i. O.; *Quian* und *Weingast*, 1997, S. 84). Bei fehlender Durchsetzbarkeit konstitutioneller Regeln auf jurisdiktioneller Ebene könnte eine mit entsprechenden Attributen versehene supranationale Beihilfenkontrolle quasi als Substitut oder unterstützende Maßnahme für solche Regeln fungieren. Die Jurisdiktionen könnten sich unter diesen Umständen also *freiwillig* einer solchen supranationalen Kontrolle unterordnen, wie man sich auch Kodices oder Konventionen unterwerfen kann, um ihr jurisdiktionsinternes Problem zu lösen.[470]

Es stellt sich jedoch die Frage, warum gerade eine supranationale Beihilfenkontrolle bzw. eine supranationale Institution das ‚Commitment'-Problem der Jurisdiktionen besser als jurisdiktionsinterne Institutionen lösen können sollte (*Vaubel* 1992, S. 34). Ein glaubwürdiges ‚Commitment' oder eine glaubwürdige Regelbindung setzt nicht nur voraus, daß formale Regeln existieren, die klar beschreiben, unter welchen Umständen (Indikatoren) die politische Instanz eingreifen darf und welche Handlungsmöglichkeiten ihr zur Verfügung stehen (*Streit* 2005b, S. 323). Damit ein ‚Commitment' glaubwürdig ist, muß die Kontrollinstanz selbst an die Durchsetzung der Regeln gebunden werden. Dies könnte gelingen, wenn sie bei abweichendem Verhalten extern sanktioniert werden kann. Ein regelkonformes Verhalten oder Handeln der Individuen in der Kontrollinstanz kann aber auch erreicht werden, wenn diese selbst Anreize haben, diese Regeln in der vorgeschriebenen Form durchzusetzen. Dann wäre ein ‚Commitment' „motivationally credible" (*Shepsle* 1991, S. 247).[471] So kann die Glaubwürdigkeit der Regelbindung beispielsweise durch den Aufbau oder die Existenz einer Reputation sowohl der Institution an sich als auch der in dieser Institution handelnden Individuen hergestellt werden.

---

[469] Vgl. *Vaubel* (1992, S. 48); *Kerber* (1998b, S. 65); *Mueller* (2000, S. 356).

[470] Vgl. *Möschel* (1995, S. 76); *Besley* und *Seabright* (1999, S. 33; 2000, S. 222).

[471] Auch *North* (1993, S. 20) meint, daß komplementäre „informal constraints (conventions, norms of behaviour) that supplement them and reduce enforcement costs" existieren müssen, damit die entsprechenden Regeln effektiv umgesetzt werden.

Denn der drohende Verlust persönlicher Reputation infolge einer mißbräuchlichen Auslegung der Regeln könnte Anreiz genug sein, die Regeln so auszulegen, daß gesamtgesellschaftlich effiziente Ergebnisse resultieren. Eine wichtige Voraussetzung für die
Regelbindung und den Aufbau und Erhalt von Reputation ist die politische Unabhängigkeit von Institutionen, wie dies für die Deutsche Bundesbank oder das Bundeskar-
tellamt gilt.[472] Wenn nun eine supranationale Beihilfenkontrolle das Problem ineffizienter Beihilfen besser lösen könnte als nationale Regeln, weil letztere nicht glaubwürdig
sind, könnte es für die Bürger attraktiv sein, sich bzw. ihre Politiker *freiwillig* einer solchen Institution zu unterwerfen.

Eine supranationale Beihilfenkontrolle ist allerdings *drittens notwendig*, wenn jurisdiktionsinternes Staatsversagen die Vergabe ineffizienter Beihilfen verursacht, wobei
hierdurch grenzüberschreitende internationale Externalitäten ausgelöst werden (allgemein *Breton* 1996, S. 251).

„Internationalization is normally justified only when there are identifiable international
externalities, and not merely as a means to enhance domestic credibility, unless this is
specifically requested by the member state concerned" (*Besley* und *Seabright* 2000,
S. 222).[473]

Das Problem resultiert daraus, daß zwar die Bürger der subventionierenden Jurisdiktion
ein Interesse daran haben, die auch aus ihrer Sicht ineffiziente Beihilfenvergabe mittels
geeigneter konstitutioneller Regeln zu unterbinden (*Vanberg* 1997, S. 24 f.). Allerdings
gibt es entweder solche Regeln noch nicht oder sie sind nicht durchsetzungsfähig, so
daß der Politiker Beihilfen gewähren kann, um seine eigenen Ziele zu verfolgen. Beispielsweise kann er durch die Vergabe von Rettungsbeihilfen Arbeitsplätze erhalten, die
dann in einer anderen Jurisdiktion abgebaut werden müßten. Es treten folglich negative
grenzüberschreitende Effekte infolge dieser ‚beggar-thy-neighbour' Politik auf. Diese
können den Politikern in der anderen Jurisdiktion Wählerstimmen kosten, wenn keine
anderen Unternehmen am Standort für zusätzliche Arbeitsplätze sorgen. Also werden
die Politiker der anderen Jurisdiktion ebenfalls Beihilfen gewähren, wenn es auch dort
keine jurisdiktionsinternen Regeln gibt, mittels derer eine solche Politik eingedämmt
werden kann. Unter diesen Bedingungen kann es gar zu Beihilfenwettläufen kommen.[474]
Aus gesamtgesellschaftlicher Sicht ist dann eine supranationale Beihilfenkontrolle erforderlich, die dem Handeln der Jurisdiktionen Einhalt gebietet und diese in der Nutzung des Instrumentes Beihilfe einschränkt bzw. sie selbst bindet.[475] Dazu wäre erforderlich, daß die Beihilfenkontrolle und deren institutionelle Ausgestaltung das Problem

---

[472] Vgl *Möschel* (1995, S. 76); *Schmidt* (1998, S. 274; 2001, S. 12).

[473] Dem entspräche auch die Feststellung *Kerbers* (1998b, S. 65), daß die Beihilfenkontrolle von
der Kommission nie als ein Instrument gesehen wurde, das lediglich der Beschränkung von
‚Rent-seeking'-Verhalten auf jurisdiktioneller Ebene diene, ohne daß ein internationaler
Aspekt gegeben wäre.

[474] Solche Wettläufe sind um so wahrscheinlicher, wenn es zusätzlich zu den geschilderten Bedingungen an harten Budgetrestriktionen mangelt.

[475] Die Argumentation ähnelt der von *Giersch* (1995, S. 42): „Nicht umsonst gab und gibt es die
GATT-Regeln und die einschlägigen Verbote auf EG-Ebene. Sie sind Korsettstangen für Politiker, verständlich auch als eine Art Rütli-Schwur oder Selbstbindung der Politiker im Widerstand gegen inländische protektionistische Kräfte."

lösen helfen, ohne daß zugleich die supranationale Ebene anfällig für Partikularinteressen wird.

„Dafür muß die Beihilfenkontrolle als glaubwürdige Restriktion des politischen Handelns von Politikern wahrgenommen werden. Ist die Beihilfenkontrolle hingegen keine glaubwürdige Regel für den Standortwettbewerb innerhalb der Europäischen Union, werden die politischen Akteure in den Mitgliedstaaten vermehrt versuchen, die Beihilfenkontrolle im Interesse einzelner Interessengruppen zu unterlaufen" (*Heine* und *Gröteke* 2005, S. 476).[476]

Eine solche Beihilfenkontrolle kann folglich nur dann die Effizienz des interjurisdiktionellen Wettbewerbs steigern helfen, wenn die zentrale Ebene an die Durchsetzung der Beihilferegeln gebunden werden kann.

4.3.3.6. Beihilfen, ‚Hold-up'-Problematik und Beihilfenkontrolle

4.3.3.6.1. Zur ‚Hold-up'-Problematik

Mangelt es – wie bereits im vorherigen Abschnitt angesprochen – an glaubwürdigen ‚Commitments', und zwar sowohl auf seiten der Jurisdiktion als auch auf seiten des anzusiedelnden Unternehmens, so kann das sogenannte ‚Hold-up'-Problem auftreten.

Das ‚Hold-up'-Problem kann wie folgt beschrieben werden. Sofern Investoren, gleich ob auf Güter- oder Standortmärkten, die Möglichkeit haben, eine auf Dauer angelegte Investition zu tätigen, können sie mit dem Problem konfrontiert werden, daß der Transaktionspartner die in der Investitionsvereinbarung festgelegten Spezifika, die die Qualität, die Rendite, etc. der Investition betreffen, nicht einhält (*Goldberg* 1976, S. 49 f.). Das bedeutet, der Investor muß im Zweifelsfall damit rechnen, daß der Vertragspartner sich nicht wohlmeinend, sondern opportunistisch verhalten und ihn ausbeuten wird. Das Eigentum des Investors bzw. die Aneigenbarkeit der Rendite der Investition können daher gefährdet sein (z. B. *Konrad* 2002, S. 1521).

Ganz abstrakt kann die Gefahr einer solchen Ausbeutung anhand dreier Dimensionen oder Charakteristika einer Investition oder allgemein Transaktion determiniert werden: ‚asset specificity', ‚uncertainty' und ‚frequency' (*Williamson* 1985, S. 52-61). Mit *asset specificity* ist die Spezifität und Langlebigkeit einer Investition gemeint. Dies gilt für Investitionen, die spezifisch für einen bestimmten Transaktionspartner durchgeführt werden, mit dem eine langfristige Bindung eingegangen wird. Diese Bindung oder Spezifität ist dadurch charakterisiert, daß „specialized assets cannot be redeployed without sacrifice of productive value if contracts should be interrupted or prematurely terminated" (*Williamson* 1985, S. 54).[477] Die Gefahr der Ausbeutung steigt folglich, wenn Investitionskosten irreversibel, d. h. unwiederbringlich sind (*Klein* und *Leffler* 1981, S. 617). Die Gefahr steigt zudem weiter an, wenn Unsicherheit über das Verhalten (‚be-

---

[476] Siehe mit Blick auf die europäische Beihilfenkontrolle kritisch *Vaubel* (2000, S. 285). So seien zwar die Beihilfen der Mitgliedstaaten im Zeitraum von Ende der 1980er Jahre bis Anfang der 1990er Jahre gesunken. Gleichzeitig seien aber die von der EU vergebenen Subventionen gestiegen.

[477] Dabei handelt es sich um „investments that have a smaller value in a use outside their own relationship than within the relationship" (*Grossman* und *Hart* 1986, S. 692).

havioral uncertainty') des Vertragspartners besteht (*Williamson* 1985, S. 58). Es ist gefährlich, eine langfristige Bindung durch eine Investition mit einem Vertragspartner einzugehen, bei dem man nicht einschätzen kann, wie er sich verhalten wird, also ob er sich an die Vereinbarung hält oder nicht. Denn aufgrund der Langfristigkeit der Bindung

> „situations often will arise in which the individual's short run, perceived self-interest will conflict with his long run interests (whether perceived or not) and the choice situation will be structured as to make it likely that the short run interest will be pursued" (*Goldberg* 1976, S. 53).

Die Häufigkeit der Transaktion ist die verbleibende dritte Dimension zur Charakterisierung einer Transaktion. Je seltener solche Transak-tionen durchgeführt werden, desto geringer ist die Nachfrage und damit auch das Angebot von ‚Governance'-Mechanismen zur Regelung von Verstößen gegen eine Vereinbarung (*Williamson* 1985, S. 60). So ist für spezifische Investitionen aufgrund der Seltenheit solcher Transaktionen eine rechtliche Absicherung nur schwer möglich. Denn aufgrund der Charakteristika der Investition können keine standardisierten Verträge, sondern nur spezifische Vereinbarungen abgeschlossen werden, die in der Regel Vertragslücken enthalten. Die Verträge sind also unvollständig, da es ex ante nahezu unmöglich oder zumindest sehr kostenaufwendig ist, alle Eventualitäten, die zu einer Ausbeutung führen könnten, in den Vertrag aufzunehmen (*Williamson* 1985, S. 60). Zudem handelt es sich zumeist um synallagmatische Verträge, in denen die Zeitpunkte der Leistung und Gegenleistung auseinander fallen. Dies birgt gerade die Gefahr, daß der später leistende Vertragspartner sein Verhalten im Zeitablauf ändern kann (*Richter* und *Furubotn* 1996, S. 142).[478]

Zusammengefaßt gilt: Je seltener eine Transaktion durchgeführt wird, je unsicherer sich die Parteien bezüglich des Verhaltens des Vertragspartners sind und je stärker die Bindung an die andere Vertragspartei durch die Durchführung einer spezifischen Investition ist, desto größer ist die Gefahr der Ausbeutung (‚Hold-up'-Gefahr) (*Williamson* 1998, S. 36). Fallen Leistung und Gegenleistung zeitlich auseinander, ändern sich auch die Verhandlungsstärken der Transaktionspartner im Zeitablauf (*Grüne* 1997, S. 219). Es entstehen erhöhte Transaktionskosten, die auch als „appropriation costs" oder „conflict costs" bezeichnet werden (*Konrad* 2002, S. 1522). Das sind zusätzliche Kosten, die ein Investor aufwenden muß, um seine Investition zu sichern. Diese sind insofern wichtig, als das Ausmaß seiner Investition von der Höhe dieser Transaktions- und der Produktionskosten abhängt. Unter Umständen wird eine aus gesamtgesellschaftlicher Sicht effiziente Investition ganz unterbleiben, wenn es keine „assurance markets" gibt, der Vertragspartner nicht von sich aus die Investition bzw. Transaktion glaubwürdig sichern kann oder „rules to govern the relationship" fehlen (*Goldberg* 1976, S. 50).

---

[478] Es besteht daher das sogenannte Problem der Zeitinkonsistenz, d. h. die Vertragspartner können ihr Verhalten im Zeitablauf ändern. Unter dem Begriff der „zeitinkonsistenten Politik" versteht man, daß Politiker in der ersten Periode eine Ankündigung bezüglich der Gestaltung der zukünftigen Politik unterbreiten, diese Ankündigung oder ein Versprechen aber im Zeitablauf brechen (*Persson, Persson* und *Svensson* 1987, S. 1420; *Alesina* und *Tabellini* 1988, S. 543; *Grüne* 1997, S. 36).

Im interjurisdiktionellen Wettbewerb kann es zu ähnlichen Problemen kommen, wenn ein Investor eine auf lange Frist angelegte Investition an einem Standort, insbesondere in einem „Fragezeichen-Land" (*Perlitz* 1999, S. 233), tätigen möchte. Das Problem stellt sich im Vergleich zu den Gegebenheiten auf Gütermärkten sogar noch komplexer dar, weil oftmals überhaupt kein institutioneller Rahmen existiert, der die Einhaltung und Durchsetzung von Standortverträgen zwischen Jurisdiktionen und Unternehmen und die Sicherung des Eigentums gewährleisten könnte (*Kerber* 1998a, S. 222 f.; *Kiwit* und *Voigt* 1998, S. 326). Das individuelle Eigentum könnte daher nur gesichert werden, wenn es mobil und somit nicht standortspezifisch ist. Sofern ein Unternehmen jedoch die Möglichkeit hat, spezifische, irreversible und langfristige Investitionen in einer Jurisdiktion vorzunehmen, kann auf seiten des Unternehmens die Gefahr der Ausbeutung auftreten. Aber auch auf seiten der Jurisdiktion kann ein solches ‚Hold-up'-Problem auftreten, wenn die Jurisdiktion vor der Entscheidung steht, ob und in welchem Umfang sie irreversible, langfristige und unternehmensspezifische Investitionen zur Ansiedlung eines Unternehmens tätigen möchte. Insgesamt kann es daher aus gesamtgesellschaftlicher Sicht zu ineffizienten Ansiedlungs- bzw. Investitionsentscheidungen kommen. Eine ‚first best'-Lösung für dieses beidseitige Problem wäre ein supranationaler Rechtsrahmen für Standortverträge zwischen Investor und Regierung, mit dem Standortvereinbarungen tatsächlich durchgesetzt werden können. Ist ein solcher Rechtsrahmen nicht existent oder nicht durchsetzungsfähig oder besteht noch keine konsistente Rechtspraxis bei der Interpretation von Vertragslücken (‚contractual gaps'), stellt sich die Frage, ob es alternative Lösungsmöglichkeiten gibt. Auch eine durchsetzungsfähige und glaubwürdige Beihilfenkontrolle oder gar die Gewährung von Beihilfen können das Problem mangelnder Glaubwürdigkeit lösen helfen. Dies soll nachfolgend näher erläutert werden.

4.3.3.6.2. ‚Hold-up' zu Lasten des Unternehmens/Investors

Aus der Literatur bekannt ist die Konstellation, daß eine Jurisdiktion eine Firma, deren Kapitaleigner im Ausland sitzen, ansiedeln und mit ihr eine Standortvereinbarung abschließen möchte. Aufgrund dieser Vereinbarung würde das Unternehmen eine standortspezifische Investition tätigen.[479] Die Renditen aus dieser Investition, genauer, die lokalen Renten, die das Unternehmen aufgrund dieser Investition erzielen würde, fallen erst im Zeitablauf an (*Marjit* et al. 1999, S. 625). Das Unternehmen wäre demnach solange an die Jurisdiktion gebunden, bis die Investition abgeschrieben oder amortisiert ist.

Die Jurisdiktion sichert dem Unternehmen im Rahmen der Standortvereinbarung bestimmte Gegenleistungen zu, die die Höhe der Steuersätze, die Menge und Qualität der öffentlichen angebotenen Güter sowie Regulierungen etc. betreffen. Sie wird somit ein

---

[479] Standortspezifität und eine Irreversibilität von Transaktionen liegen beispielsweise auch vor, wenn Unternehmen abhängig von regional spezifischen Gegebenheiten wie lokalen Rohstoff- und Absatzmärkten sind. Dies betrifft insbesondere Kleinunternehmen. Diese sind dann im Gegensatz zu Großunternehmen, die ihre Rohstoffe weltweit beziehen und die Produkte weltweit absetzen können, „in a sense, immobile and exploitable by the governments" (*Scoones* und *Wen* 2001, S. 376).

Versprechen abgeben, wie sie ihre Parameter für den Zeitraum der Amortisation der Unternehmensinvestition einsetzen wird. Das Unternehmen wird jedoch die Glaubwürdigkeit dieses Versprechens in Zweifel ziehen, weil – so wird im Modell angenommen – die Jurisdiktion weiß, daß das Unternehmen eine spezifische Investition getätigt hat (z. B. *Doyle* und *Wijnbergen* 1994, S. 211).[480] Unter diesen Umständen muß das Unternehmen befürchten, daß sich die Jurisdiktion nicht mehr an die Versprechungen halten und Steuerlast, Regulierungen, das Angebot öffentlicher Leistungen und sonstige getroffene Zusagen zu Lasten des Unternehmens ändern wird (Problem der Zeitinkonsistenz).[481] Konkret wäre zu erwarten, daß die Jurisdiktion die lokale Rente bzw. Standortrente, die das Unternehmen nur in dieser Jurisdiktion erzielen kann, abschöpfen wird.[482] Zu diesem Zweck kann sie die Steuern zu Lasten des Unternehmens so hoch setzen oder die Regulierungen, die dem Unternehmen Kosten erzeugen, so ändern, daß es sich für das Unternehmen gerade nicht lohnt, die Investition total abzuschreiben und wegzuziehen (*Bond* und *Samuelson* 1986, S. 820; *Haucap* und *Hartwich* 2006, S. 119).[483]

Dieses Problem kann sich für das Unternehmen stellen, wenn sich die Jurisdiktion nicht glaubwürdig zur Einhaltung der Standortvereinbarung verpflichten kann und es nicht möglich ist, „to write an enforceable contract on the corporate tax structure" (*Doyle* und *Wijnbergen* 1994, S. 212). Die Firma wird daher versuchen, Investitionen so zu planen, daß eine Ausbeutbarkeit so weit wie möglich minimiert werden kann.[484]

„This creates an incentive for the firm to adopt smaller and less capital-intensive projects than would be undertaken if countries could commit to tax rates, which means that pro-

---

[480] Das ,Hold-up'-Problem tritt laut Literatur nur am neuen Standort auf. Für den bisherigen Standort des Unternehmens wird es als gelöst betrachtet (*Bond* und *Samuelson* 1986, S. 820 f.; 1989, S. 77; *Haaparanta* 1996, S. 141). Man spricht daher auch von „incumbency advantages" (*Konrad* 2002).

[481] Diese Problematik kann ebenfalls auftreten, wenn eine neue Regierung gewählt wird, die sich nicht mehr an die Versprechungen der Vorgängerregierung gebunden fühlt und entsprechende Änderungen im Steuersystem, den Regulierungen oder dem Angebot öffentlicher Güter vornimmt (*Black* und *Hoyt* 1989, S. 1254, Fn. 10; *King*, *McAfee* und *Welling* 1993, S. 592, Fn. 4; *Guo*, *Miao* und *Morellec* 2005). Schon *Eucken* (1952/1975, S. 285-289) wies darauf hin, daß für die Investitionstätigkeit privater Wirtschaftssubjekte die *Konstanz der Wirtschaftspolitik* eine wichtige Rolle spielt.

[482] Vgl. *Bond* und *Samuelson* (1989, S. 77); *Thomas* und *Worrall* (1994); *Haaparanta* (1996, S. 141); *Marjit* et al. (1999, S. 625).

[483] *Doyle* und *Wijnbergen* (1994) modellieren einen solchen Prozeß spieltheoretisch. Das Unternehmen erhält vor der Investition eine Vergünstigung (Beihilfe, ,tax holiday'). Nachdem die Investition getätigt wurde, verschlechtert sich die Verhandlungsposition des Unternehmens und die Jurisdiktion hebt die Steuern für das Unternehmen immer weiter bis zu einem bestimmten Steuersatz an. Von da an bleibt die Steuerzahlung konstant.

[484] Auch *Ricardo* (1817/1977, S. 161 f.) sprach dieses Problem ausländischer Direktinvestitionen an. „Experience however shews [sic!], that the fancied or real insecurity of capital, when not under the immediate control of its owner ... and intrust himself with all his habits fixed, to a strange government and new laws, check the emigration of capital. These feelings, ... induce most men of property to be satisfied with a low rate of profits in their own country, rather than seek a more advantageous employment for their wealth in foreign nations."

duction techniques are chosen inefficiently when there is no commitment" (*Bond* und *Samuelson* 1989, S. 78).[485]

Es stellt sich die Frage, welche Umstände begünstigen könnten, daß die Standortvereinbarung und damit die individuell und gesamtgesellschaftlich effiziente Investition an dem *neuen* Standort dennoch durchgesetzt werden.

1. Wenn ein institutioneller Rechtsrahmen für Standortvereinbarungen nicht existiert, wäre eine alternative Möglichkeit der Sicherung der Früchte der Investition, dem Unternehmen bei der Ansiedlung konstitutionell Entscheidungsrechte bzw. ein Vetorecht zuzusichern. Alternativ kann man diese Entscheidungs- und Kontrollrechte auch den Kapitaleignern zuweisen. Konsequenterweise müßte dies dann auch für den von *Mueller* (2000, S. 341) beschriebenen Fall gelten, daß die Kapitaleigner im Ausland ansässig sind. Problematisch ist allerdings, daß die Definition und Durchsetzungsfähigkeit solcher Rechte sehr kostenintensiv ist. Diese Lösung ist demnach eher unwahrscheinlich.

2. Unternehmen können ihrerseits der drohenden Ausbeutung durch eine Jurisdiktion dadurch begegnen, daß sie in verschiedenen Jurisdiktionen Überkapazitäten aufbauen. Dies ist zwar aus gesamtgesellschaftlicher Sicht ineffizient. Aus Sicht eines Unternehmens kann der Aufbau von Überkapazitäten in verschiedenen Jurisdiktionen aber als eine wirksame (Abwanderungs-)Drohung interpretiert werden, falls sich eine Jurisdiktion nicht zu einer glaubwürdigen Politik verpflichten kann und eine Ausbeutung nicht ausgeschlossen werden kann (*Janeba* 2000, S. 1508 f.).[486] Der Aufbau von Überkapazitäten kann speziell für multinationale Großunternehmen mit Produktionsstandorten in unterschiedlichen Ländern eine sinnvolle Strategie zur Verhinderung einer Ausbeutung durch eine Jurisdiktion sein.

3. Es gibt auch die Möglichkeit, daß die Jurisdiktion von sich aus signalisiert, daß sie keine Ausbeutungsstrategie verfolgen wird, um so die Bedenken des Unternehmens auszuräumen. Die Jurisdiktion könnte freiwillig eine Selbstverpflichtung oder Selbstbindung eingehen. Diese würde bewirken, daß für die Jurisdiktion selbst ein Schaden entsteht, wenn sie die vereinbarten Leistungen nicht gewähren und sich opportunistisch verhalten würde. Die Jurisdiktion hätte folglich einen Anreiz, die vereinbarten Leistungen zu erbringen. Die Standortvereinbarung wäre somit auch ohne internationalen Rechtsrahmen, selbstdurchsetzend, weil sie „incentive compatible" (*North* 1993, S. 13) oder „motivationally credible" (*Shepsle* 1991, S. 247) wäre, denn keine Vertragspartei hätte einen Anreiz, gegen die Vereinbarung zu versto-

---

[485] Vgl. auch *Marjit* et al. (1999, S. 625); *Janeba* (2000, S. 1508); *Haucap* und *Hartwich* (2006, S. 119); *Guo*, *Miao* und *Morellec* (2005) modellieren die Investitionsentscheidung eines Unternehmens unter der Unsicherheit eines Regierungswechsels mittels der Realoptionentheorie.

[486] Eine weitere Lösung wäre eine vertikale Integration oder Harmonisierung der Interessen, wie sie für Firmen auf Gütermärkten vorgeschlagen wird (*Klein*, *Crawford* und *Alchian* 1981; *Williamson* 1985, S. 85-102). „The advantage of vertical integration is that adaptations can be made in a sequential way without the need to consult, complete, or revise interfirm agreements" (*Williamson* 1985, S. 78). Dies könnte freilich auch auf das Verhältnis zwischen Jurisdiktion und angesiedeltem Unternehmen, d. h. auf eine Verstaatlichung dieses Unternehmens oder deren Tochtergesellschaft bezogen werden.

ßen.[487] „A self enforcing agreement between two parties remains in force as long as each party believes himself to be better off by continuing the agreement than he would be by ending it" (*Telser* 1980, S. 27).

4. Ein wichtiger Mechanismus zur Selbstdurchsetzung von Standortvereinbarungen ist – wie auch schon bei der Informationsasymmetrie *vor* Vertragsschluß – der Reputationsmechanismus. Besitzt die Jurisdiktion bereits eine Reputation hinsichtlich der Qualität der bereitgestellten Leistungen, so kann sie eine Reputationsrente abschöpfen. Wenn sie die Reputationsrente auch weiterhin generieren will, kann es sich die Jurisdiktion gar nicht leisten, die Qualität der versprochenen oder angebotenen Leistungen nach Ansiedlung eines Unternehmens zu dessen Nachteil zu ändern. Ansonsten müßte sie damit rechnen, daß zukünftige Firmenzuwanderungen unterbleiben werden und eine Abschöpfung der Reputationsrente zukünftig nicht mehr möglich wäre. Kurz: „What assures high quality supply is the capital loss due to the loss of future business if low quality is produced" (*Klein* und *Leffler* 1981, S. 627 für Gütermärkte). Eine Standortvereinbarung zwischen einer Jurisdiktion und einem Unternehmen, das in der Jurisdiktion investieren möchte, ist aber nur dann selbstdurchsetzend, wenn der Verlust der Reputationsrente der Jurisdiktion größeren Schaden zufügen würde als ein Verstoß gegen die Standortvereinbarung. Falls jedoch die entgangene Reputationsrente, also die zu erwartenden Erträge aus zukünftigen Unternehmensansiedlungen, gering oder nicht signifikant ist, „the local government will find it all too easy to cheat the investor once the investment is sunk" (*Marjit* et al. 1999, S. 626).

5. Besitzt eine Jurisdiktion noch keine Reputation für *Nichtausbeutung*, besteht das Problem, unter welchen Voraussetzungen „there are mutually satisfactory terms for a self-enforcing agreement" (*Telser* 1980, S. 30). Die Jurisdiktion kann versuchen, eine Reputation für Nichtausbeutung aufzubauen, indem sie sich zunächst in anderer Weise glaubwürdig selbst bindet.[488] Sie könnte zu Beginn der Ansiedlung bzw. der Investition des Unternehmens in der neuen Jurisdiktion selbst Kosten versenken. Sie könnte selbst spezifisch und irreversibel in oder für das ansiedlungswillige Unternehmen investieren, beispielsweise durch die Errichtung einer spezifischen Infrastruktur oder durch eine finanzielle Beteiligung an der standortspezifischen Investition der Firma (*Marjit* 1990; *Haucap* und *Hartwich* 2006, S. 119).[489] Eine solche Situation, in der beide Parteien spezifisch investieren, wird auch als „Austausch von Geiseln" bezeichnet (*Williamson* 1985, S. 169-175 und 193-198). Nebenbei bemerkt, all diese vorgeschlagenen Maßnahmen zur Selbstbindung der Jurisdiktion würden unter den Begriff der *Beihilfe* fallen. Die gewährten Beihilfen können dem

---

[487] Vgl. *Klein* und *Leffler* (1981); *Williamson* (1985, S. 168 f.); *Haucap* (1998, S. 173).

[488] Vgl. *Marjit* et al. (1999, S. 625); *Steinrücken* und *Jaenichen* (2005, S. 9 f.); *Haucap* und *Hartwich* (2006, S. 119). Siehe für Gütermärkte auch *Klein* und *Leffler* (1981).

[489] Ähnlich argumentieren *King*, *McAfee* und *Welling* (1993, S. 600-603). Sie gehen in ihrem zweiperiodigen Modell davon aus, daß zwei Jurisdiktionen um die Ansiedlung einer Firma bieten, wobei diejenige den Zuschlag erhält, die eine spezifische Infrastrukturinvestition für das Unternehmen vornimmt. Dies ist ein Signal für die Qualität der angebotenen Leistungen und damit zugleich auch ein Signal für Nichtausbeutung.

Unternehmen zusichern, daß die Jurisdiktion keine Ausbeutung und keine Änderung der Qualität betreiben wird, da sie sich ansonsten selbst schädigen würde. Dies gilt jedoch wiederum nur, wenn der erwartete Nutzen aus der Einhaltung der Vereinbarung größer ist als der Nutzen aus deren Verletzung. Damit die Einhaltung der Standortvereinbarung seitens der Jurisdiktion glaubwürdig ist, müßten die zukünftig abschöpfbaren Reputationsrenten größer sein als der Ertrag aus der Ausbeutung des Unternehmens. Zusammenfassend kann die Gewährung einer *Beihilfe* als eine Form der glaubwürdigen Selbstbindung bzw. als ein Signal für *Nichtausbeutung* – auch im Hinblick auf zukünftige ‚Hold-up'-Situationen – interpretiert werden. Dies gilt nur, solange die zukünftigen Erträge aus der Einhaltung der Vereinbarung die kurzfristigen Erträge aus dem Bruch der Vereinbarung übersteigen. Harte Budgetrestriktionen sind auch in diesem Fall wichtig. Fehlen diese, könnte sich das Kalkül der Jurisdiktion ändern und Zweifel an deren Glaubwürdigkeit aufkommen lassen.

6. Obwohl die Vergabe von Beihilfen als glaubwürdiges Signal für *Nichtausbeutung* dienen kann, wenn harte Budgetrestriktionen vorliegen, muß beachtet werden, daß die Beihilfenvergabe Opportunitätskosten erzeugt (*Marjit* et al. 1999, S. 628). Unter Umständen kann oder will die Jurisdiktion nicht die entsprechenden Finanzmittel aufbringen. Es stellt sich daher die Frage nach weiteren Alternativen einer glaubwürdigen Selbstbindung. Zu bedenken ist, daß die Vergabe von Beihilfen oder allgemein die Möglichkeit der Preisdifferenzierung nicht nur geeignet ist, das ‚Hold-up'-Problem durch unternehmensspezifische Investitionen, den Austausch von Geiseln, zu beseitigen. Wenn die Jurisdiktion Preisdifferenzierungen durchführen kann, so kann dies gleichsam als Ursache für die Existenz des ‚Hold-up'-Problems verstanden werden. Denn die Möglichkeit der Differenzierung oder Diskriminierung ist für die Durchführung einer Ausbeutungsstrategie essentiell. Die Jurisdiktion könnte das ‚Hold-up'-Problem daher auch lösen, indem sie für den Zeitraum, in der das Unternehmen aufgrund der spezifischen Investition an die Jurisdiktion gebunden ist, glaubwürdig auf den Einsatz solch spezifischer Parameter verzichtet, die zur Ausbeutung des Investors am besten geeignet sind. Sie könnte sich zu diesem Zweck der Kontrolle durch eine dritte, unabhängige Institution unterwerfen.[490] Abstrahierend von der derzeitigen europäischen Beihilfenpraxis, könnte dies beispielsweise eine durchsetzungsfähige, glaubwürdige und neutrale supranationale Beihilfenkontrolle sein. Diese hätte die Aufgabe, eine Ausbeutung des Unternehmens zu verhindern, indem sie der Jurisdiktion nach der Ansiedlung des Unternehmens nur die Veränderung von Parametern gestattet, die alle Unternehmen einer Jurisdiktion betreffen. Die Durchführung spezifischer Maßnahmen würde hingegen nach der Investition des Unternehmens unterbunden. Eine supranationale Beihilfenkontrolle kann

---

[490] Siehe allgemein auch *Telser* (1980, S. 42 f.). Das zu lösende Problem und die Einschaltung der Kommission als eine dritte Instanz kommt auch, wenn auch allgemeiner, bei *Smith* (1998, S. 60) zum Ausdruck. „The initial delegation of exclusive competence over competition policy itself may be explained by problems of incomplete contracting and credibility. The signatories of the original EEC Treaty could lower transaction costs of adjusting to new contingencies by having a neutral arbiter of each government's commitment to central bargain. This could benefit the Member State governments both collectively and individually vis-à-vis domestic constituencies" (H. i. O.).

diese Funktion jedoch nur effizient erfüllen, wenn sie möglichst viele Parameter, die für eine Ausbeutungsstrategie der Jurisdiktion geeignet sind, kontrolliert.

Es ist abschließend kurz zu bemerken, daß die ‚first best'-Lösung für die ‚Hold-up'-Problematik in einem effizienten und durchsetzungsfähigen Rechtsrahmen für Standort-vereinbarungen zu sehen ist. Zuvor wurden lediglich Alternativen für den Fall disku-tiert, daß ein solcher Rahmen nicht existent oder nicht durchsetzungsfähig ist. Insofern könnte eine Beihilfenkontrolle nur als ein unvollkommenes Substitut für eine ‚first best'-Lösung gesehen werden. Gleiches gilt auch für die folgende Diskussion.

4.3.3.6.3. ‚Hold-up' zu Lasten der Jurisdiktion

Der ‚Hold-up'-Problematik können sich nicht nur Unternehmen, sondern auch Juris-diktionen ausgesetzt sehen. So kann die Jurisdiktion vor der Wahl stehen, ob sie vor einer Ansiedlung eines Unternehmens eine irreversible unternehmensspezifische Inve-stition tätigt oder nicht. Diese Investition oder Beihilfe ist, wenn es keinen Rechtsrah-men gibt, der die Einhaltung der Verträge und damit eine Rückerstattung zusichert, versunken. Es stellt sich vor diesem Hintergrund für die Jurisdiktion die Frage, ob sich das ansiedlungswillige Unternehmen an die versprochenen und sich über einen be-stimmten Zeitraum erstreckenden Gegenleistungen (Investitionen in Maschinen und Humankapital ebenso wie die Schaffung von Arbeitsplätzen und die Steigerung von Steuereinnahmen) hält. Dies gilt besonders für die Dauerhaftigkeit der Gegenleistungen. Das Unternehmen könnte nämlich versuchen, die Steuervergünstigungen oder Beihilfen *mitzunehmen*. Denn würde eine Beihilfe vorab gewährt, würde sich die Verhandlungs-position des erst später agierenden Unternehmens verbessern. Damit würde auch die Gefahr für die Jurisdiktion steigen, daß sich das Unternehmen opportunistisch verhal-ten, also eine zeitinkonsistente Politik betreiben könnte.[491]

Einerseits könnte das Unternehmen statt der versprochenen Großinvestition eine möglichst kleine Investition in langlebige standortspezifische Investitionsgüter und ge-ringere Investitionen als versprochen in die Ausbildung und Beschäftigung der Arbeit-nehmer tätigen, um nur für kurze Zeit an die Jurisdiktion gebunden zu sein.[492] Anderer-seits könnte das Unternehmen mit Abwanderung drohen und für die gleiche Gegenlei-stung mehrfach Beihilfen fordern. So könnte sie die Quasi-Rente der Jurisdiktion ab-schöpfen. „[A] host government might then find itself paying a second time for the same benefits" (*Besley* und *Seabright* 2000, S. 219). Beides hätte zur Konsequenz, daß die Jurisdiktion die spezifische Investition, also eine Beihilfenvergabe unterlassen oder zumindest nicht in dem aus gesellschaftlicher Sicht effizientem Ausmaß tätigen würde.

---

[491] Ursächlich hierfür können in Analogie zur Argumentation im vorherigen Abschnitt auch eine Änderung in der Anteilseignerstruktur des Unternehmens oder ein Wechsel an der Unter-nehmensspitze und eine hiermit verbundene Änderung der Unternehmensstrategie sein.

[492] Hierbei handelt es sich um ein typisches Problem, das immer wieder im Zusammenhang mit der Gewährung von ‚tax holidays' auftaucht und daher die Effizienz dieses Instruments in Frage stellt. *Bond* (1981, S. 94) stellt zwar fest, daß kurzfristig die gewünschten Effekte ein-treten. Nach dem Auslaufen der ‚tax holidays' würden jedoch die meisten angesiedelten Firmen sofort abwandern.

Denn das Problem ist von der Jurisdiktion „zumal ex ante kaum in den Griff zu bekommen" (*Gröbner* 1983, S. 134).

Das Problem ist um so größer, je geringer die Bindung des Unternehmens an die Jurisdiktion ist, d. h. je geringer seine Wechselkosten sind. Dies trifft speziell auf multinationale Unternehmen zu, weil sie in der Regel nicht in dem Maße wie kleine und mittlere Unternehmen auf standortspezifische und geographisch gebundene Beschaffungs- und Absatzmärkte angewiesen sind (*Scoones* und *Wen* 2001, S. 376). Die Tatsache, daß sie in verschiedenen Jurisdiktionen tätig sind, reduziert die Wechselkosten, und dies umso mehr, je mehr Überkapazitäten in den verschiedenen Jurisdiktionen aufgebaut wurden. Der Aufbau solcher Überkapazitäten schützt die Unternehmen zwar einerseits selbst vor einer Ausbeutung durch eine Jurisdiktion (siehe oben), ermöglicht es ihnen aber andererseits, selbst eine ‚Hold-up‘- oder Erpressungsstrategie durchzuführen (*Steinrücken* und *Jaenichen* 2005, S. 7).

Zur Lösung des ‚Hold-up‘-Problems zu Lasten der Jurisdiktion könnten folgende Optionen dienen. Diese können Bedeutung erlangen, wenn ein institutioneller Rechtsrahmen für solche Standortvereinbarungen nicht existent ist oder er die Durchstzung der Vereinbarung nicht gewährleisten kann.

1. Die Jurisdiktion könnte die Wirtschaftsstruktur innerhalb der Jurisdiktion diversifizieren und so die Abhängigkeit von einzelnen Branchen und Unternehmen gering halten. Sie würde dadurch ihre Erpreßbarkeit und damit auch die Notwendigkeit der Vergabe von Beihilfen reduzieren. Die Jurisdiktion könnte Erpressungsversuchen eines Unternehmens also allgemein dadurch entgehen, daß sie andere Unternehmen ansiedelt (*Mueller* 2000, S. 342).

2. Ferner könnte die Firma von sich aus das ‚Hold-up‘-Problem der Jurisdiktion lösen helfen, indem sie ihrerseits spezifisch und irreversibel in die Jurisdiktion investiert und damit einen Verzicht auf die Ausnutzung der gestiegenen Verhandlungsmacht signalisiert (*Austausch von Geiseln*). Sofern die Erträge des Unternehmens aus der Einhaltung der Vereinbarung die Erträge aus dem Bruch der Vereinbarung übersteigen, wäre die Vereinbarung selbstdurchsetzend und das ‚Hold-up‘-Problem gelöst.

3. Alternativ könnten sich das Unternehmen und die Jurisdiktion *freiwillig* darauf einigen, die Kontrolle der Einhaltung solcher Standortvereinbarungen und damit die Sicherung der Früchte der Investition einer dritten durchsetzungsfähigen Instanz zu unterstellen. Ein solches Instrument könnte eine supranationale Beihilfenkontrolle auf supranationaler Ebene sein, wenn sie im Gegensatz zu einem allgemeinen institutionellen Rechtsrahmen für Standortvereinbarungen glaubwürdig und durchsetzungsfähig wäre. Eine solche Beihilfenkontrolle müßte verhindern, daß für die Ansiedlung des Unternehmens und die zugesagten Leistungen des Unternehmens mehrfach Beihilfen vergeben werden. Das bedeutet, eine weitere Beihilfengewährung nach der Ansiedlung des Unternehmens soll vermieden werden, indem nach der Ansiedlung wiederum keine spezifischen oder selektiven, sondern nur noch allgemeine Maßnahmen zugelassen werden.

> „The enforcement of a distinction between generic and ad hoc aids is, however, a more promising policy. But its primary benefit is to prevent a firm from using the

threat of relocation to make governments to pay more than once for the same ... bene-fits, and should therefore be seen as a mechanism to solve a national market failure rather than one that solves a problem of genuinely international dimension" (*Besley* und *Seabright* 2000, S. 220).

Die Unterscheidung zwischen selektiven und allgemeinen Maßnahmen ist jedoch nur sinnvoll, wenn auch mehr als ein Unternehmen in einer Jurisdiktion angesiedelt ist. Wenn es sich um eine kleine Jurisdiktion mit einem dominantem Unternehmen han-delt, entstehen Probleme, die nur gelöst werden können, wenn nach der Gewährung der Ansiedlungsbeihilfe im Grunde keine Veränderung der Parameter mehr stattfin-det. Wie effizient eine solche Beihilfenkontrolle das Problem lösen kann, hängt wie-derum davon ab, ob sie alle zur Ausbeutung geeigneten Parameter kontrollieren kann.

4.3.3.7. Umverteilung und Beihilfenkontrolle

Die Vergabe von Beihilfen kann auch aus distributiver Sicht diskutiert werden. Die Argumente sind bereits bei der Diskussion um den Steuerwettbewerb größtenteils be-handelt worden. Sie sind folglich kein Spezifikum des Parameters Beihilfe. Die Beihil-fenkontrolle kann allerdings nur insofern zur Lösung distributiver Probleme beitragen, als sie die Vergabe von Beihilfen verhindert.

4.3.3.7.1. Personelle Umverteilung in der Jurisdiktion und Beihilfenkontrolle

Aus *allokativer* Sicht gibt es gute Gründe für die Vergabe von Beihilfen bzw. Preis-differenzierungen innerhalb einer Jurisdiktion, wie die Modelle von *Bond* und *Samuel-son* (1986), *Black* und *Hoyt* (1989), *Kerber* (1998b), *Besley* und *Seabright* (1999; 2000), *Mueller* (2000) sowie Steinrücken und Jaenichen (2002; 2004a) und anderen zeigen. Die Vergabe von Beihilfen kann demnach dazu beitragen, daß mobile Unternehmen oder Investitionsprojekte aus gesamtgesellschaftlicher Sicht an die effizientesten Stand-orte gelangen.

Buchanan und *Goetz* (1972, S. 36) argumentieren, daß die Vergabe von Beihilfen zwar immobilen Produktionsfaktoren die Möglichkeit gibt, durch die Attrahierung mo-biler ihre Standortrenten zu sichern. Da im Modell der Autoren alle Unternehmen oder Individuen die gleichen Präferenzen für und die gleiche Inanspruchnahme von öffentli-chen Leistungen haben, ist zu fragen, ob nicht aus Gerechtigkeitserwägungen alle Indi-viduen gleich behandelt werden sollten (*Kasper* 1996, S. 23). *Goetz* und *Buchanan* (1972, S. 38) schlagen daher aus distributiver Sicht konstitutionelle Regeln vor, die eine Gleichbehandlung der Jurisdiktionsmitglieder gewährleisten, sofern Ungleichbehand-lungen nicht durch unterschiedliche Einkommens- oder Vermögenspositionen der Mit-glieder gerechtfertigt sind. In Ermangelung solcher Regelungen könnte eine supranatio-nale Beihilfenkontrolle bzw. ein Beihilfenverbot eine verteilungspolitische Funktion ausüben, weil sie die Ungleichbehandlung von Unternehmen verhindern könnte.

Sinn (2002, S. 402; 2004, S. 32) spitzt das von *Buchanan* und *Goetz* angerissene Problem interpersoneller Umverteilung in einer Jurisdiktion weiter zu. In der Regel sei-en nämlich die immobilen Produktionsfaktoren im Gegensatz zu den reichen Besitzern mobilen Kapitals sowieso schon in einer schlechteren Verteilungsposition. Die Vergabe von Beihilfen an diese reichen Besitzer von Kapital und deren aus Effizienzgründen gerechtfertigte Finanzierung durch die armen Immobilen würde nicht nur zu einem ‚race to the bottom' bezüglich der Funktion des umverteilenden Wohlfahrtsstaates führen, sondern ist „in a certain sense a race below the bottom." *Sinn* schlägt vor, daß eine supranationale Beihilfenkontrolle dazu dienen könnte, direkte Beihilfen, aber auch indirekte Beihilfen wie Infrastrukturgeschenke zu unterbinden, um die Verteilungsposition immobiler Produktionsfaktoren zu schützen und ein weiteres Auseinanderdriften der Vermögenspositionen zu verhindern.

Zur Lösung dieses Problems ist allerdings nicht unbedingt eine supranationale Beihilfenkontrolle notwendig. Da es sich um ein jurisdiktionsinternes Problem handelt, wären jurisdiktionelle konstitutionelle Regeln zunächst vorzuziehen.

4.3.3.7.2. Regionale Umverteilung zwischen Jurisdiktionen und Beihilfenkontrolle

Die Vergabe von Beihilfen kann, obwohl sie allokativ effizient wäre, auch aus Sicht der *interregionalen* Distribution, also der Verteilungspositionen zwischen den unterschiedlichen im Wettbewerb miteinander befindlichen Jurisdiktionen als ungerecht empfunden werden. So mag die Vergabe von Beihilfen im Modell von *Mueller* (2000) zwar effizient sein, weil sich die – gemessen an dem Haus- und Grundvermögen – Bewohner reicher Jurisdiktionen höhere Beihilfen leisten können als die Bewohner ärmerer Jurisdiktionen. Allerdings kann die Gewährung von Beihilfen zur Erhaltung und Ansiedlung neuer Unternehmen zu verteilungspolitischen Problemen zwischen Jurisdiktionen führen, wenn das Angebot an Direktinvestitionen oder Unternehmen begrenzt ist. In diesem Fall würde die Vergabe von Beihilfen zur Ansiedlung von Unternehmen in erster Linie in reichen Jurisdiktionen erfolgen, deren Mitglieder über entsprechende Mittel verfügen. Im Extremfall würden gar Unternehmen aus den ärmsten Regionen in die reicheren gelockt, obwohl diese eventuell Standortnachteile für ein Unternehmen aufweisen, die aber durch die Vergabe von Beihilfen überkompensiert werden können. Die unkontrollierte Vergabe von Beihilfen würde letztlich zu Lasten der armen Jurisdiktionen gehen. Es käme so zu einer weiteren Verarmung bereits armer oder wirtschaftlich unterentwickelter Regionen (*Schneider* 1998, S. 77).

Aus distributiver Sicht stellt sich somit die Frage, ob man sich unter der Voraussetzung, daß kein Finanzausgleich zwischen den Jurisdiktionen existiert, auf zentraler Ebene unter dem ‚veil of ignorance' auf ein Beihilfenverbot oder eine Deckelung der Beihilfenvergabe für reiche Jurisdiktionen bei der Ansiedlung von Unternehmen einigen könnte. Dies würde auch den armen Jurisdiktionen die Chance geben, Unternehmen zu attrahieren. Wenn man aufgrund dieser Überlegung die supranationale Beihilfenkontrolle für ein geeignetes verteilungspolitisches Instrument hält, dann müßte im Rahmen dieser Beihilfenkontrolle allerdings der Effizienz-Gleichheits-‚Trade-off' gelöst werden. Dies könnte beispielsweise ebenfalls unter dem Schleier der Ungewißheit erfolgen. (*Martin* 2000, S. 4).

4.3.3.8. Beihilfenkontrolle als Instrument zur Kartellierung / Kartellstabilisierung

Eine supranationale Beihilfenkontrolle kann einerseits als ein Instrument dienen, mit dem Politiker auf nationaler und subnationaler Ebene in ihren Handlungsweisen eingeschränkt werden können. Dies gelingt jedoch nur, wenn die Beihilfenkontrolle durchsetzungsfähig und glaubwürdig ist. Aufgrund dieser Eigenschaften könnte sie andererseits ein geeignetes Instrument für nationale und subnationale Politiker sein, um den interjurisdiktionellen Wettbewerb einzuschränken (*Heine* und *Gröteke* 2005, S. 476 f.). Es wurde bereits erläutert, daß Politiker ein Interesse daran haben können, sich dem Wettbewerbsdruck zu entziehen, indem sie politische Kartelle bilden (z. B. *Vaubel* 1992, S. 48). Diese können jedoch ebenso wie Kartelle auf Gütermärkten inhärent instabil sein (*Vaubel* 2000, S. 281). Die Ursache liegt darin, daß ein Kartell von außen wie auch von innen aufgebrochen werden könnte. So kann es für eine Jurisdiktion vorteilhaft sein, erst gar nicht an dem Kartell mitzuwirken, weil sie bei Boykott des Kartells einen höheren Gewinn erzielen kann als bei Beitritt zum Kartell. Selbst wenn eine Jurisdiktion am Kartell teilnimmt, kann es für sie attraktiv sein, gegen die Kartellabrede zu verstoßen, wenn ihr dies einen größeren Vorteil als die Kartelltreue bringt (Gefangenendilemma-Situation) (*Sinn* 1992, S. 189). Beide Probleme beeinträchtigen die Bildung von Kartellen, vor allem aber die Durchsetzung der Kartellabrede.

Beide Stabilitätsprobleme politischer Kartelle könnten durch eine durchsetzungsfähige und verbindliche Beihilfenkontrolle gelöst werden. Unter dem Vorwand, die Konkurrenz würde *unfaire* Wettbewerbsparameter im interjurisdiktionellen Wettbewerb einsetzen könnte die Beihilfenkontrolle strategisch als ein Instrument des ‚raising rival's costs' fungieren (*Vaubel* 2000, S. 281). So kann eine supranationale Beihilfenkontrolle aufgrund ihres obligatorischen Charakters und ihrer Durchsetzungsfähigkeit ein politisches Kartell gegen Wettbewerb von *außen* schützen. Wenn die Beihilfenkontrolle glaubwürdig und durchsetzungsfähig ist, wäre sie ebenfalls ein geeignetes Instrument, um das Unterlaufen der Kartellabrede von Kartellmitgliedern zu sanktionieren und ihnen somit einen Anreiz zu geben, sich an die Absprache zu halten.

Zu beachten ist allerdings, daß die Beihilfenkontrolle diese Funktion der Kartellstabilisierung nur in dem Ausmaß ausüben kann, wie potentielle Wettbewerbsparameter unter den Begriff der Beihilfe und damit in den Kompetenzbereich einer supranationalen Beihilfenkontrolle fallen. Je weniger Wettbewerbsparameter durch die Beihilfenkontrolle kontrolliert werden können, desto größer ist die Gefahr, daß das Kartell inhärent instabil ist oder bleibt. Je mehr Wettbewerbsparameter allerdings kontrolliert werden können, desto stabiler wäre das Kartell.

Die europäische Beihilfenkontrolle hat sich in der jüngeren Vergangenheit als zunehmend durchsetzungsfähig erwiesen, auch wenn sie noch nicht als optimal bezeichnet werden kann (*Smith* 1998; *Thielemann* 1999). Die Durchsetzungsfähigkeit der Beihilfenkontrolle nimmt weiterhin zu. Die steigende Durchsetzungsfähigkeit einerseits sowie die Offenheit des Beihilfenbegriffes in der europäischen Beihilfenkontrolle andererseits lassen sie als ein sehr geeignetes Instrument zur Durchführung wettbewerbsbeschränkender Strategien bzw. zur Absicherung von Kartellen erscheinen. Es besteht somit die

Gefahr, daß der interjurisdiktionelle Wettbewerb in der EU mittels der europäischen Beihilfenkontrolle über Gebühr eingeschränkt wird.[493]

Die Frage der Kartellstabilisierung kann noch um einen Aspekt erweitert werden. Legt man die Theorie der Neuen Politischen Ökonomie zugrunde, so könnte man ferner davon ausgehen, daß die Bürokraten und Politiker auf EU-Ebene an der Ausdehnung ihrer Kompetenzen interessiert sind. Man könnte somit vermuten, daß sie einer Zentralisierung jurisdiktioneller bzw. mitgliedstaatlicher Kompetenzen sehr aufgeschlossen gegenüber sind. Es wäre daher zu erwarten, daß die Bürokraten auf EU-Ebene ebenso wie der EuGH mittels der Beihilfenkontrolle die Stabilisierung und Ausweitung des politischen Kartells aus Eigeninteresse vorantreiben.[494]

Um Kartellbestrebungen allgemein und damit einer zu starken Verlagerung von politischen Kompetenzen vorzubeugen, schlagen *Feld* und *Kirchgässner* (1996, S. 201), *Quian* und *Weingast* (1997, S. 90) sowie *Figueiredo* und *Weingast* (2000) eine sogenannte ‚Balance-Rule' vor. Diese ‚Balance-Rule' soll gewährleisten, daß die vertikale Kompetenzzuteilung gewahrt bleibt, so daß der interjurisdiktionelle Wettbewerb „nachhaltig und selbstdurchsetzend wird" (*Heine* und *Gröteke* 2005, S. 477). Die *European Constitutional Group* (2003, S. 4 f.) schlägt zu diesem Zweck die Implementierung zweier parlamentarischer Kammern vor. Gesetzesvorhaben auf EU-Ebene, die die Kompetenzverteilung beeinflussen, sollen nach Vorschlag der Constitutional Group nur realisiert werden können, wenn beide Kammern diesen Vorhaben zustimmen. Entscheidend ist dabei die Zusammensetzung der Kammern. Die eine Kammer soll aus Vertretern nationaler Parlamente bestehen, die andere aus direkt gewählten Parlamentariern. Ein Gleichgewicht des Einflusses zwischen nationalen und europäischen Interessen kann sichergestellt werden, wenn die eine Kammer die andere überwacht und die nationale die Vorhaben der europäischen Kammer blockieren kann.[495] Eine Stabilisierung der dezentralen Kompetenzallokation ist aber nur dann gewährleistet, wenn insbesondere die nationale Kammer an einem Erhalt ihrer Kompetenzen interessiert ist.[496] Zusätzlich zu diesem Kammersystem wird daher die Installierung eines *Europäischen Kompetenzgerichtshofes* (European Court of Review) vorgeschlagen, der ebenfalls so besetzt sein soll, daß es im Zweifelsfall Anreize zum Erhalt der dezentralen Kompetenzverteilung in der EU gibt (*European Constitutional Group* 2003, S. 6).

Eine andere Möglichkeit der Sicherstellung einer solchen ‚Balance' wäre die Durchführung von Referenden. Zentralisierungsvorhaben würden dann Volksabstimmungen unterworfen. Alternativ könnte man festlegen, daß nach einer Zentralisierung von Kompetenzen auf dezentraler Ebene eine Wahl stattfinden muß. Politiker, die Aufgaben zen-

---

[493] Vgl. *Kerber* (1998b, S. 65 f.); *Besley* und *Seabright* (1999, S. 32-34); *Mueller* (2000, S. 356).

[494] Siehe allgemein *Vaubel* (1992, S. 57; 2000, S. 287).

[495] Vgl. *Vaubel* (2000, S. 290); *European Constitutional Group* (2003, S. 5). Siehe zur Idee des Zweikammersystems auch *Hayek* (1969/1994a, S. 54); *Breton* (1996, S. 259).

[496] Auch ein Kammersystem kann eine Zentralisierung der Kompetenzen nicht verhindern, wenn die dezentrale Ebene kein Interesse am Erhalt der Kompetenzen hat. Es kann dann zur Kartellbildung kommen, wie *Blankart* (2000a) am Beispiel der Bundesrepublik zeigt.

tralisieren wollen, wären dadurch der Gefahr ausgesetzt, daß sie nicht mehr selbst von der Ausschaltung des interjurisdiktionellen Wettbewerbs profitieren könnten.[497]

Die Implementierung solcher Regeln oder Institutionen wird freilich für die Kompetenzverteilung in einem föderalen Mehr-Ebenen-System allgemein vorgeschlagen. Die Implementierung solcher Vorkehrungen in die europäische Beihilfenkontrolle könnte dazu beitragen, daß diese

„als Metaregel für den Standortwettbewerb noch stärker vor der Instrumentalisierung durch die Kommission einerseits und die Mitgliedstaaten andererseits zu schützen und einen sich selbst durchsetzenden Wettbewerbsföderalismus zu institutionalisieren" (*Heine* und *Gröteke* 2005, S. 478).

4.3.4. Zwischenfazit: Europäische Beihilfenkontrolle als Teil einer Wettbewerbsordnung für den interjurisdiktionellen Wettbewerb

Die Vergabe von Beihilfen kann als ein Zeichen dafür aufgefaßt werden, daß ein interjurisdiktioneller Wettbewerb existiert. Die Verwendung des Parameters Beihilfen im interjurisdiktionellen Wettbewerb kann bewirken, daß Unternehmen bzw. Investoren effiziente Standortentscheidungen treffen und es zu einer effizienten Allokation der Unternehmen bzw. Investitionsprojekte auf die Jurisdiktionen kommt. Zugleich sind jedoch Umstände vorstellbar, unter denen die Vergabe von Beihilfen gerade der Auslöser für eine ineffiziente Allokation von Unternehmen auf die Jurisdiktionen ist. In solchen Fällen kann eine Beihilfenkontrolle die Wettbewerbsprozesse so kanalisieren, daß insbesondere die Ineffizienzen, die aus der Anwendung des Parameters Beihilfe resultieren, vermieden werden können. Daher könnte man die Beihilfenkontrolle auch als Teil einer Wettbewerbsordnung für den interjurisdiktionellen Wettbewerb interpretieren.[498]

Eine mögliche Ausgestaltung einer Beihilfenkontrolle könnte nach *Heine* (2003a, S. 473) ein allgemeines Beihilfenverbot sein. Zwar würde der Wettbewerb mit Beihilfen verhindert, der Wettbewerb mittels allgemeiner fiskalpolitischer Maßnahmen und allgemeiner institutioneller Infrastruktur würde hingegen verschärft. Aus der bisherigen Diskussion der Wirkung des Parameters Beihilfe im interjurisdiktionellen Wettbewerb wird jedoch deutlich, daß ein solch pauschales Beihilfenverbot nicht generell und zwingend notwendig ist. Vielmehr wurde herausgearbeitet, unter welchen Bedingungen Ineffizienzen auftreten und eine Beihilfenkontrolle notwendig ist. Dabei muß weiter zwischen den Bedingungen differenziert werden, unter denen ein Beihilfenverbot *zwingend* notwendig ist und solchen, unter denen sich eine Jurisdiktion auch *freiwillig* einer solchen Kontrolle oder einem solchen Verbot unterwerfen kann. Probleme, die in Verbindung mit der Vergabe von Beihilfen auftreten können, sind fehlende harte Budgetrestriktionen oder fehlende fiskalische Äquivalenz, Staatsversagensprobleme, ,Hold-up'-Probleme und Distributionseffekte. Man kann aufgrund dessen einen Kriterienkatalog für die Prüfung der Effizienz einer Beihilfenvergabe im interjurisdiktionellen Wettbewerb entwerfen, aus dem sich die Notwendigkeit und die Ausgestaltung einer suprana-

---

[497] Vgl. z. B. *Eichenberger* (1994, S. 415); *Kerber* (1998a, S. 208-211); *Vaubel* (2000, S. 290).

[498] Vgl. *Kerber* (1998b); *Koenig* (1998, S. 513); *Koenig* und *Kühling* (1999); *Gröteke* und *Heine* (2003, S. 258; (2004a, S. 328); *Heine* und *Gröteke* 2005, S. 474).

tionale Beihilfenkontrolle als Teil einer Wettbewerbsordnung für den interjurisdiktionellen Wettbewerb ergibt. Die Prüffolge könnte folgende Schritte umfassen:

1. Existieren glaubwürdige Budgetrestriktionen bzw. fiskalische Äquivalenz?

   – Besteht für Jurisdiktionen in einem föderalen Mehr-Ebenen-System die Möglichkeit eines Konkurses? Sind die Konkursregeln glaubwürdig und durchsetzungsfähig?

   – Ist ein ‚bailout' durch die Notenbank zu erwarten oder kann diese sich glaubwürdig zu einer stabilen Geldpolitik verpflichten? Sind die hierfür notwendigen fiskalischen Restriktionen, die Jurisdiktionen auferlegt werden, glaubwürdig? Halten beispielsweise die Beihilfen vergebenden EU-Mitgliedstaaten die Maastricht-Kriterien ein?

   – Ist ein ‚bailout' durch außergewöhnliche Finanzzuweisungen von der übergeordneten Jurisdiktionsebene möglich?

   – Kann die Finanzierungslast für die Beihilfe in andere konkurrierende Jurisdiktionen auf horizontaler Ebene verlagert werden kann, ohne daß eine Internalisierung erfolgt?

2. Funktioniert der Kapitalmarkt, der die verschuldeten Jurisdiktionen mittels entsprechender Ratings versieht und in ihrem Verschuldungsbestreben einschränken kann?

3. Sind die Individuen entsprechend mobil und erfolgt die Beihilfe auf freiwilliger Basis? Gibt es zudem einen funktionierenden Grundstücksmarkt, so daß sich die ineffiziente Fiskalpolitik einer Jurisdiktion in niedrigen Grundstücks- und Gebäudepreisen bemerkbar machen kann?

4. Falls die Bedingungen nicht erfüllt sind, sollte man die Beihilfe kontrollieren oder ganz verbieten.

5. Wenn nur die Bedingung 3 nicht erfüllt ist, gibt es andere Mechanismen zur Kontrolle von Politikern, um die Vergabe ineffizienter Beihilfen zu unterbinden?

6. Wenn ja, ist eine Beihilfenkontrolle nicht notwendig.

7. Wenn nein, hat die Beihilfe negative Auswirkungen auf andere Jurisdiktionen?

8. Wenn ja dann *soll* sie von einer supranationalen Beihilfenkontrolle kontrolliert werden.

9. Wenn nein, kann sich die Jurisdiktion, die mit Problemen zu kämpfen hat, auch *freiwillig* einer solchen Kontrolle unterwerfen. Das setzt allerdings voraus, daß die zentrale Ebene einer stärkeren Regelbindung unterliegt als die dezentrale und das Problem nicht verlagert wird.

10. Eine *freiwillige* Unterwerfung kann auch erfolgen, um ‚Hold-up'-Probleme zu lösen.

11. Zudem kann die Beihilfenkontrolle als distributives Instrument eingesetzt werden, und zwar erstens freiwillig innerhalb einer Jurisdiktion, um eine interpersonelle Umverteilung durch die Vergabe von Beihilfen zu unterbinden. Dies kann der Fall sein, wenn die Jurisdiktion keine anderen Instrumente zur Verfügung hat bzw. diese nicht durchsetzungsfähig sind. Zweitens kann sie eingesetzt werden, um die Vertei-

lungspositionen zwischen den Jurisdiktionen nicht noch weiter voneinander zu entfernen. Jedoch stellt sich erstens die Frage, ob die Beihilfenkontrolle das geeignete Instrument sein kann, und zweitens, ob das nicht ein Problem ist, das generell im Steuerwettbewerb zu lösen wäre, also von einem anderen Teil der Wettbewerbsordnung für den interjurisdiktionellen Wettbewerb.

12. Die Beihilfenkontrolle muß Regelungen enthalten, die mögliche Harmonisierungs- und Kartellierungsbestrebungen unterbinden. Zudem ist sicherzustellen, daß die Kontrolle der Beihilfen von einer *unabhängigen* Institution durchgeführt wird.

Anhand der angeführten Punkte dürfte erkennbar sein, daß eine Beihilfenkontrolle gerade dann zwingend notwendig ist, wenn gewisse institutionelle Rahmenbedingungen für den interjurisdiktionellen Wettbewerb fehlen oder nicht funktionieren. Eine Beihilfenkontrolle kann aber lediglich die Symptome, nämlich die aus dem Mangel an effizienten Institutionen resultierenden Beihilfen mit negativen grenzüberschreitenden Externalitäten verhindern. Effizienter wäre hingegen die Herstellung der Funktionsfähigkeit der Institutionen, also die Bekämpfung der Ursachen, die für eine ineffiziente Beihilfenvergabe verantwortlich sind. Es müßten folglich geeignete und durchsetzungsfähige jurisdiktionsex- und -interne Institutionen implementiert werden.

4.3.5. Beurteilung der Beihilfenfälle

In der vorangegangenen Analyse bezüglich des interjurisdiktionellen Wettbewerbs wurde die Wirkung von Beihilfen und einer supranationale Beihilfenkontrolle ganz abstrakt diskutiert. Es wurden Kriterien für die Funktion und Ausgestaltung einer europäischen Beihilfenkontrolle herausgearbeitet. Diese auf abstrakter Ebene gewonnenen Erkenntnisse sollen nun in Relation zu der konkreten europäischen Beihilfenkontrolle gebracht werden.

4.3.5.1. Der Fall des Baskenlandes: Regionale Steuerkompetenzen als Beihilfen

Die *Europäische Kommission* (1989, S. 8; 1990, S. 6) unterscheidet in ihrer Beihilfenpraxis zwischen allgemeinen und regional selektiven Maßnahmen. Allgemeine (Steuer-)Maßnahmen können als mit dem Gemeinsamen Markt vereinbar angesehen werden, weil sie *erstens* in allen Wirtschaftsbereichen ihre Wirkung entfalten oder ihre Wirkungen durch andere Maßnahmen kompensiert bzw. begrenzt werden, sie *zweitens* „durch Wechselkursänderungen weitgehend neutralisiert werden"[499] und/oder sie *drittens* durch Unterschiede in der wirtschaftlichen Rolle des Staates und in der Bereitstellung öffentlicher Güter gerechtfertigt werden können. Letzteres bedeutet, daß eine unterschiedliche Besteuerung der Unternehmen in unterschiedlichen Mitgliedsländern mit dem Gemeinsamen Markt vereinbar ist, wenn sie auf Unterschieden in der „wertmäßi-

---

[499] So argumentiert auch *Caspari* (1987, S. 73): „Es ist eine Basisdoktrin des EWG-Vertrages, daß die große Zahl derart unterschiedlicher Rahmendaten Teile von in sich ausgewogenen nationalen Gesamtsystemen sind, die im Verkehr untereinander letztlich über Wechselkurse ausgeglichen werden."

gen Inanspruchnahme staatlich bereitgestellter Leistungen" beruht (*Gröteke* und *Heine* 2004b, S. 145).

Aufgrund einer regionalen Steuerautonomie kann es zu regional unterschiedlichen Steuerbelastungen von Unternehmen im selben Mitgliedstaat kommen. Bei der Beurteilung solcher Maßnahmen wendet die Kommission das Kriterium der *same tax burden* an. Sie stuft eine steuerliche Maßnahme einer steuerautonomen Region dann als Beihilfe ein, wenn die Steuerlast für Unternehmen in der betreffenden Region geringer ist als in übrigen Landesteilen des Mitgliedstaates. Denn dies begünstige die Unternehmen in den betreffenden Regionen gegenüber Unternehmen in anderen Regionen des Landes, da sie geringere Steuerlasten zu tragen hätten und damit Kosten wegfallen, die sie ohne die Steuerautonomie tragen müßten (*Europäische Kommission* 2003c, L 150/56).

Das von der Kommission verwendete Kriterium der „same tax burden" oder „Normalbesteuerung" (*Europäische Kommission* 2003c, L 150/58) war zunächst nicht definiert. Eine solche Definition wurde erst in der Fallpraxis entwickelt. Im Falle Gibraltars führte die Kommission aus, daß die Unternehmen keiner Normal-Besteuerung unterliegen, weil die Steuersätze für Unternehmenssteuern in Gibraltar weit unter denjenigen in Großbritannien lagen. Daher handelte es sich bei den in Frage stehenden Steuersenkungen um selektive Maßnahmen und damit um Beihilfen (*Nicolaides* 2004, S. 384).

„Die Kommission ist der Auffassung, daß es dem Prinzip der Gleichbehandlung widerspricht und das Funktionieren des Gemeinsamen Marktes beeinträchtigt, wenn Maßnahmen, die einander in ihren Zielen, ihrer Handhabung und ihren Wirkungen vollkommen ähnlich sind, nicht ein und derselben Regelung unterliegen. Die Anwendung der Beihilferegelung auf regionale steuerliche Vergünstigungen muß objektiven Kriterien folgen und darf nicht von einem rein institutionellen Grundsatz bestimmt sein, wie dies bei einer mehr oder weniger umfassenden steuerlichen Autonomie zugunsten einer zuständigen Behörde mit mehr oder weniger ausgedehnter regionaler Zuständigkeit zu einem bestimmten Zeitpunkt der Fall ist. Die Verallgemeinerung dieser Handhabung würde zu einer Verletzung des Gleichheitsprinzips bei der Anwendung der staatlichen Beihilferegelung und damit zu seiner Wirkungslosigkeit führen" (*Europäische Kommission* 2003c, L 150/59).

– *Zum Argument: Föderalismustheorie / Theorie des interjurisdiktionellen Wettbewerbs*

Die Beihilfenpraxis gegenüber steuerautonomen Regionen soll anhand der aus der Perspektive des fiskalischen Föderalismus und des interjurisdiktionellen Wettbewerbs gewonnenen Erkenntnisse kritisch analysiert werden. Legt man die Theorien des fiskalischen Föderalismus und des interjurisdiktionellen Wettbewerbs zugrunde, so kann die Einschätzung der Kommission nicht geteilt werden. Vielmehr müssen Maßnahmen unterschiedlicher Regionen eines Mitgliedslandes in ihren Zielen, ihrer Handhabung und ihren Wirkungen nicht vollkommen identisch sein. Entgegen der Ansicht der Kommission können durchaus Unterschiede zwischen regionalen Maßnahmen, die eine Zentralregierung erläßt, und solchen bestehen, die eine regionale Regierung aufgrund eigener Kompetenzen festlegt.

Das Kriterium der ‚same tax burden' kann in Zweifel gezogen werden, wenn eine steuerautonome Region oder Jurisdiktion auch gewisse Aufgaben zu erfüllen bzw. Leistungen für die Bürger zu erbringen hat. Hat eine Jurisdiktion entsprechende Kompetenzen, um dies tun zu können, muß man auch die regionale Differenzierung des Angebots öffentlicher Leistungen ins Kalkül ziehen. So können die Präferenzen hinsichtlich der Bereitstellung öffentlicher Güter zwischen Bewohnern Andalusiens und Bewohnern des Baskenlandes unterschiedlich sein (*Molero* 2001, S. 512 f.). Während die Bewohner Andalusiens aufgrund der Wasserknappheit der Region beispielsweise den Ausbau des Wasserleitungsnetzes oder den Bau zusätzlicher öffentlicher Brunnen präferieren, wünschen sich die Basken vielleicht eher den Bau zusätzlicher Stierkampfarenen. Eine differierende regionale Besteuerung ließe sich also vor dem Hintergrund der unterschiedlichen Präferenzen nach öffentlichen Leistungen und der daraus resultierenden unterschiedlichen Bereitstellung öffentlicher Leistungen durchaus rechtfertigen. Insofern wäre von der Argumentation her unklar, warum regional selektive Maßnahmen in der Beihilfenkontrolle anders behandelt werden sollten als allgemeine Maßnahmen. Denn ursächlich für eine differierende Besteuerung können in beiden Fällen das unterschiedliche Angebot und die unterschiedliche Nachfrage nach öffentlichen Leistungen sein (*Gröteke* und *Heine* 2004b, S. 148).[500] Die dezentrale Ansiedlung von Kompetenzen, inklusiver fiskalischer Kompetenzen, also *regionaler Steuerautonomien*, kann jedoch nicht nur Auswirkungen auf eine präferenzengerechte Bereitstellung öffentlicher Leistungen haben. Vielmehr kann eine solche Autonomie die Jurisdiktionen auch dazu anregen, innovativ zu sein und nach effizienteren Methoden der Bereitstellung öffentlicher Leistungen zu suchen. Das Kriterium der ‚same tax burden‘ verhindert so z. B., daß sich Effizienzunterschiede bei der Bereitstellung gleicher Leistungsbündel in den Preisen niederschlagen können. Die vergleichsweise effizienten Jurisdiktionen haben somit keine Möglichkeit, sich preislich von anderen Jurisdiktionen abzuheben. Sie werden folglich durch die derzeitige Beihilfenpraxis benachteiligt (*Nicolaides* 2004, S. 385-389).

Dieser Argumentation folgend müßte man im Rahmen der Beihilfenkontrolle differenzieren: Regionale Steuervariationen innerhalb eines Mitgliedstaates, die auf einer Steuerautonomie beruhen, sollten – unter bestimmten Bedingungen – nicht unter die Beihilfenkontrolle fallen. Die regionale Förderung von Unternehmen durch die Zentralregierung sollte hingegen schon unter die Beihilfenkontrolle fallen (*Wishlade* 1997, S. 22; 2003, S. 22 f.).

– Zum Argument: Fiskalische Äquivalenz / ‚no-bailout‘

Fraglich ist, ob die jeweiligen steuerautonomen Regionen tatsächlich über die entsprechenden Kompetenzen zur Bereitstellung öffentlicher Leistungen verfügen. Für das Baskenland stellt *Gallastegui* (1996, S. 161) fest, daß „the distribution of functions is similar to that which exists in federal organizations". Ähnliches gilt auch für die Azoren und Gibraltar. Zu überprüfen ist dann ein Punkt, der von der Kommis-sion implizit im Azoren-Fall angesprochen wurde, nämlich ob das Kriterium der fiskalischen Äquivalenz (*Olson* 1969) oder das Kriterium des ‚no-bailout‘ erfüllt ist. Sowohl für das Bas-

---

[500] Die Literatur gibt auch Hinweise, die dieser Argumentationslogik entsprechen. So kann die unterschiedliche regionale bzw. kommunale Ausgestaltung von Gewerbesteuerhebesätzen in der Bundesrepublik Deutschland die Differenzierung des öffentlichen Angebots widerspiegeln (*Bacon* 1997, S. 301; *Wishlade* 1997, S. 17).

kenland wie auch für die Azoren muß dies bezweifelt werden.[501] Auch die Azoren haben die Unternehmenssteuern gesenkt, gleichzeitig stiegen jedoch die finanziellen Zuweisungen durch den Staat (*Europäische Kommission* 2003c, L 150/57). Und ursächlich für diese Zuweisungen war nicht, daß der Zentralstaat die Azoren für positive technologische Externalitäten, die möglicherweise auf andere Regionen Portugals ausstrahlten, kompensiert wurde (*Nicolaides* 2004, S. 390).

Die Ausübung der Steuerautonomie birgt aber gewisse gesamtgesellschaftliche Ineffizienzen, wenn Teile der bereitgestellten öffentlichen Leistungen nicht mehr nur durch regionale Steuern, sondern auch durch Zuweisungen aus dem zentralen Etat gedeckt werden. Würde eine steuerautonome Jurisdiktion unter diesen Bedingungen die Steuern senken, hätte dies nicht zwangsläufig zur Folge, daß das öffentliche Angebot reduziert würde. So könnte ein Unternehmen im Gegensatz zu den von *Tiebout* suggerierten ‚benefit taxes' öffentliche Leistungen in weit größerem Ausmaß in Anspruch nehmen, als es dies tun würde, wenn fiskalische Äquivalenz herrschen würde. So aber resultieren Ineffizienzen im interjurisdiktionellen Wettbewerb. Aufgrund der Begünstigung wird zudem unter Umständen die Standort- und/oder Produktionsentscheidung eines Unternehmens beeinflußt. Dies kann nicht nur negative Auswirkungen auf den interjurisdiktionellen Wettbewerb haben, sondern auch zu Verzerrungen im Wettbewerb zwischen Unternehmen führen (*Gröteke* und *Heine* 2004b, S. 148).

Bei fehlender fiskalischer Äquivalenz muß auch die oben getroffene Aussage relativiert werden. Denn es würde keinen Unterschied machen, ob regionale Steuerkompetenzen vorliegen oder ob die Zentrale direkt Unternehmen in bestimmten Gebieten fördert (*Europäische Kommission* 2003c, L 150/59). Eine Beihilfenkontrolle mit der bisherigen Unterscheidung zwischen allgemeinen und regional selektiven Maßnahmen könnte folglich eine effizienzfördernde Wirkung haben, wenn keine fiskalische Äquivalenz für steuerautonome Gebiete vorliegt, für Nationalstaaten hingegen schon. Dann könnte auch eine Unterscheidung zwischen allgemeinen Maßnahmen Luxemburgs und solchen, die das Baskenland bzw. eine Junta des Baskenlandes für alle Unternehmen in seiner Region erläßt, sinnvoll sein.[502] Umgekehrt wäre dann aber auch die von der Kommissi-

---

[501] Für das Baskenland liegt eine solche fiskalische Äquivalenz nicht vor. Zwischen den vier verschiedenen Ebenen gibt es nämlich Koordinationsbedarf. So bekommt der Staat die Zolleinnahmen. Er hat zudem das Recht, Steuern auf Finanzmonopole und Alkohol zu erheben. Gleichzeitig stellt die zentrale Ebene bestimmte öffentliche Leistungen wie z. B. die Verteidigung bereit. Für die Inanspruchnahme solcher Leistungen entrichtet das Baskenland jährlich einen bestimmten Beitrag, Cupo genannt, an die Zentralregierung. Dieser wird jährlich durch eine Kommission, die je zur Hälfte aus Vertretern des Baskenlandes und Vertretern der spanischen Regierung besteht, neu ausgehandelt. Hieraus läßt sich schon ableiten, daß keine klaren Regeln für Transfers zwischen den Jurisdiktionsebenen existieren und ein ‚bailout' zu befürchten wäre. Und so merkt auch *Gallastegui* (1996, S. 170) an, daß „there is no link between the cost of the services performed and the revenues." Das bedeutet, daß die Höhe des Cupos in der Regel geringer sein wird als der Wert der von den Bürgern und Unternehmen im Baskenland konsumierten Leistungen.

[502] Läge im Falle des Baskenlandes fiskalische Äquivalenz vor, so könnte man gemäß der Argumentation der Juntas im obigen Fall folgern, daß kein Unterschied zwischen allgemeinen Maßnahmen auf nationalstaatlicher Ebene und Maßnahmen auf baskischer Ebene besteht (*Gröteke* und *Heine* 2004b, S. 149).

on propagierte Unterscheidung zwischen allgemeinen und selektiven Maßnahmen ineffizient, wenn sich die Mitgliedstaaten einer Währungsunion selbst nicht an Budgetrestriktionen halten und ein ‚bailout' durch die Zentralbank erwartet werden kann.

Zu bedenken ist ferner, daß die derzeitige Beihilfenregelung zum einen Eingriffe in die institutionelle Struktur föderaler Staaten und damit in gewachsene staatliche Strukturen zur Folge hat.[503] Zum anderen wäre eine Ausschaltung des interjurisdiktionellen Steuerwettbewerbs innerhalb der Mitgliedstaaten die Folge. Vorzuziehen wäre die Herstellung fiskalischer Äquivalenz und damit die Gewährleistung eines funktionierenden interjurisdiktionellen Wettbewerbs, eine Möglichkeit, die sich zwar am Reißbrett einfach gestaltet, in der Realität jedoch häufig nicht.

Könnte eine solche fiskalische Äquivalenz hergestellt werden und existierten glaubwürdige Regeln für Transfers zwischen den Jurisdiktionsebenen, die einen ‚bailout' ausschließen, dann könnte nicht nur – wie es die bisherige Beihilfenpraxis vorsieht – der wirtschaftliche Wettbewerb auf Ebene der Mitgliedstaaten mittels allgemeiner Maßnahmen seine Wirkung entfalten.[504] Ein solch produktiver Wettbewerb könnte dann auch zwischen subnationalen Jurisdiktionen stattfinden. Unter dieser Prämisse könnte der interjurisdiktionelle Wettbewerb nicht nur seine Allokationsfunktion erfüllen, indem die Regierungen gezwungen werden, Steuer-Leistungsbündel anzubieten, die bestmöglich den Präferenzen der Bürger entsprechen. Der Wettbewerb könnte auch seine Fortschritts- und Entdeckungsfunktion auf subnationaler Ebene erfüllen. Dies setzt voraus, daß Jurisdiktionen die Freiheit haben,

„mit eigenen Aktionsparametern die Bedingungen des Standortes aktiv zu beeinflussen ...[und] mit neuen kollektiven Problemlösungen [zu] experimentieren und damit [zu] versuchen, ihren Standort relativ zu anderen Standorten für Unternehmen attraktiver zu machen" (*Kerber* 1998b, S. 58).

Die derzeitige undifferenzierte Beihilfenpraxis der Kommission würde dies verhindern.

– *Zum Argument: Strategischer Ansiedlungswettbewerb oder Eindämmung des Leviathans?*

Abgesehen von der Inkompatibilität der Beihilferegeln mit föderal organisierten Staaten (*Thielemann* 1999, S. 414) wirft der Fall Ramondín noch die Frage auf, ob strategisches Bieten zwischen dem Baskenland einerseits und der Region Rioja andererseits vorliegt. Immerhin hat Ramondín, der Weltmarktführer im Bereich der Verschlußkapseln für Wein- und Schaumweinflaschen, aufgrund der gewährten steuerlichen Vorteile seinen Hauptsitz von Rioja in das fünf Kilometer entfernte Álava verlegt. Man kann dies ganz unterschiedlich interpretieren. Einerseits scheint es auch aufgrund der Marktposition des Unternehmens sowie der Nähe zwischen altem und neuem Sitz des Unternehmens durchaus möglich zu sein, daß das Unternehmen die beiden Regionen in einen Bieterwettbewerb verwickeln wollte. An dessen Ende würde dann die Beihilfenvergabe zu keiner effizienteren Allokation führen. Andererseits kann auch gerade die Dezentrali-

---

[503] Vgl. *Thielemann* (1999, S. 400); *Saggio* (2000, Rdnr. 36); *Gröteke* und *Heine* (2004b, S. 143 f.).

[504] Vgl. *Caspari* (1987, S. 79); *Mederer* (1999, S. 1861; 2003, S. 2009).

tät der Kompetenzen, also die Steuerautonomie des Baskenlandes und dessen relative Nähe zum alten Standort des Unternehmens, als ein wichtiges Instrument zur Senkung der Mobilitätskosten aufgefaßt werden. Durch die relative Nähe einer anderen Jurisdiktion mit entsprechenden Kompetenzen, ein alternatives Steuer-Leistungsbündel anbieten zu können, kann die Mobilität des Unternehmens erhöht werden (z. B. *Osterfeld* 1989, S. 154 f.). Das Unternehmen erhält dadurch die Möglichkeit, den *Leviathan Rioja* zu sanktionieren, ohne große Einbußen bei Beschaffungs- und Absatzmöglichkeiten in Kauf nehmen zu müssen. Aus dieser Perspektive wäre ein solcher Unterbietungsprozeß, der auf regionalen Steuerkompetenzen beruht, geradezu notwendig, um das Monopol der Leviathan-Jurisdiktionen zu schwächen.

– *Zum Argument: Kartellierung*

In der Analyse der Praxis der Kommission bezüglich regionaler Steuerkompetenzen muß berücksichtigt werden, daß die Beihilfenkontrolle auch als ein effizientes Instrument zur Zentralisierung von Kompetenzen und damit zur Ausschaltung des subnationalen interjurisdiktionellen Wettbewerbs dienen kann. Regionen wie Rioja, aber ebenso die spanische Regierung können ein Interesse an einer Auslegung des Beihilfenbegriffes haben, wie er von der Kommission vorgeschlagen wird, weil sie auf die Einführung einer Mindestbesteuerung innerhalb einer Nation abzielt. Dies wäre im Sinne ineffizienter Jurisdiktionen, da effizientere Jurisdiktionen keine niedrigeren Preise als die Mindestpreise erheben dürfen. Die derzeitige Beihilfenpraxis unterstützt somit ineffiziente Jurisdiktionen dabei, gegenüber effizienteren Jurisdiktionen eine Strategie des ‚raising rival's costs‘ durchzuführen (*Vaubel* 2000, S. 281). Auch Politiker und Bürokraten auf zentraler Ebene können ein Interesse an der Ausweitung ihrer Kompetenzen haben. Für sie bietet das Instrument der supranationalen Beihilfenkontrolle eine Möglichkeit, die Autonomiebestrebungen von Regionen wie dem Baskenland zu beschränken.[505] Gemäß der Argumentationslogik der Theorie der Neuen Politischen Ökonomie haben der Nationalstaat bzw. die Politiker auf zentraler Ebene kein Interesse an einer Dezentralisierung von (Steuer-)Kompetenzen.

„Subcentral tax autonomy does not seem to be restored unless the whole nation breaks up as it has happened recently in Czechoslovakia, Yugoslavia and the Soviet Union" (*Blankart* 2000, S. 36).

Insgesamt ist also eine Abwägung der Wirkung eines Eingriffes mit dem Instrument der Beihilfenkontrolle in die föderalen Strukturen eines Mitgliedslandes erforderlich. Zur Klärung von Kompetenzstreitigkeiten könnten prozedurale Regeln oder ein Kompetenzgerichtshof verhindern, daß die Beihilfenkontrolle zur Absicherung eines Steuerkartells auf nationaler Ebene mißbraucht würde.

---

[505] Das liegt nach Ansicht *Thielemanns* (1999, S. 413) daran, daß die zentrale Ebene eines Nationalstaates ihre Interessen auf EU-Ebene besser durchsetzen kann als eine subnationale Region. „When regions relinquish authority, they are often not adequately compensated with increased participation in the European decision-making process, since EU policies have traditionally been the prerogative of national governments."

4.3.5.2. Der Fall Ryanair

Ryanair und BSCA haben im Jahre 2001 eine langfristige Vereinbarung über 15 Jahre geschlossen, in der Ryanair bestimmte Vergünstigungen gewährt wurden. BSCA hat sich unter anderem dazu verpflichtet, Ryanair Rabatte auf die Start- und Landegebühren sowie die Bodenabfertigung zu gewähren. Zudem sicherte BSCA zu, die Eröffnung jeder neuen Route sowie die Ausbildung von Piloten und anderem Personal zu bezuschussen, Räume kostenlos zur Verfügung zu stellen sowie zusammen mit Ryanair ein „promotion and advertising enterprise" zu gründen (*Europäische Kommission* 2003a, C 18/3). Ferner verpflichtete sich die Wallonische Regierung dazu, die Rahmenbedingungen für Ryanair während der Laufzeit der Vereinbarung nicht zum Nachteil von Ryanair zu verändern. Sollte die Wallonische Region dies doch tun, dann müßte sie laut Vereinbarung eine Kompensation an Ryanair entrichten. Dies gilt z. B. im Falle einer Erhöhung der Steuern oder Parkplatzgebühren sowie bei einer Beschränkung der Flugzeiten für Ryanair durch ein Flugverbot (*Europäische Kommission* 2004a, L 137/3).

Im Gegenzug verpflichtete sich Ryanair gegenüber BSCA dazu, eine bestimmte Anzahl von Flugzeugen auf dem Flughafen in Charleroi zu stationieren. Im Endeffekt garantierte Ryanair dem Flughafenmanagement hierdurch ein bestimmtes Passagieraufkommen und damit ein bestimmtes Einkommen. Falls Ryanair den Betrieb in Charleroi einstellen würde, so müßte die Fluglinie dem Flughafen BSCA laut Vereinbarung ebenso Schadensersatz leisten und die Kosten erstatten, die der Flughafen im Zusammenhang mit der Ansiedlung von Ryanair auf sich genommen hat (Pilotenausbildung etc.). Dies betrifft auch die von BSCA aufgewendeten Marketingausgaben für Ryanair. Alle diese Regelungen sind in einem „private contract and not through the adoption of a statutory measure" (*Europäische Kommission* 2004a, L 137/2) niedergelegt. Das bedeutet, die Vereinbarung und deren Durchsetzung unterliegen dem belgischen Privatrecht.

Diese Vereinbarung soll anhand der theoretischen Überlegungen zur Wirkungsweise von Beihilfen und der Notwendigkeit und Funktion einer supranationalen Beihilfenkontrolle aus Sicht der Theorie des interjurisdiktionellen Wettbewerbs analysiert werden.

Die Ansiedlung einer Airline wie Ryanair an einem unausgelasteten Flughafen wie BSCA könnte als eine Leuchtturmpolitik verstanden werden.[506] Man könnte argumentieren, daß die Wallonische Regierung bzw. BSCA Ryanair Ansiedlungsbeihilfen gewährt, um von der Reputation Ryanairs zu profitieren. Der Standort Charleroi bzw. der Flughafen BSCA könnten sich die Reputation von Ryanair für gute Qualität im Billigflugsegment zunutze machen, um selbst eine Reputation für eine gute Standortqualität bzw. für eine gute Qualität der Flughafendienstleistungen aufzubauen. Auf diese Weise könnten Informationsasymmetrien hinsichtlich der Standortqualität bzw. der Qualität der Flughafenleistungen gegenüber anderen, potentiell ansiedlungswilligen Unternehmen aus dem Flug- oder Nicht-Flugbereich abgebaut werden.

Auch für Ryanair selbst kann die Beihilfenvergabe als Instrument zur Beseitigung von Informationsasymmetrien interpretiert werden. Wenn man nämlich unterstellt, daß

---

[506] Vgl. *Steinrücken* und *Jaenichen* (2004c, S. 100 f.). Siehe allgemein *Steinrücken* und *Jaenichen* (2004a); *Steinrücken, Jaenichen* und *Kuchinke* (2005, S. 383 f.).

Ryanair ebenfalls nicht über die Qualität des Flughafens und des Standortes informiert ist, könnten die von BSCA getätigten Investitionen in die Infrastruktur des Flughafens BSCA als ein Signal für eine gute Standortqualität interpretiert werden (*Steinrücken* und *Jaenichen* 2004c, S. 101). Auch die Vergünstigungen für Ryanair können als ein solches Signal gesehen werden. Nach *Bond* und *Samuelson* (1986) werden nur Standorte mit guter Qualität solche günstigen Konditionen in der ersten Periode nach der Ansiedlung des Unternehmens vergeben können.

Aus einer anderen theoretischen Perspektive kann es sich bei der Preisdifferenzierung aus der Sicht der Zahler um die Internalisierung von Externalitäten handeln, die ein Flughafen erzeugt, wenn er genutzt wird (*Gröteke* und *Kerber* 2004, S. 322; *Steinrücken* und *Jaenichen* 2004c, S. 100 f.). Die Nutzung des Flughafens kann zu einer Linderung der hohen Arbeitslosigkeit in der Wallonischen Region um Charleroi beitragen. Damit der Flughafen auch genutzt wird, gibt er die erhaltenen Zahlungen an die Fluglinien in Abhängigkeit von ihrem Beitrag zur Auslastung des Flughafens in Form von Rabatten weiter.

Wie auch immer die Vergabe von Beihilfen in diesem Fall begründet wird, die Realität zeigt, daß das Passagieraufkommen und damit die Auslastung des Flughafens BSCA in den letzten Jahren nach der Ansiedlung Ryanairs stetig zugenommen hat. Die Profitabilität des Flughafens sowie das stetige Wirtschaftswachstum der Region sind ein Beleg dafür, daß die Wallonische Region bezüglich ihrer Infrastruktur, also ihres Flughafens, mit der Ansiedlung von Ryanair eine erfolgreiche Standortpolitik betrieben hat.[507] Die Effizienz des Arrangements läßt sich auch anhand weiterer Argumente ersehen.

– *Zum Argument ‚Hold-up'-Problem*

Für Ryanair stellt die Vereinbarung mit BSCA eine Möglichkeit dar, den geographischen Markt in Brüssel bedienen zu können. Denn Ryanair hatte, zumindest zum damaligen Zeitpunkt, wenige Alternativen, auf diesen geographischen Markt zu treten, weil einerseits der Brüsseler Flughafen und dessen ‚Slots' weitestgehend von der Fluglinie Sabena belegt waren. Andererseits ist das Geschäftskonzept von Ryanair spezifisch auf Regionalflughäfen zugeschnitten.[508] Ryanair ist somit in gewisser Weise abhängig von BSCA. Dies gilt auch, weil Ryanair spezifische Investitionen wie Werbemaßnahmen für Flugrouten von und nach Charleroi, die Ausbildung der Piloten und Bediensteten tätigt.

Da Ryanair solche spezifischen Investitionen für einen Flughafen vorgenommen hat, besteht die Gefahr, daß die Wallonische Region nach der Ansiedlung Ryanairs nicht nur die Flughafengebühren (Start- und Landegebühren) erhöhen könnte. Sie könnte auch die Parkgebühren erhöhen oder Regulierungen wie Flugverbote erlassen. All diese Maßnahmen sind geeignet, einen ‚Hold-up' durchzuführen. Es ist daher rational für Ryanair,

---

[507] „Charleroi has a reported 30 % unemployment rate and the 2m Ryanair passengers are estimated to have generated some 2,000 jobs due to the Ryanair hub. The manager of a state airport who turned a loss-making airport into a profitable one and generated 2,000 jobs in a high unemployment city should be praised rather than prosecuted" (*Barrett* 2004b, S. 12).

[508] Vgl. *Barrett* (2000, S. 16 f.; 2004a, S. 35-37); *Gröteke* und *Kerber* (2004, S. 318). Siehe allgemein *Berg* und *Schmitt* (2002, S. 92).

die Anwendung solcher Instrumente nach ihrer Ansiedlung an BSCA durch entsprechende Regelungen in dem privatrechtlichen Vertrag zu verhindern. Das Über-/Unterordnungsverhältnis zwischen der Regierung der Wallonischen Region und dem dann in dieser Region ansässigen Unternehmen Ryanair soll mittels dieses Vertrages in ein Gleichordnungsverhältnis münden. Fraglich ist allerdings, ob Vertragslücken und eine wenig gesicherte Rechtspraxis bezüglich solcher Standortvereinbarungen unter dem belgischen Privatrecht existieren. Dann bestünde für Ryanair, aber auch für BSCA oder die Wallonische Region, die Gefahr, daß diese Vereinbarung im Falle eines Vertragsbruches nicht durchsetzbar wäre. Dies könnte Ryanair davor zurückschrecken lassen, spezifische Investitionen gegenüber dem Vertragspartner zu tätigen, wenn sie nicht in anderer Weise abgesichert werden könnten. Gleiches könnte auch für BSCA gelten. Man müßte daher überlegen, ob Ryanair oder BSCA selbst ‚Commitments' eingehen, die die Vereinbarung selbstdurchsetzend werden lassen oder ob glaubwürdige alternative Institutionen mit einer entsprechenden Sanktionsgewalt erforderlich sind, um solche Investitionen zu ermöglichen.

Nicht nur Ryanair tätigt spezifische Investitionen für den und am Flughafen BSCA. Gleichzeitig nimmt BSCA selbst spezifische Investitionen in die Infrastruktur des Flughafens vor, die nur auf Ryanair zugeschnitten sind. Zudem beteiligt sich der Flughafen an den spezifischen Investitionen von Ryanair. Er übernimmt einen Teil der Ausbildungskosten von Piloten, bezuschußt den Aufbau neuer Routen und unterstützt nicht zuletzt die Werbemaßnahmen von Ryanair, indem er sich an einem gemeinsamen Unternehmen beteiligt. Man kann folglich von einem *Austausch von Geiseln* sprechen, der letztlich beide Vertragsparteien vor gegenseitiger Ausbeutung schützt und die Selbstdurchsetzung der Vereinbarung gewährleistet. Für beide Parteien ist es lohnender, die Vereinbarung zu erfüllen, als sie zu brechen. Ein Indiz hierfür ist nicht zuletzt der wirtschaftliche Erfolg von BSCA und Ryanair am Flughafen BSCA in jüngerer Zeit.

Die konkreten Beihilferegeln der Kommission bezüglich der Aktivität von Fluglinien an Regionalflughäfen, die im staatlichen Besitz sind, sehen vor, daß alle am selben Flughafen operierenden Fluglinien die gleichen Flughafengebühren entrichten. Dies wäre mit Blick auf die ‚Hold-up'-Problematik im Falle von Ryanair und BSCA nur von Nutzen, wenn eine nachweislich effiziente Vereinbarung, wie die zwischen Ryanair und BSCA, nicht durchsetzbar (auch nicht selbstdurchsetzend) wäre. Dann könnte die europäische Beihilfenkontrolle mit ihrer Regelung, daß alle Fluglinien an einem Flughafen die gleichen Flughafengebühren entrichten müssen, als ein Instrument betrachtet werden, das spezifische Maßnahmen in Form ungewollter Preisdifferenzierungen (‚Hold-up') unterbindet. Jedoch müßte es für die Vertragsparteien eine Option geben, sich dieser Institution *freiwillig* zu unterstellen, wenn sie das ‚Hold-up'-Problem nicht auf andere Weise lösen können. Eine zwangsweise Unterstellung aller Vereinbarungen zwischen Regionalflughäfen und Billigfluglinien wäre aber unter den im Fall Ryanairs genannten Bedingungen nicht effizient.

Positiv ist zu den neuen Beihilferegelungen der Kommission anzumerken, daß sie kein vollständiges Beihilfenverbot vorsehen. Beihilfen dürfen – wie von *Besley* und *Seabright* (2000, S. 219 f.) vorgeschlagen – nur einmal zur Ansiedlung des Unternehmens gewährt werden. Erst danach soll eine Gleichbehandlung der Fluglinien stattfinden. Insofern ist in gewissem Rahmen eine Preisdifferenzierung zwischen den Fluglinien möglich, d. h. Effizienzaspekte der Beihilfenvergabe könnten zum Tragen kommen.

– Zum Argument: Fiskalische Äquivalenz / ‚no-bailout'

Die Gewährung von Beihilfen kann die ‚Hold-up'-Problematik lösen helfen. Jedoch kann die Effizienz des interjurisdiktionellen Wettbewerbs im Rahmen der Beihilfengewährung in diesem Fall gefährdet sein, wenn die Möglichkeit eines ‚bailout' besteht oder keine fiskalische Äquivalenz gegeben ist (z. B. *Steinrücken* und *Jaenichen* 2004c, S. 101). Das bedeutet, Teile der Beihilfe werden gar nicht selbst von den Bürgern der Wallonischen Region finanziert, sondern von anderen, insbesondere übergeordneten, Jurisdiktionen mitgetragen. Oder der Flughafen BSCA und deren Eigentümer, die Wallonische Region, würden im Falle einer Überschuldung Finanzzuweisungen erhalten. Unter diesen Umständen könnte BSCA und die Wallonische Region Ryanair zu günstige Konditionen gewährt haben. Dies könnte dann unter Umständen zu einer Fehlallokation von Ryanair geführt haben. Sollte ein solches Problem auftreten, wäre die ‚first best'-Lösung freilich die Wiederherstellung der fiskalischen Äquivalenz bzw. die Etablierung einer glaubwürdigen ‚no-bailout'-Klausel. Ist dies hingegen nicht möglich, könnte eine ‚second best'-Lösung in der neuen Praxis der Kommission liegen. Danach dürfen Beihilfen an Fluglinien, die an öffentlichen Regionalflughäfen operieren, nur in Relation zu den tatsächlichen ‚Start-up'-Kosten der Fluglinie vergeben werden. Damit wären die Beihilfen in der Höhe fixiert.[509]

– Zum Argument: Marktmacht

Die Effizienz des interjurisdiktionellen Wettbewerbs könnte ebenfalls in Frage gestellt sein, wenn Marktmacht seitens der Anbieter oder Nachfrager vorliegt. Es gibt jedoch keinen Hinweis auf Nachfragemacht, da der Flughafen mit 35 anderen Airlines verhandelt hat, bevor die Vereinbarung mit Ryanair getroffen wurde. Es wäre demnach noch zu untersuchen, inwieweit der Flughafen BSCA in Wettbewerb mit verschiedenen anderen Flughäfen steht und diese als Konkurrenten dienen könnten, auch wenn deren Geschäftsmodell zum Teil anders ist und häufig die Slotvergabe einen Engpaß darstellt. Sollte es tatsächlich zu Marktmachtproblemen in der Beziehung zwischen Ryanair und BSCA kommen, so wäre dieses Problem jedoch in erster Linie im Bereich des Art. 82 EG, der Mißbrauchsaufsicht über marktbeherrschende Unternehmen, anzusiedeln.

– Zum Argument: Staatsversagen

Ferner könnte die Beihilfenkontrolle als Substitut für Staatsversagensprobleme innerhalb der Jurisdiktion und fehlende konstitutionelle Regeln zur Bekämpfung eines Mißbrauchs staatlicher Ressourcen fungieren. Tatsächlich gibt es auch Stimmen in der Bevölkerung, die die Verwendung öffentlicher Mittel für die Subventionierung von Ryanair in Frage stellten.[510] Dann wäre zu überlegen, ob die Entscheidung der Kommission mit den entsprechenden Konsequenzen und damit die supranationale Beihilfenkontrolle

---

[509] Siehe kritisch mit Blick auf die Regelungen der Kommission *Bartosch* (2005, S. 1131).

[510] „[A]s both citizens and taxpayers, we are concerned about the questionable government aid granted to a private company as this involves improper use of the Walloon Region's budgetary resources" (*Europäische Kommission* 2004a, L 137/5).

geeignet sind, Ineffizienzen in der kollektiven Willensbildung in der Jurisdiktion zu verhindern. Zur Bekämpfung dieses Problems wäre aber zuerst zu überlegen, wie kollektive Willensbildungsprozesse jurisdiktionsintern effizienter gestaltet werden könnten.

– *Zum Argument: Kartellierung bzw. Kartellstabilisierung*

Zuletzt darf nicht übersehen werden, daß die Beihilfenkontrolle strategisch als Instrument zum ‚raising rival's costs' eingesetzt werden könnte. So kann im konkreten Fall überlegt werden, ob der Konkurrenzflughafen Zaventem in Brüssel und der Besitzer dieser Infrastruktur, also die dahinter stehende Jurisdiktion, das Instrument der Beihilfenkontrolle nicht strategisch genutzt haben. Denn durch die neuen Beihilfenregeln wird die Konkurrenz, also der Flughafen BSCA und die Wallonische Region, wichtiger Wettbewerbsparameter beraubt (*Barrett* 2004b, S. 11). Die neuen Beihilfenregeln ermöglichen es dem Flughafen Zaventem somit, seine exponierte Stellung in Brüssel zu verteidigen und vor ernsthafter Konkurrenz geschützt zu sein. Er muß nicht fürchten, mit einer geänderten Preispolitik auf die Konkurrenz reagieren zu müssen. Insofern müßte die Entscheidung der Kommission kritisch hinterfragt werden. Denn durch diese Entscheidung wird nicht nur die Wettbewerbsposition von Unternehmen, sondern auch diejenige von Jurisdiktionen gefestigt, weil die konkurrierenden Jurisdiktionen wichtiger Wettbewerbsparameter beraubt werden.

4.3.5.3. Regionalbeihilfen in der Automobilindustrie

Die Vergabe von Regionalbeihilfen hat mehrere Implikationen. Erstens sollen sie einen Beitrag zur Entwicklung einer vergleichsweise armen Region leisten. Zweitens hat sie Effekte auf den Wettbewerb zwischen Unternehmen. Drittens hat die Vergabe von Regionalbeihilfen mit den hierfür geltenden Regeln Einfluß auf den Wettbewerb zwischen Jurisdiktionen. Dieser letzte Aspekt soll nun in den Fokus gerückt werden. Dabei werden die effizienzsteigernden und distributiven Wirkungen der Beihilfenregelungen für die Vergabe von Regionalbeihilfen in der Automobilindustrie kritisch diskutiert.

4.3.5.3.1. Regionale Beihilfen zur Förderung benachteiligter Regionen

Regionalbeihilfen dürfen nur von Regionen gewährt werden, die als wirtschaftlich rückständig und unterentwickelt eingestuft wurden. Die Vergabe von Regionalbeihilfen setzt zudem voraus, daß das zu fördernde Unternehmen oder Investitionsprojekt mobil ist. Das heißt, das Unternehmen muß nachweisen, daß es neben dem Standort in dem Fördergebiet einen glaubwürdigen und wirtschaftlich attraktiven Alternativstandort für die Investition gibt (*Europäische Kommission* 1997a, C 279/2; *Gröteke* und *Heine* 2004a, S. 324). Zudem ist die Höhe der Regionalbeihilfe in Abhängigkeit von der Rückständigkeit der Region gedeckelt. Diese Einschränkungen werden damit begründet, daß *unnötige* Beihilfenzahlungen, vor allem aber Beihilfenwettläufe um die Ansiedlung von Unternehmen oder Investitionsprojekten verhindert werden sollen.[511]

---

[511] Diese Regeln können allerdings auch bewirken, daß Unternehmen bzw. Investoren durch eine strategische Auswahl des Alternativstandortes versuchen werden, einen großen Teil der Investitionskosten subventioniert zu bekommen, mithin Beihilfen *mitzunehmen*. Wichtig ist

Die Intention der Vergabe von Regionalbeihilfen ist es, Unternehmen einen Anreiz zu geben, ihre Investition in einer förderfähigen Region durchzuführen, obwohl die Standortbedingungen dort schlechter sind als an anderen Standorten. Sie sollen mittels der Regionalbeihilfen für die vergleichsweise schlechten Standortbedingungen kompensiert werden. Dies impliziert nach aktueller Beihilfenpraxis auch, daß mittels der Vergabe von Regionalbeihilfen insbesondere für die Automobilindustrie – aber nach der Umstellung auf den Multisektoralen Beihilferahmen für alle Industrien – Unterschiede in den Arbeitskosten kompensiert werden können. Aus der Betrachtung der angeführten Fälle aus der Automobilindustrie wurde gefolgert, daß die Arbeitskostenunterschiede großteils durch rigide Arbeitsmarktregulierungen verursacht sind. Es werden somit die Auswirkungen rigider und ineffizienter Arbeitsmarktregulierungen subventioniert, wobei diese letztlich auch mitverantwortlich für die schlechte Entwicklung der Region und deren Standortnachteil sind. Eine Begründung für die Vergabe von solchen Subventionen findet sich in Teilen der Beihilfenliteratur. Dort werden institutionelle Rigiditäten aufgrund ihrer negativen Wirkungen auf den Arbeitsmarkt auch unter den Begriff Marktversagen gefaßt (*Meiklejohn* 1999a, S. 8; *Ehlermann* und *Atanasiu* 2001, S. XXIV f.).[512] „Under this heading we can group various social, political and legal constraints which lead to economically sub-optimal outcomes" (*Meiklejohn* 1999b, S. 30). Eine solche Interpretation hat zur Konsequenz, daß alle inflexiblen oder rigiden Arbeitsmarktbestimmungen wie Mindestlöhne, Arbeitslosengeld oder Kündigungsschutz, die häufig als Ursache für Arbeitslosigkeit angeführt werden, unter den Begriff *institutionelle Rigiditäten* fallen und über Regionalbeihilfen kompensiert werden können.[513]

Unter dieser Regelung leidet freilich die Effizienz des interjurisdiktionellen Wettbewerbs. Es ist anzunehmen, daß Politiker in förderfähigen Regionen keinen Anreiz haben werden, effiziente Arbeitsmarktregulierungen zu implementieren, wenn sie die Nachteile ineffizienter Arbeitsmarktregulierungen über die Vergabe von Regionalbeihilfen kompensieren können. Dies hat zur Folge, daß Arbeitsmarktregulierungen als Wettbewerbsparameter im interjurisdiktionellen Wettbewerb zwischen förder- und nichtförderfähigen Regionen ausscheiden. Politiker können somit für ihre ineffizienten Regulierungen, die zur Befriedung von Partikularinteressen dienen können, nicht sanktioniert werden.[514] Freilich darf in dieser Diskussion jedoch nicht übersehen werden, daß als Ausgleich für die ineffizienten Arbeitsmarktregulierungen Kosten in Form der Beihilfe entstehen. Sofern die förderfähige Jurisdiktion und deren Bürger diese Kosten selbst tragen, könnten die Bürger die Politiker, die ineffiziente Arbeitsmarktregulierungen anbieten, dennoch durch Abwanderung sanktionieren.

---

nur, daß das Unternehmen bzw. der Investor seine *wahren* Präferenzen für einen jeweiligen Standort vorab nicht äußert, sondern sich bemüht, nach objektiven Kriterien eine Indifferenz zwischen unterschiedlichen Standorten herzustellen.

[512] Für eine kritische Analyse der Verwendung des Begriffes *Marktversagen* für solche Tatbestände siehe beispielsweise *Feltkamp* (2003, S. 30).

[513] Vgl. *Meiklejohn* (1999b, S. 30); *Gröteke* und *Heine* (2003, S. 263 f.; 2004a, S. 324-327).

[514] Vgl. *Gröteke* und *Heine* (2003; 2004a, S. 328-330). Siehe allgemein *McKinnon* (1997, S. 1579 f.).

Mit Blick auf die angesprochenen Regeln zur Vergabe von Regionalbeihilfen stellt sich die Frage, inwieweit die Beihilfenvergabe das Ziel der Förderung von Regionen tatsächlich erfüllt. Denn letztlich ist dieses distributive Instrument auch anfällig für Partikularinteressen, gerade weil die Arbeitsmarktregulierungen dem interjurisdiktionellen Wettbewerb entzogen werden können. Man muß vor diesem Hintergrund zwischen den Allokations- und Distributionszwecken der Vergabe von Regionalbeihilfen in der Automobilindustrie abwägen. Man könnte aus allokativer Sicht darüber nachdenken, ob nicht die Zulassung des interjurisdiktionellen Wettbewerbs hinsichtlich der Arbeitsmarktregulierungen den Politikern benachteiligter Regionen Anreize gibt, ihr Angebot effizienter zu gestalten und partikulare Verteilungsinteressen zurückzuweisen. Dies könnte ebenfalls eine positive Wirkung auf die wirtschaftliche Entwicklung dieser Regionen haben und damit die Realisierung der angestrebten Ziele begünstigen. Bevorzugt man dennoch eine Umverteilung zwischen Jurisdiktionen, so wären solche Instrumente vorzuziehen, die Effizienzaspekte des interjurisdiktionellen Wettbewerbs nicht vollkommen unterminieren.

4.3.5.3.2. Effizienzorientierte Aspekte in der Vergabe von Regionalbeihilfen

Es wurde bereits festgestellt, daß distributive Aspekte bei der Vergabe von Beihilfen eine Rolle spielen, die aber teilweise in Konflikt mit effizienzorientierten Aspekten stehen. Man kann in den konkreten Regeln für die Vergabe von Regionalbeihilfen allerdings auch Aspekte finden, die die Funktionsfähigkeit des interjurisdiktionellen Wettbewerbs sichern können.

– *Zum Argument: Durchsetzung von Standortvereinbarungen und Hold-up-Problematik*

Regionalbeihilfen dürfen in erster Linie für Erst- und nicht für Ersatzinvestitionen vergeben werden (*Europäische Kommission* 1998b, C 74/14; 2002c, C 70/14). Das heißt, Regionalbeihilfen dürfen nur in Form von Ansiedlungsbeihilfen gewährt werden.[515] Die Regelung impliziert, daß es einem Unternehmen nicht möglich ist, nach der Ansiedlung ein zweites Mal für die gleiche Leistung Ansiedlungsbeihilfen zu bekommen. Im Rahmen der Beihilfenkontrolle findet zudem eine Überwachung der Standortvereinbarung statt. Das begünstigte Unternehmen muß tatsächlich zu einer Reduzierung der regionalen Probleme, also zu einer Reduzierung der Arbeitslosigkeit, beitragen, indem es *zusätzliche* Arbeitsplätze schafft (*Europäische Kommission* 1998b, C 74/16). Die neu geschaffenen Arbeitsplätze müssen zudem für „mindestens fünf Jahre erhalten bleiben", so daß das Unternehmen bzw. das Investitionsprojekt für diesen Zeitraum an die Jurisdiktion gebunden ist (*Europäische Kommission* 1998b, C 74/16). Bei Nichteinhaltung der Auflagen ist das Mitgliedsland gehalten, die dem Unternehmen gewährten Regionalbeihilfen zurückzufordern. Dieser Aufforderung kommen die Mitgliedstaaten in jüngerer Zeit verstärkt nach (*Mariñas* 2005, S. 18; *Europäische Kommission* 2005c, S. 8). Zusammenfassend enthalten die Regionalbeihilferegeln bestimmte Funktionen

---

[515] Nur ausnahmsweise können bereits in der Jurisdiktion ansässige Unternehmen in den Genuß solcher Beihilfen kommen. Dies trifft vor allem auf Unternehmen in Randgebieten zu, die mit hohen Transportkosten konfrontiert sind. Hierfür gibt es sehr strikte Bedingungen.

eines Regelrahmens für die Durchsetzung von Standortvereinbarungen zwischen Jurisdiktion und Unternehmen. Es gelten insofern bestimmte Mindestanforderungen für Unternehmen bzw. Investoren in den förderfähigen Gebieten.

– *Zum Argument: Beihilfenwettläufe und Marktmacht vor der Ansiedlung?*

Der neue multisektorale Beihilferahmen für regionale Großinvestitionen löst nach Ansicht der Kommission ein wichtiges Problem. Denn nach Meinung der Kommission (2002c, C 70/9) verfügen „Unternehmen, die Großinvestitionen beabsichtigen, in der Regel über eine beträchtliche Verhandlungsstärke gegenüber den Behörden, die die Beihilfen gewähren." Die Verhandlungsstärke der Großinvestoren ergebe sich daraus, daß sie Standorte aus unterschiedlichen Mitgliedstaaten in Betracht ziehen könnten. Dadurch könnten sie die Jurisdiktionen dazu veranlassen, „sich gegenseitig mit großzügigen Beihilfeversprechen zu überbieten, die unter Umständen über das Maß hinausgehen, das zum Ausgleich regionaler Nachteile erforderlich wäre" (*Europäische Kommission* 2002c, C 70/9). Dies werde dadurch begünstigt, daß Großunternehmen in der Regel unabhängig von regionalen Gegebenheiten seien und deshalb strategische Interaktionen zwischen den Jurisdiktionen heraufbeschwören könnten.[516] Deshalb wurden mit dem neuen multisektoralen Beihilferahmen die Förderhöchstgrenzen für Großinvestitionen reduziert (*Europäische Kommission* 2002c, C 70/9 f.; *Soltész* 2005, S. 98).

Zudem wurde ein Marktanteilstest eingeführt. Sollte das zu fördernde Unternehmen einen Marktanteil von 25 % überschreiten, erfolgt eine Kürzung der Beihilfe. Dieser Schwellenwert bzw. der Test soll die Auswirkung der Beihilfe auf die Wettbewerbsposition des begünstigten Unternehmens gegenüber seinen Wettbewerbern berücksichtigen. *Soltész* (2005, S. 101) bemängelt jedoch, daß es bei der Vergabe der Beihilfen um die regionale Förderung gehe und Marktanteile – außer bei der Vergabe von Rettungsbeihilfen – im Beihilfenrecht insgesamt eine untergeordnete Rolle spielen. Man könnte jedoch aus Sicht des interjurisdiktionellen Wettbewerbs argumentieren, daß bei Unternehmen mit einem Marktanteil ab 25 % die Verhandlungsmacht gegenüber den Jurisdiktionen ebenso wie die Gefahr des strategischen Bietens seitens der Jurisdiktionen sehr groß ist und daher eine solche Einschränkung durchaus gerechtfertigt werden könnte.

Man könnte allerdings auch argumentieren, daß die Deckelung weniger dem Marktanteil geschuldet ist, sondern vielmehr der Tatsache, daß es an einer fiskalischen Äqui-

---

[516] „Großunternehmen tragen zur regionalen Entwicklung bei, indem sie unter anderem weitere Unternehmen nach sich ziehen, moderne Technologien einführen und ihren Beitrag zur Aus- und Weiterbildung leisten. Bei diesen Investitionen fallen größere regionalspezifische Probleme strukturschwacher Gebiete jedoch weniger ins Gewicht, da sie Kostenersparnisse erzielen können, die wiederum niedrigere standortspezifische Startkosten ermöglichen. Darüber hinaus sind derartige Vorhaben in vielerlei Hinsicht nicht an die Region gebunden, in der die Investition tatsächlich erfolgt. Große Unternehmen können problemlos Kapital und Kredit auf globalen Märkten erhalten und sind nicht an das eher begrenzte Finanzdienstleistungsangebot einer bestimmten strukturschwachen Region angewiesen. Außerdem können Unternehmen, die Großinvestitionen tätigen, auf ein räumlich breit gestreutes Arbeitskräftereservoir zurückgreifen und leichter qualifizierte Arbeitskräfte an den ausgewählten Standort versetzen" (*Europäische Kommission* 2002c, C 70/9). Siehe auch *Soltész* (2005, S. 98 f.).

valenz bzw. an harten Budgetrestriktionen in der EU insgesamt mangelt. Augrund dessen könnte ein Ansiedlungswettbewerb um ein Unternehmen in Subventionswettläufe ausarten. Der Marktanteil von 25 % könnte eher darauf hindeuten, daß es sich um ein multinationales Unternehmen handelt, das weitestgehend unabhängig von lokalen Standortgegebenheiten ist und von den fehlenden Restriktionen der Jurisdiktionen profitieren könnte, weil es unterschiedliche Standorte zur Auswahl hat. Wäre eine fiskalische Äquivalenz gegeben, wäre es kaum zu erwarten, daß die zur Vergabe von Regionalbeihilfen berechtigten ärmeren Jurisdiktionen aufgrund der hohen Opportunitätskosten der Beihilfe überhaupt in einen gesamtgesellschaftlich ineffizienten Subventionswettlauf einsteigen könnten.[517]

– *Zum Argument: Informationsasymmetrien*

Fehlen harte Budgetrestriktionen bzw. liegt keine fiskalische Äquivalenz vor, so ist – nach theoretischer Argumentation – auch der Einsatz von Beihilfen zur Signalisierung von Standortqualitäten ineffizient. Denn sowohl Jurisdiktionen mit qualitativ schlechtem öffentlichem Angebot als auch solche mit qualitativ hochwertigem Angebot könnten die gleiche Steuer- bzw. Beihilfenpolitiken betreiben. Das heißt, auch Jurisdiktionen mit niedriger Qualität (L-Jurisdiktionen) können in Periode 1 nach der Ansiedlung des Unternehmens die gleichen Steuernachlässe gewähren wie Jurisdiktionen mit einem qualitativ hochwertigen Leistungsangebot. Eine L-Jurisdiktion würde zwar einen Verlust erleiden, weil das Unternehmen nach der ersten Periode die Jurisdiktion wieder verlassen würde und diese ihre Kosten nicht decken könnte. Wenn aber ein ‚bailout‘ möglich ist, ist es rational für die L-Jurisdiktion, sich im Angebot von Beihilfen nicht von der H-Jurisdiktion zu differenzieren.

Ein Instrument, das dennoch helfen könnte, qualitative Unterschiede zwischen Jurisdiktionen aufzudecken, wäre die Kosten-Nutzen-Analyse. Dieses ‚Screening‘-Instrument wurde von der Kommission bei der Vergabe von Regionalbeihilfen in der Automobilindustrie eingesetzt. Allerdings war die Aufgabe der Kosten-Nutzen-Analyse nicht in erster Linie die Vermeidung von Ineffizienzen im interjurisdiktionellen Wettbewerb mittels der Vergabe von Beihilfen, sondern die Abwägung zwischen den regionalen Effekten der Beihilfen mit den Wettbewerbsverzerrungen zwischen Unternehmen auf dem Gütermarkt.[518] De facto wurde jedoch von Experten ein Standortvergleich durchgeführt, um die für eine Ansiedlung notwendige Beihilfenhöhe zu ermitteln. Dieses wichtige ‚Screening‘-Instrument *Kosten-Nutzen-Analyse* entfällt nun aber im Rahmen der Implementierung des multisektoralen Beihilferahmens.

---

[517] Insofern ist zu vermuten, daß die Deckelung der Regionalbeihilfen für Großinvestitionen den hohen Opportunitätskosten der Beihilfe Rechnung trägt. Diese Opportunitätskosten können gerade für die ärmeren Jurisdiktionen so hoch sein, daß sie nicht in der Lage sind, die Ansiedlungsbeihilfen aufzubringen. Fraglich ist dann allerdings, ob die potentiell möglichen Beihilfen ausreichen, um den Unternehmen noch adäquate Investitionsanreize zu vermitteln (*Soltész* 2005, S. 98).

[518] Vgl. *Europäische Kommission* (1997b, C 279/6); *Seabright, Herbe* und *Atanasiu* (1999, S. 9 und 20-22); *Gröteke* und *Heine* (2004a, S. 324).

Es kann festgehalten werden, daß die europäische Beihilfenkontrolle im Rahmen der Vergabe von Regionalbeihilfen einerseits eine Verteilungsfunktion hat. Diese läßt aber vor dem Hintergrund der derzeitigen Praxis starke Zweifel an deren Effektivität aufkommen, weil sie aufgrund der Ausschaltung bestimmter Wettbewerbsparameter des interjurisdiktionellen Wettbewerbs anfällig für Partikularinteressen ist. Andererseits enthält sie auch Elemente, die für das Funktionieren des interjurisdiktionellen Wettbewerbs notwendig sein können. Eine Kontrolle und Deckelung der Vergabe von Regionalbeihilfen kann besonders dann notwendig sein, wenn keine harten Budgetrestriktionen gegeben sind. Vorrangiges Ziel müßte aber sein, solche wieder herzustellen. Von daher kann die Beihilfenkontrolle nur als Substitut für fehlende Budgetrestriktionen dienen. Die Kosten-Nutzen-Analyse kann als ein sinnvolles Instrument zur Beseitigung von Informationsasymmetrien dienen. Es wäre daher zu überlegen, ob sie nicht weiterhin Anwendung finden sollte. Fraglich ist jedoch, ob eine solche Kosten-Nutzen-Analyse Aufgabe der Kommission sein und auf zentraler Ebene geschehen soll oder ob sich hierfür nicht auch private Anbieter finden lassen.

4.4. Zwischenfazit

Die Vergabe von Beihilfen kann die Effizienz des interjurisdiktionellen Wettbewerbs um die Ansiedlung von Unternehmen erhöhen, vorausgesetzt die Jurisdiktionen verfügen über entsprechende Kompetenzen. Eine Politik der Gleichbehandlung aller Unternehmen in einer Jurisdiktion könnte aus Sicht einer Jurisdiktion nicht sinnvoll sein, weil für sie die Ansiedlung unterschiedlicher Unternehmen in unterschiedlichem Maße wertvoll sein kann. Daher könnte die Vergabe von Beihilfen gerechtfertigt sein, wenn man Beihilfen als Rabatte oder allgemein als Form der Preisdifferenzierung interpretiert. Aus einer etwas veränderten theoretischen Perspektive könnte man die Vergabe von Beihilfen auch mit der Internalisierung technologischer externer Effekte oder mit der Beseitigung von Informationsasymmetrien begründen. So könnte eine Jurisdiktion mit einem qualitativ hochwertigen Angebot eines Leistungsbündels die Vergabe von Beihilfen als Qualitätssignal nutzen, wenn sich die Unternehmen bezüglich der Qualität des angebotenen Leistungsbündels unsicher sind. Hat das Unternehmen die gute Qualität des Leistungsbündels erkannt, wird es in der Jurisdiktion bleiben, was dieser die Möglichkeit eröffnet, das Unternehmen in den Folgeperioden mit höheren Steuern zu belegen. Eine Alternative stellt die so genannte Leuchtturmpolitik dar. Die Jurisdiktion siedelt ein großes Unternehmen mit guter Reputation an, um dadurch anderen ansiedlungswilligen Unternehmen zu signalisieren, daß die Qualität des angebotenen Steuer-Leistungsbündels hoch ist. Die Gewährung von Beihilfen kann auch zur Lösung des ‚Hold-up'-Problems beitragen und dem Unternehmen die Angst davor nehmen, nach einer Ansiedlung durch die Jurisdiktion ausgebeutet zu werden. Durch die ex ante-Gewährung einer Beihilfe kann die Jurisdiktion ein ‚Commitment' eingehen, das Unternehmen nach dessen Ansiedlung eben nicht auszubeuten.

Auch eine supranationale Beihilfenkontrolle kann unter bestimmten Bedingungen zum Funktionieren des interjurisdiktionellen Wettbewerbs beitragen. Eine solche supranationale Beihilfenkontrolle kann *erstens* notwendig sein, wenn keine fiskalische Äquivalenz bzw. keine harten Budgetrestriktionen vorliegen und somit Jurisdiktionen bei der

Vergabe von Beihilfen zur Ansiedlung oder zum Erhalt eines Unternehmens nicht ge-
zügelt werden können. Unter diesen Bedingungen wären zum einen Signalstrategien
nicht glaubwürdig. Zum anderen wäre auch eine Preisdifferenzierung bzw. Rabattein-
räumung nicht effizient möglich. Und es könnte bei der Ansiedlung wie beim Erhalt
von Unternehmen zu Subventionswettläufen kommen. Unter diesen Bedingungen kann
eine supranationale Beihilfenkontrolle mögliche negative grenzüberschreitende Externalitäten unterbinden, die durch eine ineffiziente Vergabe von Beihilfen verursacht sind,
indem sie die Jurisdiktionen in der Nutzung des Parameters *Beihilfe* beschränkt.

Zweitens kann eine supranationale Beihilfenkontrolle nützlich sein, wenn der interjurisdiktionelle Wettbewerb nicht in der Lage ist, die Politiker und Bürokraten einer Jurisdiktion zu zähmen, weil viele Jurisdiktionsmitglieder immobil sind. Wenn aufgrund
dessen ineffiziente Beihilfen vergeben werden, die negative Externalitäten für andere
Jurisdiktionen verursachen, aufgrund dessen Gegenmaßnahmen zu befürchten sind und
es gar zu Subventionswettläufen kommen kann, dann ist eine supranationale Beihilfenkontrolle ebenfalls erforderlich. Dies gilt jedoch nur insoweit, als die für dieses Handeln
ursächlichen jurisdiktionellen Probleme nicht anders gelöst werden können. Das heißt,
die Beihilfenkontrolle wäre notwendig, wenn konstitutionelle Regeln innerhalb einer
Jurisdiktion, die ineffiziente Beihilfenvergaben verhindern könnten, nicht existieren
oder nicht durchsetzbar sind. Man könnte auch überlegen, daß eine supranationale Beihilfenkontrolle diesen Part übernimmt, wenn durch die Beihilfenvergabe keine schädlichen Externalitäten für andere Jurisdiktionen generiert werden. Dann könnte sich die
Jurisdiktion einer solchen Kontrolle freiwillig unterwerfen.

Drittens kann eine supranationale Beihilfenkontrolle auch eine ,Hold-up'-
Problematik lösen helfen, indem sie zwischen allgemeinen und selektiven Maßnahmen
differenziert. Je nachdem, von wem der ,Hold-up' ausgehen könnte, könnte sich die als
opportunistisch geltende Vertragspartei freiwillig einer durchsetzungsfähigen supranationalen Beihilfenkontrolle unterwerfen. Dadurch könnte sie signalisieren, daß sie sich
nicht opportunistisch verhalten wird bzw. kann, weil die Beihilfenkontrolle den Einsatz
spezifischer Parameter nicht erlaubt. *Viertens* könnte eine supranationale Beihilfenkontrolle auch als Umverteilungsinstrument genutzt werden.

Zusammenfassend kann eine supranationale Beihilfenkontrolle ganz unterschiedliche
Funktionen erfüllen und zur Funktionsfähigkeit des interjurisdiktionellen Wettbewerbs
beitragen. Häufig ist sie jedoch nur notwendig, weil andere, effizientere institutionelle
Rahmenbedingungen für den interjurisdiktionellen Wettbewerb nicht vorhanden oder
nicht durchsetzungsfähig sind. Daher ist die Beihilfenkontrolle aus Sicht der Funktionsfähigkeit des interjurisdiktionellen Wettbewerbs als ein ,second best'-Instrument zu
interpretieren, weil sie an den Symptomen einer ineffizienten Beihilfengewährung ansetzt.

Wird die Beihilfenkontrolle dennoch als ,second best'-Instrument für die oben beschriebenen Probleme instrumentalisiert, so muß beachtet werden, daß eine durchsetzungsfähige supranationale Beihilfenkontrolle auch die Verlagerung von Kompetenzen
auf eine supranationale Ebene impliziert und dadurch Wettbewerbsparameter im interjurisdiktionellen Wettbewerb ausgeschaltet werden. Sie wäre somit ein geeignetes Har-
monisierungs- oder Kartellierungsinstrument und könnte den Politikern die Möglichkeit

geben, sich dem Wettbewerbsdruck des interjurisdiktionellen Wettbewerbs zu entziehen. Dies wird noch dadurch verstärkt, daß auch die kontrollierende Instanz, also die Kontrolleure auf supranationaler Ebene, an einer Ausweitung ihrer Kompetenzen interessiert sind und daher die Rolle der Beihilfenkontrolle als ein Instrument zur Harmonisierung oder Kartellierung von Politikbereichen begrüßen würden. Damit eine supranationale Beihilfenkontrolle die gewünschte Effizienz im interjurisdiktionellen Wettbewerb generieren kann, müßten folglich im Rahmen der Beihilfenkontrolle geeignete Vorkehrungen gegen diese Kartellbestrebungen getroffen werden.

Bisher wurde die Funktion einer Beihilfenkontrolle getrennt mit Blick auf den Wettbewerb zwischen Unternehmen und den Wettbewerb zwischen Jurisdiktionen untersucht. Im folgenden Kapitel soll nun analysiert werden, inwieweit eine Beihilfenkontrolle sowohl zur *Funktionsfähigkeit* des Wettbewerbs zwischen Unternehmen (Kap. 3) als auch zur *Funktionsfähigkeit* des interjurisdiktionellen Wettbewerbs (Kap. 4) beitragen kann.

5. Zur Notwendigkeit und Funktion der europäischen Beihilfenkontrolle im Gemeinsamen Markt

5.1. Einführung

Die ursprüngliche Intention der europäischen Beihilfenkontrolle ist es, einen unverfälschten *Wettbewerb zwischen Unternehmen* im Integrationsraum zu gewährleisten. Die Beihilfenkontrolle ist somit Teil einer Wettbewerbsordnung für den Wettbewerb zwischen Unternehmen im Gemeinsamen Markt. Sie soll dazu beitragen, den Wettbewerb zwischen Unternehmen zu ordnen. Anders formuliert: Sie soll die Wettbewerbsprozesse auf Gütermärkten so kanalisieren, daß gesellschaftlich wünschenswerte Ergebnisse resultieren. Die Notwendigkeit und die Funktion einer supranationalen bzw. europäischen Beihilfenkontrolle hängen – wie die ökonomische Analyse in Kapitel 3 zeigte – von der Integrationsstufe des ökonomischen Integrationsprozesses sowie der herangezogenen ökonomischen Theorie ab.

Insbesondere auf frühen Integrationsstufen kann die Vergabe von Beihilfen mit dem Ziel, eine strategische Handelspolitik durchzuführen, negative grenzüberschreitende Effekte auf Unternehmen in anderen Mitgliedstaaten auslösen. Solch eine Politik ist jedoch mit großen Problemen behaftet und nur in den seltensten Fällen erfolgreich, wie ausführlich dargelegt wurde. Als eine wesentliche Ursache für die Vergabe von Beihilfen an Unternehmen wurde Staatsversagen innerhalb einer Jurisdiktion bzw. innerhalb eines Mitgliedstaates identifiziert. Eine durch Staatsversagen induzierte Beihilfenvergabe kann negative grenzüberschreitende Externalitäten auf Unternehmen in anderen Mitgliedstaaten auslösen. Es kann zu Gegenreaktionen und letztlich zu Subventionswettläufen kommen, wie sie in der Kohle-, Stahl- und Automobilindustrie in der EU festgestellt werden konnten. Unter diesen Bedingungen ist daher eine supranationale Beihilfenkontrolle notwendig, die Staatsversagen und die hieraus resultierenden grenzüberschreitenden Wettbewerbsverzerrungen zwischen Unternehmen unterbindet.

Auf der Integrationsstufe des Gemeinsamen Marktes kann eine weitere Wettbewerbsdimension zu dem Wettbewerb auf Gütermärkten hinzutreten, nämlich der *Wettbewerb zwischen Jurisdiktionen* oder *Standorten*. Die Existenz eines solchen Wettbewerbs setzt die Durchsetzung der vier Grundfreiheiten (charakteristisch für einen Gemeinsamen Markt), eine dezentrale Kompetenzallokation in einem politischen Mehr-Ebenen-System und weitere Rahmenbedingungen voraus. Ist dieser Wettbewerb funktionsfähig, beeinflußt er die Vergabe von Beihilfen auf zwei Arten. Zum einen werden die Jurisdiktionen gezwungen, effiziente, d. h. präferenzengerechte und kostenminimale Steuer-Leistungsbündel anzubieten. Das bedeutet, die Vergabe ineffizienter Beihilfen wird sanktioniert. Zum anderen kann dieser Wettbewerb den Politikern einen Anreiz vermitteln, solche Beihilfen zu vergeben, die zu gesamtgesellschaftlich effizienten Ergebnissen im Standortwettbewerb beitragen. Die Vergabe solcher effizienter Beihilfen in einem funktionierenden interjurisdiktionellen Wettbewerb kann als ein Rabatt auf Standortleistungen bzw. Inputfaktoren interpretiert werden.

Ein funktionsfähiger Wettbewerb zwischen Jurisdiktionen hat – wie gezeigt wird – durch seine Einflußnahme auf die Vergabe von Beihilfen auch Auswirkungen auf den

Wettbewerb zwischen Unternehmen. Insofern kann es Auswirkungen auf die Notwendigkeit und Funktion einer supranationalen Beihilfenkontrolle haben, wenn neben dem Wettbewerb zwischen Unternehmen auch ein interjurisdiktioneller Wettbewerb existiert. Bisher wurde die Notwendigkeit für eine Beihilfenkontrolle und deren Funktion in den Kapiteln 3 und 4 getrennt, d. h. aus zwei unterschiedlichen Perspektiven, beleuchtet. Die Analyse der Auswirkungen von Beihilfen auf den Wettbewerb zwischen Unternehmen gab Aufschluß über die Notwendigkeit einer supranationalen Beihilfenkontrolle, die den Wettbewerb zwischen Unternehmen kanalisieren soll (Kapitel 3). In Kapitel 4 wurden die Wirkungen von Beihilfen im interjurisdiktionellen Wettbewerb analysiert und Bedingungen herausgearbeitet, unter denen eine Beihilfenkontrolle als Teil einer Wettbewerbsordnung für den interjurisdiktionellen Wettbewerb notwendig ist.[519] Nun soll vor dem Hintergrund eines Gemeinsamen Marktes eine *gemeinsame Analyse beider Wettbewerbsprozesse* durchgeführt werden. Dabei soll geklärt werden, inwieweit eine Beihilfenkontrolle notwendig ist, wenn man sie als eine integrierte Wettbewerbsordnung für den Wettbewerb zwischen Unternehmen *und* den interjurisdiktionellen Wettbewerb versteht, die beide Wettbewerbsprozesse kanalisieren soll (*Kerber* 1998b, S. 38; *Heine* und *Gröteke* 2005, S. 474 f.).

5.2. Zur Notwendigkeit einer Beihilfenkontrolle aus einer integrierten Sicht

Ausgangspunkt ist die Annahme, daß auf der Integrationsstufe des Gemeinsamen Marktes beide Arten von Wettbewerb auftreten, d. h. neben dem Wettbewerb zwischen Unternehmen auch ein Wettbewerb zwischen Jurisdiktionen stattfindet. Die Vergabe von Beihilfen muß folglich aus der Perspektive beider Wettbewerbsarten gemeinsam analysiert werden. In dieser Analyse sollen folgende Fragen behandelt werden:

1. Welche Effekte haben Beihilfen auf den Wettbewerb zwischen Unternehmen, wenn man von einem funktionsfähigen interjurisdiktionellen Wettbewerb ausgeht?

2. Welche Wirkungen hat die Vergabe von Beihilfen auf den Wettbewerb zwischen Unternehmen, wenn man einen *nicht* funktionsfähigen interjurisdiktionellen Wettbewerb unterstellt?

Für beide Fälle soll überlegt werden, ob eine supranationale Beihilfenkontrolle aus dieser integrierten Sicht notwendig ist oder ob es alternative Regulierungen gibt, die beide Wettbewerbsprozesse effizient kanalisieren können.

5.2.1. Beihilfen im funktionsfähigen interjurisdiktionellen Wettbewerb

Jurisdiktionen werden Beihilfen vergeben, die aus gesamtgesellschaftlicher Sicht effizient sind, wenn bestimmte Rahmenbedingungen erfüllt sind und der interjurisdiktionelle Wettbewerb mithin funktionsfähig ist. Dies setzt *erstens* den freien grenzüberschreitenden Verkehr von Gütern und Produktionsfaktoren voraus. Das bedeutet, daß die Bedingungen für einen Gemeinsamen Markt erfüllt sein müssen. *Zweitens* ist es notwendig, daß eine dezentrale Allokation wirtschaftspolitischer Kompetenzen in einem

---

[519] Vgl. *Kerber* (1998b); *Heine* (2003a, S. 473); *Gröteke* und *Heine* (2003, S. 258 2004a, S. 328). Siehe aus juristischer Sicht *Koenig* (1998, S. 513); *Koenig* und *Kühling* (1999).

föderalen Mehr-Ebenen-System existiert. *Drittens* muß eine fiskalische Äquivalenz bzw. es müssen harte Budgetrestriktionen vorliegen, damit Politiker nicht die Möglichkeit haben, Kosten der Beihilfenvergabe auf andere Jurisdiktionen zu verlagern. Daher muß durch die Setzung von Rahmenbedingungen verhindert werden, daß Steuern auf andere Jurisdiktionen auf der gleichen Jurisdiktionsebene exportiert werden oder im Falle einer Überschuldung ein ,bailout' durch die Zentralbank und/oder die übergeordnete Jurisdiktionsebene erfolgt. Ebenso müßten Konkursregeln für Jurisdiktionen implementiert werden (*Wildasin* 2004, S. 266; *Oates* 2005, S. 363). Solche glaubwürdigen Rahmenbedingungen sind notwendig, damit die Anreiz- und Sanktionsmechanismen des interjurisdiktionellen Wettbewerbs funktionieren können. Zur Unterstützung dieser institutionellen Vorkehrungen können bzw. sollen funktionierende Marktmechanismen genutzt werden, die gewisse Signale oder Anreize rückkoppeln. An erster Stelle ist ein funktionierender Kapitalmarkt zu nennen, der über das Kreditrating und hieraus resultierende Zinskonditionen oder Kreditrationierungen Rückkopplungen über die Effizienz der Finanzpolitik und damit auch über die Beihilfenvergabe einer Jurisdiktion gibt. Damit dieser Mechanismus funktioniert, sollte der freie Kapitalmarkt die wichtigste Fremdkapitalquelle für Jurisdiktionen sein (*Rodden* 2003, S. 52; *Oates* 2005, S. 362). Außerdem ist ein funktionierender Häuser- und Grundstücksmarkt wichtig. Dann lassen sich die Effizienz der Wirtschaftspolitik bzw. die Effizienz des Mitteleinsatzes und der Schuldenstand einer Jurisdiktion auch an den Immobilienpreisen ablesen.

Viertens muß das ,Hold-up'-Problem gelöst sein, wenn versunkene Kosten vorliegen. *Fünftens* darf eine Umverteilung zwischen Jurisdiktionen z. B. in Form eines unkontrollierten Finanzausgleichs nicht stattfinden, die harte Budgetrestriktionen verwässert. *Sechstens* muß gewährleistet sein, daß die Politiker sich dem interjurisdiktionellen Wettbewerb nicht dadurch entziehen können, daß sie eine Kompetenzverlagerung bzw. eine Kartellbildung auf zentraler Ebene inszenieren. Es müssen daher bestimmte Mechanismen existieren, die eine stabile vertikale Zuteilung wirtschaftspolitischer Kompetenzen in einem föderalen Mehr-Ebenen-System sichern.

Unter den angeführten Bedingungen eines funktionierenden interjurisdiktionellen Wettbewerbs ist zu erwarten, daß eine Jurisdiktion nur solche Beihilfen gewähren wird, die die Wohlfahrt der Jurisdiktionsmitglieder zu steigern in der Lage sind. Denn eine ineffiziente Politik, die auch eine ineffiziente Beihilfenpolitik einschließt, würde durch ein ,voting with the feet' sanktioniert. Demzufolge werden Ansiedlungs- oder Investitionsbeihilfen, eventuell auch Erhaltungssubventionen gewährt, wenn diese zu einer Steigerung der Wohlfahrt der Jurisdiktionsmitglieder führen. Werden dabei nicht zugleich Kosten auf andere Jurisdiktionen verlagert, was durch die Etablierung entsprechender Rahmenbedingungen verhindert werden soll, dann sind die Beihilfen auch aus gesamtgesellschaftlicher Sicht effizient. Man könnte auch sagen, daß sie notwendig sind, um ein *Marktversagen auf dem Standortmarkt* zu beheben. Wären sie ineffizient, würde die Beihilfenpolitik sanktioniert. Ferner kann erwartet werden, daß Beihilfen zur *Heilung von Marktversagen auf dem Gütermarkt* vergeben werden. Dabei ist allerdings zu fragen, ob die Vergabe von Beihilfen das effizienteste Instrument ist, das die Jurisdiktion zur Verfügung hat, um das Marktversagen zu heilen. Gibt es effizientere Instrumente, so könnte sich die Beihilfenpolitik als ineffizient herausstellen und wiederum durch eine Abwanderung der Bürger sanktioniert werden.

Ob Beihilfen mit dem Zweck der Erzeugung von Wettbewerbseffekten auf andere Unternehmen unter diesen Bedingungen eines funktionierenden interjurisdiktionellen Wettbewerbs gewährt würden, ist fraglich. Dies würde freilich nur geschehen, wenn die Wohlfahrt der Jurisdiktionsmitglieder gesteigert werden könnte, wie dies beispielsweise die Theorie der strategischen Handelspolitik suggeriert. Die Idee ist es, mittels der Vergabe von Beihilfen den Gewinn des Unternehmens derart zu steigern, daß die Kosten der Beihilfe amortisiert würden. Die Durchführung einer solchen Politik ist jedoch nur sinnvoll, wenn man die Wohlfahrt eines Unternehmens mit der Wohlfahrt der Jurisdiktion gleichsetzen kann. Dazu müßte aber das Unternehmen, insbesondere der Unternehmensgewinn an die Jurisdiktion gebunden sein. Das bedeutet, weder das Unternehmen (Sachkapital) noch die Anteile am Unternehmen (Finanzkapital) dürften grenzüberschreitend mobil sein, weil sonst der Unternehmensgewinn ins Ausland verlagert werden könnte. Mobilitätshemmnisse, die dies gewährleisten, existieren nur in einer Freihandelszone oder Zollunion, nicht aber auf der Integrationsstufe des Gemeinsamen Marktes, wie sie hier vorausgesetzt wurde. Demnach scheint die Durchführung einer strategischen Handelspolitik in einem Gemeinsamen Markt mit einem funktionierenden interjurisdiktionellem Wettbewerb nicht effizient zu sein, weil eine Aneignung des Gewinns durch die Jurisdiktion nicht möglich ist.

Es gibt allerdings eine Ausnahme, nämlich wenn sich das Unternehmen im öffentlichen Eigentum befindet. Selbst dann birgt jedoch die Durchführung einer strategischen Handelspolitik Risiken, weil ein entsprechendes Wissen darüber fehlt, welche Industrien oder welche Unternehmen für die Durchführung einer strategischen Handelspolitik ausgewählt werden sollten.[520] Die Gefahr eines Fehlschlages ist demnach groß. Nicht ohne Grund werden immer wieder ordnungspolitische Bedenken gegenüber einer solchen strategischen Handelspolitik geäußert (beispielsweise *Siebert* 1988, S. 577). Unter den Bedingungen eines funktionierenden interjurisdiktionellen Wettbewerbs würden sich diese Bedenken beispielsweise in einem schlechteren Rating der Jurisdiktion am Kapitalmarkt äußern, wenn sich die Jurisdiktion zu diesem Zweck verschulden würde. Ferner ist anzunehmen, daß die Jurisdiktionsmitglieder die Durchführung einer unter den gegebenen Bedingungen ineffizienten Politik mit Abwanderung sanktionieren würden. Dadurch würde das *pathologische Lernen* (*Möschel* 1995, S. 79 f.) der Politiker und mithin die Reform der durchgeführten Politik beschleunigt.[521]

---

[520] Vgl. *Grossman* (1987, S. 58-60); *Siebert* und *Koop* (1993, S. 23); *Donges* (1994, S. 186); *Monopolkommission* (2004, S. 80).

[521] Die ‚predation'-Politik setzt ebenso wie die strategische Handelspolitik voraus, daß das geförderte Unternehmen immobil und somit leicht besteuerbar ist und/oder daß die Unternehmensanteile bzw. der mögliche Monopolgewinn des Unternehmens nicht grenzüberschreitend transferierbar sind. In der überwiegenden Zahl der Fälle wird eine solche Politik daher ineffizient sein. Hat sich eine Jurisdiktion zum Zwecke der Durchführung einer solchen Politik verschuldet oder will sie dies tun, so würde sie über einen funktionierenden Kapitalmarkt sanktioniert. Da sich eine solche Politik belastend auf die Steuerlast der Bürger auswirkt, könnte es zur Abwanderung von Steuerzahlern kommen.

Die ordnungspolitischen Bedenken der Vergabe von Beihilfen richten sich – nicht nur bei der Durchführung einer strategischen Handelspolitik – vor allem gegen eine mögliche Instrumentalisierung von Beihilfen zur Befriedigung von Partikularinteressen. Gerade solchermaßen instrumentalisierte Beihilfen werden als diejenigen mit den größten negativen Wettbewerbseffekten auf andere Unternehmen angesehen, weil es sich zumeist um Rettungs- und Erhaltungssubventionen handelt.[522] Aber auch diese Praxis müßte im Falle einer Verschuldung durch den Kapitalmarkt sowie durch die Jurisdiktionsmitglieder in Form von Abwanderung sanktioniert werden. Daher müßten auch die Politiker in einem funktionierenden interjurisdiktionellen Wettbewerb zu der Einsicht gelangen, daß eine Politik, die Partikularinteressen zu Lasten anderer Bevölkerungsgruppen begünstigt, im interjurisdiktionellen Wettbewerb einen Wettbewerbsnachteil für die Jurisdiktion generiert. „Wenn Rent-seeking ein Negativsummenspiel ist, wie von der Rent-seeking-Theorie behauptet, dann müßten Jurisdiktionen, die durch geeignete Verfassungsregeln solche ressourcenverzehrenden Umverteilungsaktivitäten reduzieren, gegenüber anderen Jurisdiktionen mit einem größeren Ausmaß an ,Rent-seeking' im Wettbewerb überlegen sein und sich – langfristig gesehen – durchsetzen" (*Kerber* 1998b, S. 65; siehe auch *Vanberg* 1997, S. 27 f.).

Die bisherige Argumentation verdeutlicht, daß bei einem funktionsfähigen interjurisdiktionellen Wettbewerb die Vergabe von Beihilfen sanktioniert werden würde, die aus Sicht der Beihilfen vergebenden Jurisdiktion ineffizient wären. Dies impliziert, daß solche Beihilfen, nämlich Rettungs- und Erhaltungsbeihilfen, eingedämmt werden, die aus Sicht des Wettbewerbs zwischen Unternehmen die größten wettbewerbsverfälschenden Effekte generieren.

Nichtsdestotrotz können Beihilfen vergeben werden, wenn sie aus der Perspektive einer Jurisdiktion im interjurisdiktionellen Wettbewerb effizient sind. Für eine Jurisdiktion ist es in einem funktionierenden interjurisdiktionellen Wettbewerb aber nur sinnvoll, Beihilfen aus den in Kapitel 4 angeführten Gründen zu gewähren, wenn das Angebot an mobilen Firmen knapp ist. *Mueller* (2000) zeigte beispielsweise, daß eine Rettungsbeihilfe nur dann gewährt wird, wenn keine alternative Firma attrahiert werden kann, die Arbeitsplätze schafft. Auch *Kerbers* (1998b, S. 63) Beispiel der Preisdifferenzierung basiert auf der Annahme, daß die Jurisdiktionen Überkapazitäten zu verzeichnen haben und Unternehmen mittels der Vergabe von Beihilfen ansiedeln möchten. Diese Überlegungen sind insofern wichtig, weil sie verdeutlichen, daß Beihilfen in einem funktionierenden interjurisdiktionellen nicht firmenspezifisch sind, sondern an Unternehmen vergeben werden, die bestimmte Charakteristika besitzen.[523] Das bedeutet zugleich, daß jede Firma diese Beihilfe in Anspruch nehmen könnte, wenn sie diese bestimmten Charakteristika erfüllen würde (*Mueller* 2000, S. 346). Somit handelt es sich bei der Vergabe von Beihilfen um einen normalen Fall der Preisdifferenzierung, weil jedes Unternehmen mit den gleichen Charakteristika die gleiche Beihilfe bekä-

---

[522] Vgl. beispielsweise *Vanberg* (1997, S. 25); *Kerber* (1998b, S. 65); *Besley* und *Seabright* (2000, S. 229); *Mueller* (2000, S. 356); *Kallfaß* (2002).

[523] Siehe zur Unterscheidung *Fingleton*, *Ruane* und *Ryan* (1999).

me.[524] Aus der Sicht des interjurisdiktionellen Wettbewerbs wären die Beihilfen als unbedenklich einzustufen, sofern es sich um eine freiwillige Preisdifferenzierung handelt.[525]

Mit Blick auf den Wettbewerb zwischen Unternehmen schlagen *Mueller* (2000, S. 346 f.) und *Fox* (2002, S. 92) vor, nur solche Beihilfen zu verbieten, die es dem Unternehmen ermöglichen, eine marktbeherrschende oder monopolistische Stellung des Unternehmens auf dem Gütermarkt aufzubauen und abzusichern ('antipredation' bzw. 'antimonopoly policy'). Dies sei jedoch in einem Gemeinsamen Markt höchst selten der Fall. Der Vorteil einer solchen Auslegung der Beihilfenkontrolle aus Sicht des Wettbewerbs zwischen Unternehmen ist, daß sie kompatibel mit einem funktionsfähigen interjurisdiktionellem Wettbewerb ist. Dies würde freilich auch für eine Auslegung der Beihilfenkontrolle gelten, wie sie von *Fingleton* (2001) sowie *Fingleton, Ruane* und *Ryan* (1999) vorgeschlagen wird. Bei einer restriktiveren Ausgestaltung der Beihilfenkontrolle für den Wettbewerb zwischen Unternehmen, wie in anderen Theorien suggeriert, besteht die Gefahr, daß die Effizienz des interjurisdiktionellen Wettbewerbs mit seinen positiven Effekten auf den Wettbewerb zwischen Unternehmen unterminiert würde (*Fox* 2002, S. 93).

Zusammenfassend ist ein funktionsfähiger interjurisdiktioneller Wettbewerb geeignet, Wettbewerbsprobleme zwischen Unternehmen, die auf der Vergabe von Beihilfen beruhen, zu bekämpfen. Es werden unter diesen Bedingungen nur effiziente Beihilfen vergeben, die den Wettbewerb zwischen Unternehmen nur in den seltensten Fällen beeinträchtigen, wenn man von neueren wettbewerbstheoretischen Konzepten ausgeht. Die Notwendigkeit für eine Beihilfenkontrolle wäre also nur selten gegeben. Gleichzeitig birgt die Existenz einer solchen Beihilfenkontrolle vor dem Hintergrund der vorgenommen Analyse Gefahren. Wird mit Hilfe einer Beihilfenkontrolle nämlich eine sehr restriktive Kontrolle von Beihilfen betrieben, um einen unverfälschten Wettbewerb zwischen Unternehmen zu gewährleisten, so wird zugleich der Wettbewerb zwischen Jurisdiktionen mit seinen positiven und disziplinierenden Wirkungen ausgeschaltet. Die Schlußfolgerung aus dieser Analyse ist daher: Man soll die Rahmenbedingungen für einen effektiven interjurisdiktionellen Wettbewerb herstellen. So können wesentliche Motive für die Gewährung wettbewerbsverzerrender Beihilfen bezüglich des Wettbewerbs zwischen Unternehmen, nämlich Staatsversagen, ausgeschaltet werden. Kurz: Die Argumentation „suggest[s], however, that *a priori* state aid control is not necessarily good" (*Fox* 2002, S. 99; H. i. O.).

---

[524] Siehe hierzu die Argumentation von *Gröteke* und *Kerber* (2004, S. 322) im Fall Ryanair.

[525] Wenn das Unternehmen hingegen eine gewisse Marktmacht gegenüber der Jurisdiktion ausspielen und diese auf den Wettbewerb zwischen Unternehmen übertragen kann oder umgekehrt, müßte eine Bewertung anders erfolgen (*Gröteke* und *Kerber* 2004, S. 321). Eine Mißbrauchsaufsicht über Unternehmen mit marktbeherrschender Stellung könnte dieses Problem lösen.

5.2.2. *Nichtfunktionsfähiger* interjurisdiktioneller Wettbewerb

Sind bestimmte institutionelle Rahmenbedingungen nicht erfüllt, dann kann die Vergabe von Beihilfen im interjurisdiktionellen Wettbewerb zu gesamtgesellschaftlich ineffizienten Ergebnissen in zweierlei Hinsicht führen. Es kann nicht verhindert werden, daß ineffiziente Beihilfen vergeben werden und es zu Verzerrungen im Wettbewerb zwischen Jurisdiktionen kommt. Zugleich sind durch die *unkontrollierte* Vergabe von Beihilfen verstärkt Wettbewerbsverzerrungen für den Wettbewerb zwischen Unternehmen zu erwarten. Somit wäre eine supranationale Beihilfenkontrolle nicht nur aus der Perspektive des interjurisdiktionellen Wettbewerbs, sondern auch aus der Perspektive des Wettbewerbs zwischen Unternehmen notwendig.

5.2.2.1. Fehlende fiskalische Äquivalenz / fehlende harte Budgetrestriktionen

Eine wichtige Rahmenbedingung für einen funktionsfähigen interjurisdiktionellen Wettbewerb ist die Existenz von harten Budgetrestriktionen bzw. einer fiskalischen Äquivalenz. Liegen hingegen keine harten Budgetrestriktionen bzw. liegt keine fiskalische Äquivalenz vor oder sind diese nicht durchsetzungsfähig, dann hat dies zur Konsequenz, daß die jurisdiktionellen Kosten und Nutzen der Gewährung einer Beihilfe nicht mehr mit den sozialen übereinstimmen. Unter solchen Bedingungen sind ineffiziente Beihilfenentscheidungen möglich, die gesamtgesellschaftliche Ineffizienzen hervorrufen. Daher sollten sie aus gesamtgesellschaftlicher Sicht verboten werden. Aus der Perspektive des Wettbewerbs zwischen Unternehmen können diese Beihilfen wie folgt interpretiert werden:

1. Die vier Grundfreiheiten sind durchgesetzt. Das heißt, die Unternehmen sind mobil. Dies wird durch die Niederlassungsfreiheit begünstigt. Das bedeutet, alle Unternehmen müssen in einer Jurisdiktion die gleichen Konditionen bekommen. Sie dürfen nicht gegenüber bereits ansässigen Unternehmen diskriminiert werden. Unter diesen Umständen könnte man argumentieren, daß keine Wettbewerbsverfälschung zwischen Unternehmen vorliegt. Obwohl der interjurisdiktionelle Wettbewerb nicht funktionsfähig ist und ineffizient hohe Beihilfen vergeben werden, haben alle Unternehmen Zugang zu dieser Beihilfe, wenn sie sich in der Jurisdiktion niederlassen.

2. Sind die Unternehmen hingegen immobil wie in einer Freihandelszone oder Zollunion, so haben sie nicht die Gelegenheit, an der Beihilfenvergabe in anderen Jurisdiktionen zu partizipieren. Demnach kann die Vergabe von Beihilfen in einer Jurisdiktion negative Wettbewerbseffekte auf konkurrierende Unternehmen in anderen Jurisdiktionen auslösen. Die Jurisdiktion, in der ein Konkurrenzunternehmen angesiedelt ist, kann Gegenmaßnahmen ergreifen. Es können gar Beihilfenwettläufe auftreten. Eine Beihilfenkontrolle wäre somit vor allem in oligopolistischen Märkten mit Reaktionsverbundenheit *notwendig*.

Diese Unterscheidung ist aber nur theoretischer Natur. Entscheidend ist, daß keine fiskalische Äquivalenz bzw. keine harten Budgetrestriktionen existieren. So ist eine Kanalisierung des interjurisdiktionellen Wettbewerbs und – abgeleitet – auch des Wettbewerbs zwischen Unternehmen notwendig. Die effizienteste Lösung wäre die Wiederherstellung der fiskalischen Äquivalenz bzw. die Herstellung harter Budgetrestriktionen. Kann diese oder können diese nicht hergestellt werden, kann eine Beihilfenkontrolle zumindest die Symptome, nämlich ineffiziente Beihilfen und hieraus resultierende Wettbewerbsverzerrungen unterbinden und den Jurisdiktionen bzw. Politikern bei der Vergabe von Beihilfen Fesseln auferlegen (*Heine* und *Gröteke* 2005, S. 474). Beihilfen könnten unter diesen Bedingungen nur noch zugelassen werden, wenn sie zur Behebung eines Marktversagens auf Gütermärkten beitragen können und diesbezüglich kein effizienteres Instrument existiert.

5.2.2.2. Fehlende Mobilität

Ein anderer Fall ist es, wenn Bürger oder Unternehmen nicht mobil genug sind, um Politiker durch eine mögliche Abwanderung zu restringieren. Gründe hierfür können sein, daß die vier Grundfreiheiten nicht vollständig durchgesetzt sind, Bürger und Unternehmen aus kulturellen oder sprachlichen Gründen immobil sind, Unternehmen an lokale Absatz- und Beschaffungsmärkte gebunden sind oder Bürger und Unternehmen sich freiwillig an die Jurisdiktion binden, indem sie dort irreversible Investitionen tätigen. Dies kann nun Auswirkungen auf die Vergabe von Beihilfen haben. Das Mobilitätskriterium und die Fähigkeit, Wähler zu mobilisieren, sind entscheidend für die Durchführung von Preisdifferenzierungen. Da sich Politiker in Demokratien der Wiederwahl stellen müssen, haben Interessengruppen dann gute Aussichten, durch Umverteilungen begünstigt zu werden, wenn es genug immobile Zahler gibt. Begünstigt werden unter diesen Bedingungen in erster Linie notleidende, aber auch anzusiedelnde Unternehmen in Form von Subventionen. Hinsichtlich der Beurteilung und Behandlung solcher Beihilfen sind zwei Fälle zu unterscheiden:

1. Die aufgrund von Staatsversagensproblemen gewährten Beihilfen haben *keine* grenzüberschreitende Wirkung. Das bedeutet, die Beihilfen können zwar die Standort- und Produktionsentscheidung des begünstigten Unternehmens beeinflussen. Dies hat aber keine negativen Effekte auf andere Jurisdiktionen (Standorte) bzw. auf Unternehmen in anderen Jurisdiktionen. In einem solchen Fall wäre eine supranationale Beihilfenkontrolle nicht zwingend notwendig. Die Ineffizienz der Vergabe von Beihilfen wäre nach dem Subsidiaritätsprinzip in erster Linie jurisdiktionsintern zu lösen. Entweder müßten konstitutionelle Regelungen zur Beseitigung dieses Mißstandes erlassen oder vorhandene strikter durchgesetzt werden.[526] Wenn diese jedoch – alleine – wenig durchsetzungsfähig oder glaubwürdig sind, gibt es eine weitere Option. Jurisdiktionen bzw. die Jurisdiktionsmitglieder könnten ihre Politiker *freiwillig* einer supranationalen Beihilfenkontrolle unterstellen (*Besley* und *Seabright* 1999, S. 33; *Besley* und *Seabright* 2000, S. 222). Eine supranationale Beihilfenkontrolle kann unter diesen Umständen als *parakonstitutionelle Lösung* (*Möschel* 1995, S. 74-76) erwünscht sein, wenn sie durchsetzungsfähiger ist und ineffiziente Politiken glaubwürdiger sanktionieren bzw. *den Staat an die Kette legen* kann als jurisdiktionelle Verfassungsregeln.

---

[526] Vgl. *Möschel* (1995, S. 74); *Kerber* (1998b, S. 65); *Mueller* (2000, S. 356).

2. Jurisdiktionsinterne Staatsversagensprobleme und hieraus resultierende ineffiziente
    Beihilfen sind jedoch anders zu behandeln, wenn sich die Vergabe von Beihilfen
    negativ auf andere Jurisdiktionen bzw. auf Konkurrenzunternehmen der begünstig-
    ten Unternehmen in anderen Jurisdiktionen auswirkt. Dazu kann es kommen, wenn

    – die Jurisdiktion Kosten der Vergabe von Beihilfen externalisieren kann, so daß
      die Jurisdiktionsmitglieder gar kein Interesse an konstitutionellen Regeln zur
      Eindämmung der Interessengruppenproblematik haben. Unter der Maßgabe feh-
      lender fiskalischer Äquivalenz bzw. eines zu erwartenden ‚bailout' kann es irra-
      tional für eine Jurisdiktion sein, sich selbst ein Beihilfenverbot aufzuerlegen, so-
      lange einige Bürger profitieren können und keiner geschädigt wird. Wenn solche
      Bedingungen ubiquitär sind, kann diese gesamtgesellschaftlich ineffiziente Bei-
      hilfenpraxis zu Beihilfenwettläufen ausarten. Eine supranationale Beihilfenkon-
      trolle ist in diesem Fall *notwendig*. Beihilfen sollten nur zugelassen werden,
      wenn sie zur Beseitigung von Marktversagen auf Gütermärkten beitragen kön-
      nen und dafür kein effizienteres Instrument existiert (*Besley* und *Seabright* 2000,
      S. 223).

    – die Kosten einer Beihilfe nicht externalisiert werden können, weil harte Budget-
      restriktionen vorliegen. Dann ist für die Jurisdiktion die Vergabe von Beihilfen,
      die nicht durch Marktversagen gerechtfertigt werden können, mit größeren Ko-
      sten verbunden als ein Verzicht auf Beihilfen. Unter diesen Umständen ist daher
      ein Verbot von Beihilfen im konsensfähigen konstitutionellen Interesse der Ju-
      risdiktionsmitglieder (*Vanberg* 1997, S. 24). Sind konstitutionelle Regeln, die
      solche Beihilfen verbieten, jedoch nicht existent oder nicht durchsetzungsfähig,
      dann kann dies zwei negative Konsequenzen haben. Zum einen gibt es negative
      Konsequenzen für die Jurisdiktion selbst, die die Beihilfen gewährt. Zum ande-
      ren resultieren auch für andere Jurisdiktionen und Konkurrenten der begünstig-
      ten Unternehmen in anderen Jurisdiktionen negative Konsequenzen. Denn unter
      solchen Umständen gewährte Ansiedlungs- und Erhaltungsbeihilfen gefährden
      Arbeitsplätze in einer anderen Jurisdiktion, weil die dortigen Unternehmen mög-
      licherweise Kapazitätsanpassungen vornehmen müssen. Dies würde die Wie-
      derwahlchancen der Politiker senken. Sie werden von Lobbygruppen bedrängt,
      ebenfalls Beihilfen zu vergeben. Sie werden dies auch tun, um im Amt zu blei-
      ben. Im schlimmsten Fall kann diese Praxis zu gesamtgesellschaftlich ineffizien-
      ten Beihilfenwettläufen hervorrufen. Eine supranationale Beihilfenkontrolle ist
      daher *notwendig*, um die Jurisdiktionen bzw. deren Politiker *an die Kette* zu le-
      gen, weil es an adäquaten jurisdiktionsinternen konstitutionellen Regeln zur
      Verhinderung solcher Praktiken mangelt oder diese nicht durchsetzungsfähig
      sind. Ausnahmefähig wären Beihilfen zur Heilung von Marktversagen.

5.2.2.3. Funktionelle Begrenzung einer supranationale Beihilfenkontrolle

Eine Beihilfenkontrolle ist der bisherigen Argumentation folgend notwendig, um die
Symptome ineffizienter Beihilfen, die aus der fehlenden fiskalischen Äquivalenz, fehlenden harten Budgetrestriktionen und Staatsversagen resultieren, zu bekämpfen. Sie ist
jedoch nur ein ‚second best'-Instrument zur Lösung des Problems. Am effizientesten

wäre die Herstellung der Rahmenbedingungen für einen funktionsfähigen interjurisdiktionellen Wettbewerb. Erst wenn solche Rahmenbedingungen nicht gesetzt werden
können oder sie nicht durchsetzbar sind, kann man eine Beihilfenkontrolle implementieren. Damit sie aber ein geeignetes Instrument einer integrierten Wettbewerbsordnung
sein kann, muß sie zum einen durchsetzungsfähig sein. Zum anderen müssen aber bestimmte unerwünschte Effekte, die von einer durchsetzungsfähigen supranationalen
Beihilfenkontrolle ausgehen können, ausgeschaltet werden.

1. Eine durchsetzungsfähige supranationale Beihilfenkontrolle könnte nicht nur ge-
    eignet sein, Ineffizienzen zu beseitigen, die entstehen, wenn der interjurisdiktionelle
    Wettbewerb nicht funktionsfähig ist. Sie könnte auch von den im Wettbewerb ste-
    henden Politikern dafür instrumentalisiert werden, um einen effizienten interjuris-
    diktionellen Wettbewerb einzuschränken. Unter dem Hinweis, der interjurisdiktio-
    nelle Wettbewerb erzeuge gesamtgesellschaftlich ineffiziente Ergebnisse, könnte
    eine durchsetzungsfähige Beihilfenkontrolle dazu beitragen, ein Kartell zu bilden
    und dieses Kartell vor allem zu stabilisieren. Zudem kann man unterstellen, daß
    auch die supranationale Ebene wegen der Möglichkeit der Ausweitung ihrer Kom-
    petenzen einen Nutzen von einer starken und durchsetzungsfähigen Beihilfenkon-
    trolle hat. Ist der Begriff ‚Beihilfe' offen, kann die Beihilfenkontrolle immer mehr
    in dezentrale Kompetenzen eingreifen. So kann das von *Weingast* und anderen be-
    schriebene Dilemma auftreten, daß die vertikale Kompetenzverteilung instabil
    wird.[527] Wenn man folglich die Beihilfenkontrolle als Teil einer integrierten Wett-
    bewerbsordnung einsetzt, so muß sichergestellt sein, daß sie den interjurisdik-
    tionellen Wettbewerb mit seinen positiven Effekten nicht über Gebühr ein-
    schränkt.[528] Zu diesem Zweck sollten institutionelle Vorkehrungen getroffen wer-
    den. Die zusätzliche Implementierung prozeduraler Regeln wie Volksentscheide
    oder eines europäischen Kompetenzgerichtshofs sind Optionen, um einer *schlei-
    chenden* Zentralisierung Einhalt zu gebieten und eine vertikale Kompetenzvertei-
    lung zu stabilisieren (*Heine* und *Gröteke* 2005, S. 477).

2. Zudem muß sichergestellt sein, daß die supranationale Kontrollinstanz selbst nicht
    anfällig für Lobbyaktivitäten ist. Eine Beihilfenkontrolle wäre wenig effizient,
    wenn sie Beihilfen kontrollieren soll, die durch nationales Staatsversagen verur-
    sacht sind, die Kontrollinstanz aber selbst mit solchen Problemen zu kämpfen hat.
    Dann würde das Problem lediglich auf eine höhere Ebene verlagert, aber nicht ge-
    löst (*Besley* und *Seabright* 2000, S. 223). Es müßte daher gelingen, die zentrale
    Ebene an die Durchsetzung der Beihilfenregeln zu binden (*Heine* und *Gröteke*
    2005, S. 476). So müßte durch die Ausgestaltung und personelle Besetzung des
    Kontrollgremiums gewährleistet werden, daß Beihilfenentscheidungen politisch
    unabhängig getroffen werden. *Schmidt* (1998, S. 274) schlägt ein unabhängiges eu-
    ropäisches Kartellamt nach dem Vorbild des Bundeskartellamtes, der Deutschen

---

[527] Vgl. *Quian* und *Weingast* (1997, S. 90); *Figueiredo* und *Weingast* (2005, S. 104-107); *Heine*
und *Gröteke* (2005, S. 476 f.).

[528] Vgl. *Kerber* (1998b, S. 65 f.); *Mueller* (2000, S. 356); *Besley* und *Seabright* (1999, S. 32-
34).

Zentralbank oder der EZB vor, das u. a. auch für die Kontrolle von Beihilfen zuständig sein soll. Auf solchen Überlegungen basiert auch der Vorschlag der Implementierung einer spezifischen *Independent State Aid Commission*, die sich ausschließlich mit Beihilfefragen beschäftigen soll (*Schmidt* 2001, S. 12).[529] Da jedoch unabhängige Institutionen immer nur Einfluß auf ihre ganz spezifische Aufgabenstellung haben und Entscheidungen auch nur im Rahmen ihrer Einflußmöglichkeiten durchsetzbar sind, kann die politische Beeinflußbarkeit von Beihilfenentscheidungen nur begrenzt, aber nicht vollständig unterbunden werden (*Schmidt* 1998, S. 276). Daher befürwortet *Möschel* (1995, S. 88) – bereits für Nationalstaaten – die Implementierung eines Subventionskontrollrates. Dieser soll – analog der deutschen Monopolkommission – die Transparenz und Orientierung an ökonomischen Kriterien in politisch geprägten Beihilfenentscheidungen gewährleisten, um die politische Beeinflußbarkeit der Entscheidungen zu reduzieren.

Die anfängliche Hoffnung, die Europäische Kommission könne im Rahmen der Kontrolle von Beihilfen die Rolle eines „neutral arbiter that would enhance the credibility of the regime" (*Thielemann* 1999, S. 405) übernehmen, wird durch die politische Anfälligkeit des Gremiums getrübt.[530] Es besteht beispielsweise die Gefahr, daß die zumeist aus den nationalen Parlamenten berufenen Kommissare Beihilfenpakete im Sinne eines *do, ut des* schnüren. Auf diese Weise kann die derzeitige Beihilfenpraxis politisch beeinflußt bzw. nationale Beihilfenprogramme können durch dieses Paktieren legalisiert werden (*Schmidt* und *Schmidt* 1997, S. 161 f.). Diese Praxis wird noch dadurch begünstigt, daß es der europäischen Beihilfenkontrolle an klaren ökonomischen Kriterien mangelt.

---

[529] Die Gewährung von Anreizen ist eine Möglichkeit, damit sich die Kontrollinstanz an die Regeln hält (*Wintrobe* 1997, S. 432). Die Frage ist, wonach Bürokraten streben. *Niskanen* (1974) argumentierte, Bürokraten strebten nach Budgetmaximierung, denn dadurch könnten alle persönlichen Ziele der Bürokraten erfüllt werden. In der Folge fand eine Erweiterung der Modelle statt (*Wintrobe* 1997, S. 435-439). Die Argumentation, Bürokraten strebten nach Prestige, wäre beispielsweise vereinbar mit einem Amt in einer Kontrollinstanz. Denn gerade die politische Unabhängigkeit, also die politisch unbeeinflußte Auslegung von Kriterien, wäre eine Möglichkeit, das eigene Prestige zu steigern. Regeltreue wäre aufgrund der Interessenharmonie praktisch selbstdurchsetzend (*motivationally credible*, Shepsle 1991, S. 247). Ansonsten müßten Sanktionsmechanismen für ein Abweichen von den Regeln bzw. für eine politische Aufweichung von Beihilfenentscheidungen existieren, die den Bürokraten Anreize geben, sich regeltreu zu verhalten. Verhaltenskodices für Mitglieder des Gremiums stellen eine Möglichkeit zur Gewährleistung einer glaubwürdigen und politisch unbeeinflußten Beihilfenkontrolle dar (siehe allgemein *North* 1993, S. 20). Es gibt jedoch „in hohen Ämtern nicht nur kurzfristig orientierte Politiker, sondern bisweilen auch Persönlichkeiten, die sich als Staatsmänner darstellen, weil sie sich langfristigem Denken verpflichtet fühlen" (*Giersch* 1995, S. 42). Schon *Wicksell* (1896, S. 108 f.) war der Auffassung: „Wenn die ganze moralische Verantwortung für das Gedeihen des gesamten Staatskörpers der Regierung obliegt, ist wenigstens eine Wahrscheinlichkeit vorhanden, daß ein wohlwollender Monarch, von tüchtigen Ratgebern umgeben, das Wohl der Gesamtheit zum Leitstern seiner Handlungen macht."

[530] Vgl. *Schmidt* und *Schmidt* (1997, S. 161-165); *Schmidt* (1998, S. 260-263; 2001, S. 11 f.). Die Anfälligkeit der Kommission für politische Einflüsse und Lobbyaktivitäten kann sich darin dokumentieren, daß die Kommission selbst Beihilfen über die EU-Fonds vergibt und diese Beihilfen nicht den Beihilferegeln unterworfen sind (*Schmidt* und *Schmidt* 1997, S. 165 f.; *Schmidt* 1998, S. 264-267; *Vaubel* 2000, S. 285).

Um so notwendiger ist es, ökonomische Kriterien aufzustellen, an denen sich die Beihilfenpraxis der Kommission orientieren kann und *muß*.

5.2.3. Schlußfolgerungen

Aus der bisherigen Diskussion der Vergabe von Beihilfen aus der integrierten Sicht des interjurisdiktionellen Wettbewerbs und des Wettbewerbs zwischen Unternehmen ergeben sich einige wichtige Schlußfolgerungen. Die *erste* ist, daß eine Beihilfenkontrolle aus Sicht des Wettbewerbs zwischen Unternehmen nur in wenigen *theoretischen* Fällen notwendig zu sein scheint, wenn man ein Wettbewerbskonzept heranzieht, daß mit einem funktionsfähigen interjurisdiktionellen Wettbewerb kompatibel ist. Ein funktionsfähiger interjurisdiktioneller Wettbewerb kann dafür sorgen, daß die Jurisdiktionen und deren Politiker *an die Kette gelegt* werden, denn ineffiziente Beihilfenvergaben werden sanktioniert. Damit sanktioniert der interjurisdiktionelle Wettbewerb zugleich einen sehr großen Teil der Beihilfen, die für Wettbewerbsprobleme zwischen Unternehmen ursächlich sind. Die *zweite* Schlußfolgerung ist, daß eine Beihilfenkontrolle aus Sicht des interjurisdiktionellen Wettbewerbs notwendig sein kann, wenn bestimmte Rahmenbedingungen nicht erfüllt sind, so daß der interjurisdiktionelle Wettbewerb mittels der Vergabe von Beihilfen ineffiziente Ergebnisse hervorbringen würde. Unter diesen Umständen ist aber auch eine Beihilfenkontrolle aus der Sicht des Wettbewerbs zwischen Unternehmen notwendig, weil damit gerechnet werden muß, daß ineffiziente Markteingriffe stattfinden, wenn der Einsatz des Parameters Beihilfe nicht hinreichend durch den interjurisdiktionellen Wettbewerb kontrolliert werden kann. Die Auslegung der Beihilfenkontrolle müßte in solchen Fällen aus Sicht des Wettbewerbs zwischen Jurisdiktionen sehr viel restriktiver sein als oben. Betrachtet man nur den Wettbewerb zwischen Unternehmen, so hängt die Auslegung vom zugrunde liegenden Wettbewerbskonzept ab. Als *dritte* Schlußfolgerung ist festzuhalten, daß bestimmte Probleme mit der Implementierung einer Beihilfenkontrolle verbunden sind, die gelöst werden müssen. Es wäre daher zu überlegen, ob *viertens* eine alternative ordnungspolitische Option zu einer europäischen Beihilfenkontrolle die Herstellung der Funktionsfähigkeit eines interjurisdiktionellen Wettbewerbs durch die Implementierung und Durchsetzung adäquater Rahmenbedingungen sein kann. Denn für die Notwendigkeit einer Beihilfenkontrolle würden nur noch wenige, beispielsweise distributive, Argumente sprechen, weil man die Ergebnisse des interjurisdiktionellen Wettbewerbs als *ungerecht* oder *unfair* einstufen könnte.

Die Tatsache, daß die Notwendigkeit für eine Beihilfenkontrolle im Laufe der europäischen Integration eine ganz andere Wendung nimmt, wenn man im Gemeinsamen Markt einen interjurisdiktionellen Wettbewerb vorfindet, liegt an einem Wechsel der Rahmendaten. Während früher noch der Staat eine Monopolposition gegenüber seinen Unternehmen ausüben konnte, so gilt dies nicht mehr, wenn die Bedingungen für einen funktionsfähigen interjurisdiktionellen Wettbewerb gegeben sind. Die vormaligen Monopole befinden sich dann im Wettbewerb miteinander. Dieser kann Funktionen übernehmen, die ansonsten nur eine Behörde erfüllen würde – mit allen negativen Konsequenzen, die ein Staatseingriff implizieren kann (*Eucken* 1952/1975, S. 291-299; siehe auch *Kerber* 2001). Insofern könnte man davon sprechen, daß mit der Etablierung eines funktionsfähigen interjurisdiktionellen Wettbewerbs ein Paradigmenwechsel in der Theorie der Wirtschaftspolitik erfolgt, der zugleich Auswirkungen auf die Funktion supranationaler Institutionen hat (*Kerber* 1998c).

5.3. Internationaler Vergleich USA vs. EU

Die vorherigen Überlegungen hinsichtlich der Notwendigkeit und Funktion einer Beihilfenkontrolle sollen im folgenden am Beispiel der institutionellen Bedingungen des US-amerikanischen und des europäischen Binnenmarktes veranschaulicht werden.

5.3.1. Das Beispiel USA: Keine Beihilfenkontrolle im Gemeinsamen Markt

In den USA gibt es kein gesondertes Wettbewerbsinstrument Beihilfenkontrolle. Das bedeutet jedoch nicht, daß keine Beihilfen vergeben werden. Die Fragen „1) what should be regulated, and 2) how it should be regulated" (*Fox* 2002, S. 92) werden in den USA und in der EU allerdings unterschiedlich beantwortet. Ursächlich dafür ist, daß der Gemeinsame Markt in den USA institutionell anders ausgestaltet ist als derjenige in der EU. So sind die Funktionsbedingungen für den Gemeinsamen Markt in den USA seit langer Zeit erfüllt. Zudem ist der interjurisdiktionelle Wettbewerb als Integrationskonzept dort nicht nur akzeptiert, sondern institutionell so eingebettet, daß man von einem vergleichsweise funktionsfähigen interjurisdiktionellen Wettbewerb sprechen kann. Schließlich erfordert die Akzeptanz des interjurisdiktionellen Wettbewerbs als Integrationskonzept, daß die Beurteilung staatlich induzierter Wettbewerbsverzerrungen zwischen Unternehmen kompatibel zum Integrationskonzept erfolgt. Eine Beihilfenkontrolle erscheint in den USA aufgrund folgender institutioneller Rahmenbedingungen nicht zwingend notwendig zu sein:

1. Es gibt in den USA die ‚Commerce Clause‘. Sie soll das Funktionieren des Gemeinsamen Marktes sicherstellen (*Fox* 2002, S. 97). Mit der Durchführung dieser Aufgabe ist – wie auch in der Theorie des ‚market preserving federalism‘ von *Weingast* et al. vorgeschlagen – die Bundesebene betraut. „The national government has the authority to police the common market and to ensure the mobility of goods and factors across subgovernment jurisdictions" (*Montinola, Quian* und *Weingast* 1995, S. 55). Die ‚Commerce Clause‘ ist bei dezentraler Kompetenzallokation notwendig, weil die Politiker auf subnationaler Ebene ihre Kompetenzen mißbrauchen könnten, um Barrieren für die Faktor- und Gütermobilität zu errichten (*Rodden* und *Rose-Ackerman* 1997, S. 1546-1549; *Vanberg* 1998, S. 35). Durch solche Barrieren könnten sie sich dem Wettbewerb entziehen und ihre eigenen Interessen verfolgen.[531] Es muß allerdings geklärt werden, welche Maßnahmen denn tatsächlich die grenzüberschreitende Mobilität der Bürger sowie den grenzüberschreitenden Handel unterminieren und unter welchen Umständen ein Eingriff der Bundesebene gerechtfertigt ist. Denn in den USA nutzte die Bundesebene ihre Kompetenz im Rahmen der ‚Commerce Clause’ zunächst stark aus, um in die

---

[531] „Subnational political leaders in decentralized systems often face incentives to block the flow of capital, goods, and labor across jurisdictional lines" (*Rodden* und *Rose-Ackerman* 1997, S. 1547).

Kompetenzen der dezentralen Jurisdiktionen einzugreifen. Somit bestand eine Tendenz zur Zentralisierung von Kompetenzen. Erst mit dem *New Deal* wurde ein neues ‚credible commitment to decentralization' hergestellt. Seither ist die Balance der vertikalen Kompetenzverteilung wieder hergestellt und die zentrale Regierung in ihrer Durchsetzung der ‚Commerce Clause' eingeschränkt.[532]

2. Es gibt Rahmenbedingungen für den interjurisdiktionellen Wettbewerb. Die ‚Commerce Clause' gewährleistet die Mobilität sowie die dezentrale Kompetenzallokation. Der interjurisdiktionelle Wettbewerb ist in den USA zudem auf Ebene der Bundesstaaten und der Kommunen funktionsfähig, weil bestimmte institutionelle Rahmenbedingungen erfüllt sind. So sind die im Wettbewerb befindlichen Jurisdiktionen mit harten Budgetrestriktionen konfrontiert (*Poterba* 1995b; *McKinnon* 1997, S. 1575). Das bedeutet, die Bundesstaaten können ebenso wie die Kommunen nicht mit ‚bailouts' durch die Zentralbank (Federal Reserve Bank) oder eine übergeordnete Jurisdiktionsebene rechnen. Es existieren neben dieser glaubwürdigen ‚no-bailout-clause' konkursrechtliche Bestimmungen für hoch verschuldete Jurisdiktionen.[533] Die Verschuldung der Jurisdiktionen erfolgt über einen effizienten Kapitalmarkt, der mittels entsprechender Kreditratings und Kreditkonditionen die Effizienz der Wirtschaftspolitik einer Jurisdiktion rückkoppelt (*Inman* 2003, S. 56). Dadurch sind die Jurisdiktionen gezwungen, eine effiziente Budgetpolitik zu betreiben.[534] Das betrifft auch die Beihilfenvergabe. Dies impliziert freilich, daß viele Beihilfen, die negative Wettbewerbseffekte zwischen Unternehmen generieren, durch den interjurisdiktionellen Wettbewerb sanktioniert werden.

3. Wettbewerbsverfälschungen zwischen Unternehmen gelten nach amerikanischem Wettbewerbsrecht dann als problematisch, wenn es zu Preisanstiegen kommt und die Konsumentenrente reduziert wird.[535] Demnach wären Beihilfen – egal ob sie aus Sicht des interjurisdiktionellen Wettbewerbs effizient oder ineffizient sind – nur selten ein Problem für den Wettbewerb zwischen Unternehmen. Wettbewerbsprobleme infolge der Vergabe von Beihilfen können nach *Fox* (2002, S. 95) und *Mueller* (2000, S. 348 f.) im amerikanischen Wettbewerbsrecht nur auftreten, wenn durch die Beihilfenvergabe eine ‚predation'-Strategie erfolgreich durchgeführt werden könnte. Das bedeutet, das begünstigte Unternehmen erhält durch die Förderung eine Monopolposition, die durch Marktzutrittsschranken abgesichert ist. Da aber die Wahrscheinlichkeit hierfür äußerst gering ist, kann in der Beihilfenvergabe zumeist nur ein ‚waste of tax payer's money' gesehen werden, das den Konsumenten in Form niedriger Produktpreise zugute kommen kann. Die Bekämpfung ineffizienter Beihilfen ist in den USA also aus Sicht des Wettbewerbs zwischen Unternehmen weniger ein Problem. Die beiden Wettbewerbsdimensionen sind kompati-

---

[532] Vgl. *Kincaid* (1995); *Rodden* und *Rose-Ackerman* (1997, S. 1554); *Vanberg* (1998, S. 36).

[533] Vgl. *Inman* (2003, S. 70); *Wildasin* (2004, S. 250); *Oates* (2005, S. 363).

[534] Vgl. *Poterba* (1994, S. 799 f.); *Eichengreen* und *Hagen* (1996, S. 212); *Bohn* und *Inman* (1996); *Figueiredo* (2003); *Inman* (2003, S. 67 f.); *Wildasin* (2004, S. 251); *Vigneault* (2005, S. 11 f.).

[535] Vgl. z. B. *McGee* (1980, S. 292); *Easterbrook* (1983/2004, S. 190); *Mueller* (2000, S. 357).

bel, wobei die Sanktionierung ineffizienter Beihilfen eher dem interjurisdiktionellen Wettbewerb überlassen wird.

Das Beispiel USA zeigt, daß die Implementierung einer Beihilfenkontrolle zur Vermeidung von Wettbewerbsverzerrungen zwischen Unternehmen nicht notwendig sein muß. Die Stärkung des interjurisdiktionellen Wettbewerbs durch adäquate institutionelle Rahmenbedingungen kann eine alternative ordnungspolitische Option zur Bekämpfung von Beihilfen mit negativen Wettbewerbswirkungen auf andere Unternehmen sein.

5.3.2. Die EU und die Notwendigkeit für eine Beihilfenkontrolle

Die institutionellen Rahmenbedingungen des europäischen Binnenmarktes divergieren stark von denjenigen des US-amerikanischen Binnenmarktes. Aufgrund dieser Unterschiede kann auf dem europäischen Binnenmarkt eine Beihilfenkontrolle notwendig sein und wichtige Funktionen ausüben.

1. Vier Grundfreiheiten: In der EU muß(te) ein Binnenmarkt nach der Unterzeichnung der Römischen Verträge erst geschaffen werden. Nur stufenweise gelang oder gelingt es, die vier Grundfreiheiten (freier grenzüberschreitender Verkehr von Waren, Dienstleistungen, Kapital sowie Personen und Unternehmen) durchzusetzen. Es gibt entsprechende Artikel im EG-Vertrag, die hierfür die Rechtsgrundlage bilden. Eine separate ‚Commerce Clause' wie in den USA fehlt allerdings (*Fox* 2002, S. 97).

2. Wettbewerb zwischen Unternehmen: Schon seit Beginn der europäischen Integration verfolgt die europäische Wettbewerbspolitik keinen Selbstzweck. Sie dient vielmehr der Vollendung eines Gemeinsamen Marktes. Die Wettbewerbsinstrumente sollen sicherstellen, daß der Abbau von Handels- oder Mobilitätshemmnissen nicht durch private oder staatliche Wettbewerbsverfälschungen konterkariert wird.[536] Freilich ändert sich die Funktion der europäischen Wettbewerbspolitik im Integrationsprozeß. Je stärker die vier Grundfreiheiten durchsetzbar sind, desto weniger muß die Wettbewerbspolitik für die Marktöffnung und -integration instrumentalisiert werden (*Miert* 1995, S. 220). Einen solchen funktionellen Wandel müßte freilich auch das Wettbewerbsinstrument der Beihilfenkontrolle durchlaufen, wie in Kapitel 3 theoretisch diskutiert wurde. Die Beurteilung der Wirkung von Beihilfen auf den Wettbewerb zwischen Unternehmen müßte folglich vor dem Hintergrund der jeweiligen Integrationsstufe, also in Abhängigkeit von *integrationsbedingten Parametern*, erfolgen. Auf der Integrationsstufe des Gemeinsamen Marktes wäre die Notwendigkeit und Funktion einer europäischen Beihilfenkontrolle auch davon abhängig, inwiefern ein funktionsfähiger interjurisdiktioneller Wettbewerb die Vergabe von Beihilfen beeinflußt.

3. Interjurisdiktioneller Wettbewerb: Der interjurisdiktionelle Wettbewerb ist als Integrationskonzept für den Gemeinsamen Markt in der EU bislang wenig akzeptiert. Das mag unter anderem auch daran liegen, daß die Mobilität der Individuen und

---

[536] Vgl. *Hay* und *Morris* (1991, S. 616); *Kerber* (1994, S. 185); *Miert* (1995, S. 185); *Schmidt* (1998, S. 159); *Mueller* (2000, S. 357).

Unternehmen vielfach noch eingeschränkt ist. So müssen einerseits die vier Grundfreiheiten noch gegen nationale institutionelle Widerstände durchgesetzt werden. Andererseits ist die Mobilität (bestimmter Arten) von Produktionsfaktoren aufgrund kultureller und sprachlicher Divergenzen geringer als in den USA. Dies ist aber nur ein Grund, warum ein interjurisdiktioneller Wettbewerb als Sanktionsmechanismus für ineffiziente Politiken inklusive einer ineffizienten Beihilfenvergabe in der EU wenig funktionsfähig ist. Es fehlen weitere wichtige institutionelle Rahmenbedingungen, die die Effizienz eines interjurisdiktionellen Wettbewerbs gewährleisten können. Vor allem mangelt es an glaubwürdigen harten Budgetrestriktionen und Konkursregeln für Jurisdiktionen, und zwar sowohl von seiten der EZB als auch innerhalb der Mitgliedstaaten. Aufgrund dessen ist eine effiziente Bewertung von Risiken durch die Kapitalmärkte kaum möglich. Unter diesen Voraussetzungen können die Politiker ineffiziente Politiken vertuschen bzw. die hieraus resultierenden Probleme auf die höhere Ebene verlagern. Selbst wenn die Bürger in der Lage wären, eine solche Politik zu sanktionieren, so hätten sie hierzu keinen Anreiz, solange die Politik ihnen mehr nutzt als schadet. Ineffiziente Beihilfen für Unternehmensansiedlungen oder -erhaltungen können unter solchen Bedingungen erwartet werden. Diese können nicht nur negative Auswirkungen auf andere Jurisdiktionen, sondern auch auf Konkurrenzunternehmen in anderen Jurisdiktionen haben. Unter diesen Bedingungen kann es gar zu den oben beschriebenen Subventionswettläufen zwischen konkurrierenden Jurisdiktionen kommen. Diese Mißstände können durch die Herstellung effizienter Rahmenbedingungen für einen funktionsfähigen interjurisdiktionellen Wettbewerb beseitigt werden. Ist dies nicht möglich, ist eine supranationale Beihilfenkontrolle notwendig (*Besley* und *Seabright* 2000, S. 223).

Es können mehrere Schlußfolgerungen bezüglich der Notwendigkeit und Funktion einer Beihilfenkontrolle in der europäischen Integrationszone gezogen werden:

1. Die Notwendigkeit und Funktion einer Beihilfenkontrolle hängt von der Integrationsstufe der ökonomischen Integration ab und ändert sich im Ablauf. Sie ist vor allem notwendig, wenn Bedingungen gegeben sind, wie sie für frühe Integrationsstufen charakteristisch sind. In erster Linie gilt dies für den Fall, daß Jurisdiktionen ihre Politiker nicht mittels konstitutioneller Regeln an der Vergabe von ineffizienten Beihilfen hindern können und/oder daß es an einer fiskalischen Äquivalenz mangelt. Dann ist zu erwarten, daß Beihilfen negative grenzüberschreitende Effekte auf Konkurrenten in anderen Jurisdiktionen haben. Eine Eindämmung dieser Beihilfen ist daher erforderlich.

2. Die Notwendigkeit und Funktion der Beihilfenkontrolle im Gemeinsamen Markt hängt von der Funktionsfähigkeit des interjurisdiktionellen Wettbewerbs ab. Funktioniert dieser – wie in der EU derzeit – nicht, bleiben zwei Optionen:

    – Herstellung der Funktionsfähigkeit des interjurisdiktionellen Wettbewerbs durch Implementierung notwendiger Rahmenbedingungen und Voraussetzungen. Dann ist es auch erforderlich, daß die Beurteilung von Beihilfen aus Sicht des Wettbewerbs zwischen Unternehmen kompatibel mit einem funktionsfähigen interjurisdiktionellen Wettbewerb ist.

– Implementierung einer Beihilfenkontrolle, die den interjurisdiktionellen Wettbewerb und zugleich den Wettbewerb zwischen Unternehmen kontrolliert. Dabei muß gewährleistet sein, daß die Kontrollinstanz politisch unabhängig ist und die Beihilfenkontrolle nicht für eine Kartellierung instrumentalisiert wird.

Die Notwendigkeit für eine durchaus auch restriktive europäische Beihilfenkontrolle resultiert daraus, daß *gegenwärtig* die Bedingungen für einen funktionsfähigen interjurisdiktionellen Wettbewerb in der EU nicht erfüllt sind. Es ist aber nicht ausgeschlossen, daß diese in Zukunft erfüllt sein könnten. Dann wäre die Notwendigkeit einer Beihilfenkontrolle als integrierte Wettbewerbsordnung für *beide* Arten des Wettbewerbs neu zu bedenken.

5.4. Zur institutionellen Ausgestaltung einer Beihilfenkontrolle in der EU: einige exemplarische Folgerungen

Nachdem die Notwendigkeit einer Beihilfenkontrolle erörtert wurde, soll im folgenden die Frage der Ausgestaltung einer Beihilfenkontrolle diskutiert werden.

5.4.1. Zur Zweckmäßigkeit der Differenzierung zwischen allgemeinen und selektiven Maßnahmen

5.4.1.1. Freihandelszone und Zollunion

In der derzeitigen europäischen Beihilfenkontrolle wird zwischen allgemeinen und selektiven Maßnahmen unterschieden. Eine solche Praxis kann speziell für die Integrationsstufen der Freihandelszone und Zollunion geeignet sein. Es kann argumentiert werden, daß diese Differenzierung jegliche grenzüberschreitende Wettbewerbsverzerrungen zwischen Unternehmen auf der Integrationsstufe der Freihandelszone oder Zollunion verhindert, wenn flexible Wechselkurse existieren. Über flexible Wechselkurse können allgemeine Maßnahmen grenzüberschreitend ausgeglichen werden. Sie stellen daher keine Wettbewerbsverfälschung für den grenzüberschreitenden Wettbewerb zwischen Unternehmen dar.[537] Selektive Maßnahmen können über flexible Wechselkurse hingegen nicht angeglichen werden. Daher sollten sie – wie dies in der der europäischen Praxis geschieht – verboten werden.

Aus Sicht der Theorie der strategischen Handelspolitik sollten Beihilfen dann verboten werden, wenn sie dazu geeignet sind, den Marktanteil und die Marktmacht des begünstigten Unternehmens zu erhöhen. Dazu sind oligopolistische Marktstrukturen notwendig, in denen typischerweise eine Reaktionsverbundenheit zwischen den Firmen und Nationen vorliegt. Aufgrund dessen kann die Gewährung von Beihilfen in diesen Modellen Subventionswettläufe auslösen. Allerdings ist eine strategische Handelspolitik nur unter sehr restriktiven Bedingungen erfolgreich, wie mehrfach angeführt wurde. Dennoch könnte eine Differenzierung zwischen allgemeinen und selektiven Maßnahmen eine geeignete Ausgestaltung einer Beihilfenkontrolle zur Bekämpfung einer stra-

---

[537] Vgl. *Europäische Kommission* (1989, S. 8; 1990a, S. 10); *Caspari* (1986, S. 42 f.; 1987, S. 73).

tegischen Handelspolitik sein. Die Durchführung einer solchen Politik über allgemeine Maßnahmen wäre zu kostenintensiv und ineffizient (*Besley* und *Seabright* 1999, S. 20).

Auf diesen Integrationsstufen kann Staatsversagen die Hauptursache für die Vergabe von Beihilfen, die grenzüberschreitende Wettbewerbsverzerrungen zwischen Unternehmen auslösen, darstellen. Auch in diesem Fall bietet eine Differenzierung zwischen allgemeinen und selektiven Maßnahmen eine sinnvolle institutionelle Ausgestaltung für eine europäische Beihilfenkontrolle. Es müßte allerdings sichergestellt werden, daß die Kontrollinstanz nicht selbst anfällig für Partikularinteressen ist. Sie müßte an die Durchführung der Beihilfenregeln gebunden werden. Dies kann um so besser gelingen, je besser die ökonomische Fundierung der Beihilfenregeln und je geringer der diskretionäre Spielraum bei Beihilfenentscheidungen ist. Eine Ausnahme von der vorgestellten Differenzierung zwischen allgemeinen und selektiven Maßnahmen bildet aus ökonomischer Sicht die Existenz von Marktversagenstatbeständen. Es sollten solche Beihilfen von Nationalstaaten, Ländern und Kommunen zugelassen werden können, die zur Behebung nationaler Marktversagenstatbestände eingesetzt werden könnten. Es käme in diesem Fall zu einem ‚Trade-off' zwischen den positiven Wohlfahrtswirkungen, die eine Beihilfe aus nationaler Sicht haben kann, und den negativen Wettbewerbswirkungen der Beihilfe auf Unternehmen in anderen Mitgliedstaaten. Um die Verfälschungen so gering wie möglich zu halten, muß überprüft werden, ob die Beihilfe das am besten geeignete Instrument zur Behebung von Marktversagen ist.

5.4.1.2. Gemeinsamer Markt

5.4.1.2.1. Funktionsfähiger interjurisdiktioneller Wettbewerb

Unter den Bedingungen eines funktionsfähigen interjurisdiktionellen Wettbewerbs ist eine Beihilfenkontrolle mit einer Differenzierung zwischen allgemeinen und selektiven Maßnahmen nicht notwendig. Denn der funktionierende interjurisdiktionelle Wettbewerb sorgt bereits dafür, daß Beihilfen zur Durchführung einer strategischen Handelspolitik sowie Beihilfen, die auf Staatsversagensproblemen basieren, sanktioniert werden. Insofern werden nur effiziente Beihilfen gewährt. Spezifische Beihilfen werden unter der Maßgabe eines funktionsfähigen interjurisdiktionellen Wettbewerbs nur gewährt, wenn das Angebot an mobilen Unternehmen, die der Jurisdiktion bestimmte Vorteile bringt, sehr gering ist und eine Unterauslastung der Standorte vorherrscht. Daher kann die Gewährung von Beihilfen als ein Mechanismus zur Strukturanpassung verstanden werden (*Kerber* 1998b, S. 63), die aus Sicht des Wettbewerbs zwischen Unternehmen z. B. dann problematisch wäre, wenn es durch die Beihilfen zu Monopolstellungen der begünstigten Unternehmen kommt. Sofern die Funktionsfähigkeit des interjurisdiktionellen Wettbewerbs sichergestellt ist, sollte die Beihilfenkontrolle mit Blick auf den Wettbewerb zwischen Unternehmen nur Monopolstellungen bzw. den Aufbau marktmächtiger Stellungen verhindern.

Eine Differenzierung zwischen allgemeinen und selektiven Maßnahmen kann unter diesen Bedingungen nur sinnvoll sein, wenn sich Jurisdiktionen *freiwillig* einer solchen Beihilfenkontrolle mit entsprechender Differenzierung unterstellen, um glaubwürdig signalisieren zu können, daß sie den Parameter Beihilfe oder Preisdifferenzierung nicht anwenden werden. Ansonsten kann eine solche Differenzierung geeignet sein, um personelle Verteilungsziele innerhalb einer Jurisdiktion oder regionale Umverteilungsziele zwischen Jurisdiktionen zu verfolgen. Fraglich ist allerdings, ob die Beihilfenkontrolle hierfür das effizienteste Instrument ist.

5.4.1.2.2. Nicht-funktionsfähiger interjurisdiktioneller Wettbewerb

Ist der interjurisdiktionelle Wettbewerb hingegen nicht funktionsfähig, dann kann die Gewährung von Beihilfen im interjurisdiktionellen Wettbewerb zu gesamtgesellschaftlich ineffizienten Ergebnissen führen. Dies hat auch Auswirkungen auf den Wettbewerb zwischen Unternehmen. Eine Beihilfenkontrolle mit der Unterscheidung zwischen allgemeinen und selektiven Maßnahmen ist unter diesen Bedingungen differenziert zu beurteilen. Wenn keine harten Budgetrestriktionen existieren, ist anzunehmen, daß zu hohe Beihilfen gewährt werden. Diese können möglicherweise kein Problem aus Sicht des Wettbewerbs zwischen Unternehmen darstellen, wenn alle Unternehmen aufgrund ihrer Mobilität und der geltenden Niederlassungsfreiheit von den vergebenen Beihilfen profitieren könnten. Das eigentliche Problem oder die eigentliche Ursache von ineffizient vergebenen Beihilfen, nämlich fehlende harte Budgetrestriktionen oder fehlende fiskalische Äquivalenz, werden durch eine Beihilfenkontrolle, die zwischen allgemeinen und selektiven Beihilfen differenziert, nicht behoben. Mögliche Konsequenzen einer selektiven Begünstigung können allerdings durch eine solche Regel begrenzt werden.

Falls es an der Mobilität der Bürger und Unternehmen mangelt, kann die Sanktionierung ineffizienter Beihilfen infolge Staatsversagen durch den interjurisdiktionellen Wettbewerb nur schwerlich erfolgen. Speziell die Gewährung von Rettungs- und Ansiedlungsbeihilfen könnte zu Subventionswettläufen führen könnte, vor allem wenn es auch noch an harten Budgetrestriktionen mangelt. Dann kann eine Beihilfenkontrolle, die selektive Maßnahmen verbietet, Staatsversagen als wichtige Ursache für diese ineffizienten Beihilfen und Subventionswettläufen mit negativen Wettbewerbswirkungen zwischen Unternehmen in den Griff zu bekommen. Effizienter wäre freilich die Herstellung der Funktionsfähigkeit des interjurisdiktionellen Wettbewerbs.

Die Unterscheidung zwischen allgemeinen und selektiven Maßnahmen könnte unter den gegebenen Umständen eines nicht funktionsfähigen interjurisdiktionellen Wettbewerbs also *eine* mögliche institutionelle Ausgestaltung für die europäische Beihilfenkontrolle im Gemeinsamen Markt sein. Es müßte allerdings sichergestellt werden, daß die Europäische Kommission als Anwenderin der Beihilfenkontrolle

— selbst nicht anfällig für Partikularinteressen ist und an eine strikte Anwendung der vorgeschlagenen Beihilfenregel gebunden werden kann.

— dieses Instrument nicht zur Zentralisierung von Kompetenzen und möglicherweise zur Kartellbildung und Kartellstabilisierung und damit zur Ausschaltung des interjurisdiktionellen Wettbewerbs nutzt.

Zudem müßte diese Differenzierung den Einsatz von Beihilfen zur Heilung eines nationalen Marktversagens zulassen. Die Berücksichtigung nationaler Marktversagenstatbestände als Rechtfertigung für die Vergabe von Beihilfen wird aktuell im Rahmen des Prozesses der *Ökonomisierung* der Beihilfenkontrolle verstärkt gefordert.[538] Mit dem Marktversagensargument wird ein ökonomisches Element in die Beihilfenkontrolle eingeführt, das in der bisherigen Praxis eher unberücksichtigt geblieben ist. Die Frage nach den Gründen für eine nationale Beihilfengewährung, nämlich *nationales* Marktversagen, wurde nämlich bei der Prüfung der Beihilfen bisher weitgehend außer acht gelassen. Lediglich bei einigen horizontalen Beihilferegeln (Umweltbeihilfen, F & E Beihilfen, Beihilfen an KMU) wurde das Marktversagensargument herangezogen, dort aber mit Blick auf die Gemeinschaft. Oder es wurde falsch angewendet wie bei den institutionellen Rigiditäten (*Gröteke* und *Heine* 2004a). Will man nationales Marktversagen berücksichtigen, so muß man – wie bereits angesprochen – zwischen den positiven Wirkungen einer Beihilfe auf die Behebung des Marktversagens und möglichen negativen Wettbewerbswirkungen der Beihilfe auf andere Unternehmen abwägen.

Abschließend kann eine Differenzierung zwischen allgemeinen und selektiven Maßnahmen vor dem Hintergrund eines nicht funktionsfähigen interjurisdiktionellen Wettbewerbs nur eine ‚second best'-Regulierung sein, die zudem mit den genannten Problemen verbunden ist. Es darf daher nicht vergessen werden, daß es am effizientesten wäre, die ineffizienten institutionellen Rahmenbedingungen zu ändern.

5.4.2. Zum Vorschlag von *Besley* und *Seabright*

Besley und *Seabright* (1999, S. 35 f.; 2000, S. 225) kritisieren in ihrem Beitrag die aktuelle Beihilfenpraxis mit ihrer Unterscheidung zwischen selektiven (ad hoc) und allgemeinen (generic) Maßnahmen. Sie argumentieren, daß die Unterscheidung nicht effizient sei. Denn auch allgemeine Maßnahmen könnten im Gemeinsamen Markt den Wettbewerb zwischen Unternehmen verzerren. Zudem verhindere eine solche Differenzierung die Realisierung möglicher Effizienzgewinne durch die Vergabe von Beihilfen im interjurisdiktionellen Wettbewerb.

Da die Vergabe einer Beihilfe sowohl die Produktions- als auch die Standortentscheidung eines Unternehmens beeinflussen kann, differenzieren die Autoren zwischen *Beihilfen*, die verstärkt die Produktionsentscheidung des Unternehmens, und solchen, die eher die Standortwahl eines Unternehmens betreffen. Ihrer Meinung nach kann in der Regel nicht erwartet werden, daß ein Beihilfenverbot die Lage verbessert, wenn mehrere Jurisdiktionen um ein mobiles Investitionsprojekt einer multinationalen Firma auf der *grünen Wiese* konkurrieren. Davon zu trennen seien Beihilfen, die vorwiegend die Produktionsentscheidung des begünstigten Unternehmens betreffen und signifikante Auswirkungen auf Unternehmen in anderen Ländern haben.

Es müsse daher geprüft werden, ob die Beihilfe *erstens* dazu beiträgt, daß ein signifikant höheres Produktionsniveau erreicht wird (*Besley* und *Seabright* 1999, S. 36). Man könnte auch argumentieren, daß das Produktionsniveau beibehalten wird, wenn es sich um schrumpfende Märkte handelt. *Zweitens* sei zu prüfen, ob die Vergabe der Beihilfe

---

[538] Vgl. *Nitsche* und *Heidhues* (2004); *Kroes* (2005, S. 4); *Europäische Kommission* (2005d, S. 7); *Friederiszick*, *Röller* und *Verouden* (2005, S. 11-14).

und die Änderung des Produktionsniveaus des Unternehmens Einfluß auf den Preis und/oder auf die Menge der Konkurrenzunternehmen in anderen Staaten hat.[539] *Drittens* sei zu ermitteln, ob diese Externalitäten durch Marktversagensgründe mehr als aufgewogen werden können. Die Analyse des Marktversagens sollte nach Meinung der Autoren vorgenommen werden, weil die Beihilfe von den Bürgern und Steuerzahlern des Beihilfen gewährenden Landes getragen wird. Daher soll eine Beihilfe nur dann als Problem gelten, wenn sie grenzüberschreitende Externalitäten erzeugt, die nicht durch andere Institutionen internalisiert werden können (*Besley* und *Seabright* 1999, S. 37).

Hieraus wird das folgende Schema zur Überprüfung von Beihilfen abgeleitet (*Besley* und *Seabright* 1999, S. 38; 2000, S. 228):

1. Ist die fragliche Beihilfe an eine benannte/spezifische Firma gerichtet oder an irgendeine Firma, die eine Anzahl allgemeiner Kriterien erfüllt?

2. Ist der aktuelle Beihilfenempfänger (im Falle von ad hoc-Beihilfen) oder einer der möglichen Profiteure (im Falle generic Beihilfenschemata) in einer Position, um auf Input- oder Outputmärkten eine signifikante Marktmacht auszuüben? Wenn nicht, kann die Beihilfe als legal deklariert werden.

3. Wenn die Antwort zu Frage 2 ja ist, würde die Marktmacht in Verbindung mit der gewährten Beihilfe unter Berücksichtigung aller Nettoeffekte eine signifikante negative grenzüberschreitende Externalität erzeugen?[540] Wenn dies nicht der Fall ist, kann die Beihilfe als legal deklariert werden.

4. Wenn die Antwort zu drittens ja ist, handelt es sich bei der Beihilfe um eine geeignete Maßnahme (und ist keine andere Maßnahme besser geeignet) ein nationales Marktversagen zu heilen?

5. Wenn die Antwort zu 4 ja ist und die Beihilfe für eine greenfield-Investition ist, dann kann sie als legal erklärt werden.[541]

6. Wenn die Antwort zu 4 ja ist, handelt es sich um eine Beihilfe an eine existierende Firma und hat die Firma schon Beihilfen für das Marktversagen erhalten? Wenn nein, dann kann die Beihilfe als legal betrachtet werden. Wenn ja, dann ist die Beihilfe illegal.

7. Wenn die Antwort zu 4 nein ist, kann die Beihilfe als illegal deklariert werden, wenn nicht gezeigt werden kann, daß der inländische Nutzen der Beihilfe die Ko-

---

[539] Vgl. hierzu auch den *negativen Industriesektoreffekt* bei *Fingleton, Ruane* und *Ryan* (1999, S. 79); *Fingleton* (2001, S. 64).

[540] Es ist nicht genug zu zeigen, daß eine dritte Partei (wie die Wettbewerber) durch die Beihilfe negativ betroffen ist, weil beispielsweise die Konsumenten von der Beihilfe profitieren könnten. Die Betonung eines Nettoeffekts ist notwendig, damit nicht eine zu strikte Beihilfenpolitik exerziert würde.

[541] Auch bei Investitionsbeihilfen sollte die Frage nach dem Marktversagen gestellt werden und wie dieses durch die Vergabe von Beihilfen behoben werden kann (*Besley* und *Seabright* 2000, S. 235 f.). Dieser Aspekt bleibt beispielsweise im Rahmen der aktuellen Beihilfenregelungen für die Gewährung von Regionalbeihilfen unberücksichtigt.

sten für andere Länder überwiegen kann. Die Beweislast muß beim gewährenden Mitgliedstaat liegen.

8. Neben diesen *Zwangsvorschriften* für eine europäische Beihilfenkontrolle könnten sich die Mitgliedsländer auch freiwillig einer Beihilfenkontrolle unterwerfen,

 – um eine glaubwürdigere Verpflichtung im Hinblick auf eine rigorosere Überprüfung von Marktversagen einzugehen, wenn sie glauben, nicht gegen Lobbyinteressen bestehen zu können. Man könnte an einen Verhaltenskodex denken oder man bietet Prinzipien an (von Brüssel oder Genf), zu denen sich die Mitgliedsstaaten freiwillig verpflichten können. Dies könnte der Fall sein, wenn klare grenzüberschreitende Externalitäten nicht identifiziert werden können.

 – um ein Selbst-‚Commitment‘ bei ‚Hold-up‘-Problemen zu signalisieren.

Besley und *Seabright* halten ihren Vorschlag mit Blick auf die Kommissionspraxis für praktikabel. Hier gehe es zumeist um zwei Arten von Beihilfen (*Besley* und *Seabright* 2000, S. 229): Zum einen handelt es sich um solche, die an Firmen vergeben werden, die sich in wirtschaftlichen Schwierigkeiten befinden. Das können private Firmen sein, die kurz vor dem Konkurs stehen. Darunter fallen auch im Staatsbesitz befindliche Firmen, die unprofitabel sind, oder im Staatsbesitz befindliche Firmen, die privatisiert werden sollen. In diesen Fällen sollte nach Meinung von *Besley* und *Seabright* eine genaue Analyse der Wirkungen einer Beihilfe auf Konkurrenzunternehmen erfolgen, denn Marktversagensgründe lassen sich zur Rechtfertigung solcher Rettungsbeihilfen kaum heranziehen. Zum anderen handelt es sich um Investitionsbeihilfen an profitable Firmen, die üblicherweise unter einem allgemeinen Schema für Sektoren oder Regionen gewährt werden und von den Autoren weniger kritisch gesehen werden. Denn diese Beihilfen beziehen sich in erster Linie auf die Standort- und weniger auf die Produktionsentscheidung eines Unternehmens. Damit weist der Vorschlag von *Besley* und *Seabright* auf einen wichtigen Aspekt hin, nämlich daß die Gewährung von Beihilfen effiziente Standortentscheidungen von Unternehmen ermöglichen kann.

Ihre Differenzierung der zwei Arten von Beihilfen scheint jedoch gewisse implizite Voraussetzungen zu enthalten, die nicht explizit angeführt worden sind:[542] Bei der Beurteilung von Ansiedlungsbeihilfen setzen sie einen funktionsfähigen interjurisdiktionellen Wettbewerb voraus und heben die positiven Wirkungen von Ansiedlungs- oder Investitionsbeihilfen hervor. Wenn sie hingegen Rettungsbeihilfen problematisieren, werden diese Voraussetzungen vernachlässigt. In einem funktionsfähigen interjurisdiktionellen Wettbewerb würden gerade auch die durch Staatsversagen verursachten Beihilfen sanktioniert. Es sind also gewisse Inkonsistenzen vorhanden, die eine Prüfung der Beihilfen, nach den vorliegenden Integrationsbedingungen erforderlich machen.

---

[542] Das mag auch der Grund dafür sein, daß die beiden Korreferenten auf ganz unterschiedliche Aspekte des Beitrags eingehen. *Rockett* (1999, S. 42-44) kritisiert den Beitrag mit Blick auf die strategische Handelspolitik und macht Vorschläge zur Beurteilung von Beihilfen aus dieser Perspektive. *Sørensen* (1999, S. 44-46) kritisiert hingegen am Modell von *Besley* und *Seabright*, daß der interjurisdiktionelle Wettbewerb und dabei speziell die aus der Theorie des Steuerwettbewerbs bekannten negativen Effekte wenig Beachtung finden würden. Dies sei insofern wichtig, weil die EU aktuell versuche, den schädlichen Steuerwettbewerb einzuschränken.

1. Sind die Bedingungen für einen Gemeinsamen Markt nicht erfüllt, können Probleme auftreten, wie sie für die zweite von *Besley* und *Seabright* angesprochene Beihilfenkategorie geschildert wurden. Es kann zu Gegenreaktionen und Subventionswettläufen kommen. Eine supranationale Beihilfenkontrolle ist notwendig. Eine Differenzierung zwischen allgemeinen und selektiven Maßnahmen könnte im Rahmen dieser Beihilfenkontrolle geeignet sein.

2. Sind die Bedingungen für einen Gemeinsamen Markt erfüllt und ist der interjurisdiktionelle Wettbewerb funktionsfähig, dann müßte dieser dafür sorgen, daß nur effiziente Beihilfen gewährt werden. Ineffiziente Erhaltungsbeihilfen, wie sie von den Autoren problematisiert werden, werden sanktioniert.

3. Sind die Bedingungen für einen Gemeinsamen Markt erfüllt, aber der interjurisdiktionelle Wettbewerb ist nicht funktionsfähig, dann müßten nicht nur Rettungs-, sondern auch Ansiedlungsbeihilfen unterbunden werden. Denn auch diese Beihilfen können unter den genannten Bedingungen gesamtgesellschaftlich ineffizient sein. Zur Behebung dieses Problems wäre es notwendig, die entsprechenden institutionellen Rahmenbedingungen für einen funktionsfähigen interjurisdiktionellen Wettbewerb herzustellen. Eine ‚second best‘-Alternative wäre die Einführung einer supranationalen Beihilfenkontrolle, die aber beide Arten von Beihilfen kontrollieren müßte.

Bei der Implementierung einer Beihilfenkontrolle, die beispielsweise nach allgemeinen und selektiven Maßnahmen differenziert, muß generell sichergestellt sein – und dies ist eine weitere Kritik am Vorschlag von *Besley* und *Seabright* –, daß die Beihilfenkontrolle selbst nicht anfällig für Partikularinteressen ist. Im Gemeinsamen Markt, in dem ein funktionsfähiger Wettbewerb existiert, ist zudem darauf zu achten, daß eine zu rigide Anwendung einer Beihilfenkontrolle zum Schutz des Wettbewerbs zwischen Unternehmen zu einem Hemmschuh für einen funktionsfähigen interjurisdiktionellen Wettbewerb werden kann. Denn sie könnte eine übermäßige Zentralisierung begünstigen und als Instrument einer Kartellstabilisierung dienen. Daher müßten Mechanismen implementiert werden, die eine Aushöhlung des interjurisdiktionellen Wettbewerbs durch die Implementierung einer Beihilfenkontrolle verhindern.

Literatur

Abraham, Filip, Inge Couwenberg und *Gerda Dewit* (1992), Towards an EC Policy on Export Financing Subsidies: Lessons from the 1980s And Prospects for Future Reform, in: World Economy, Vol. 15, No. 3, pp. 389-405.

ACIR (US Advisory Commission on Intergovernmental Relations) (1991), Interjurisdictional Tax and Policy Competition: Good or Bad for the Federal System?, Washington (zugleich in: http://www.library.unt.edu/gpo/ACIR/Reports/information/M-177.pdf, abgerufen am 28.4.2006).

Adams, Walter, James Brock und *Norman P. Obst* (1996a), Is Predation Rational? Is it Profitable?, in: Review of Industrial Organization, Vol. 11, No. 6, pp. 753-758.

Adams, Walter, James Brock und *Norman P. Obst* (1996b), Is Predation Rational? Is it Profitable? – A Reply, in: Review of Industrial Organization, Vol. 11, No. 6, pp. 767-770.

Adelman, Morris A. (1959), A&P: A Study in Price-Cost Behavior and Public Policy, Cambridge/Mass.

Aghion, Philippe und *Benjamin Hermalin* (1990), Legal Restrictions on Private Contracts can Enhance Efficiency, in: Journal of Law, Economics, and Organization, Vol. 6, No. 2, pp. 381-409.

Akerlof, George A. (1970), The Market for „Lemons": Qualitative Uncertainty and the Market Mechanism, in: Quarterly Journal of Economics, Vol. 84, No. 3, pp. 488-500.

Aldrich, John H. (1997), When is it Rational to Vote?, in: *Dennis C. Mueller* (ed.), Perspectives on Public Choice: A Handbook, Cambridge, pp. 373-390.

Alesina, Alberto und *Guido Tabellini* (1988), Credibility and Politics, in: European Economic Review, Vol. 32, No. 1, pp. 542-550.

Alesina, Alberto und *Roberto Perotti* (1996), Fiscal Discipline and the Budget Process, in: American Economic Review, Vol. 86, No. 2, pp. 401-407.

Andel, Norbert (1965), Zur Harmonisierung öffentlicher Ausgaben in einem Gemeinsamen Markt, in: Finanzarchiv, Bd. 24 N.F., Nr. 1, S. 1-33.

Andel, Norbert (1977), Subventionen, in: *Willi Albers* (Hg.), Handwörterbuch der Wirtschaftswissenschaft, Bd. 7, Stuttgart et al., S. 491-510.

Anderson, John E. und *Robert W. Wassmer* (1995), The Decision to ‚Bid for Business': Municipal Behavior in Granting Property Tax Abatements, in: Regional Science and Urban Economics, Vol. 25, No. 6, pp. 739-757.

Aoki, Masahiko (2001), Toward a Comparative Institutional Analysis, Cambridge/Mass.

Apolte, Thomas (1999), Konstitution eines föderalen Systems, Tübingen.

Apolte, Thomas (2001), How Tame will Leviathan Become in Institutional Competition? Competition Among Governments in the Provision of Public Goods, in: Public Choice, Vol. 107, No. 3-4, pp. 359-381.

Areeda, Philip und *Donald F. Turner* (1975), Predatory Pricing and Related Practices under Section 2 of the Sherman Act, in: Harvard Law Review, Vol. 88, No. 4, pp. 697-733.

Audretsch, David B. (1993), Industrial Policy and International Competitiveness, in: *Phedon Nicolaides* (ed.), Industrial Policy in the European Community: A Necessary Response to Economic Integration?, Dordrecht, pp. 67-105.

Axt, Heinz-Jürgen (2000), Solidarität und Wettbewerb – Die Reform der EU-Strukturpolitik: Strategien für Europa, Gütersloh.

Axt, Heinz-Jürgen (2003), Was kostet die EU-Erweiterung?, in: WSI Mitteilungen, ohne Jg., Nr. 1, S. 3-9.

Bacon, Kelyn (1997), State Aids and General Measures, in: Yearbook of European Law, Vol. 17, pp. 269-321.

Bacon, Kelyn (2003), The Concept of State Aid: The Developing Jurisprudence in the European and UK courts, in: European Competition Law Review, Vol. 24, No. 2, pp. 54-61.

Balassa, Bela (1962), The Theory of Economic Integration, London.

Barberá del Rosal, Adolfo (2002), The New Multisectoral Framework for Large Investment Projects, in: Competition Policy Newsletter, ohne Jg., No. 2, pp. 12-14.

Barberá del Rosal, Adolfo und *Jan Kleinheisterkamp* (2002), Business Taxation Distorting the Common Market – An important ruling on State aid by the Court of First Instance, in: Competition Policy Newsletter, ohne Jg., No. 2, pp. 61-64.

Bardhan, Pranab (2002), Decentralization of Government and Development, in: Journal of Economic Perspectives, Vol. 16, No. 4, pp. 185-205.

Bardhan, Pranab und *Dilip Mookherjee* (2000), Capture and Governance at Local and National Levels, in: American Economic Review, Vol. 90, No. 2, pp. 135-139.

Bargen, Rolf-Dieter von (1987), Subventionen und Subventionspolitik – Eine theoretische und empirische Analyse, Bremen.

Barnier, Michel (2003), The Future of European Regional Policy, in: Intereconomics, Vol. 38, No. 6, pp. 292-295.

Barrett, Sean D. (2000), Airport Competition in the Deregulated European Aviation Market, in: Journal of Air Transport Management, Vol. 6, No. 1, pp. 13-27.

Barrett, Sean D. (2004a), How do the Demands for Airport Services Differ Between Full Service Carriers and Low-Cost Carriers?, in: Journal of Air Transport Management, Vol. 10, No. 1, pp. 33-39.

Barrett, Sean D. (2004b), Airports and Communities in a deregulated Market, Paper to Hamburg Aviation Conference, in: http://www.hamburg-aviation-conference.de/pdf/ present2004/ Session4_Panel_Barrett.pdf (abgerufen am 13.5.2005).

Bartosch, Andreas (2002), The Relationship between Public Procurement and State Aid Surveillance: The Toughest Standard Applies?, in: Common Market Law Review, Vol. 39, No. 3, pp. 551-576.

Bartosch, Andreas (2005), Wettbewerbsverzerrungen auf den Märkten für den Betrieb und die Nutzung von Flughafeninfrastrukturen, in: Wirtschaft und Wettbewerb, Jg. 55, Nr. 11, S. 1122-1134.

Bast, Joachim und *Klaus Günther Blank* (1993), Beihilfen in der EG und Rechtsschutzmöglichkeiten der Wettbewerber, in: Wirtschaft und Wettbewerb, Jg. 43, Nr. 3, S. 181-192.

Bathelt, Harald und *Johannes Glückler* (2003), Wirtschaftsgeographie: Ökonomische Beziehungen in räumlicher Perspektive, 2., korrigierte Auflage, Stuttgart.

Baumol, William J. (1979), Quasi-Performance of Price Reductions: A Policy for Prevention of Predatory Pricing, in: Yale Law Journal, Vol. 89, No. 1, pp. 1-26.

Baumol, William J., John C. Panzar und *Robert D. Willig* (1982), Contestable Markets and the Theory of Industry Structure, New York et al.

Becker, Engelbert (2001), EU-Beihilfenpolitik, Wettbewerb und kommunale Aufgabenerfüllung, in: Zeitschrift für Kommunalfinanzen, Bd. 51, Nr. 7, S. 146-152.

Beek, Gregor van der und *Larry Neal* (2004), The Dilemma of Enlargement for the European Union's Regional Policy, in: World Economy, Vol. 27, No. 4, pp. 587-607.

Beers, Cees van und *André de Moor* (2001), Public Subsidies and Policy Failures: How Subsidies Distort the Natural Environment, Equity and Trade and how to Reform Them, Cheltenham und Northampton.

Behboodi, Rambod (1994), Industrial Subsidies and Friction in World Trade: Trade Policy or Trade Politics, London et al.

Belke, Ansgar, Frank Baumgärtner und *Wim Kösters* (2004), Was bleibt vom Maastrichter Stabilitätsversprechen?, in: Wirtschaftsdienst, Jg. 84, Nr. 1, S. 22-25.

Berg, Hartmut und *Björn Gehrmann* (2004), EU-Regionalpolitik und Osterweiterung: Hoher Reformbedarf – geringe Reformchancen, in: List Forum für Wirtschafts- und Finanzpolitik, Bd. 30, Nr. 4, S. 318-338.

Berg, Hartmut und *Stefan Schmitt* (2002), ‚Aldi-Airlines' im Aufwind? Erfolgschancen neuer Anbieter im Luftverkehr, in: List Forum für Wirtschafts- und Finanzpolitik, Bd. 28, Nr. 1, S. 73-95.

Berg, Hartmut und *Stefan Schmitt* (2003), Marktöffnung und Wettbewerb bei regionaler Integration, in: *Dieter Cassel* und *Paul J. J. Welfens* (Hg.), Regionale Integration und Osterweiterung der Europäischen Union, Stuttgart, S. 129-156.

Bernholz, Peter, Friedrich Schneider, Roland Vaubel und *Frank Vibert* (2004), An Alternative Constitutional Treaty for the European Union., in: Public Choice, Vol. 118, No. 3-4, pp. 451-468.

Berthold, Norbert (1994), Industriepolitik und strategische Handelspolitik – Effiziente Instrumente der Wirtschaftspolitik?, in: *Karl-Hans Hartwig* (Hg.), Veränderte Arbeitsteilung in Europa – Brauchen wir eine Industriepolitik?, Baden-Baden, S. 113-142.

Berthold, Norbert und *Martin Donges* (1996), Möglichkeiten und Grenzen staatlicher Beihilfen, in: Wirtschaftswissenschaftliches Studium, Jg. 25, Nr. 10, S. 490-497.

Besley, Timothy und *Paul Seabright* (1999), The Effects and Policy Implications of State Aids to Industry: An Economic Analysis, in: Economic Policy, Vol. 29, No. 28, pp. 14-42.

Besley, Timothy und *Paul Seabright* (2000), European State Aid Policy: An Economic Analysis, in: *Einar Hope* (ed.) Competition Policy Analysis, London et al., pp. 200-238.

Besley, Timothy und *Stephen Coate* (2003), Centralized vs. Dezentralized Provision of Local Public Goods: A Political Economy Approach, in: Journal of Public Economics, Vol. 87, No. 12, pp. 2611-2637.

Bewley, Truman F. (1981), A Critique of *Tiebout's* Theory of Local Public Expenditures, in: Econometrica, Vol. 49, No. 3, pp. 713-740.

Bhagwati, Jagdish (1997), The Demands to Reduce Domestic Diversity Among Trading Nations, in: *Jagdish Bhagwati* und *Robert E. Hudec* (eds.), Fair Trade and Harmonization: Prerequisites for Free Trade?, Vol. 1, Cambridge/Mass., pp. 9-40.

Biglaiser, Gary und *Claudio Mezzetti* (1997), Politicians' Decision Making with Re-election Concerns, in: Journal of Public Economics, Vol. 66, No. 3, pp. 425-447.

Bilal, Sanoussi und *Phedon Nicolaides* (eds.), Understanding State Aid Policy in the European Community, The Hague, London and Boston.

Bishop, Simon (1997), The European Commission's Policy Towards State Aid: A Role for Rigorous Competitive Analysis, in: European Competition Law Review, Vol. 18, No. 2, pp. 84-86.

Black, Dan A. und *William Hoyt* (1989), Bidding for Firms, in: American Economic Review, Vol. 79, No. 5, pp. 1249-1256.

Blank, Jürgen E., *Hartmut Clausen* und *Holger Wacker* (1998), Internationale ökonomische Integration, München.

Blankart, Charles B. (1996a), Braucht Europa mehr zentralstaaltiche Koordination? – Einige Bemerkungen zu Hans-Werner Sinn, in: Wirtschaftsdienst, Jg. 76, Nr. 2, S. 87-91.

Blankart, Charles B. (1996b), The European Union's Debt Question: A Conceptional Viewpoint, in: Constitutional Political Economy, Vol. 7, No. 4, pp. 257-265

Blankart, Charles B. (2000a), The Process of Government Centralization: A Constitutional View, in: Constitutional Political Economy, Vol. 11, No. 1, pp. 27-39.

Blankart, Charles B. (2000b), Taxes and Choice – Two Views on the Regulation of Tax Competition, in: Jahrbuch für Neue Politische Ökonomie, Bd. 19, S. 129-143.

Blankart, Charles B. (2004), Reform des föderalen Systems, Freiburger Diskussionspapiere zur Ordnungsökonomik, Nr. 04-14.

Blankart, Charles B. und *Rainald Borck* (2004), Local Public Finance, in: *Jürgen Backhaus* und *Richard E. Wagner* (eds.), Handbook of Public Finance, Boston et al., pp. 441-476.

Boadway, Robin (1982), On the Method of Taxation and the Provision of Local Public Goods: Comment, in: American Economic Review, Vol. 72, No. 4, pp. 846-851.

Boadway, Robin (1997), The Role of Second-Best Theory in Public Economics, in: *Curtis B. Eaton* und *Richard G. Harris* (eds.), Trade, Technology and Economics: Essays in Honor of *Richard G. Lipsey*, Cheltenham und Brookfield, pp. 3-25.

Bohn, Henning und *Robert P. Inman* (1996), Balanced-Budget Rules and Public Deficits: Evidence from the U.S. States, in: Carnegie-Rochester Conference Series on Public Policy, Vol. 45, pp. 13-76.

Boldrin, Michele und *Fabio Canova* (2001), Inequality and Convergence in Europe's Regions: Reconsidering European Regional Policies, in: Economic Policy, Vol. 31, No. 32, pp. 207-245.

Bond, Eric W. (1981), Tax Holidays and Industry Behaviour, in: Review of Economics and Statistics, Vol. 83, No. 1, pp. 88-95.

Bond, Eric W. und *Larry Samuelson* (1986), Tax Holidays as Signals, in: American Economic Review, Vol. 76, No. 4, pp. 820-826.

Bond, Eric W. und *Larry Samuelson* (1989), Bargaining with Commitment, Choice of Techniques, and Foreign Direct Investment, in: Journal of International Economics, Vol. 26, No. 1-2, pp. 77-97.

Bordignon, Massimo (2004), Fiscal Decentralization: How to Achieve a Hard Budget Constraint, Paper presented at the workshop on Fiscal Surveillance in EMU: New Issues and Challenges in Brüssel, Milan.

Brandeis, L. D. (1932), New State Ice Co. v. *Liebmann*, 285 U.S. 262, 310, 76 L. Ed. 747, 52 S. Ct. 371 (Brandeis, dissent).

Brander, James A. (1987), Rationales for Strategic Trade and Industrial Policy, in: *Paul R. Krugman* (ed.), Rethinking International Trade, Cambridge/Mass., pp. 23-46.

Brander, James A. und *Barbara J. Spencer* (1985), Export Subsidies and International Market Share, in: Journal of International Economics, Vol. 18, No. 1-2, pp. 83-100.

Bratton, William W. und *Joseph A. McCahery* (2001), Tax Coordination and Tax Competition in the European Union: Evaluating the Code of Conduct of Business Taxation, in: Common Market Law Review, Vol. 38, No. 3, pp. 677-718.

Brennan, Geoffrey und *James M. Buchanan* (1980), The Power to Tax: Analytical Foundations of a Fiscal Constitution, Cambridge et al.

Breton, Albert (1965), A Theory of Government Grants, in: Canadian Journal of Economic and Political Science, Vol. 31, No. 5, pp. 175-187.

Breton, Albert (1987), Towards a Theory of Competitive Federalism, in: European Journal of Political Economy, Vol. 3, No. 1-2, pp. 263-329.

Breton, Albert (1991), The Existence and Stability of Interjurisdictional Competition, in: *Daphne A. Kenyon* und *John Kincaid* (eds.), Competition among States and Local Governments: Efficiency and Equity in American Federalism, Washington D.C., pp. 37-56.

Breton, Albert (1996), Competitive Governments: An Economic Theory of Politics and Public Finance, Cambridge et al.

Bronckers, Marco und *Rosalinde van der Vlies* (2001), The European Court's PreussenElektra Judgement: Tensions between E.U. Principles and Renewable Energy Initiatives, in: European Competition Law Review, Vol. 22, No. 10, pp. 458-468.

Browning, Edgar K. (1993), Subsidies Financed with Distorting Taxes, in: National Tax Journal, Vol. 46, No. 2, pp. 121-134.

Bruce, Neil (1995), A Fiscal Federalism Analysis of Debt Policies by Souvereign Regional Governments, in: Canadian Journal of Economics, Vol. 28, Special Issue, pp. S195-S206.

Brueckner, Jan K. und *Luiz A. Saavedra* (2001), Do Local Governments Engage in Strategic Property-Tax Competition?, in: National Tax Journal, Vol. 54, No. 2, pp. 203-230.

Buchanan, James M. (1950), Federalism and Fiscal Equity, in: American Economic Review, Vol. 40, No. 4, pp. 583-599.

Buchanan, James M. (1965), An Economic Theory of Clubs, in: Economica, Vol. 32, No. 125, pp. 1-14.

Buchanan, James M. und *Charles J. Goetz* (1972), Efficiency Limits of Fiscal Mobility: An Assessment of the *Tiebout*-Model, in: Journal of Public Economics, Vol. 1, No. 1, pp. 25-43.

Buchanan, James M. und *Gordon Tullock* (1971), The Calculus of Consent: Logical Foundations of Constitutional Democracy, 4th Printing, Ann Arbor.

Burstein, Melvin L. und *Arthur J. Rolnick* (1996), Congress Should End the Economic War for Sports and Other Businesses, in: Federal Reserve Bank of Minneapolis: The Region, Vol. 10, No. 2, pp. 35-36.

Büttner, Thiess (1999), Nationaler und regionaler Steuerwettbewerb – Problematik und empirische Relevanz, in: Konjunkturpolitik, Jg. 49, Beiheft, S. 111-142.

Büttner, Thiess (2001), Empirie des Steuerwettbewerbs: Zum Stand der Forschung, in: *Walter Müller, Oliver Fromm* und *Bernd Hansjürgens* (Hg.), Regeln für den europäischen Systemwettbewerb: Steuern und soziale Sicherungssysteme, Marburg, S. 53-70.

Callaghan, Jim (2005), Implications of the Charleroi Case for the Competitiveness of EU Air Transport, in: European Competition Law Review, Vol. 26, No. 8, pp. 439-444.

Campbell, A. Neil, J. William Rowley und *Leonard Waverman* (1994), International Mergers and State Aid: What Should Competition Policy Do About Industrial Policy?, in: Konjunkturpolitik, Vol. 40, No. 3-4, pp. 409-435.

Caspari, Manfred (1986): Der Gemeinsame Markt: Was steht im Wege?, in: *Hans Besters* (Hg.), Was trennt Europa?, Baden-Baden, S. 30-48.

Caspari, Manfred (1987): Die Beihilfenregeln des EWG-Vertrags und ihre Anwendung, in: *Ernst-Joachim Mestmäcker, Hans Möller* und *Hans-Peter Schwarz* (Hg.), Eine Ordnungspolitik für Europa: Festschrift für *Hans von der Groeben* zu seinem 80. Geburtstag, Baden-Baden, S. 69-91.

Cassel, Dieter und *Paul J. J. Welfens* (2003), Wirtschaftsintegration, Regionalismus und multilaterale Wirtschaftsordnung, in: *Dieter Cassel* und *Paul J. J. Welfens* (Hg.), Regionale Integration und Osterweiterung der Europäischen Union, Stuttgart, S. 4-25.

Cecchini, Paolo (1988), Europa '92: Der Vorteil des Binnenmarktes, Baden-Baden.

Cini, Michelle (2000), From Soft Law to Hard Law?: Discretion and Rule-making in the Commission's State Aid Regime, European University Institute/Robert-Schuman-Centre Working Paper No. 35.

Cini, Michelle und *Lee McGowan* (1998), Competition Policy in the European Union, Basingstoke et al.

Ciresa, Meinhard (1993), Beihilfenkontrolle und Wettbewerbspolitik in der EG, Köln et al.

Clapham, Ronald (1993), Die Zollunionstheorie als Grundlage eines regionalen wirtschaftlichen Integrationskonzeptes, in: *Wulfdiether Zippel* (Hg.), Ökonomische Grundlagen der europäischen Integration: eine Einführung in ausgewählte Teilbereiche der Gemeinschaftspolitiken, München, S. 25-40.

Clayton, Edward (1997), A New Approach to Airport User Charges, in: Journal of Air Transport Management, Vol. 3, No. 2, pp. 95-98.

Cnossen, Sjibren (1983), Harmonization of Indirect Taxes in the EEC, in: *Charles E. McLure* (ed.), Tax Assignment in Federal Countries, Canberra, pp. 150-168.

Collie, David R. (2000), State Aid in the European Union: The Prohibition of Subsidies in an Integrated Market, in: International Journal of Industrial Organization, Vol. 18, No. 6, pp. 867-884.

Collie, David R. (2002a), Trade liberalization and state aid in the European Union, in: *Chris Milner* und *Robert Read* (eds.), Trade Liberalization, Competition and the WTO, Cheltenham et al., pp. 190-206.

Collie, David R. (2002b), Prohibiting State Aid in an Integrated Market: Cournot and Bertrand Oligopolies with Differentiated Products, in: Journal of Industry, Competition and Trade, Vol. 2, No. 3, pp. 215-231.

Crémer, Jacques, Antonio Estache und *Paul Seabright* (1996), Decentralizing Public Services: What Can We Learn from the Theory of the Firm?, in: Revue d'Economie Politique, Vol. 106, No. 1, pp. 37-60.

Cross, Frank B. (2002), The Folly of Federalism, in: Cardozo Law Review, Vol. 24, No. 1, pp. 1-59.

Curzon-Price, Victoria (1974), The Essentials of Economic Integration: Lessons of EFTA Experience, London.

D'Sa, Rose M. (2000), When is Aid not State Aid?: The Implications of the English Partnerships Decision for European Competition Law and Policy, in: European Law Review, Vol. 25, No. 2, pp. 139-156.

Dercks, Achim (1996), Redistributionspolitik und föderale Ordnung, Köln.

Deroose, Servaas und *Sven Langedijk* (2005), Improving the Stability and Growth Pact: The Commission's Three Pillar Approach, European Economy – Occasional Papers No. 15.

Dick, Andrew R. (1993), Strategic Trade Policy and Welfare: the Empirical Consequences of Cross-Ownership, in: Journal of International Economics, Vol. 35, No. 3-4, pp. 227-249.

Dickertmann, Dietrich und *Annemarie Leiendecker* (2000), Der Beihilfenbericht der Europäischen Kommission auf dem Prüfstand, in: Wirtschaftsdienst, Jg. 80, Nr. 12, S. 730-738.

Dillen, Mats (1995), Corrective Tax and Subsidy Policies in Economies with Bertrand Competition, in: Journal of Public Economics, Vol. 58, No. 2, pp. 267-282.

Donahue, John D. (1997), *Tiebout?* Or Not *Tiebout?* The Market Metaphor and America's Devolution Debate, in: Journal of Economic Perspectives, Vol. 11, No. 4, pp. 73-82.

Donges, Juergen B. (1994), Kritisches zu den Forderungen nach einer strategischen Industriepolitik, in: *Rolf H. Hasse, Josef Molsberger* und *ChristianWatrin* (Hg.), Ordnung in Freiheit: Festschrift für Hans Willgerodt, Stuttgart, S. 182-199.

Donges, Juergen B. und *Klaus-Werner Schatz* (1986), Staatliche Interventionen in der Bundesrepublik Deutschland: Umfang, Struktur, Wirkungen, Kieler Diskussionsbeiträge, Nr. 119/120.

Downs, Anthony (1957), An Economic Theory of Democracy, New York.

Doyle, Christopher und *Sweder van Wijnbergen* (1994), Taxation of Foreign Multinationals: A Sequential Bargaining Approach to Tax Holidays, in: International Tax and Public Finance, Vol. 1, No. 3, pp. 211-225.

Dye, Thomas R. (1990), American Federalism: Competition Among Governments, Lexington/Mass.

Easterbrook, Frank H. (1983/2004), Antitrust and the Economics of Federalism, in: Journal of Law and Economics, Vol. 26, wieder abgedruckt in: *Richard A. Epstein* und *Michael S. Greve* (eds.), Competition Laws in Conflict: Antitrust Jurisdiction in the Global Economy, Washington D.C., pp. 189-222.

Easterbrook, Frank H. (1994), Federalism and European Business Law, in: International Review of Law and Economics, Vol. 14, No. 2, pp. 125-132.

Eaton, Jonathan und *Gene M. Grossman* (1986), Optimal Trade and Industrial Policy under Oligopoly, in: Quarterly Journal of Economics, Vol. 101, No. 2, pp. 383-406.

Edwards, Jeremy und *Michael Keen* (1996), Tax Competition and Leviathan, in: European Economic Review, Vol. 40, No. 1, pp. 113-134.

Ehlermann, Claus-Dieter (1994), Zur Wettbewerbspolitik und zum Wettbewerbsrecht der Europäischen Union, in: Bitburger Gespräche Jahrbuch 1994, S. 19-42.

Ehlermann, Claus-Dieter (1995a), State Aids under European Community Competition Law, in: Fordham International Law Journal, Vol. 18, No. 2, pp. 410-436.

Ehlermann, Claus-Dieter (1995b), State Aid Control in the European Union: Success or Failure?, in: Fordham International Law Journal, Vol. 18, No. 4, pp. 1212-1229.

Ehlermann, Claus-Dieter (1995c), Ökonomische Aspekte des Subsidiaritätsprinzips: Harmonisierung vs. Wettbewerb der Systeme, in: Integration, Jg. 18, Nr. 1, S. 11-33.

Ehlermann, Claus-Dieter und *Isabella M. Atanasiu* (2001), Introduction, in: *Claus-Dieter Ehlermann* und *Michelle Everson* (eds.), European Competition Law Annual 1999: Selected Issues in the Field of State Aids, Oxford und Portland/Oregon, Hart Publishing, pp. XXI-XLI.

Ehlermann, Claus-Dieter und *Michelle Everson* (eds.) (2001), European Competition Law Annual 1999: Selected Issues in the Field of State Aids, Oxford and Portland/Oregon.

Eichenberger, Reiner (1994), The Benefits of Federalism and the Risk of Overcentralization, in: Kyklos, Vol. 47, No. 3, pp. 403-420.

Eichengreen, Barry und *Jürgen von Hagen* (1996), Fiscal Policy and Monetary Union: Federalism, Fiscal Restrictions, and the No-Bailout Rule, in: *Horst Siebert* (Hg.), Monetary Policy in an Integrated World Economy, Tübingen, pp. 211-231.

Eickhof, Norbert (2003), Globalisierung, institutioneller Wettbewerb und nationale Wirtschaftspolitik, in: Wirtschaftsdienst, Jg. 83, Nr. 6, S. 369-376.

Eser, Thiemo W. (1989), Die Kontrolle regionaler Beihilfen im Rahmen der Wettbewerbspolitik der Europäischen Gemeinschaften, in: Raumforschung und Raumordnung, Jg. 47, Nr. 4, S. 202-215.

Esty, Daniel C. und *Damien Geradin* (eds.) (2001), Regulatory Competition and Economic Integration: Comparative Perspectives, Oxford.

Eucken, Walter (1952/1975), Grundsätze der Wirtschaftspolitik, 5., unveränderte Auflage, Tübingen.

EuG (2002), Urteil des Europäischen Gerichts erster Instanz vom 6. März in den verbundenen Rechtssache T 92/00 und T 103/00, Territorio Histórico de Álava – Deputación Foral de Álava und Ramondín SA gegen Kommission der Europäischen Gemeinschaften, in: Slg. 2002, S. II-1385 ff.

EuGH (1961), Urteil des Gerichtshofes vom 23. Februar 1961 in der Rechtssache Nr. 30/59 – De Gezamenlijke Steenkolenmijnen in Limburg gegen Hohe Behörde der EGKS, unterstützt von der Regierung der Bundesrepublik Deutschland, in: Slg. 1961, S. 3 ff.

EuGH (1974), Urteil des Gerichtshofes vom 2. Juli 1974 in der Rechtssache Nr. 173/73 – Italienische Republik gegen Kommission der Europäischen Gemeinschaften, in: Slg. 1974, S. 709 ff.

EuGH (1978), Urteil vom 24.1.1978 in der Rechtssache 82/77, Staatsanwaltschaft des Königreichs der Niederlande gegen Jacobus Philippus van Tiggele – Mindestpreise für Genever, in: Slg. 1978, S. 25 ff.

EuGH (1980), Urteil vom 17.9.1980 in der Rechtssache 730/79 Philip Morris Holland BV gegen Kommission der Europäischen Gemeinschaften, in: Slg. 1980, S. 2671 ff.

EuGH (1985a), Urteil vom 13. März 1985 in den verbundenen Rechtssachen 296/82 und 318/82, Königreich der Niederlande und Leeuwarder Papierwarenfabrik B.V. gegen Kommission der Europäischen Gemeinschaften, in: Slg. 1985, S. 809 ff.

EuGH (1985b), Urteil vom 7.2.1985 in der Rechtssache 240/83, Procureur de la Republique gegen Association de Defense des Brulleurs d'Huiles Usagees (ADBHU), in: Slg. 1985, S. 531 ff.

EuGH (1986), Urteil des Gerichts vom 10. Juli 1986 in der Rechtssache Nr. 40/85 – Königreich Belgien gegen Kommission der Europäischen Gemeinschaften, in: Slg. 1986, S. 2321 ff.

EuGH (1988a), Urteil vom 8.3.1988 in den verbundenen Rechtssachen 62/87 und 72/87, Exécutif Régional Wallon und SA Glaverbel gegen Kommission der Europäischen Gemeinschaften, in: Slg. 1988, S. 1573 ff.

EuGH (1988b), Urteil vom 13.7.1988 in der Rechtssache 102/87, Französische Republik gegen Kommission der Europäischen Gemeinschaften, in: Slg. 1988, S. 4067 ff.

EuGH (1993a), Urteil vom 17. März 1993 in den verbundenen Rechtssachen C-72/91 und C-73/91, Firma Sloman Neptun Schiffahrts AG gegen Seebetriebsrat Bodo Ziesemer der Sloman Neptun Schiffahrts AG – Ersuchen um eine Vorabentscheidung des Arbeitsgerichts Bremen, in: Slg. 1993, S. I-887 ff.

EuGH (1993b), Urteil vom 30.11.1993 in der Rechtssache C-189/91, Petra Kirsammer-Hack gegen Nurhan Sidal – Ersuchen um Vorabentscheidung des Arbeitsgerichts Reutlingen, in: Slg. 1993, S. I-6185 ff.

EuGH (1998a), Urteil vom 7.5.1998 in den verbundenen Rechtssachen C-52/97 bis C-54/97, Epifanio Viscido, Mauro Scandella u. a. und Massimiliano Terragnolo u. a. gegen Ente Poste Italiane – Ersuchen um eine Vorabentscheidung der Pretura circondariale die Trento, in: Slg. 1998, S. I-2629 ff.

EuGH (1998b), Urteil vom 1.12.1998 in der Rechtssache C-200/97, Ecotrade Srl gegen Altiforni e Ferriere di Servola SpA (AFS) – Ersuchen um eine Vorabentscheidung des Corte suprema die Cassazione, in: Slg. 1998, S. I-7907 ff.

EuGH (1999), Urteil vom 17.6.1999 in der Rechtssache C-295/97, Industrie Aeronautiche e Meccaniche Rinaldo Piaggio SpA gegen International Factors Italia SpA (Ifitalia), Dornier Luftfahrt GmbH und Ministero della Difesa – Ersuchen um Vorabentscheidung des Tribunale di Genova, in: Slg. 1999, S. I-3735 ff.

EuGH (2000), Rücknahme der Anfrage zur Vorabentscheidung in den verbundenen Rechtssachen C-400/97, C-401/97 und C-402/97, Administración del Estado gegen Juntas Generales de Guipúzcoa u. a., in: Slg. 2000, S. I-1073 ff.

EuGH (2001a), Urteil vom 13.3.2001 in der Rechtssache C-379/98 – PreussenElektra AG gegen Schleswag AG, Ersuchen um Vorabentscheidung des Landgerichts Kiel, in: Slg. 2001, S. I-2099 ff. (ebenfalls abgedruckt in: Europäisches Wirtschafts- und Steuerrecht, Jg. 12, Nr. 5, S. 238-243).

EuGH (2001b), Urteil vom 22. November 2001 in der Rechtssache C-53/00, Ferring gegen Agence Centrale des Organismes de Sécurité Sociale (ACOSS), in: Slg. 2001, S. I-9067 ff.

EuGH (2003), Urteil vom 24.7.2004 in der Rechtssache C-280/00, Altmark Trans GmbH und Regierungspräsidium Magdeburg gegen Nahverkehrsgesellschaft Altmark GmbH, in: Slg. 2003, S. I-7747 ff., abgedruckt in: Wirtschaft und Wettbewerb, Jg. 53, Nr. 9, S. 993-1004.

EuGH (2004), Urteil vom 29.4.2004 in der Rechtssache C-308/01, GIL Insurance Ltd u. a. gegen Kommission der EU, in: Slg. 2004, S. I-4777 ff.

Europäische Kommission (1972), Erster Bericht über die Entwicklung der Wettbewerbspolitik, Brüssel und Luxemburg.

Europäische Kommission (1980), Neunter Bericht über die Wettbewerbspolitik, Brüssel und Luxemburg.

Europäische Kommission (1981), Erster Bericht über staatliche Beihilfen in der Europäischen Union im verarbeitenden Gewerbe und in einigen weiteren Sektoren, Brüssel und Luxemburg.

Europäische Kommission (1985), Die Wettbewerbspolitik der Europäischen Kommision: XIV. Bericht über die Wettbewerbspolitik, Brüssel und Luxemburg.

Europäische Kommission (1989), Erster Bericht über staatliche Beihilfen in der Europäischen Gemeinschaft, Brüssel und Luxemburg.

Europäische Kommission (1990a), Zweiter Bericht über staatliche Beihilfen in der Europäischen Gemeinschaft, Brüssel und Luxemburg.

Europäische Kommission (1990b), The Effect of different State Aid Measures on Intra-Community Competition: Exemplified by the Case of the Automotive Industry, Brüssel und Luxemburg.

Europäische Kommission (1992), Die Wettbewerbspolitik der Europäischen Kommission: XXI. Bericht über die Wettbewerbspolitik 1991, Brüssel und Luxemburg.

Europäische Kommission (1994a), Anwendung der Artikel 92 und 93 des EG-Vertrages und Artikel 61 des EWG-Vertrages auf Beihilfen im Flugsektor, in: ABlEG Nr. C 350/5-19 vom 10.12.1994.

Europäische Kommission (1994b), Gemeinschaftsrahmen für staatliche Umweltschutzbeihilfen, in: ABlEG Nr. C 72/3-9 vom 10.3.1994.

Europäische Kommission (1995), Die Wettbewerbspolitik der Europäischen Kommission: XXIV. Bericht über die Wettbewerbspolitik 1994, Brüssel und Luxemburg.

Europäische Kommission (1996a), Die Wettbewerbspolitik der Europäischen Kommission: XXV. Bericht über die Wettbewerbspolitik 1995, Brüssel und Luxemburg.

Europäische Kommission (1996b), Erster Kohäsionsbericht 1996, Brüssel und Luxemburg.

Europäische Kommission (1996c), Mitteilung der Kommission: Gemeinschaftsrahmen für staatliche Forschungs- und Entwicklungsbeihilfen, in: ABlEG Nr. C 45/5-16 vom 17.2.1996.

Europäische Kommission (1997a), Gemeinschaftsrahmen für staatliche Beihilfen in der Kfz-Industrie, in: ABlEG Nr. C 279/1-44 vom 15.9.1997.

Europäische Kommission (1997b), Die Wettbewerbspolitik der Europäischen Kommission: XXVI. Bericht über die Wettbewerbspolitik 1996, Teil 2, Brüssel und Luxemburg.

Europäische Kommission (1998a), Mitteilung der Kommission zur Änderung des Gemeinschaftsrahmens für staatliche Forschungs- und Entwicklungsbeihilfen, in: ABlEG Nr. C 48/2 vom 13.2.1998.

Europäische Kommission (1998b), Leitlinien für staatliche Beihilfen mit regionaler Zielsetzung, in: ABlEG Nr. C 74/9-31 vom 10.3.1998.

Europäische Kommission (1998c), Multisektoraler Regionalbeihilferahmen für große Investitionsvorhaben, in: ABlEG Nr. C 107/7-18 vom 7.4.1998.

Europäische Kommission (1998d), Entwurf einer Mitteilung der Kommission an die Mitgliedstaaten über die Regionalpolitik und die Wettbewerbspolitik: Die Konzentration und Kohärenz dieser Politikbereiche verstärken, in: ABlEG Nr. C 90/3-8 vom 26.3.1998.

Europäische Kommission (1998e), Mitteilung der Kommission über die Anwendung der Vorschriften über staatliche Beihilfen auf Maßnahmen der direkten Unternehmensbesteuerung, in: ABlEG Nr. C 384/3-9 vom 10.12.1998.

Europäische Kommission (Hg.) (1999a), State Aid and The Single Market, in: European Economy - Reports and Studies, No. 3.

Europäische Kommission (1999b), XXVIII. Bericht über die Wettbewerbspolitik 1998, Brüssel und Luxemburg.

Europäische Kommission (1999c), Leitlinien der Gemeinschaft für staatliche Beihilfen zur Rettung und Umstrukturierung von Unternehmen in Schwierigkeiten, in: ABlEG Nr. C 288/2-18 vom 9.10.1999.

Europäische Kommission (2000), Die Wettbewerbspolitik der Europäischen Kommission: XXIX. Bericht über die Wettbewerbspolitik 1999, Brüssel und Luxemburg.

Europäische Kommission (2001a), Die Wettbewerbspolitik der Europäischen Kommission: XXX. Bericht über die Wettbewerbspolitik 2000, Brüssel und Luxemburg.

Europäische Kommission (2001b), Gemeinschaftsrahmen für staatliche Umweltschutzbeihilfen, in: ABlEG Nr. C 37/3-15 vom 3.2.2001.

Europäische Kommission (2001c), Verordnung (EG) Nr. 68/2001 der Kommission vom 12.1.2001 über die Anwendung der Artikel 87 und 88 EG-Vertrag auf Ausbildungsbeihilfen, in: ABlEG Nr. L 10/20-29 vom 13.1.2001.

Europäische Kommission (2001d), Zweiter Bericht über den wirtschaftlichen und sozialen Zusammenhalt, Brüssel und Luxemburg.

Europäische Kommission (2001e), Ninth Survey on State Aid in the European Union, Brüssel und Luxemburg.

Europäische Kommission (2001f), Verordnung (EG) Nr. 69/2001 der Kommission vom 12.1.2001 über die Anwendung der Artikel 87 und 88 EG-Vertrag auf „De-minimis"-Beihilfen, in: ABlEG Nr. L 10/30-32 vom 13.1.2001.

Europäische Kommission (2001g), Verordnung (EG) Nr. 70/2001 der Kommission vom 12.1.2001 über die Anwendung der Artikel 87 und 88 EG-Vertrag auf staatliche Beihilfen an kleine und mittlere Unternehmen, in: ABlEG Nr. L 10/33-42 vom 13.1.2001.

Europäische Kommission (2002b), Verordnung (EG) Nr. 2204/2002 der Kommission vom 12.12.2002 über die Anwendung der Artikel 87 und 88 EG-Vertrag auf Beschäftigungsbeihilfen, in: ABlEG Nr. L 337/3-14 vom 13.12.2002.

Europäische Kommission (2002c), Mitteilung der Kommission: Multisektoraler Regionalbeihilferahmen für große Investitionsvorhaben, in: ABlEG Nr. C 70/8-20 vom 19.3.2002.

Europäische Kommission (2002d), Commission Decision of 18. July 2001 on the State Aid which Germany is Planning to Implement for Automobilmanufaktur Dresden, in: OJEC No. L 48/25-31 of 20.2.2002.

Europäische Kommission (2002e), Commission Decision of 20. December 2001 on the State Aid which Germany is Planning to Implement for DaimlerChrysler AG in Kölleda, in: OJEC No. L 282/23-28 of 19.10.2002.

Europäische Kommission (2002f), Staatliche Beihilfe – Vereinigtes Königreich, Beihilfe C 66/2002 – Körperschaftsteuerreform in Gibraltar, Aufforderung zur Abgabe einer Stellungnahme gemäß Art. 88 Absatz 2 EG-Vertrag, in: ABlEG Nr. C 300/2-9 vom 4.12.2002.

Europäische Kommission (2002g), XXXI. Bericht über die Wettbewerbspolitik 2001, Brüssel und Luxemburg.

Europäische Kommission (2003a), State Aid – Belgium, State aid Case C 76/2002 – Advantages granted by the Walloon Region and Brussels South Airport Charleroi to the Airline Ryanair in Connection with Installation at Charleroi – Invitation to Submit Comments Pursuant to Article 88 (2) of the EC Treaty, in: OJEC No. C 18/3-36 of 25.1.2003.

Europäische Kommission (2003b), Commission Decision of 11. December 2002 on the State Aid which Germany is Planning to Implement for BMW AG in Leipzig, in: OJEC No. L 128/12-19 of 24.5.2003.

Europäische Kommission (2003c) Entscheidung der Kommission vom 11. Dezember 2002 über den Teil der Regelung zur Anpassung des portugiesischen Steuersystems an die besonderen Bedingungen der autonomen Region der Azoren, der die Einkommensteuersenkung betrifft, in: ABlEG Nr. L 150/52-63 vom 18.6.2003.

Europäische Kommission (2004a), Commission Decision of 12 February 2004 Concerning Advantages Granted by the Walloon Region and Brussels South Airport Charleroi to the Airline Ryanair in Connection with Installation at Charleroi, in: OJEC No. L 137/1-62 of 30.04.2004.

Europäische Kommission (2004b), The Commission's Decision on Charleroi Airport Promotes the Activities of Low-Cost Airlines and Regional Development, Press Release IP/04/157 Concerning Case C 76/2002.

Europäische Kommission (2004c), Verordnung (EG) Nr. 364/2004 der Kommission vom 25.2.2004 zur Änderung der Verordnung (EG) Nr. 70/2001 im Hinblick auf die Erstreckung ihres Anwendungsbereichs auf Forschungs- und Entwicklungsbeihilfen, in: ABlEG Nr. L 63/22-29 vom 28.2.2004.

Europäische Kommission (2004d), Entwurf - Anzeiger für staatliche Beihilfen, Frühjahr 2004, Brüssel.

Europäische Kommission (2004e), Mitteilung der Kommission – Leitlinien der Gemeinschaft für staatliche Beihilfen zur Rettung und Umstrukturierung von Unternehmen in Schwierigkeiten, in: ABlEG Nr. C 244/2-17 vom 1.10.2004.

Europäische Kommission (2005a), Report on Competition Policy 2004, Vol. 1, Brüssel und Luxemburg.

Europäische Kommission (2005b), Beihilfenanzeiger, Herbst 2005, Brüssel und Luxemburg.

Europäische Kommission (2005c), Beihilfenanzeiger, Frühjahr 2005, Brüssel und Luxemburg.

Europäische Kommission (2005d), State Aid Action Plan: Less And Better Targeted State Aid: A Roadmap for State Aid Reform 2005-2009, in: Competition Policy Newsletter, ohne Jg., No. 2, S. 3-16.

Europäische Kommission (2005e), Mitteilung der Kommission – Gemeinschaftliche Leitlinien für die Finanzierung von Flughäfen und die Gewährung staatlicher Anlaufbeihilfen für Luftfahrtunternehmen auf Regionalflughäfen, in: ABlEG Nr. C 312/1-14 vom 9.12.2005.

Europäische Rat (1999a), Verordnung Nr. 1783/1999 des Europäischen Parlaments und des Rates vom 12. Juli 1999 über den Europäischen Fonds für regionale Entwicklung, in: ABLEG Nr. L 213/1-4 vom 13.8.1999.

Europäischer Rat (1999b), Verordnung des Rates Nr. 1260/1999 vom 21. Juni 1999 mit allgemeinen Bestimmungen über die Strukturfonds, in: ABlEG Nr. L 161/1-42 vom 26.6.1999.

Europäischer Rat (2002), Verordnung des Europäischen Rates (EG) 1407/2002 vom 23.7.2002 für Beihilfen in der Kohleindustrie, in: ABlEG Nr. L 205/1-8 vom 2.8.2002.

European Constitutional Group (1993), The Constitution of the European Union, in: http://www.european-constitutional-group.org/pdf/legal_text.pdf (abgerufen am 02.02.2005).

European Constitutional Group (2003), A Basic „Constitutional" Treaty for the European Union – With Comments, in: http://www.european-constitutional-group.org/pdf/Newdraft2003.pdf (abgerufen am 02.02.2005).

European Constitutional Group (2004), The Constitutional Proposal of the European Convention: An Appraisal and Explanation, in: Economic Affairs, Vol. 24, March, S. 22-27.

Evans, Andrew und *Stephen Martin* (1991), Socially Acceptable Distortion of Competition: Community Policy on State Aid, in: European Law Review, Vol. 16, No. 2, pp. 79-111.

Färber, Gisela (1995), Subventionspolitik in der EU, Frankfurt und New York.

Fehl, Ulrich (1981), Preisdifferenzierung (Preisdiskriminierung), in: Handwörterbuch der Wirtschaftswissenschaften (HdWW), Band 6, Stuttgart et al., S. 160-172.

Fehl, Ulrich (1985), Das Konzept der Contestable Markets und der Marktprozeß, in: *Gottfried Bombach, Bernhard Gahlen* und *Alfred E. Ott* (Hg.), Industrieökonomik: Theorie und Empirie, Tübingen, S. 29-49

Feld, Lars P. (1997), Exit, Voice and Income Taxes: The Loyality of Voters, in: European Journal of Political Economy, Vol. 13, No. 3, pp. 455-478.

Feld, Lars P. (2000), Steuerwettbewerb und seine Auswirkungen auf Allokation und Distribution, Tübingen.

Feld, Lars P. und *Christoph A. Schaltegger* (2005), Voters AS a Hard Budget Constraint: On the Determination of Intergovernmental Grants, in: Public Choice, Vol. 123, No. 1-2, pp. 147-169.

Feld, Lars P. und *Gebhard Kirchgässner* (1995), Fiskalischer Wettbewerb in der EU: Wird der Wohlfahrtsstaat zusammenbrechen?, in: Wirtschaftsdienst, Jg. 75, Nr. 10, S. 562-568.

Feld, Lars P. und *Gebhard Kirchgässner* (1996), Omne Agens Agendo Perficitur: The Economic Meaning of Subsidiarity, in: *Robert Holzmann* (Hg.), Maastricht: Monetary Constitution Without a Fiscal Constitution?, Baden-Baden, pp. 195-226.

Feld, Lars P. und *Gebhard Kirchgässner* (1998), Fiskalischer Föderalismus, in: Wirtschaftswissenschaftliches Studium, Jg. 27, Nr. 2, S. 65-70.

Feld, Lars P. und *Gebhard Kirchgässner* (1999), Public Debt and Budgetary Procedures: Top Down or Bottom Up? Some Evidence from Swiss Municipalities, in: *James M. Poterba* und *Jürgen von Hagen* (eds.), Fiscal Institutions and Fiscal Performance, Chicago und London, pp. 151-179.

Feld, Lars P. und *Gebhard Kirchgässner* (2001), Vor- und Nachteile des Steuerwettbewerbs, in: *Walter Müller, Oliver Fromm* und *Bernd Hansjürgens* (Hg.), Regeln für den europäischen Systemwettbewerb: Steuern und soziale Sicherungssysteme, Marburg, S. 21-51.

Feld, Lars P. und *Timothy J. Goodspeed* (2005), Discretionary Grants and Soft Budget Constraints in Switzerland, Working Paper, Marburg.

Feltkamp, Ronald (2003), Some Reflections on the Structure of the State Aid Rules in the Treaty of Rome, in: Competition Policy Newsletter, ohne Jg., No. 1, pp. 29-31.

Figueiredo, Rui J. P. de (2003), Budget Institutions and Political Insulation: Why States Adopt the Item Veto, in: Journal of Public Economics, Vol. 87, No. 12, pp. 2677-2701.

Figueiredo, Rui J. P. de und *Barry Weingast* (2005), Self-Enforcing Federalism, in: Journal of Law, Economics and Organization, Vol. 21, No. 1, pp. 103-135.

Fingleton, John (2001), How to Apply Anti-trust Market Definition Rules to State Aid: A Proposal, in: *Claus-Dieter Ehlermann* und *Michelle Everson* (eds.), European Competition Law Annual 1999: Selected Issues in the Field of State Aids, Oxford und Portland/Oregon, pp. 57-75.

Fingleton, John, Francis Ruane und *Vivienne Ryan* (1999), Market Definition and State Aid Control, in: *Europäische Kommission* (ed.), State Aid and the Single Market, in: European Economy, No. 3, pp. 65-88.

Flatters, Frank, Vernon Henderson und *Peter Mieszkowski* (1974), Public Goods, Efficiency, and Regional Fiscal Equalization, in: Journal of Public Economics, Vol. 3, No. 2, S. 99-112.

Fox, Eleanor M. (2002), State Aids Control and the Distortion of Competition – Unbundling "Distortion", in: *Barry E. Hawk* (ed.), Annual proceedings of the Fordham Corporate Law Institute 2001, Vol. 28, New York, pp. 91-99.

Fox, Eleanor M. (2003), We Protect Competition, You Protect Competitors, in: World Competition, Vol. 26, No. 2, pp. 149-165.

Franzmeyer, Fritz (2001) Europäische Regionalpolitik, in: *Renate Ohr* und *Theresia Theurl* (Hg.), Europäische Wirtschaftspolitik, München, S. 271-307.

Frey, Bruno S. (1985), Internationale Politische Ökonomie, München.

Frey, Bruno S. und *Heinz Buhofer* (1986), Integration and Protectionism: A Comparative Institutional Analysis, in: Aussenwirtschaft, Vol. 41, No. 2-3, pp. 329-350.

Fridstrøm, Lasse, Frode Hjelde, Helle Lange, Erik Murray, Antti Norkela, Torben Thøre Pedersen, Niels Rytter, Catherinne Sandvig Tálen, Marianne Skoven und *Line Solhaug* (2004), Towards a More Vigorous Competition Policy in Relation to the Aviation Market, in: Journal of Air Transport Management, Vol. 10, No. 1, pp. 71-79.

Friederiszick, Hans W., Lars-Hendrik Röller, Vincent Verouden (2005), European State Aid Control: An Economic Framework, in: http://europa.eu.int/comm/dgs/competition/esac.pdf, erscheint in: *Paolo Buccirossi* (ed.), Advances in the Economics of Competition Law, Cambridge/Mass.

Fuest, Clemens und *Bernd Huber* (2003), Zur Koordinierung der Unternehmensbesteuerung in Europa, in: Vierteljahreshefte zur Wirtschaftsforschung, Jg. 72, Nr. 3, S. 378-390.

Galand, Christophe, Erwan Marteil, Alberto Bacchiega, Francoise Malbo und *Eva Valle* (2004), Commission Authorizes Restructuring Aid to Alstom under Conditions, Competition Policy Newsletter, ohne Jg., No. 3, pp. 13-15.

Gallastegui, Maria C. (1996): The Decentralization of the Public Sector in Spain: the Case of the Basque Country, in: Revue d'Économie Politique, Vol. 106, No. 1, pp. 159-172.

Gandolfo, Giancarlo (1998), International Trade Theory and Policy, Heidelberg.

Giannakopoulos, Themistoklis (2000), The Right to Bring an Action before the European Courts against the Various Decisions of the Commission in State Aid Cases, in: World Competition, Vol. 23, No. 3, pp. 81-102.

Giannakopoulos, Themistoklis (2001), The Right to be Orally Heard by the Commission in Antitrust, Merger, Anti-dumping/Anti-subsidies and State Aid Community Procedures, in: World Competition, Vol. 24, No. 4, pp. 541-569.

Giersch, Herbert (1982), Schumpeter and the Current and Future Development of the World Economy, in: *Helmut Frisch* (ed.), Schumpeterian Economics, New York, pp. 49-59.

Giersch, Herbert (1995), Diskussionsbeitrag zu: Vertikale Kompetenzverteilung in Wirtschaftsgemeinschaften: Bestimmungsgründe und Probleme, in: *Lüder Gerken* (Hg.), Europa zwischen Ordnungswettbewerb und Harmonisierung, Berlin et al., S. 37-44.

Gillen, David und *Ashish Lall* (2004), Competitive Advantage of Low-Cost Carriers: Some Implications for Airports, in: Journal of Air Transport Management, Vol. 10, No. 1, pp. 41-50.

Goldberg, Victor P. (1976), Toward an Expanded Economic Theory of Contract, in: Journal of Economic Issues, Vol. 10, No. 1, pp. 45-61.

Golfinopoulos, Christos (2003), Concept of Selectivity Criterion in the State Aid Definition Following the "Adria-Wien" Judgement – Measures Justified by the "Nature or General Scheme of a System", in: European Competition Law Review, Vol. 24, No. 10, pp. 543-549.

Goodspeed, Timothy (2002), Bailouts in a Federation, in: International Tax and Public Finance, Vol. 9, No. 4, pp. 409-422.

Gordon, Roger H. (1983), An Optimal Taxation Approach to Fiscal Federalism, in: Quarterly Journal of Economics, Vol. 98, No. 4, pp. 567-586.

Graham, Brian (1997), Regional Airline Services in the Liberalized European Union Single Aviation Market, in: Journal of Air Transport Management, Vol. 3, No. 4, pp. 227-238.

Gramlich, Edward (1977), Intergovernmental Grants: A Review of the Empirical Literature, in: *Wallace E. Oates* (ed.), The Political Economy of Fiscal Federalism, Lexington/Mass. und Toronto, pp. 219-239.

Gröbner, Bruno F. (1983), Subventionen: eine kritische Analyse, Göttingen.

Gröner, Helmut (1993), Integrationsmerkmale und Integrationsmethoden, in: *Helmut Gröner* und *Alfred Schüller* (Hg.), Die europäische Integration als ordnungspolitische Aufgabe, Stuttgart, Jena und New York, S. 3-19.

Gröteke, Friedrich (2004), Zur Frage der Behandlung von Regulierungen in der Beihilfenkontrolle und mögliche Konsequenzen des Grundstücksverkaufs von Real Madrid, in: Finanzreform, Jg. 1, Nr. 11, S. 146-159.

Gröteke, Friedrich und *Klaus Heine* (2003), Beihilfenkontrolle und Standortwettbewerb: "Institutionelle Rigiditäten" als Rechtfertigung für die Vergabe einer Beihilfe, in: Wirtschaft und Wettbewerb, Jg. 53, Nr. 3, S. 257-265.

Gröteke, Friedrich und *Klaus Heine* (2004a), "Institutional Rigidities" and European State Aid Control, in: European Competition Law Review, Vol. 25, No. 6, pp. 322-331.

Gröteke, Friedrich und *Klaus Heine* (2004b), Regionale Steuerkompetenzen und europäische Beihilfenkontrolle am Beispiel des Baskenlandes, in: List Forum für Wirtschafts- und Finanzpolitik, Bd. 30, Nr. 2, S. 137-152.

Gröteke, Friedrich und *Wolfgang Kerber* (2004), The Case of Ryanair – EU State Aid Policy on the Wrong Runway, in: ORDO, Bd. 55, S. 313-332.

Grossekettler, Heinz (1985), Options- und Grenzkostenpreise für Kollektivgüter unterschiedlicher Art und Ordnung. Ein Beitrag zu den Bereitstellungs- und Finanzierungsregeln für öffentliche Leistungen, in: Finanzarchiv, N.F., Bd. 43, S. 211-253.

Grossman, Gene M. (1987), Strategic Export Promotion: A Critique, in: *Paul R. Krugman* (ed.), Strategic Trade Policy and the New International Economics, 2nd Printing, Cambridge/Mass., pp. 47-68.

Grossman, Gene M. (1990), Promoting New Industrial Activities: A Survey of Recent Arguments and Evidence, in: OECD Economic Studies, No. 14, pp. 86-125.

Grossman, Sanford, J. und *Oliver D. Hart* (1986), The Costs and Benefits of Ownership: A Theory of Vertical and Lateral Integration, in: Journal of Political Economy, Vol. 94, No. 4, pp. 691-719.

Grüne, Michael (1997), Subventionen in der Demokratie, Frankfurt a. M.

Guo, Xin, Jianjun Miao und *Erwan Morellec* (2005), Irreversible Investment with Regime Shifts, in: Journal of Economic Theory, Vol. 122, No. 1, pp. 37-59.

Haaparanta, Petri (1996), Competition of Foreign Direct Investment, in: Journal of Public Economics, Vol. 63, No. 1, pp. 141-153.

Haberler, Gottfried (1970), The Relevance of the Theory of Comparative Advantage under Modern Conditions, in: *Gottfried Haberler*, Der internationale Handel, Reprint, erweitert um The Relevance of the Theory of Comparative Advantage under Modern Conditions, Berlin, Heidelberg und New York.

Hagen, Jürgen von (2004), Stabilität und Wachstum im Euroland: Plädoyer für einen Stabilitätsrat, in: Wirtschaftsdienst, Jg. 84, Nr. 1, S. 11-14.

Hagen, Jürgen von und *Barry Eichengreen* (1996), Federalism, Fiscal Restraints, and European Monetary Union, in: American Economic Review, Vol. 86, No. 2, pp. 134-138.

Hakenberg, Waltraud und *Friedrich Erlbacher* (2001), Die Rechtsprechung des EuGH und EuGeI auf dem Gebiet der staatlichen Beihilfen in den Jahren 1999 und 2000, in: Europäisches Wirtschafts- und Steuerrecht, Jg. 12, Nr. 5, S. 208-220.

Hakenberg, Waltraud und *Friedrich Erlbacher* (2003), Die Rechtsprechung des EuGH auf dem Gebiet der staatlichen Beihilfen in den Jahren 2001 und 2002, in: Europäisches Wirtschafts- und Steuerrecht, Jg. 14, Nr. 5, S. 202-206.

Hamm, Walter (2005), Entartung des politischen Wettbewerbs, ORDO, Bd. 56, S. 19-37.

Hansen, Marc, Anne van Ysendyck und *Susanne Zühlke* (2004), The Coming of Age of EC State Aid Law: A Review of the Principal Developments in 2002 and 2003, in: European Competition Law Review, Vol. 25, No. 4, pp. 202-233.

Hansjürgens, Bernd (2001), Das Äquivalenzprinzip als zentraler Maßstab für fairen Steuerwettbewerb: Anmerkungen aus finanzwissenschaftlicher Sicht, in: *Walter Müller, Oliver Fromm* und *Bernd Hansjürgens* (Hg.), Regeln für den europäischen Systemwettbewerb: Steuern und soziale Sicherungssysteme, Marburg, S. 71-88.

Hanson, Russell L. (1993), Bidding for Business: A Second War Between the States?, in: Economic Development Quarterly, Vol. 7, No. 2, pp. 183-198.

Harbord, David und *George Yarrow* (1999), State Aids, Restructuring and Privatisation, in: *Europäische Kommission* (Hg.), State Aid and the Single Market, in: European Economy, No. 3, pp. 89-131.

Harms, Philipp und *Matthias Lutz* (2006), Aid, Governance, and Private Foreign Investment: Some Puzzling Findings for the 1990s, in: Economic Journal, Vol. 116, No. 513, pp 773-790.

Hartwig, Karl-Hans (2004), Europäische Airline Industrie im Trade Off zwischen Renditeverfall und nationalstaatlicher Überregulierung, in: *Michael Fritsch* (Hg.), Marktdynamik und Innovation: Gedächtnisschrift für *Hans-Jürgen Ewers*, Berlin, S. 273-297.

Haucap, Justus und *Tobias Hartwich* (2006), Fördert oder behindert die Beihilfenkontrolle der Europäischen Union den (System-)Wettbewerb, in: *Wolf Schäfer* (Hg.), Wirtschaftspolitik im Systemwettbewerb, Berlin, S. 93-149.

Haucap, Justus (1998), Werbung und Marktorganisation: Die ökonomische Theorie der Werbung betrachtet aus der Perspektive der Neuen Institutionenökonomik, Lohmar und Köln.

Haucap, Justus und *Christian Wey* (1999), Standortwahl als Franchisingproblem, in: Jahrbuch für Neue Politische Ökonomie, Bd. 18, S. 311-332.

Hay, Donald A. und *Derek J. Morris* (1991), Industrial Economics and Organization: Theory and Evidence, 2nd Edition, Oxford.

Hayek, Friedrich A. von (1939/1952), Die wirtschaftlichen Voraussetzungen föderativer Zusammenschlüsse, in: *Friedrich A. von Hayek* (1952), Individualismus und wirtschaftliche Ordnung, Erlenbach-Zürich, S. 324-344.

Hayek, Friedrich A. von (1947/1952), Freie Wirtschaft und Wettbewerbsordnung, in: *Friedrich A. von Hayek* (1952), Individualismus und wirtschaftliche Ordnung, Erlenbach-Zürich, S. 141-155.

Hayek, Friedrich A. von (1967), Grundsätze einer liberalen Gesellschaftsordnung, in: ORDO, Bd. 18, S. 11-33.

Hayek, Friedrich A. von (1969/1994a), Recht, Gesetz und Wirtschaftsfreiheit, in: *Friedrich A. von Hayek* (1994), Freiburger Studien, 2. Aufl., (Nachdruck der 1. Aufl.), Tübingen, S. 47-55.

Hayek, Friedrich A. von (1969/1994b), Der Wettbewerb als Entdeckungsverfahren, in: *Friedrich A. von Hayek* (1994), Freiburger Studien, 2. Auflage Tübingen, S. 249-265.

Hayek, Friedrich A. von (1974/1996), Die Anmaßung von Wissen, in: *Wolfgang Kerber* (Hg.), Die Anmaßung von Wissen: Neue Freiburger Studien von *Friedrich A. von Hayek*, Tübingen, S. 3-15.

Heckscher, Eli F. (1991), The Effect of Foreign Trade on the Distribution of Income, in: *Harry Flam* und *M. June Flanders* (eds.), *Heckscher-Ohlin* Trade Theory, Cambridge/Mass. et al., pp. 43-69.

Heine, Klaus (2003a), Kompetitiver Föderalismus auch für das öffentliche Gut „Recht"?, in: Vierteljahreshefte zur Wirtschaftsforschung, Jg. 72, Nr. 3, S. 472-484.

Heine, Klaus (2003b), Regulierungswettbewerb im Gesellschaftsrecht, Berlin.

Heine, Klaus (2006), Interjurisdictional Competition and the Allocation of Constitutional Rights: a Research Note, in: International Review of Law and Economics, Vol. 26, No. 1, pp. 33-41.

Heine, Klaus und *Friedrich Gröteke* (2005), Beihilfenkontrolle und europäische Verfassung am Beispiel der Daseinsvorsorge, in: Aussenwirtschaft, Jg. 60, Nr. 4, S. 463-484.

Heine, Klaus und *Wolfgang Kerber* (2002), European Corporate Laws, Regulatory Competition and Path Dependence, in: European Journal of Law and Economics, Vol. 13, No. 1, pp. 47-71.

Heine, Klaus und *Wolfgang Kerber* (2003), Integrationstheorien und Wettbewerbsföderalismus, in: *Dieter Cassel* und *Paul J.J. Welfens* (Hg.), Regionale Integration und Osterweiterung der Europäischen Union, Stuttgart, S. 107-128.

Hellwig, Martin F. (2005), A Utilitarian Approach to the Provision and Pricing of Excludable Public Goods, in: Journal of Public Economics, Vol. 89, No. 11-12, pp. 1981-2003.

Helms, L. Jay (1985), The Effect of State and Local Taxes on Economic Growth: A Time Se-ries-Cross Section Approach, in: Review of Economics and Statistics, Vol. 67, No. 4, pp. 574-582.

Herzog, Bodo (2004), Warum verstoßen vorwiegend die großen EWU-Länder gegen den Stabi-litäts- und Wachstumspakt? – Eine theoretische Bestandsaufnahme, in: Vierteljahreshefte zur Wirtschaftsforschung, Jg. 73, Nr. 3, S. 405-417.

Heskamp, Dieter (2001), Die Vereinbarkeit allgemeiner und horizontaler Beihilfen und Beihil-feregelungen mit Art. 87 EGV, Münster.

Hirschman, Albert O. (1970), Exit, Voice, and Loyality, Cambridge/Mass.

Hochman, Harold M. und *James D. Rodgers* (1969), Pareto Optimal Redistribution, in: Ameri-can Economic Review, Vol. 59, No. 4, pp. 542-557.

Hörner, Johannes (2002), Reputation and Competition, in: American Economic Review, Vol. 92, No. 3, pp. 644-663.

Homann, Karl und *Christian Kirchner* (1995), Das Subsidiaritätsprinzip in der Katholischen Soziallehre und in der Ökonomik, in: *Lüder Gerken* (Hg.), Europa zwischen Ordnungs-wettbewerb und Harmonisierung, Berlin et al., S. 45-69.

Horácek, Rados (2004), Commission's Negative Decisions on Gibraltar Corporation Tax Re-form: Findings on Regional and Material Selectivity, in: Competition Policy Newsletter, ohne Jg., No. 2, pp. 97-101.

Horácek, Rados (2005), Commission's Proposal to Phase Out Tax Benefits for Exempt Compa-nies in Gibraltar: Strict Limits on Existing as Well as New Beneficiaries, in: Competition Policy Newsletter, ohne Jg., No. 2, pp. 71-72.

Hrbek, Rudolf (1993), Die Entstehung und Weiterentwicklung der EG, in: *Wulfdiether Zippel* (Hg.), Ökonomische Grundlagen der europäischen Integration: Eine Einführung in aus-gewählte Teilbereiche der Gemeinschaftspolitiken, München, S. 1-23.

Huber, Bernd und *Marco Runkel* (2006), Optimal Design of Intergovernmental Grants under Asymmetric Information, in: International Tax and Public Finance, Vol. 13, No. 1, pp. 25-41.

Huck, Steffen und *Kai A. Konrad* (2003), Strategic Trade Policy and the Home Bias in Firm Ownership Structure, in: Japan and the World Economy, Vol. 15, No. 3, pp. 299-305.

Inman, Robert P. (2003), Transfers and Bailouts: Enforcing Local Fiscal Discipline with Les-sons from U.S. Federalism, in: *Jonathan Rodden, Gunnar S. Eskeland* und *Jennie Litvack* (eds.), Fiscal Decentralization and the Challenge of Hard Budget Constraints, Cam-bridge/Mass., pp. 35-83.

Inman, Robert P. und *Daniel L. Rubinfeld* (1997a), Rethinking Federalism, in: Journal of Eco-nomic Perspectives, Vol. 11, No. 4, pp. 43-64.

Inman, Robert P. und *Daniel L. Rubinfeld* (1997b), The Political Economy of Federalism, in: *Dennis C. Mueller* (ed.) Perspectives on Public Choice: A Handbook, Cambridge, pp. 73-105.

Ioannis, Ganoulis und *Martin Reiner* (2001), State Aid Control in the European Union - Ration-ale, Stylised Facts and Determining Factors, in: Intereconomics, Vol. 36, No. 6, pp. 289-297.

Janeba, Eckhard (1998), Tax Competition in Imperfectly Competitive Markets, in: Journal of International Economics, Vol. 44, No. 1, S. 135-153.

Janeba, Eckhard (2000), Tax Competition when Governments lack Commitment: Excess Ca-pacity as a Countervailing Threat, in: American Economic Review, Vol. 90, No. 5, pp. 1508-1519.

Jenny, Frédéric Y. (1994), Competition and State Aid Policy in the European Community, in: Fordham International Law Journal, Vol. 18, No. 2, pp. 525-554.

Jerger, Jürgen und *Lukas Menkhoff* (1996), Der Begriff „internationale Wettbewerbsfähigkeit" im Lichte der Außenhandelstheorie, in: Wirtschaftswissenschaftliches Studium, Jg. 25, Nr. 1, S. 21-28.

Jestaedt, Thomas und *Nicola Schelling* (1999), Regionalbeihilfen im Binnenmarkt, in: Europäisches Wirtschafts- und Steuerrecht, Jg. 9, Nr. 1, S. 1-6.

Johnson, Harry G. (1965), An Economic Theory of Protectionism, Tariff Bargaining, and the Formation of Customs Unions, in: Journal of Political Economy, Vol. 73, No. 3, pp. 256-286.

Jones, Ronald W. (1980), Comparative and Absolute Advantage, in: Schweizerische Zeitschrift für Volkswirtschaft und Statistik, Jg. 116, Nr. 3, S. 235-260.

Joskow, Paul L. und *Alvin K. Klevorick* (1979), A Framework for Analyzing Predatory Pricing Policy, in: Yale Law Journal, Vol. 89, No. 2, pp. 213-269.

Kallfaß, Hermann H. (2002), Die Kontrolle von Beihilfen an existenzgefährdete Unternehmen in der EU, in: *Hartmut Berg* (Hg.), Deregulierung und Privatisierung: Gewolltes – Erreichtes – Versäumtes, Berlin, S. 147-193.

Karl, Helmut (2002), Die Kontrolle nationaler Regionalbeihilfen in der Europäischen Union, in: Raumforschung und Raumordnung, Jg. 60, Nr. 3-4, S. 209-218.

Kasper, Wolfgang (1996), Federations: Competing Jurisdictions, Diskussionsbeiträge des MPI zur Erforschung von Wirtschaftssystemen, Nr. 05-96, Jena.

Kenyon, Daphne A. und *John Kincaid* (1991), Introduction, in: *Daphne A. Kenyon* und *John Kincaid* (eds.), Competition Among States and Local Governments: Efficiency and Equity in American Federalism, Washington D.C., pp. 1-33.

Kenyon, Daphne A. (1997). Theories of Interjurisdictional Competition, in: New England Economic Review, ohne Jg., March/April, pp. 13-35.

Kerber, Wolfgang (1989), Evolutionäre Marktprozesse und Nachfragemacht. Das Nachfragemachtproblem im Rahmen einer evolutionären Spielraumanalyse und Kritik seiner bisherigen wettbewerbspolitischen Behandlung, Baden-Baden.

Kerber, Wolfgang (1994), Die Europäische Fusionskontrollpraxis und die Wettbewerbskonzeption der EG: Zwei Analysen zur Entwicklung des europäischen Wettbewerbsrecht, Bayreuth.

Kerber, Wolfgang (1998a), Zum Problem einer Wettbewerbsordnung für den Systemwettbewerb, in: Jahrbuch für Neue Politische Ökonomie, Bd. 17, S. 199-230.

Kerber, Wolfgang (1998b), Die EU-Beihilfenkontrolle als Wettbewerbsordnung: Probleme aus der Perspektive des Wettbewerbs zwischen Jurisdiktionen, in: *Dieter Cassel* (Hg.), Europäische Integration als ordnungspolitische Gestaltungsaufgabe: Probleme der Vertiefung und Erweiterung der Europäischen Union, Berlin, S. 37-74.

Kerber, Wolfgang (1998c), Erfordern Globalisierung und Standortwettbewerb einen Paradigmenwechsel in der Theorie der Wirtschaftspolitik?, in: ORDO, Bd. 49, S. 253-268.

Kerber, Wolfgang (2000a), Interjurisdictional Competition within the European Union, in: Fordham International Law Journal, Vol. 23, Special Issue, pp. S217-S249.

Kerber, Wolfgang (2000b), Rechtseinheitlichkeit und Rechtsvielfalt aus ökonomischer Sicht, in: *Stefan Grundmann* (Hg.), Systembildung und Systemlücken in Kernbereichen des Europäischen Privatrechts: Gesellschafts-, Arbeits- und Schuldvertragsrecht, Tübingen, S. 269-300.

Kerber, Wolfgang (2000c), Wettbewerbsordnung für den interjurisdiktionellen Wettbewerb, in: Wirtschaftswissenschaftliches Studium, Jg. 29, Nr. 7, S. 368-374.

Kerber, Wolfgang (2001), Standortwettbewerb und Ordnungspolitik, in: *Lüder Gerken* und *Otto Graf Lambsdorff* (Hg.), Ordnungspolitik in der Weltwirtschaft, Baden-Baden, S. 86-97.

Kerber, Wolfgang (2003) Wettbewerbsföderalismus als Integrationskonzept für die Europäische Union, in: Perspektiven der Wirtschaftspolitik, Bd. 4, Nr. 1, S. 43-64.

Kerber, Wolfgang und *Martina Eckardt* (2005), Best Practices, Yardstick Competition und Lernen in der Wirtschaftspolitik – eine kritische Analyse der Offenen Methode der Koordinierung in der EU, in: *Wolf Schäfer* (Hg.), Institutionelle Grundlagen effizienter Wirtschaftspolitik, Berlin, S. 121-166.

Kerber, Wolfgang und *Viktor Vanberg* (1995), Competition Among Institutions: Evolution within Constraints, in: *Lüder Gerken* (Hg.), Competition Among Institutions, Basingstoke et al., pp. 35-64.

Kincaid, John (1995), Liberty, Competition and the Rise of Coercion in American Federalism, in: *Lüder Gerken* (ed.), Competition Among Institutions, London, pp. 259-281.

King, Ian und *Linda Welling* (1992), Commitment, Efficiency and Footloose Firms, in: Economica, Vol. 59, No. 235, pp. 63-73.

King, Ian, R. Preston McAfee und *Linda Welling* (1993), Industrial Blackmail: Dynamic Tax Competition and Public Investment, in: Canadian Journal of Economics, Vol. 26, No. 3, pp. 590-608.

Kiwit, Daniel und *Stefan Voigt* (1998), Grenzen des institutionellen Wettbewerbs, in: Jahrbuch für Neue Politische Ökonomie, Bd. 17, S. 313-337.

Klein, Benjamin und *Keith B. Leffler* (1981), The Role of Market Forces in Assuring Contractual Performance, in: Journal of Political Economy, Vol. 89, No. 4, pp. 615-641.

Klein, Benjamin, Robert G. Crawford und *Armen A. Alchian* (1981), Vertical Integration, Appropriable Rents, and the Competitive Contracting Process, in: Journal of Law and Economics, Vol. 21, No. 2, pp. 297-326.

Klemmer, Paul (1998), Regionalpolitik, in: *Paul Klemmer* (Hg.), Handbuch Europäische Wirtschaftspolitik, München, S. 457-517.

Kliemann, Annette (2003), Richtungswechsel in der Beihilfenaufsicht? – Neue Entwicklungen in der Rechtsprechung und Praxis, in: FIW-Schriftenreihe Schwerpunkte des Kartellrechts 2002, Bd. 196, S. 33-51.

Koenig, Christian (1998), Europäische Integration und Systemwettbewerb zwischen mitgliedstaatlichen Rechtsordnungen, in: Europäische Zeitschrift für Wirtschaftsrecht, Jg. 9, Nr. 17, S. 513.

Koenig, Christian und *Jürgen Kühling* (1999), Reform des EG-Beihilfenrechts aus der Perspektive des mitgliedstaatlichen Systemwettbewerbs, in: Europäische Zeitschrift für Wirtschaftsrecht, Jg. 10, Nr. 17, S. 517-523.

Koenig, Christian und *Michael Scholz* (2003), Öffentliche Infrastrukturförderung durch Bau- und Betriebsgesellschaften im EG-beihilferechtlichen Kontrollraster der EG-Kommission, in: Europäische Zeitschrift für Wirtschaftsrecht, Jg. 14, Nr. 5, S. 133-138.

Könings, Melvin (2004), State Aid and the Effect on Trade Criterion. The Netherlands: Measures in Favour of Non-Profit Harbours for Recreational Crafts, in: Competition Policy Newsletter, ohne Jg., No. 1, S. 86-87.

Konrad, Kai A. (2002), Investment in the Absence of Property Rights; the Role of Incumbency Advantages, in: European Economic Review, Vol. 46, No. 8, pp. 1521-1537.

Kornai, János (1986), The Soft Budget Constraint, in: Kyklos, Vol. 39, No. 1, pp. 3-30.

Kornai, János (2001), Hardening of the Budget Constraint: The Experience of the Post-socialist Countries, in: European Economic Review, Vol. 45, No. 9, pp. 1573-1599.

Kornai, János, Eric Maskin und *Gérard Roland* (2003), Understanding the Soft Budget Constraint, in: Journal of Economic Literature, Vol. 41, No. 4, pp. 1095-1136.

Kroes, Neelie (2005), The State Aid Action Plan – Delivering Less and Better Targeted Aid, Rede/05/440, gehalten auf dem UK Presidency Seminar on State Aid, London, 14. Juli 2005, in: http://europa.eu.int/comm/competition/state_aid/others/action_plan/ (abgerufen am 11.02.2006).

Krugman, Paul R. (1987a), Introduction: New Thinking about Trade Policy, in: *Paul R. Krugman* (ed.), Rethinking International Trade, Cambridge/Mass., S. 1-22.

Krugman, Paul R. (1987b), Is Free Trade Passé?, in: Journal of Economic Perspectives, Vol. 1, No. 2, pp. 131-141.

Krugman, Paul R. (1994), Competitiveness: A Dangerous Obsession, in: Foreign Affairs, Vol. 73, No. 2, pp. 28-44.

Krugman, Paul R. (1996), Making Sense of the Competitiveness Debate, in: Oxford Review of Economic Policy, Vol. 12, No. 1, pp. 17-25.

Kuhn, Tilman (2001), Implications of the 'PreussenElektra' Judgement of the European Court of Justice on the Community Rules on State Aid and the Free Movement of Goods: Preliminary Ruling of 13 March 2001, Case C-379/98, Preussen Elektra v. Schleswag, in: Legal Issues of Economic Integration, Vol. 28, No. 3, pp. 361-376.

Kunz, Martin (1999), Airport Regulation: The Policy Framework, in: *Wilhelm Pfähler, Hans-Martin Niemeier* und *Otto G. Mayer* (eds.), Airports and Air Traffic: Regulation, Privatisation, and Competition, Frankfurt a. M. et al., pp. 11-56.

Küsters, Hanns Jürgen (1982), Die Gründung der Europäischen Wirtschaftsgemeinschaft, Baden-Baden.

Ladd, Helen F. (1991), The State Aid Decision: Changes in State Aid to Local Governments, 1982-87, in: National Tax Journal, Vol. 44, No. 4, pp. 477-496.

Lammers, Konrad (2004a), Effekte der Osterweiterung für die alten Mitgliedsländer, in: Wirtschaftsdienst, Jg. 84, Nr. 5, S. 275-278.

Lammers, Konrad (2004b), How Will the Enlargement Affect the Old Members of the European Union?, in: Intereconomics, Vol. 39, No. 3, pp. 132-141.

Lancaster, Kelvin J. (1997), Strategic Considerations in Second Best, in: *Curtis B. Eaton* und *Richard G. Harris* (eds.), Trade, Technology and Economics: Essays in Honour of *Richard G. Lipsey*, Cheltenham und Brookfield, pp. 26-43.

Leebron, David W. (1997), Lying Down with Procrustes: An Analysis of Harmonization Claims, in: *Jagdish Bhagwati* und *Robert E. Hudec* (eds.), Fair Trade and Harmonization: Prerequisites for Free Trade?, Vol. 1., Cambridge/Mass., pp. 41-117.

Lehner, Stefan und *Roderick Meiklejohn* (1991), Fair Competition in the Internal Market: Community State Aid Policy, in: European Economy, No. 48, pp. 7-114.

Leibenstein, Harvey (1966), Allocative Efficiency as X Inefficiency, in: American Economic Review, Vol. 56, No. 3, pp. 392-415.

Lipsey, Richard G. und *Kelvin J. Lancaster* (1956), The General Theory of Second Best, in: Review of Economic Studies, Vol. 24, No. 1, pp. 11-32.

Lockwood, Ben (2002) Distributive Politics and the Cost of Centralization, in: Review of Economic Studies, Vol. 69, No. 239, pp. 313-337.

Lowe, Philip (2005), Wettbewerbsfähigkeit und Wettbewerb – die Herausforderung für Europa, in: Wirtschaft und Wettbewerb, Jg. 55, Nr. 4, S. 367.

Machlup, Fritz (1955), Characteristics and Types of Price Discrimination, in: *George J. Stigler* et al. (eds.), Business Concentration and Price Policy, Princeton, pp. 397-440.

Mariñas, Nuria (2005), Enforcement of State Aid Recovery Decisions, in: Competition Policy Newsletter, ohne Jg., No. 2, pp. 17-21.

Marjit, Sugata (1990), Rationalizing Public – Private Joint Ventures in an Open Economy – A Strategic Approach, in: Journal of Development Economics, Vol. 33, No. 2, pp. 377-383.

Marjit, Sugata, Yew Kwang Ng, Udo Broll und *Bhaswar Moitra* (1999), Resolving the Credibility Problem of an Honest Government: A Case of Foreign Investment Subsidy, in: Review of International Economics, Vol. 7, No. 4, pp. 625-631.

Markusen, James R., James R. Melvin, William H. Kaempfer und *Keith E. Maskus* (1995), International Trade: Theory and Evidence, New York et al.

Marquez, Alfredo (1994), Regionalbeihilfen und Kohäsion, in: Raumforschung und Raumordnung, Jg. 52, Nr. 2, S. 127-137.

Martin, Laurent (2000), Bidding for Firms: An Asymmetric Auction Model of Interjuridictional Competition, Working Paper No. 12, University of Washington.

Martin, Reiner und *Mathias Schulze-Steinen* (1997), State Aid, Regional Policy and Locational Competition in the European Union, in: European Urban and Regional Studies, Vol. 4, No. 1, pp. 19-32.

Martin, Stephen und *Paola Valbonesi* (2000), State Aid in Context, in: *Giampaolo Galli* und *Jacques Pelkmans* (eds.), Regulatory Reform and Competitiveness in Europe, Issue I, Cheltenham und Northampton, pp. 176-201.

Martin, Stephen und *Paola Valbonesi* (2006), State Aid to Business, erscheint in: *Patrizio Bianchi* und *Sandrine Labory* (eds.), International Handbook on Industrial Policy, Cheltenham, pp. 134-152.

McGee, John S. (1958), Predatory Price Cutting: The Standard Oil (N.J.) Case, in: Journal of Law and Economics, Vol. 1, pp. 137-169.

McGee, John S. (1980), Predatory Pricing Revisited, in: Journal of Law and Economics, Vol. 23, No. 2, pp. 289-330.

McGuire, Martin (1974), Group Segregation and Optimal Jurisdictions, in: Journal of Political Economy, Vol. 82, No. 1, pp. 112-132.

McKinnon, Ronald I. (1997), The Logic of Market-Preserving-Federalism, in: Virginia Law Review, Vol. 83, No. 7, pp. 1573-1580.

McLure, Charles E. (1967), The Interstate Exporting of State and Local Taxes: Estimates for 1962, in: National Tax Journal, Vol. 20, No. 1, pp. 49-77.

McLure, Charles E. (ed.) (1983), Tax Assignment in Federal Countries, Canberra.

McLure, Charles E. (1986), Tax Competition: Is What's Good for the Private Goose also Good for the Public Gander?, in: National Tax Journal, Vol. 39, No. 3, pp. 341-348.

Mederer, Wolfgang (1999), Staatliche Beihilfen, in: *Hans von der Groeben, Jochen Thiesing* und *Claus-Dieter Ehlermann* (Hg.), Kommentar zum EU-/EG-Vertrag, 5. neubearbeitete Auflage, Baden-Baden, S. 1831-2059 (mit verschiedenen Koautoren).

Mederer, Wolfgang (2003): Staatliche Beihilfen – Artikel 87 bis 89 EG-Vertrag, in: *Helmuth Schröter, Thinam Jakob* und *Wolfgang Mederer* (Hg.), Kommentar zum Europäischen Wettbewerbsrecht, Baden-Baden, S. 1975-2097 (mit verschiedenen Koautoren).

Meiklejohn, Roderick (1999a), Introduction and Synopsis, in: *Europäische Kommission* (ed.), State Aid and the Single Market, in: European Economy, No. 3, pp. 7-22.

Meiklejohn, Roderick (1999b), The Economics of State Aid, in: *Europäische Kommission* (ed.), State Aid and the Single Market, in: European Economy, No. 3, pp. 25-31.

Miert, Karel van (1995), Wettbewerbspolitik und die Zusammenarbeit zwischen den Kartellbehörden in der Europäischen Union, in: *Lüder Gerken* (Hg.), Europa zwischen Ordnungswettbewerb und Harmonisierung, Berlin et al., S. 219-228.

Miert, Karel van (2001), Panel Discussion, in: *Claus-Dieter Ehlermann* und *Michelle Everson* (eds.), European Competition Law Annual 1999: Selected Issues in the Field of State Aids, Oxford and Portland/Oregon, pp. 15-46.

Milgrom, Paul R. und *John Roberts* (1986), Price and Advertising Signals of Product Quality, in: *Journal of Political Economy*, Vol. 94, No. 4, pp. 796-821.

Mintz, Jack und *Henry Tulkens* (1986), Commodity Tax Competition between Member States of a Federation: Equilibrium and Efficiency, in: Journal of Public Economics, Vol. 29, No. 2, pp. 133-172.

Modlich, Joachim J. (1996), Nationale Infrastrukturmaßnahmen und Artikel 92 Abs.1 EGV, Köln u. a.

Molero, Juan-C. (2001): Analysis of the Decentralization of Public Spending in Spain, in: Public Finance and Management, Vol. 1, pp. 500-556.

Møllgaard, Peter (2004), Competitive Effects of State Aid in Oligopoly, Discussion Paper, Copenhagen Business School, Center for Industrial Economics.

Monopolkommission (1998), 27. Sondergutachten: Systemwettbewerb, Baden-Baden.

Monopolkommission (2004), 15. Hauptgutachten: Wettbewerbspolitik im Schatten „Nationaler Champions", Baden-Baden.

Monti, Mario (1999), How State Aid Affects Tax Competition, in: EC Tax Review, Vol. 8, No. 4, pp. 208-210.

Monti, Mario (2002), Germany and the European Competition Policy, in: Perspektiven der Wirtschaftspolitik, Bd. 3, Nr. 4, S. 409-416.

Montinola, Gabriella, Yingyi Quian und *Barry R. Weingast* (1995), Federalism, Chinese Style: The Political Basis for Economic Success in China, in: World Politics, Vol. 48, No. 1, S. 50-81.

Moore, Michael O. und *Steven Suranovic* (1993), Lobbying and Cournot-Nash Competition: Implications for Strategic Trade Policy, in: Journal of International Economics, Vol. 35, No. 3-4, pp. 367-378.

Morrison, William G. (2004), Dimensions of Predatory Pricing in Air Travel Markets, in: Journal of Air Transport Management, Vol. 10, No. 1, pp. 87-95.

Möschel, Wernhard (1993), Eine Verfassungskonzeption für die Europäische Union, in: *Helmut Gröner* und *Alfred Schüller* (Hg.), Die europäische Integration als ordnungspolitische Aufgabe, Stuttgart, Jena und New York, S. 21-39.

Möschel, Wernhard (1995), Den Staat an die Kette legen: Gegen die Aushöhlung des Wettbewerbs durch den Staat, Bad Homburg.

Möschel, Wernhard (2006), Wettbewerbspolitik im Systemwettbewerb, in: *Wolf Schäfer* (Hg.), Wirtschaftspolitik im Systemwettbewerb, Berlin, S. 21-30.

Moser, Stefan, Nicola Pesaresi und *Karl Soukup* (2002), State Guarantess to German Public Banks: A New Step in the Enforcement of State Aid Discipline to Financial Services in the Community, in: Competition Policy Newsletter, ohne Jg., No. 2, pp. 1-11.

Motta, Massimo (2004), Competition Policy: Theory and Practice, Cambridge et al.

Moulin, Hervé (1994), Serial Cost-Sharing of Excludable Public Goods, in: Review of Economic Studies, Vol. 61, No. 207, pp. 305-325.

Mueller, Dennis C. (ed.) (1997), Perspectives on Public Choice: A Handbook, Cambridge.

Mueller, Dennis C. (1998), Redistribution and Allocative Efficiency in a Mobile World Economy, in: Jahrbuch für Neue Politische Ökonomie, Bd. 17, S. 172-190.

Mueller, Dennis C. (2000), Public Subsidies for Private Firms in a Federalist Democracy, in: *Gianluigi Galeotti, Pierre Salmon* und *Robert Wintrobe* (eds.), Competition and Structure: The Political Economy of Collective Decisions: Essays in Honor of *Albert Breton*, Cambridge et al., pp. 339-363.

Mueller, Dennis C. (2003), Public Choice III, Cambridge.

Müller, Walter (1998), Was ist „fairer" Steuerwettbewerb und welche Regeln braucht er?, in: Konjunkturpolitik, Jg. 44, Nr. 4, S. 313-352.

Müller, Walter, Oliver Fromm und *Bernd Hansjürgens* (Hg.) (2001), Regeln für den europäischen Systemwettbewerb: Steuern und soziale Sicherungssysteme, Marburg.

Müller-Armack, Alfred (1966), Wirtschaftsordnung und Wirtschaftspolitik: Studien und Konzepte zur Sozialen Marktwirtschaft und zur Europäischen Integration, Freiburg.

Müller-Graff, Peter-Christian (1988), Die Erscheinungsformen der Leistungssubventionstatbestände aus wirtschaftlicher Sicht, in: Zeitschrift für das gesamte Handels- und Wirtschaftsrecht, Jg. 152, Nr. 5, S. 403-438.

Murray, Alasdair (2004), A Fair Referee? The European Commission and EU Competition Policy, London.

Musgrave, Richard A. (1939), The Voluntary Exchange Theory of Public Economy, in: Quarterly Journal of Economics, Vol. 52, No. 2, pp. 213-217.

Musgrave, Richard A. (1983), Who Should Tax, Where, and What?, in: *Charles E McLure* (ed.), Tax Assignment in Federal Countries, Canberra, pp. 2-19.

Mussler, Werner (2005), Nur vorsichtige Änderungen der Leitlinien für Regionalbeihilfen – Erleichterung in Deutschland, in: Frankfurter Allgemeine Zeitung, ohne Jg., Nr. 195, S. 17.

Myers, Gordon M. (1990), Optimality, Free Mobility, and the Regional Authority in a Federation, in: Journal of Public Economics, Vol. 43, No. 1, pp. 107-121.

Nelson, Phillip (1970), Information and Consumer Behaviour, in: Journal of Political Economy, Vol. 78, No. 2, pp. 311-329.

Nelson, Phillip (1974), Advertising as Information, in: Journal of Political Economy, Vol. 81, No. 4, pp. 729-754.

Nettesheim, Martin (2002), Europäische Beihilfenaufsicht und mitgliedstaatliche Daseinsvorsorge, in: Europäisches Wirtschafts- und Steuerrecht, Jg. 13, Nr. 6, S. 253-263.

Neven, Damien und *Paul Seabright* (1995), European Industrial Policy: the Airbus Case, in: Economic Policy, Vol. 10, No. 2, pp. 315-358.

Nicolaides, Phedon (2001), Fiscal Aid in the EC: A Critical Review of Current Practice, in: World Competition, Vol. 24, No. 3, pp. 319-342.

Nicolaides, Phedon (2002a), Control of State Aid in the European Union: Compliance, Sanctions and Rational Behaviour, in: World Competition, Vol. 25, No. 3, pp. 249-262.

Nicolaides, Phedon (2002b), The Distortive Effects of Compulsatory Aid Measuree: A Note on the Economics of the "Ferring" Judgement, in: European Competition Law Review, Vol. 23, No. 6, pp. 313-319.

Nicolaides, Phedon (2002c), The New Frontier in State Aid Control: An Economic Assessment of Measures that Compensate Enterprises, in: Intereconomics, Vol. 37, No. 4, pp. 190-197.

Nicolaides, Phedon (2003), Compensation for Public Service Obligations: The Floodgates of State Aid?, in: European Competition Law Review, Vol. 24, No. 11, pp. 561-573.

Nicolaides, Phedon (2004), Fiscal State Aid in the EU: The Limits of Tax Autonomy, in: World Competition, Vol. 27, No. 3, pp. 365-396.

Nicolaides, Phedon und *Michael Kekelekis* (2004), An Econcomic Analysis of EC Guidelines on State Aid for the Rescue and Restructuring of Companies in Difficulty, in: Intereconomics, Vol. 39, No. 7-8, pp. 204-212.

Nicolaides, Phedon und *Sanoussi Bilal* (1999a), An Appraisal of the State Aid Rules of the European Community: Do They Promote Efficiency?, in: Journal of World Trade, Vol. 33, No. 2, pp. 97-124.

Nicolaides, Phedon und *Sanoussi Bilal* (1999b), State Aid Rules: Do They Promote Efficiency?, in: *Sanoussi Bilal* und *Phedon Nicolaides* (eds.), Understanding State Aid Policy in the European Community, The Hague, London and Boston, pp. 29-46.

Niebuhr, Annekatrin und *Friso Schlitte* (2004), Convergence, Trade, and Factor Mobility in the European Union: Implications for Enlargement and Regional Policy, in: Intereconomics, Vol. 39, No. 3, pp. 167-176.

Nienhaus, Volker (2003), Europäische Integration, in: *Dieter Bender* et al., Vahlens Kompendium der Wirtschaftstheorie und Wirtschaftspolitik, 8. Aufl., Bd. 2, München, S. 545-632.

Niskanen, William A. (1974), Democracy and Representative Government, 2nd Printing, Chicago.

Nitsche, Rainer und *Paul Heidhues* (2004), Study on Methods to Analyse the Impact of State Aid on Competition, in: European Economy - Economic Papers, No. 244.

Noetzel, Roman und *Thomas Stumm* (1997), Einflußfaktoren bei der Inanspruchnahme von Strukturfondsmitteln: eine Diskussion auf der europäischen Ebene und in den Mitgliedstaaten unter besonderer Berücksichtigung der europäischen Regionalpolitik, Luxemburg.

Noll, Bernd (2002), Die EU-Kommission als Hüterin des Wettbewerbs und als Beihilfen-Kontrolleur, in: Wirtschaftswissenschaftliches Studium, Jg. 31, Nr. 1, S. 15-20.

Norman, Peter (2004), Efficient Mechanisms for Public Goods with Use Exclusions, in: Review of Economic Studies, Vol. 71, No. 251, pp. 1163-1188.

North, Douglass C. (1993), Institutions and Credible Commitment, in: Journal of Institutional and Theoretical Economics, Vol. 149, No. 1, pp. 11-23.

North, Douglass C. (1995), Institutional Competition, in: *Horst Siebert* (ed.), Locational Competition in the World Economy, Tübingen, pp. 27-37.

Nowak, Carsten (2003), Die Entwicklung des EG-Beihilfenkontrollrechts in den Jahren 2001 und 2002, in: Europäische Zeitschrift für Wirtschaftsrecht, Jg. 14, Nr. 13, S. 389-403.

Oates, Wallace E. (1969), The Effects of Property Taxes and Local Public Spending on Property Values: An Empirical Study of Tax Capitalization and the *Tiebout* Hypothesis, in: Journal of Political Economy, Vol. 77, No. 6, pp. 957-971.

Oates, Wallace E. (1972), Fiscal Federalism, New York et al.

Oates, Wallace E. (1977), An Economist's Perspective of Fiscal Federalism, in: *Wallace E. Oates* (ed.), The Political Economy of Fiscal Federalism, Lexington/Mass. und Toronto, pp. 3-20.

Oates, Wallace E. (1994), Federalism and Government Finance, in: *John M. Quigley* und *Eugene Smolensky* (eds.), Modern Public Finance, Cambridge/Mass., pp. 126-151.

Oates, Wallace E. (1999), An Essay on Fiscal Federalism, in: Journal of Economic Literature, Vol. 37, No. 3, pp. 1120-1149.

Oates, Wallace E. (2002), Fiscal and Regulatory Competition: Theory and Evidence, in: Perspektiven der Wirtschaftspolitik, Bd. 3, Nr. 4, S. 377-390.

Oates, Wallace E. (2005), Toward a Second-Generation Theory of Fiscal Federalism, in: International Tax and Public Finance, Vol. 12, No. 4, pp. 349-373.

Oates, Wallace E. und *Robert M. Schwab* (1988), Economic Competition Among Jurisdictions: Efficiency Enhancing or Distortion Inducing?, in: Journal of Public Economics, Vol. 35, No. 3, pp. 333-354.

Oates, Wallace E. und *Robert M. Schwab* (1991), The Allocative and Distributive Implications of Local Fiscal Competition, in: *Daphne A. Kenyon* und *John Kincaid* (eds.), Competition Among States and Local Governments: Efficiency and Equity in American Federalism, Washington D.C., pp. 127-145.

OECD (Hg.) (1998), The Future of International Air Transport: Responding to Global Change, Paris.

Ohlin, Bertil (1965), Some Aspects of Policies for Freer Trade, in: *Richard E. Caves, Harry G. Johnson* und *Peter B Kenen* (Hg.), Trade, Growth, and the Balance of Payments: Essays in Honour of *Gottfried von Haberler*, Amsterdam, pp. 83-92.

Ohlin, Bertil (1991), The Theory of Trade, in: *Harry Flam* und *M. June Flanders* (eds.), Heckscher-Ohlin Trade Theory, Cambridge/Mass., pp. 71-214.

Ohr, Renate und *André Schmidt* (2004), Regelgebundene versus diskretionäre Wirtschaftspolitik: Das Beispiel des Stabilitäts- und Wachstumspaktes, in: Vierteljahreshefte zur Wirtschaftsforschung, Jg. 73, Nr. 3, S. 381-391.

Ohr, Renate und *Torsten Gruber* (2001), Zur Theorie regionaler Integration, in: *Renate Ohr* und *Theresia Theurl* (Hg.), Kompendium Europäische Wirtschaftspolitik, München, S. 1-39.

Olson, Mancur (1968), Die Logik des kollektiven Handelns: Kollektivgüter und die Theorie der Gruppen, Tübingen.

Olson, Mancur (1969), The Principle of „Fiscal Equivalence": The Division of Responsibilities Among Different Levels of Government, in: American Economic Review, Vol. 59, No. 2, pp. 479-487.

Olson, Mancur (1985), Aufstieg und Niedergang von Nationen: Ökonomisches Wachstum, Stagflation und soziale Starrheit, Tübingen.

Oman, Charles (2000), Policy Competition for Foreign Direct Investment: A Study of Competition Among Governments to Attract FDI, Paris.

Osmundsen, Petter; Kare Petter Hagen und *Guttorm Schjelderup* (1998), Internationally Mobile Firms and Tax Policy, in: Journal of International Economics, Vol. 45, No. 1, pp. 97-113.

Osterfeld, David (1989), Radical Federalism: Responsiveness, Conflict, and Efficiency, in: *Geoffrey Brennan* und *Loren E. Lomasky* (eds.), Politics and Process: New Essays in Democratic Thought, Cambridge, pp. 149-173.

Parish, Matthew (2002), State Aid and Third Parties: A Logical Paradox?, in: European Law Review, Vol. 27, No. 5, pp. 628-634.

Pauly, Mark V. (1973), Income Redistribution as a Local Public Good, in: Journal of Public Economics, Vol. 2, No. 1, pp. 35-58.

Pelkmans, Jacques (2001), European Integration: Methods and Economic Analysis, 2nd Edition, Harlow et al.

Peffekoven, Rolf (2004), Statt Reform des Paktes ist seine strikte Anwendung geboten, in: Wirtschaftsdienst, Jg. 84, Nr. 1, S. 7-11.

Perlitz, Manfred (1999), Territorialität des Rechts als Problem des internationalen Managements, in: Jahrbuch für Neue Politische Ökonomie, Bd. 18, S. 213-243.

Persson, Mats, Torsten Persson und *Lars E. O. Svensson* (1987), Time Consistency of Fiscal and Monetary Policy, in: Econometrica, Vol. 55, No. 6, pp. 1419-1431.

Persson, Mats, Torsten Persson und *Lars E. O. Svensson* (2006), Time Consistency of Fiscal and Monetary Policy: A Solution, in: Econometrica, Vol. 74, No. 1, pp. 193-212.

Persson, Torsten und *Lars E. O. Svensson* (1989), Why a Stubborn Conservative Would Run a Deficit: Policy with Time Inconsistent Preferences, in: Quarterly Journal of Economics, Vol. 104, No. 2, pp. 325-345.

Pigou, Arthur C. (1962), The Economics of Welfare, 4th Edition, London.

Pinto, Carlo (2003), Tax Competition and EU Law, The Hague.

Pitlik, Hans (1997), Politische Ökonomie des Föderalismus. Föderative Kompetenzverteilung im Lichte der konstitutionellen Ökonomik, Frankfurt a.M.

Pitlik, Hans (2006), Folgt die Steuerpolitik der EU der Logik des Steuerwettbewerbs?, in: *Wolf Schäfer* (Hg.), Wirtschaftspolitik im Systemwettbewerb, Berlin, S. 31-57.

Pitsoulis, Athanassios (2004), Entwicklungslinien ökonomischen Denkens über Systemwettbewerb, Marburg.

Pons, Jean-Francois und *Timothée Sautter* (2004), Rules, Practice, Reforms and Challenges of European Competition Policy, in: *Johann Eekhoff* (ed.), Competition Policy in Europe, Berlin und Heidelberg, pp. 29-62.

Poterba, James M. (1994), State Responses to Fiscal Crises: The Effects of Budgetary Institutions and Politics, in: Journal of Political Economy, Vol. 102, No. 4, pp. 799-821.

Poterba, James M. (1995a), Capital Budgets, Borrowing Rules, and State Capital Spending, in: Journal of Public Economics, Vol. 56, No. 2, pp. 165-187.

Poterba, James M. (1995b), Balanced Budget Rules and Fiscal Policy: Evidence from The States, in: National Tax Journal, Vol. 48, No. 3, pp. 329-336.

Poterba, James M. und *Jürgen von Hagen* (1999), Introduction, in: *James M. Poterba* und *Jürgen von Hagen* (Hg.), Fiscal Institutions and Fiscal Performance, Chicago und London, pp. 1-36.

Püttner, Günter und *Willy Spannowsky* (1998), Beihilfenrecht und Beihilfenaufsicht, in: *Paul Klemmer* (Hg.), Handbuch Europäische Wirtschaftspolitik, München, S. 319-373.

Quian, Yingyi und *Barry R. Weingast* (1997), Federalism as a Commitment to Preserving Market Incentives, in: Journal of Economic Perspectives, Vol. 11, No. 4, pp. 83-92.

Quigley, Conor (1988), The Notion of a State Aid, in: European Law Review, Vol. 13, No. 2, pp. 242-256.

Regierungsausschuß (1956) (eingesetzt von der Konferenz von Messina), Bericht der Delegationsleiter an die Außenminister, Brüssel.

Reschovsky, Andrew (1991), How Closely Does State and Local Government Behavior Conform to a Perfectly Competitive Model?, in: *Daphne A. Kenyon* und *John Kincaid* (Hg.), Competition Among States and Local Governments: Efficiency and Equity in American Federalism, Washington D.C, pp. 147-151.

Ricardo, David (1817/1977), On the Principles of Political Economy and Taxation, verkleinerter Nachdruck der Ausgabe von 1817, Hildesheim und New York.

Richter, Rudolf und *Eirik Furubotn* (1996), Neue Institutionenökonomik: eine Einführung und kritische Würdigung, Tübingen.

Robertson, Aidan (2004), State Aid and Reference Policy after GIL Insurance, in: European Competition Law Review, Vol. 25, No. 10, pp. 603-606.

Rockett, Katharine (1999), Discussion zu *Timothy Besley* und *Paul Seabright* (1999), in: Economic Policy, Vol. 29, No. 28, pp. 42-44.

Rodden, Jonathan (2003), Soft Budget Constraints and German Federalism, in: *Jonathan Rodden, Gunnar S. Eskeland* und *Jennie Litvack* (eds.), Fiscal Decentralization and the Challenge of Hard Budget Constraints, Cambridge/Mass., pp. 161-186.

Rodden, Jonathan (2005a), Achieving Fiscal Discipline in Federations: Germany and the EMU, MIT Working Paper, Cambridge/Mass.

Rodden, Jonathan (2005b), And the Last Shall be First: Federalism and Soft Budget Constraints in Germany, MIT Working Paper, Cambridge/Mass.

Rodden, Jonathan und *Susan Rose-Ackerman* (1997), Does Federalism Preserve Markets?, in: Virginia Law Review, Vol. 83, No. 7, pp. 1521-1572.

Rodden, Jonathan, Gunnar S. Eskeland und *Jennie Litvack* (2003), Introduction, in: *Jonathan Rodden, Gunnar S. Eskeland* und *Jennie Litvack* (eds.), Fiscal Decentralization and the Challenge of Hard Budget Constraints, Cambridge/Mass., pp. 3-31.

Rodger, Barry J. (1999), State Aid: A Fully Level Playing Field?, in: European Competition Law Review, Vol. 20, No. 5, pp. 251-255.

Röller, Lars-Henrik und *Christian von Hirschhausen* (1999), Staid Aid, Industrial Restructuring and Privatisation in the New German *Länder*: Competition Policy with Case Studies of Shipbuilding and Synthetic Fibres Industries, in: Europäische Kommission (Hg.), State Aid and the Single Market, in: European Economy, No. 3, pp. 132-160.

Röpke, Wilhelm (1963), Die Nationalökonomie des „New Frontier", ORDO, Bd. 14, S. 79-107.

Rose, Klaus und *Karlhans Sauernheimer* (2006), Theorie der Außenwirtschaft, 14. Auflage, München.

Rosen, Harvey S. (1999), Public Finance, 5th Edition, Boston et al.

Rosenstock, Manfred (1995), Die Kontrolle und Harmonisierung nationaler Beihilfen durch die Kommission der Europäischen Gemeinschaften, Frankfurt a. M.

Ross, Malcolm G. (2000), State Aids and National Courts: Definitions and Other Problems – A Case of Premature Emancipation?, in: Common Market Law Review, Vol. 37, No. 2, pp. 401-423.

Saggio, Antonio (2000), Schlußanträge des Generalanwaltes Antonio Saggio vom 1.7.1999 in den verbundenen Rechtssachen C-400/97, C-401/97 und C-402/97, Administración del Estado gegen Juntas Generales de Guipúzcoa et al., in: Slg. 2000, S. I-1073 ff.

Salmon, Pierre (1987), Decentralisation as an Incentive Scheme, in: Oxford Review of Economic Policy, Vol. 3, No. 2, pp. 24-42.

Samuelson, Paul A. (1954), The Pure Theory of Public Expenditures, in: Review of Economics and Statistics, Vol. 36, No. 4, pp. 387-389.

Samuelson, Paul A. (1955), Diagrammatic Exposition of a Theory of Public Expenditures, in: Review of Economic and Statistics, Vol. 37, No. 4, pp. 350-356.

Santamato, Sandro und *Nicola Pesaresi* (2004), Compensation for Services of General Economic Interest: Some Thoughts on the Altmark Ruling, in: Competition Policy Newsletter, ohne Jg. No. 1, pp. 17-21.

Sauter, Wolf (2004), Competition Policy, in: *Ali M. El-Agraa* (ed.) The European Union: Economics and Policies, Harlow et al., pp. 199-211.

Schäfer, Wolf (2005), Exit-Option, Staat und Steuern, in: ORDO, Bd. 56, S. 141-155.

Scharpf, Fritz W. (1998), Globalisierung als Beschränkung der Handlungsmöglichkeiten nationalstaatlicher Politik, in: Jahrbuch für Neue Politische Ökonomie, Bd. 17, S. 41-66.

Schina, Despina (1987), State Aids under the EEC Treaty Articles 92 to 94, Oxford.

Schlieper, Ulrich (1982), Wohlfahrtsökonomik II: Theorie des Zweitbesten, in: *Willi Albers* (Hg.), Handwörterbuch der Wirtschaftswissenschaft, Bd. 9, Stuttgart et al., S. 486-493.

Schmidt, André (1998), Ordnungspolitische Perspektiven der Europäischen Integration im Spannungsfeld von Wettbewerbs- und Industriepolitik, Frankfurt a. M.

Schmidt, André (2001), Non-Competition Factors in the European Competition Policy: The Necessity of Institutional Reforms, CeGE-Diskussionspapier Nr.13, Göttingen.

Schmidt, Ingo und *André Schmidt* (1997), Europäische Wettbewerbspolitik, München.

Schmidtchen, Dieter (1987), „Unsichtbare-Hand-Erklärung" und die Theorie der komparativen Kosten, in: *Manfred Borchert, Ulrich Fehl* und *Peter Oberender* (Hg.) Markt und Wettbewerb: Festschrift für *Ernst Heuss* zum 65. Geburtstag, Stuttgart und Bern, S. 287-309.

Schneider, Friedrich (1998), Korreferat zum Referat von *Wolfgang Kerber*, in: *Dieter Cassel,* (Hg.), Europäische Integration als ordnungspolitische Gestaltungsaufgabe. Probleme der Vertiefung und Erweiterung der Europäischen Union, Berlin, S. 75-78.

Schnellenbach, Jan (2004), Dezentrale Finanzpolitik und Modellunsicherheit, Tübingen.

Schön, Wolfgang (1999), Taxation and State Aid Law in the European Union, in: Common Market Law Review, Vol. 36, No. 5, pp. 911-936.

Schön, Wolfgang (2000): Tax Competition in Europe – the Legal Perspective, in: EC Tax Review, Vol. 5, No. 2, pp. 90-105.

Schüller, Alfred (1982), Die Verschuldungskrise Polens als Ordnungsproblem, in: ORDO, Bd. 33, S. 3-38.

Schüller, Alfred (1997), Subsidiarität im Spannungsfeld zwischen Wettbewerb und Harmonisierung: Interpretationsversuche aus ordnungspolitischer Sicht, in: *Knut W. Nörr* und *Thomas Oppermann* (Hg.), Subsidiarität: Idee und Wirklichkeit: Zur Reichweite eines Prinzips in Deutschland und Europa, Tübingen, S. 69-104.

Schumpeter, Joseph A. (1966), Theorie der wirtschaftlichen Entwicklung, 6. Auflage, Berlin.

Schwalbe, Ulrich (2006), Fördert oder behindert die Beihilfenkontrolle der Europäischen Union den (System-)Wettbewerb: Korreferat zu *Justus Haucap* und *Tobias Hartwich*, in: *Wolf Schäfer* (Hg.), Wirtschaftspolitik im Systemwettbewerb, Berlin, S. 145-149.

Scoones, David und *Jean-Francois Wen* (2001), Common and Private Values of the Firm in Tax Competition, in: Journal of Public Economic Theory, Vol. 3, No. 4, pp. 373-389.

Seabright, Paul (1996), Accountability and Decentralization in Government: An Incomplete Contracts Model, in: European Economic Review, Vol. 40, No. 1, pp. 61-89.

Seabright, Paul, Yves Herbe und *Isabela Atanasiu* (1999), The Compatibility of Regional and Competition Policies, in: *Europäisches Parlament* (eds.), Regional Policy Series – 106, 3-1999.

Shapiro, Carl (1983), Premiums for High Quality Products as Returns to Reputation, in: Quarterly Journal of Economics, Vol. 98, No. 4, pp. 659-679.

Shepsle, Kenneth A. (1991), Discretion, Institutions and the Problem of Government Commitment, in: *Pierre Bourdieu* und *James Coleman* (eds.), Social Theory for a Changing Society, Boulder et al., pp. 245-263.

Sideras, Jörn (2001), Konstitutionelle Äquivalenz und Ordnungswahl, in: ORDO, Bd. 52, S. 103-129.

Siebert, Horst (1988), Strategische Handelspolitik: Theoretische Ansätze und wirtschaftspolitische Empfehlungen, in: Aussenwirtschaft, Jg. 43, Nr. 4, S. 549-584.

Siebert, Horst (1994), Außenwirtschaft, 6., völlig überarbeitete Aufl., Stuttgart und Jena.

Siebert, Horst (2002), Europe – Quo Vadis? Reflections on the Future Institutional Framework of the European Union, in: World Economy, Vol. 25, No. 1, pp. 1-32.

Siebert, Horst und *Michael J. Koop* (1990), Institutional Competition: A Concept for Europe?, in: Aussenwirtschaft, Jg. 45, Nr. 4, S. 439-462.

Siebert, Horst und *Michael J. Koop* (1993), Institutional Competition versus Centralization: Quo Vadis Europe?, in: Oxford Review of Economic Policy, Vol. 9, No. 1, pp. 15-30.

Siebert, Horst und *Michael Rauscher* (1991), Neuere Entwicklungen in der Außenhandelstheorie, in: Wirtschaftswissenschaftliches Studium, Jg. 20, Nr. 10, S. 503-509.

Sinn, Hans-Werner (1990a), The Limits to Competition Between Economic Regimes, in: Empirica, Vol. 17, No. 1, pp. 3-14.

Sinn, Hans-Werner (1990b), Tax Harmonization and Tax Competition in Europe, in: European Economic Review, Vol. 34, No. 2-3, pp. 489-504.

Sinn, Hans-Werner (1995), Implikationen der vier Grundfreiheiten für eine nationale Fiskalpolitik, in: Wirtschaftsdienst, Jg. 75, Nr. 5, S. 240-249.

Sinn, Hans-Werner (1996), Das Prinzip des Diapositivs – Einige Bemerkungen zu Charles B. Blankart, in: Wirtschaftsdienst, Jg. 76, Nr. 2, S. 92-94.

Sinn, Hans-Werner (1997a), Das Selektionsprinzip und der Systemwettbewerb, in: *Alois Oberhauser* (Hg.), Fiskalföderalismus in Europa, Berlin, S. 9-60.

Sinn, Hans-Werner (1997b), The Selection Principle and Market Failure in Systems Competition, in: Journal of Public Economics, Vol. 66, No. 2, pp. 247-274.

Sinn, Hans-Werner (2002), Der neue Systemwettbewerb, in: Perspektiven der Wirtschaftspolitik, Bd. 3, Nr. 4, S. 391-407.

Sinn, Hans-Werner (2003), The New Systems Competition, Malden et al.

Sinn, Hans-Werner (2004), The New Systems Competition, in: Perspektiven der Wirtschaftspolitik, Bd. 5, Nr. 1, S. 23-38.

Sinn, Stefan (1992), The Taming of the Leviathan: Competition Among Governments, in: Constitutional Political Economy, Vol. 3, No. 2, pp. 177-196.

Sinnaeve, Adinda (1999), State Aid Control: Objectives and Procedures, in: *Sanoussi Bilal* und *Phedon Nicolaides* (eds.), Understanding State Aid Policy in the European Community, The Hague, London and Boston, pp. 13-27.

Sinnaeve, Adinda (2001), Block Exemptions for State Aid: More Scope for State Aid Control by Member States and Competitors, in: Common Market Law Review, Vol. 38, No. 6, pp. 1479-1501

Sinnaeve, Adinda (2002), Competition Policy, State Aid and State Enterprises, in: *Barry E. Hawk* (ed.), Annual Proceedings of the Fordham Corporate Law Institute 2001, Vol. 28, New York, pp. 67-89.

Slotboom, Marco M. (1995), State Aid in Community Law: A Broad or Narrow Definition?, in: European Law Review, Vol. 20, No. 3, pp. 289-301.

Smith, Mitchell P. (1996), Integration in Small Steps: The European Commission and Member-State Aid to Industry, in: West European Politics, Vol. 19, No. 3, pp. 563-582.

Smith, Mitchell P. (1998), Autonomy by the Rules: The European Commission and the Development of State Aid Policy, in: Journal of Common Market Studies, Vol. 36, No. 1, pp. 55-78.

Smith, Mitchell P. (2001), How Adaptable is the European Commission? The Case of State Aid Regulation, in: Journal of Public Policy, Vol. 21, No. 3, pp. 219-238.

Soltész, Ulrich (1998), Die „Belastung des Staatshaushalts" als Tatbestandsmerkmal einer Beihilfe i. S. des Artikel 92 I EGV, in: Europäische Zeitschrift für Wirtschaftsrecht, Jg. 9, Nr. 24, S. 747-753.

Soltész, Ulrich (2001), Öffentliche Finanzierung von Infrastruktur- und Erschließungsmaßnahmen und das EG-Beihilferecht, in: Europäische Zeitschrift für Wirtschaftsrecht, Jg. 12, Nr. 4, S. 107-111.

Soltész, Ulrich (2003), "Billigflieger" im Konflikt mit dem Gemeinschaftsrecht?, in: Wirtschaft und Wettbewerb, Jg. 53, Nr. 10, S. 1034-1039.

Soltész, Ulrich (2005), The New Multisectoral Framework on Regional Aid – Overkill or an „Appropriate Measure"?, in: European Competition Law Review, Vol. 26, No. 2, pp. 98-105.

Soltwedel, Rüdiger, Adrian Bothe, Reinhard Hilgart, Christiane Krieger-Boden und *Konrad Lammers* (1988), Subventionssyseme und Wettbewerbsbedingungen in der EG: theoretische Analysen und Fallbeispiele, Kiel.

Sørensen, Peter B. (1999), Discussion zu *Timothy Besley* und *Paul Seabright* (1999), in: Economic Policy, Vol. 29, No. 28, pp. 44-46.

Spencer, Barbara (1987), What should Strategic Trade Policy Target?, in: *Paul R. Krugman* (ed.) *Strategic Trade Policy and the New International Economics*, 2nd Printing, Cambridge/Mass., pp. 69-89.

Stahl, Gerhard und *Damian Lluna* (2003), EU Cohesion Policy: Challenges and Responses: A Cohesion Policy for the Future, in: Intereconomics, Vol. 38, No. 6, pp. 295-301.

Starkie, David (1998), Allocating Airport Slots: A Role for the Market?, in: Journal of Air Transport Management, Vol. 4, No. 2, pp. 111-116.

Starkie, David (2002), Airport Regulation and Competition, in: Journal of Air Transport Management, Vol. 8, No. 1, pp. 63-72.

Starrett, David A. (1980), On the Method of Taxation and the Provision of Local Public Goods, in: American Economic Review, Vol. 70, No. 3, pp. 380-392.

Steinrücken, Torsten und *Sebastian Jaenichen* (2002), Wofür bezahlen Standorte? Subventionswirkungen im Wettbewerb der Regionen, in: List Forum für Wirtschafts- und Finanzpolitik, Bd. 28, Nr. 4, S. 313-326.

Steinrücken, Torsten und *Sebastian Jaenichen* (2004a), Heterogene Standortqualitäten und Signalstrategien: Ansiedlungsprämien, Werbung und kommunale Leuchtturmpolitik, in: Zeitschrift für Wirtschaftspolitik, Jg. 52, Nr. 3, S. 399-419.

Steinrücken, Torsten und *Sebastian Jaenichen* (2004b), Sekundärwirkungen von Unternehmensansiedlungen – Eine Beurteilung staatlicher Aktivität beim Auftreten paretorelevanter Nettoexternalitäten, Diskussionspapier Nr. 38, Ilmenau.

Steinrücken, Torsten und *Sebastian Jaenichen* (2004c), Towards the Conformity of Infrastructure Policy with European Laws: The Case of Government Aid for Ryanair, in: Intereconcomics, Vol. 39, No. 2, pp. 97-102.

Steinrücken, Torsten und *Sebastian Jaenichen* (2005), Überkapazitäten zur Absicherung politischer Risiken und Instrumente finanzwirtschaftlicher Gegensteuerung, Diskussionspapier Nr. 48, Ilmenau.

Steinrücken, Torsten, Sebastian Jaenichen und *Björn Kuchinke* (2005), Standortwahl: Was signalisiert kommunale Wirtschaftsförderung?, in: Wirtschaftsdienst, Jg. 85, Nr. 6, S. 379-386.

Stiglitz, Joseph E. (2002), Information and the Change in the Paradigm in Economics, in: American Economic Review, Vol. 92, No. 3, pp. 460-501.

Stiglitz, Joseph E. (2003), Globalization and the Economic Role of the State in the New Millennium, in: Industrial and Corporate Change, Vol. 12, No. 1, pp. 3-26.

Streit, Manfred E. (1995), Dimensionen des Wettbewerbs: Systemwandel aus ordnungsökonomischer Sicht, in: Zeitschrift für Wirtschaftspolitik, Jg. 44, Nr. 2, S. 113-134.

Streit, Manfred E. (1996), Systemwettbewerb im europäischen Integrationsprozeß, in: *Ulrich Immenga, Wernhard Möschel* und *Dieter Reuter* (Hg.), Festschrift für *Ernst-Joachim Mestmäcker* zum 70. Geburtstag, Baden-Baden, S. 521–535.

Streit, Manfred E. (2005a), Das europäische Defizitkriterium: ein Fall fragwürdiger Regelbindung, in: Wirtschaftsstudium, Jg. 34, Nr. 5, S. 679-682.

Streit, Manfred E. (2005b), Theorie der Wirtschaftspolitik, 6. durchgesehene und ergänzte Auflage, Stuttgart.

Streit, Manfred E. und *Werner Mussler* (1995): Wettbewerb der Systeme und das Binnenmarktprogramm der Europäischen Union, in: *Lüder Gerken* (Hg.), Europa zwischen Ordnungswettbewerb und Harmonisierung, Berlin, S. 75-107.

Südekum, Jens (2002), Wie sinnvoll ist die Regionalpolitik der Europäischen Union?, in: Zeitschrift für Wirtschaftspolitik, Jg. 51, Nr. 2, S. 121-141.

Sun, Jeanne-Mey und *Jaques Pelkmans* (1995), Regulatory Competition in the Single Market, in: Journal of Common Market Studies, Vol. 67, No. 1, pp. 67-89.

Suntum, Ulrich van (1986), Internationale Wettbewerbsfähigkeit einer Volkswirtschaft – ein sinnvolles wirtschaftspolitisches Ziel?, in: Zeitschrift für Wirtschafts- und Sozialwissenschaften, Jg. 106, Nr. 5, S. 495-507.

Telser, Lester G. (1980), A Theory of Self-Enforcing Agreements, in: Journal of Business, Vol. 53, No. 1, pp. 27-44.

Tenreiro, Carlos (2003), Le système fiscal Acores (Portugal), in: European Competition Newsletter, ohne Jg., No. 1, pp. 93-95.

Tetsch, Friedemann (2002), Zum Verhältnis zwischen EU-Regionalpolitik und nationaler Regionalförderung, in: Raumforschung und Raumordnung, Jg. 60, Nr. 3-4, S. 195-208.

Thielemann, Eiko R. (1999), Institutional Limits of a 'Europe with the Regions': EC State-Aid Control Meets German Federalism, in: Journal of European Public Policy, Vol. 6, No. 3, pp. 399-418.

Thielemann, Eiko R. (2002), The Price of Europeanisation: Why European Regional Policy Initiatives are a Mixed Blessing, in: Regional and Federal Studies, Vol. 12, No. 1, pp. 43-65.

Thomas, Jonathan und *Tim Worrall* (1994), Foreign Direct Investment and the Risk of Expropriation, in: Review of Economic Studies, Vol. 61, No. 206, pp. 81-108.

Thurow, Lester C. (1971), The Income Distribution as a Pure Public Good, in: Quarterly Journal of Economics, Vol. 85, No. 2, pp. 327-336.

Tiebout, Charles M. (1956), A Pure Theory of Local Expenditures, in: Journal of Political Economy, Vol. 64, No. 5, pp. 416-424.

Tinbergen, Jan (1965), International Economic Integration, 2nd, revised Edition, Amsterdam, London und New York.

Tirole, Jean (2003), The Theory of Industrial Organization, 14th Printing, Cambridge/Mass. und London.

Trachtman, Joel P. (2000), Regulatory Competition and Regulatory Jurisdiction, in: Journal of International Economic Law, Vol. 3, No. 2, pp. 331-348.

Trebilcock, Michael und *Robert Howse* (2000), A Cautious View of International Harmonization, in: *Gianluigi Galeotti, Pierre Salmon* und *Robert Wintrobe* (eds.), Competition and

Structure: The Political Economy of Collective Decisions: Essays in Honor of *Albert Breton*, Cambridge et al., pp. 386-415.

Tullock, Gordon (1969), Federalism: Problems of Scale, in: Public Choice, Vol. 6, No. 1, pp. 19-29.

Tullock, Gordon (1970), Private Wants, Public Means: An Economic Analysis of the Desirable Scope of Government, New York.

Vanberg, Viktor (1997), Systemtransformation, Ordnungsevolution und Protektion: zum Problem der Anpassung von Wirtschaftssystemen an ihre Umwelt, in: *Dieter Cassel* (Hg.), Institutionelle Probleme der Systemtransformation, Berlin, S. 11-41.

Vanberg, Viktor (1998), Korreferat zum Referat von *Friedrich Schneider*, in: *Dieter Cassel* (Hg.), Europäische Integration als ordnungspolitische Gestaltungsaufgabe, Berlin, S. 33-36.

Vanberg, Viktor (2000), Economic Constitutions, Protectionism, and Competition, in: *Gianluigi Galeotti, Pierre Salmon* und *Robert Wintrobe* (eds.), Competition and Structure: The Political Economy of Collective Decisions: Essays in Honor of *Albert Breton*, Cambridge et al., pp. 364-385.

Vanberg, Viktor und *Wolfgang Kerber* (1994), Institutional Competition Among Jurisdictions: An Evolutionary Approach, in: Constitutional Political Economy, Vol. 5, No. 2, pp. 193-219.

Vaubel, Roland (1992), Die politische Ökonomie der wirtschaftspolitischen Zentralisierung in der Europäischen Gemeinschaft, in: Jahrbuch für Neue Politische Ökonomie, Bd. 11, S. 30-65.

Vaubel, Roland (1997), The Constitutional Reform of the European Union, in: European Economic Review, Vol. 41, No. 3-5, pp. 443-450.

Vaubel, Roland (2000), Internationaler politischer Wettbewerb: eine europäische Wettbewerbsaufsicht für Regierungen und ihre empirische Evidenz, in: Jahrbuch für Neue Politische Ökonomie, Bd. 19, S. 280-309.

Velasco, Andrés (1999), A Model of Endogenous Fiscal Deficits and Delayed Fiscal Reforms, in: *James M. Poterba* und *Jürgen von Hagen* (eds.), Fiscal Institutions and Fiscal Performance, Chicago und London, pp. 37-57.

Vigneault, Marianne (2005), Intergovernmental Fiscal Relations and the Soft Budget Constraint Problem, Bishop's University Lennoxville, in: http://www.iigr.ca/pdf/publications/353-_Intergovernmental_Fiscal.pdf (abgerufen am 23.12.2005).

Vihanto, Martti (1992), Competition Between Local Governments as a Discovery Procedure, in: Journal of Institutional and Theoretical Economics, Vol. 148, No. 3, pp. 411-436.

Viner, Jacob (1932), The Doctrine of Comparative Costs, in: Weltwirtschaftliches Archiv, Bd. 36, S. 356-414.

Viner, Jacob (1950), The Customs Union Issue, New York et al.

Weck-Hannemann, Hannelore (1992), Politische Ökonomie des Protektionismus: Eine institutionelle und empirische Analyse, Frankfurt a.M. u. a.

Weingast, Barry R. (1993): Constitutions as Governance Structures: The Political Foundations of Secure Markets, in: Journal of Institutional and Theoretical Economics, Vol. 149, No. 1, pp. 286-311.

Weingast, Barry R. (1995), The Economic Role of Political Institutions: Market-Preserving Federalism and Economic Development, in: Journal of Law, Economics & Organization, Vol. 11, No. 1, pp. 1-31.

Welfens, Paul J. J. (2003), Regionale Integration in der Ordnungs-, Außenwirtschafts- und Wachstumstheorie, in: *Dieter Cassel* und *Paul J. J. Welfens* (Hg.), Regionale Integration und Osterweiterung der Europäischen Union, Stuttgart, S. 29-75.

Wellisch, Dietmar (1995), Dezentrale Finanzpolitik bei hoher Mobilität, Tübingen.

Wellisch, Dietmar (2000), Theory of Public Finance in a Federal State, Cambridge.

Welzel, Peter (1995), Strategic Trade Policy with Internationally Owned Firms, in: Bulletin of Economic Research, Vol. 47, No. 3, pp. 221-232.

Wentzel, Dirk (2005), Der Stabilitäts- und Wachstumspakt: Prüfstein für ein stabilitätsorientiertes Europa, in: *Helmut Leipold* und *Dirk Wenzel* (Hg.), Ordnungsökonomik als aktuelle Herausforderung: Festschrift für *Alfred Schüller*, Stuttgart, S. 309-331.

Wicksell, Knut (1896), Finanztheoretische Untersuchungen nebst Darstellung und Kritik des Steuerwesens Schwedens, Jena.

Wildasin, David E. (1986), Interstate Tax Competition: A Comment, in: National Tax Journal, Vol. 39, No. 3, pp. 353-356.

Wildasin, David E. (1989), Interjurisdictional Capital Mobility: Fiscal Externality and a Corrective Subsidy, in: Journal of Urban Economics, Vol. 25, No. 2, pp. 193-212.

Wildasin, David E. (1991), Income Redistribution in a Common Labor Market, in: American Economic Review, Vol. 81, No. 4, pp. 757-774.

Wildasin, David E. (1997), Externalities and Bailouts: Hard and Soft Budget Constraints in Intergovernmental Fiscal Relations, Policy Research Working Paper Series 1843, The World Bank.

Wildasin, David E. (2004), The Institutions of Federalism: Toward an Analytical Framework, in: National Tax Journal, Vol. 57, No. 2, pp. 247-272.

Williamson, Oliver E. (1977), Predatory Pricing: A Strategic and Welfare Analysis, in: Yale Law Journal, Vol. 87, No. 2, pp. 284-340.

Williamson, Oliver E. (1979), *Williamson* on Predatory Pricing II, in: Yale Law Journal, Vol. 88, No. 5, pp. 1183-1200.

Williamson, Oliver E. (1985), The Economic Institutions of Capitalism: Firms, Markets, Relational Contracting, New York.

Williamson, Oliver E. (1998), Transaction Cost Economics: How it Works; Where it is Headed, in: De Economist, Vol. 146, 1, pp. 23-58.

Wilson, John D. (1999), Theories of Tax Competition, in: National Tax Journal, Vol. 52, No. 2, pp. 269-304.

Wilson, John D. und *David E. Wildasin* (2004), Tax Competition, Bane or Boon?, in: Journal of Public Economics, Vol. 88, No. 6. pp. 1065-1091.

Wilson, John D. und *Eckhard Janeba* (2005), Decentralization and International Tax Competition, in: Journal of Public Economics, Vol. 89, No. 7, pp. 1211-1229.

Windisch, Rupert (1998), Modellierung von Systemwettbewerb, Grundlagen, Konzepte, Thesen, in: Jahrbuch für Neue Politische Ökonomie, Bd. 17, S. 121-154.

Winter, Jan A. (2004), Re(de)fining the Notion of State Aid in Article 87(1) of the EC Treaty, in: Common Market Law Review, Vol. 41, No. 2, pp. 475-504.

Wintrobe, Ronald (1997), Modern Bureaucratic Theory, in: *Dennis C. Mueller* (ed.), Perspectives on Public Choice: A Handbook, Cambridge, pp. 429-454.

Wishlade, Fiona G. (1997), When are Tax Advantages State Aids and when are they General Measures?, Regional and Industrial Research Paper Series No. 20, European Policies Research Centre, University of Strathclyde.

Wishlade, Fiona G. (2003), Regional State Aid and Competition Policy in the European Union, The Hague, London und New York.

Zodrow, George R. und *Peter Mieszkowski* (1986), *Pigou, Tiebout,* Property Taxation and the Underprovision of Local Public Goods, in: Journal of Urban Economics, Vol. 19, No. 3, pp. 356-370.

Zodrow, George R. und *Peter Mieszkowski* (1989), Taxation and the *Tiebout*-Model: the Differential Effects of Head Taxes, Taxes on Land Rents, and Property Taxes, in: Journal of Economic Literature, Vol. 27, No. 3, pp. 1098-1146.

Zuleeg, Manfred (1974), Subventionskontrolle durch Konkurrentenklage, Frankfurt a.M.

Schriften zu Ordnungsfragen der Wirtschaft

Lucius&Lucius Verlags-GmbH, Stuttgart, ISSN 1432-9220

Herausgeber:

Prof. Dr. Gernot Gutmann, Dr. Hannelore Hamel, Prof. Dr. Helmut Leipold
Prof. Dr. Alfred Schüller, Prof. Dr. H. Jörg Thieme

In Vorbereitung:

Band 87: *Albrecht F. Michler* und *H. Jörg Thieme* (Hg.),
Monetäre Steuerungssysteme in der Welt: Analyse und Vergleich
von geldpolitischen Strategien, 2007.

Band 86: *Katharina Wacker,*
Deregulierung und Wettbewerbsaspekte auf dem Fernsehmarkt,
2007.

Bereits erschienen:

Band 85: *Friedrich Gröteke,*
Europäische Beihilfenkontrolle und Standortwettbewerb: Eine
ökonomische Analyse, 2007, 333 S., 38 €, ISBN 978-3-8282-0401-0.

Band 84: *Dieter Starke,*
**Unternehmensinsolvenzen im Wandel der Gesellschafts- und
Wirtschaftssysteme:** Eine Untersuchung im Lichte des Kritischen
Rationalismus und der Evolutionsökonomik, 2007, 333 S., 38,00 €,
ISBN 978-3-8282-0395-2.

Band 83: *Klaus Heine* und *Wolfgang Kerber* (Hg.),
Zentralität und Dezentralität von Regulierung in Europa, 2007,
355 S., 42,00 €, ISBN 978-3-8282-0383-9.

Band 82: *Dirk Wentzel* (Hg.),
**Europäische Integration – Ordnungspolitische Chancen und Defi-
zite,** 2006, 284 S., 34,00 €, ISBN 978-3-8282-0382-2.

Band 81: *Martin Dietz,*
Der Arbeitsmarkt in institutionentheoretischer Perspektive, 2006,
314 S., 38,00 €, ISBN13: 978-3-8282-0365-5.

Band 80: *Gerrit Fey,*
**Banken zwischen Wettbewerb, Selbstkontrolle und staatlicher
Regulierung:** Eine ordnungsökonomische Analyse, 2006, 332 S.,
38,00 €, ISBN10: 3-8282-0364-7, ISBN13: 978-3-8282-0364-8.

Band 79: *David Nguyen-Thanh,*
**Steuerreformen in Transformationsländern und wirtschaftspoliti-
sche Beratung:** Eine Fallstudie am Beispiel der Politik des IWF in

Kroatien und Bosnien-Herzegowina, 2005, XXIV/287 S., 38,00 €, ISBN 3-8282-0318-3.

Band 78: *Helmut Leipold* und *Dirk Wentzel* (Hg.),
Ordnungsökonomik als aktuelle Herausforderung, 2005, X/413 S., 36,00 €, ISBN 3-8282-0319-1.

Band 77: *Werner Pascha* und *Cornelia Storz* (Hg.),
Wirkung und Wandel von Institutionen: Das Beispiel Ostasien, 2005, X/287 S., 48,00 €, ISBN 3-8282-0312-4.

Band 76: *Rolf Hasse* und *Uwe Vollmer* (Hg.),
Incentives and Economic Behaviour, 2005, X/134 S., 32,00 €, ISBN 3-8282-0308-6.

Band 75: *Martin Leschke* und *Ingo Pies* (Hg.),
Wissenschaftliche Politikberatung: Theorien, Konzepte, Institutionen, 2005, X/432 S., 38,00 €, ISBN 3-8282-0304-3.

Band 74: *Thomas Apolte, Rolf Caspers* und *Paul J.J. Welfens* (Hg.),
Ordnungsökonomische Grundlagen nationaler und internationaler Wirtschaftspolitik, 2004, X/236 S., 34 €, ISBN 3-8282-0293-4.

Band 73: *Hubertus Bardt* ,
„Arbeit" versus „Kapital" – Zum Wandel eines klassischen Konflikts, 2003, X/177 S., 32,00 €, ISBN 3-8282-0277-2.

Band 72: *Dieter Cassel* und *Paul J.J. Welfens* (Hg.),
Regionale Integration und Osterweiterung der Europäischen Union, 2003, VIII/543 S., 42,00 €, ISBN 3-8282-0278-0.

Band 71: *Alfred Schüller* und *H. Jörg Thieme* (Hg.),
Ordnungsprobleme der Weltwirtschaft, 2002, VIII/524 S., 42,00 €, ISBN 3-8282-0231-4.

Band 70: *Alfred Schüller,*
Marburger Studien zur Ordnungsökonomik, 2002, X/348 S., 32,00 €, ISBN 3-8282-0221-7.

Band 69: *Dirk Wentzel,*
Medien im Systemvergleich, 2002, XVII/268 S., 38,00 €, ISBN 3-8282-0220-9.

Band 68: *Thomas Apolte* und *Uwe Vollmer* (Hg.),
Arbeitsmärkte und soziale Sicherungssysteme unter Reformdruck, 2002, 454 S., 36,00 €, ISBN 3-8282-0204-7.

Band 67: *Dietrich v. Delhaes-Guenther, Karl-Hans Hartwig, Uwe Vollmer* (Hg.)
Monetäre Institutionenökonomik, 2001, VIII/400 S., 34,50 €, ISBN 3-8282-0194-6.

Band 66: *Dirck Süß,*
Privatisierung und öffentliche Finanzen: Zur Politischen Ökonomie der Transformation, 2001, 236 S., 31,00 €, ISBN 3-8282-0193-8

Band 65: *Yvonne Kollmeier,*
Soziale Mindeststandards in der Europäischen Union im Spannungsfeld von Ökonomie und Politik, 2001, 158 S., 29,00 €, ISBN 3-8282-0179-2.

Band 64: *Helmut Leipold* und *Ingo Pies* (Hg.),
Ordnungstheorie und Ordnungspolitik: Konzeptionen und Entwicklungsperspektiven, 2000, 456 S., 42,00 €, ISBN 3-8282-0145-8.

Band 63: *Bertram Wiest,*
Systemtransformation als evolutorischer Prozeß: Wirkungen des Handels auf den Produktionsaufbau am Beispiel der Baltischen Staaten, 2000, 266 S., 34,00 €, ISBN 3-8282-0144-X.

Band 62: *Rebecca Strätling,*
Die Aktiengesellschaft in Großbritannien im Wandel der Wirtschaftspolitik: Ein Beitrag zur Pfadabhängigkeit der Unternehmensordnung, 2000, 270 S., 31,00 €, ISBN 3-8282-0128-8.

Band 61: *Carsten Schittek,*
Ordnungsstrukturen im europäischen Integrationsprozeß: Ihre Entwicklung bis zum Vertrag von Maastricht, 1999, 409 S., 39,00 €, ISBN 3-8282-0108-3.

Band 60: *Peter Engelhard* und *Heiko Geue* (Hg.),
Theorie der Ordnungen: Lehren für das 21. Jahrhundert, 1999, 369 S., 36,00 €, ISBN 3-8282-0107-5.

Band 59: *Thomas Brockmeier,*
Wettbewerb und Unternehmertum in der Systemtransformation: Das Problem des institutionellen Interregnums im Prozeß des Wandels von Wirtschaftssystemen, 1999, 434 S., 39,00 €, ISBN 3-8282-0097-4

Band 58: *Karl-Hans Hartwig* und *H. Jörg Thieme* (Hg.),
Finanzmärkte: Funktionsweise, Integrationseffekte und ordnungspolitische Konsequenzen, 1999, 556 S., 42,00 €, ISBN 3-8282-0094-X.

Band 57: *Dieter Cassel* (Hg.),
50 Jahre Soziale Marktwirtschaft: Ordnungstheoretische Grundlagen, Realisierungsprobleme und Zukunftsperspektiven einer wirtschaftspolitischen Konzeption, 1998, 782 S., 49,00 €, ISBN 3-8282-0057-5.

Band 56: *Hans-Günter Krüsselberg,*
Ethik, Vermögen und Familie: Quellen des Wohlstands in einer menschenwürdigen Ordnung, 1997, 341 S., 36,00 €, ISBN 3-8282-0055-9.

Band 55: *Heiko Geue,*
Evolutionäre Institutionenökonomik, 1997, 336 S., 36,00 €, ISBN 3-8282-0050-8.